21世纪经济管理新形态教材 · 工商管理系列

企业形象管理

曾凡海 ◎ 编著

清华大学出版社

北 京

内 容 简 介

在当今纷繁复杂的市场环境下，塑造独特且美好的企业形象，用科学的理念和工具进行企业形象管理已经成为企业提升竞争力的重要手段。

本书以科学地进行企业形象管理、全面提升企业的形象力为中心，以塑造企业形象的基本手段——企业形象识别系统的内容和程序为基本架构，按照企业形象管理的现实与理论基础、企业形象的企划与定位管理、企业形象识别系统的开发与管理、企业形象识别方案的实施、巩固与提升管理的思路，系统、全面地阐述了企业形象塑造和管理的基本原理、方法与技巧。

本书将企业形象塑造和管理的理论与实践过程相结合，注重实践性、系统性、程序化和操作性，从而为读者形成科学的形象管理的理念、系统地掌握形象管理的理论和方法、提升企业形象管理的能力提供一个基本的思路和工具。

本书可作为高等院校市场营销、工商管理、艺术设计等专业企业形象类课程的教材，也可作为广告、公关等公司进行职业教育和岗位培训的教材与自学参考书。

本书封面贴有清华大学出版社防伪标签，无标签者不得销售。
版权所有，侵权必究。举报：010-62782989，beiqinquan@tup.tsinghua.edu.cn。

图书在版编目（CIP）数据

企业形象管理/曾凡海编著. —北京：清华大学出版社，2023.1
21 世纪经济管理新形态教材. 工商管理系列
ISBN 978-7-302-62254-3

Ⅰ．①企…　Ⅱ．①曾…　Ⅲ．①企业管理－形象－教材　Ⅳ．①F270

中国版本图书馆 CIP 数据核字(2022)第 234414 号

责任编辑：	左玉冰		
封面设计：	汉风唐韵		
责任校对：	王荣静		
责任印制：	刘海龙		
出版发行：	清华大学出版社		
网　　址：	http://www.tup.com.cn，http://www.wqbook.com		
地　　址：	北京清华大学学研大厦 A 座	邮　编：	100084
社 总 机：	010-83470000	邮　购：	010-62786544
投稿与读者服务：	010-62776969，c-service@tup.tsinghua.edu.cn		
质 量 反 馈：	010-62772015，zhiliang@tup.tsinghua.edu.cn		
印 装 者：	三河市铭诚印务有限公司		
经　　销：	全国新华书店		
开　　本：	185mm×260mm	印　张：25.25	字　数：583 千字
版　　次：	2023 年 1 月第 1 版	印　次：2023 年 1 月第 1 次印刷	
定　　价：	69.00 元		

产品编号：093726-01

前言

我们正处在一个全方位竞争的时代。企业之间的竞争已不再局限于产品、价格、渠道、广告、资源等某一方面的局部竞争，而是越来越集中于体现企业整体实力的企业形象的竞争。企业形象是企业的生命力所在，谁能够在风云变幻的市场环境中树立独具特色并被社会公众广泛认知与认可的企业形象，谁就能在激烈的市场竞争中脱颖而出。这在品牌资产长期雄霸全球的可口可乐公司、品牌资产快速提升的华为公司、谷歌公司和苹果公司的发展历程中得到了很好的诠释与验证。

特别是在网络化时代，企业的各类信息以铺天盖地之势涌向消费者，使消费者难以清晰地识别与选择。因此，作为市场主体的企业必须塑造自己独具特色的形象，以凸显自身的优势，提高自身的识别度和认同度；同时，在企业经营越来越国际化的时代，企业也需要在国际舞台上塑造优美、独特的形象，彰显自己的责任与活力，以在与众多国际企业的竞争中赢得一席之地。

历史与现实表明，形象力就是竞争力。企业形象的塑造、提升和管理是现代企业生存与发展的支点、兴旺壮大的动力。企业要在纷繁复杂的市场环境中脱颖而出，必须科学地实施企业形象战略，加强企业形象的塑造与管理。

国内目前多姿多彩的管理类教材多偏重于某一领域的管理（如生产管理、营销管理、人力资源管理、财务管理等），全方位展现企业经营和发展状况、通过提升企业形象力以提升企业实力和市场地位的企业形象管理的教材还不多。基于此，本书以塑造和管理美好、独特的企业形象为中心，系统地阐释了企业形象塑造和管理的基本原理、方法和手段，以期为企业形象管理的百花园增添一朵艳丽的小花。

本书具有以下特色。

第一，将企业形象管理置于企业战略管理的高度，突出了企业形象管理在企业经营和发展中的地位与作用。

第二，将企业形象的塑造和企业形象的管理相结合，探讨在企业形象建设过程中的企业形象管理问题，使企业形象管理更具体、更有针对性。

第三，按照"企业形象管理的现实与理论基础→企业形象的企划与定位管理→企业形象识别系统的开发与管理→企业形象识别方案的实施、巩固与提升管理"的思路展开，反映了企业形象建设与管理的合理流程，逻辑清晰，结构完整。

第四，适应企业经营网络化和国际化的背景，对企业的网络形象和国际形象的塑造与管理进行了重点关注，并广泛融合"开放式创新""公益营销""知识管理"等新思维，具有鲜明的时代感。

　　第五，每章都设有名人语录、内容框架、学习目标、导入案例、关键词、思考题、案例分析等板块，正文中以"阅读资料"的形式穿插相关案例、知识及最新动态，生动性与深刻性相结合，理论性与操作性相统一。

　　本书在编写过程中参考和借鉴了大量的企业形象策划、企业文化学、管理学、组织行为学、市场营销学等领域的文献，采用了企业形象设计的部分优秀作品。对于参阅和引用的作品，有的已在书中直接注明，有的列为参考文献，在此向所有有关文献和作品的作者表示衷心的感谢。

　　由于编著者水平有限，书中难免存在疏漏之处，敬请广大读者指教匡正。

曾凡海

2022 年 4 月于广东工业大学龙洞校区

目录

第一篇 企业形象管理的现实与理论基础

第二篇 企业形象的企划与定位管理

第三篇　企业形象识别系统的开发与管理

第四篇　企业形象识别方案的实施、巩固与提升管理

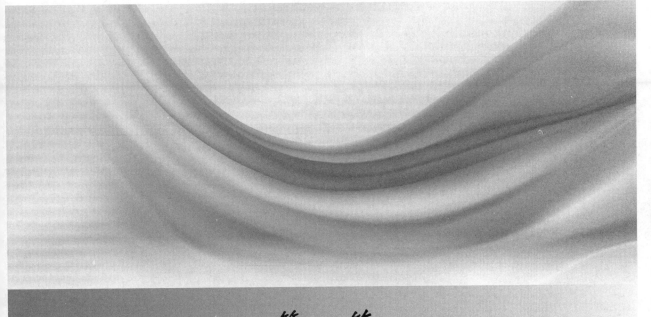

第一篇
企业形象管理的现实与理论基础

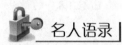

第一章

名人语录

今天，越来越多的公司意识到，他们所创造的形象的品质，在很大程度上已经成为其成功的决定性因素。

——肯特·沃泰姆①

学习目标

塑造美好而独特的企业形象已经成为企业在新的经营环境下提升竞争力的重要手段。通过本章的学习，应该能够理解企业形象管理的战略意义，理解企业形象管理的内容和应遵循的原则，明确企业形象管理与企业文化建设的相互关系。

本章关键词

产品力、营销力、形象力、企业形象、企业形象管理、企业文化

本章内容框架

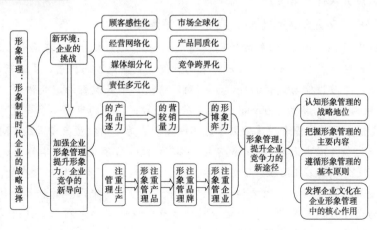

---

① 沃泰姆. 形象经济[M]. 刘舜尧，译. 北京：中国纺织出版社，2004：7.

 **导入案例**

华为：良心企业形象深入人心

随着时代的变迁，手机也成为人们生活中的必备品，智能手机更迭速度之快、种类之多，也是让消费者应接不暇。为了迎合消费者越来越快的换机需求，各大手机厂商正在变换着花样发布新机，所以行业巨头华为手机不计成本为 20 款老机型升级 EMUI 8.0 的做法使得整个行业为之哗然，并得到众多用户的纷纷赞赏。

2018 年 7 月 25 日，华为官方正式宣布对 Mate8、P9、P9 Plus 等 7 款机型开放 EMUI 8.0 不限量升级的消息，消息一经发出就得到一大批老用户的认可和拥戴，毕竟 EMUI 8.0 升级对于老用户来说是一件有利无害的事情，谁也不会拒绝不用换新手机就能拥有更智能、更流畅的用机体验。

EMUI 8.0 给用户带来全新的操作感受 促使华为大规模升级

其实，华为此次大规模开放 EMUI 8.0 不限量升级正是广大用户翘首以待的。这次 EMUI 8.0 升级之前已经有过两轮的限量升级，很多用户抢先体验到了 EMUI 8.0 带来的操作优势，看到已经升级的用户分享的各种操作体验和使用心得，尚未升级的老用户对于不限量升级的呼声越来越高。

EMUI 8.0 的成功升级不仅意味着每个操作界面的切换更加流畅，也意味着 App 启动的速度将更加迅速。同时，EMUI 8.0 可以有效提升系统对下载应用的病毒和有害性排查，再加上智慧识屏、智能卡片、智能助手、语音助手、情景智能、快递提醒等系列功能，充分证明了 EMUI 8.0 是迄今为止 EMUI 系统最快、最智慧、最安全的操作系统。

目前华为已经为 20 款老机型升级 EMUI 8.0 系统，未来受益用户将达 1.2 亿人。华为之所以积极升级 EMUI 8.0，究其原因是对用户体验提升的执着追求、对老用户的重视。华为让更多用户尽快体验到 EMUI 8.0 带来的优势性能，用户用着满意，企业产品给用户带来更多价值，自然会获得更多用户。

持续为用户带来更好的用机体验 良心华为深得人心

同时，GPU Turbo——一种软硬协同的图形加速处理技术，也正在面向多达 20 款机型提供技术升级，这种黑科技可以给用户带来高性能、更省电、高画质、更酷玩的优质体验，同时降低能耗，打破性能与能耗的跷跷板，确保给用户带来最好的游戏体验。

2018 年数据显示，华为手机的出货量突破 1 亿台，巨大的市场占有率也承载了更多的企业使命和责任。面对消费者对体验需求的不断增长，为 7 款机型免费升级 EMUI 8.0 系统，再次印证了华为长久以来秉承"以消费者为中心"的核心价值观。正如华为消费者业务 CEO（首席执行官）余承东在 EMUI 8.0 发布后，敢于自信地讲"华为目标没有变"。

花费大量的人力、物力、财力为老用户服务，始终坚持把用户的利益和体验放在第一位，相信华为这些最实在的行为，一定会被消费者看在眼里、记在心里，这样一个对老用户负责任的大品牌，显然更值得信赖。

资料来源：https://www.sohu.com/a/246077157_563435.

第一节　新环境：企业的挑战

21世纪，跌宕起伏的经济环境、日新月异的技术变革、不断增长和变化的用户需求、不断深化的市场国际化等，使企业面临越来越纷繁复杂的经营环境。这种环境呈现出许多新的特点，给企业的经营与发展带来许多新的挑战。

一、顾客感性化

美国市场营销专家菲利普·科特勒将消费者的消费行为分为三个阶段：一是量的消费阶段，即人们追逐买得到和买得起的商品；二是质的消费阶段，即寻求货真价实、有特色、质量好的商品；三是感性消费阶段，即注重购物时的情感体验和人际沟通，它以个人的喜好作为购买决策标准，对商品"情绪价值"的重视胜过对"机能价值"的重视。随着消费水平的提高，人们的消费日益进入感性消费时代，其最大特点就是人们在消费中更多地注重商品的质量和特色，追求个性的满足、精神的愉悦、舒适及优越感，注重商品所蕴含的精神意义，重视消费中的情感价值及商品的附加利益。正如日本营销学者小村敏峰所说："现在如果我们不用感性观点来观察分析市场就根本无从理解市场。"也就是说，感性消费者越来越趋向于考虑商品的象征意义，即通过某种商品表现自己的身份、地位和生活情趣、价值观念及自身素质等个人特点和品质。例如，现在的消费者购买手表时，走时准确不再是选择的主要依据，手表的品牌、款式、色彩、装饰则成为更多考虑的因素。人们越来越倾向于通过一款独特的手表来张扬自己的个性、气质和品位。

与感性消费的潮流相适应，品牌形象和企业形象成了消费者选择商品时的首要依据。因为品牌和企业形象不仅仅是一个名称、一个标志，更是一种承诺、一种个性、一种象征、一种文化。消费者在消费中追求的正是品牌所体现的独特价值。因此，喝可口可乐不仅是为了解渴，更是为了获得自由和快乐的感觉；戴劳力士手表不仅是为了方便地掌握时间，更是为了感受到成功的自信；驾驶宝马汽车不仅是为了实现空间位置的快速移动，更是为了体会驾驶的乐趣。品牌形象成了消费者充分展示自我形象和理想追求的工具。因此，企业的经营活动，必须越来越重视品牌形象和企业形象的塑造，为消费者创造独特的心理性价值。

二、市场全球化

20世纪90年代以来，以信息技术革命为中心的高新技术迅猛发展，不仅冲破了国界，而且缩小了各国和各地之间的距离，使世界经济越来越融为一个整体。企业间在时间和空间上距离的缩短，极大地促进了市场的全球化进程，使全球范围内的企业正逐步融合在一个统一的大市场之中。早在1985年，营销专家西奥多·莱维特在其《市场全球化》中就已经前瞻性地揭示了这一趋势："市场上有一种强大的趋同力量，那就是技术。技术已经使通讯、运输和旅行无阶级差别化，使封闭地区和穷人感受到现代化的诱惑。几乎每一个人、每个地方都想通过新技术得到他们所听过、见到过和经历过的东西。"[1]

---

[1] 恩尼斯，等. 营销学经典权威论文集[M]. 郑琦，等译. 大连：东北财经大学出版社，2000：62.

　　市场全球化的趋势为企业走出国门，进行跨国化经营提供了强大的驱动力。2021年2月2日，商务部发布的《中国对外投资合作发展报告2020》表明，截至2019年末，已有2.75万家中国企业在境外188个国家（地区）设立4.4万家境外分支机构，年末境外企业员工总数374.4万人，其中雇用外方员工226.6万人，占60.5%，较上年末增加38.9万人。2019年，中国企业向境外投资所在国家（地区）缴纳各种税金总额560亿美元。[1]另据智研咨询发布的《2020—2026年中国对外直接投资行业竞争格局分析及战略咨询研究报告》数据显示，我国对外投资存量已从1982年的0.83亿美元增长到2018年的19822.7亿美元，年均增速高达32.32%，从1982年的第48位上升至2018年的第三位。[2]当企业进入国际市场的时候，面临的一个重要问题就是：如何被当地的消费者和其他公众认知、认同、信赖、支持。众多走出去的企业只有在国际市场上的各类公众心目中树立起独特、值得信赖的形象，才能在国际竞争中赢得优势。同样，对于"走进来"的外国企业而言，能否赢得中国公众的好感也是决定其能否在中国市场取得成功的前提条件。

阅读资料

到2019年，中国已有5%的企业达到全球型阶段

　　2019年4月3日，美国咨询公司怡安翰威特（以下简称"怡安"）发布了《2019中国企业全球化现状与趋势展望》白皮书。该报告阐述了中国企业在全球化过程中，从初期的点状试探，到中期的全面爆发式快速增长，再到2017—2018年开始理性回归的全景进程。

　　在本次调研中，共有73%的中国企业在"走出去"的过程中实现了盈利，其中有38%实现了预期设定的盈利目标；在27%未实现盈利的企业中，19%的企业在总体上达到盈亏平衡，仅有8%的企业处于暂时亏损的状态。

　　相比2015年度，仅有13%的企业实现预期盈利目标，24%的企业处于暂时亏损的调研结果，2019年已有较为明显的改善。怡安认为，中国企业"走出去"共有四个阶段，分别是出口型（对外出口产品和资源）、跨国型（开始建立海外销售渠道，初步尝试海外贸易）、多国型（建立多个海外运营实体，实现产业链的海外转移）以及全球型（追求全球供应链一体化、实现全球资源配置及全球品牌效应）。

　　调研发现，有62%的受访中资企业正处于"走出去"过程中的"多国型"阶段，24%的企业处于"跨国型"阶段，仅有5%的中资企业走到了"全球型"这一阶段，远低于外资企业的"全球型"占比（20%）。

　　究其原因，大多数企业认为全球化人才不足仍是制约中国企业"走出去"的主要因素。有65%的受访企业表示企业内部尚缺乏具备全球化能力和经验的人才，而62%的企业表示

　　① 商务部. 中国对外投资合作发展报告2020[R/OL]. [2021-02-03]. http://www.gov.cn/xinwen/2021-02/03/content_5584540.htm.
　　② 智研咨询. 2020—2026年中国对外直接投资行业竞争格局分析及战略咨询研究报告[R/OL]. https://www.chyxx.com/research/202005/862311.html.

没有建立全球一体化的人力资源管理体系，无法对当地员工进行完善管理。人力资源相关因素在此次调研中高居企业全球化挑战因素的前两位。怡安认为，虽然外部市场环境复杂度不断加剧，但中国企业"走出去"的总体趋势不会改变。然而，受监管政策的影响，中国企业势必会在全球化策略上更加审慎、回归理性，并在对外投资的行业结构上向实体经济，特别是新兴产业领域优化。

资料来源：http://www.shanghaizhaoshang.com/yxlsd/news/news-36049.html.

三、经营网络化

现在的时代是"互联网＋"和智能化的时代，网络不再仅仅是人们获取信息、进行交流的手段，更成为人们的一种思维方式和生活方式。与网络信息化的市场环境相适应，企业逐渐转向运用网络化思维来指导企业经营发展，用新兴的网络工具来开展物资采购、市场情报收集、人才招聘、商品销售、传播推广、售后服务等经营管理活动，以线上与线下一体化为特征的网络化经营日益成为企业经营的基本方式，并居于战略地位。网络化经营突破了地域和时间上的局限，具有网户多、信息量大、交易迅速方便等全新特点，以其高效率、低成本的优势越来越多地取代了传统的经营方式。可以说，网络化经营是信息技术进步在商业领域发动的一场革命，它给众多企业带来了无限商机。

在网络化的经营环境中，呈现在消费者面前的是更加色彩斑斓的世界，消费者面临着比在现实环境中更加丰富多彩的选择，可以在几分钟的时间内就同一件商品在京东商城、1号店、国美在线、苏宁易购、天猫等众多的网络购物平台上进行比较和选择。因此，网络环境下顾客忠诚度的培育比在现实环境中显得更加困难。

在网络环境中，顾客忠诚的前提是顾客黏性。只有当顾客对某一网络购物平台形成了较强的依赖性和习惯性，才能形成对该购物平台足够的黏性。因此，提高顾客的黏性就成为企业面临的重要挑战。提高顾客黏性的关键是为顾客创造价值，赢得顾客的好感与信任。只有当顾客觉得某网络购物平台为他（她）创造了在其他购物平台难以获得的价值，从而在需要某产品（或服务）时能够第一时间想起该网络平台的时候，企业才真正实现了客户黏性，而这取决于该平台给顾客带来的美好体验在顾客心目中留下的良好的感觉和印象。

四、产品同质化

产品同质化是同一类别、不同品牌的产品在功能、外观设计、品牌标识等方面的趋同现象。随着技术的快速发展，技术扩散的速度也在不断加快。当众多的企业都拥有生产某类产品的类似技术，或者某些企业因怠于技术创新而采取模仿其他企业的技术的策略时，产品的同质化就不可避免了。在目前的市场上，诸多产品都存在着较强的同质化倾向，不同品牌的同档次的产品之间缺少实质性的差异，如手机、电视机、空调、洗衣机、平板电脑等。对于消费者来说，在不查看品牌或包装的情况下能够明确有效地辨认出"农夫山泉"和"鼎湖山泉"两种饮用水、"海尔"和"海信"两种同一规格的电视机，并不是一件很容易的事情。在这种情况下，企业的产品可以很容易地被其他厂商的同类产品所替代，即顾客认为各企业所提供的产品没有什么实质性的区别。这说明，企业单纯强调产品特性的经营活动已难以适应新的经营环境，单纯依靠产品性能、质量等属性来长期赢得市场竞争的优势显得越来越困难。企业市场地位的获得需要更多地建立在消费者对企业整体表现的认知、认同、好感度和忠诚度的基础上。正如1993年6月首届"中国企业形象战略研讨会"所指出的："今天，企业间的竞争已不再是单一层次的局部竞争，而是理念与价值取向、传统与未来发展、决策与经营哲学、规模与设备投入、人才与技术储备、产品与市场开拓、服务与质量水平、公益与社会责任等各个层次上展开的全方位的整体实力竞争，也是企业形象力的竞争。谁能够将优良鲜明的企业形象呈现在公众面前，谁就能在激烈的竞争中脱颖而出，稳操胜券。"而如何提高公众对企业的认知度和好感度，使公众在青睐企业的基础上青睐企业的产品，从而产生"爱屋及乌"的效果，则是企业面临的重要挑战。

五、媒体细分化

这是一个信息化的时代。各种媒体犹如空气一样渗透到社会生活的方方面面。一方面，信息呈几何级数不断增长。据英国学者詹姆斯·马丁统计，人类知识的倍增周期，在19世纪为50年，20世纪前半叶为10年左右，到了70年代，缩短为5年，80年代末几乎已到了每3年翻一番的程度。近年来，全世界每天发表的论文达13 000～14 000篇，每年登记的新专利达70万项，每年出版的图书达50多万种。另有报告说，全球印刷信息的生产量每5年翻一番，近30年来，人类生产的信息已超过过去5 000年信息生产的总和。①另一方面，媒体的种类和数量都在迅速增加。电视、广播频道日益增多，报纸版面无限扩张，专业杂志层出不穷，互联网和移动互联网的发展更是一日千里，博客、微博、微信、视频网站等各种社会化媒体呈现出五彩缤纷的发展态势，新兴的小众媒体不断涌现。如此迅速而声势浩大的媒介发展将受众原有的媒介接触时间、接触习惯完全打破。人们每天通过手机报、博客、搜索引擎、新闻网站、即时通信等多种方式获取信息，在生活的各个间隙获取信息。在吃饭时看一眼电视，在坐公交车时用手机刷微博，在社交网站和微博上讨论问题，发表看法。人们越来越通过快餐式媒体理解世事，通过消费抚慰心灵，通过无所不在的娱乐释放压力，通过虚拟的网络建立与世界的真实联系，来自传统与现代、全球与本土、虚拟与现实的种种碰撞交融，使整个商业环境的一切都变得完全碎片化。从而，传统大众媒体的受众不断被分流，被碎片化，规模不断收缩，传播效果日益下降。媒介"碎片化"使消费者深陷在各类媒介、各类信息中，日益泛滥的信息产生了传播上的干扰，甚至出现不同媒体针对同一对象所传播的信息彼此矛盾的现象，并且出现了"渠道多，无权威""信息多，无观点""言语多，无行动"的局面，导致人们心理上产生抵触情绪，使传播效果大打折扣。企业期望通过一个节目或一种媒体获得广泛的受众已经不再可能，各种视听媒体的整合传播才能吸引广泛的受众。因此，进行媒体组合，创造有秩序的、独特的信息传播方式，以统一的目标和统一的传播形象，传递一致的企业信息，就显得日益重要。

六、竞争跨界化

随着市场竞争的日益加剧，行业与行业之间不断相互渗透与融合，致使我们已经很难

---

① https://www.sohu.com/a/339513869_488463.

对某些企业或品牌清楚地界定它的"行业属性"，跨界（crossover）已经成为当下最潮流的字眼。从传统到现代，从东方到西方，从线上到线下，跨界的风潮愈演愈烈，日益成为一种新锐的投资方式和经营策略。如果用动态竞争理论来分析这种竞争态势我们就会发现，传统的企业竞争主要从产业层面和企业内部异质性资源的角度营造其竞争优势。在新的市场环境中，企业竞争已由传统的行业内同类产品之间的直接竞争过渡到跨行业、跨地域、跨目标顾客群的跨界竞争。随着"互联网＋"的风生水起，传统的来自规模化、差异化、集中化等方面的优势也许不再是企业强大优势的主要来源，基于人性的价值需求、基于大数据和智能化的策略选择将成为企业竞争优势的新来源。在中国当下的市场环境中，传统企业（如中国邮政集团公司等）与电商企业（如京东商城、阿里巴巴等）之间的较量和博弈就凸显这一个特征。

显然，企业跨界拓展了自己的业务领域和成长空间。但要把这种业务的拓展真正变成自身的竞争优势，还有赖于公众对其产生认知上和情感上的迁移。只有公众认知和认同了企业的新业务，从而形成对新业务持续不断的需求，企业才能在新的业务领域赢得市场地位和竞争优势。比如，如果消费者和其他公众不能认同格力的手机，那么格力的手机就不能对其他手机生产企业构成足够的威胁，手机业务也不能对格力集团的整体竞争力起到实质性的促进和提升作用。在众多公众心目中，格力集团仍然还是生产"好空调"的企业，而不是提供"好手机"的企业。

因此，当企业跨界以后，如何改变其在公众心目中的原有印象，让公众接受其新业务并实现其对企业原有美好感觉和印象的迁移，是跨界企业面临的重要挑战。

阅读资料

老字号国货掀起跨界潮

2018 年 9 月 20 日，美加净大白兔味唇膏 2 秒被抢购一空，继老干妈之后，又一位大龄国货杀出重围，用年轻人喜闻乐见的方式赢得了眼球。

随着"95 后""00 后"越来越成为消费的主力军，被"产品老，形象老，营销老"三座大山压着的大龄国货也意识到了："年轻化"成了绕不开的课题。但与其摸着石头过河，不如跨界借东风，于是大家就看到了这样的画风：

情人节前夕，泸州老窖和气味图书馆推出香水；6 月 6 日，六神与 RIO 推出花露水味鸡尾酒；9 月 10 日，天猫携老干妈等品牌推出时尚卫衣； 9 月 20 日，大白兔和美加净联名出品唇膏……

这些大龄国货相互借力，掀起了一场轰轰烈烈的跨界潮。

资料来源：老字号国货如何避免跨界踩坑？[EB/OL]. (2018-09-27). http://www.cnad.com/show/19/295227.html.

七、责任多元化

在很长的一段时间里，企业一直承担着比较单一的责任，即追求利润，为股东实现最大限度的价值增值。1970年，经济学家米尔顿·弗里德曼说："企业的唯一社会责任就是在遵守游戏规则的前提下，组织资源进行商业活动赚取利润。游戏规则是指公开和公平的竞争，不许欺诈和违法。"[1]弗里德曼的观点是企业纯经济责任观的典型代表。

随着经济和社会的发展，人们越来越从更多的视角审视企业的行为，赋予企业更多的角色和责任。1979年，美国管理学教授阿奇·卡罗尔从企业承担责任的层次的角度提出了企业责任的金字塔模型。他认为企业承担的责任关系到企业与社会关系的四个不同层面，"包含了在特定时期内，社会对经济组织经济上的、法律上的、伦理上的和慈善上的期望"。[2]

卡罗尔认为，企业承担的责任具体包括以下内容。

经济责任——盈利。对于企业而言，利润是所有其他责任的基础，是最基本也是最重要的社会责任，但并不是唯一责任。

法律责任——守法。法律是一个社会用以区分正误的规则。作为社会的一个组成部分，社会赋予并支持企业承担生产性任务、为社会提供产品和服务的权利，同时也要求企业在法律框架内实现经济目标。

伦理责任——遵守道德规范。企业在经营活动中必须做正确、公正和公平的事情，避免对利益相关者造成危害。

慈善责任——做一个优秀的社会公民。社会通常还对企业寄予了一些没有或无法明确表达的期望，是否承担或应承担什么样的责任完全由个人或企业自行判断和选择，这是一类完全自愿的行为，例如慈善捐赠、赞助环境保护活动等。

从企业考虑的先后次序及重要性而言，卡罗尔认为这是金字塔形结构，经济责任是基础，也占最大比例，法律的、伦理的以及慈善的责任依次向上递减。

从企业承担责任的对象来说，企业对各个利益相关者都承担着相应的责任，主要包括：对员工，提供稳定的工作、与其贡献相当的工资水平、良好的工作环境与晋升的机会等；对消费者，提供真实可靠的商业信息、优质可靠的产品和热情周到的服务等；对股东，确保投资收益的最大化；对政府，履行纳税义务、遵守法律和规定、创造尽可能多的就业机会等；对环境，积极节约资源，保护环境，实行绿色生产和绿色营销。

多元化的责任要求企业注重整体的行为和表现，注意处理好与各类利益相关者的关系，满足不同利益相关者对企业的利益要求，从而赢得各类社会公众的好感和支持。

阅读资料

中国企业的社会责任评价准则

2014年6月17日，由中国企业评价协会联合清华大学社会科学学院创新起草的《中

① 梁均平，等. 美国企业社会责任大辩论[EB/OL]. (2009-08-13). https://www.globrand.com/2009/267252.shtml.
② 卡罗尔，等. 企业与社会——伦理与利益相关者管理[M]. 黄煜平，等译. 北京：机械工业出版社，2004：26.

国企业社会责任评价准则》（以下简称《准则1.0》）发布。

《准则1.0》在借鉴和改进国内外已有经验和实践的基础上，制定了"法律道德""质量安全""科技创新""诚实守信""消费者权益""股东权益""员工权益""能源环境""和谐社区"和"责任管理"等10个一级评价标准，63个二级和三级评价标准。标准的排序和得分比重，也相应体现了各个标准的重要程度。对应每一个评价标准，还制定了相应的量化指标，根据企业履行社会责任的实际情况，对各项指标进行打分，最后按照企业在各项指标的得分总和，进行企业社会责任评级，按由劣到优分为C，B、BB、BBB、A、AA、AAA三类七个基本级。例如，评级为AAA的企业是"社会责任典范企业"，评级为BBB的企业是"社会责任合格企业"，而评级为B的企业为"社会责任缺失企业"。评审委员和调研团队也会深入企业进行实地研究和个案分析，就企业的社会责任薄弱环节与企业及时进行沟通，帮助企业提升履行社会责任的能力。同时，也会甄别出履行企业社会责任的有效举措和优秀案例，发挥其典型示范作用，推动企业社会责任的"中国名牌""中国名企"的宣传和打造。

为适应形势变化，进一步推动准则的适用性、评价的客观性，推动社会责任评价在引导企业参与可持续发展过程中发挥更大程度的价值，《中国企业社会责任评价准则（CEEA-CSR2.0）》（以下简称《准则2.0》）于2020年7月30日在京发布。

升级后的《准则2.0》包含"法律道德"等11个一级指标、"遵守法律法规"等71个二级和三级指标，在保持《准则1.0》指标设定的全面性、国际性、普适性等特性的基础上，《准则》的升级具有以下几大亮点。

第一，创新门槛指标。《准则2.0》创新性地建立企业社会责任门槛指标，将"法律道德""质量管理""诚实守信"三个一级指标纳入其中，为了突出门槛类指标在企业社会责任中发挥的基础作用，将"遵守法律法规""无严重质量事件和安全事故"等指标作为参与企业社会责任评价的必备条件。

第二，突出可持续发展。《准则2.0》将"可持续发展"指标从"能源环境"上升至"责任管理"中，并结合企业发展规划制定的特点，将指标名称改为"核心战略考虑社会责任及可持续发展"，考核企业的核心经营战略是否充分考虑应尽的社会责任，并将可持续发展规划纳入其中。

第三，增设产业关联带动指标。为体现国有企业及大型民企在产业链中发挥的社会作用，《准则2.0》增加"产业辐射"一级指标，从让渡产品价格，带动社会发展，带动区域生态价值增值，率先发挥产业辐射作用，产业链辐射深度和广度，带动上下游就业等角度考察企业对产业的整体贡献。

第四，扩展案例分析、评级等应用范围。《准则2.0》指标设定聚焦深度应用，一是在评价形式上推陈出新，可用于指导企业案例分析及社会责任评级；二是在测评受众上深度挖潜，较多指标关注到了央企二级公司、地方国企等重要板块，使其社会责任贡献得到衡量与推广；三是在理论实践上创新结合，在国内、国际权威标准的基础上创新了更具实践价值的操作方式。

第五，测评指标更具操作性。《准则 2.0》中将部分二级指标增加三级指标，指标设定更加全面，更具有操作性。

资料来源：综合《中国版企业社会责任评价准则"问世"》《〈中国企业社会责任评价准则（CEEA-CSR2.0）〉发布》，https://tech.sina.com.cn/roll/2020-07-30/doc-iivhuipn5919357.shtml.

上述分析表明，目前的市场环境的确有了许多新的特点和趋势。企业面临着来自多方面的竞争，也面临着多种形式的竞争。在这种纷繁复杂的竞争环境中，企业要赢得竞争优势，靠传统单一的产品优势、技术优势、服务优势等已难以充分奏效。企业更需要从理念、行为等方面实现全方位的改变，从整体上提升自己的综合素质和能力，从而依靠独特的、值得信赖的企业形象赢得公众的信任和忠诚。

第二节　形象力：企业竞争的新导向

现代企业管理理论认为，评价一个企业的综合实力主要有三个维度：产品力（product power，PP）、营销力（marketing power，MP）和形象力（image power，IP）。产品力是以企业的产品开发和生产能力为基础，由企业的产品质量、功能、产品的技术水平和升级换代的速度、服务态度和服务水平决定的竞争力；营销力是企业以具有一定的质量和独特性的产品为基础，依靠其优异的营销策划与执行能力所表现出来的竞争力；形象力是企业以良好的实态为基础，以形象塑造和信息传播为手段，从而使消费者或其他社会公众在对企业充分认知基础上因好感、偏爱和忠诚而产生的竞争力。

随着生产力的发展和消费者收入水平的提高，市场逐渐由商品供不应求的卖方市场向商品供大于求的买方市场转变，消费者的消费行为也逐渐从追求量的满足、注重商品的功能利益向追求感性、注重商品的精神意义转变。与市场环境的这一转变过程同步进行的是，企业的竞争重心也相继经历了产品制胜时代、营销制胜时代和形象制胜时代的演变，如图 1-1 所示。

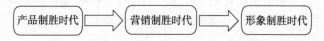

图 1-1　企业竞争重心的演变

需要注意的是，企业竞争重心的演变并不单纯是一个时间概念，更多地体现了企业经营理念和经营方式的变化，是企业竞争手段的变化。虽然在每一个时期企业竞争的手段和重心都存在着交叉与重叠，如在产品制胜时代也有注重营销或注重形象的企业，在形象制胜时代也仍然存在只注重产品、不注重形象的企业，但从企业在相应的市场环境中采用的占主导地位的经营理念和经营手段来讲，从产品制胜到营销制胜，再到形象制胜，体现了在特定的市场环境下企业竞争的主导风格的变化，具有浓郁的时代特征。

一、产品制胜时代：产品力的角逐

企业以产品力作为市场竞争的关键因素的时代称为产品制胜时代。在经济发展水平较低、商品处于短缺状态的卖方市场环境中，消费者只追求量的满足，因而更多地注重商品的功能性价值。买衣服要买结实耐穿的，买手机要买特别耐摔的。这时，企业的生产能力是竞争的关键。企业只要能按时、按量地生产产品，并使产品具有与众不同的功能性价值，企业就能生存，就有竞争优势。只要产品物美价廉，就自然畅销。在产品制胜的竞争时代，企业之间竞争的主要领域是产品，竞争的主要手段是赋予产品独特的功能、优异的质量、低廉的价格或者将产品推向市场的速度等。20世纪初福特汽车公司"不管顾客需要什么样的汽车，我只有一种黑色的T型车"，以低廉的价格赢得市场；20世纪50年代M&M巧克力以"只溶于口，不溶于手"的独特品质赢得优势；20世纪90年代著名的手机品牌诺基亚以其出众的质量赢得了消费者"耐摔的手机"的口碑；近年来，神舟电脑公司一直以低价吸引消费者。这些都体现了依靠产品的独特属性赢得竞争优势的一维竞争的特征。

二、营销制胜时代：营销力的较量

由于技术的开发和大量商品的出现，产品越来越趋于同质化，物美价廉已成为多数商品的共同特点。因此，单纯依靠商品自身的品质和价格就难以赢得消费者的青睐了，如何将产品尽快地销售出去并最终实现企业的利润回报，成为企业竞争的关键点。这时更需要营销人员的努力，通过富有创意的营销策划和到位的营销执行才能赢得消费者。企业的营销力越来越成为企业竞争力的主要来源，成为企业赢得市场地位的保证，营销策略成为企业点石成金的关键。企业之间的竞争进入以营销力的提升作为其竞争力主要来源的营销制胜时代。在这一时期，营销力变得比产品力更重要。在中国企业的发展史上，如秦池、爱多等中央电视台曾经的"标王"，它们在成为"标王"之前都默默无闻，可谓"十年寒窗无人问"，但通过投入巨额的广告经费成为中央电视台当年的"标王"后，"一举成名天下知"，迎来了一段时期的辉煌时刻，这是营销制胜的典型代表。

市场营销要求企业从市场需求出发，为消费者生产出能满足需求的产品，并通过一定的营销策略与消费者达成交易，以实现自身的目标。在这一过程中，企业的营销力体现在价值力、销售力和持续力三方面。企业的价值力由企业产品的独特性所体现出来的产品力、企业特色化的服务方式和服务水平所体现出来的服务力、企业品牌的美誉度和忠诚度所体现出来的品牌力三方面决定；企业的销售力由企业的价格水平和价格策略所体现的价格力、企业的渠道设计和管理水平所体现的渠道力、企业综合运用广告及公关等多种沟通工具进行整合营销传播所体现的传播和沟通水平决定的沟通力三方面决定；企业的持续力则由企业的产品进入市场的能力及其在市场上的竞争地位所体现出来的生命力、企业赢得并有效地管理顾客所体现出来的顾客关系维系力、企业创造性地进行营销策划与执行的能力三方面决定。企业营销能力直接成为企业竞争力的重要表现和市场地位的保证。虽然营销力要以产品力为基础，但产品不再是竞争力的决定性因素。例如，王老吉凉茶，同样的一罐饮料，原来在广药集团手中默默无闻，但当加多宝公司在2002年将其定位为"预防上火的饮料"，并以"怕上火喝王老吉"的口号不断诉求以后，年销售额就从2002年的1亿多元上升到2007年的90多亿元。同样的产品，差距巨大的销售业绩，这就是营销的力量。可见，企业如果只注重产品力，而没有一套独特的营销理念、行之有效的营销策略和手段，企业也难以赢得理想的市场地位。而契合营销环境及其发展趋势的营销理念、富有创意的营销策划、别出心裁的营销概念、到位的营销执行力，就能够点石成金，化腐朽为神奇。

阅读资料

脑白金的成功精髓：创送礼新概念

在保健品行业这个新模式、新手段层出不穷的行业内，脑白金的成功显得异常的出类拔萃。脑白金并不是销量最大的保健品——它远比不上三株口服液，也比不上红桃K、太阳神；但脑白金营销过程中所发掘出的促销创新手段、对渠道和销售分支管理的改革、管理的简化等，其价值远远超过保健品行业内的其他成功案例。

1. 产品创新：复合配方巧造壁垒

脑白金申报的功能是"改善睡眠、润肠通便"。但认真考证一下，就会发现，支撑脑白金的产品概念是"脑白金体"（melatonin），并起了个有意义、有吸引力的中国名字——"脑白金"，还把"脑白金"注册为商标。所有的宣传都围绕商标进行，一旦竞争对手在宣传中提到脑白金，就会遭遇法律诉讼。于是商标成了第一道保护壁垒。

2. 促销创新：登峰造极的"新闻广告"

脑白金面世的时候，选择在报纸做"软广告"，也就是新闻广告，并将新闻广告发展到了登峰造极的程度。

脑白金早期推出的《98年全球最关注的人》《人类可以长生不老》《两科生物原子弹》等新闻炒作软文，信息量丰富、数字确切具体、文笔轻松夸张、可读性极强，读者还看不出那些软文是脑白金的广告，而错以为是科学普及性新闻报道。正是这种登峰造极的新闻手法，让消费者在毫无戒备的情况下，接受了脑白金的"高科技""革命性产品"等概念。

3. 渠道管理：让经销商成为配货中心

脑白金销售启动的时候，采用了一种非常独特的渠道策略。脑白金在省级区域内不设总经销商，在一个城市只设一家经销商，并只对终端覆盖率提出要求。因为不设总经销商，就让渠道实现了"扁平化"，尽管公司内部办事处分为省级、地级，但各地方经销商相互间却没有等级之分。一方面，将一个经销商的控制范围限制在一个地区、一个城市，防止了经销商势力过大对企业的掣肘；另一方面，一个城市只设一家经销商，保证了流通环节的利润，厂家与经销商的合作关系因此变得更加紧密。

4. 概念创新：巨额广告炸出礼品概念

脑白金转变成礼品是一次偶然的机会提出来的，当时资金不足，随便请了老头老太花了5万元拍成了第一个送礼广告。播放后，销量立即急速上涨。他们发现保健品作为礼品的市场机会后，立即调整枪口，从功效宣传为主转入礼品宣传为主。

2000年脑白金销量超过12亿元，其中礼品的贡献可能在50%。到了2001年，脑白金礼品的销售额则超过了预计市场销售。这么高的礼品比例靠的是什么呢？广告轰炸。

为了能够成为第一，脑白金在送礼广告上投入了巨额广告费。所以每到过年、过节，脑白金的"收礼只收脑白金"就会看得电视观众直反胃。因为打得太多，又总是简单重复，连史玉柱自己都说老头老太太的送礼广告"对不起全国人民"。这种策略虽然为脑白金引来满天非议，但实施的效果非常好。因为广告投放集中、诉求单一、强度非常大，脑白金占据的送礼市场份额远远超过了其他保健品的份额。

资料来源：营销管理的案例分析，[EB/OL]. (2022-04-01). https://www.yjbys.com/edu/yingxiaoguanli/49897.html.

三、形象制胜时代：形象力的博弈

在经济不断发展、技术日新月异的条件下，企业已具备为市场提供各种产品的研发能力和生产能力，也具备了丰富多彩的营销手段。同时，随着消费者收入水平的提高，消费水平和消费层次不断升级，消费需求日趋差异化、多样化、个性化、复杂化，市场需求进入重视"情感价值"胜过"功能价值"的阶段，人们的消费观念也由"理性消费"向"感性消费"转变，人们在消费商品的使用价值的同时，对精神、文化上的满足提出了更高的要求。消费者不仅关注产品内在的功能属性和企业的市场营销活动与手段，而且更加关注产品提供者在市场上的知名度和美誉度，以及商品功能属性以外的社会认同效应，即商品的品牌形象所带来的身份感、地位及个性特征。正如日本夏普公司坂下董事长所说："在当前消费中，设计第一，功能和价格都是次要的问题。"主宰消费者选择商品与否的原因，从"产品好不好""价格是否便宜"逐渐转变为"消费者是否喜欢"。

因此，在感性消费时代，高度同质化的产品、漫天飞舞的营销概念，都无法形成对消费者持久的吸引力，消费者总是被更新的营销概念和活动所吸引，难以形成对某一品牌或产品持续、稳定的购买要求。因而，企业也难以依靠产品的独特性和有效的营销策略赢得持续的市场竞争优势。这时，企业之间的竞争就由"物质竞争"转变为企业形象方面的"非物质竞争"。人们往往依据对企业印象的好坏来选择商品，企业的知名度、美誉度、信任度，以及给消费者带来的心理满足感，都直接成为影响消费者行为的主导因素，成为企业无法用货币衡量其价值的战略性财富。这时，形象力成为企业竞争力的主体，直接决定了企业在市场竞争中的地位和优势。于是，企业进入以塑造和提升其整体形象来赢得市场竞争的优势地位的形象制胜时代。设计形象，塑造形象，管理形象，提升形象，成为企业提升竞争力的主要途径。例如，20世纪70年代在美国市场上，虽然索尼、松下和东芝三家公司的产品质量都差不多，但索尼公司的产品价格却要比松下、东芝公司的产品高5%～10%，主要原因就是索尼公司通过公关和广告宣传，在消费者心目中树立了一个具有技术领先优势、质量更为精良的形象。

可见，现代市场竞争只靠产品力、营销力已经不能决胜市场，形象力已成为提升企业竞争力越来越重要的因素。它从过去依靠产品、营销等单一层面的局部竞争转向企业全方位的整体实力的较量。企业通过塑造和传播企业形象而形成一种对企业内外公众的吸引力、凝聚力、感召力和竞争力，成为隐含在企业生产经营活动背后的一种巨大的潜在力量，成为企业新的生产力资源，代表一个企业的综合实力。日本学者加藤邦宏认为，在买方市场的条件下，形象力是增加市场占有率和提高企业收益的重要条件。良好的企业形象，其效果体现在三方面：①承认效果。容易获得受众较高的认知和评价。②缓和效果。即使企业出点差错也容易得到公众谅解。③竞争效果。顾客对形象良好企业的产品总是优先考虑。因此，塑造独特的企业形象，提升企业的形象力，是企业在新的经营环境下提升竞争力的根本途径。良好的企业形象，对内可以加强企业的凝聚力、向心力，可以提高职工对企业的归属感、自豪感，使职工以主人翁态度工作，产生同舟共济、荣辱与共的思想，人人关注企业的经营，人人重视企业的效益，人人珍惜企业的信誉，使大家劲儿往一处使，共同为企业的发展目标而拼搏，发挥出最高的工作效率；对外，可以提高企业的社会知名度、美誉度、信任度，从而使产品得到消费者的信任，使优秀人才被吸引，使原材料和能源、资金得到可靠、稳定的供应，使投资者对企业充满信心，使政府、社区对企业高度认同和支持，从而使企业获得强大的竞争能力。国内外企业管理的实践证明，企业形象战略在"感性消费"时代能使企业独树一帜，独领风骚。

中国上榜全球 500 强品牌总价值突破 1 万亿美元

2019 年 2 月，英国权威品牌价值咨询公司 Brand Finance 在达沃斯世界经济论坛上发布了《2019 年度全球品牌价值 500 强》报告。

"全球品牌价值 500 强"是全球唯一被国际标准化组织 ISO 认证的榜单，在国际上具高度权威性。该榜单主要从三个维度评估企业品牌价值，即品牌强度指数、特许费率、品牌营业收入，重点考究企业可持续发展、客户服务、企业社会责任等方面。

2019 年度全球品牌价值 500 强报告显示，进入全球品牌价值 500 强的中国品牌中，工商银行排名最高，位列第 8，在过去 10 年中，中国工商银行的海外网点数量增加了两倍多，达到 400 多家；建设银行位列第 10，该公司的品牌价值为 697 亿美元，比 2018 年增长了 23%，其成功主要在于数字银行方面的创新发展。2018 年，中国建设银行的一营业网点利用人工智能开展智能银行，成为国内第一家"无人银行"网点。

在民企品牌中，华为排名第 12，排名最高，品牌价值增长 63.7%，达 622.78 亿美元；其次是微信，排名第 20，品牌价值增长 126.2%，达 507.07 亿美元；腾讯 QQ 排名第 21，品牌价值增长 21.9%，达 497.01 亿美元；淘宝和天猫也是 2019 年新进入该榜单，品牌价值分别为 466.28 亿美元和 364.30 亿美元，排在第 23 位和第 35 位。

从品牌价值增长速度来看，爱奇艺增长速度全球最快，过去一年增长 326%，至 43 亿美元（约合人民币 291.8 亿元），首次进入 500 强榜单，排名第 483。而京东的品牌价值负增长率最高，达到–42%。

总的来说，跻身前 50 的中国品牌有：中国工商银行（8）、中国建设银行（10）、华为（12）、中国平安（14）、中国移动（15）、中国农业银行（16）、国家电网（18）、中国银行（19）、微信（20）、腾讯（21）、淘宝（23）、中国石油（33）、天猫（35）、茅台（45）、中国石化（49）。

全球 500 强品牌的总价值达 68 781 亿美元。按国家划分,美国上榜品牌总价值达 31 242 亿美元,占 500 强总价值的 45.4%;中国紧随其后,达 13 074 亿美元,占比 19%;日本第三(6.1%),德国第四(5.8%),法国第五(4.5%),英国第六(3.3%),其他国家和地区载 50 强中的品牌占比为 15.9%。

资料来源:https://www.iyiou.com/p/92913.html.

需要说明的是,上述企业竞争的三种形态和阶段并非完全是一个绝对的时间概念,更多地体现了市场竞争环境的变化和企业行为成熟度的不断提升。它们也不是彼此替代的关系,而是在不同的阶段处于不同的地位的相互促进的关系。现代企业要生存和发展,很大程度上取决于如何平衡这三种竞争形态的关系。企业竞争的三种形态见表 1-1。

表 1-1　企业竞争的三种形态

竞争形态	竞争的侧重点
产品力	产品功能、质量、造型、服务、包装等
营销力	以产品和消费者需求为基础的营销策划与执行
形象力	形象设计、形象塑造、形象传播所形成的企业知名度与美誉度

第三节　形象管理:提升企业竞争力的新途径

一、企业管理重心的转变

企业管理是企业管理者为提高生产和经营的效率和效能以实现盈利的目的而对企业的生产、经营活动所进行的计划、组织、指挥和控制活动。一般而言,企业的活动由内部的以生产过程为中心的生产活动和企业外部的以资源配置、以实现产品交换为中心的经营活动两部分组成。企业内部的生产活动包括产品研发活动、原材料及半成品的供应活动、企业基本生产活动、制成品的仓储管理活动等,对这些活动的管理总体称为生产管理;企业外部的活动是企业经营外部业务、处理与外部各利益相关者的关系所开展的各类活动,包括原材料的采购和运输、市场调查与预测、产品的销售与售后服务、融资及投资、资源整合等活动。对这些活动的管理称为经营管理活动。

在生产力发展的不同阶段和不同的市场环境下,生产管理和经营管理具有不同的地位。在商品严重供不应求的卖方市场条件下,企业面临的主要问题是有限的生产能力难以满足持续增长的市场需求的问题,管理的重心是生产管理,不断提高商品生产的产量和质量是企业面临的主要任务;在商品严重供大于求的买方市场条件下,企业面临的主要问题是商品的销售问题和市场扩展问题,经营管理具有了越来越突出的地位。

纵观企业管理的发展历程,在不同的生产力发展水平和市场供求的不同状态下,企业管理的内涵、形式和手段总是在不断地发展、变化。在 20 世纪二三十年代之前,大部分商品都处于短缺状态,企业管理侧重于以提高产品数量为目的的效率管理;在 20 世纪二三十年代,企业管理的重点从注重产品数量向以注重产品质量和款式为主体的产品形象管理转变；到20世纪40—60年代，企业管理的重心从产品形象管理转向品牌形象管理；20世纪70年代以来，企业形象管理成为企业管理的侧重点。

（一）从注重生产管理到注重产品形象管理

19世纪末20世纪初，西方各国还处于产业革命的初始阶段，商品还处于严重的供不应求的状态，消费者愿意接受任何能买得到的商品。正如著名的"萨伊定律"所说的："供给自动创造需求"。因此，销售问题不是企业面临的主要问题，企业也不需要进行消费者洞察。如何提高生产效率，大力增加产量，成为企业最关心的问题。同时，这时的电力、火车运输、劳动分工、装配线和大规模生产，也为高效地生产商品创造了条件。这一时期，企业管理侧重点是企业内部的生产管理，核心是如何调动员工的劳动积极性，提高生产效率。企业外部经营环境管理的必要性尚不突出。

在管理实践上，福特创造的"流水线作业"是这一时期的典型。

福特有一个梦想，就是每一个自食其力的美国人都有一辆福特汽车，同他的家人一起在广袤土地上共享快乐时光。为了实现他的梦想，1913年，福特运用当时企业推广泰罗制的技术成果，创建了世界上第一条自动化流水线，依照"只需按工序将工具和人排列起来，以便能够在尽量短的时间内完成零配件的装配"（《福特自传》）的装配线工作原理，创造出依靠非熟练工人在中心装配线上使用通用零件的大规模生产方式，降低了对工人手工技能的依赖。工人无须动脑就可以完成单一而简单的工作，从而提高了效率，降低了成本。福特不仅设计出了完善的装配线和统一精确的通用零部件，还实现了机械化的大批量生产。

由于福特制极大地促进了生产工艺过程和产品的标准化，工业制成品在流水线上被标准化地大量生产出来，这样，就产生了规模经济，产品变得越来越便宜，原来买不起相关商品的人成为新的消费群体，市场被创造出来了。

这一时期，扩大生产规模，降低成本，成为企业提高竞争力的核心内容。每当成本下降了，福特就以一种特别的热情来下调其黑色T型车的价格。1908年，福特生产了6 000辆T型车，每辆售价850美元；到了1916年，他卖出6万辆，每辆售价为360美元；在T型车销售的最后一年中，第1 500万辆车走下生产线，售价仅为290美元。福特以其极具特色而简明扼要的方式说："轿车价格每降低1美元，我就可以新增1 000个购买者。"正因为低成本导致的低价格成为T型车拓展市场的无往不胜的武器，因此福特根本不用去洞察消费者的特殊需求。正因为如此，福特可以满怀自信地说："不管顾客需要什么类型的车，反正我就一种黑色的T型车。"

在管理理论上，在这一时期，泰罗创立了以提高生产效率为中心的泰罗制，使管理科学化。要做到科学管理，泰罗提出必须把管理层和作业层分离，把计划（管理）和执行（作业）职能分离，把"企业中巨大的、非常繁重的责任和负担"，包括订单分析、研究制定工时定额、分批制造成本、掌握原材料库存品的动态情况等一切需管理协调的工作从车间分离出去，全部由企业中的管理层来承担，工段长和工人仅仅依照标准、按定额执行工作任务。同时，计划（管理）部门必须经常把工人执行的实际情况同制定的标准比较，以便有效地进行控制。在泰罗眼中，规范化、制度化是企业大规模生产的基本要求，更是实现科学管理的依据。只有制定严格的规范，企业具体工作才会依章行事，主管人员才能把主要精力集中在企业大政方针的制定和少数例外事件的处理上，工人的行动才能有章可循。否则，势必造成管理的随意和生产的混乱。因此，泰罗提出了工作定额原理和标准化原理，用规范化、标准化及管理工作的专业化使管理趋向科学化。

在这一时期，英国的亨利·劳伦斯·甘特（Henry Laurence Gantt）提出了著名的甘特图，法国的亨利·法约尔（Henri Fayol）提出了管理的5项职能和14项原则，德国的社会学家马克斯·韦伯（Max Weber）提出了理想的行政组织体系理论等，他们都分别从不同的角度对科学管理理论与方法的形成作出了重要的贡献。

科学管理理论的产生，对美国乃至整个世界的管理水平产生了巨大的影响，极大地推动了生产效率的提高，对美国经济和社会的发展起到了巨大的推动作用，使美国迎来了历史上著名的"柯立芝繁荣"①。直到现在，科学管理的许多原理和方法仍被许多国家采用，当代西方的许多管理学者还提出了"回到泰罗时代去"的口号，表示要重新深入研究古典管理理论。

20世纪30年代至第二次世界大战结束，由于生产力水平的快速提高，产品的供求关系逐渐改变。经济危机的爆发表明，许多商品的供求状态已从原来的供不应求转向供求平衡甚至供大于求，因而，产品的销售问题越来越突出，这使企业关注的重点已不再只是追求产品的数量问题，而是开始利用自身的技术能力和生产条件，生产多种款式、多种规格、多种颜色的产品以促进产品的销售。

在企业内部，如何调动劳动者的劳动积极性，提高劳动生产率，仍然是管理的核心问题。

在科学管理理论被企业界普遍接受后，企业纷纷建立了流水线，工人每天在流水线上从事着标准化的但也是十分枯燥的工作。泰罗的规范化、标准化的管理手段提高了劳动生产率，但科学管理理论把人看作"机器的附属物""经济人"，未能充分满足员工经济利益以外的其他需求，员工积极性的提高受到限制。

因此，为了弥补科学管理的缺陷，探索更进一步提高工人的劳动积极性的方法，人际关系——行为科学理论应运而生。行为科学研究的内容包括：人的本性和需要，行为的动机，生产中的人际关系等。行为科学诞生的标志性事件就是美国哈佛大学的乔治·埃尔顿·梅奥（George Elton Mayo）于1929年在美国西屋电气公司进行的著名的"霍桑试验"。霍桑试验的结果表明，工人的生产效率不仅受物理的、生理的因素影响，而且受社会环境、社会心理的影响。这一观点与科学管理理论截然不同，从而系统地提出了人际关系理论的基本原理：①员工是社会人。工人不是单纯追求经济收入，他们还追求人与人之间的友情、安全感、受人尊重和归属感等。因此，调动工人的劳动积极性还需要从社会、心理等方面去考虑。②满足工人的社会欲望，提高工人的士气是提高生产效率的关键。员工士气的高低取决于员工社会、心理方面欲望的满足程度。满足程度越高，员工的士气就越高，生产效率也就越高。③企业中除正式组织外，还存在着"非正式组织"。非正式组织有着它特殊

---

① 第一次世界大战后，美国的国民经济得到了飞速的发展。这一经济社会发展黄金时期，恰巧在美国第30任总统卡尔文·柯立芝任期之内（1923—1929年），所以美国这一时期的经济繁荣又被称为"柯立芝繁荣"。

的感情或倾向，有约束员工行为的自发形成的规范和惯例。非正式组织对企业生产效率的提高具有举足轻重的作用。④企业应采用新型的领导方法。新型的领导能力在于，通过对员工满足程度的提高来激励员工的士气，从而达到提高生产率的目的。

在梅奥等人提出的人际关系理论的基础上，一大批管理学家、心理学家纷纷从心理学、社会学、人类学等角度对人际关系进行深入探讨，逐步形成了系统的行为科学理论。行为科学的代表性理论包括：亚伯拉罕·哈罗德·马斯洛（Abraham Harold Maslow）把人的需要按其重要性和发生的先后次序分为生理、安全、归属、尊重和自我实现五个层次的"需要层次理论"；弗雷德里克·赫茨伯格（Frederick Herzberg）将影响员工积极性的因素分为"激励因素"和"保健因素"的"双因素理论"；麦克雷戈从"人的本性"来探讨人类的行为规律及其对管理的影响的"X理论"和"Y理论"；库尔特·勒温（Kurt Lewin）以研究团体生活的动力为目的的"团体动力学"；等等。

针对企业外部的消费者，企业这时开始注重借助有效的传播手段，通过广告和技术美学手段塑造产品的独特形象。

在产品至上的时代，产品形象是依靠突出产品的独特性来体现的，市场竞争的重点也主要体现在产品独特的功能属性的竞争上。"酒好不怕巷子深"是这一时期的典型思维。只要产品质量好，或者产品具有与众不同的属性，就不愁没有销路。如德国某文件柜的生产商认为自己生产的文件柜质量相当优良，可以从房屋的三楼扔到一楼都摔不坏，这样的文件柜就一定好卖，就是这种思维的典型体现。

基于这一背景，广告学家罗瑟·瑞夫斯提出了著名的"USP"（Unique Selling Point）理论，即"独特的销售主张"，其核心就是发现商品独一无二的好处和效用，并通过广告有效地传播，使其转化成对消费者独特的利益承诺和购买理由，进而影响消费者的购买决策，从而实现商品的销售。他运用这一独特的理论为M&M巧克力策划了"只溶于口，不溶于手"的广告，成为广告发展史上的经典案例。

（二）从注重产品形象管理到注重品牌形象管理

第二次世界大战结束以后，世界经济进入快速恢复和发展时期。特别是进入20世纪50年代以后，随着科学技术的不断进步和生产力的快速发展，消费者的收入水平不断提高，买方市场逐渐形成，消费者的消费需求逐渐从功能性需求向精神性需求转变。因此，企业外部的经营环境管理与企业内部管理具有了同等重要的地位。

在企业内部，这一时期，随着电子技术、通信技术、计算机技术的迅速发展，信息论、系统论、控制论的产生，企业内部越来越注重管理的科学化。管理学者也越来越将最新的科学技术成果应用到管理工作的各个方面，形成了许多新的管理思想和管理技术，出现了被称作"管理理论丛林"的社会系统学派、决策理论学派、系统管理学派、经验主义学派、权变理论学派、管理科学学派等多个管理学派，使管理工作的科学性达到了新的高度，从而使管理学进入现代管理科学理论阶段。管理科学理论主要有以下特点：①以决策为主要的着眼点，认为管理就是决策，并提出了多种决策分析模型；②企业的各项生产和经营活动都以经济效果的好坏作为评价标准，即企业不仅要注重"效率"，更要注重"效益"；③借助数学模型和计算机等现代科学技术使衡量企业各项活动效果的标准定量化，不再是单凭经验和直觉确定经营目标和经营方针；④决策问题的复杂化和方案选择的定量化，决定了计算机成为管理的基本技术手段；⑤特别强调使用系统论、控制论、信息论、运筹学等数学方法和模型。

管理科学化的核心思想是从组织管理的角度出发，侧重于企业整体的行为，其目的在于用先进的数理方法及管理手段，使企业资源得到最为合理的配置，以获得最佳的经济效益。但这一时期的管理理论出现了若干需要克服的问题：①注重了自然科学研究成果的吸收，但忽视了对社会科学的研究成果的利用。②重视物的因素，忽视了人的因素。没有说明怎样才能使人感到工作有意义，没有说明如何给员工一定的自主权来调动他们的积极性。③过分强调理性因素，忽视了感情因素；崇拜逻辑与推理，贬低了热情与直觉的作用。④过分依赖定量的方法，片面地以为只有数据才是可信的。

到 20 世纪 60 年代后期至 80 年代初以后，伴随着科学技术快速发展的是产品更新换代速度的加快、市场竞争激烈程度的进一步加深。同时，各种文化相互渗透、交融，复杂的社会环境不断地给企业带来威胁和挑战。为了适应社会的变化，企业的经营思想、管理方式都需要进一步地调整和更新。

在这一时期，企业内部管理的侧重点主要包括以下几方面：①迈克尔·波特（Michael E. Porter）注重研究企业与外部环境的关系，研究企业如何适应充满危机和多变环境的"战略管理理论"；②迈克尔·哈默（Michael Hammer）和詹姆斯·钱皮（James Champy）提出的企业应以工作流程为中心，重新设计经营、管理及运作方式的"业务流程再造"理论；③被称为"学习型组织之父"的彼得·圣吉（Peter M. Senge）提出的未来最成功的企业将是学习型企业，企业唯一持久的竞争优势源于比竞争对手学得更快更好的能力的"学习型组织"理论等。

特别值得注意的是，与管理科学理论注重管理的理性化和科学化不同，在 20 世纪 80 年代产生了一种全新的企业管理理论——企业文化理论。企业文化理论的产生与日本的经济起飞密切相关。

作为第二次世界大战战败国的日本，为了实现经济起飞，从 20 世纪 50 年代开始引进美国的现代管理方法，并巧妙地结合日本的国情，创造了注重企业文化建设的独具日本特色的管理模式。这一模式所产生的效果引起了许多管理学家的关注。20 世纪 70 年代末到80 年代初，一大批美国的管理学家、社会学家和心理学家奔赴日本考察。经研究发现，美国企业管理更注重战略、组织结构和制度等"硬性"因素，关心具体的定量指标，而不太考虑企业宗旨、企业价值观等"软性"因素；而日本的企业更强调风格、人员、技能和共同的价值观等"软性"因素，认为认同企业价值观、企业信念本质的人，能够主动地推导出许多具体的规则和目标，以适应不断变化的情况。其中最大的差别是日本企业以人为中心，强调团队精神，而美国企业则更多地强调制度、理性方法和物质刺激，忽视了对员工价值观念的培养和精神力量的作用。于是，企业文化作为管理的新工具在美国、日本、欧洲等发达国家和地区日益兴起，由此使管理进入文化管理的新阶段。

企业文化理论形成的标志是 1981—1982 年期间美国管理学领域出版的帕斯卡尔和阿索斯的《日本的管理艺术》（1981）、威廉·大内的《Z 理论》（1981）、迪尔和肯尼迪的《企业文化——企业生活中的礼仪与仪式》（1982）和彼得斯和沃特曼的《追求卓越》（1982）这四部经典著作，被称为 20 世纪 80 年代企业文化的"新潮四重奏"。

企业文化理论是管理理论发展的最新综合。它强调企业精神的培育，但也不排斥一定条件下的定量分析；强调依靠职工为企业发展做贡献的热情，但也不否认规章制度的作用；强调形成上下级之间融洽和谐的合作气氛，但也不主张取消上级与下级的划分，从而"实现了组织目标与个人目标的统一、工作与生活的统一、管理与被管理的统一、约束与自由的统一、物质奖励与精神鼓励等的统一"。①

20 世纪 90 年代，随着企业文化的普及，越来越多的企业认识到了企业文化建设对企业的发展所带来的巨大影响和作用。它适应了企业管理人性化的要求，完成了管理向人性化管理的转变。事实上，企业管理从传统的经验型管理（非理性管理）到科学管理（理性管理），再到人际关系学派和行为科学（人性管理），再到管理科学（非理性管理），再到现在的企业文化（人性管理），管理学经历了一条从非理性到理性再到人性化管理的演进轨迹。

在企业外部管理方面，随着技术扩散的速度不断加快，产品的同质化水平不断提高，企业之间的竞争更加激烈。这样，依靠从产品中提炼"USP"来吸引消费者显得越来越困难。20 世纪 50 年代，被誉为"广告教父"的大卫·奥格威（David Ogilvy）提出，任何一个广告都是对品牌印象的长期投资，广告必须尽力去维护一个好的品牌形象。由此，企业外部环境管理的重点从原来突出产品形象的"产品至上"时代进入突出品牌形象的"形象至上"的时代，塑造独特的品牌形象成为市场竞争的焦点，也成为企业管理的重要内容。体现奥格威品牌形象塑造理论的经典之作是李奥·贝纳塑造的万宝路的品牌形象。他将万宝路的市场定位从原来的女性变为男性，用美国的西部牛仔作为象征，将广告诉求从 20 世纪 30 年代的"像五月的天气一样温和"变为"万宝路，给你一个动感的世界"，从而成功地塑造出一个充满动感的万宝路男子汉形象，赢得了成千上万烟民的广泛青睐。

到 70 年代，作为市场竞争基本手段的广告竞争的激烈程度也日益加剧，消费者每天接触的广告越来越多。这样，单纯强调商品的独特性和品牌印象的广告就越来越难以被消费者所关注。面对铺天盖地的广告信息，消费者越来越喜欢简单，拒绝复杂。在这一背景下，后来被称为"定位之父"的艾·里斯（Ai Rise）提出了"定位"（position）的概念，以期用广告为产品在消费者的心目中找一个位置。这个位置一旦确立，就会使人们在消费时首先考虑到某一品牌的产品。广告定位的依据既可以是商品本身的独特性（USP），也可以是营销人员主观赋予产品的某一概念，还可以是消费者特别的利益需求。广告学家威廉·伯恩巴克依靠广告定位理论塑造出产品独特形象的经典是金龟车："想想还是小的好"（Think Small）。这一定位清楚、准确地突出了金龟车的小巧带来的不占空间、可以随意停放等利益，击中了美国消费者的消费心理，赢得了消费者的广泛青睐。

在这一时期，企业对外部环境管理的对象重点是对消费者关系的管理，目的在于通过品牌形象的塑造和独特的定位，赢得消费者对产品的青睐。在这一时期，企业协调与其他利益相关者关系的重要性还不突出。

---

① 朱成全. 企业文化概论[M]. 大连：东北财经大学出版社，2006：1.

（三）从注重品牌形象管理到注重企业形象管理

随着生产力的发展，消费者日益成熟，企业的经营环境也更加复杂化。这时不仅消费者的购买力水平大大提高，消费者的消费观念也有了很大的变化。企业不仅要坚持以市场为导向，以顾客满意为目的，深入洞察消费者的需求特点，以整体性的营销策略为手段，更要不断提高其适应需求变动的能力，适应整体环境变动的能力，及时调整其营销策略，以最终实现企业盈利的目标。要做到这一点，企业就必须同时关注与供应商、经销商、政府、金融机构、媒体等各利益相关者的关系，加强与各利益相关者的沟通，积极履行社会责任，塑造企业在各利益相关者心目中的美好形象。因此，以提高和改善企业整体形象为目的的形象管理就逐渐成为企业经营管理的重要内容。

在管理理论中，公共关系被称为"塑造形象的艺术"，公共关系强调企业运用传播、沟通等手段与员工公众、顾客公众、股东公众、媒介公众、政府公众和社区公众等协调关系，树立良好形象，以促进企业目标的实现。因此，从历史的角度讲，现代公共关系的产生可以看作是企业注重形象管理的开端。从19世纪30年代兴起的"便士报运动"和巴纳姆提出"凡宣传皆好事"，20世纪初艾维·李提出"讲真话"，并创办世界上第一家公共关系事务所；20世纪20—30年代伯内斯提出"公共关系咨询"，并提出"投公众所好"的主张；20世纪40—50年代斯各特·卡特利普在《有效的公共关系》中提出"公共关系四步法"。可以说，现代公共关系的发展历史就是企业不断重视企业形象，注重企业形象管理的历史。但企业真正全面地关注并主动、系统地策划和管理企业形象，则从20世纪50年代IBM导入企业形象识别系统开始。IBM从1956年到1978年用了23年的时间，通过系统导入企业形象识别系统，在美国公众乃至世界公众心目中塑造了"蓝色科技巨人"的企业形象。自IBM之后，欧美各大企业相继以导入企业形象识别系统作为经营策略的新导向。到20世纪80年代，美国大部分上市企业都已导入企业形象识别系统。1982年，美国纽约的科布康服务公司曾对1300家公司做过CI观念的调查，其中对"CI计划为企业产生什么功用"一项，认为产生好印象的受访者占58%，认为会带来好的视觉与联想的占19%，两者合计近80%。由此可见，CIS（企业形象识别系统）普遍得到美国企业和公众的欢迎。同时，企业形象识别系统也在20世纪70年代之后的日本、中国台湾和香港地区，80年代之后的韩国、中国大陆得到广泛的传播与推广。这表明，系统地进行企业形象管理越来越成为企业经营管理的重点。

二、企业形象管理的战略地位

从企业经营管理的实践和管理学演进的过程可以看出，企业的经营管理要从企业内部和企业外部两方面进行。企业内部的管理侧重于企业内部资源的有效配置，以提高产品与服务的产出与质量，提高产出效益为目的；企业外部的管理以优化企业外部的经营环境，协调各利益相关者与企业的相互关系，以营造和谐的外部经营环境为目的。

企业管理的侧重点是随着市场供求关系和企业之间的竞争状况的改变而变化的。在产品供不应求、企业之间竞争不激烈、市场处于卖方市场的条件下，企业管理以企业内部管理为主，企业外部环境管理的重要性还不突出；在市场处于买方市场，市场竞争越来越激烈的背景下，企业外部经营环境管理的重要性日益突出。企业经营环境管理的实质和重心就是对企业形象的管理。

企业形象管理是企业在对内外环境分析的基础上所进行的企业形象定位、设计开发、实施推广、评估维护等一系列活动，包括企业形象定位管理（环境分析、形象定位、CI 导入计划的制订）、企业形象开发及实施管理（企业形象的设计与开发、实施与推广）和企业形象维护管理（企业形象的评估、修正、维护和提升）三个不同的阶段。任何一个阶段都是企业形象持续改进和提升的保证。企业形象管理通过对各利益相关者利益的沟通和协调，塑造企业在各利益相关者心目中美好的形象，从而为企业的经营和发展创造良好的外部环境。

（一）企业战略

加拿大管理学家亨利·明茨伯格（Henry Mintzberg）认为，战略可以从五个方面来定义，既可以是计划、计策，也可以是模式、定位和观念。即"战略是一种计划"，是一种有意识、有预计的行动；"战略是一种计策"，是一种在特定环境下战胜竞争对手的手段；"战略是一种模式"，是企业的一系列行为；"战略是一种定位"，是把企业的重要资源集中到相应的地方，从而确定企业在市场中的位置；"战略是一种观念"，反映了企业对外部环境的认识方式。简单来说，企业战略就是企业为了创造自身的竞争优势，在对外部环境理性认识的基础上对其长远发展作出的全局性和长远性的谋划与安排，是设计用来开发核心竞争力、获取竞争优势的一系列综合的、协调的行动。如果企业选择了某种战略，企业即在不同的竞争方式中作出了选择。从这个意义上来说，战略选择表明了企业打算做什么，以及不做什么。

当企业成功地制定和执行了价值创造的战略时，就能够获得战略竞争力（strategic competitiveness）。当竞争对手不能对一家企业实施的战略进行复制或因成本太高而无法模仿时，该企业就获得了竞争优势（competitive advantage）。只有当竞争对手模仿其战略的努力停止或失败后，一个组织才能确信其战略产生了一个或多个有用的竞争优势。竞争对手获得用于复制该公司价值创造战略的技能的速度，决定了该公司竞争优势能够持续多久。

企业战略具有全局性、长远性、相对稳定性、创新性和竞争性的特点。企业战略是立足于企业的大局所确定的企业整体的行为，追求的是企业整体利益的最大化；企业战略考虑的是企业未来相当长的一段时期内的总体发展问题；企业战略一旦确定，在较长的时期内要保持稳定以利于企业各部门的贯彻执行；企业战略的创新性根源于企业面临的环境的多变性和企业创造独特的竞争优势的目的性；企业战略的竞争性源于企业战略的目的是克敌制胜，在市场竞争中赢得优势。

（二）企业形象管理的战略意义

企业形象管理就是要在剖析企业的优势和劣势，把握企业面临的机会和威胁的基础上，明确企业未来的发展趋势，找到那些有助于企业未来发展的关键因素，从而为企业形象的塑造和提升奠定坚实的内在基础。因此，必须对企业形象进行战略定位，从企业发展战略的高度进行管理。具体来说，企业形象管理的战略意义主要体现在以下几方面。

1. 企业形象管理直接决定了企业各项职能管理的效果和企业经营的成败

企业形象管理基于这样一个前提：企业的一切积极的或消极的行为都在传递企业的信息，影响着社会公众对企业的产品、服务及经营管理水平的认知和评价，因而影响着消费者、投资者、金融机构、媒体等各类社会公众对企业的态度和行为，因而影响着企业经营所需的各类资源的来源和经营环境的协调程度。

从企业形象管理的实质来看，企业形象管理是通过构建并实施企业独特的经营理念和以理念为指导的行为规范及视听元素，形成展现企业形象的系统，以塑造企业个性，展现企业的精神风貌，使公众以其直观感受形成对企业良好的认识和评价，从而对企业产生深刻的认同感，留下美好的印象。在企业形象管理的实践过程中，企业需要塑造基于企业内在实质特性的企业愿景、企业使命和价值观念；需要对企业形象进行持续有效的管理实践；需要在充分尊重和满足各类公众合理的利益要求的基础上建立合理、稳定的行为模式，以促进其与企业之间持久的认同和支持关系。企业形象管理的这一实质，决定了它是具有整体性、长期性和系统性的战略管理活动。企业形象管理既要对企业的产品形象、员工形象、环境形象等多种形象要素进行系统的规划，又要立足长远，坚持不懈，不断提高企业整体的知名度、美誉度和信誉度。

从企业形象管理的层次来看，企业形象管理既包括设计企业独特的视觉与听觉形象，规范和优化企业行为与制度等形象要素，更包括设计企业经营的宗旨、方针，提炼企业精神，追寻企业存在的意义和目的。这使企业能形成与众不同的价值主张。独特的价值主张既是企业赢得顾客和其他合作伙伴的依据，又是企业与竞争对手相区别的依据，因而对企业整体的经营和管理活动起着统摄与支配作用，处于企业管理的最高层次。

从企业形象管理的范围来看，企业形象管理是一种涉及企业整体的行为和综合过程，它既需要将企业的理念、行为规则、视听元素等形象要素贯穿到企业内部各部门、业务营运的各环节，更需要依据形象定位与设计的相关原则和要求，同企业外部的顾客、供应商、经销商等各类公众进行协调、沟通与传播。这些对象既包括企业现有的各类公众，也包括企业潜在的和未来的对象；既包括工商企业和个体消费者，也包括非营利组织和政府机构。可见，企业形象管理是对企业经营管理的全方位、全过程管理，直接决定了企业经营管理的成败。

从企业形象管理的时间来看，正像"罗马不是一天建成的"一样，良好企业形象的塑造和提升也不是短期能够完成的。因此，企业形象建设的长期性也决定了企业形象管理的长期性。企业形象管理是一个持续不断的过程，伴随着企业建立、成长、壮大的历程，是一个只有起点、没有终点的过程。企业形象管理的长期性决定了它的战略性。

2. 企业形象管理决定了企业适应社会价值观念变革的能力

随着经济发展、社会结构的变迁和生活水平的提高，人们越来越重视自身在社会上的主体地位，重视自我价值的实现和人性的尊严，从而导致人们的公众意识不断觉醒和强化。人们越来越重视消费者权益及公共安全的维护，关心社区发展和生态环境的保护等问题，越来越关注企业的社会责任和社会形象。

随着公众对企业形象的日益关注，企业越来越意识到塑造良好的企业形象的重要性，认为只有切实履行自己的社会责任，满足各类利益相关者对企业各自的利益需求，才能赢得各类公众的认可与支持，最终实现企业的盈利目标。同时，企业良好形象的塑造需要依靠企业员工树立充分满足顾客需求的理，保持良好的精神状态和行为。而在社会经济运行机制不断完善、企业经营不断国际化及多元化，员工流动的趋势不断加强的背景下，员工的归属意识容易趋于淡化。因此，企业既需要加强企业文化建设，提高员工对企业价值创造的认同感和使命感，提升企业的向心力和凝聚力，也需要通过塑造良好的形象来满足员工的优越感和自豪感，关心企业的经营，珍视企业的荣誉。可见，从战略上加强企业形象管理，既是适应企业外部公众观念变革的需要，也是适应企业内部员工和企业自身观念变革的需要。

3. 企业形象管理决定了企业适应市场竞争重点转移的能力

从前面的阐述中我们看到，评价一个企业的综合实力主要有三个维度：产品力（PP）、营销力（MP）和形象力（IP）。从竞争的侧重点演进的角度看，市场竞争经历了从产品力到营销力再到形象力的演进过程；从认知的角度看，企业只有将产品力、营销力经过有效的传播，从而被消费者认知，形成形象力，产品力、营销力才能真正地发挥作用。再好的产品，如果"养在深闺人未识"，再精彩的营销活动都难以影响消费者的购买行为。

从市场竞争演进的具体历程来看，市场竞争的焦点已经发展到以企业形象的塑造与管理为中心的形象竞争阶段。如前所述，20世纪初的市场竞争主要是以"福特制"为代表的以提高产品供给能力为核心的产品数量（规模）的竞争，注重生产效率的提高；20世纪20—30年代的市场竞争以"酒好不怕巷子深"为理念，注重产品质量的提高和款式、色彩的多元化。到40—60年代，市场竞争从产品竞争走向战略竞争，只有战略领先者才能赢得市场；60年代中后期至70年代，市场竞争更多地走向对消费者认知空间的争夺。不论是60年代奥格威的品牌形象论，还是70年代的定位理论，其竞争的焦点都是消费者的心理认知；20世纪80—90年代，消费者不仅关注产品的功能和质量，更关心企业的服务水平，因此，对服务方式和服务水平的竞争成为市场竞争的重要领域；到21世纪，随着产品不断同质化，消费日益感性化，媒体不断细分化，企业经营不断跨界化和国际化，企业之间的竞争不再是产品、技术、品牌、服务等某一方面的竞争，而是以企业综合实力为基础的企业整体形象的竞争，企业只有在公众心目中留下美好而独特的印象，具有较高的知名度和美誉度，才能赢得市场。

4. 企业形象管理决定了企业经营战略转变的效果

20世纪60年代，企业管理从传统的生产管理、财务管理等职能管理向更注重整体性和效益性的战略管理转变。60年代以后，随着世界经济和国际贸易的发展，越来越多的企业开始实施国际化战略，进行跨国化经营，拓展海外市场。这样，原来定位于国内市场的企业形象就难以适应国外市场的要求。因此，如何改变原有的企业形象，树立适应国际化趋势的新形象就成为企业面临的重要问题。同时，随着市场的变化，部分企业逐渐从原来的单一业务逐渐向多元化经营转变。如海尔公司，就从开始单一的电冰箱业务逐渐发展成为一个拥有家电、通信等多种业务的企业集团；娃哈哈公司也从最初单一的 AD 钙奶逐渐发展成为拥有纯净水、果汁、儿童服装等多种业务的综合性企业。还有一部分企业，随着市场环境的变化，逐渐放弃了最初的业务，而转向新的业务领域。如格兰仕在1992年以前是一家羽绒制品厂，1992年开始生产微波炉进入家电行业，到1999年就成为全球最大的专业化微波炉制造商；再如成立于1865年的诺基亚，最初以伐木、造纸为主业，后来逐步向胶鞋、轮胎、电缆等领域扩展，再后来发展成为一家以通信基础业务和先进技术研发及授权为主的手机制造商。同时，伴随着企业业务改变的还有企业组织结构从直线制到事业部制甚至超级事业部制、从单一企业到企业集团、从某一个地点的小公司变成拥有多个遍布各地的分公司等的改变。这些战略转变，不论是走向多元化，还是走向新的领域，都需要重整企业文化和员工的行为，需要整合企业的理念、精神和制度，也需要将原有的难以适应新的业务和经营环境的企业名称、标志等形象要素进行重新规划和设计。可见，企业只有建立新的形象要素，并进行整合传播，塑造在公众心目中的新形象，加强形象管理，才能为企业经营战略的转变提供有效的驱动力。

阅读资料

重塑企业形象：战略转型的成功要素之一

普华永道旗下的战略咨询公司思略特于2019年1月发布的研究报告《战略转型的四大成功要素：引领企业实现颠覆式转型》提出，重塑战略形象是企业战略转型成功的首要因素。

苹果、宜家、星巴克、本田……这些越变化越强大的企业，无论怎么变，它们在总体上都遵循了一以贯之的经营方式，塑造了独特的战略形象。每个企业都要打造特色标志，具有连贯一致、差异化战略形象的企业，才有机会成为行业标杆。

美国食品供应巨头康尼格拉品牌（Conagra Brands）转型的核心就是重塑企业形象——敏锐的创新者，食品行业中企业文化最具活力和影响力的公司。

康尼格拉的转型措施集中在业务和结构两方面。康尼格拉出售了自有品牌业务，剥离了纵向整合的马铃薯业务。同时企业重新设定了成本结构，取消了不加区别地使用折扣促销等亏钱的传统做法。公司还更新了运营模式，以灵活的小型企业为蓝本，开展新的运营实践，建立了旨在打破内部隔阂、快速进行创新和沟通的IT（信息技术）管理系统。另外，公司还搬迁了总部，并由康尼格拉更名为康尼格拉品牌。

重塑企业战略形象的康尼格拉品牌，每年能节省3亿多美元的运营成本，实现了财务指标的快速增长，据统计，2015年5月至2017年5月，企业股东总回报的增长超过40%。2018年企业又以109亿美元收购了品尼高食品公司（Pinnacle Foods），成为仅次于雀巢的美国第二大冷冻食品公司。

普华永道思略特认为，重塑战略形象的企业需要回归新人心态。领导者要向员工和客户等利益相关者简单明了地表述公司转型核心，用生动的日常语言解释公司新的战略形象。

领导者要坦然列举公司面临的挑战，思考应对挑战的方案，邀请员工建言献策，共同描绘公司未来的发展蓝图。同时，领导者在解释变革的必要性时，不能只谈威胁，而应多谈希望，展示企业计划如何发挥员工优势和才能来实现愿景。

将战略形象与企业独特能力相关联十分重要。博世力士乐（Bosch Rexroth）正在建立企业新形象——工业互联网平台枢纽。为落实战略形象，企业利用其在传感器等领域的专业能力，将战略形象定位于"智慧城市"项目和中型企业。

资料来源：那些不怕变化的企业　都能做到取得多方信任等这　4　件事[EB/OL]. (2019-01-14). https://finance. sina.com.cn/roll/2019-01-14/doc-ihqfskcn7052907.shtml.

三、企业形象管理的内容和原则

（一）企业形象管理的内容

概括而言，企业形象管理就是以企业形象的全面塑造为核心，以全面提高企业内在素质和外在表现，进而提升企业的市场地位为目标而对企业形象进行的策划、设计、实施和控制活动。因此，企业形象管理的内容包括以下几方面。

1. 企业形象的信息管理

准确地掌握企业形象的各种影响因素及企业形象实际状态的相关信息是进行企业形象管理的前提条件。这就要求企业建立完善的企业形象信息的收集、分析与共享等管理机制。

企业需要收集、监测的企业形象信息包括：①企业面临的国际、国内的市场状况与竞争环境的信息；②企业内部的资源和能力状况的相关信息；③企业在现有的环境和资源状况下经营管理情况的信息；④企业总体形象和各项单项形象的现状的信息等。

企业形象信息的全方位、常规化的收集依赖于企业建立广泛的信息搜寻渠道，从战略高度对企业形象所处的外部环境和企业自身的条件及企业形象现状和发展趋势进行调研与监测。这些渠道包括：①企业自己进行的形象调研。形象调研是为研究企业形象的某些特定问题而进行的某一方面的信息收集与分析；②从专业的市场调研机构和专业出版的刊物中获取的有关企业形象的信息；③企业内部的信息管理系统（MIS）提供的企业财务、市场表现、人力资源等方面的信息；④企业的客户关系管理系统（CRM）、投资者关系管理系统（IRM）提供的企业的顾客及投资者的相关信息；⑤企业竞争对手的情报系统揭示出来的与本企业形象有关的各类信息等。

传统条件下的企业形象信息是以部门为单位收集的。在网络化时代，企业通过多种渠道获得企业形象的各种信息并进行合理的分析以后，可以在企业内部各部门之间进行信息共享，从而最大限度地提高信息的利用价值。从企业形象塑造和提升的角度来讲，企业的各职能部门也需要共享形象信息，对企业形象的现状和趋势形成共同的认识，并协调行动。

2. 企业形象的定位管理

进行企业形象管理就是要分析企业所处的环境带来的机会和威胁、企业内部的优势和劣势，然后进行合理的匹配，从而为企业形象的塑造和提升确定合理的方向。可见，这一过程是对企业形象进行定位的过程，是在对企业能力和企业面临的环境深入理解的基础上对企业形象的特色和未来方向的明确设定。

企业形象的定位有两方面的含义。

第一，确定企业期望在公众心目中塑造的形象的主要特色。依据企业面临的客观条件，决定把企业塑造成一个服务优良的企业、一个具有社会责任感的企业、一个高科技的企业和一个注重绿色环保的企业。

第二，确定企业形象在企业管理中的战略地位。企业形象是企业的灵魂与心脏，影响着企业各项职能的运作及发展的方向，既通过经营理念和价值观念的设计引导与规范员工的行为；又通过良好的形象带给员工自豪感、归属感和向心力，对员工的行为起着激励作用；更通过独特的、符合各类公众价值要求的理念与制度设计，为企业的经营发展营造协调的内外部环境。因此，要从战略的高度对待企业形象。

3. 企业形象的策划与设计管理

在确定了企业形象的战略定位以后，需要将企业形象的定位具体化。企业形象定位的具体化过程就是企业形象的策划与设计过程。这一过程包括：①构建以企业愿景、使命、价值观、经营方针、企业精神等为内容的企业理念系统；②以企业理念为依据，构建使企业理念得以实施的企业制度和行为规范系统；③以企业理念依据，构建使企业理念视听化、生动化的企业视觉识别系统和听觉识别系统。

4. 企业形象的实施与推广管理

企业形象的策划与设计为企业形象构建了一幅美好的蓝图。美好企业形象的真正建立，依赖于企业形象方案的实施与推广。实施企业形象的方案，需要建立企业形象执行委员会，专门负责形象实施的各项工作；需要配置促进企业形象方案实施的各类资源；需要对企业形象方案进行对内、对外的发布，并进行完整的解释和说明；需要依据企业内部的资源、能力条件和外部环境条件，制订系统推进形象实施的有效措施；需要针对企业外部公众的不同类型，拟订详尽的企业形象实施计划，进行企业形象的整合传播，以赢得外部公众对企业形象的认知、认同与支持。

5. 企业形象的维护与提升管理

企业形象实施以后，企业需要对企业形象的实施效果进行评估，及时发现实施中的问题，并优化企业形象的方案；需要采取一系列积极有效的措施，不断提高产品和服务的质量，持续不断地进行企业形象的传播，以不断巩固、强化并提升已确立的企业形象，使企业形象扎根于公众的心目之中；需要建立企业舆情监测和企业形象的预警系统，及时发现并化解企业可能面临的形象危机；需要时刻洞察企业环境变化的新特点和新趋势，积极推进企业形象的变革，实现企业的可持续性发展。

（二）企业形象管理的原则

进行企业形象管理，要遵循以下原则。

1. 战略性原则

企业形象管理是一项科学调配和合理利用与整合企业的各种有效资源以塑造企业良好形象的系统管理工程，其目的在于通过美好的形象创造对各类公众的吸引力，从而形成企业的竞争优势。因此，企业管理者应站在战略的高度，用战略的眼光和战略管理的方法进行形象管理。这要求：

（1）企业必须时刻洞察环境变化的新特点、新趋势及其对企业形象的新要求和新机遇；

（2）企业应使企业形象管理成为企业战略管理的重要组成部分，将强化企业内部的日常管理和外部的整合传播结合起来，从企业全方位的战略整体上来考虑企业的形象建设；

（3）根据战略管理的理论对企业形象进行具体管理，即在对企业内外部环境和企业形象进行调研分析的基础上进行企业形象定位和设计，并有效执行和传播新的企业形象，还要对执行过程及效果进行评估和控制；

（4）既不能把企业形象当作一种权宜之计，也不能把它当作推销产品或服务的一般策略，要把企业形象管理看作是一种循环的、往复性的动态管理过程。要根据外部环境和内部条件的变化与时俱进，不断改进和更新企业形象。

2. 现实性原则

进行企业形象管理，必须从实际出发，遵循现实性的原则。这要求：①从企业自身的客观条件和外部环境出发，正视企业的优势和不足，客观地对外展示企业的实态，努力把一个真实的企业实态形象展示在公众面前。②立足于企业的现实基础。企业形象管理的目标是塑造独特的、被广泛认同和支持的企业形象，是面向未来的。明天从今天开始，未来的企业形象根源于当前的企业实态。任何好高骛远、脱离企业实态的形象管理都是行不通的。③立足于员工实际。企业的员工既是企业形象的接受者，更是企业形象的塑造者。企业在外部公众心目中形象的塑造直接决定于企业员工的行为表现和精神风貌。因此，要创造条件让员工充分认知、理解、接受和喜爱企业形象要素的内涵，并以主人翁的精神积极参与企业形象的建设与维护。

3. 系统性原则

企业形象管理是涉及企业方方面面的管理活动。因此，企业形象管理必须从企业内外环境、内容结构、组织实施、维护巩固等方面综合考虑，系统化安排，全方位推进。这要求：

（1）使企业形象管理符合企业整体战略的要求，充分发挥企业形象管理在企业战略制定与实施中的重要作用；

（2）既重视企业内部的环境和条件，更重视企业外部的环境因素，将企业外部公众的利益要求和偏好作为形象管理的基本依据；

（3）使企业内部管理水平的提升、产品和服务质量的提高与外部的整合传播有机衔接，同步推进。

四、企业形象管理与企业文化建设

企业文化和企业形象战略都是 20 世纪 60 年代以后兴起的企业经营与管理的理论和工具。在早期，企业形象战略和企业文化是两个各不相同的概念。产生于欧美的企业形象战略是为了规范和统一企业形象的设计系统，强化企业对外的视觉信息的传达能力；而诞生于日本的企业文化则是为了塑造员工共同的价值观念和行为规范以增强企业内部的凝聚力。欧美的企业形象战略传入日本，在客观上导致两种管理理论的彼此融合。日本的企业形象设计者更多地从企业文化的角度进行企业形象设计，使之成为企业文化建设的新热点，并形成了日本独具特色的"文化的CI"模式。

（一）企业文化的实质

18世纪初英国人类学家泰勒在《原始文化》中最早给"文化"下的定义是："文化是个综合体。其包括知识、信仰、艺术、法律、道德、风俗，以及作为社会成员的人所掌握的其他能力和形成的习惯。"文化起着规范、导向和推动社会发展的作用。

企业文化是20世纪80年代初美国学者在比较日美成功企业的经验后提出的管理理论，其代表作是1982年由特伦斯·E.迪尔和艾伦·A.肯尼迪合著的《企业文化——企业生活中的礼仪与仪式》一书。该书在研究了若干家成功的企业后认为，"一个价值驱动的企业由于共享价值观而维系了组织的团结，将会在业绩上战胜自己的竞争对手——如果其主流文化与企业环境的当前要求相匹配"[1]。

作为企业管理的一种新观念，企业文化是企业在经营过程中所创造的具有自身特色的物质财富和精神财富的总和，即企业物质文化、行为文化、制度文化和精神文化的总和。企业精神文化在整个企业文化体系中处于核心地位，是制度文化、行为文化和物质文化之源，包括企业价值观以及与之相应的企业使命、企业哲学、企业宗旨、企业精神、企业作风等；企业制度文化是企业精神文化的具体化，是企业中各项具有操作性的正式制度和规范；企业行为文化是以人的行为为形态的文化形式，包括规范员工行为的"行为规范"和员工的行为所折射出来的"文化"特色两方面；企业的物质文化是企业创造的产品和各种物质设施所构成的器物文化。

以上四方面的逻辑关系为：企业精神文化在整个企业文化体系中处于核心地位，企业制度文化是企业精神文化的具体化，企业制度文化决定着企业的行为文化，企业行为文化也反映了企业的精神风貌。企业物质文化是企业精神文化、制度文化和行为文化的具体表现。从企业文化的深层向外表依次为：企业精神文化→企业制度文化→企业行为文化→企业物质文化。"无论组织文化的力量强弱，它都会对整个组织产生深刻的影响，它影响着企业实践中的每一件事：从晋升什么样的人到作出什么样的决策，从员工上班的着装到他们所热衷的运动。正是由于这种影响，我们认为文化对于企业的成功起了重要作用。"[2]因此，研究企业文化，其目的是有效地发挥企业文化在企业经营管理中的作用。具体表现在以下几方面。

1. 教化作用

教化作用即"塑造人"的作用。人是文化的产物。不同的文化塑造的人是不一样的。企业文化的重要作用就是培养企业所需要的人。因此，松下公司说"松下生产人，同时生产电器"。企业文化可以使员工树立崇高理想和道德情操，可以锻炼员工的意志，净化员工的心灵，学到生产经营的知识和为人处世的艺术，从而提高员工的素质和能力。

---

[1] 迪尔，肯尼迪. 企业文化——企业生活中的礼仪与仪式[M]. 孙健敏，等译. 北京：中国人民大学出版社，2015：2.

[2] 迪尔，肯尼迪. 企业文化——企业生活中的礼仪与仪式[M]. 孙健敏，等译. 北京：中国人民大学出版社，2015：4.

2. 导向作用

企业文化集中反映了员工共同的价值观和目标，因而对员工具有一种无形的强大的感召力，使员工能始终不渝地为实现企业目标而努力。

3. 约束作用

企业文化的约束作用是通过制度文化和精神文化规范而发生作用的。企业文化的约束主要是软约束，主要通过价值观、道德观的内化，使员工在观念上确立一种内在的自我约束的行为标准而发挥作用。

4. 激励作用

激励作用是企业文化对强化员工的工作动机、激发员工的工作积极性、主动性和创造性所产生的推动作用。企业文化把尊重人作为其中心内容，建设企业文化的过程正是帮助员工寻求工作意义、建立行为的社会动机和文化动机，从而全方位调动员工的积极性的过程。

5. 辐射作用

企业文化对社会具有扩散的作用，即把企业良好的精神风貌通过企业的产品、员工行为、宣传活动等途径辐射到社会，从而影响社会的大文化环境。

6. 协调作用

企业文化的协调功能主要通过其观念体系和企业道德，协调企业内部的人际关系，协调企业与各类利益相关者的关系，协调企业与自然环境的关系，从而为企业赢得和谐的经营环境。

（二）企业文化与企业形象的关系

1. 企业文化与企业形象具有层次上的对应关系

从企业形象的构成来看，企业形象识别系统由企业理念识别系统（MIS）、企业行为识别系统（BIS）、企业视觉识别系统（VIS）和企业听觉识别系统（AIS）四个子系统组成（见本书第二章），企业理念识别系统（MIS）、企业行为识别系统（BIS）、企业视觉识别系统（VIS）、企业听觉识别系统（AIS）与企业文化构成中的企业精神文化、企业制度文化、企业行为文化、企业物质文化具有层次上的相互对应关系。如图 1-2 所示。

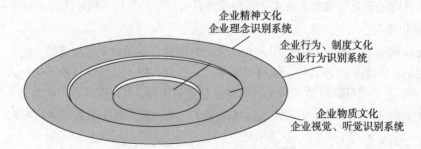

图 1-2　企业文化与企业形象的对应关系

2. 企业文化不等于企业形象

尽管企业文化与企业形象存在着彼此对应的关系，它们相互之间看起来也差不多，但是，企业形象与企业文化是两个不同的范畴，二者所涉及的使用范围和侧重点是不同的，主要区别在于以下几方面。

（1）着眼点不同。企业文化是员工共同的价值观念和行为习惯，着眼于企业内部的管理；企业形象是将企业理念运用于统一、整体的系统传达给社会公众，着眼于企业对社会公众产生的影响。

（2）形成方式不同。企业文化是企业行为长期积淀的结果，是在潜移默化中逐步形成的，具有历史的长期性；企业形象则可通过某个时机或事件，通过设计和导入逐步形成。

（3）存在形式不同。企业文化是一种客观存在，是人们认识的对象本身，而企业形象则是企业文化在人们头脑中的反应，属于主观意识。如果没有已经存在的企业文化，就不会有公众心目中的企业形象。因此，企业文化是企业形象产生的前提，企业文化决定企业形象。

（4）功能不同。企业形象最大的功能是识别，即企业形象识别系统能够将企业理念通过企业自身的行为活动，通过整体的视觉设计和听觉设计，形成企业信息的独特、统一的传播，发挥出让公众识别、认同、悦纳企业及其产品的功能，并有效地把本企业与其他企业区别开；而企业文化的主要功能则在于通过以企业价值观为核心的文化建设，说服、感染、诱导、激励、约束企业员工，认同企业理念，激发员工的积极性和创造性，从而提高企业的整体绩效。

（5）运作条件不同。企业导入形象识别系统有比较严格的条件限制，需要投入的成本也比较高，不是任何企业都有必要和有实力导入的。企业形象识别系统的各个子系统必须严格按照企业形象定位的要求进行策划与设计，而方案一经确定，在实施过程中必须严格遵循设计规范，不得随意改变。与企业形象识别系统的运作不同，无论什么性质和规模的企业，都有进行企业文化建设的必要，而且不受企业任何条件的限制。企业文化理论要求所有的企业都有意识地、自觉地建设优秀的企业文化。

3. 塑造企业形象是建设企业文化的重要手段

从以上企业文化与企业形象在层次上的对应关系可以看出，设计和导入企业形象的过程同时也就是建设企业文化的过程。因为企业理念识别系统的设计，其核心内容就是设计出包括企业使命、企业宗旨、企业精神等在内的企业理念，包含企业精神文化的全部要素，因而同时就是企业精神文化的整合与创新；企业行为识别系统的设计过程，同时也是企业制度文化和行为文化的构建过程；企业视觉识别系统和听觉识别系统的设计，也在不断创造和丰富着企业的物质文化；企业形象识别系统对内发布和实施的过程就是企业理念被员工认同和追求、企业制度和行为规范被员工遵守、企业视觉和听觉形象被员工认可和接受的过程，是企业文化的建设过程；企业形象识别系统的对外传播过程，同时也是企业文化的辐射作用的发挥过程。因此，企业导入 CIS 是进行企业文化建设的有效途径。

4. 以企业文化为核心进行企业形象管理

企业文化理论认为，一个企业必须有自己独特的指导思想、经营宗旨和哲学，有自己明确的价值准则、道德规范、文化传统，能够用一种崇高的精神力量说服人、凝聚人和激励人，从而在员工中形成共同的目标感、方向感和使命感。构筑企业形象必须以企业文化为核心，充分发挥企业文化对企业形象塑造的促进作用。

企业文化的实质是把管理的重点和注意力转向软性管理上，即从对物的管理转向对人的管理上，对员工的品格和行为的塑造上，而员工是塑造企业形象的主体；企业文化通过各种文化手段致力于员工共同价值观的培育，以在企业内部形成员工爱岗敬业、积极向上的文化氛围，从而为企业理念识别系统的建立奠定了坚实的思想基础；企业文化把员工看作企业的主体，重视员工的价值，注重员工之间的文化沟通，注重丰富多彩的文化仪式活动，从而为企业导入企业形象识别系统创造了一个团结、和谐的氛围；企业文化建设所创造的物质文化和精神文化为企业的形象传播提供了内容，也成为公众识别和认同企业的重要依据。因此，企业文化是企业形象塑造的精髓和灵魂，构筑企业形象必须以企业文化为核心。如果一个企业不通过建设企业文化去培育员工朝气蓬勃的进取精神、健康向上的价值观念、正义高尚的道德情操，从而把企业共同的价值观念变为员工的信念，企业是无法树立起良好的形象的。正如美国管理学家约翰·尼尔森在《管理圣经》中所说："能力决定着员工和企业的成功，而企业文化则决定着员工能以何种程度表现出能力。员工的能力——主动性、决断能力、以业绩为导向、以服务为导向、团队精神等——都是企业文化密不可分的一个组成部分。如果说能力决定着个人绩效的品质和特征，那么企业文化则决定着整个公司的能力水平。"[①]

可见，在导入企业形象识别系统和提升企业形象时，必须在企业文化建设上下功夫，脱离了企业文化这一深厚根基塑造企业形象，无异于在沙滩上建造摩天大楼。目前一些企业在设计和导入企业形象识别系统过程中，单纯在徽标、员工制服、建筑设施、广告口号等视觉和听觉方面做文章，忽视了企业深层的文化变革，不能建立起适应新的经营环境的经营理念和经营模式，使企业失去了个性，这样的企业最终必然会被公众所遗忘。

本章小结

21 世纪，企业面临着产品同质化、市场全球化、竞争跨界化、经营网络化、顾客感性化、媒体细分化、责任多元化等诸多新的挑战。面对复杂的竞争环境，企业之间的竞争在经历了产品力的角逐和营销力的较量之后，现正处于形象力的博弈阶段。因此，强化企业形象管理成为企业提升竞争力的新途径，形象管理也因此成为企业管理的侧重点，在企业管理中处于战略地位，具有极强的战略意义。

企业形象管理包括企业形象的信息管理、定位管理、策划与设计管理、实施与推广管理、维护与提升管理等内容。进行企业形象管理，必须遵循战略性原则、现实性原则和系统性原则。

企业文化和企业形象战略都是 20 世纪 60 年代以后兴起的企业经营与管理理论，二者具有层次上的对应关系。企业文化是企业形象塑造的精髓和灵魂，必须以企业文化为核心塑造和管理企业形象。

---

① 尼尔森. 管理圣经[M]. 北京：企业管理出版社，2004：260.

 **复习思考题**

1. 请以你自身的消费经历，谈一谈企业形象对你的消费行为所产生的影响。
2. 企业面临的经营环境对企业的形象管理提出了哪些新的挑战？为什么？
3. 简述企业产品力、营销力和形象力三种竞争形态的主要区别。
4. 简述企业形象管理的战略意义。
5. 企业形象管理包括哪些主要内容？
6. 为什么说构筑企业形象必须以企业文化建设为核心？

 **案例分析**

拓道金服的企业形象升级

拓道金服是杭州拓道互联网金融服务有限公司打造的汽车金融 P2P 平台。2018 年 12 月 22 日，拓道金服举办了"道五洲，拓未来"拓道网络品牌升级战略发布会，正式宣布品牌战略升级，将集团品牌升级为拓道网络，并发布了全新的品牌形象。

在过去 5 年的发展历程中，拓道金服坚持将合规性作为企业生存和发展的根基，在保障每一位用户资金安全的基础上，推动企业稳步前行，发展成为全国互联网金融行业车贷领域的标杆性企业，奠定了拓道金服的品牌基础、客户基础。

作为行业合规化的坚定拥护者，拓道金服始终秉承稳步发展战略，积极部署、落实备案工作，致力于打造依法合规、稳健发展、安全透明、诚信普惠的互联网金融服务平台。拓道金服在 2017 年 12 月接到金融办下达的备案整改通知书，并根据整改通知书要求自查自纠，每月向金融办报送合规整改进度报告。2018 年 6 月，拓道金服顺利通过杭州西湖区预验收；9 月，拓道金服向西湖区金融整治办提交合规备案自查报告；10 月，拓道金服接受行政审查。

拓道在创办之初，就选定了"汽车＋金融"的经营模式，5 年来，积极布局汽车金融生态圈。2018 年 7 月以后，拓道开展了大量 2B 机构的对接，包括和一汽、人保以及银行的合作，并在拓道金服的基础上将集团品牌升级为拓道网络。未来，拓道金服将在汽车抵押借贷撮合业务的基础上，扩展二手车及车主信用、保险等业务，结合拓道金服已有的汽车金融资源优势，打通汽车金融流通环节，建立汽车金融生态圈。

品牌战略升级之后，拓道金服将定位于专注互联网金融科技平台，与定位于互联网汽车金融科技服务平台的旺道好车并驾齐驱，成为拉动拓道网络集团发展的两驾马车。

作为中国汽车金融十强企业，拓道金服一直以透明、安全和诚信为目标。在 5 年发展的节点，拓道发布了全新的品牌形象。在品牌视觉设计上保留了一定的传承性，继续沿用核心品牌元素及色彩，保留橙色调，在比心、水滴、火焰、钱袋和铜钱形象基础上，设计出含苞待放花朵形 Logo，寓意美好、幸福，彰显出团结、汇聚的力量。另外，将辅助图形做了提炼，寓意比心，有你开心，有你放心！你的美好未来，由我们来守护。它像翅膀飞翔，告诉大家要快乐工作，用心生活！又像山峰耸立，开拓进取，敢赢敢拓道！

此外，拓道还发布了吉祥物——旺道。它的舌头是心形，脖子挂着钱袋挂坠，手势是比心，形象调皮可爱、喜气吉祥。与新品牌形象同时发布的，还有吉祥物——旺道及其定制版表情包，其比心的手势意为"有你，开心；有你，放心"，寓意拓道金服用心服务用户，让用户放心、安心、开心。

孵化了拓道金服之后，拓道正在打造第二个产品——旺道好车。旺道好车是一个互联网汽车金融行业平台，它的品牌形象以互联网汽车金融行业属性为基调，基于品牌关键词提炼进行专业化设计，其 Logo 结合了元宝、车轮、合作、旺财等元素，融入旺道首字母 W，标志着立足合作共赢，共创财富，深耕互联网汽车金融科技，体现汽车金融合作共赢、共创辉煌的宗旨。

值得注意的是，拓道金服吉祥物的比心手势，不仅代表着拓道网络让用户放心、安心、开心，还包含爱心和温暖的深层意义。

2018 年 12 月 13 日，由"菁瑛荟爱心汇"发起，以"共童成长计划"为主题的公益实践旅行爱心活动在云南开展，拓道网络与菁瑛荟爱心汇共同为云南省金平县勐谢、达绕两所山区小学的 768 名学生提供千余件冬衣冬裤、冬帽、围巾、手套、文体用品及首期 5 500 册图书，帮他们度过一个温暖的冬季，共建爱心图书室，助力乡村教育。

资料来源：拓道金服品牌战略升级 发布全新品牌形象[EB/OL]. (2018-12-25). http://biz.ifeng.com/a/20181225/45270204_0.shtml.

思考题

1. 拓道金服企业形象建设的目标是什么？为什么要进行企业形象的升级？

2. 结合案例，分析拓道金服的 5 周年形象升级的特点。

3. 你觉得拓道金服的形象升级有哪些值得借鉴的地方？还有哪些方面需要进一步完善？

4. 你如何看待拓道金服以"共童成长计划"为主题的公益活动在其企业形象塑造和管理中的作用？

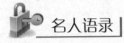

第二章

名人语录

当市场竞争变得日益激烈，企业需要强化其对目标顾客需求、特征及购买行为的理解。他们必须设计供应与形象，使之更富有吸引力。目标顾客会把形象问题与每一个供应商的产品质量、服务质量、价格等相联系。形象不一定总是精确，但它却影响着顾客的选择。

——菲利普·科特勒

学习目标

塑造独特且美好的企业形象已经成为企业提升竞争力的重要手段。通过本章的学习，应该能够了解企业形象及其类型，理解企业形象的重要作用及塑造独特企业形象的必要性，理解企业形象的主要特征及其对塑造企业形象的意义；理解企业形象识别系统的构成及相互关系；掌握企业形象形成各阶段塑造形象的主要策略，从而为有效地进行企业形象管理奠定基础。

本章关键词

形象、企业形象、企业形象的构成要素、企业形象的类型、企业形象的形成过程、企业形象识别系统

 **本章内容框架**

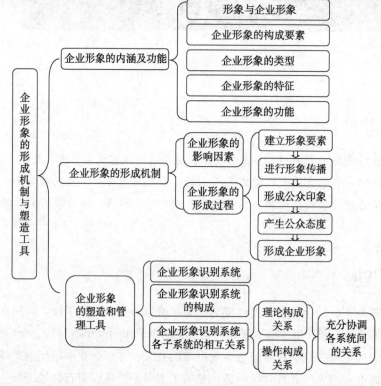

 **导入案例**

<h3 align="center">康佳：重塑形象　着力发掘年轻消费群体</h3>

消费升级使社会消费结构和消费群体的组成发生了日新月异的变化，年轻消费群体逐渐成为消费领域的主力军。如何吸引年轻消费者，成为各个行业各大品牌重点关注的问题。康佳在家电产品行业中，凭借敏锐的洞察力，率先向年轻化转型，在品牌形象和产品两方面同时着力，让企业形象深植年轻消费者的心中。

签约鹿晗，向年轻化转型

2019 年上半年，在北京举行的"一鹿有 AI——2019 康佳电视品牌之夜"发布会上，康佳正式签约鹿晗为康佳电视代言人。鹿晗的形象以及近年的转型，都与康佳电视自身品牌形象和转型发展历程相吻合。鹿晗亲切温和的正面形象与康佳的科技创新型企业的定位相契合，鹿晗拥有庞大的年轻粉丝群也与康佳品牌年轻化转型需要相呼应。鹿晗作为新生代偶像代言人，使康佳与年轻消费者之间建立起了有效的沟通方式，标志着康佳向品牌年轻化转型的战略决心。

在签约鹿晗的同时，康佳也多次开展走进校园活动，通过参与中国大学生广告艺术节学院奖的方式将品牌年轻化落地，建立与年轻人沟通对话的场景，树立在年轻消费者心目中的崭新形象。

变革产品，吸引年轻群体

在打造品牌年轻化形象之外，康佳对自身产品也进行了同步变革创新，于 2019 年 7 月推出了三款拥有划时代意义的电视新品。音乐电视 M1 将"全民 K 歌"应用软件内置其中，并且可与"全民 K 歌"良好兼容，拥有一键登录智能调音等功能，满足爱好唱歌的年轻人的需求；变频电视 R1，以芯片变频、背光变频、屏幕变频三大核心技术，利用技术优势迎合对于用户体验有更高要求的年轻人；人工智能 AI，使用户在使用电视时有更丰富的智能感体验，丰富了年轻人对于智能家电的想象空间。三款新品的发布，使康佳由传统家电品牌一跃成为年轻消费者心目中的家电首选。

在开展产品创新的同时，康佳也将其丰富的技术资源融入其中。OLEDV1 在行业内首次使用 8K 解码技术，能够应对未来 5～10 年的内容升级要求，LED 变频技术使 OLEDV1 在画质、音质、智能等方面表现也相当出色。除此之外，交互式体验同样吸引年轻消费者的眼球，装载康佳自助研发的 YIUI7.0 的康佳 OLEDV1 创新地使用了全新的交互方式——智能瀑布流呈现多样化的内容，YIUI 通过分析用户的观看习惯，实时向用户推送其最想看的内容。同时，康佳还将与视频播放平台开展合作，为年轻消费者带来更多的视频内容和更丰富的观看选择。

康佳此次的年轻化转型，不仅在宣传形象上进行了改进，同时深耕产品，使得产品各项功能都充分符合年轻人的消费心理和使用需求，不断推陈出新，打造高科技、好体验、更时尚的品牌形象。

资料来源：https://www.xinqtech.com/news/201908/1936606.html.

第一节　企业形象的内涵及功能

一、形象与企业形象

（一）形象

《现代汉语词典》(第 7 版)对"形象"的界定之一是："能引起人的思想或感情活动的具体形状或姿态。"从心理学的角度来看，形象就是人们通过视觉、听觉、触觉、味觉等各种感觉器官在大脑中形成的关于某种事物的整体印象，是人们对事物的知觉。形象一旦确立，就会不可避免地影响到人们的情感、思维和行为。

形象在形成过程中必须具备三个基本要素：①特定的对象，即形象体。形象体可以是一个人、一座城市、一个国家、一个物体、一种行为等。②形象体的关注群体。形象是特定的关注群体通过对形象体的关注所形成的。因此，拥有关注群体及形象体的信息能够有效到达关注群体，是形象形成并发挥作用的必要条件。③整体化的接受。一种形象的树立，必须建立在形象关注群体对形象体的整体化接受的基础上。言行一致、表里如一是形象树立的基本条件。

可见，形象不是事物本身，而是人们对事物的感知。不同的人由于认知能力和认知习惯的不同，对同一事物的认知会存在差异。经济学家肯尼思·多尔丁在《形象》一书中认为："形象就是深信不疑，它不一定会和真实情况吻合，只是在脑海中构筑出来的、自己相信是真实的事物。"由此可见，形象是人们的主观世界对客观世界的认知和反映，是人们获取客观事物的大量信息后所形成的综合印象。形象的特点包括：①形象是人们对某一事物的感知，但它不是事物本身。因而，形象可以是对事物错误的认知，即假象。②形象受人们的意识影响，它不完全是感觉的。③已经形成的形象会影响人们的行为。比如人们如果认为某企业的形象美好，就可能产生购买某企业产品的行为。因而，不同的人面对同一个对象，就会产生不同的形象，不同的形象会对人的行为产生不同的影响。

形象具有非常广泛的外延。从一个人到一个企业、一个学校、一个城市、一个国家、一个民族，都有其自身的形象。如北京人的"官味"、广东人的务实、有"九头鸟"之称的湖北人的精明等，都是人们对这些地方的人的整体印象；而泰山之雄、华山之险、衡山之秀、恒山之奇、嵩山之峻，则是"五岳"在人们心目中的形象。

在现实生活中，美好的形象总是以其独具特色的作用影响着人们的生活。

（1）认知与记忆。这是形象最基本的作用。依据心理学的研究，形象在人们对事物的认知与记忆中的作用几乎达100%，其中视觉形象达83%以上。因此，强化视觉形象是提升认知度和记忆度的重要手段。

（2）区分与识别。这是形象的认知与记忆作用的延续。人们在区分事物时，很大程度上依赖于其形象的表现和特征。

（3）吸引关注的。爱美之心，人皆有之。美好的形象总能吸引人们更多的关注与兴趣。这种关注一般先是视觉关注，然后是心理关注；先是感性关注，然后是理性关注，直到喜爱甚至追求。"女为悦己者容"，其目的就是吸引关注。因此，从视觉层面进行设计，使其给人一种审美的愉悦，是引发关注的重要手段。但如果只进行视觉层面的设计，而忽视内在品质的提升，这种关注终将是昙花一现。

（4）激发欲望。美好的事物总是能吸引人们不断追求。美好的形象能促使人们不断产生需求欲望和占有欲望。

（5）规范行为。当一种形象获得了某种认可后，该形象体系就成为一种无形的行为标准。形象主体的行为就进入这种无形标准的规范之中，并以此标准自律其行为。人们也会用该形象标准对其行为进行评价。如"一身正气，两袖清风，甘为公仆，克己奉公"就是党员干部的形象标准，规范着党员干部的行为。

（6）目标展示。作为个人或组织的形象，直接体现了形象主体的审美趣味和价值追求，是其目标追求的展示载体。

为了有效地发挥形象的这些独特作用，无论是个人还是企业，也无论是一个地区还是一个国家，都越来越把塑造和提升形象作为增强其吸引力与竞争力的重要手段。

阅读资料

2019"广州之夜"亮相夏季达沃斯

2019年7月2日，2019"广州之夜"亮相夏季达沃斯。本次活动紧扣"老城市、新活力"的主题，通过高科技和多种艺术创作手法，将粤剧、纸雕等传统文化融合智能机械臂、嘻哈街舞等现代元素，向世界展示了一个传统与创新交融、经典与时尚汇聚的活力广州。

"广州之夜"现场，共计 500 多位来自全球的商界领袖、政府部门代表、专家学者、社会知名人士应邀出席。广州市领导及市直有关部门、区主要负责人参加了活动。

作为夏季达沃斯期间举办的重要交流活动，"广州之夜"是广州向全球展示城市形象的重要舞台。本次活动是"广州之夜"连续第五年在夏季达沃斯亮相。

"少女南狮"成"网红"

一进入"广州之夜"现场，一股浓厚的"广府文化"气息就扑面而来。进场右手边，一件名为"少女南狮"的纯手工纸雕作品格外吸睛。南狮长 2 米，高 1.4 米。狮身皮毛均为淡粉、淡绿、浅白色等颜色的杜邦纸粘贴而成，在黄色灯光映衬下显得熠熠夺目、晶莹别透，仿佛有了灵性。尤其在松树、灯球等纸雕的衬托下，整组作品营造出轻盈浪漫的温馨气息。

南狮是广东醒狮中使用的重要艺术造型，原本形象威武，但经广州年轻艺术家的创新，有了温婉的气质。当晚，少女南狮吸引了众多嘉宾驻足观赏、合影留念，成为现场的"网红"。

浓厚的"广府文化"

场外，一台会绘画的机械臂不甘示弱，也吸引了大量嘉宾。这台机械臂可以自主绘画。嘉宾在电脑上选一张广州之夜的相关图片，单击"开始画画"，机械臂就会根据图片的线条计算出画笔的移动轨迹，再按照移动轨迹运动，在一张 A4 纸上画出图画，和原图几乎一模一样，并送给嘉宾作为活动纪念。

机械臂的身后，LED 屏幕上美轮美奂的珠江夜景布满整个大落地窗，让嘉宾仿若置身广州之夜的云山珠水。紧贴"老城市、新活力"的主题，演出现场采用了复合屏幕表现形式：左右各三块冰屏，舞台主屏幕则为一块 3 : 1 的超宽 LED。所有冰屏都吊挂在 3 米以上的空中，既保证了现场有足够的容纳空间，又把活动主 KV（主图）中的云山珠水等元素通过动画等形式充分呈现，营造出一个梦幻般的"广州之夜"。而在冰屏下方，正是以"大潮起珠江"为主题元素设计制作的餐台，恰好与冰屏的动画渲染融为一体。据了解，冰屏是一种新型 LED 显示技术，曾在平昌冬奥会闭幕式上的"北京八分钟"上惊艳亮相。相较于传统 LED，冰屏的通透率可达 85%，最大限度地提升了透视效果，是全球领域清晰度最高、透视效果最好的显示设备之一。

当晚的演出以极具岭南特色的广东木偶剧《人偶情》拉开序幕，在历时一个多小时的表演时间里，无论是独唱、乐曲合奏，还是舞蹈，都巧妙地将传统文艺形式与现代元素进行"混搭"，迅速拉近了与观众的心理距离。

本次"广州之夜"可谓精雕细琢、用心设计，现场处处可见传统和创新的交融、经典和时尚的汇聚、原始与科技的融合。紧抓粤港澳大湾区建设重大历史机遇，广州，这座"老城市"正迸发出巨大的"新活力"，绽放出国际大都市的独特魅力。

连续 5 年亮相夏季达沃斯

自 2015 年首次亮相夏季达沃斯以来，"广州之夜"已连续举办了 5 年。借助达沃斯论坛这一国际平台，千年商都广州不断向世界展示新时期的蓬勃生机。

作为中国对外交往的窗口，广州是千年不衰的通商港口城市，从汉代就有了海上贸易，唐宋时期海上丝绸之路更是通达波斯湾和东非等国。如今的广州已是中国国家中心城市、超大城市和国际大都市。

全力推动实现老城市新活力，这是广州当前着力推进的重点工作。广州正紧抓粤港澳大湾区建设机遇，深化重点领域和关键环节各项改革，同时制定出台多项举措，促进营商环境不断改善。深植于千年商都的肥沃土壤，一批广州本土企业快速成长壮大，不断走向世界舞台。

资料来源：http://finance.eastmoney.com/a/201907031167994781.html.

（二）企业形象

在当今社会，企业形象早已不是一个陌生的字眼。作为社会形象的有机组成部分，企业形象已经渗透到人们生活的方方面面，随时随地影响着人们的思维、情感和消费能力。一个耳熟能详的企业及其品牌名称或者标识，总能触动消费者的情感，引发意犹未尽的想象，从而影响着消费者的消费行为。企业形象是各类公众在与企业交往或与企业的形象要素接触过程中对企业的一切活动及其表现所产生的总体印象和评价，是企业精神文化的一种外在表现形式，是对企业的整体感觉、印象和认知，是企业经营和发展状况的综合反映。

企业形象包含以下三方面的内容。

第一，企业形象的主体是企业，是企业的客观实态在公众心灵上的投影。它是企业的一切要素及其表现，是企业有意或无意地展现在社会公众面前的所有活动及其表现。这就是说，企业的客观实态决定着企业形象的好坏。有什么样的企业行为及其结果，就一定会有什么样的企业形象。如果企业的客观实态是独特的、优美的、高品质的，那么，企业留给公众的印象也一定是美好的。相反，如果企业自身素质较低、行为恶劣，即使在某一时期通过广告等传播手段赢得了较好的评价，但终究会被揭去虚伪的面纱，露出其本来面目。正如美国前总统林肯所说："你可以在所有的时刻欺骗某一个人，也可以在某一时刻欺骗所有的人。但你不能在所有的时刻欺骗所有的人。"可见，企业在公众心目中是有口皆碑还是反应消极，在很大程度上取决于企业自身的主观努力程度。在激烈的市场竞争中，企业要获得公众的青睐，就必须坚持不懈地提高自身的内在素质，充分满足员工、消费者、供应商、社区公众、政府等各类利益相关者的利益要求，并积极、主动地进行整合传播，将自身良好的内在素质和优异的外在表现充分展现在公众的面前。

第二，企业形象的接受者是社会公众。它是社会各类公众对企业总体的印象和评价。企业形象不能等同于企业的客观实态本身。企业的客观实态只有被公众所认知和评价，才能形成企业形象。因此，企业实态要转化为公众心目中的企业形象，必须经历公众主观的反映和情感评价过程。这对于企业形象的塑造有两方面的意义：①单纯有优异的企业实态是难以形成具有广泛影响力的企业形象的。今天的市场环境，已不再是"桃李不言，下自成蹊"的环境，而是一个竞争激烈、信息过剩的环境。企业只有主动进行特色化的形象传播，学会"酒香还需勤吆喝、善吆喝"的本领，才能形成良好的企业形象。②企业形象好坏的评判，话语权在社会公众而不在企业自身。企业只有通过自身的经营行为和传播行为赢得公众对它的认同和支持，才能在公众心目中树立美好的形象。企业自我感觉良好，并不意味着公众对企业的印象和评价就好。企业要赢得公众积极的、正面的评价，就必须深入洞察公众的真实需求及情感特征，使企业的形象塑造活动和形象传播手段契合公众的利益要求、情感要求和价值要求，并随公众需求特点的变化而动态调整，从而激起公众的情感共鸣，才能给公众留下难以忘怀的印象。

第三，企业形象是企业员工长期努力的结晶。企业形象是公众对企业全部有形资产（建筑设施、生产设备、厂区环境、销售业绩等）和无形资产（品牌价值、知识产权、文化氛围等）的认知与评价，因而是企业长期发展成果的凝聚，是企业全体员工持续努力的结晶。良好的企业形象是企业宝贵的无形资产。因此，急功近利，一曝十寒，期望在较短的时间内通过加大传播力度以塑造良好形象的想法和做法都是不现实的。成功地塑造企业形象，必须具有超前的眼光、战略的思维、长远的打算，有组织、有计划、分阶段地实施。

二、企业形象的构成要素

企业形象由多种形象要素构成，公众正是通过这些形象要素形成了对企业的认知和评价（表2-1）。

表 2-1　企业形象的构成要素

要素类别	具 体 要 素
制度形象	体制、制度、方针、政策、程序
产品形象	质量、款式、包装、品牌、服务
员工形象	管理者形象、职工形象
环境形象	物理环境、人文环境
文化形象	历史传统、价值观念、企业精神、英雄人物、群体风格、企业道德、企业信誉、文化氛围
社会形象	社区关系、公众舆论
业绩形象	盈利能力状况、资产质量状况、债务风险状况、经营增长状况

表2-1中企业形象的构成要素可以分为有形形象要素和无形形象要素两大类。

（一）企业形象的有形要素

产品形象、员工形象、环境形象、社会形象和业绩形象等构成了企业形象的有形方面。

1. 产品形象

产品形象是企业形象的代表，是企业形象的物质基础，是企业的经营理念、技术水平、管理水平、员工素质等的综合体现和凝聚，是企业最主要的有形形象。企业的产品是企业各类公众对企业的第一印象。

企业形象主要是通过产品形象表现出来的。影响产品形象的因素包括产品的质量、功能、款式、价格、规格、档次、包装以及服务水平等，这些因素总体表现为企业产品的品牌形象。产品形象的好坏直接决定着企业形象的好坏。企业只有通过向社会提供质量可靠、性能优良、造型优美、服务优异的产品才能塑造良好的产品形象，得到社会公众的认可，从而在竞争中立于不败之地。

2. 员工形象

企业员工是企业生产经营管理活动的主体，是企业形象的直接塑造者。员工形象是指企业员工的整体形象，它包括管理者形象和普通职工形象。作为企业形象的有形要素，员工形象侧重于指企业员工的行为表现和精神风貌。

企业管理者是由拥有相应的权利和责任，具有一定管理能力从事企业管理活动的人或人群组成的群体。企业管理者及其管理技能在企业经营管理活动中起决定性作用，其管理水平直接决定企业的营运状况和业绩水平。管理者形象是企业管理者的知识、能力、魄力、品质、风格及经营业绩给本企业职工、企业同行和社会公众留下的印象。管理者形象好，可以增强企业的向心力和社会公众对企业的信任度。

职工是企业的根本。职工形象好，可以增强企业的凝聚力和竞争力，为企业的长期稳定发展打下牢固的基础。因此，很多企业在塑造良好形象过程中都十分重视员工形象的塑造和维护。职工形象是企业全体职工的服务态度、职业道德、行为规范、精神风貌、文化水准、作业技能、内在素养和装束仪表等给外界的整体印象。良好的职工形象表现为：其一，职工有良好的思想觉悟、较高的道德水平和敬业精神，这是良好职工形象的思想基础；其二，职工有较高的文化素养和专业知识，这是良好企业形象的智力基础；其三，职工专业技能熟练，工作经验丰富，这是良好职工形象的技能基础；其四，职工具有较高的工作热情、主动性和创造性，这是良好职工形象的精神动力。

3. 环境形象

环境形象主要是指企业的生产环境、销售环境、办公环境和企业的各种附属设施，包括物理环境和人文环境两个方面。物理环境指企业所处的地理位置、地形地貌、建筑设施和绿化水平等。企业厂区环境的整洁和绿化程度，生产和经营场所的规模与装潢，生产经营设备的技术水平等，无不反映了企业的经济实力、管理水平和精神风貌，是企业向社会公众展示形象的重要窗口。在环境问题日益突出、清洁生产成为共识的背景下，塑造"花园式"的企业已成为众多企业的追求。人文环境指企业在价值观、思维与行为方式等内外文化变量的作用下所体现出来的氛围。企业的人文环境中，良好的管理环境和文化氛围对于提高员工的向心力和凝聚力，激发其工作热情具有重要作用，而销售环境的设计和布局、造型、色彩及各种装饰等，则能展示企业文化和企业形象的格调与个性，对于强化企业的知名度和信任度，培育顾客忠诚度，提高营销绩效具有更直接的影响。

4. 社会形象

社会形象是企业通过社会公益行为以及带有公共关系性质的社会行为所塑造的企业形象，旨在博取社会公众的认同、好感和支持。有社会责任感的企业，总是把企业的发展同国家、社会、民生紧密地联系起来，奉公守法，诚实经营，维护消费者的合法权益；坚持以人为本，尊重和维护员工权益；保护环境，促进生态平衡；关心所在社区的繁荣与发展，为社区作出自己的贡献；关注社会公益事业，倾情回报社会。

5. 业绩形象

业绩形象主要由企业的产品销售量或销售额、资金利润率、资产收益率、每股收益等组成，反映了企业经营能力的强弱和盈利水平的高低，是企业追求良好形象的根本所在。一般来说，良好的企业形象，特别是良好的产品形象，总会为企业带来良好的业绩表现，而良好的业绩形象则会增强投资者和消费者对企业及其产品的信心。在证券市场上，有良好业绩支撑的公司的股票总是能受到投资者的追捧，从而享有较高的股票价格。如贵州茅台 2016—2019 年的每股平均收益为 23.92 元，其股价在 2021 年 2 月初达到 2 600 元以上，成为沪深股市的第一高价股，也是蓝筹股的典型代表。

（二）企业形象的无形要素

企业形象的无形要素包括企业理念、企业制度、企业信誉、员工素质、文化氛围等方面，更多地表现为企业内部的、深层的形象，构成企业形象的灵魂和支柱。

1. 企业理念

企业理念是企业的指导思想或经营哲学，是企业倡导并形成的特有的经营宗旨、经营方针、企业价值观和企业精神的总称，是企业形象的核心内容。它规范和制约着企业及其员工的日常行为，对企业的生产经营活动起着导向和指导作用。

2. 企业制度

企业制度是建立在企业理念基础上的、企业的管理者和一般员工都应遵守的各项规定、准则及行为规范，是企业理念得以贯彻的必要手段，是所有员工行为规范化、制度化和系统化的保证，也是企业得以顺利而有效运营的基础。

3. 企业信誉

企业信誉是企业的"金字招牌"，是企业无形形象的主要内容。首先，企业信誉建立在企业的优质产品和服务的基础之上，是企业理念长期贯彻的结果；其次，企业信誉依存于企业在与供应商、销售商、金融机构等利益相关者打交道的过程中严格履行合同、取信于人的行为表现；最后，企业信誉的建立也依赖于企业积极、主动地履行其承担的社会责任和义务。

4. 员工素质

企业员工的文化素质、敬业精神、技术水平、价值观念以及企业管理者的管理能力、战略眼光及个人魅力等，是企业员工形象的内在依据，直接影响着企业的行为和表现，影响着社会公众对企业的印象和评价。

5. 文化氛围

氛围是特定环境中的气氛和情调。企业的文化氛围是在企业整体环境中体现出来的特定传统、习俗及行为方式的精神格调。企业的文化氛围以无形的方式体现在企业环境中，使企业全体成员受到感染，产生思想升华和自觉意愿，从而对企业成员的精神境界、气质、风格的形成发挥十分重要的作用。同时，外来人员也能通过企业的文化氛围感受到企业整体的价值追求和精神风貌。

（三）有形要素和无形要素的关系

企业形象是企业有形形象和企业无形形象的综合，它们从不同侧面来塑造企业独特、生动、综合的形象。其中，企业无形形象是企业形象内在的、深层次的表现，是企业形象的灵魂和支柱；企业有形形象是企业形象外在的、表层的表现，是企业形象的重要组成部分。塑造企业形象，不仅要重视企业有形形象的塑造，更要把塑造企业的无形形象放在至关重要的地位。缺乏无形形象要素的有形形象，是没有生命力的。

九大指标：成就"全球最受赞赏公司"

2019年1月，《财富》杂志发布了2019年全球最受赞赏公司排行榜。苹果依然高居榜首，这已经是它连续第十二年夺冠。亚马逊、伯克希尔-哈撒韦、华特迪士尼、星巴克入围前五。

《财富》杂志发布的全球最受赞赏公司榜单被认为是业界的公司综合实力晴雨表，具有较高的权威性，其排名是根据企业声誉和绩效的九大关键属性来确定的。这九大属性包括创新、人员管理、公司资产使用状况、企业社会责任、质量管理、财务稳健性、长期投资情况、产品和服务质量以及全球竞争力等。

这份企业声誉调查是《财富》与全球知名咨询公司 Korn Ferry（光辉国际）合作开展的，共评估了约1 500家候选公司，其中包含1 000家收入最高的美国公司，以及在《财富》全球500强名单中营收超过100亿美元的非美国公司。Korn Ferry 调查了来自30个国家的680家公司，从各个行业中评选出15强企业和10大美国公司。

这次的评选方式依然和往期一样，首先挑选出约1 500家候选公司，包括1 000家收入最高的美国公司以及财富世界500强中收入不低于100亿美元的非美国公司。然后，从中选出各个行业收入最高的680家来自29个国家的公司。最终由3 750位高管、董事和证券分析师根据投资价值、管理和产品质量、社会责任、吸引人才的能力等九项关键指标，对各自行业内的企业进行打分，上榜公司的得分必须排在行业调查的前50%。

上榜的公司多为老牌企业、跨国巨头，实力彪悍，排名变动不大。而阿里巴巴也成功入围，位居34位，这是中国公司首次进入全明星榜单。这次阿里巴巴入围财富全球最受赞赏公司榜单也说明阿里巴巴已经被世界认可。苹果2018年大起大落，iPhone销量在中国市场遇到滑铁卢，但这依然没有影响它的价值，连续12年夺冠就是最好的证明。

因应全球的快速发展，组织面临着创新、变革和发展等各方面的挑战，光辉国际的研究人员对2019年《财富》全球"最受赞赏公司"上榜公司的领导者进行了调研，发现成功的组织越来越重视多元化和包容性（diversity & inclusion，D&I）方面的工作。调研中，绝大多数领导者（87%）认为 D&I 工作能对企业绩效产生积极影响。同时，87%的受访者表示，D&I 规划是组织竞争优势的源泉。调研还发现，上榜企业的领导者对多元化的定义超越了传统，83%的调研对象指出，组织的多元化既包含多元的思维和行为方式，还包括多元的员工背景。

在调研中，领导者指出目前推动多元化和包容性工作的主要目标在于：建立符合市场和客户服务需求的团队和人才流程，优化团队绩效，增强竞争优势。尽管领导者们预计这些问题在未来5年内仍将是优先事项，但他们相信，D&I会成为实现企业战略的关键途径。

在外部招聘方面，近四分之三（70%）的受访者对其组织在招聘女性领导者方面给予了肯定，72%的受访者认为拥有多元背景和不同特点的领导者团队，对组织的发展发挥了良好作用。

超过四分之三（78%）的受访者认为，其所在组织为女性提供了正式的辅导与培训发展，同时，74%的受访者表示，其组织针对不同背景和个性的员工，拟订了相应的辅导与培训计划。调研结果还显示，最受赞赏公司的领导者对辅导和培训计划的重视程度高于同侪。

然而，部分受访者认为，所在组织虽然重视D&I工作，但仍有待完善。只有66%的领导者认为D&I计划属于人力资源管理的职责范围，另有近一半的受访者表示他们的组织还没有设立"首席多元化官"的岗位或专门负责推进多元化的管理层岗位。

资料来源：http://3c.ycwb.com/2019-02/13/content_30196757.htm.

三、企业形象的类型

从不同的角度，可以把企业形象分为不同的类型。

1. 局部形象和整体形象

局部形象有两层含义：一方面，局部形象是某类公众，如员工、股东或消费者等对企业的认知和评价。由于不同类型的公众与企业具有不同的利益关系，评价企业的视角也就有所不同。因此，同一个企业在不同类别的公众心目中也就有了不同的形象。另一方面，局部形象是公众对企业某一部分、某一方面或某种属性的感知和评价，如产品形象、环境形象、技术形象等。

整体形象是公众在对企业的各个层面综合评价的基础上形成的总体印象。它既可以是不同类别的公众对企业的总体感觉，也可以是企业的各种形象要素所构成的局部形象的综合。

一般而言，就对公众行为的影响而言，企业的整体形象比局部形象具有更大的影响力。整体大于部分之和。所以，企业单纯在某一方面出色是不够的，必须在总体上让公众感觉美好。

2. 实际形象和期望形象

实际形象是社会公众对企业的真实看法和评价。它是公众对企业所处的环境状况和营运水平的实际状况的评价，是一种形象现实。实际形象分为受欢迎的形象和不受欢迎的形象。实际形象既是企业形象塑造的起点，也是影响企业未来发展的最现实的因素。

期望形象是企业期望在公众心目中形成的对自身的全部看法、评价和标准。它包括两种类型：一是理想形象，即企业对自身形象所做的较长远的规划和设计；二是目标形象，即企业希望通过某项或一系列经营管理活动的开展所要达到的形象状态。企业在经营管理中应拟定这两种期待的形象目标。

自我期望形象仅是一种期望值，起着指明努力方向的作用，而社会实际形象却是企业真实的形象状态。企业的实际形象可能与期望形象一致，但更多的情况可能是不一致，有时高于期待形象，有时低于期待形象。而当前的实际形象又是确定新的自我期望形象的重要依据。

3. 真实形象和虚假形象

真实形象是公众对企业的认知及评价与企业的真实状况及行为相一致时的形象状态，真实形象是企业的客观形象。当一个企业在公众心目中的形象与企业的实际状况产生偏差甚至完全相反时，这时的形象就是虚假形象。虚假形象就是失真的形象。形象失真源于形象传播过程中出现的各种噪声。首先，信息源本身不够真实，如企业进行了虚假的广告宣传；其次，信息本身真实，但传播者制作的信息形式及选择的传播媒介使受众产生了理解上的偏差；最后，公众本身的知识、兴趣、价值观念使其对企业的认知不全面、评价不客观等。

尽管企业完全避免形象失真是不现实的，但是，企业在进行传播时，一方面要牢记"公共关系之父"艾维·李"讲真话"的原则，确保信息真实；另一方面要尽量减少传播过程中的各种干扰，从而把形象的失真程度降到最低。

4. 内部形象和外部形象

内部形象是企业的员工、股东等内部公众对企业的认知和评价，外部形象是企业的消费者、供应商、经销商等外部公众对企业的认知和评价。由于员工置身于企业之中，对企业的了解更真实、具体，因而对企业的看法就可能更真实。但员工与企业也具有更密切的利益关系，其对企业的认知也可能注重局部而忽略整体，看重短期而忽略长期，因而，企业要加强内部沟通，使员工能够从整体、长远的角度认识自己所在的企业。股东是企业的投资者，基于对资金保值和增值的利益的关心，对企业的经营和管理现状、发展与盈利的前景的关注和认知比一般公众会更敏感、更深入。同时，企业的员工和股东也是企业最好的广告。员工及股东的满意度和自豪感会对企业的外部公众产生情绪感染，企业的口碑传播可以把企业积极的、正面的信息传递给外部公众，从而强化外部公众对企业的好感度和美誉度。因此，企业可以通过强化内部形象来提升外部形象。

5. 正面形象和负面形象

社会公众对企业积极、正面的评价就是企业的正面形象，否定、消极甚至抵触的评价就是负面形象。正如"金无足赤，人无完人"一样，由于不同的公众与企业的利益关系不同，任何企业在同一时期其形象都有正反两个方面。既有被肯定和认同的部分，也有被否定和排斥的部分。即使对于企业某一方面的特征，也会有一部分公众持认可和支持的态度，而另一部分公众持否定和反对的态度。如电脑制造企业生产的笔记本电脑一贯以黑色为主色调，被许多人认为庄重、高贵，但也被一些追求时尚的人认为死板和土气，缺乏时尚感。可见，企业的正面形象和负面形象是客观存在的，企业无法回避。对于企业而言，合理的做法是，一方面，要积极进行形象宣传，努力提升正面形象，使其处于主导地位；另一方面，要努力消除负面形象，特别是在企业出现重大形象危机时，要及时、主动地进行危机公关，避免负面形象的扩大。在一定程度上说，消除企业负面形象的工作就是提升企业正面形象的工作。

6. 主导形象和辅助形象

由于公众对企业形象各要素关注的程度不同，因此对企业的认知和评价也就不同。公众主要关注的形象因素所形成的企业形象构成主导企业形象，其他由公众不太关注的形象因素形成的企业形象构成辅助企业形象。由于不同的公众对企业形象因素关注的侧重点不同，因而，不同公众心目中的主导形象和辅助形象也就不一样。例如，对于奢侈品而言，消费者更关注其质量和档次，这构成了主导形象；价格不是关注的主要因素，价格就构成了辅助形象。而对于洗衣粉、牙膏之类的日用品，消费者则不太注重档次，价格和性能则成为主导形象。另外，由于消费者消费情境的变化，企业的主导形象和辅助形象也是相互转化的。一定时期的主导形象可能随着消费情境的改变和时间的推移而转化成辅助形象，反之亦然。因此，企业要时刻把握市场动向，洞察消费者需求的变化，并主动适应变化，以塑造良好的企业形象。

7. 直接形象和间接形象

根据公众获取企业相关信息的渠道的差异，企业形象可以分为直接企业形象和间接企业形象。直接企业形象是公众直接体验企业的产品和服务、接触企业的生产和经营环境或其他形象要素所形成的企业形象；而公众依据他人的经历或通过媒介传播等方式形成的对企业的认知和评价则形成间接企业形象。耳听为虚，眼见为实。直接企业形象的对象主要是企业的现实顾客，其好坏决定了顾客对企业的满意度和忠诚度。同时，一个满意的顾客是企业最好的广告。因此，应通过这些顾客的口碑效应影响其他潜在消费者，从而影响他们对企业的间接印象。可见，直接企业形象对于企业的经营和发展具有至关重要的价值。因此，企业在采取广告等多种手段扩大宣传、塑造企业的间接形象的同时，更要重视企业直接形象的塑造，这对于塑造和提升企业形象更具有决定性的作用。

阅读资料

阳光工厂迎万名消费者见证尖端品控

在 2018 年中秋国庆长假期间，最受瞩目的调味界盛事当数首届海天酱油文化节，持续16 天的活动吸引了上万消费者亲身体验酱油的阳光品质。在"打酱油"的过程中，消费者除了能近距离感受工业旅游的神奇魅力外，还有更多关于海天酱油的发现。

细节一：吃得到的放心品质

"海天酱油，亿万家庭熟悉和信赖的味道。"对于多数参加本次酱油文化节的消费者而言，厨房里用的是海天酱油，但真正亲眼看到海天酱油的生产过程，还是在这次的酱油文化节上。

沿着参观的路线，出现在消费者面前的，是海天融合了现代化技术的传统生产工艺：圆盘制曲、超大面积的晒池、密封的巨型晒罐……在"阳光工厂"里面，每一个环节的生产都在消费者的监督下运行。大至工人每一步的操作是否规范，小至生产过程中闻到的豆香味、酱香味是否正常，消费者都能在参观的过程中轻易辨别，感受海天对产品品质的信心保证。

有的消费者在参观过后感觉获益良多："原来我们家的酱油就是这样生产的，这下吃得放心了。"也有的消费者表示，在"阳光工厂"里闻到的酱香就是小时候的传统味道，电视上说得不假，好酱油真的是要晒出来！

细节二：看得见的智能生产

最高时速达 4 800 瓶以上的业内先进自动包装线、10 万级全封闭洁净灌装区域、从下达指令到装载完成只需 120 秒的自动化立体彩仓、带有传感器的无压力输送系统、偌大的车间内只有几位工人在监督设备操作……在"阳光工厂"内，前来参观的消费者对现代化的酱油智能生产环境赞叹不已。"瓶子在生产线上的高速传送，就像快要飞起来一样。"

在参观过程中，消费者了解到，海天除了有先进的生产设备作为智能化生产的支撑，还利用大数据技术，将酱油生产的工序进行标准化，将酱油的品质固化在可以量化的数据之上。

在强化生产设施与技术的同时，海天也配备了强大的科研力量，包括国家认可的实验室、菌种培育中心等。隔着玻璃，消费者可以看到科研人员对产品进行检验的全过程，了解海天为每一瓶酱油建立起的品质屏障，这令前来参观的消费者都对海天产品表示信赖和支持。

细节三：玩得到的品牌创意

传统的工业旅游多以展示历史资料为主，但在娅米的阳光城堡，消费者能感受到的是更加接地气的体验：讲述酱油生产工艺的 3D 电影、夹黄豆游戏、酱油吃法 DIY（自己动手制作）、品尝外面少见的酱油雪糕、"食力求生"系列的"文创"酱油自由涂鸦等。不同年龄的消费者都能在游戏、体验项目等环节中，既学到知识，又玩得尽兴。每个人都可以利用自己独特的创意，"玩转"娅米的阳光城堡。

感受到"接地气"的品牌力，消费者对海天酱油的品质自然亦更加信赖。许多消费者在参观过后，都对海天的品牌创意给出了好评。

放心、信赖、高品质是大多数消费者在参观过后对海天酱油的直观感受，更令消费者期待的是，这个国民调味大品牌未来继续以品质为根本，为大家的餐桌献上更鲜美的味觉享受。

资料来源：http://hn.ifeng.com/a/20181025/6974488_0.shtml.

四、企业形象的特征

（一）客观性和主观性

一方面，企业形象是企业实态的表现，是企业经营管理活动在社会公众面前的展示，是企业的客观实态在公众心灵上的投影，因而是客观真实的，具有客观性的特征。同时，良好企业形象的标准也是客观的。企业良好的经营管理水平、良好的企业精神状态、良好的员工素质、良好的领导作风、良好的制度规范、良好的产品、整洁宜人的生产经营环境等客观要素，形成了人们对企业美好的感觉和印象。

企业形象是客观的，因此是真实的。企业形象的真实性体现在企业的现象真实和本质真实两个方面。企业形象的现象真实主要是指企业的名称、地点、产品及其质量、服务、设备及生产环境等，都是看得见、摸得着的，是真实可信的；企业形象的本质真实，是指企业形象应该反映企业的本质特征，体现本企业的精神风貌和发展方向，符合企业的经营目标和时代潮流。

另一方面，企业形象又是社会公众对企业的印象和评价，与人们的主观意志、情感、价值观念等主观因素密切相关，又具有强烈的主观性色彩。首先，企业形象并不等同于企业的内部实态。企业实态是一种客观存在，这种客观存在只有通过各种媒体介绍、展示给公众，为社会公众认识、感知，才能形成具体的企业形象。如果企业不能把客观实态有效地、全面地传递给消费者，或是企业有意隐瞒缺陷，自我美化，就会使企业形象失真乃至虚假。其次，企业形象在形成过程具有强烈的主观色彩。企业形象是社会公众以其特有的思维方式、价值取向、消费观念、需要模式以及情感等主观意识，对企业的各种信息进行接收、选择和分析，进而形成的特定的印象和评价，因而其结果是主观的。最后，同一企业在不同公众心目中具有不同的形象，同一公众在不同的时期或处于不同角色对同一企业的看法也会有所差别。企业形象的主观性特征要求企业在进行形象塑造时，必须适应社会公众的价值观念、需求层次、思维方式和情感要求，而不是相反。

（二）整体性和层次性

一方面，企业形象是由企业内部的各种形象要素构成的一个完整的有机整体，具有整体性的特征。各要素形象如企业员工形象、产品或服务形象之间具有内在的必然联系。构成企业形象的每一个要素表现得好坏，必然会影响到整体的企业形象。因此，在企业形象塑造过程中，应把企业整体的形象要求和期望贯彻并体现在企业的经营管理思想、决策以及经营管理活动之中，从企业的外部形象和内在精神的方方面面体现出来，依靠全体员工的共同努力，使企业形象的塑造成为大家的自觉行为。企业只有在所有方面都有上乘的表现，才能塑造出一个完整的、全面的良好形象。

另一方面，企业的整体形象又是由企业物质形象、企业行为形象、企业制度形象和企业精神形象等不同层次的形象综合而成的，具有层次性。企业形象的层次性具体表现为：①企业形象内容的多层次性。企业形象可分为物质形象、行为形象、制度形象和精神形象四个方面。②公众对企业形象的心理感受的多层次性。例如，不同的人对同一企业因其价值观念和要求不同有不同的看法，同一个人对同一企业因其所处的不同位置或者扮演的不同角色也会产生不同的看法，同一个人在同一位置上的不同时期对同一企业也会有不同看法。③企业形象要素构成的多层次性。如前所述，企业形象包括产品形象、制度形象、员工形象、环境形象等多种要素。

因此，在塑造企业形象时，既要考虑企业的物质基础，又要考虑企业的社会影响；既要分析企业内部的各种因素，又要研究企业外部各类公众对企业的心理感受，使企业能够塑造出社会认同并能经受时间检验的成功形象。

（三）稳定性和动态性

一方面，企业形象一旦形成，就具有相对的稳定性。因为，企业形象的客观物质基础（如企业的建筑物、机器设备、职工队伍等）在短期内一般不会有太大的改变，人们的价值观、审美观和思维方式也具有相对的稳定性，企业行为的变化不会马上改变人们对企业已经形成的看法。因而，人们对企业的评价在一定时间内是相对稳定的。企业形象的稳定性可能导致两种不同结果：第一，相对稳定的良好企业形象一旦形成，就可以转化为巨大的物质财富，形成名牌效应；第二，相对稳定的不良企业形象一旦形成，社会公众对企业的不良印象就会在较长时间内存在。因此，每一个企业都应该努力塑造并维护企业的良好形象。

另一方面，企业自身在不断地发展变化，企业所处的外部环境也在变化之中，社会公众的价值观、审美观和思维方式也在随着社会的发展而改变。因此，企业形象又具有动态性的特征。这种动态的可变性，使得企业有可能通过自身的努力，改变公众对企业过去的旧印象和评价，一步一步地塑造出良好的企业形象。也正是这种动态的可变性，迫使企业必须有强烈的危机意识和永不满足的精神，丝毫不能松懈，必须努力维护企业的良好形象。因为良好企业形象的确立绝非一日之功，而是企业员工长期奋斗、精心塑造的结果。但是企业形象的损坏，往往是由于一念之差、一步之错。企业形象构成要素的任何环节、层次出现严重问题，都可能使长期培植的良好形象受到损害，甚至毁于一旦。

可见，企业在形象塑造上没有终点，只有起点。只有牢固树立"顾客至上"的观念，不断开拓创新，积极履行对各种利益相关者的责任，才能不断提升企业形象。

（四）对象性和传播性

企业形象的形成过程，实质上是企业借助一定的传播手段，使社会公众对企业进行感知、认识、评价并得出印象的过程。因此，企业形象的形成过程具有明确的对象性和传播性。

企业形象的对象性是指企业作为形象的主体，其形象塑造要针对明确的对象，不同的对象对企业关注的侧重点不同，企业必须根据各类公众的特点和意愿，确定自己特有的形象，从而具有针对性。企业的社会公众包括企业员工、供应商、营销中介机构、竞争者、顾客、金融机构及投资者、媒介机构、相关政府机构、相关性社会团体、社区居民等。他们对企业的认识途径、认识方式、关注程度以及关注角度各有不同，形成的印象和评价也就带有不同的特点。这就决定了企业必须根据公众特有的需要模式、思维方式、价值观念、习惯爱好以及情感特点等因素，适应公众的意愿，确定自己特有的企业形象。

企业形象的形成过程实质上就是企业信息的传播过程。企业形象的建立必须经过一定的传播手段和传播渠道，否则，企业实态就不可能为外界所感知、认识，企业形象也就无从谈起。传播作为传递、分享及沟通信息的手段，是人们感知、认识企业的唯一途径。企业通过传播将将有关信息传递给公众，同时又把公众的反映反馈到企业中来，使企业和公众之间达到沟通与理解，从而实现塑造企业形象的目的。企业信息的传播可以分为直接传播和间接传播两种形式。直接传播是指企业在经营活动中的有关信息直接为外界所认知，如企业的建筑风格、产品的造型及包装、员工制服等形象要素，公众在与企业的不断接触中形成对企业的认知和评价；间接传播是指企业通过报纸、杂志、电视、网络等各种专门媒介主动进行的传播。企业形象的对象性决定了企业传播在信息设计、媒体选择等方面必须具有选择性和针对性。

（五）独特性和创新性

独特性是企业形象的差异性。企业只有与众不同才便于公众认知、识别，从而在公众头脑里留下难以忘怀的美好印象。企业的独特性体现在企业独特的经营模式、独特的产品和服务、独特的企业文化、独特的场区厂貌、独特的标识体系等方面。可见，企业形象的独特性是内容和形式的统一。一方面要求企业的外部形象具有鲜明的个性，另一方面更要求企业的内在精神文化，即内部形象具有鲜明的独特性。

独特性以创新为前提，只有不断创新才能与众不同。因此，创新是塑造企业独特形象的源泉，是企业永葆青春的根本。一个故步自封、墨守成规、缺乏开拓精神的企业，其原有形象再好，也会被遗忘。企业只有不断地提升自身的市场洞察力，及时感知并积极把握市场变化的趋势，适时更新自身的形象，才能立于不败之地。

需要注意的是，创新并不意味着企业完全抛弃原有的形象，或者背离社会的主流价值体系选择另类的形象要素。另类的形象要素也许独特，但难以得到社会公众的高度认同，因而难以塑造良好的企业形象。企业只有在坚持正确的价值导向的基础上，把握时代脉搏，适应公众要求，把创新与继承有机结合起来，才能塑造出独特的、良好的企业形象。

五、企业形象的功能

企业形象是企业重要的无形资产，对于提升企业竞争力、促进企业发展具有举足轻重的功能和作用。

（一）乘数效应

经济学告诉我们，企业经营活动的过程是土地、劳动力、资本和企业家这四种生产要素的投入和产出过程，企业经营活动的产出是这四种生产要素共同作用的结果。如果用 Q 代表产出，用 N、L、K 和 E 分别代表上述四种生产要素，则有 $Q = f(N, L, K, E)$。如果把企业形象因素纳入，企业形象的好坏则会影响劳动者的积极性、影响自然资源和资本的配置方式等，从而对这些有形的生产要素作用的发挥产生乘数效应，从而极大地影响企业的经济效益。如果用 I（image）代表企业形象，则有

$$Q = I \cdot f(N, L, K, E)$$

这表明，企业形象是影响企业的产出，从而影响企业经济效益的一个乘数，且 $I > 0$。当 $I > 1$，即企业具有良好的形象时，企业形象能对企业的有形资源产生放大作用和乘数效应；当 $I = 1$，即企业的形象力较弱，人们对企业认知度较低，企业处于默默无闻的状态时，企业形象对企业的效益不产生影响；当 $I < 1$，即企业形象为负面时，企业形象会降低企业的产出和经济效益水平。可见，在纷繁复杂的市场环境中，企业的经济效益水平将受制于企业形象的优劣。良好的企业形象对企业的发展和经济效益的提高具有巨大的促进作用，低劣的企业形象则是企业发展和竞争力提高的极大制约因素。因此，促进企业发展，要从塑造良好的企业形象开始。

（二）导向功能

企业形象对企业内部和外部的资源配置起到积极的引导作用。

一方面，企业塑造形象的过程是一个战略规划与实施过程，是企业依据内外部的环境分析和价值取向，在深入调查研究和反复决策论证的基础上进行的形象定位与实施过程。企业形象的定位一旦确定，就将决定整个企业的资源配置、机构组成和市场取向，即决定企业员工的构成、素质要求和培训内容，决定企业主要资源的投向，决定企业的广告、公关等活动的选择。因而，企业形象引导着企业内部资源的合理配置，以实现资源的优化组合。

另一方面，企业形象引导着社会资源的流向。企业形象的好坏往往决定了银行是否愿意提供贷款，股东是否愿意投资、增资或者撤资，潜在的消费者是否愿意变成企业的现实的消费者，经销商是否愿意积极经销企业的产品，应聘者是否愿意投身于本企业的建设中来，政府部门是否愿意大力支持本企业的发展，等等。社会资源的流动总是体现着马太效应的特点。形象越好的企业越能够吸引到更多的社会资源，社会资源从四面八方向其聚集；形象不好的企业不仅不能吸引社会资源向其内部流动，其已经拥有的资源也会不断流出。

（三）凝聚功能

现代的市场竞争在本质上就是人才的竞争。现代企业对人才的争夺，不仅在于不断地吸引市场上的优秀人才，更在于留住企业现有的优秀人才，使其充分发挥作用。企业良好形象的树立，使企业建立起统一的价值观念和行为规范，从而形成一种团结、和谐、向上的氛围，形成一种独具特色的企业文化，有利于强化员工的自豪感和归属感，增强企业的凝聚力和向心力，从而将员工紧紧地凝聚在一起，形成"命运共同体"，使全体员工"心往一处想，劲往一处使"，成为一个协调和谐、配合默契的高效企业；可以使员工深切地感受到社会地位的优越和荣耀，从而产生一种心理上的满足；可以赋予员工一种信心，坚信企业的美好未来，并自觉地将自己的命运和企业的未来紧密联系在一起；可以使员工产生强烈的责任感和使命感，自觉地维护企业形象，并按企业美好形象的要求，自觉地规范行为，履行自己的职责，为企业的发展贡献自己的力量。可见，良好的企业形象所产生的凝聚力和向心力，正是企业内在动力的体现。人心齐，泰山移。企业形象建设的过程，既是企业建立统一的价值体系和精神文化的过程，又是企业在这一价值体系的引导下进行规范化管理、凝聚各种资源，进而形成企业强大的竞争力的过程。

（四）协同功能

随着企业的发展，企业在组织结构上会出现集团化趋势，在业务构成上会出现多元化的趋势，在地域上会出现地理范围扩大化甚至国际化的趋势。集团化、多元化和国际化的共同特征就是企业经营的复杂化、管理的分散化。因此，如何强化企业的统一性、内聚性，使企业步调一致就成为企业面临的现实问题。这时，运用统一的价值观进行管理，并以此为核心塑造独特的企业形象，有利于各关系企业相互沟通与认同，相互协作与支持，使协同效应发挥到最大限度。

（五）辐射功能

优势企业形象的建立，能产生强大的影响和辐射功能，提升企业的知名度和美誉度，从而，默默无闻的企业逐渐成为人尽皆知的企业，从不被关注的企业变成有口皆碑的企业。企业形象的强大的辐射力最终演变成强大的吸引力，最终形成企业强大的竞争力。

改变公司名称带来的价值

英国的鲍施·洛勃公司是光学仪器制造商，而且具备制造和工程方面的优势，但其股票变动却只为人数不多的分析人员所追踪，于是企业决心变革，在收购一系列其他公司后，变成一个以健康保健服务为主要内容的组织。

为了改变股票分析人员的观念，公司将自己公司的名称改为健康保健和光学国际公司，放弃以往的制造业名称，这样公司摆在分析人员面前的便是四个主要的盈利颇丰的领域，它们是个人健康、医疗、生物医学和光学。结果，公司的股票价格在6个月后增长了大约40%。

资料来源：http://www.offer-brand.cn/nd.jsp?id=87.

第二节　企业形象的形成机制

企业形象的形成过程既是企业进行形象设计和形象传播的过程，也是公众认知、认可企业的过程，这是企业通过各种传播媒介与社会公众相互沟通、相互影响的过程。在这一过程中，企业形象是在多种因素的影响下形成并不断变化的。

一、企业形象的影响因素

企业形象是在多种因素彼此作用和影响下形成的。影响比较大的因素包括以下几个。

（一）企业自身的素质及表现

企业形象的主体是企业。企业形象是企业的一切客观条件及其行为表现所形成的结果。因此，决定企业形象好坏的最基本、最直接、最客观的因素是企业自身的条件。企业位置的远近、规模的大小、设备的先进或落后、厂区环境的优美或杂乱、产品的性能及质量状况、市场推广行为及市场地位、财务状况、社会公益行为等都是决定企业形象好坏最直接的因素。

（二）社会公众的利益要求和价值观念

企业形象的客体是社会公众。企业形象是社会公众对企业的印象和评价。因此，社会公众对企业的利益要求和价值观念是其认知与评价企业的重要依据。从消费者的消费行为来看，爱美、求新、求名、求廉、求质等都是消费者追求的利益。不同的消费者因其经济条件和价值观念不同，因而追求的利益也就各不相同。越是能满足消费者相应利益要求的企业，就越能得到该类消费者积极、正面的评价。如注重质量的消费者对能提供符合其质量要求的产品和服务的企业往往评价较高，而对提供低价、质次商品的企业的评价就不一定高；注重价格的消费者对提供廉价产品和服务的企业往往情有独钟，而对创新能力较强、能不断推出新产品的企业的评价则不一定比前者高了。

除了消费者对利益的要求以外，社会公众对企业道德行为的关注领域和重视程度也日益成为影响其对企业认知和评价的重要依据。一般而言，企业的以下表现，会对其形象的提升起到积极的促进作用。

1. 热心慈善和社会公益事业

"扶危济困""乐善好施"向来是中华民族所崇尚的美德。企业热衷于社会公益事业，积极履行其社会责任，往往能赢得公众的积极评价。如 2008 年 "5·12" 地震时，加多宝公司反应迅速，捐款一个亿的行为就赢得了人们的 "要捐就捐一个亿，要喝就喝王老吉"（当时王老吉品牌由加多宝公司租赁经营）的赞誉。

2. 重视环境保护

环境是人们生存和发展的根基。积极进行清洁生产、不污染环境，或者虽然造成环境事故，但能积极进行环境治理和保护的企业，往往能够赢得公众良好的评价。

3. 以 "利他主义" 作为其行为的重要准则

利他主义就是在任何情况下不期望得到回报而积极帮助他人的行为。对于企业而言，追求最大限度的利润是其经营的目的，但这并不意味着企业只考虑自身的利润而不考虑他人的利益。如果企业树立 "利益相关者的利益第一，企业利润第二" 的经营理念，将其对利润的追求建立在各利益相关者利益满足的基础上，企业就必然能赢得公众积极的评价。企业的利益相关者主要包括 "SPICE"，即社会（society）、合伙人（partners）、投资人（investors）、消费者（customer）和员工（employees）。而如果企业能够使各类利益相关者的利益得到充分的满足，那么利润也就是自然而然的结果了。正如营销学大师菲利普·科特勒所说："世界上最令人尊敬、也最成功的公司都遵循为人民的利益服务，而不仅仅为自己的利益服务这一宗旨。"[①]而企业如果唯利是图、损人利己，则必然被社会公众所贬斥，企业最终也难以获得持续的盈利。

4. 企业正大光明的竞争品格

社会公众倡导光明磊落的高尚品格，排斥暗施伎俩的卑劣做法。如果企业在竞争中能积极创新，以不断提升自身的竞争力为基本竞争手段，而不是采用任何不正当的竞争方式，这样的企业无疑是能够赢得社会公众的尊重的。

社会公德是社会公众比较敏感的问题之一。如果企业在经营行为和传播活动中出现了有违社会公德的行为或信息，公众就很容易觉察出来，从而对企业在态度和行为上作出消极反应。因此，企业应采取积极主动的策略，严格遵守道德规范，积极履行社会责任，并在传播中强调企业的责任意识和道德观念，这样才能对企业形象的塑造和提升产生积极的促进作用。

---

① 科特勒. 营销管理[M]. 14 版. 上海：格致出版社，2012：602.

（三）社会结构变迁的影响

企业形象总是在一定的社会环境、一定的时间阶段之内建立起来的。在不同的历史时期，科技、经济、社会发展的驱动因素和水平各不相同，人们的文化价值观念也不同，因而，不同类型的企业在经济、社会发展中的地位和作用也就不同，人们对企业的认知和评价也就有所差别。

社会变迁是经济、社会结构的演变。它既表现为不同社会形态的质的变革（如资本主义社会取代封建主义社会），也表现为在同一社会形态下各方面量的变迁（如城市化进程等）。社会变迁的同时也伴随着不同类型的企业的地位和作用的变化，这成为影响企业形象的重要因素。其具体表现为以下几方面。

1. 科学技术的发展

科学技术的发展是推动社会变革的重要力量。如蒸汽机的改良带来的第一次产业革命、电力技术的发展带来的第二次产业革命、电脑信息技术的发展带来的第三次产业革命、网络技术的发展带来的产业升级等。不同的技术成就了不同的经济形态和经济水平，也成就了不同的企业。在工业化时代，具有强大的生产制造能力的企业在社会经济中扮演着主要角色，享受着较高的声誉，如美国的福特汽车公司、通用汽车公司、杜邦公司，日本的松下电器公司、丰田汽车公司，中国的鞍山钢铁公司、燕山石化公司等；在 PC 时代，微软公司、IBM 公司、戴尔公司、联想公司等的声誉不断提高，而传统制造企业在人们的舆论中则被相对淡化；在互联网时代，新兴的网络公司则逐渐占据了公众的心理空间，成为公众舆论关注的热点和重心，如美国的苹果公司、谷歌公司、雅虎公司、FaceBook 公司，中国的"BAT"公司（百度公司、阿里巴巴公司和腾讯公司）等。在国内出现手机后的很长一段时间里，消费者眼中的手机品牌只有诺基亚、摩托罗拉和爱立信。而在移动互联网时代，这三大手机品牌在消费者心目中的形象则被 iPhone、三星、小米、华为等品牌所取代。由此可见，科学技术的变革在带来经济、社会变革的同时，也在改变着企业在公众心目中的形象。企业要始终处于公众舆论关注的焦点，成为常青树，就必须抓住科技进步所带来的机遇，不断创新，始终站在时代进步的前列。

2. 国家政策和战略规划的调整

国家政策和战略规划的调整，会引起整个社会总体的有计划的社会变迁，会改变企业所处的社会环境和发展条件，促使企业相应地调整其战略以适应新的发展环境。因此，一方面，企业的自身行为发生了客观上的改变；另一方面，公众对企业认知和评价的标准也会因国家政策及战略的调整而相应改变，这些都导致企业形象的改变。例如，20 世纪 50 年代我国实行"赶超战略"时期，大干、快上是这一时期的主要特色，人们也主要用这一标准来评价企业行为，不会太多地关注企业的行为是否会造成环境污染的问题。20 世纪 80 年代以后，我国开始把环境保护作为一项基本国策，实施绿色发展战略，建设美丽中国。这一方面要求企业进行清洁生产和绿色营销，另一方面公众也逐渐把是否符合环境保护的要求作为评价企业行为的重要依据，这直接影响到公众对企业的认知和评价。

3. 企业管理理念和管理模式的变革

从管理学的意义上看，采用什么样的管理模式主要取决于管理者对人性的界定。泰罗制建立在"人是经济人"的假设基础之上，人际关系学派和行为科学则以"人是社会人"为理论基础，文化学派把人看作"文化人"。管理模式的变迁从根本上讲是对"人性"认识的变迁，管理模式的变迁也促进了社会的变迁，推动了公众对企业认知和评价的标准的变迁。在泰罗制占主导地位时期，工资高、奖金多就是好企业的标准；在行为科学占主导地位的管理模式下，能否满足员工的交往、归属、尊重等社会需要成为评价企业好坏的重要标准；在文化学派占主导地位的管理模式下，企业的文化品格、文化氛围逐渐成为评价企业的尺度，特色鲜明、轻松和谐、积极向上的企业文化，日益被员工看作是一种梦寐以求的福利待遇。

4. 社会文化观念的变革

社会变迁与文化变迁的关系是：①文化变迁是社会变迁的动因。文化变迁带来新的意识形态，进而推动科技发展、经济振兴与政治变革。如1978年以"关于真理标准问题的讨论"为契机的思想解放运动对经济体制改革以及整个社会变革的推进等。②文化变迁是社会变迁的结果。社会变迁（尤其是剧烈的社会革命）会对文化变迁产生巨大的影响。在现代社会，社会任何方面的变化都会在文化方面留下深深的痕迹。③文化变迁是社会变迁的条件。一方面，文化变迁为社会变迁提供方向引导和舆论支持；另一方面，文化变迁为社会变迁清除观念、思维、习俗等方面的障碍。

文化变迁的重要结果就是：公众在评价企业形象的标准等方面发生了巨大的变化，从而使其评价企业的视角和标准发生改变。例如，随着人文主义思潮的出现，西方企业经营中的"人本管理""参与管理"越来越受到好评；随着西方消费主义思潮的出现，越是重视消费者的欲望和激情满足的企业越来越受到好评；随着消费者主权意识的不断觉醒，重视与消费者沟通、尊重消费者权益的企业越来越受到好评；随着自然生态主义思潮的发展，强调对自然界的保护义务，致力于人与自然协调发展的企业越来越受到好评；等等。

可见，社会结构的变迁既是影响企业经营环境和经营行为的因素，也是影响公众认知企业的视角和评价企业的标准的重要因素。企业一方面要积极顺应社会发展的趋势，主动跟上社会变迁的脚步；另一方面要积极进行形象传播，主动引导公众的观念，使其产生有利于企业的认知和评价，从而树立良好的形象。

阅读资料

这些公司为什么能成为最鼓舞人心的公司

哪些公司最能鼓舞消费大众？亚特兰大一家成立5年的咨询公司声称已经找出了一个回答这个问题的方法。这个叫作 Performance Inspired 的公司，正在大力宣传一份名为"美国最鼓舞人心的公司"的调查。该公司首席执行官特里·巴伯（Terry Barber）表示，他的公司使用这份调查作为一项宣传工具和服务其客户的基准。

为了编制这份榜单，亚特兰大的数据分析公司 Decooda 在7月至11月收集到3 300份在线调查问卷，但反馈对于"鼓舞人心"这个概念的描述免不了会存在某些主管的自由发挥。首先，受访者需要想象出一家鼓舞人心的假想公司，然后写出有关这家公司的价值观、行为和态度，比如，它是如何对待顾客和社区的。然后，他们必须列举出一家真实的公司，并描述它该如何达到那家假想公司的标准。调查问卷会提醒受访者："请务必谈谈你对这家公司的感受和态度，就这家公司而言，你最喜欢它的哪一面，是哪些特性让它鼓舞人心。"

受访者会对一家公司鼓舞人心的程度进行打分，分值从 1 到 10 不等。这些调查还邀请受访者列举出，与那家假想公司相比，让这家真实存在的公司变得鼓舞人心的原因。巴伯在正文中表示，Decooda 分析了人们认为最重要的品质和他们使用的语言。如此一来，受访者的表述就变得有影响力，如果他们对一家公司赞不绝口，就会让这家公司获得较高的分值，如果只是给予适当的称赞，则会导致排名较低。夸张的描述同样会起到帮助作用。

那么，哪些公司会在榜单中遥遥领先？由亿万富豪埃伦·马斯克（Elon Musk）执掌的特斯拉汽车（Tesla），该公司是一家总部位于帕洛阿尔托的上市汽车制造公司，年销售额为 20 亿美元。在 Performance Inspired 展开这项调查的 5 年里，特斯拉首次入榜。巴伯表示，特斯拉今年摘得桂冠的原因之一，是该公司在今年 6 月份宣布，将公开其所有专利资源，这意味着它不会用专利手段来打击那些想要使用特斯拉技术制造电动汽车的竞争者。另一项消费者支持的工作是：特斯拉投资太阳能发电。"特斯拉对环保理念的贯彻产生了重要影响。"巴伯说。特斯拉已经在北美、欧洲和亚洲沿着交通繁忙的高速公路设置了 280 座免费使用的超级充电站。不少充电站还安装了太阳能发电装置，特斯拉还打算在今后建设更多具备太阳能发电能力的充电站。

排名第二的公司是总部在加州蒙罗维亚的连锁超市——乔氏超市（Trader Joes），该连锁超市已在美国 39 个州开设 481 家门店。受访者表示，他们最在意这家公司"对绿色健康理念的理解和坚持"，巴伯说。这些超市备有大量的新鲜农产品、藜麦等五谷杂粮和不同种类的酸奶以及其他的健康食品，不过它也出售巧克力、薯片等垃圾食品。巴伯说，受访者还认为该公司会善待它的员工，即使工资并不是尤其高，据薪酬网站 Glassdoor 显示，其"工作人员"的平均时薪为 13.82 美元。另据报道，乔氏超市在前不久宣布，它将针对每周打卡不到 30 个小时的员工缩小医疗保险覆盖范围。尽管如此，乔氏超市的员工仍是穿着夏威夷花衬衫工作。按照该公司网站的说法，"我们认为购物应该是件趣事，而不是一件苦差。"这种情绪显然蔓延到消费者的身上。"人们发现，与既博学又高度热情的员工打交道是种尤为鼓舞人心的体验。"巴伯说。

塔吉特（Target）从 2013 年的第五位跃升至 2018 年的第三位。2013 年 12 月——圣诞购物旺季期间，该公司遭遇严重的数据外泄事件，黑客盗走了多达 7 000 万消费者的个人信息。受访者对于该公司因数据外泄事件进行的道歉表示满意。"消费者们欣赏主人翁意识、责任心和透明度以及提出问题的能力。"巴伯说。消费者还对塔吉特的慈善活动和员工的志愿者项目表示欢迎。除了向学校的图书馆捐赠图书，塔吉特还针对 K12 义务教育学校展开的校外实习、儿童早期阅读项目和艺术项目提供助学金。它还赞助员工的志愿者项目，如员工翻新学校图书馆、给学生读书、捐赠事务和应对灾难。

资料来源：http://tech.163.com/14/1211/12/AD6DFEMT00094ODU.html.

二、企业形象的形成过程

企业形象的形成是一个渐进的、复杂的过程，也是企业通过各种传播媒介与社会公众相互沟通、相互影响的过程。如图 2-1 所示。企业实态和特征是企业形象的基础，而传播媒介是传播企业信息、塑造企业形象的桥梁，社会公众则是企业形象的评价者，其印象、态度和舆论在企业形象形成过程中起着决定性的作用。

建立形象要素 → 进行形象传播 → 形成公众印象 → 产生公众态度 → 形成企业形象

图 2-1　企业形象的形成过程

（一）建立形象要素

企业形象的形成以企业建立相关的形象要素为前提。企业既要建立建筑设施、环境布局、产品造型及包装、员工制服、交通工具等有形形象要素，也要设计和选择企业精神、企业使命、企业宗旨、企业经营方针等无形形象要素。从形象传播的角度看，企业建立的形象要素越具有独特性，越适合消费者的心理需求，就越便于进行形象传播。如独特的产品功能和造型设计，宜人的厂区环境和文化氛围，别具一格的企业口号和行为方式等，对于形象的传播和塑造都具有积极的促进作用。

（二）进行形象传播

企业实态及其特征不为外界所了解、认知，就无法形成企业形象。企业形象的形成是企业借助一定的传播方式和传播手段进行传播的结果。企业形象信息的传播有直接传播和间接传播两种类型。

直接传播是消费者通过消费企业的产品或者参观企业的生产环境、建筑设施获得的关于该企业的最直观、最生动的信息。耳听为虚，眼见为实。企业要注重形象信息传播的直接途径。

企业对外传递信息的媒体主要有两大类：自有媒体和租用媒体。自有媒体是企业能够自己控制的传播渠道，包括完全自有（如产品包装等）和部分自有（如企业的微信公众号等）两部分；租用媒体是企业通过租赁、购买等方式间接利用的媒体，如报纸、杂志、广播、电视、门户网站等。企业需要对两类媒体所传达的信息进行整合，以便使各个媒体所传递的信息高度一致，使企业得到形象传播的相乘效果。

1. 自有媒体

（1）企业视觉系统中的基本要素。企业名称、企业标志、企业标准字、企业标准色和企业象征物是企业基本的视觉要素，也是传递企业信息的主要媒介。

（2）人员要素。企业管理者、员工的个人形象及言谈举止，是传递企业信息的重要载体。如果企业要想塑造有影响力的形象，就必须充分重视这一因素的作用。

（3）商品要素。商品的质量、特性、功能、外观设计和包装等，反映了企业的经营理念、管理水平、技术水平和经营风格，是企业内在素质的集中表现。

（4）建筑及环境要素。这包括企业的办公楼、厂区的内部装潢和外观设计、环境绿化等。对于历史较长的企业来说，企业的厂区布局及建筑物的造型风格不易改变，但建筑物的外墙色彩及厂区的绿化是比较容易改变的。因此，企业要依据其形象定位进行设计，使其充分发挥信息传播的作用。

（5）企业的事务用品。企业在经营活动中使用的各种物品，如信封、信纸、名片、制服、车辆、旗帜、招牌、产品说明书等，在传递企业的经营理念和风格等信息方面，是企业信息传播体系的重要组成部分。

2. 租用媒体

在现代社会，大众传播媒介具有信息传播速度快、受众范围广的特点，是公众获得信息的主要途径。因此，大众传播媒介也就成为企业进行形象传播的主要途径。依照媒体技术的差异，大众传播媒介可分为印刷媒介、电子媒介和户外媒介三种形式。

（1）印刷媒介。印刷媒介主要包括报纸、杂志、图书等。报纸具有发行周期短、传播速度快、传播范围广、影响大的特点；杂志和图书具有针对性强、信息容量大、阅读周期长、出版周期长的特点。企业需要根据传播的目标、传播预算、受众的特点等因素有针对性地选择恰当的印刷媒介进行形象传播。

（2）电子媒介。电视、广播、电影、网络等是电子媒介的主要形式。电视声画并茂、形象生动、传播迅速、覆盖广泛，是企业传递形象信息的首选媒介；广播传播范围广、速度快、成本低，也是重要的形象信息传播渠道；网络作为信息社会的革命性标志，将文字、图像和声音有机地组合在一起，传递多感官的信息，具有传播的多维性、受众的活跃性、成本低、交互性强等特点，其影响力在不断提高。在移动终端设备不断普及的今天，移动互联网正日益成为信息传播的主要媒介，越来越多的企业建立了自己的网站，开通了自己的博客和微博账号，设置了微信公众号和网络社区，主动地运用网络社会化媒体与各类公众进行互动式传播与沟通。

（3）户外媒介。户外公共场所的建筑物、路牌、交通工具、电子显示屏等，是企业传播信息的重要载体。户外媒介一般都具有面积大、色彩鲜艳、主题鲜明、设计新颖、形象生动、简洁明快的特点，可以产生强烈的视觉冲击效果。同时，户外媒介发布周期长、受众接触率高，企业通过户外媒介宣传自己，可以将信息反复不断地传递给受众，给其留下深刻印象，形成印象的累积效果。但户外媒介覆盖面窄，信息更新慢，只能成为企业形象传播的辅助手段。企业需要与其他大众媒介整合使用，以便有效地进行形象传播。

（三）形成公众印象

印象是客观事物在人们头脑中留下的印迹。企业的公众印象就是公众对企业传播的各类形象信息所形成的认知，是企业实态特征在公众头脑中的反映。公众印象形成大致经过引起注意、产生兴趣、进行判断、形成记忆四个阶段。注意、判断、记忆是形成公众印象最重要的三个阶段。

1. 引起注意

注意是指人的意识对一定对象的指向和集中，它是印象形成的前提。注意包括有意注意和无意注意两种形式。有意注意是有一定的目的、需要做一定努力的注意。它既指向人们乐意去做的事，也指向人们应当要做的事。可见，这种注意是受人的意识自觉调节和支配的。一般情况下，公众不会为形成企业印象而付出努力，因此，有意注意对企业印象的形成所起的作用是非常有限的。无意注意是事先没有预定的目的、也不需要做主观努力就会产生的注意。无意注意的产生有两方面的原因：一是客观刺激的深刻性，包括刺激物的强度、刺激物之间的对比关系、刺激物的活动和变化、刺激物的新奇性等；二是人的主观意向性，包括人的兴趣爱好、心理状态、知识背景。强烈的客观刺激是产生无意注意的主要原因，人的主观意向也使其无意注意的产生具有一定的选择性。

因此，企业在进行形象传播时，一方面要突出刺激物本身的特点，提高企业信息刺激的强度，并充分考虑公众无意注意的场合和情境，以提高公众的注意度；另一方面，企业要充分研究公众的兴趣和爱好，使传播的信息符合公众的偏好，从而将企业信息传导进入公众的心目中，这样才能给公众留下深刻的印象。

2. 进行判断

当公众对企业信息引起注意，并进而产生兴趣后，便会对所关注的事物进行判断。判断是肯定或否定某种事物的存在，或指明它是否具有某种属性的思维过程，有直觉判断和复杂判断两种形式。印象的形成主要是基于公众的直觉判断。直觉判断的产生与判断者的经验、个性、角色、心理倾向、兴趣、当时的状态以及周围环境等因素密切相关。由于受心理定式影响较大，因而容易产生偏见。社会公众通过直觉判断而形成直觉印象。

因此，企业进行形象传播，应追求信息的美感，并突出企业的个性，通过高质量的产品、完善的服务体系、富有创意的广告和公共关系活动等，以激发公众对企业美好的心理体验，形成对企业良好的接纳态度和心理定式，激发公众作出可信、可靠的判断，以利于良好企业形象的建立。

3. 形成记忆

记忆是人们对感知过的事物、思考过的问题、体验过的情绪和做过的活动的识记、保持和应用过程，是对信息的选择、编码、储存和提取过程。记忆具有选择性，人们对某些事物容易记忆，而对另一些事物则不容易记忆。一般而言，亲身经历的、简单而又有意义的事物、曾激起过人们情感波澜的事物等容易被记忆。不过，记忆的东西也会被遗忘，德国心理学家艾宾浩斯提出的艾宾浩斯曲线，反映了遗忘"先快后慢"的特点。

要使企业在公众心目留下深刻的印象，就必须使企业信息在公众心目中留下深刻的记忆。这就要求企业在进行形象传播时，必须以简单而有意义的标识和口号对社会公众进行反复的、多角度的、多层次的冲击，只有这样，公众对企业才能记忆深刻。企业在公众头脑中的形象定型后，企业还要持续进行传播，以唤起公众记忆，使其永志不忘。

（四）产生公众态度

企业树立的形象如果仅仅满足于给公众留下深刻印象，那只是低水平的要求。只有当公众对企业有良好的印象，而且持有积极肯定的态度时，公众才会采取有利于企业的行为。

公众在对企业产生印象的基础上，会对企业产生积极或消极的情感及行为倾向，这就产生了公众态度。态度是人们在自身道德观和价值观基础上对事物产生的评价和行为倾向，是人们行为和情感活动的根本原因。社会心理学认为，态度由认知因素、情感因素和行为倾向三种心理因素构成，认知是基础，行为倾向是外显的，而情感因素对态度起着相当大的影响和制约作用。因此，企业形象传播必须以情感人，从而使社会对企业形成良好的支持态度。

公众态度的形成过程是社会公众对反复接收的企业信息进行接收、分类、分析、整理，并以其价值观念、心理倾向进行判断的过程。企业所传递信息只有符合公众的心理倾向、价值观念及其需要，才能被公众认同并接受，从而形成积极的、正面的态度。企业所传递的信息如果背离公众的价值倾向和心理需求，就会形成消极态度。只有积极的态度才能产生积极的行为。因此，企业在形象传播中，要充分研究公众的心理，使传播的信息符合社会公众的价值体系和心理倾向，以引导公众对企业形成积极态度。企业影响公众态度的策略包括：

1. 强化策略

通过不断累积企业的正面形象信息，强化公众的注意和兴趣，从而达到影响或改变公众态度的目的。可口可乐公司能够成为全球品牌中价值最高的品牌，与其自 1885 年诞生到现在的 100 多年来持续不断的广告宣传是分不开的。

2. 定势策略

企业对公众进行形象传播，要紧紧围绕自身的使命和核心价值观，"咬定青山不放松"，坚持不懈，从而使公众对企业产生比较稳定的印象，形成稳定的积极态度。例如，耐克公司之所以能够成为体育用品需求者的首选品牌，一个重要的原因就是，耐克公司对品牌的核心价值"JUST DO IT"持续不断地诉求，赋予了耐克品牌自由、自信、激情、洒脱的品牌精神，激起了消费者心灵的共鸣。

3. 迁移策略

利用公众对企业原有的某些方面的积极态度引发其对企业新的项目的积极态度，从而产生"爱屋及乌"的效果，是迁移策略的应用。如海尔公司将消费者对其电冰箱的积极态度迁移到手机、电脑等新产品上。利用态度迁移，比重新建立一种新的态度难度要小得多，速度也快得多，能收到事半功倍的效果。根据该策略，企业在进行形象宣传时，必须进行整合信息传播（integrated information communication，IIC），使企业形象协调统一，以利于公众形成对企业的新产品、新业务的积极态度。

4. 信度策略

企业在进行形象传播时，必须传播真实可靠的信息。如果传播的信息虚假，欺骗了社会公众，企业也许暂时得益，但一旦真相败露，就会引发公众对企业极端的对抗情绪，从而严重损害企业形象。所以，企业在进行形象传播时，必须"讲真话"，传播的信息必须与企业实态高度相符，从而使公众对企业产生信任感。

弥天大谎，使康美药业的千亿帝国毁于一旦

相信很多人都还记得多年前一首曾传唱大江南北的广告歌——《康美之恋》。这首由谭晶演唱、任泉和李冰冰出演的歌曲，讲述了康美医药创始人马兴田和他的爱人许冬瑾在清雅山水间相互爱恋、共同创业的感人故事。其唯美的画面，时隔多年仍让人记忆犹新。

10年过去了，《康美之恋》的主人公却面临着另一番情境。

在2018年10月以前，康美药业一直是股市的医药白马股，坐拥千亿市值，力压白云山、复星医药等公司，坐上了医药股的第二把交椅。然而，进入2018年第四季度后，公司似乎迎来了自2001年3月登陆上海证券交易所18年以来的"至暗"时刻。

2018年10月中旬，公司遭遇"黑天鹅"，随着股价急速下跌，市值也大幅缩水。数据统计显示，康美药业全年跌幅达58.39%，股价已从2018年年初的22.13元/股暴跌至2018年年底的9.21元/股，市值蒸发超500亿元。2018年12月28日，康美药业因涉嫌信息披露违法违规被中国证券监督管理委员会（以下简称"证监会"）立案调查。

2019年8月16日，该案件有了最新进展，在当日证监会召开的新闻发布会上，揭露了康美药业的系统性财务造假黑幕，系有预谋、有组织、长期、系统实施财务造假行为。同时，证监会方面透露已向涉案当事人送达事先告知书，拟对康美药业及实控人马兴田等22名当事人予以行政处罚，6名当事人被采取证券市场禁入措施。

根据证监会发布的"对康美药业等作出处罚及禁入告知"公告显示，2018年底，发现上市公司康美药业涉嫌财务造假，涉案金额巨大，立案后证监会集中力量进行查办。经查，2016年至2018年，康美药业涉嫌通过仿造、变造增值税发票等方式虚增营业收入，通过伪造、变造大额定期存单等方式虚增货币资金，将不满足会计确认和计量条件的工程项目纳入报表，虚增固定资产等。同时，康美药业涉嫌未在相关年度报告中披露控股股东及关联方非经营性占用资金情况。上述行为致使康美药业披露的相关年度报告存在虚假记载和重大遗漏。

康美药业造假案曝光，源于公司的一份年报更正。2019年4月30日，康美药业发布了一份"关于前期会计差错更正的公告"，康美药业称由于核算账户资金时存在错误，造成货币资金多计299.44亿元。由此，康美药业300亿元资金"不翼而飞"一事便开始不断发酵，最终牵出公司财务造假的黑幕。

在康美药业被曝财务造假的背后，最受伤的无疑是广大投资者。截至2019年一季度末，康美药业股东户数达28.38万户。另外，经统计，截至8月16日收盘，康美药业股价已跌至3.06元/股。交易行情显示，自康美药业造假案风波开始之后，公司股价在4月30日—5月9日连续5个交易日"一"字跌停，之后在5月17日康美药业正式被证监会认定财务造假，公司股价继续在5月21日—6月11日连收15个"一"字跌停。经东方财富统计数据显示，4月30日—8月16日康美药业区间累计跌幅达到71.13%。

随着股价的缩水，康美药业的市值也在不断走低。截至2019年8月16日，公司市值

152 亿元,而在 4 月 30 日的前一交易日,即 4 月 29 日,康美药业市值达 527 亿元。

另外,受财务造假风波的影响,康美药业于 2019 年 5 月 18 日发布了"关于公司股票交易实施其他风险警示公告",由于公司与相关关联公司存在 88.79 亿元的资金往来,该笔资金被相关关联公司用于购买公司股票,上述行为触及《上海证券交易所股票上市规则》13.1.1 条规定"投资者难以判断公司前景,投资者权益可能受到损害"的情形,根据相关规定,公司股票于 5 月 21 日起被实施了其他风险警示。

资料来源:证监会揭露康美药业系统性财务造假黑幕[EB/OL]. (2019-08-16). http://baijiahao.baidu.com/s?id=1642033128980425669&wfr=spider&for=pc.

(五)形成企业形象

公众舆论是一种含有多层结构的表层意识,是由公众的各种意见和态度构成的集合体。企业的公众舆论是企业形象形成的最后阶段,是社会公众对企业实态及行为肯定或否定的评价。舆论是公开发表的议论,因而具有很强的威慑力和鼓动性。公众舆论的好坏,直接决定着企业形象的好坏。好的公众舆论为塑造良好的企业形象提供了有利条件,坏的公众舆论则损害企业形象。

企业形象是公众观念中的总体印象,因而它可能和事实有出入,而且在不同公众的观念中,企业形象也可能有很大的差别。

在现实生活中,人们对企业形象的认识有两种错误观念:①企业形象是宣传造成的;②只要扎扎实实把企业中的各项工作搞好,自然会树立起良好的企业形象。在这两种错误观念的指导下就出现了两种错误倾向:①不在企业本身的建设和发展上下功夫,而是运用大量的广告投入甚至"炒作"等手段刻意追求企业的名声;②只埋头企业内部事务,不问企业在外的声誉。

因此,企业一方面要深挖内部潜力,苦练内功,不断提升自身的素质,从而奠定良好企业形象的坚实基础;另一方面,也要主动进行传播,积极影响和引导社会舆论。为了引导社会舆论,企业可通过新闻发布会、记者招待会、展览会、赞助、庆典及公告、广告等活动制造和引导舆论,以引起公众注意,扩大企业影响,消除公众的某些偏见或误解,使舆论导向向有利于企业经营的方向转化。

企业实态及特征的每个层面都会经过传播引发公众舆论。企业具有良好的实态特征,行为得当,就会产生好的公众舆论;在企业行为不当或是遭到误解时,如果能及时向公众表明态度,解释被误解的原因,承认错误或是说明真相,认真与社会公众取得沟通,求得理解或原谅,也能化解企业的形象危机。因此,企业要善于利用并积极引导公众舆论。

扩大知名度、提高美誉度是企业影响公众舆论的主要方法。

知名度是评价企业形象的量的指标,它是指企业被公众知晓和了解的范围与程度,体现了企业社会影响的广度和深度,是评价企业名声大小的客观尺度,不涉及公众对企业的评价的质的判断。企业知名度高,表示企业在外界名声大;企业知名度低,表示企业在外界名声小。

美誉度是评价企业形象的质的指标,它是企业被公众信任、赞许和肯定的程度,是评价企业社会影响和社会舆论好坏程度的客观指标。美誉度高,表明企业在外界形象好;美誉度低，表明企业在外界形象差。

　　企业的知名度与美誉度分别从量的方面和质的方面评价企业形象，是两个既相互联系又相互区别的概念。企业的知名度高，企业美誉度不一定高；企业的知名度低，企业美誉度也不一定低。任何企业要想树立良好的形象，必须同时把扩大知名度和提高美誉度作为追求的目标。

　　为了影响公众舆论，提高企业的知名度和美誉度，企业要重视以下方面：重视民意动向，积极把公众舆论当作塑造良好企业形象的契机；积极利用记者招待会、新闻发布会、展览会、公益赞助、广告等活动制造和引导舆论，以增进公众对企业的好感，扩大企业影响力；当企业成为公众舆论指责的对象，企业形象处于危机之际，企业要努力消除公众的某些偏见或误解，使公众舆论向有利于企业的方向转化。

第三节　企业形象的塑造和管理工具

一、企业形象识别系统

　　目前，世界上流行的企业形象策划和管理的理论和工具是企业识别系统（corporate identity system，CIS）。企业识别系统也称"企业的同一化系统"。其中的"identity"的含义为：①同一性，一致性；②识别，身份证明；③个性，特性。这多重含义全面揭示了CIS的核心内涵，即通过设计统一、一致的形象，塑造出企业的个性特征，形成企业间的形象差异，从而达到识别企业的目的。

　　面对CIS的艺术王国，人们感到几分神秘、几分好奇，由于它在世界经济领域里所产生的神奇效应，自CIS诞生以来，各个学科的专家学者由于研究的侧重点不同，因而对CIS的定义和解释也各有不同，见仁见智，各有特色。据不完全统计，对"corporate identity system"的各种翻译就有近10种，如"企业识别""企业识别系统""企业形象识别""企业形象战略""企业的同一化""企业综合识别系统""企业差别化战略"等。而对CIS的解释或者说定义更是丰富多彩，主要包括以下几个角度。

1. CIS是一种视觉设计

　　日本学者中村秀一郎认为："在企业经营活动的一环中，应把眼光放在视觉设计的机能上，综合企业内外的所有设计活动时，其中心概念就叫作CI。"

2. CIS是一种企业变革战略

　　日本有名的形象设计公司——PAOS公司的创办人中西元男认为："意图地、计划地、战略地展现企业所希望的形象，对本身而言，透过公司内外来产生最好的经营环境，这种观念和手法就叫作CI。"他进一步认为，"简单地说，企业改头换面，就是CI"。他还提出了企业改头换面的四种方法：设计视觉识别以提升形象及寻求标准化；革新业绩不振的经营理念和方针；改革员工的意识及企业的体质；自创有独特个性的企业经营范围。

3. CIS是创造企业独特个性的工具

　　中国台湾的CI学者林磐耸在《企业形象丛书》中认为，"企业以本身过去、现在及未来所实践的职责和将要达成的职责为基础，对于经济、产业、社会全体、地域社会中被期待或将被期待的事物，能尽量明确化，然后以方针创造企业独特的个性为首要。在这种情况下，广义的 CI 问题即正式登场。"

4. CIS 是一种信息传播战略

中国台湾艺风堂编译的《CI 理论与实例》一书认为："为加强企业讯息传达的功能，无论是透过印刷、广播电视或其他传播媒介，都必须以最快的速度让社会大众了解此消息是专属于某一企业所有。例如，企业名称、企业标志、标准字体、标准色、个性化的商品、宣传活动之标语设计、音乐或其他传达方式，均可灵巧地互换使用。这种做法就是让社会大众能识别某一固定的企业形象，因此称为'CI 象征'。"

5. CIS 是一种文化战略

日本索尼公司的宣传部部长黑木靖夫认为："我认为所谓 CI 应该翻译成'企业的差别化战略'，也就是在经营之中，如何使公司名称、标准字或商标与其他公司有所差别。为了要有所差别而改变公司名称或标准字，虽然也是一个有效的方法，但如果仅仅如此简单地考虑 CI 就是变更公司名称或标准字的话，公司必然毫无前途可言。"他认为，CI 应"向企业的经营方针繁衍出来"。从企业经营方针的角度理解 CIS，表明黑木靖夫认为 CIS 应该深入企业文化的深层，将 CIS 看作是一种企业文化战略。这一主张得到越来越多的人的认同。美国公共关系学专家罗伯特·D. 罗斯也认为："从强调公司独特之处的标准字体、造型、标志、车辆等情形来看，这是 CI 必备的要素之一。但正确的 CI 应由企业性质、一贯作风、经营或作业上看出，而非局限在企业的标准字体、造型、标志或车辆等表面性设计。"

综上所述，CIS 不是一个一成不变的概念，其内涵在随着时代的变革、企业的发展而不断地创新与变革，随着不同的民族文化而更新。但是，无论怎样变化，其基本精神是始终不变的。日本 CI 专家加藤邦宏说："对于企业界来说：CI 是一种问题解决学。"这就是 CIS 的基本精神。

CIS 无论怎样发展与变革，它始终围绕着一个理念核心在运动，这就是为企业解决问题，更明确地说是解决企业与社会、自然的关系问题，它所使用的工具就是塑造企业形象，它解决问题的方式就是不断变革，创造新的企业形象以改善和推进企业与社会、自然的关系状态，并以此推动社会发展，维护企业、社会、自然的动态平衡。因此，CIS 战略的根基始终是放在依据企业所面临的环境及其变化趋势进行企业自身形象的设计与开发上。所以日本的加藤邦宏说："CI 就是对企业整体进行设计工作；以企业整体的活动作为设计对象，使企业本身、个性的表现合乎时代潮流。"从这种立场出发，加藤邦宏认为："为了形成企业的形象而以设计开发为中心的活动，才是所谓的 CI。"

因此，综合以上分析，可以将 CIS 界定为：CIS 是企业在对企业实态和环境进行调研和分析的基础上，通过构建独特且统一的企业理念（MIS）和以企业理念为指导的行为（BIS）及视觉（VIS）、听觉（AIS）设计所构成的展现企业形象的系统，其目的在于使社会公众对企业产生一致的认同感，从而建立鲜明的企业形象，创造企业最佳经营环境的一种企业形象管理战略。

既然 CIS 是一种战略性活动，就不能将其视为一种"短、平、快"的权宜之计，而是贯穿于企业经营活动始终的活动，是一项系统工程，是一个需要多学科、多专业、多部门协同作用的工作领域，而不单纯是企业标识的艺术设计或企业管理各行其是的行为，也绝不是设计师与企业家的个别行为。不论是对于企业管理者还是对于设计师而言，一个成功的 CIS 的设计和导入，最终都要归结到企业发展战略层面和企业文化建设层面上来。

CIS 的产生与发展

从历史的角度看，企业形象的源头可以追溯到原始社会的图腾崇拜。从组织的角度看，军队和宗教是较早和较系统地使用形象识别要素的组织。

1851 年，美国宝龄公司董事长威廉·宝特发现：一些不识字的码头工人在蜡烛包装箱上画上黑色的"×"，以区别于肥皂包装箱；后来又被人用星星和月亮的图案来代替黑色的"×"，并成了蜡烛包装箱的固定标志。宝龄公司的这一举措开创了一个将视觉识别要素应用到商品上以说明商品归属的先河。1914 年德国的 AEG 电器公司邀请著名设计师彼德·贝汉斯将"AEG"三个字母设计成标志，一直沿用至今，从而成为欧洲最著名的标志之一，也成为统一视觉形象的 CI 雏形。

第二次世界大战以后，世界经济进入一个快速发展的时期，企业间的竞争加剧。建立一套具有统一性、完整性的识别体系以传达正确的企业形象成为迫切需要。

1951 年，美国国家广播公司由高登设计了巨眼标志，广泛应用于各种媒体，并以此作为进行企业经营管理的工具之一。

1956 年，IBM 公司导入 CIS，以视觉传达设计策略，把企业标志和商品品牌高度地统一起来，从企业生产经营的独特运行实态、行为方式、发展战略出发，先后设计开发了以设计领先、创造名牌为主题的理念识别系统，以全天候、全方位、全球性的限时维修服务为主题的行为识别系统，以优异性、时代性、科技性为主题的视觉识别系统，并切实地在企业生产经营的整个过程中加以推广。从 1956 年到 1978 年，IBM 公司设计、导入、实施、完善企业标志和企业识别系统将近用了 23 年时间。正是企业识别系统的导入，IBM 公司迅速发展成为美国公众乃至世界公众信任的"蓝色巨人"，并成为全世界规模最大、产品品质最好、市场占有率最高的计算机生产经营企业。因此，一般把 IBM 公司开始导入 CIS 作为 CIS 正式诞生的标志。

随着 IBM 导入 CIS 的成功，美国的许多公司，如可口可乐公司、麦当劳公司、东方航空公司、西屋电气公司、3M 公司等，都纷纷仿效，相继导入 CIS。由于美国的 CI 比较偏重于视觉设计，因此被称为"视觉的 CIS"。

20 世纪 50—60 年代是 CIS 导入风起云涌的时代，欧美各大企业相继导入 CIS，作为经营策略的新导向。随着企业国际化程度的不断加深，美国的一些企业还派出一批检查人员前往日本、澳大利亚等地检查驻外公司 CIS 计划的执行情况。于是，世界各国尤其是日本，开始接受美国式的 CIS 计划。

20 世纪 60 年代是日本广泛传播 CIS 的时代。1971 年，日本马自达公司为日本树立起企业形象策划的范例。随后，日本第一银行和劝业银行合并为第一劝业银行后导入 CIS。1973 年味之素公司、1974 年大荣百货公司、1975 年伊势丹百货和松屋百货公司，其他还有小岩井乳液、麒麟啤酒、三井银行、华尔歌内衣、美能达公司等相继导入 CIS。日本型企业形象策划不再是完全以视觉设计为中心，更多的是以企业理念的形成与贯彻为核心，注重企业理念要素所产生的作用，以及由理念贯彻而形成的企业特有的文化精神与凝聚力。因此，一般把日本这种以人为中心、以企业文化为基石的 CI 战略称为"文化的 CIS"。

20 世纪 60 年代末 70 年代初，CIS 也传到了欧洲。意大利 FIAT 汽车公司、英国的 LOCAS 公司等纷纷导入 CIS。

20 世纪 80 年代，韩国政府提出了"振兴大韩民国，塑造大韩民族形象"的主张。在政府的倡议下，韩国的一大批企业开始导入 CIS，进行品牌化建设。短短的几年时间，在韩国政府与企业的共同努力下，一大批有世界影响力的企业迅速崛起，如三星、大宇、现代、LG 等。

20 世纪 60 年代末，CIS 传入我国台湾。台湾最早导入 CIS 的是台塑集团。其他企业纷纷以台塑为榜样，陆续导入 CIS。70 年代，味全食品公司、统一食品公司、宏基电脑等相继导入 CIS。20 世纪 70 年代后期，我国香港逐渐引进 CIS。进入 80 年代后，CIS 得到全面推广，取得了令人瞩目的成就。在众多导入 CIS 的企业中，金利来公司 CIS 的导入具有典型意义。

企业形象战略是在 20 世纪 80 年代中期伴随着改革开放浪潮传入中国大陆的。最早接受该理论的是美术院校。1988 年，太阳神集团导入 CIS，这在一定意义上开创了大陆企业导入 CIS 的先河，被理论界称赞为"中国特色的 CIS 经典"。随后，李宁公司、白云山制药厂、神州燃气公司、上海市第一百货商店、中国国际航空公司等相继导入 CIS。20 世纪 90 年代，一大批企业通过 CIS 的应用快速成长壮大，成为各个行业的知名乃至龙头企业，如浙江的康恩贝制药股份有限公司、杉杉股份有限公司、娃哈哈集团，广东的科龙股份有限公司、三九药业，北京的新大陆集团等。到 90 年代后期，我国企业对 CIS 的应用已达到如火如荼的程度。

二、企业形象识别系统的构成

一个完整的企业识别系统是由企业理念识别系统（MIS）、企业行为识别系统（BIS）、企业视觉识别系统（VIS）和企业听觉识别系统（AIS）四个子系统组成的。

（一）企业理念识别系统

企业理念识别系统的建立标志着企业经营的哲学思想的确立，主要包括企业使命、经营宗旨、经营哲学、经营战略、经营方针、行为准则、企业价值观等内容。

企业理念重点解决企业的发展方向和目标的问题，属于思想意识层面，是无形的东西，但它是企业的灵魂，对企业的行为、视觉设计、听觉设计及形象推广具有统摄和支配作用，对企业的发展具有决定性的作用。美国 IBM 公司董事长托马斯·小沃森在《一个企业和它的信念》一书中分析 IBM 公司成功的经验时讲道："我坚定地认为：任何组织要生存和取得成功，必须要确立一套健全的信念作为该企业一切政策和行动的出发点；公司成功的唯一重要因素就是坚守这一信念；一个企业在其生命过程中，为了适应不断变化的生存环境，必须准备改变自己的一切，唯一不能改变的就是自己的信念。"可见，企业理念识别系统在 CIS 中处于核心和灵魂的地位，是导入 CIS 的关键。能否设计出完善的企业识别系统，主要依赖于企业理念识别系统的开发与设计。

成功的企业都有明确的经营理念

企业发展的历史表明，成功的企业都有明确的经营理念。亨利·福特基于从纺织工业那里借鉴的"大批量生产"思想，创立了福特汽车公司；雷·克罗克从亨利·福特那里得到启示，根据快餐的大批量生产的思想，创立了麦当劳公司；IBM 公司把"IBM 就是服务"作为自己的经营理念，从而树立起"蓝色巨人"的形象；汤姆·莫纳罕根据"地道的比萨饼 30 分钟即可送货上门"的思想，创立了多米诺比萨饼公司；耐克公司把"富有创新的设计，为运动员服务"作为自己的经营理念，明确了自己的发展方向，使耐克成为享誉世界的供应运动产品的公司。

（二）企业行为识别系统

企业行为识别系统是企业理念识别系统的外化和表现。企业理念要得到有效的贯彻实施，必须科学构建企业这一行为主体，并通过主体的行为活动把信息传递出去，以便让社会公众了解和认识企业。企业的行为包括企业内部行为和企业外部行为两个方面。企业的领导行为、管理行为、招聘行为、培训行为、沟通行为等构成了企业内部行为的主要部分；企业的竞争行为、广告行为、营销行为、公共关系行为等则构成了企业外部行为的主要内容。

从形式上看，企业的行为识别系统是一种反映企业动态过程的设计系统，是企业经营管理行为规范化、标准化的要求。因此，相对于其他识别系统的建立来说，它较为复杂，实施起来较为困难。但它却是企业形象识别系统真正建立起来的关键，是"企业的手"，企业的各种行为只有在企业理念的指导下规范、统一，并富有特色，才能被公众识别、认知、接受和认可。

（三）企业视觉识别系统

企业视觉识别系统是由体现企业理念和业务性质、行为特点的各种视觉设计符号及其各种应用要素所构成的系统，是企业理念识别系统和行为识别系统在视觉上的具体化、形象化。企业的视觉识别系统包括基本要素和应用要素两部分。企业的标志、标准字、标准色、象征物等构成了企业视觉识别的基本要素系统；企业的办公用品、员工制服、交通工具、产品包装、办公环境、企业招牌等构成了企业视觉识别的应用要素系统。有了视觉识别系统，企业就能及时地、鲜明地向社会传达企业经营的信息，使公众在视觉上受到强烈的刺激，在"欣赏和回味"中不知不觉地接收企业的信息，从而达到塑造良好企业形象的目的。

企业的视觉识别系统中基本要素系统和应用要素系统之间的关系，我们可以用企业树的形式来表示，如图 2-2 所示。

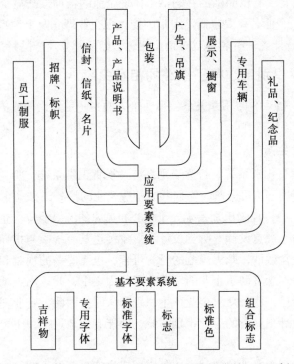

图 2-2　由基本要素系统和应用要素系统组成的"企业树"

（四）企业听觉识别系统

企业听觉识别系统是企业利用人的听觉功能，以特有的语音、音乐、歌曲、自然音响及其特殊音效等声音形象，利用听觉刺激传达企业理念、品牌形象的识别系统。在人们获取信息的途径中，听觉占 11%，因此，听觉刺激是建立形象识别系统的非常重要的途径。企业的听觉识别系统主要包括以下几个方面。

（1）主题音乐。这是企业的基础识别，主要包括企业团队歌曲、企业形象歌曲。企业团队歌曲主要用于增强企业凝聚力，强化企业内部员工的精神斗志；企业形象歌曲则主要用于向外部公众展示企业形象，以此增强其信任感。

（2）广告音乐。广告音乐是为企业的广告宣传而专门制作或精心挑选的并在传播媒介上反复播放的音乐艺术形式，有广告背景音乐和广告歌曲两种形式。广告音乐与广告画面及广告的其他声音相配合，有效地强化了广告的艺术效果和吸引力。

（3）上下班信号音乐。

（4）仪式音乐。企业在庆祝会、总结会、表彰会、纪念会、运动会等场合所使用的特定音乐。

（5）工作环境音乐。企业在工作场所所使用的音乐，主要是功能音乐，其目的在于以优美、轻松、格调高雅的背景音乐提高员工的工作热情，调节其劳动情绪，使其在轻松愉快中完成工作任务。

（6）企业口号。企业口号是为了加强受众对企业理念或商品的印象而反复使用的一种简明扼要的口号性语句。它以简洁的一句话来体现企业的精神，凸显企业的个性。

（7）企业名称。企业名称要求简洁上口，能体现企业理念及个性特点。例如洗涤用品企业命名为"立白"，让人一听名称就对企业理念、经营业务及产品特色印象深刻。

三、企业形象识别系统各子系统的相互关系

MIS、BIS、VIS 和 AIS 的相互关系包括两个方面：一是理论构成关系，二是操作构成关系。

（一）理论构成关系

CIS 系统中的理念识别系统、行为识别系统、视觉识别系统、听觉识别系统四个子系统相互联系、相互促进、不可分割，它们共同塑造企业的形象，推动企业的发展。

一方面，在 CIS 中，理念识别系统处于核心和灵魂的统摄地位。企业理念属于意识层面，它对企业的行为、视觉设计、听觉设计和形象传达具有统摄与指导作用。没有理念的指导，企业将成为一盘散沙，既无规范的行为可言，也无统一的视觉和听觉形象。企业形象识别正是将企业的理念贯彻于企业的经营管理行为之中，并运用视觉、听觉设计等多种传播工具进行整合传播，使公众对企业产生识别和认同。因此，企业理念识别设计是导入 CIS 的关键，能否设计出完善的企业识别系统，并能有效地贯彻，主要依赖于企业理念识别系统的开发与建立。

另一方面，企业理念是抽象的观念，其应用或实施需要靠人的行为。然而，企业仅通过员工的行为是无法充分地传达和树立企业形象的。在企业的行为活动过程中，必须借助一定的视觉设计符号、听觉设计符号和一定的传播媒介，并将企业理念应用其中，形成对广大公众的统一视觉和听觉刺激，才能真正加深公众对企业的认识和记忆。

CIS 中的四个子系统分别处于不同层次。如果将 CIS 比喻成一棵树，VIS 就是树冠，包括绿叶、花和果实，AIS 和 BIS 就是树干，而 MIS 则是树根，根深才能叶茂。如果将 CIS 比作一个人，MIS 就是一个人的心，代表一个人的想法；BIS 和 AIS 就是一个人的手，体现一个人的做法；而 VIS 则是一个人的脸，体现一个人的外观。三者偏废一方，都将不能形成完整的企业形象。"心"之所想，需要通过"手"之所做才能实现，需要通过"脸"之表情才能展现。

（二）操作构成关系

CIS 的操作构成关系指企业在导入 CIS 的过程中以哪个子系统为主体内容的问题。

从 CIS 的理论构成关系可以看出，企业在 CIS 操作中应以企业的 MIS 的确立为中心，MIS 的确立是导入 CIS 的首要工作。只有在 MIS 确立以后，BIS、VIS 和 AIS 的确立才有方向和依据。BIS、VIS 和 AIS 的操作必须在 MIS 的基础上来完成。

企业行为识别系统的建立是在企业理念建立的基础上首先要完成的工作。从企业内部行为识别系统来看，建立独具特色的企业组织结构和管理制度，设计符合企业自身特点的

考核、培训、沟通行为体系，是企业有效运行的基本条件，是企业必须着力做好的工作。从企业外部行为识别系统来看，不同行业中企业的行为识别系统有不同的特点和要求。对服务行业中的企业来说，其服务方式和服务特色本身就具有强烈的识别效应，在提供服务的同时就能建立独特的形象，如银行、航空公司、保险公司、旅行社等；对制造有形产品的企业（如建筑、空调、汽车、电视机、手机、电脑等）来说，其生产产品的行为主要在企业内部进行，行为本身难以对外部公众产生识别效应，因此，企业需要更多地注重营销、广告和公共关系等外部行为的开展。因此，企业行为识别系统的操作在不同类型的企业中差异性较大。

企业的视觉识别系统是企业理念和行为识别系统的最直观、最生动的表现，因此，企业视觉识别系统的操作是在 MIS 确定的基础上的又一项主体工作。这项工作对任何企业都是至关重要的。企业视觉识别系统是建立企业识别系统最直接、最便捷的途径。在企业 CIS 导入的早期阶段，VIS 的操作占了相当大的比重。尽管如此，但有的企业在导入 CIS 时甚至直接就把 VIS 等同于 CIS，却是 CIS 导入上的误区。在 VIS 中，基本要素的设计和制作是前提和基础，是应用要素设计和制作的依据，决定了应用要素设计的内容和方向；应用要素是基本要素的丰富和扩展，只有将基本要素融入丰富多彩的应用要素之中，才能充分地发挥 VIS 在企业识别系统中的作用。

企业听觉识别系统是利用听觉刺激传达企业理念、品牌形象的识别系统。在确定企业理念的基础上，企业一方面需要制作展现企业理念的歌曲和音乐，另一方面需要选择体现行业特点和企业个性的声音系统，这些操作在企业识别系统导入的初级阶段占有较大的比重。企业听觉识别系统建立以后，其推广和应用则贯穿于企业识别系统的始终。

建立四维识别，全面提升企业形象

国网天津检修公司全面展开以构建"四维识别"体系为核心的企业文化扎根行动计划，以此加快推进卓越企业文化建设，全面提升企业形象。

以视觉识别"入眼"，通过搭建文化传播电子平台，制作文化宣传典型图册，建设"五大核心品质"主题墙，建立"文化百味"电子书屋等方式，加强企业文化环境塑造和氛围营造。

以听觉识别"入耳"，将企业核心价值理念融入歌曲、演讲比赛、微电影创作等形式中，增强企业文化的听觉渲染。

以理念识别"入心"，通过开展固定和流动两种形式的道德讲堂，长效开展典型选树，组建"文化聚力"企业文化队伍等形式，增强员工做"优秀国家电网人"观念意识。

以行为识别"化行"，建立员工行为规范的培训竞赛考核机制，培养员工自觉主动维护"国家电网"品牌形象的意识和习惯。

资料来源：http://www.guangyuanol.cn/news/newspaper/2015/0331/353966.html.

（三）正确处理 CIS 各要素的相互关系

1. 不能把 VIS 和 AIS 等同于 CIS

有的企业错把 VIS 和 AIS 当作 CIS 的全部内容，以为导入 CIS 就是更换企业名称或品牌名称，改变企业的标志设计或色彩，就是改变企业建筑设施的外观，就是给公众造成一个独特而强烈的视觉印象，就是拍摄企业的形象片，就是创作企业的形象歌曲。因此在 VIS 和 AIS 设计上别出心裁。但由于忽视了企业理念系统的构建，忽视了企业管理制度和行为规范的建设，因此，尽管 VIS 和 AIS 设计本身很有特色，也难以对企业形象的提升产生积极的影响，甚至给公众留下浮夸、粉饰、名实不符的印象，产生了负面效应。因此，导入 CIS 不能只停留在 VIS 和 AIS 上，VIS 和 AIS 的导入必须建立在 MIS 导入的基础上。

2. 充分协调 CIS 内部各要素间的关系

CIS 的各要素必须相互协调，缺一不可。有的企业的理念识别系统与行为识别系统相互脱节，理念的要求不能通过行为贯彻实施，理念往往成为一种口号，给人一种说的是一套、做的又是一套的感觉；有的企业的视觉识别系统与理念识别系统不一致，视觉识别的相关要素不能有效地传达企业理念；有的企业是 AIS 与 MIS、BIS 不一致。AIS 可以看作 MIS 的音乐化的表达方式，AIS 所传达的价值观念和精神状态同样需要通过 BIS 和 VIS 加以展现。这些要素之间不相协调会造成传播上的混乱，无法达到提升企业形象的目的。因此，企业识别的各系统之间必须相互协调，统一于企业的理念识别系统。

3. 重视 CIS 的设计，更要重视 CIS 的实施与推广

策划和设计企业识别系统为提升企业形象奠定了基础，但精美的设计方案只有实施和推广才有价值。有的企业虽然设计了合理的 CIS，但是企业识别方案只是停留在文件上和 CI 手册上，没有通过一系列的营销管理活动进行推广落实。因此，再好的 CIS 设计都只是"镜中花""水中月"，企业理念不能成为员工的信念和行为准则，企业的行为规范不能对员工的行为提供方向和标准，企业的视觉和听觉识别要素不能被员工所了解和理解，企业的外部公众对企业的经营理念、行为规范、视觉识别和听觉识别也缺少认知。在这种情况下，CIS 设计得再好，也无法达到提升企业形象的目的。因此，一定要把 CIS 方案的设计与 CIS 方案的实施与推广结合起来，使方案落地，以充分发挥企业形象策划和设计对企业形象塑造与提升的促进和推动作用。

可见，CIS 涉及整个企业的管理问题，它是一个管理系统化工程。要想实施成功，必须在整个管理体系上下功夫。

本章小结

企业形象是各类公众在与企业接触交往过程中对企业的一切活动及其表现所产生的总体印象和评价，是企业有形形象和企业无形形象的综合，包括局部形象和整体形象、实际形象和期望形象、真实形象和虚假形象、内部形象和外部形象、正面形象和负面形象、主导形象和辅助形象、直接形象和间接形象等多种类型，具有客观性和主观性相统一、整

体性和层次性相统一、稳定性和动态性相统一、对象性和传播性相统一、独特性和创新性相统一的特征。乘数效应、导向功能、凝聚功能、协同功能和辐射功能是企业形象的主要功能。

企业形象的形成要受企业自身素质、社会公众的利益要求及价值观念和社会结构变迁等因素的影响，并经过建立形象要素、进行形象传播、形成公众印象、产生公众态度、形成企业形象等阶段。

企业形象识别系统是进行企业形象塑造和管理的工具。一个完整的企业识别系统由企业理念识别系统、企业行为识别系统、企业视觉识别系统和企业听觉识别系统四个子系统组成，它们既是理论构成关系，又是操作构成关系。因此，要想成功实施 CIS，必须在整个管理体系上下功夫。

复习思考题

1. 请以你最喜爱的某一企业为例，分析其各形象要素在你对该企业产生良好印象过程中的作用。

2. 请以你消费或求职的经历为例，说明良好的企业形象对企业的经营发展所起的作用。

3. 简述企业形象的特点对于塑造和管理企业形象所提出的要求。

4. 请以某企业的形象塑造和管理为例，简要说明企业形象识别系统中的四个子系统（MIS、BIS、VIS、AIS）的相互关系。

5. 如何正确地处理企业形象识别系统中四个子系统（MIS、BIS、VIS、AIS）的相互关系？

6. 为什么说"企业要想成功实施 CIS，必须在整个管理体系上下功夫"？请结合实例予以说明。

案例分析

TCL：用创新树立企业新形象

2017 年 7 月，CCTV《大国品牌》栏目陆续推出大国品牌纪录片《路》《行》《时代》篇，塑造了新时代大国品牌应有的企业和企业家形象。该栏目独家冠名商 TCL 旗下多媒体、家电、通信等产业的创新产品与技术也借此高调出现在大众视野，传递了 TCL 在 37 年发展历程中不断创新奋进的基因与担当。TCL 也不再是当年那个仅仅被人认为是制造"TCL 王牌"彩电的中国家电企业。

TCL 集团董事长、CEO 李东生在片中说道："不断创新的奋进是 TCL 不变的基因。"从创意到创新，TCL 将创新成果转化为全球领先的产品，让世界见证了大国品牌的实力。TCL 这 37 年的发展见证着中国科技行业的变迁，经历了一轮轮制造行业的转变。TCL 用 37 年的时间看到了未来，也通过对企业自身的揣摩构建了全新的 TCL。

2018 年 3 月 6 日，以"创享未来"为主题的 2018 春季新品发布会在上海老场坊举办。

意在追求年轻时尚的 TCL 也将产品及 TCL 的基调引向年轻化，新的全球品牌代言人马天宇的到场把活动推向了新燃点。TCL 本次在电视、洗衣机、冰箱、空调等方面纷纷发力，发布全新产品。

新品重推　TCL 家电建树依然强劲

X5、C6、P5 三款全新电视产品亮相。作为本次发布会的重磅新品，X5 将原色量子点显示技术和哈曼卡顿音响进行搭配，让用户获得影院级的视听体验；C6 创新的 Sound tube 音响设计搭配绅士灰音响网布，配合全面屏无边框设计，赋予用户更广阔的视觉享受空间；P5 则采用 MEMC 运动补偿技术加上 Q 画质引擎的助力，在 2018 年这个体育大年，将会为广大热爱足球的消费者带来更好的赛事享受时光。

以务实创新作为品牌基因的 TCL 洗衣机发布全新"免污＋"战略。2018 年中国区线下渠道业务率先实现全免污产品线，全力推进免污式共享洗衣机走进校园，关爱学子健康，2018 年停止非免污式洗衣机产品的研发投入，到 2020 年停止生产非免污式洗衣机，让更多的用户享受免污式洗衣机所带来的健康呵护，让创新惠及千家万户，更推动整个洗衣机行业向健康洗护转型迈向新里程。

在冰箱领域，从风冷到"风冷＋"，TCL 冰箱以一体式控制双变频技术为核心持续进行产品创新升级，为用户打造一个自然存储的智慧健康家。2018 年 TCL 冰箱全面升级智慧健康"风冷＋"品牌产品战略，将 AAT 智慧除菌系统在 250L 以上产品全面普及，所有新产品 100% 搭载抗菌门封、把手；到 2020 年健康冰箱销量达到 70%。

TCL 空调已经实现了连续 8 年的高速增长，是空调行业成长较快的企业。在智能化方面，TCL 空调鲜明地提出了"引领空调进入智能新时代"的产品精品战略。从 2018 年开始，变频产品将全线智能化。通过技术创新与融合，采用智能化、自适应化、网络化技术，实现智能节能、智能舒适、智能健康，产品更加适应不同用户的个性化使用习惯。让空调由标准化产品进阶为个性化产品。

技术引领创造　TCL 用实力打造全新企业语言

2014 年初，TCL 提出了双+转型战略，即智能+互联网，产品+服务。让 TCL 在大数据和互联网时代，从管理意识、产品设计等方面进行转变，焕发了新的生机。

到目前为止，TCL 集团在全球范围内拥有 7 000 余名技术研发人员、26 个研发中心、10 余家品牌联合实验室、22 个制造加工基地。每年的研发投入占销售收入的 4% 以上，注重创新创造成为 TCL 赖以生存的保障，TCL 正在以自己的工业创造能力获得社会认可。通过优势资源分配，分别在不同地域建立研发中心，有效地提振了当地创新能力，继而在当地拥有一批可以信赖的技术人才。TCL 率先在美国硅谷设立美研所，负责前沿技术信息收集以及互联网创新应用探索，有效地以最快速度获得最新研发技术同时转化为大批量技术实现。种种迹象表明，科技需要创新，创新需要专注，专注需要企业文化，足以证明 TCL 正在一条正确的道路上大踏步前进。

科技创新依赖材料创新，TCL 旗下华星光电、华睿、TCL 工研院光电研究所等内部技术研发中心正逐步实现 OLED 显示材料、QLED 显示材料等技术。技术层面的加持使 TCL 拥有在这些方面全面的主导权，同时据了解，TCL 已经率先布局，通过旗下产品的搭载来做更多技术与产品间的深度融合。

"全球化""消费升级"等进程的加快，为制造业迎来了新的机遇和挑战。人工智能（AI）、大数据、5G等热词的出现，为TCL在创新方面的布局铺设了全面计划，以AI为基础，TCL已经在不同产品上进行了尝试，未来也将从更多创新产品中获得新的技术，继而在"出海战略"上赢得先机，这是TCL作为大国品牌对于时代国家发展的责任感，也是作为大国品牌对于"新时代"的自驱动思考。

正如李东生在纪录片中表示："走前人没有走过的路，把不可能变为可能。"TCL在科技创新道路上的不断奋进或许能为中国制造企业奠定坚实的基础，也为中国企业树立良好的榜样。

资料来源：https://baijiahao.baidu.com/s?id=1594373837685458505&wfr=spider&for=pc.

思考题

1. 什么是企业形象？TCL通过哪些方面的创新塑造企业的新形象？

2. 上述案例展现了TCL哪些具体的有形形象要素和无形形象要素？这些形象要素分别给你什么样的印象？

3. TCL采取的树立企业新形象的创新策略能打动你吗？为什么？你对此还有什么建议吗？

4. 请用300字左右描述目前TCL在你心目中的形象。

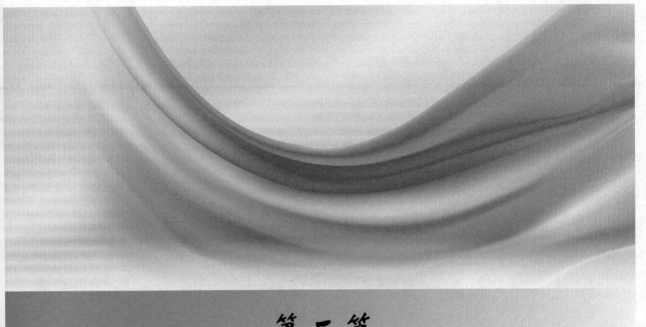

第二篇

企业形象的企划与定位管理

第三章

企业形象的调研与评估

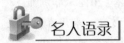 **名人语录**

作为一种资源，企业应当对信息进行悉心的管理。管理层应当建立相应的信息系统，以获取和控制这些信息的应用。我们绝不应当将信息视为企业活动副产品，而应将其看作决定企业未来成败的稀缺和宝贵的资源。管理者也许无法控制竞争对手和顾客的行为，但他们可以通过有效的信息系统来预知未来，并作出恰当的回应。

——戴维·W. 克雷文斯①

 **学习目标**

进行企业形象管理，必须对企业面临的环境及企业形象的现状进行充分的调查研究和评估。通过本章的学习，应该能够了解企业形象调研体系的构成及功能，了解企业形象调研及评估的主要内容，理解企业形象调研的重要作用，掌握企业形象调研及评估的主要方法。

✎ **本章关键词**

企业形象调研、企业形象调研体系、企业环境调研、企业实态调研、企业实际形象调研、企业形象识别系统、企业形象的调研方法、企业形象专项要素评估、企业形象总体评估

🍃 **本章内容框架**

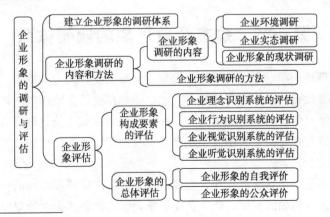

---

① 克雷文斯，皮尔西. 战略营销[M]. 10 版. 北京. 机械工业出版社，2016：106.

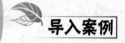

导入案例

2018 年中国企业在非洲的形象调查

2018·中国企业海外形象高峰论坛发布了由中国报道杂志社、当代中国与世界研究院和国际调查机构凯度华通明略联合开展的《中国企业海外形象调查报告 2018·非洲版》。该调查选取了埃及、肯尼亚、尼日利亚、南非 4 个国家的 2 000 名受访者，采用在线调查方式，对中国经济发展和中国企业海外形象进行了国际化、专业化的调查分析。报告显示，非洲受访者对中国整体形象评价较高，看好中国经济未来发展，最期待本国同中国企业在科技领域开展合作。

在中国总体印象方面，非洲四国受访者打分都比较高，达 7.3 分（满分 10 分）。分国家来看，埃及受访者对中国印象最好，得分高达 8.0 分，其次是尼日利亚 7.6 分、肯尼亚 7.0 分、南非 6.7 分。非洲四国普遍认可本国同中国双边关系的重要性，90%的埃及受访者认为中埃关系非常重要或比较重要，高于四国的平均水平（84%）。

在中国经济形象方面，非洲受访者看好中国经济未来发展，认可中国经济对全球发展、对非洲地区和本国发展的影响力。报告显示，超过 90%的受访者认为中国经济将在未来十年保持增长态势。埃及、尼日利亚和肯尼亚受访者倾向于中国经济未来"持续高速增长"。

在中国企业影响方面，超过一半的埃及、肯尼亚和尼日利亚受访者认为中国企业对本国经济发展起积极作用。埃及希望在科技、加工制造、能源资源和基础设施等领域深化对华合作。

报告中的中国企业形象评测从责任、公平、可信、成功 4 个维度综合评价企业形象。评测结果显示，埃及受访者对中国企业评价为非洲四国最高，达到 3.71 分（满分 5 分），高于非洲四国平均分 3.46 分。

在中非合作方面，埃及受访者对投资、建设经贸合作区，政府间签署合作协议，技术科研及先进生产合作，开通增加航线以便利交通、民间交流互访活动等领域的合作认可度较高，认可比例都超过 75%。81%的埃及受访者认为中企承建的埃及新首都中央商务区项目给本国发展带来了"积极影响"。

资料来源：http://shareapp.cyol.com/cmsfile/News/201812/12/toutiao162716.html?tt_group_id=6634095830649291268.

第一节　建立企业形象的调研体系

企业形象管理是一项巨大的、长期的工程，企业需要在人力、物力、财力等方面投入巨额资源，也需要耗费巨大的时间成本。因此，企业在进行企业形象的策划、定位及其他重大决策时，必须对企业面临的环境及企业形象的现状进行充分的调查研究，以便将企业形象的各项决策建立在对企业实态及企业未来发展的环境和条件全面、充分、切实、独特理解的基础上。

企业形象调研是一项系统的工作，在调研正式进行之前需要对调研的内容、方法、程序与时间安排等进行明确的安排，建立企业形象调研的体系。企业形象调研体系是对企业形象调研的内容、方式和程序等进行预先的统筹安排，一般包括以下内容：企业形象调研的目的、内容、对象、方法、项目的选择；企业形象调研程序和期限的安排；企业形象调研成果形式的确定等。

企业形象调研的内容从整体上对调研项目进行类型化整理和安排。从性质上讲，企业形象调研的内容主要分为三大类：①企业环境调研；②企业实态调研；③企业形象调研。

企业形象调研的对象包括企业内部和企业外部两方面。具体而言，企业形象调研的对象就是企业的员工、股东、顾客、供应商、经销商、政府、金融机构、社区、媒体等各类利益相关者。

企业形象调研的项目在某种意义上就是调研内容的明细表。企业形象调研是为企业形象策划与决策提供依据。因此，形象调研人员必须紧紧围绕企业形象存在的问题和企业对未来形象的期许，开列一个涵盖全部调查内容的调研项目。这样，在调研时才知道自己需要了解什么问题，调研对象需要回答什么问题。通过调研对象对调研明细项目的回答，企业形象策划与管理人员才能获得与企业形象有关的全部信息，从而进行科学、合理的决策。

与前述的调研内容一致，企业形象调研项目可分为企业环境调研、企业实态调研和企业形象调研三类。

企业环境调研重点调研影响企业未来生存和发展的P（政治法律）、E（经济）、S（社会）和 T（技术）等宏观环境因素；包括消费者、现有竞争者、潜在进入者、替代品生产者、供应商"五力"因素的行业环境因素等。

企业实态调研重点调研影响公众对企业认知的企业生产状况、营销状况、财务状况、管理状况等实际表现。

企业形象调研重点调研公众对企业的认知和评价，主要从企业的认知度、美誉度和信誉度等方面来调研企业的总体形象，从企业的技术水平、市场表现、公司风气、企业领导者等方面来调研企业的专项形象。

企业形象调研的方法是企业进行形象调研接触调研对象、获取相关数据并对数据进行分析处理所采用的方式和技术手段。企业形象调研的方法包括收集形象数据所采用的调查方法和处理形象数据所采用的研究方法两方面。

企业形象调研的进度一般可分为调研准备、形象调查和形象研判三个阶段，调研人员可根据形象策划的计划与调研内容的繁简制定调研进度表。调研准备阶段主要是做好确定调研人员、调研内容和对象、调研方式，印制调查问卷，制定调研进度和具体的工作计划等准备工作；形象调研阶段是依据调研内容，或收集与企业有关的二手资料，或对调研对象进行实地调研收集一手资料的阶段；形象研判阶段是对收集的资料进行分类整理并解析，完成企业形象的调研报告的阶段。

企业形象调研的成果一般以调研报告的形式体现。该调研报告对企业面临的环境、企业的营运状况和企业形象的现状进行理性的、全面的分析，找出企业形象主要的问题点及面临的机会点，从而为提出企业形象的总概念，为企业进行合理的形象定位、设计及实施形象方案提供依据。

调研报告的写作过程中的具体工作包括：①在综合分析调研的信息资料的基础上确定调研报告的主题；②汇集调研资料，概括调研项目存在与变化的一般情况；③综合研究调研资料，提炼出对企业形象相关问题的看法与观点；④依据调研资料，提出优化企业形象的对策建议。

　　一般来说，企业形象调研报告应包括：题目；目录；内容概要；有关调研目的、方法、时间等调研情况的介绍；企业认知度及公众认知本企业的途径；企业的业种形象、事业领域形象及规模形象；企业的基本形象和辅助形象的状况；企业名称、标准字、标志、色彩等形象要素的认知、意义联想及文化融合度状况；企业产品、服务及日常经营行为的评价；优化企业形象的建议；附录；等等。

第二节　企业形象调研的内容和方法

一、企业形象调研的内容

　　企业形象调研是 CIS 委员会成立之后进行的第一项基础性工作，其目的就是为企业形象策划与设计提供依据。只有通过调研，才能深入了解企业的经营发展所面临的环境特点，公众对企业的评价，企业在理念诉求、视觉听觉表现、信息传递等方面存在的问题，从而找到企业形象策划与设计的方向和目标。进行企业形象调研，重点要调研企业面临的环境、企业营运的实态和企业形象的现状三方面。

（一）企业环境调研

　　这里所讲的企业环境调研，是指对企业外部环境的调研。企业的外部环境提供了企业经营和发展的外部条件，也提供了企业形象塑造的外部条件。综合来说，企业环境调研的内容主要包括以下几个方面。

1. 政治法律环境调研

　　政治法律环境由一个国家或地区的政治制度、方针政策、政治生态、政治倾向及法律法规构成，对企业经营发展具有决定性的影响。企业的经营和发展，必须在国家政策和法律所规定的框架内进行。因此，国家政策和法律法规，是进行企业形象管理必须充分考虑的环境因素。当企业的活动空间只在国内市场时，企业只需要重点对国内的政策、法规进行调研。其一般包括党和国家的方针、政策、法律、条例等。与企业的经营活动直接相关的法规，如《中华人民共和国公司法》《中华人民共和国民法典》《中华人民共和国消费者权益保护法》《中华人民共和国反不正当竞争法》《中华人民共和国商标法》《中华人民共和国广告法》《中华人民共和国环境保护法》等，企业都需要深入调研并密切跟踪。

　　谋求进入或已经进入国际市场的企业进行形象管理，则更需要深入地调研对企业的经营活动具有重要影响的国际政治与法律因素，包括目标国的政治稳定性、目标国与企业的经营内容相关的政策和法律规定、相关的国际惯例等。

2. 经济环境调研

　　对经济环境的调研主要是把握国民经济的发展状况和趋势、人民的收入水平、消费者的消费趋向等，以便企业在进行形象管理的过程中能够恰当地界定其事业领域和发展方向。具体包括：目前国民经济运行的态势和未来的发展趋势；国民收入水平和消费趋势；国民经济所处的周期阶段；企业所处行业的生命周期阶段；产业结构的状况及演变趋势；对外贸易的发展状况及前景；世界经济的发展状况及趋势等。

3. 市场环境调研

企业面临的市场环境包括市场需求环境和市场竞争环境两方面。企业形象的好坏，主要决定于企业的市场表现及地位。因此，对企业的外部环境的调研，必须特别重视对企业的市场需求状况的调研。企业提供的产品和服务有充分的市场需求，企业才能生存和发展，企业形象才有扎实的基础。对市场需求的调研主要包括两方面：一是对当前市场对企业所提供的产品和服务的需求状况的调研，二是对市场需求的变化趋势的调研。只有充分把握市场需求状况和变化趋势，企业在进行形象管理时才能制定与市场需求状况相一致的企业形象战略，达到形象设计的预期目标。

企业形象设计的目的是要提高企业的独特性和识别性。因此，企业同时需要了解竞争对手的实力与态势，熟悉竞争对手的形象定位和相关识别要素，避免与竞争对手的形象趋同。对竞争环境的调研包括：竞争对手的规模和技术水平；主要竞争对手的产品的市场地位；竞争对手在形象塑造中的措施及效果；竞争对手的品牌定位及核心价值诉求；竞争对手在目标公众心目中的知名度、美誉度与信任度；竞争对手的市场营销战略和竞争战略；竞争对手的产品开发能力和市场营销能力；等等。只有充分把握了这些情况后，企业才能确定扬长避短、出奇制胜的形象策划方向。

4. 文化环境调研

调研文化环境主要是为了明确企业所处环境中的文化氛围，包括价值观念、风俗习惯、思维方式和心理特点等，以便企业在进行形象管理的过程中，能够将企业文化与社会文化相融合，确保所选择的企业形象的识别要素符合社会公众的价值观念，而不致出现文化冲突。文化环境调研的内容主要包括目标公众的主要文化特征、价值观念、宗教信仰、风俗习惯、消费时尚等。

5. 技术环境调研

技术环境由一个国家或地区的技术水平、技术政策、技术发展的趋势等方面的因素构成。联合国工业发展组织把技术定义为制造一种或多种产品以及为此目的建立一个企业、工厂时所需的知识、经验和技能的总和。就影响企业生存和发展的环境因素而言，近年来变化最迅速的就是技术。大数据、柔性制造系统、新材料、3D打印、区块链、万物互联等新技术层出不穷。技术的快速变革，一方面带来了新的竞争规则，为企业的发展带来了新的机遇和挑战，因而也为企业实态的改变提供了更多的快速变化的可能性；另一方面，在网络通信技术快速发展的背景下，信息传播有了更便利、更快捷的手段，从而极大地改变了企业信息传播的速度、广度和深度，因而成为影响企业形象的形成及改变的重要因素。

阅读资料

华为推出手机"碰一碰"支付模式

当你还在惊叹扫码支付带来的改变时，二维码却可能要过时了！

2018 年 12 月，华为正式宣布：联合银联，正式启动手机 POS 产品首批应用试点合作。于是，一场颠覆正式开始：手机和手机"碰一碰"便可收单，这种全新的支付模式将从个别城市向全国范围拓展了！今后，所有华为手机都可以无成本变成收单 POS 机。这样，手机本身就是一个 POS 机，所有商家只需在手机上开通在线收单服务，无须再贴任何二维码，不用购买 POS 机、扫码枪等任何设备！换句话说，从荣耀 8 开始到现在的 Mate20，将有上亿台潜在的 POS 机正在涌现。而且，相对于"传统"的支付宝或者微信支付，"碰一碰"的优势非常明显。

（1）更方便。支付宝或微信支付需要打开应用，如果信号不好支付过程还很糟心。但使用"碰一碰"支付时，只需将手机"碰一碰"的标识打开，点亮手机屏幕后，不需要打开任何 App，轻触一下 NFC 标签，输入金额付款就行了，简直是不能更方便。

（2）更安全。"碰一碰"采用的是华为自主研发的麒麟 960 芯片，其独有的 NFC+inSE 模式颠覆了原本的 NFC 芯片格局。

华为手机摇身一变成了 POS 产品，这究竟是怎么做到的呢？它背后的原理正是 Near Field Communication：近距离无线通信技术！目前，华为给其大部分手机都装上了 NFC 无线通信芯片，预计未来华为所有新款手机，都会自带此功能。

手机 POS 产品，除了面对面收款之外，还有很多用途：为商户提供场景化收单功能，比如购票、点餐等；支持线上线下身份认证，只要将手机靠近 eID 读卡器并验证指纹，即可读取验证用户身份信息，模拟办理酒店入住。

华为手机 POS 的出现，让商户不用再买 POS 机了，省下一笔钱；而群众百姓则将因此得到更便捷、高效、多样化的科技金融服务！

华为手机 POS 机的出现，将对 POS 机生产厂和扫码枪生产厂带来巨大冲击：POS 机以后要卖给谁？哪里还有码需要用扫码枪来扫？

时代巨轮不断前行。一日千里的科技，正使一切坚固的，变成脆弱的；使一切岿然不动的，变成变动不居的。

资料来源：支付巨变！华为正式宣战支付宝、微信！[EB/OL]. (2018-07-12). https://www.sohu.com/a/240822526_479565.

（二）企业实态调研

企业实态是形成企业形象的基础条件。企业实态调研就是对企业内部情况或内部环境的调研。它是对企业内部情况进行的全面调查，主要包括对企业的财务状况、营销状况、生产状况、管理水平、文化状况等方面的调研。

1. 企业财务状况调研

企业营运状况的好坏，直接表现在企业的资产负债表、损益表、现金流量表等财务报表文件中。因此，把握企业的营运状况，可以从分析企业的财务报告入手。通过剖析企业的每股收益、资金利润率等指标可以评估企业的盈利状况；通过剖析企业的资产负债率、流动比率和速动比率等指标可以评估企业的偿债能力；通过剖析企业的资金周转率、存货周转率等指标可以评估企业的营运效率；通过分析企业的利润总额增长率、总资产增长率、上缴税收增长率等指标可以评估企业的发展水平和成长状况；通过分析企业的资产权益比例，可以了解企业的财务结构和债权人资产权益的保障程度等。通过分析企业的这些相关财务指标，可以发现企业营运和管理中存在的问题，从而确定形象策划的方向和重点。

2. 企业营销状况调研

从某种意义上说，企业形象更多地关系到企业的营销问题。在市场经济中，营销是企业生存成败的关键因素之一。企业形象的价值很大程度上体现在企业营销活动所实现的市场表现上。对企业营销力的评估直接关系到企业形象管理的一系列决策。企业产品的市场占有率和销售增长率直接反映了企业产品的竞争力和消费者对产品价值的评价，是企业的产品价值、服务水平、品牌形象、营销策划与执行、营销网络建设、客户关系管理等营销能力的综合体现，反映了企业的营销状况；企业的新产品产值率反映了企业新产品的开发情况，而新产品的市场开发往往是提升企业形象的重要驱动因素之一。新产品产值率高，企业的竞争力就强。企业营销状况测定的依据，主要来自企业销售部门的相关记录和市场调查方面的资料。如企业区域市场及不同销售时期销售量的统计数据、企业消费者的退货记录、政府相关部门的统计报告、专业市场研究人员的研究报告等。当这些资料不足以满足需要时，企业形象管理人员还需要进行有针对性的实际调查，向广大消费者、经销商收集一手资料。

3. 企业生产状况调研

对企业生产状况的分析集中在企业的生产效率和生产能力上，要了解生产的各个环节存在哪些问题，从而为企业行为识别系统的设计提供科学的依据。企业生产状况调研的内容包括以下几个方面。

（1）对企业产品研发状况的调研。其包括：企业是否建立了围绕其核心竞争力进行系列产品开发的研发体系；是否建立了从产品构思、产品设计到最终投放市场的规范的开发流程；是否建立了以倾听和了解顾客需求为宗旨的面向顾客的设计导向和以环境友好为宗旨的生态设计导向等。

（2）对企业厂区布局的调研。其包括：企业的生产管理系统是否能对厂内各部门进行有效的管理；厂区各车间的布置是否符合物流方向；厂内运输系统与厂外运输系统是否有效衔接；能源和供水系统能否保证生产的顺利进行；运输系统能否与生产系统有机衔接，原材料供应系统是否能最有效地向各车间供应原材料；安全系统是否能保证以最快的速度处理厂区内任何地点的突发事故；厂区布置是否有利于企业进一步发展等。

（3）对企业生产时间利用情况的调研。其包括：各工序之间是否有效衔接；生产中所需的零部件移动所需的时间是否最短，零部件的移动方向是否与工序一致；生产人员的工作强度是否恰当；机器设备在运行中是否闲置等。

（4）对企业生产质量管理的调研。其包括：企业是否建立了完善的质量管理制度；企业外购的原材料和零部件是否符合要求；企业的设备和能源是否能保证产品的质量要求；产品的质量检验是否有明确的标准并配备了合适的工具；产品的包装能否保护产品并注明了所要求的标识等。

4. 企业管理水平调研

企业能否持续、稳定地发展，关键取决于企业的管理水平。企业的管理水平，从内容上说表现为企业的使命、方针的正确程度，企业制度建设的完善程度，企业作风建设的扎实程度，企业环境建设的美化程度等。从层次上说，企业的管理水平可以分为四个阶段：没有规则、放任自流的自由管理阶段；制定规则、专制管理的强制管理阶段；完善制度、尊重制度的规范管理阶段；以人为本、价值引导的文化管理阶段。与财务状况和营销状况的调研可以直接使用企业内部报告系统提供的相关资料不同，对企业管理水平的调研缺乏充分的可以直接使用的资料，企业形象管理人员需要更多地通过问卷调查、员工座谈、现场观察等方式进行实地调研，以便客观、准确地评价企业的管理状况和管理水平。

5. 企业文化状况调研

企业的文化状况体现了企业的经营理念、员工的精神风貌和关系状况，对企业形象状况具有决定性的作用。调研企业的文化状况，要对企业的经营哲学、价值观、企业精神、企业经营管理决策的方式与程序、员工参与管理的程度、企业集权与分权的程度、企业激励的方式与手段、企业内部人际关系的和谐度、企业员工的满意程度与敬业精神、企业领导者的领导方式、企业员工的向心力和自豪感等方面进行调研。

（三）企业形象的现状调研

企业形象的现状调研是对企业内部与外部形象资产的构成、效力进行的全面系统的调研，这是企业形象调研的重点。一般来说，大部分企业往往没有系统的形象调研资料，企业形象管理人员需要进行原始资料的收集、调查。企业形象的现状调研包括企业总体形象的调研和企业专项形象的调研两方面。

1. 企业总体形象的调研

企业总体形象的调研是调研公众对企业感知评价领域中的印象，它是企业内在实质系统的众多识别要素构成的企业总体特征在公众心目中的反映。企业的经营理念、管理水平、营销能力、员工的业务水平和敬业精神、企业的广告风格、公关特色等，都是构成公众对该企业的综合性印象的重要方面。

（1）企业的认知度调研。认知度是企业的名称、外观、标识、产品特点、商品包装、商标等被公众知道、了解的程度，以及企业社会影响的广度和深度，是评价企业名声大小的客观尺度。企业的认知度既指企业的名声在多大范围内被公众所知晓，同时也指企业有多少信息被公众所认识。一般来说，如果公众只知道企业的名字，即"知名"，对企业的作用是很有限的。如果在知名的基础上，公众对企业有更多、更深入的认识，其对企业产生积极行为的可能性也就更大，因而对企业的意义或作用就更大。

认知度的确定包括广度和深度两个方面。公众对企业认知度广度的确定应建立在企业被公众认知的一定的区域范围和行业范围之上。公众对企业认知度的区域范围可以分为当地→省区→大区→全国→国际五个级别，这五个级别呈现一种层层递升、扩大的关系。这五个层次的确定，建立在该企业的规模和档次、与之发生关系的公众的分布、媒介传播所涉及的范围等量化数据的基础之上。公众对企业认知度的行业范围可以分为本行业→邻近行业→替代行业→完全不相关行业四个级别。这四个级别同样呈现一种层层递升和扩大的关系。俗话说，隔行如隔山。企业在本行业以外的认知度越高，说明企业的影响力必然越大。

认知度深度的确定建立在企业被公众认知所处的层次之上。企业在运行过程中会产生大量的信息，公众不可能对企业的所有信息都有深入的了解。因此，可以把企业的信息按照"企业名称→行业归属→经营范围→地理位置→经营特色→企业文化"的顺序由浅入深、由表及里地进行排列，通过公众调研，确定企业被公众认知的深度。

了解和考察企业的认知度，一般可以通过以下途径进行：企业在经营管理、产品质量、经营特色、新产品开发等方面在国内外获得的荣誉；企业在国内外各类权威机构或重要杂志组织的企业排名中的名次；国内外新闻媒介对企业所做的报道及影响；通过调查获得的顾客对企业的认知程度；企业现代经营管理的理念和方式被社会大众的传播情况；企业的各类有影响的社会公益活动及社会效果等。

收集公众对企业认知度的相关资料，一般通过抽样调查的方式进行。调查的内容包括以下几方面。

①对企业一无所知的人所占的百分比。其指从来没听说过该企业、对企业没有任何印象的人。

②听说过企业的人所占的百分比。其指仅知道企业名称的人。

③对企业略有所知的人所占的百分比。其指仅知道企业名称和经营内容，但对企业并不是十分了解的人。

④大致了解企业的人所占的百分比。其指知晓企业的名称、地理位置和经营内容等大致情况的人。

⑤非常了解企业的人所占的百分比。其主要指对企业的全面情况，如企业的性质、历史、文化特色、企业规模、经营内容和经营现状、经营特点等非常了解的人。

因此，企业进行提升或改变形象的相关决策之前，必须深入进行企业认知度的调研，以便确认企业认知度存在的问题，以此作为进行认知度传播设计的依据。

（2）企业美誉度调研。企业美誉度指企业获得社会公众认同、信任、赞美和支持的程度。企业美誉度是评价企业形象好坏程度的质的指标，表明的是企业在公众心目中的地位和信誉情况。企业美誉度调研的内容包括以下几方面。

①企业总体美誉度调研，包括企业的资信状况、企业的经营风格、企业的履约率、企业承担社会责任的措施及影响等。

②企业产品或服务的美誉度调研，包括顾客回头率、产品返修率、顾客对企业产品和服务的投诉率等。

③企业高层管理者美誉度调研，包括管理者的事业心和责任感、职业道德和法律意识、经营能力和工作风格等。

考察企业美誉度的指标体系，比较复杂，且不易定量把握。但进行一些个案分析和抽样调查还是比较容易的。同时，也可以通过访谈、问卷等形式，收集社会公众对企业的评价。由于不同的公众与企业具有不同的利益关系，评价企业的角度具有一定的差异。因此，对企业美誉度调研的侧重点也应有所差异。

如果针对一般公众，可从以下几方面进行。

①公众对企业的总体印象。一般采用语义差别法，分为最好的、好的、较好的、差的、较差的、很差的几个层次。

②如果公司发行股票，是否会投资该公司的股票。一般可分为一定选择、可能选择、不选择和不知道几种情况。

③如果打算寻找工作，是否会选择到该企业去求职。可分为一定去、也许去、不去和不知道几种情况。

④公众对企业的综合评价，可分为一流的、二流的、三流的和不知道几个层次。

如果是针对特定的公众，则要从特定的视角进行评价。例如，政府会更多地从企业是否严格执行国家政策、纳税的积极程度、创造就业机会的多少、履行社会责任的主动性等方面评价企业；银行会更多地从企业的盈利能力、偿还贷款的能力和主动性等方面评价企业；合作伙伴则会更多地从企业履行合同的状况、与企业合作的机会与前景等方面评价企业；消费者则会更多地从企业的产品质量、服务水平、价格水平、购物环境等方面评价企业等。

（3）企业信誉度调研。除了认知度和美誉度外，企业形象管理人员还要调研企业在公众心目中的信誉度，即公众对本企业产品、价格、服务方式、分销网络、促销手段等是否欢迎和满意，以及信任的程度；调研公众对企业的经营管理、社会公益活动、环保意识、人员形象等的评价情况。公众对企业形象的认同，往往因各自的社会地位、对企业的了解程度、认识水平的不同而呈现差异。所以，应该注意识别公众意见的代表性和正确性。信誉度好，表明企业已经得到了积极、肯定的评价。但是，即使是肯定性的评价，也有程度和层次的差别。信誉度的强度往往是和企业的经营业绩成正比的。

事实上，以上所说的认知度、美誉度和信誉度这三者都与企业的业绩高低和经营管理水平有关，是公众对企业整体表现的认知和评价，即公众对"总体形象"的评价。企业总体形象对企业活动的展开，具有决定性的影响。所以，准确把握本企业在公众心目中留下的总体形象，是企业形象调研活动中非常重要的内容。

调研企业的总体形象，以下要点提供了具体的调研思路。

①社会公众对企业总体印象如何？一流企业、二流企业还是其他？

②目前认知企业的利益关系者是哪些？它们对企业的评价如何？

③与其他同行的企业形象活动相比，本企业形象中最重要的项目是什么？

④哪些地区对企业的评价比较好？哪些地区的评价不太好？理由是什么？

⑤和企业保持往来的关联企业，最希望企业提供哪些产品和服务？对企业的活动有什么意见？

⑥社会公众对企业形象的评估，是否与本企业的市场占有率相符？如果不符的话，影响要素是什么？

⑦企业目前的商品和服务的竞争力如何？

⑧目前企业的形象有什么缺点？未来最良好的企业形象应该怎样构造？

⑨目前企业形象的视觉要素、听觉要素的识别度和好感度如何？有哪些方面需要改进？

日本经济新闻社拟定的企业形象调研指标

日本经济新闻社规划调查部每年对主要企业进行形象调查，包括以下 23 项评价指标。

技术好	有积极性	销售网充实
热心于新产品开发	企业的风气好	热心于防止公害
有传统性	给人以现代感	对社会作出贡献
易于接近	经营者出色	对社会文化作出贡献
宣传广告出色	规模大	合乎时代潮流
有可依赖性	对顾客服务周到	具有清洁的形象
有未来意识	认真研究消费者问题	热心于研究开发
有安定感	有国际竞争力	

资料来源：周旭. CI 设计[M]. 长沙：湖南大学出版社，2006：41.

2. 企业专项形象的调研

在对企业形象进行评估时，光有对企业总体形象的调研是不够的，还需要对企业具体的形象要素进行调研。这些具体的形象要素可称为专项形象。企业的专项形象的内容非常广泛。日本的企业形象专家八卷俊雄把企业的专项形象要素归纳为以下七个方面。

（1）技术形象。企业技术优良、研究开发力旺盛、对新产品的开发很热心。

（2）市场形象。企业认真关注消费者问题、对顾客的服务很周到、善于广告宣传、销售网相当完善、国际竞争力强。

（3）未来性形象。企业具有未来性、积极向上、合乎时代潮流。

（4）公司风气形象。企业具有清新的形象、具有现代感、公司风气良好、和蔼可亲。

（5）外观形象。企业有信赖感、稳定性高、有传统性、企业规模大。

（6）经营者形象。经营者很优秀。

（7）综合形象。一流企业、想购买此企业的股票、希望子女在该企业任职。

从上述分析可以看出，企业专项形象要素构成了总体形象要素的具体项目，改变专项形象要素必然影响企业的总体形象。可见，总体形象与专项形象之间存在着互动的关系。进行形象调研，必须将总体形象调研和专项形象调研紧密结合起来，统筹进行。

二、企业形象调研的方法

企业可以采用市场调查中常用的下列方法进行形象调研。

1. 观察法

企业形象管理人员亲临与企业有关的现场，实地考察与企业形象有关的各种现象。这是获得第一手资料的有效方法。眼见为实，真实可信，但这种方法所费时间和精力较多，所得资料不易量化。

2. 问卷调查法

这是一种大范围获取资料的方法，具有取样广泛、省时省力的特点，可以通过开放式和封闭式等问题形式，获取企业形象的丰富信息，调查结果也容易量化处理。这种方法一般包括样本的选择、分发问卷、回收问卷、统计处理等环节，包括邮寄问卷调查、网络问卷调查、留置问卷调查、现场问卷调查等多种方式。

3. 个别访谈法

个别访谈法是企业形象管理人员通过与被访问者之间的面对面的接触交谈，从而收集调查资料的一种方法，分为提纲式访问法和自由式访问法两种。

提纲式访问法是企业形象管理人员按访问提纲的顺序及内容向被访问者进行逐项采访的方法。此类方法目的明确，思路清晰，易于记录及整理，但易使被访问者拘谨，调查访问不易深入，无法获得访问提纲外进一步的调查内容。

自由式访问法是企业形象管理人员围绕调查主题与被访问者进行自由交谈的方法。该方法气氛活跃随意，谈话不受拘束。但话题跳跃性较大，缺少逻辑性，事后整理记录内容的工作量较大。

4. 座谈调研法

座谈会又称调查会，它是一种集体访问方法，即同时邀请若干被调查者，通过集体座谈的方式收集资料的方法。开座谈会的人数一般以 5～7 人为宜，参加者应具有一定的代表性，且熟悉企业情况，能勇于发言，事先应让参加者了解会议的目的、内容和要求，主持人应具备驾驭会议的能力与技巧。座谈调研法具有效率高、成本低、可集思广益的优点，但是无法调查敏感、尖锐的问题，也无法进行深入细致的讨论。

5. 文献调研法

文献调研法是指通过寻找文献收集企业形象的相关信息的调研方法。它是一种间接的非介入式的调研方法。调研人员要收集各种媒介所传播的有关企业形象的信息，包括各类公众对企业评价的记载以及各类相关的文献资料。与其他调研方法一样，文献调研法也需要制定严密的调研计划，并对将要利用的文献的真实性、时效性进行检查，这样才能保证调研的可靠性。

6. 网络调研法

随着互联网的快速发展，利用互联网平台进行在线调研已成为一种日益广泛的调研方式。在线调研常用于 CIS 导入中的消费者行为调查，品牌形象调研企业的知名度、美誉度和忠诚度的调研等方面，是获得第一手调研资料的有效工具。

阅读资料

华歌尔公司的形象调研

日本的华歌尔公司的前身是和江商事公司，创办于 1949 年 11 月 11 日，以经营女性内衣及用品而闻名。公司创立之初只有 10 名员工，而今已增至 4 400 余名。许多员工未经过公司当年艰辛的创业时代，对企业创始人、现任董事长冢本提出的"创业精神，相互信任"的企业理念自然也认识不深。有些员工感到进了大公司，工作条件及报酬都较优越，就可以不努力工作了。20 世纪 80 年代初，面对这种情况，公司以"如何使华歌尔更上一层楼"为主题举办了专门的研讨会，要求大家着重思考以下几个问题：①公司内部还缺少什么活动？②随着公司规模的扩大，如何统一全体员工的思想意识？③公司内部的信息交流渠道是否畅通？④广告宣传是否传播了企业的理念？

在进行企业形象调查的基础上，公司的决策者感到在新的形势下有必要让公司员工和消费者进一步认识企业的发展方向和追求目标，于是便决定导入 CI 计划。

在企业形象调查中发现，该公司员工对"公司内部的信息交流渠道是否畅通"这一问题持否定意见者居多，尤其认为上下级交流更少。针对这一问题，公司将员工分为若干小组，开展包括交流、谈心、提案在内的各种活动，公司领导也积极参与。活动讨论了"我所希望的工作环境""如何使华歌尔更快地发展""华歌尔员工的气质"等问题，将对公司有益的各种提案在布告栏上公布。与此同时，冢本董事长也亲自撰写了《我的经营理念》和《华歌尔的基本精神》两本小册子，作为他的提案，并将这两本小册子作为礼品赠送给员工。这样沟通了决策管理人员与普通员工之间的联系，使员工更了解企业的奋斗目标，从而有目的地为公司建设提出好的建议，共同为华歌尔的新生而奋斗。

资料来源：周旭. CI 设计[M]. 长沙：湖南大学出版社，2006：57.

第三节　企业形象评估

一、企业形象构成要素的评估

（一）企业理念识别系统的评估

评估企业理念识别系统，重点是分析企业是否有清晰、明确的企业理念，企业的理念是否得到有效的贯彻落实，是否达到预期的效果等。

一般来说，可以按以下顺序对企业理念识别系统进行评估。

第一步，分析企业是否确立了清晰、独特的经营理念。没有明确、独特的经营理念就无法建立独特的企业形象。

第二步，如果企业已经有了经营理念，就要分析其是否完备，是否能反映出本行业的特色及企业的个性特征，是否能反映社会发展的趋势，是否反映了企业主要利益相关者的利益要求，是否具有高度的概括性和可操作性等。

第三步，如果企业具有恰当的企业理念，就要分析这些理念是否有一套完整的措施保证其落实，即是否实现了企业理念的具体化。

第四步，如果实现了企业理念的具体化，就要分析企业理念渗透后的效果。如果效果不佳，就要分析是企业理念本身的原因还是企业理念实施措施的原因。

第五步，要分析企业是否制订了企业理念对外传播的系统方案，方案是否得到有效执行，传播过程是否收到了良好的效果。

第六步，要对企业经营理念传播后的效果进行反馈，分析公众是否接受该理念。如效果不理想就要分析是企业理念本身的问题还是企业理念传播方案与执行的问题。

（二）企业行为识别系统的评估

企业行为识别系统的评估，要重点评估以下几方面。

第一步，分析企业是否建立了完整的、具有可操作性的包含对内行为识别和对外行为识别的行为识别系统。

第二步，如果企业已经建立了完整的行为识别系统，就要分析企业的行为识别系统是否充分反映并贯彻了企业的经营理念，是否体现了行为识别与理念识别的一致性，对内行为与对外行为的同一性。

第三步，分析企业是否严格贯彻执行了行为规范，在执行过程中是否始终保持一致性。

第四步，分析企业贯彻实施行为识别系统后的效果是否达到预期的目标。如果存在差距，就要进一步分析是行为识别系统本身存在问题，还是行为识别系统在执行过程中存在问题等。

（三）企业视觉识别系统的评估

评估企业的视觉识别系统，可以按以下步骤进行。

第一步，分析企业是否建立了一套包含基本要素识别系统和应用要素识别系统的统一的视觉识别系统；企业的基本要素如企业标志、企业标准字、标准色、企业口号、企业象征物等是否齐备，企业的应用要素如办公用品、员工制服、交通工具、办公环境、招牌旗帜、产品设计等是否严格按照设计的规范贯彻实施了基本要素。

第二步，分析企业的视觉识别系统是否充分反映了企业的理念识别系统和行为识别系统。

第三步，分析企业的视觉识别系统是否充分体现了合法性、独特性、民族性、社会性等原则。

第四步，分析企业的视觉识别系统在使用中是否严格遵循了设计的规范要求，是否保持了高度的一致性。

第五步，分析企业的视觉识别系统使用后是否达到预期的效果等。

（四）企业听觉识别系统的评估

评估企业的听觉识别系统，可以按以下步骤进行。

第一步，分析企业是否建立了一套由工作环境的背景音乐、企业上下班铃声音乐、企业歌曲、企业标识音乐和企业的标语口号等构成的企业听觉识别系统。

第二步，分析企业的听觉识别系统是否充分反映了企业的理念识别系统和行为识别系统。

第三步，分析企业的听觉识别系统是否充分体现了独特性、民族性、通俗性等原则。

第四步，分析企业的听觉识别系统是否在企业中得到充分使用，在使用中是否严格遵循了设计的规范要求，是否保持了高度的一致性。

第五步，分析企业的听觉识别系统使用后是否达到预期的效果等。

二、企业形象的总体评估

（一）企业形象的目我评价

企业形象的自我评价一般通过分析企业形象的要素来进行。企业形象要素是一个包含企业形象多方面因素的综合体，任何方面的不足都会影响到企业的总体形象。CIS 策划人员可以重点从企业的规模、企业的设施、企业的业绩等方面评价企业过去的实力，从企业的工作作风、员工的精神风貌和企业的市场表现等方面评价企业目前的活力，从企业的技术水平和未来性等方面评估企业的未来发展力。这三方面可以具体化为企业的技术形象、市场形象、未来性形象、公司风气形象、外观形象、经营者形象和综合形象七方面的形象要素。通过对上述形象要素的分析，可以发现企业形象存在的问题。

由于企业的领导和一般员工看待企业的视角存在差异，因此，企业形象的自我评价需要从领导层和一般员工层两个层面进行。在领导层面上，主要了解他们对企业形象的期望水平和具体要求；在一般员工层面上，主要了解他们对企业的凝聚力、满足感、权利要求及各种批评建议，了解他们对领导层提出的总目标的信心和支持程度，了解他们对企业在各形象要素方面的状况的评价。

（二）企业形象的公众评价

企业形象评估的重点是评估公众对本企业的认知和评价。评估公众对企业形象的评价可以采用两种方式：一是分析企业形象的地位，二是分析企业形象的要素。

1. 企业形象地位分析

企业形象地位分析可以侧重评估企业的认知度和美誉度两个指标。认知度和美誉度反映了公众对企业的总体态度和评价。企业在进行企业总体形象调研后，可以对企业的认知度与美誉度进行综合分析，以确定企业在公众心目中的地位，以此决定 CIS 导入需要重点解决的问题和设计的方向。一般利用"企业形象地位四象限图"来进行企业形象地位的分析。图 3-1 呈现出企业形象地位的四种状态。

评价指标		认知度	
		高	低
美誉度	高	A：高认知度，高美誉度	B：低认知度，高美誉度
	低	C：高认知度，低美誉度	D：低认知度，低美誉度

图 3-1　企业形象地位四象限图

如图 3-1 所示，企业的实际形象地位处于四种不同的企业形象地位的某一种状态。

状态 A：高认知度，高美誉度。说明企业具有最佳的公众形象，应注意形象的维护和保持，并进一步提高美誉度。

状态 B：低认知度，高美誉度。说明企业拥有美名却很低调。这种"酒好不怕巷子深"的状况显然不适应现代的市场环境。企业应在巩固美誉度的基础上大力宣传自身的优势，提高知名度。

状态 C：高认知度，低美誉度。说明企业臭名远扬，企业未来工作的重点是脚踏实地地努力完善自己，逐步挽回声誉。

状态 D：低美誉度，低知名度。说明企业形象地位较差，企业未来工作的重点须在完善自身的基础上争取较高的声誉，而在对外宣传方面保持相对低调。

2. 企业形象要素分析

认知度—美誉度的分析，能够描述出企业的总体形象，但无法回答企业的知名度和美誉度"为什么高"和"高在哪里"及"为什么低"和"低在哪里"的问题。企业形象处于某一特定地位，是由多种要素所造成的。要进一步分析公众对企业形成不同态度和评价的原因，就必须借助企业形象要素分析。

一般把认为较重要的形象要素分别以语义的两极（如好与坏、高与低、大与小等）为两端，在两端中间设置若干层次，制作成调查表，让被调查者根据自己的看法进行选择，作出评价，调查人员对调查结果进行统计分析，计算出各种评价的人数所占比例，这样就可以直观了解到公众形成各种态度的具体原因。见表 3-1。

表 3-1　企业形象要素分析

调查项目	非常	相当	稍微	中	稍微	相当	非常	调查项目
经营宗旨正确		60	30	10				经营宗旨不正确
产品质量好			30	60	10			产品质量差
服务态度端正				15	20	65		服务态度恶劣
工作效率高			25	65	10			工作效率低
技术创新能力强					20	70	10	技术创新能力弱
管理水平高				10	40	50		管理水平低
领导者能力强					10	10	80	领导者能力差
组织综合实力强					30	60	10	组织综合实力弱

表 3-1 是针对某企业对公众调研结果处理后的形象要素的描述，可以看出企业经营宗旨比较正确，工作效率一般，产品质量一般，服务态度较差，缺乏创新能力，管理水平较低，领导者能力较差，公司综合实力较弱。

3. 企业形象的差距分析

将企业的实际形象与自我期望形象进行比较，通过企业形象差距图进行分析，可以揭示出企业实际形象与自我期望形象两者之间的距离，以便确定企业形象设计需要重点解决的问题。其具体步骤如下。

（1）将企业形象要素调查统计表中不同程度的评价分为七个档次并相应数据化，使其成为数据标尺，从较差的一端向较好的一端排列，依次为 0、10、20、30、40、50、60、70。

（2）将统计表中的各个项目的自我期望值绘在图中，将各点用虚线连接，形成企业形象的自我期望线。

（3）根据统计结果，计算公众对每个调查项目评价的平均值，绘至图中，用实线连接各点，形成企业的实际形象线。

（4）两线之间的距离就是企业的形象差距。

通过企业形象差距图，可以发现企业的形象差距。缩小以至弥补这些差距，就是企业形象策划与设计工作的重点，也是企业形象管理的中心工作。见图3-2。

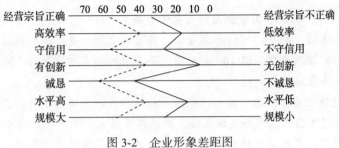

图3-2　企业形象差距图

企业进行形象管理必须对企业面临的环境及企业形象的现状进行充分的调查研究。进行企业形象调研必须建立企业形象调研的体系，以便对企业形象调研的内容、方式和程序等进行预先的统筹安排。

企业形象调研包括企业环境调研、企业实态调研和企业形象的现状调研等内容，观察法、问卷调查法、个别访谈法、座谈调研法、文献调研法和网络调研法是进行企业形象调研的主要方法。

企业形象评估是在形象调研的基础上对企业形象管理的环境和企业形象的现状进行的评价，包括对企业理念识别系统、行为识别系统、视觉识别系统、听觉识别系统等各构成要素的评估和企业形象的总体评估等几个方面。

复习思考题

1. 进行企业形象调研，为什么要建立企业形象的调研体系？企业形象调研体系主要解决哪些问题？

2. 企业形象调研的内容有哪些？举例说明如何有效地进行企业形象的调研。

3. 请以你所在或你熟悉的某单位的理念为例，说明评估企业理念识别系统或企业行为识别系统的方法。

4. 请从组织成员的角度，对你自己所在的组织进行自我评价，并撰写一份1 000字左右的评价报告。

5. 请你运用"企业形象地位四象限图"对自己所在的单位进行评估，说明其目前的形象处于哪一种状态。如果目前不是处于状态 A，那么要提升其形象，应先提升它的知名度呢还是美誉度呢？

 **案例分析**

江淮汽车：以技术创新和贴心服务在海外赢得美誉

2019 年 12 月 3 日，《中国企业海外形象调查报告 2019·拉美版》正式发布，调查报告通过考察企业在责任、公平、可信、成功四个维度的表现，并结合多维度因子计算，建立中国企业海外形象指数模型，以 100 为均值，企业海外形象指数超过 100 表示企业海外形象较好，指数越高表现越好。

江淮汽车凭借优质的产品、贴心的服务赢得了拉美消费者的认可，在该指数模型中得分 111.30，排名阿里巴巴、中兴通讯之后，位居榜单第六，在汽车制造业中高居榜首。

在拉美市场中，墨西哥市场起到举足轻重的作用，而且作为美洲第四大经济体，墨西哥已经超越韩国成为全球第六大汽车制造国。墨西哥人以本国能够为日系、美系、德系品牌代工并且出口全球而骄傲，他们也一直认为"墨西哥制造"代表着全球认可的品质。江淮汽车此次获得《中国企业海外形象调查报告 2019·拉美版》汽车行业第一、中国企业第六，足见其背后含金量。

自 2017 年品牌发布以来，江淮乘用车在墨西哥市场位于中国品牌第一位。现如今，江淮汽车已在墨西哥成功开设了 23 家高规格品牌形象店，江淮汽车的引入还提升了墨西哥汽车行业通用性安全标准。在墨西哥汽车行业下行的大环境下，2019 年 1—10 月，江淮汽车累计出口同比增长 34%。

不仅如此，江淮汽车正不断将新一轮高品质产品导入海外市场，更好地满足当地消费者多元化需求。在国内上市前夕，当地时间 11 月 13 日上午，嘉悦 A5（海外命名为 J7）在墨西哥城 UNIVERSIDAD 成功发布，这也是嘉悦 A5 在墨西哥乃至整个海外市场的首次亮相，弥补了江淮汽车在紧凑型轿车市场的空白，同时掀起全球上市第一热潮。

作为江淮乘用车 3.0 时代首款重磅车型，嘉悦 A5 与江淮大众共线生产，在德国 VDA 质量管理体系严格品控下高品质下线，加上同级少有的 E 型四连杆独立悬架，麦格纳的精心调校，可以让人感受到明显的"德味"，加上 1.5T 涡轮增压发动机，全系标配 EPS 随速电动助力转向系统，拥有优异的产品品质和舒适的驾控体验。

此外嘉悦 A5 采用时尚前卫的掀背造型，引领 A 级车轿跑新风尚，加上拥有跨越生活新维度的越级舒适体验，满足了海外消费者对于轿车运动化、年轻化和高品质的需求。嘉悦 A5 是江淮布局国内市场的全新力作，同时也是布局海外市场的重要落子，扮演了江淮征服海外市场排头兵的角色。

与此同时，已经得到国内市场认可并且成功在海外市场崭露头角的瑞风 S4 也在智利首都圣地亚哥强势上市。在智利持续爆发动乱下，经销商的各种活动的开展和费用处于困境之际，依然排除万难举办瑞风 S4 上市发布会，体现出对于瑞风 S4 产品的信心。嘉悦 A5 和瑞风 S4 的到来，毫无疑问将进一步提升江淮汽车的品牌形象和市场竞争力。

对于海外市场的高瞻远瞩和务实奋斗，截至目前，江淮汽车已经建立了覆盖南美洲、非洲、中东、东南亚、南亚、东欧等 131 个国家和地区的营销网络，并成功进入土耳其、意大利、墨西哥等高端市场。江淮汽车建立了 19 家海外工厂，其中有 15 家分布在"一带

"一路"沿线国家和地区，出口产品覆盖"一带一路"沿线62个国家和地区，近三年向"一带一路"沿线国家和地区出口累计达15万辆。

面对国内持续低迷的市场环境，以及品牌提升销量规模的紧迫，江淮汽车以技术创新为驱动力，在海外市场开启新一轮全面发力，并且成功率先打破了令人生畏的海外市场坚冰，其对全球市场的敏锐洞察以及锐意进取的态度，毫无疑问给中国汽车企业树立起信心和榜样，也为它们走出去注入一剂强心针。

在开拓海外市场的道路上，江淮汽车一步一个脚印，积极响应国家"一带一路"对外开放倡议，在日益激烈的国际化汽车市场竞争中逐渐获得优势地位。可以肯定的是，未来江淮汽车将继续以技术创新为驱动力，推出更高品质的产品和更贴心的服务，持续深耕国际市场，借助"一带一路"等国际合作的机遇，找准新的发力点寻求新突破，持续打造"中国制造"新形象，助力中国实现由"制造大国"到"制造强国"的转变。

资料来源：http://www.mei.net.cn/qcgy/201912/1575515052852963274.html.

思考题

1. "中国企业海外形象调查"运用"责任、可信、公平、成功"四个维度对中国企业的海外形象进行调查评估，你觉得这四个维度是否能充分地反映企业在公众心目中的形象？为什么？

2. 江淮汽车为什么能够荣登中国企业海外汽车形象的榜首？江淮汽车为塑造其在海外的良好形象采取了哪些有效的措施？这些措施为什么能得到当地公众的积极评价？

3. 你对江淮汽车在海外"持续打造'中国制造'新形象，助力中国实现由'制造大国'到'制造强国'的转变"还有哪些好的建议？

第四章
企业形象识别系统导入企划

名人语录

今天是昨天的计划的实现，或缺乏计划而造成的后果。明天的现实将成为今天的计划的实现。计划就是调查、预测、预见、规划、预言以及努力穿透明天的看不见的帷幕。没有计划就像驾着一只无舵之船随风漂流，或者没有地图和指南针而在雾中航行。

——迪克·卡尔森《现代管理——怎样做一个好经理》

学习目标

导入企业形象识别系统，需要奠定必要的基础条件，明确导入的动机和目的，建立导入的机构并提出企业形象导入的企划书。通过本章的学习，应能够了解企业 CIS 导入委员会和执行委员会的构成及主要职责，理解企业导入 CIS 必需的基础条件、动机和最佳时机；理解创意在 CIS 企划中的重要作用；理解 CIS 总报告的作用及内容；掌握导入 CIS 建议书或倡议书的写作；掌握企业形象创意的主要策略技巧；掌握企业形象企划案的基本结构。

本章关键词

导入 CIS 的时机、导入 CIS 的动机、CIS 委员会、CIS 执行委员会、垂直思考法、水平思考法、顺向思考法、逆向思考法、发散性思维、聚合性思维、集体思考法、奥斯本检验表法、联想创意法、组合创意法、CIS 总概念、CIS 的企划案

本章内容框架

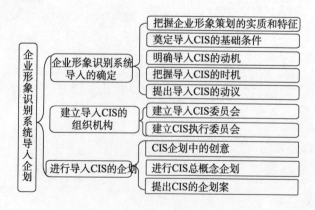

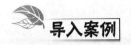

阿里巴巴启动全球形象战略："相信小的伟大"

阿里巴巴于 2018 年 2 月正式启动首个全球集团品牌形象战役"相信小的伟大"，该品牌形象战役由 BBDO 和 Proximity 中国团队一手打造。三条品牌视频包括一支主品牌视频和两支基于真实故事改编的短片，由以色列国宝级导演 Eli Sverdlov 执导，在南非和斯洛伐克取景，并在紧凑的两个月内完成了确认导演、拍摄、后期和送审的所有工作。

在主品牌视频里，故事以小人物的视角出发，捕捉了一系列赛场内外的场景和元素，层层推进，展示了每一个细小本身的不凡和伟大，最后回归"相信小的伟大"的主题，举重若轻却又扣动人心。整支主品牌视频采用一系列普通小人物和小情节镜头的聚合，让我们看到并相信"小本身也同样伟大"，小人物本身就有无限种可能，由小到大，人人都在创造世界。

《冰球篇》的故事原型是一支肯尼亚业余冰球队，在一个全国上下只有一块冰场的非洲热带国家，冰球几乎是一项不可能的运动。没有专业的教练，冰球队只能跟着 YouTube 视频练习；没有固定的守门员，冰球队只能用一个木质的小雕塑充当；甚至在收到其他地方球队的友谊赛邀请时，苦于没有出行经费的他们也只能遗憾地拒绝。面对如此捉襟见肘的条件，这支"业余"的冰球队仍然在为他们的梦想全倾全力。

《皮划艇篇》的原型则是发生于 1928 年阿姆斯特丹奥运会上的一个真实故事。在皮划艇比赛的 1/4 决赛中，澳大利亚桨手亨利·皮尔斯出于保护意外游到河道中的小鸭子而停下了自己的比赛，那一刻任由对手暂时超越了自己。但最终顽强的皮尔斯仍然晋级了比赛，并成功进入决赛取得冠军，而且打破了世界纪录。皮尔斯细小的举动背后，体现了他对个体和对生命的尊重，毫无疑问，这也是对奥林匹克精神的最好注释。在争分夺秒的奥运比赛中，一个小小的举动，一瞬间的大善念，让我们看到了"小的伟大"。

此次"相信小的伟大"的奥运之声其实与阿里巴巴的理念一脉相承。在早些年前的 APEC 会议上，阿里巴巴董事局主席马云就发表过《因小而美》的主题演讲，提出了"小而美"的概念。阿里巴巴自 1999 年成立以来就坚信每一个再微小的行为都有改变世界的力量。阿里巴巴集团首席市场官董本洪表示："通过这个品牌营销战役，我们可以分享阿里巴巴从成立之初一直坚守的信念，利用我们的技术平衡竞争环境，让再小的生意都有机会成为全球性企业，成就'小的伟大'。"

资料来源：朱海燕. 阿里巴巴启动首个全球集团品牌形象战役"相信小的伟大"[EB/OL]. (2018-02-04). https://www.jiemian.com/article/1922220.html.

第一节　企业形象识别系统导入的确定

一、把握企业形象策划的实质和特征

（一）企业形象策划的实质

在企业经营过程中，每个企业都会形成自己独有的或好或坏的企业形象。它是社会公众对企业实态及其特征判断、评价的必然结果。同时，由于企业形象要素构成的复杂性及形象的多层次性，企业形象各要素的形成途径也具有多样性。如企业的产品形象是消费者在接触企业的广告及接触、使用产品并进而评价产品的过程中形成的；企业的员工形象反映了企业员工的行为规范和精神风貌，是员工在与顾客、供应商等公众接触过程中的行为举止所形成的；企业的社会形象是企业积极履行社会责任、进行公关传播的结果；企业的业绩形象反映了企业的经营规模和盈利水平，是企业经营行为的体现；企业的环境形象是企业的建筑设施、绿化状况、办公场所等企业实物的展现。

企业形象形成途径的多样性导致的一个重要结果就是企业形象的多样性。当公众通过多种渠道获得关于企业的信息，而这些信息又存在差异时，公众心目中的企业形象也就是多种多样，甚至彼此矛盾的。因此，企业必须有意识地进行企业形象策划，进行企业形象的整合传播。

策划又称"策略方案"和"战术计划"，是人们为了达到某种特定的目标，借助一定的科学方法和艺术，为决策、计划而构思、设计、制作策划方案的过程。美国哈佛企业管理丛书编纂委员会认为："策划是一种程序，本质上是一种运用脑力的理性行为，是为了达到某种目的而进行的思维活动，是针对未来要发生的事情而作的决策。……策划如同一座桥，它连接着我们目前之地与未来我们要经过之处。"从原始社会的围猎野兽到现代社会的广告、公关等商业活动，策划活动的历史源远流长，它蕴含着丰富的知识、高超的智慧、深远的谋略，以及科学的决策。

企业形象策划无疑是策划的思想、技巧在企业塑造良好形象活动中的具体应用。具体来说，企业形象策划是策划者为了达到树立良好企业形象的目标，在对企业实态和特征进行充分调研的基础上，对企业的总体形象战略和具体塑造企业形象的活动进行的谋划与设计。企业形象策划包含以下五个方面，它们有机地构成了企业形象策划的内涵。

（1）企业形象策划是企业形象策划者的工作。一般，企业内部的公共关系人员、广告人员，或市场中专业公司的 CIS 设计人员、广告策划人员、营销策划人员等都有可能承担企业形象策划的相关工作。

（2）企业形象策划的目的是塑造良好的企业形象，即提高企业的知名度和美誉度。

（3）企业形象策划必须建立在对企业实态和特征充分调研的基础上。没有深入的形象调研和形象评估就没有形象策划。

（4）企业形象策划包含企业总体形象战略的策划和具体塑造企业形象活动的策划两个方面。

（5）企业形象策划包含形象定位、形象计划和形象设计三个方面。形象定位对企业形象的方向和特色进行勾画，形象计划对塑造企业形象的步骤和途径进行安排，形象设计则是企业形象特色的生动化、具体化的呈现。

（二）企业形象策划的特征

从理论来源上看，企业形象策划是市场营销策划、广告策划和公共关系策划的进一步演进，具有策划的一般特征。但作为一种全面提升企业整体形象的工具，企业形象策划具有自身的特点。

1. 客观性

企业实态和特征的客观性决定了企业形象的客观性，企业形象的客观性特征决定了企业形象策划的客观性。这要求：

（1）进行企业形象策划必须遵循企业形象形成的客观规律，遵循企业形象策划的内在规律，重视企业形象各要素之间彼此协调、相互促进的内在联系。

（2）企业形象策划必须从企业所处的行业特点及发展规律出发，从企业自身的客观条件出发，从企业所处的客观环境出发，正视企业的优势和不足，实事求是地对外展示企业的实态。企业拟订的任何形象策划方案都必须立足于企业的客观实态，不能想当然。

2. 系统性

企业形象整体性的特征决定了企业形象策划系统性的定位和整体性的谋划的特征。它不仅仅是企业产品形象、员工形象、环境形象等某一层面的形象的塑造，而是企业形象的整体、综合和系统的定位与谋划。统一、整合是企业形象策划的重要特征。企业形象策划的系统性表现在以下几个方面。

（1）形象构成的系统性。它要求企业的整体形象与局部形象之间、局部形象与局部形象之间要构成有机的组合，彰显出统一的风格。

（2）形象识别要素构成的系统性。它要求企业的理念识别、行为识别、视觉识别、听觉识别有机结合和整体协调。它突出强调企业要形成独特的形象，就不能只突出某一个层面，而必须内外兼修，表里结合，共同促进企业形象的提升。

（3）形象推进的系统性。它突出强调企业在形象推进层面的系统性，即企业内部的管理水平的提升、产品与服务质量的提高与外部的广告、公关、网络等多种形式的整合传播同步推进，有机衔接。

3. 战略性

虽然企业形象策划总是针对具体的形象问题和形象策划目标进行的，但良好形象的树立非一朝一夕之功，企业形象策划的出发点是为了谋求企业的长远利益。因此，企业在进行具体的形象策划活动时，必须从战略上考虑，紧紧围绕着企业形象的定位，将每一项具体的形象策划活动看作谋求企业长远利益的手段和措施。

4. 特色性

个性是企业文化的生命力，个性特色是企业形象存在的价值。随着社会的发展，现代企业之间的竞争从总体上说就是企业形象的竞争，而竞争的成败主要取决于企业形象策划是否具有独特性和品位。在信息过载、注意力越来越稀缺的背景下，只有独具特色的企业形象才能被关注和识别。因此，建设独具个性的企业文化，进而塑造与众不同、特色鲜明的企业形象，是对企业形象策划的基本要求。注重企业形象策划的特色性要特别注意以下几点。

（1）特色以创新为条件。企业形象策划必须时刻保持与时俱进、开拓创新的精神状态。

（2）必须坚持创新与实际相结合。脱离企业实际的特色追求是没有前途的。

（3）企业形象的特色性不能脱离社会性。脱离社会公众的价值观念和审美习惯的形象特色是没有生命力的。

5. 调适性

企业所处的经营环境在不断的变化之中，企业面对的消费者、员工、中间商、金融机构、政府等各利益相关者对企业的利益要求也在不断的变化之中。因此，企业形象策划不是一蹴而就的。在纷繁复杂、充满竞争的市场环境中，企业要注意形象策划的弹性和调适性，使企业形象与时俱进，具有充分的适应性。

（1）与企业的内外部环境适应。企业塑造形象行为能否达到提升企业形象的目的取决于其行为符合社会公众价值需求和心理需求的程度。

（2）与企业的发展战略适应。作为企业发展战略的重要组成部分，企业形象从设计到实施的所有内容都必须符合企业发展战略的需要，体现企业发展战略的要求，有助于企业发展战略的实现。

（3）构成企业形象的各组成要素相互适应、彼此配合。如企业的制度设计、流程设计、视觉设计、听觉设计必须与企业的经营哲学、经营方针等相一致。

（4）实施企业形象方案的具体措施相互适应、合理配套。企业形象的设计和规划是为了加以实施。准确把握实施的时机，制订周到细致的实施方案，合理安排、调度实施中所需要的人力、财力和物力资源，并使各个环节彼此衔接配套，是有效地实施企业形象设计的方案的必要条件。

6. 社会性

企业形象策划的社会性主要基于社会公众对于企业形象的决定性作用。企业形象策划的社会性体现在以下四方面。

（1）企业形象策划要顺应社会发展趋势和方向，要与社会发展的潮流相一致。中国革命的先行者孙中山先生曾经说过："世界大势，浩浩汤汤；顺之者昌，逆之者亡。"只有顺应社会发展的趋势、与时俱进的企业才能树立起日渐高大的企业形象。

（2）企业形象策划要有利于推进社会进步，促进社会发展。企业在企业形象策划过程中，要积极履行社会责任，担当带动社会发展的使命。没有社会责任感的企业是被社会公众所不齿的。形象美好的企业一定是具有强烈的社会责任感、积极承担社会责任的企业。

（3）企业形象策划要进行准确的公众定位，努力满足社会公众的需要，并正确引导公众的观念。

（4）企业形象策划要尊重公众的习俗，符合社会公众的价值观念和审美观念，所选择和设计的企业形象要素要被社会公众广泛认可和接受。如果企业形象的相关要素不能带给人们美好的感觉和联想，与公众的价值观念相冲突，被人们所排斥和拒绝，是不可能建立良好的企业形象的。

7. 民族性

"只有民族的才是世界的。"文化传播中的这一法则同样适用于企业形象策划。企业文化本身是一种社会文化现象，企业形象策划必须具有民族性，体现民族特点。就我国企业的形象策划而言，要体现民族性，吸取中国传统文化的精华，特别需要彰显中国传统文化的以下几点。

（1）"同归而殊途，一致而百虑"（《周易·系辞 下》）的和谐理念。

（2）"天行健，君子以自强不息；地势坤，君子以厚德载物"（《周易》）所体现的生生不息的精神和海纳百川的胸怀。

（3）"生于忧患，死于安乐"（《孟子》）所体现的俯仰天地、直面现实的反省精神。

（4）"穷则变，变则通，通则久"（《周易》）所体现的唯变所适的变革精神。

（5）"富贵不能淫，贫贱不能移，威武不能屈"（《孟子》）所体现的凛然正气。

企业在进行形象策划的过程中，要积极、主动地从传统文化中汲取营养，将传统文化的精神发扬光大，从而形成企业形象策划的中国特色模式。

金利来 CIS 导入中的文化个性

金利来成立于 1970 年，开创者曾宪梓立志要为中国人创造一个中国名牌。他将中华民族传统文化中"勤、俭、诚、信"的人生哲学作为企业理念。

公司成立后，它导入了 CIS 设计系统，通过设计商标，赋予商品一张富有个性的脸让人过目不忘。首先他为产品取名"金狮"，意思是"东方睡狮的觉醒和奋起"，可是广东话"狮"和"输"字发音很近，太不吉利，经过反复推敲，决定用"金狮"的英文"Gold Lion"为名，"Gold"意为黄金，"Lion"意为"狮子"，"Lion"的读音近似粤语"利来"，合起来叫"金利来"，于是"金利来"以富有个性的商标设计展现在人们面前，从而在打开产品销路、占据市场的竞争中取得了优势。

接着，曾宪梓对产品质量提出了一个响亮而近乎苛刻的口号："不是极品就是次品"，并以此作为企业理念。公司在世界各地大做广告，以此宣传公司，宣传产品，宣传自己，在短时间内便赢得广泛的社会声誉，产品销量大幅度上升。最终给公司带来了巨大的经济效益。CIS 的推行展示了金利来公司的个性和风采，因而在激烈的市场竞争中脱颖而出。

资料来源：周旭. CI 设计[M]. 长沙：湖南大学出版社，2006：16.

二、奠定导入 CIS 的基础条件

企业形象是主观与客观的统一。公众对企业良好的认知和积极的评价是以企业良好的实态及优异的表现为条件的。脱离了一定的客观基础，导入 CIS 也难以达到树立良好企业形象的目的，反而给人一种"盛誉之下，其实难符"的华而不实的感觉。因此，奠定扎实的导入 CIS 的基础条件，是企业导入 CIS 的首要步骤。当然，这一步骤需要企业长期的发展和持续的积累才能实现。

（一）科学的形象意识

观念决定行为。良好企业形象的树立，依赖于企业树立科学的形象观念和形象意识。因此，企业在决定导入 CIS 之前，必须正确地认识企业形象，树立科学的形象观念。

1. 高度重视企业形象，树立形象力就是竞争力的观念

在企业经营活动中，高度重视企业的声誉和形象，将形象视为企业珍贵的无形财富，

把企业的各种行为都看作是企业形象的体现，从而自觉地去调整形象，塑造形象，展示形象，巩固形象，重视形象投资、形象管理、形象塑造和形象竞争，将树立和维护良好的形象作为企业提升竞争力的最有力的手段。

2. 强化企业主体精神，树立企业形象的主体观念

企业形象是公众对企业的认知和评价。但公众对企业如何认知和评价，则主要决定于企业的行为及其结果。在形象塑造和形象提升方面，企业是主动的，是塑造企业形象的主体，公众是信息接收的客体。因此，企业要重视公众的评价，以正确的态度对待公众的评价，要具有明确的主体意识，能以主体的精神主动采取措施，把形象问题从"评价由人"升华为"行动在己"，并把重视公众评价、重视无形财富的开发与重视自我评价及自我形象的塑造与管理结合起来。

3. 培养系统思维，树立企业形象的整体观念

企业形象是由产品形象、技术形象、环境形象、员工形象等多个层面构成的整体。从形象塑造的角度而言，"$100-1=0$"，即企业任何一方面出现问题都会影响到社会公众对企业的整体认知和评价。因此，要树立企业形象的整体观念，从企业经营活动的全方位和全过程的角度，系统地塑造企业形象，依靠全体员工的积极参与塑造企业形象。

4. 苦练内功，树立企业形象的战略观念

企业形象的树立不是一朝一夕之功。企业要排除依靠大量的广告投入、依靠别出心裁的公关活动和事件营销就能树立良好企业形象的观念，要树立形象建设的长远意识和战略观念，将企业形象的塑造建立在企业技术水平、管理水平和服务水平提高的基础上，强化内功，在内在素质提升的基础上强化整合营销传播，提高企业的知名度和美誉度。

（二）优异的产品质量

产品质量是衡量产品使用价值的尺度。我国国家标准 GB 6583—1986 中对质量的定义是：产品、过程或服务满足规定或潜在要求（或需要）的特征和特性的总和。产品质量是一个综合性的概念，是内在质量、外观质量、社会质量和经济质量等方面的综合体现。产品的内在质量是指产品在生产过程中形成的产品体本身固有的特性，包括产品的性能、可靠性、寿命、安全与卫生性等，它构成产品实际的物质效用，是最基本的质量要素；产品的外观质量主要指产品的外表形态，包括外观构造、质地、色彩、气味、手感、表面疵点和包装等；产品的社会质量指产品满足全社会需要的程度，包括产品与社会道德的契合度、对环境造成的影响、对资源和能源的消耗状况等；产品的经济质量指人们按其真实的需要以尽可能低的价格得到并以最低的使用和维护成本消费的产品。产品的内在质量是由产品本身的自然属性决定，产品的外观质量、社会质量和经济质量则由产品的诸多社会因素决定。从质量管理角度来看，产品质量是商品设计、生产、流通和消费全过程中诸多因素共同作用的产物。企业必须强化质量意识，以全员参与为基础，以目标顾客的质量需求为导向，进行全面的质量管理，从而为塑造良好的企业形象奠定扎实的基础。

（三）先进的技术水平

产品质量的好坏，一方面决定于企业的质量意识和质量管理水平，另一方面则决定于企业的产品设计水平和生产技术水平。

决定产品质量好坏的内在依据不是生产过程，而是产品设计。市场竞争是设计的竞争。产品设计阶段要全面确定整个产品策略、外观、结构、功能，从而确定整个生产系统的布局。产品的内在质量，如使用功效、方便程度、性能、产品的使用寿命及所用原材料、做工标准都是在产品的设计阶段确定的。因而，产品设计具有"牵一发而动全局"的重要意义。好的产品设计，能使产品在功能上独具特色，内在质量稳定可靠，外观上造型独特，而且便于制造，生产成本低，从而使产品具有强大的综合竞争力。许多在市场竞争中赢得优势的企业都十分注重产品设计的细节，以便设计出造价低、质量好、具有独特功能的产品。许多知名企业都把设计看成是重要的战略工具，认为好的设计是塑造形象的利器，是赢得顾客的关键。

在科学技术突飞猛进的时代，企业生产产品的技术条件决定了其生产效率，也决定了产品的质量水平和成本水平；产品的技术含量决定了产品在市场上受消费者欢迎的程度，技术含量高的产品和服务往往更能赢得消费者的青睐。因此，企业要不断地改进生产条件，在生产商品的过程中融入更多的科学技术成分，如现代化的设备、自动化的生产工艺、新型的材料、新型的生产手段和方式等；在售后服务过程中，企业要依靠专业性强的服务人员和设备来提供具有专业方向和深度的服务。

先进的技术水平是良好的企业形象的前提和基础。一个设备落后，生产条件恶劣的企业，无论如何进行企业形象策划，也无论用多大的声势导入 CIS 系统，都是难以树立良好的企业形象的。企业只有不断地注重创新，注重产品的研发设计，注重生产设备的改进革新，提供具有较高科技含量的商品和服务，才能为企业赢得高科技、高水平、值得信赖的形象，从而提高企业的竞争力。

阅读资料

全球最大机器人餐厅综合体

2020 年 6 月 22 日，碧桂园旗下千玺餐饮机器人集团（以下简称"千玺集团"）打造的FOODOM 天降美食王国正式开业。

与一般餐厅不同，这是集中餐、火锅和快餐于一体的餐饮旗舰店，且餐厅所供应的食物均由机器人"厨师"掌勺，而前台接待、地面配送等服务，也均由机器人完成。爆棚的科技感，让这家餐饮综合体成为中国乃至全球最具科技含量的全新餐饮场所。

同一天，千玺集团自主研发生产的第二代煲仔饭机器人和迷你雪糕机器人率先获得由国家机器人检测与评定中心颁发的中国首张系统集成餐饮机器人 CR 证书（China robot certification），开创了行业先河。这一方面代表了国家权威机构对千玺餐饮机器人的正式认可，另一方面也表明千玺集团在餐饮机器人行业处于领先地位，已成为当今中国乃至全球智慧餐饮的集大成者、行业创新升级的领军人。

对于碧桂园来说，此番开业的天降美食王国既是机器人餐厅的旗舰店，更是该集团科

技成果的集中展示区。其自主研发的超过 20 多种最新餐饮机器人均在此亮相，这在一定层面上折射出碧桂园自 2019 年进军高科技以来所取得的累累硕果。

中国科学院赵淳生院士评价说：千玺机器人餐厅创新地实现了软硬件融合、人机融合，较好达成了机器人实际应用过程中的运动精确性、作业平稳性、布局多样性，在目前餐饮机器人行业中技术最先进、业态最完整、产品最丰富，不仅在很多方面填补了行业空白，还具有标杆意义和研究价值。

自从 2020 年初开了第一家餐厅以来，碧桂园集团已经开了多家机器人餐厅，包括火锅、中餐厅的单业态店面和新开业的餐饮综合体。

FOODOM 天降美食王国是碧桂园千玺集团所开的第 6 家机器人概念餐厅，集多家门店之大成，这家新店面积约 2 000 平方米，共有 20 余种餐饮机器人厨师集中"上岗"，供应近 200 个菜式，部分菜品最快实现秒出，可同时为近 600 名客人提供视觉和味蕾的科技盛宴。

资料来源：https://www.jiemian.com/article/4602035_foxit.html.

（四）完善的营销体系

在企业生产的产品和消费者需求之间，存在巨大的时间、空间和信息不匹配的矛盾。如果企业没有完善的营销网络，企业生产的产品就不能被消费者了解、欲求、接触，就不能进入消费领域。因而，质量再好、功能再独特的商品也难以在消费者心目中留下印象，企业也就无法树立起自身的独特形象。所以，建立完善的营销体系，提高企业的营销力，是企业导入 CIS 重要的基础条件。

一个完善的营销体系，主要包括以下几个方面。

1. 以"全员营销"为核心的营销理念

全员营销就是企业的研发、生产、财务、行政、物流等各部门统一以市场为中心，以顾客需求为导向开展活动，实现营销主体的整合性；同时对企业的产品、价格、渠道、促销（4P）和需求、成本、便利、服务（4C）等营销手段和因素进行有机组合，达到营销手段的整合性，实行整合营销。全员营销并不是所有员工都参与企业所有的营销活动，而是全员参与营销的过程。企业各部门和员工都关注与支持企业的整个营销活动的分析、规划、指挥、协调和流程控制，从而为消费者创造最大的价值，提高顾客满意度。

2. 以"品牌建设"为主导的营销机构

品牌建设作为企业营销的核心目标，是所有市场或管理工作开展的核心和主轴。传播、促销、公关、终端提升，都是围绕"品牌提升"开展的具体工作。从持续推进的角度看，若要所有围绕品牌开展的工作都能做到目标清晰、持续推进，就必须建立一个以品牌为导向的组织平台——品牌策划与管理部门，来支撑整体品牌工作的开展。品牌策划与管理部门对品牌的管理是全方位、体系化的，不仅着眼于市场，而且要关注企业内部；不仅关注品牌建设，而且注重企业运行机制的梳理。所以，品牌管理部门需要对企业中与品牌有关的各个部门与环节，包括生产、研发、物流、品控、营销等这些品牌价值链的各个环节进行全方位的调控与统筹。

3. 以满足消费者需要为导向的营销流程

企业的营销流程主要由企业自身、企业营销系统、批发商、零售商、消费者、社会公众六个方面组成。因此，企业的营销活动应围绕"满足消费者需要"这个中心，从六个方面逐级推进。企业内部要树立全员营销理念，使企业各部门、各环节都为保证营销工作的顺利开展而努力；企业营销系统是企业营销战略及策略制定和实施的核心系统，要有高素质队伍建设和高效的组织保证；企业与批发商的关系是一种厂商共赢的"利益共同体"，要建立具有持续竞争力的厂商关系；零售终端是产品从生产环节经流通最终到达消费者实现购买的"临门一脚"，对产品销售、企业形象的塑造都有非常重要的意义，要采取如客户关系维护、终端激励、导购、宣传支持等多种形式进行管理，以提升终端的销售力；消费者是企业的生命线，要采取多种手段刺激消费者的购买欲望，使其产生购买行为，并努力培养消费者的品牌忠诚度；社会公众对企业的态度决定了企业的营销环境，要对社会公众进行持续有效的传播，以赢得公众对企业广泛的支持。

4. 以"优化整合"为原则的传播方式

以"优化整合"为原则的营销传播就是通过制订统一的营销传播计划，综合运用大众传播媒体、社会化媒体、事件营销、口碑传播等手段，通过整合各种传播活动以获得更大的协同效应，达到"一种形象，一个声音"的效果，从而造就相对的竞争优势。从战略的角度讲，还必须和企业的长远战略结合起来，以消费者的需求为导向，设定企业的发展方向，逐步建立企业的核心管理能力和技术能力，将企业的使命和市场需要对接，进行营销传播，从而做到时时刻刻、方方面面紧紧地围绕着企业使命开展一切营销活动和传播活动。

（五）充足的资金保证

成功地导入 CIS 系统，要有雄厚的资金保证。企业在进行 CIS 费用预算时必须树立的观念是，导入 CIS 所投入的资金是一种开发性、战略性的形象投资，而不是一种花费。正如 1994 年小天鹅公司投入 50 万元导入 CIS 时其总经理朱德坤所说："我们推掉一座楼的建设，建起一座看不见的更高的楼。我们花钱买回的是巨大的无形资产。现在小天鹅的商标，经采用国际权威方法评估，价值已达 1.3 亿元。但是，随着产量的成倍增长，原来的商标却显得缺乏个性，企业也没有统一的标识，这次花 50 万元，委托香港专家设计统一的企业标识，重塑企业形象，使之成为企业经营管理中重要的无形资产。当 CIS 形象导入市场后，只需一两年时间，小天鹅的商标将还会增值。"

导入 CIS 需要预算的资金投入包括三部分：企业形象的调研费用、CIS 的设计开发费用和 CIS 的实施管理费用。由于 CIS 导入的战略性和长期性，导入 CIS 的资金投入不是短期内能够回收的，通常要在 2～3 年后才开始发挥作用。因此，进行 CIS 预算，一定要有战略眼光，把它当作一种形象投资来对待。

三、明确导入 CIS 的动机

明确导入 CIS 的动机和目的是成功导入 CIS 的前提。CIS 的导入是在不同的动机和目的的支配下进行的，不同的动机决定了不同的行为，由此直接影响到导入 CIS 的操作过程和结果。因此，企业在决定导入 CIS 之前，必须先明确企业存在的、能够通过导入 CIS 加以解决的问题。不同企业的经营内容和经营方针不同，存在的问题和面临的市场环境也不同，因而导入 CIS 的动机也就不同。有的企业可能需要全面导入 CIS，从而使企业实现一次鼎新革故的巨大变革；有的企业则只需要针对形象的个别问题进行 CIS 的部分导入。因此，企业要对导入 CIS 的动机有比较清楚的认识，这样才能明确 CIS 的作业方向，同时也便于考核导入 CIS 的成效。

在企业的经营实践活动中，企业导入 CIS 的动因主要有以下几方面。

（1）改变企业经营困难的局面，活化企业组织，重振企业精神。

（2）改变企业陈旧、落后的形象，塑造崭新的企业形象。

（3）变更企业经营范围，实现多元化经营。

（4）转变企业经营方针，重整企业理念，适应"二次创业"的需求。

（5）顺应"国际化"潮流，改变不能同国际市场接轨的形象识别系统，适应国际竞争的需要。

（6）导入新的市场营销战略，借助 CIS 导入使新产品迅速打开市场。

（7）强化企业的对外宣传、公共关系和促销活动，改变企业实力强大、形象传播力弱的现状，提升企业实力形象。

（8）实现企业的改组、整顿，提高管理效率。

（9）消除企业危机事件所带来的负面影响，克服不利因素，创新企业形象。

（10）激励员工的自豪感，强化员工参与的自觉性，增强企业内部的凝聚力。

美国 IBM 公司导入 CIS，是为了塑造企业的独特个性；美国柯达公司导入 CIS，则是为了增强企业信息传播的渗透性和鲜明性，使多渠道传播的信息同一化和标准化，以增强产品的竞争力；日本的柯尼卡公司导入 CIS，则是为了改变原有陈旧、落后的企业形象，扭转经营不佳的状况。显然，不同的导入动机决定了企业导入 CIS 不同的内容和行为。

阅读资料

导入 CIS，打开国内市场的大门

2008 年 12 月 12 日，掌声在一片积极、热烈的氛围中响起，预示着一段不平凡的民族品牌打造之旅的开始。享誉世界 50 多年的珠江桥以及珠江桥人将以崭新的面貌和姿态展现在世界食品行业之林。

广东珠江桥生物科技股份有限公司是 2008 年 10 月刚挂牌成立的公司，前身是中山福金香调味食品厂有限公司，广东省食品进出口集团公司——中国驰名商标、中国名牌产品"珠江桥"牌商标的拥有者控股经营的调味品生产基地，专门从事酱油、醋、鸡粉、酱料等调味品的生产。"珠江桥"牌系列产品畅销全球 120 多个国家和地区，号称"有炊烟的地方就有华人，有华人的地方就有珠江桥"。"珠江桥"酱油占全国酱油出口总量的 40%，长期雄居全国第一，"珠江牌"现已成为商务部重点扶持的出口品牌。

市场竞争随着经济的发展而日益激烈，中国市场在国际市场中的地位越来越高。中国调味品业的增长每年都在 30%以上。国外市场已经做得非常成熟的珠江桥开始转视国内市场，海天、李锦记、味事达等国内品牌，味之素、万字等外国品牌占据着国内调味品市场，"珠江桥"牌调味品需要加大在国内的品牌推广。

珠江桥迫切需要打开国内市场的大门，而企业形象 CI 策划则是打开这扇大门的钥匙。通过多家国内外策划公司的比较，珠江桥选择了在亚太地区品牌策划领域顶尖的策划公司——睿盛品牌策划（中国）有限公司（以下简称"睿盛品牌策划"）进行企业形象 CI 策划项目合作。睿盛品牌策划以品牌策划、品牌形象和品牌营销为核心业务，曾为多家外企企业、政府事业单位以及各类行业企业服务，其中食品行业包括白象方便面、华美月饼、新西兰新怡食品、东泰乳业集团等多家企业，积累了非常丰富的食品行业 CI 策划的经验。

以源于中国，有着 1 000 多年酿造历史的酱油为主导的调味品行业为契机，珠江桥作为新成立的股份公司，通过 CI 的打造，在保持并超越海外市场份额的基础上，以全新的形象展现于国内市场，力求企业步入新高度、新发展。CI 不仅将企业及产品形象中的个性与特点有效传递给一切可接收该信息的受众，同时让受众对企业及产品产生统一的认同感和价值观，从而达到企业及其产品引起外界注意，树立企业形象、扩大市场占有率的目的。珠江桥在以天然、美味、健康的产品特点和优良的品质服务世界的同时，希望更多的中国人能享受传统酿造工艺生产出的酱油等产品，调味美味、健康生活。因此，CI 的导入是珠江桥向国际市场进一步巩固和发展的推动器，也是大力开拓国内市场的重要基石。

资料来源：http://www.ad020.com/article/graphic/ci/show_20091108105333761.html.

四、把握导入 CIS 的时机

1. 新企业成立或合并成企业集团时

新企业成立或者由若干企业合并成企业集团时是企业导入 CIS 的一个良好时机。新企业设立时，既缺乏知名度，更缺乏美誉度，这时的企业在公众心目中还是一张白纸。就像毛泽东主席在描述刚成立时的新中国一样："一张白纸，没有负担，好写最优最美的文字，好画最优最美的图画。"由于没有传统的束缚，也不受任何负面形象的影响，企业可以构建理想的理念识别系统与视、听觉识别系统，同时可从头开始并较快建立起独具特色的行为识别系统，从而使企业形象有一个良好的开端。所以，新企业成立时是导入 CIS 的最佳时机。通过导入 CIS，以独特、系统的识别系统将企业形象传达给公众，可以收到先声夺人的效果。例如，鄂尔多斯集团于 1979 年创建，也同时将 CIS 整体推出，不仅使其产品——羊毛衫被市场广泛接受，更在市场上建立起高端羊毛衫生产者的企业形象。同时，企业合并、联营、集团化以后，企业集团的经营规模、经营范围、经营内容、经营理念与合并前的企业相比都有很大不同。特别是若干企业合并成一个新的企业集团后，企业理念、企业标志不统一，给公众造成识别上的混乱，特别需要导入 CIS，以整合企业的相关识别要素，进行整合传播，以达到提高企业的识别性、树立全新的企业形象的目的。

2. 企业决定实施多元化发展战略时

随着企业面临的需求环境和竞争环境的变化，许多企业为求发展、提升企业竞争力实施了多元化发展的战略。企业经营业务多元化以后，企业原来使用的适用于某类产品或某个行业的经营理念、企业标志、企业口号、企业名称等形象识别要素与新的业务就出现了不协调。因此，导入 CIS 以改变公众对公司原有形象要素的理解和印象，建立符合企业实际情况和未来发展趋势的形象识别系统就成为一个非常重要的问题。例如，美国的 RCA 公司原是一家无线电通信企业，后来将业务范围扩展到卫星通信、电子和小汽车出租等行业。这样，原来为人们所熟悉的视觉形象就显得不合时宜了。于是公司采用了一个新的识别系统，以反映企业的发展和多元化，这个新识别系统受到了客户、股东和员工的广泛好评。

3. 企业创业周年纪念时

创业周年纪念时是企业总结过去、展望未来的有利时机，也是企业进行形象宣传、提升其影响力的有利时机。大张旗鼓地进行创业周年纪念，既是对企业成长的肯定，也是企业自信心的表现，还可以激发员工的自豪感和进一步创业的精神，并给企业外部公众一个全新的感觉，彰显公司的实力与美好的前景。因此，许多企业都在创业周年纪念时导入 CIS。例如，日本菱备公司在 1977 年 9 月公司建立 240 周年之际导入 CIS，日本美能达公司在 1981 年 12 月公司建立 50 周年之际，导入 CIS。同样，日本富士公司 1979 年在创业 45 周年时实施了 CIS 战略，旨在适应技术革新的潮流，将企业形象统一为"综合音像信息的产业"，并面向 21 世纪，实现"世界性的富士软片""技术的富士软片"的企业目标。

4. 企业的新产品上市时

企业的新产品上市时是导入 CIS 的良好时机。一方面，新产品是企业创新的成果，积极创新体现了企业的进取精神，最容易被公众所关注；另一方面，企业通过导入 CIS，在公众对企业产生好感和信任之后推出新产品，能使公众产生"爱屋及乌"的效果，更容易接受企业的新产品。所以，在新产品上市时导入 CIS 战略，既可收到促销产品的效果，又可塑造企业的形象，达到一箭双雕的效果。例如，1996 年阿迪达斯（Adidas）在推出经典产品的同时，也发布了新的 CIS 方案，将新标志三叶草用于经典系列商品上。三叶草代表了奥运精神，也是运动员一直追求的目标——更高、更快、更强，三叶草像一朵盛开的花朵，代表阿迪达斯在始终坚守稳健、时尚、经典、前卫的理念的基础上，推出更多的经典产品。

5. 企业决定开展国际化经营时

在经济全球化的背景下，企业进行跨国化经营的越来越多。企业进入国际市场，必须在东道国树立自身独特、显著的形象。由于审美观、价值观等环境因素的差异，企业原有的名称、标志、色彩、商品包装等形象要素可能不适应国际市场的经营环境，某些要素甚至会与一些国家的文化观念产生冲突。因此，企业在开拓国外市场时，适时导入 CIS 战略，不仅可使产品迅速打入国际市场，还可建立企业在海外的影响力。如 20 世纪 60 年代日本的东通公司改为现在人们非常熟悉的索尼公司、福音电机公司改为先锋（PIONEER）公司等，都是为适应国际化的需要而进行的形象改变。

6. 企业需消除因形象危机所产生的负面影响时

企业在经营中由于管理不善或者意外事件，有时会遭遇重大的形象危机。在出现形象危机后，企业需要及时消除在公众心目中的消极影响，重新唤起公众对企业的信心和好感。企业这时导入 CIS 战略，可以重新塑造美好的形象，用积极正面的形象逐渐取代其在公众心目中的负面形象。日本的松屋百货公司、意大利的蒙特爱迪生公司等都是在企业发生经营危机时通过导入 CIS 战略走向成功的。

7. 企业决定登陆证券市场时

股份有限公司发行股票登陆证券市场时实施 CIS 战略，可以促进投资者对企业产生认知和好感，增强投资者的投资信心，保证股票成功发行并提高股票发行的价格。

8. 企业的组织结构发生重大改变时

企业的发展离不开组织变革。企业内外部环境的变化，企业资源的不断整合与变动，都给企业带来了机遇与挑战，这就要求企业进行组织结构的变革。企业组织结构的改变有两种形式：一是企业的部门设置、层次设置、权力划分等发生变化。如企业把直线制变为事业部制，把原来按产品设置的部门变为按客户设置部门，增加新的业务部门，重新划分部门的权力结构，进行流程再造等。二是企业的人事改组，表现为企业重大的人事变动，如董事长、总经理的变动，董事会的变动等。不论是企业组织结构的变动，还是人事变动，企业都会有新的经营理念、新的规章制度、新的经营模式和经营方针出现。在这种"弃旧图新"之际，企业实施 CIS 战略，可以实现经营机制的迅速转换，统一员工的认识和行为，促进企业新机制的形成和新的企业文化环境的建立。

9. 企业进行文化重振时

企业文化一旦形成，就具有相对稳定性。但随着企业的发展及外部环境的变化，企业原有的某些文化观念就可能变成企业进一步发展的障碍。因此，企业需要进行文化重振。如企业的营销观念从产品观念向市场营销观念转变时，企业的管理重心从以工作为中心向以人为本转变时，企业的业务从专业化经营向多元化经营或者从多元化经营向专业化经营转变时，企业的价值体系都必须相应地发生转变。一般来说，企业的文化变革有"渐变"和"剧变"两种方式。渐变是改良，是在企业原有的主要的价值体系不发生大的变化的情况下进行的调整；剧变是革新，是重建，是用全新的价值体系构建全新的企业文化，是彻底放弃原来的不利于企业发展的理念系统，而形成新的、适应内外环境变化的理念系统，是一场革命。无论是企业文化的渐变还是剧变，都是企业实施 CIS 战略的有利时机。由于 CIS 与企业文化建设在方向上的一致性和在内容上的一定程度的重叠性，通过导入 CIS，培育企业精神，增强员工的团体意识，建立行为的规范，改变企业的外观环境，这本身就是在进行企业文化建设，或者说，实施 CIS 战略是建立企业优秀文化的起点。

10. 企业致力塑造品牌个性时

在企业传播沟通过程中，企业的形象、个性都是企业的象征。企业个性处于比企业形象更高的层面。企业形象创造公众对企业的认同，企业个性则造成社会公众对企业的崇拜。在产品质量、技术水平、成本控制越来越趋于同质化的今天，在消费者从功能性消费越来越向感性消费转变的今天，个性化形象要素比一般的形象要素具有更加突出的识别效果。

在这种情况下，企业导入 CIS，塑造鲜明的品牌个性，对提升消费者对品牌的认知甚至忠诚，显得尤为重要。

五、提出导入 CIS 的动议

一般来说，有三种人或机构可能成为 CIS 导入的发起人：企业高级管理人员；企业的广告或公关部门、宣传设计部门、营销部门；专业的广告公司、公关公司或形象设计公司。这些发起人由于其在 CIS 导入中所处位置和作用不同，以及发起企业导入 CIS 的动机不同，可分为倡议人与建议人，它们可以分别就企业导入 CIS 的动议发布倡议书或提交建议书。

（一）倡议人与倡议书

当企业的董事长或总经理等高级管理人员意识到实施 CIS 战略的重要性并经决策层讨论决定导入 CIS 时，可以向企业的全体员工发出导入 CIS 的倡议。CIS 倡议书的一般格式如下。

（1）标题：可以是"××公司导入 CIS 倡议书"，也可简单写为"倡议书"。

（2）预期接受并响应倡议的对象，如××公司全体员工。

（3）正文：包括 CIS 的简要介绍，企业导入 CIS 的目的与意义，对员工响应导入 CIS 活动的期望等。

（4）结尾：表达倡议人的决心与希望。

（5）署名与日期。

发布倡议书的目的在于动员全体员工积极参与 CIS 导入活动，可根据情况把握发布的时机。可以在高层管理者达成一致时发布，也可以在正式提案完成后，企业形象调研工作结束后，企划设计进行或实施管理作业前发布。

（二）建议人与建议书

建议人是向企业提出导入 CIS 建议的部门或机构。企业的广告或公关部门、宣传部门、营销部门等机构，出于对企业未来发展的关注，可以向企业高层管理人员提出导入 CIS 的建议；企业外部专业的 CIS 策划公司、广告公司、公关公司、管理咨询公司等，出于开拓市场、拓展客户的考虑，也可以向企业推荐导入 CIS。它们都要向企业的高层管理人员提交导入 CIS 的建议书。CIS 建议书的格式一般如下。

（1）标题：可以是 "××公司导入 CIS 建议书"，或简单写为"建议书"。

（2）接受建议书的企业或企业领导者。称谓的格式类似于书信的抬头。

（3）正文：包括对 CIS 的简介，导入 CIS 对企业发展的意义，企业导入 CIS 的必要性，CIS 在企业的发展战略中的地位和导入 CIS 的目标等。

（4）结语：表示敬意的礼节性用语，类似于书信的"此致敬礼"。

（5）署名和日期。

建议书一般应呈送给企业的董事长、总经理等高层管理人员。建议书要求简洁清晰，分析有理有据，建议实事求是，这样的建议书对高层管理人员才具有充分的说服力。

广东某生物企业 CIS 导入项目建议书

项目背景

广东某生物制品公司是一家综合性高新科技企业，专业从事生物制品、生化药品、基因工程产品三大范畴的研究、开发与生产。为配合公司长期发展战略的实施，适应激烈的市场竞争和经济全球化的需要，该企业决定重新定位并设计企业形象识别系统（CIS），以便进一步提升企业的竞争力。

CIS 策划程序及相关内容

CIS 是企业在生产经营中实现信息传播的系统过程，由企业理念识别系统（MIS）、企业行为识别系统（BIS）、企业视觉识别系统（VIS）和企业听觉识别系统（AIS）组成。CIS 作为一种战略工具，能够整合企业的产品力、销售力和形象力，从而增强企业的竞争能力（企业力）。

完整的 CIS 导入项目分以下六个步骤进行。

1. 准备阶段

成立 CIS 工作团队，该团队由策划、调查、营销、培训、设计等专家及该企业的管理层组成，明确该企业 CIS 的目标、内容、实施进度及评估标准。

2. 调查阶段

充分了解企业的现状、竞争环境以及企业未来的发展战略。

企业历史背景调查。

竞争环境调查：调查了解该生物企业所处的市场状况、主要竞争对手、销售网络、消费者及购买者、利益相关者、产品的知名度和美誉度。

企业文化现状调查：企业使命、经营理念、管理风格、企业精神。

现有视觉识别系统审核：现使用的视觉识别系统未能充分体现企业理念和经营领域，有几点需改进：标志、基准色、中英文字体、英文名称、组合方式以及 VI 的应用系统；

竞争对手视觉识别系统调查对比：选取该生物企业主要的竞争对手或相关品牌作为标杆学习，找出其 CIS 的长处或亮点，定点超越并为创意策划提供依据。

企业发展战略目标调查：通过管理层访谈和竞争环境调查，了解企业的发展战略目标。

3. 分析研究阶段

揭示企业的现状、竞争环境及企业发展战略，并提出相应的分析报告。包括企业竞争环境分析、企业文化现状分析、企业 CI 设计综合分析。

4. 创意策划阶段

提供基本的设计策划概念，以指导整体的策划工作。

CI 策划总概念及概念组：以前期的调查研究为基础，重新考察评估企业理念，结合企业的战略规划，为 CI 设计与实施指明方向。

企业战略规划的总思路：以企业的经营意念和社会、市场背景为基础，规划企业未来战略目标，确定企业长期发展的事业领域，构造企业活动的方向（即定位）。

5. 设计规划阶段

设计 CIS 文件，规范企业的各项管理工作：

企业理念识别系统（MIS）策划：过滤现有企业文化，提炼文化要素，确定企业精神、经营理念、企业宗旨、经营方针和管理风格，指导 BIS 和 VIS 的设计与实施。

企业行为识别系统（BIS）策划：①对内：通过规范化管理、员工培训（企业文化及素质培训），积极推行企业文化建设，将企业理念融入行为规范，增强企业的凝聚力；②对外：采用 CIS 指导、规范和整合市场营销、销售管理、公共关系、促销计划、公益性活动等，力求做到"一种形象、一种声音"。

企业视觉识别系统（VIS）策划：基本要素策划、应用要素策划。

企业听觉识别系统（AIS）策划：企业主题歌曲等基本要素和由公环境音乐等应用要素的策划。

6. 评估与跟进阶段

评估上述阶段的工作绩效，制订下一步改进的行动计划。

CIS 导入模式选择：针对企业的实际情况，建议采用阶段性目标的导入模式，先制订长期的 CIS 计划，划分成三个阶段，并制定相应的阶段性目标。

第一阶段：完成 MIS，将 MIS 融入 VIS 设计与实施过程。

第二阶段：用 MIS 指导 VIS 的外部行为，整合营销传播，提升品牌形象。

第三阶段：用 MIS 规范 VIS 的内部行为，提高企业内部管理水平。

第二节　建立导入 CIS 的组织机构

CIS 动议确定后，企业就要建立导入 CIS 的机构，专门负责组织实施导入 CIS 的相关工作。

一、建立导入 CIS 委员会

导入 CIS，必须首先确认导入 CIS 的方针、目的、所要解决的主要问题和所要达到的主要目标。这个工作一般由 CIS 导入的推进主体 CIS 委员会来完成。

（一）CIS 委员会的组成方式

1. CIS 委员会的设置方式

按照国际通行做法，CIS 委员会的设置一般可分为部门负责型和委员代表型两种。

部门负责型委员会一般将企业 CIS 的导入工作交由企业的公关部门、广告部门或企业的文化宣传等部门来负责。

委员代表型委员会一般由各部门派出代表和 CIS 专家及专业公司人员组成，人数一般为 10～15 人。委员会主任最好由董事长、总经理或董事担任。这是一种矩阵式结构，大部分委员属于兼任性质，大型企业有常设机构，且有专职人员负责日常工作。

2. CIS委员会的人员构成方式

CIS委员会的人员构成方式也不尽相同，一般可分为权威型、活力型和混合型三种。

权威型CIS委员会由企业各部门的负责人组成。这些成员在各自所在的部门都有一定的决定权，因此在讨论CIS导入的方案或措施时很容易达成一致。但在推行CIS方案时，则容易出现上级向下级发号施令的现象，容易忽视深入的宣传、沟通和协调。同时，也可能给员工造成CIS是从上面压下来的任务的错觉。所以，该种结构需要能从事实质活动的部门来配合进行。

活力型CIS委员会由企业内的年轻员工组成，工作年限一般在10年左右。他们富有活力，思想解放，能得到大胆和创新的结论，提出具有鲜明的时代感的对策建议。但由于年轻员工往往不具有权威性，缺乏决定权，对所讨论的问题难以拍板，对提出的措施难以得到真正的贯彻与落实。如果在委员会中加入具有决策权的企业负责人，则问题将迎刃而解。

混合型CIS委员会由各种职位、年龄和立场的人组成。这种组成方式综合了上述两种方式的优点，克服了其缺点，从多角度、多层面去看待问题，能够得到比较合理的结论。

（二）CIS委员会的人员组成

CIS的导入是项复杂长期的工作，需要企业高级管理人员的支持、各部门负责人与职员的积极配合、CIS专家的加盟指导、专业公司的协作，同时要有充足的经费来保证形象调研、形象策划与设计、CIS的实施与推广等工作的顺利进行。因此，CIS的导入工作需落实到具体的机构和个人。CIS委员会一般应由以下三种人组成。

（1）决策人员。一般是企业的高层管理人员。CIS工程是一项自上而下发动，自下而上响应，全体员工参与的活动。决策人员有权决定企业的一切行为，CIS的导入和推行有赖于他们的大力支持。

（2）职能人员。这是企业各主要职能部门的负责人，其职责是收集CIS导入所需要的各种信息，积极主动地配合CIS的推进活动，全面、切实地组织实施CIS导入计划。

（3）策划与设计制作人员。CIS作为一项系统工程，其策划与实施必须有一个高水平的专业策划公司来辅助配合，包括CIS问题专家和专业公司的设计与创作人员，他们负责企业CIS策划与设计的全部具体工作。

（三）CIS委员会的主要职责

CIS委员会主要承担以下职责。

（1）确立CIS导入的日程、基本方针、目标和计划。

（2）举办员工的CIS教育活动，提高员工对企业导入CIS的关注度和参与度。

（3）根据导入方针和系统内容的要求，组织企业的形象调研与评估。

（4）依据企业形象调研的结果进行CIS定位，审定CIS导入活动的计划并报送给公司的高层管理人员审批。

（5）按照上级主管单位批准的概念和计划，制订具体的企划方案。

（6）按照批准的识别系统计划，组织形象识别要素的设计和开发。

（7）审议设计表现的内容，并将结果报给公司最高负责人审批。

（8）对企业内外发布 CIS 策划与设计的成果。

（9）组织实施与推广 CIS 方案。

（10）总结 CIS 实施中出现的问题，不断修正 CIS 的方案。

二、建立 CIS 执行委员会

CIS 执行委员会是隶属于 CIS 委员会的一个具体从事 CIS 推进与实施管理工作的机构。CIS 委员会负责确定 CIS 导入的大政方针、信息提供与后勤保障，CIS 执行委员会则专职负责具体的 CIS 导入工作。执行委员会的特点是专业化程度高，技术性和操作性强。

CIS 执行委员会主要由四类人员组成，包括：①CIS 专家。负责 CIS 设计过程中的创意，拟定企业理念识别系统和行为识别系统。②调研人员。根据 CIS 策划专家的意见，组织具体的企业形象调研与评估，向 CIS 专家提供有关信息。③设计人员。根据 CIS 策划专家的创意，将企业的理念系统、行为系统进行视觉化设计和听觉系统设计。④文案人员。主要负责 CIS 设计过程中的文案撰写，包括对外的新闻报道、宣传等。

CIS 执行委员会作为 CIS 委员会的具体操作机构，负责整个 CIS 导入的日常工作，主要包括：预测 CIS 导入的具体时段和费用；提出 CIS 导入的论证报告；对企业内外部环境进行调研分析；对企业的理念、行为、视觉识别、听觉识别系统进行策划和设计；负责 CIS 策划与设计的内外推广工作；对 CIS 导入效果进行评估。

第三节　进行导入 CIS 的企划

一、CIS 企划中的创意

（一）创意：CIS 企划的关键

1. 创意的本质

究竟什么是创意？简单来说，创意就是人们有目的地进行创造性思维活动。人们在社会生活中对外界事物的观察了解形成了丰富多彩的表象，这些表象成为人们思维的元素。人们通过思维活动，将这些元素组合成新的形象，就构成了人们心目中的意象。这种人们对表象进一步加工而形成崭新形象的过程，就是创意过程。广告学家李奥·贝纳说："所谓创造力的真正关键，是如何运用有关的、可信的、品调高的方式，在以前无关的事物之间建立一种新的有意义的关系的艺术。"可见，创意的特点是新颖、独特，别出心裁。"新颖"就是破旧立新，不墨守成规；"新颖"就是别出心裁，独树一帜。创意的结果就是打破常规，营造变化。

创意本质上是一种创造性的思维活动。美国广告学教授詹姆斯·扬认为："创意不仅是靠灵感而发生的，纵使有了灵感，也是由于思考而获得的结果。"创造性思维通常有三种类型：逻辑思维、形象思维和灵感思维。

抽象思维即逻辑思维，是人的大脑通过对客观事物的比较、分析、综合和概括等思维活动，舍弃掉表面的、非本质的属性，将内在的、本质的属性提取出来，并用概念范畴等形式表现出来的思维形式。例如，面对苹果、柑橘、香蕉、菠萝……我们却说"水果"，面对大雁、海燕、仙鹤、天鹅……我们却说"鸟"，面对桃花、杏花、梨花……我们却说"花"等。抽象思维作为一种重要的思维类型，具有概括性、间接性、超然性的特点，是在分析事物时抽取事物最本质的特性而形成概念，并运用概念进行推理、判断的思维活动。

形象思维又称直觉思维，它是一种借助具体形象进行思考的思维活动，具有形象性、非逻辑性和模糊性的特征，其表现工具是能为感官所感知的图形、图像、图式和形象性的符号。例如，一提到野生动物，我们脑海里马上浮现出威武的狮子、凶猛的老虎、憨态可掬的熊猫等动物的形象；一提到房子，我们马上想到北京的四合院、客家人的围屋、土家族的吊脚楼等各种房子的形象。这些都是形象思维，其形象性使它具有生动性、直观性和整体性的优点。形象思维始终伴随着形象，是通过"象"来构成思维流程的，并且离不开想象和联想。

灵感思维又称顿悟思维，是指凭借灵感或者直觉进行的快速、顿悟型的思维，是一种突发性的思维方式，突发性是灵感思维最本质的特点。正如美国哲学家爱默生所说："灵感就像天空的小鸟，不知何时，它会突然飞来停在树上。稍不留意，它又飞走了。"英国哲学家罗素认为，灵感思维常常导致"智力上的跃进"，放射出创造性的火花。虽然灵感的产生是突发性的，但灵感并不是神秘莫测的，也不是心血来潮，而是人在思维过程中带有突发性的思维形式长期积累、艰苦探索的一种必然性和偶然性的统一，是在长期思维过程中的一种忽然开窍和顿然领悟。人类历史上许多重大的科学发现和杰出的文艺创作，往往是灵感这种智慧之花闪现的结果。

2. 创意的思维方法

（1）垂直思考法和水平思考法。这是英国心理学家爱德华·戴勃诺博士所倡导的广告创意思考法，被称作戴勃诺理论。

垂直思考法是按照一定的思考路线，在一个固定的范围内自上而下进行纵向思考，以对旧的经验和知识的重新组合来产生创意的方法。它强调根据事物本身的发展过程来进行深入的分析和研究，即向上或向下进行垂直思考，依据的是过去的经验。比如在收集和整理资料阶段，我们发现产品有某种特性，那么我们就会想，为什么会有这种特性？这种特性能带给消费者什么具体的利益？这种利益的具体表现是什么？这种利益是消费者迫切需要的吗？消费者为什么会需要这种特殊的利益？消费者希望在什么样的时间、状况下最需要获得这种利益？这样一层一层对事物的前因后果、由表及里的探索，就是垂直思考。可见，垂直思考是一种符合事物发展方向和人类习惯的思维方式，遵循由低到高、由浅入深、自始至终的思考线索，因而思维脉络清晰，合乎逻辑。

水平思考法是指在思考问题时摆脱已有知识和旧的经验约束，从多角度、多侧面对事物进行观察和思考，从而提出富有创造性的见解、观点和方案的思考方法。水平思维具有多角度、多方向的特点。在创意中运用这种思维方式，能从多方面引发灵感，获得意想不到的创意效果。

（2）顺向思考法和逆向思考法。顺向思维是一种习惯性思维，是按照顺序从上到下、从前到后、从小到大、从低到高的常规序列方向所进行的思维方法，它符合常规，对问题的思考有顺理成章的引导作用。逆向思维是打破原有思维的固定模式，反其道而行之，用探索精神去思考问题、解决问题的一种反常规、反传统、反序列的思维方法。艾·里斯在《广告攻心之战——品牌定位》中说："寻求空隙，你一定要有反其道而想的能力。如果每个人都往东走，想一下，你往西走能不能找到你所要的空隙。"

（3）发散性思维与聚合性思维。发散性思维是由一点向四面八方想象、散发开去的思考问题的方法。这是一种以思考对象为中心、从多个不同的角度寻求结论的思维方式。它可以海阔天空、异想天开、无拘无束地发挥想象力，有利于思维在空间上扩展和时间上延伸。美国心理学家吉尔福特的研究表明，与人的创造力密切相关的是发散性思维能力与其转换的因素。他指出："凡是有发散性加工或转化的地方，都表明发生了创造性思维。"需要注意的是，发散性思维如果把握不好，也易造成漫无边际，偏离目标。进行发散性思维，紧紧围绕思维的主题至关重要。

聚合性思维是以某个问题为中心，运用多种方法、知识或手段，从不同的方向和不同的角度，由外及内，将思维指向这个中心点的思维方法，包括抽象与概括、分析与综合、比较与类比、定性与定量等具体方法。

在创意实践中，发散性思维和聚合性思维往往是相互结合的。必须在聚合的基础上发散，在发散之后又进行聚合，才能产生合理的创意。一般来说，在开发创意阶段，发散性思维占主导；在选择创意阶段，聚合性思维占主导。

3. 创意的策略技巧

（1）集体思考法。集体思考法又称头脑风暴法（brain storming，BS）。它是由美国的BBDO广告公司副总经理奥斯本于1938年提出的一种通过集思广益进行创意的方法。这是一种"动脑会议"，先由创意人员组成一个创意团体，然后与会成员围绕明确的议题展开共同思考，通过相互启发、相互激励和刺激，由一人的创意灵感引起其他人一系列的连锁反应，通过知识和智慧的相互碰撞，激荡出创意思路。这种方法具有五大特征：第一，集体创作。创意的产生凝聚着众人的智慧；第二，思考的连锁反应；第三，禁止批评，以免扼杀创意；第四，创意思路多多益善，每个人都可以在会上畅所欲言；第五，不介意创意的质量，即使不可能实施的创意，也可以大胆提出。

（2）奥斯本检验表法。为了有效地拓展创意的思路，奥斯本于1964年提出了创意的检验表法，即用一张清单围绕创意对象从各个角度诱发出各种创造性的设想。由于这种方法几乎适用于任何类型的创意活动，因而享有"创意技法之母"的美称。奥斯本建议从转化、引进、改变、放大、缩小、代替、重组、颠倒、组合九个方面对创意对象进行检验。这九个方面，按照"如果……会怎么样"的方式对创意对象进行质疑设问，有利于破除思维框框，使思维更有灵活性、新颖性、扩展性，因而是一种能获得创意新思路的有效方法。

（3）联想创意法。联想创意法是一种运用联想的心理机制产生创意的方法。联想是由一个事物想起另一个事物的心理现象，是使不同事物在概念上相互接近的思维能力。日本创造学家高桥浩说：联想是打开沉睡在头脑深处记忆的最简便和最适宜的钥匙。通过联想，可以发现物体的象征意义，可以找到抽象概念的具象体现，从而使信息具有更强的刺激性和冲击力。联想创意法包括：①接近联想。接近联想是由特定时空上的接近而产生的联想。如礼品和节日是时间上的接近，河与船是空间上的接近。②相似联想。相似联想是由性质、形状和内容上的相似引发的联想。③对比联想。对比联想是由特点相反的事物引发的联想，如由肥胖想到苗条，由黑想到白等。④因果联想。因果联想是由逻辑上有因果关系的事物引发的联想。

（4）组合创意法。组合创意法又称万花筒创意法，是将旧的元素进行巧妙的组合、配置，以产生新的创意的方法。世界上的事物是普遍联系的。无穷的创意来自巧妙的组合。七个音符的无穷排列组合，可以谱写出无数华美的乐章；鱼、肉、禽、蛋、油、盐、醋等合理调配，可以烹制出多彩的美味佳肴。组合创意的方法包括：①附加组合，就是在产品原有的特性中增加新的内容；②同类组合，就是将若干相同的事物进行重新排列；③异类组合，将不同的事物进行组合；④重新组合，就是将事物分解后，再以新的方式重新组合。组合创意是将不同的事物组合在一起，是一种形式上的张冠李戴，能使受众有新颖、意外的感觉。

深入理解了创意的本质，掌握了正确的创意方法，创意也许就在突然之间灵光闪现了。产生创意的方式，如同黑暗的天空中的一道闪电，使人恍然大悟，茅塞顿开。詹姆斯·韦伯·扬对创意产生的精彩瞬间做了形象的描绘："突然间会出现创意。它会在你最没期望它出现的时机出现。当你刮胡子的时候，或淋浴时，或者最常出现于清晨半醒半睡的状况中。也许它会在夜半时刻把你唤醒。"很多创意灵感都来自创意者不经意间的发现。牛顿在苹果树下发现了万有引力定律，阿基米德在浴盆中发现了浮力原理。因此，当创意的灵感突然飞来时，最稳妥的办法就是抓住它的翅膀，用笔留住它。创意灵感看似空穴来风，存在机遇的成分，实则不然。机会总是光顾有准备的头脑，创意的光临，是辛勤汗水的结晶。

（二）创意：CIS 企划的灵魂

企业形象的策划及塑造的过程是企业与各类公众相互沟通的过程。企业形象的形成要经历企业传播、公众印象、公众态度和公众舆论四个阶段。

企业传播是发出信息的阶段，企业传播信息时的创意策略和水平直接决定了公众对信息注意和接收的程度与处理的方式。因此，创意就成为左右公众印象、影响公众态度与公众舆论的源泉，贯穿于企业形象策划的整个过程之中，是企业形象策划的灵魂。

公众印象是客观事物在人的头脑中的映射。印象的形成以人们对客观事物的注意为前提。因此，进行形象策划，要运用创意策略，对企业形象进行独特、符合公众价值要求的定位，使其独树一帜，引人注目。独树一帜是企业形象鲜明、富有特色的表现，是创意的结果。只有独树一帜，才能引人注目。引人注目必须依靠自身的特色，并在潜移默化中让公众接受企业的理念和行为。引人注目是企业实力的展现，更是企业特色的张扬和魅力的绽放。创意就是解决如何张扬、如何传播的问题。当企业通过独特的定位，并采用新颖、独特的传播策略进行传播，吸引公众的注意力并在公众头脑中形成良好的印象时，企业形象的创意策略就成功了。

公众态度的形成包括认知、情感和行为的倾向三个要素。其中，情感因素起主导作用。情感的形成以认知为前提。当公众对企业独特的形象定位、充满创意的形象策划与推广活动有充分的认知，对企业优异的产品、周到的服务、优美的厂区环境有足够的了解时，公众对企业必然产生积极的情感。在目前信息过剩的背景下，只有充满创意的传播才能实现公众对企业充分、客观认知的结果。因此，创意也就成为影响公众态度的关键。企业一方面要使传播的信息具有足够的吸引力，另一方面要掌握公众的情感因素，托物寄情，借物传情，以情感人，以情动人，从而使公众对企业产生积极的情感，并以此形成良好的支持态度。

公众舆论是社会大多数公众的看法和意见，是由公众的各种意见和态度构成的集合体。如果说公众印象只是投射在人脑中的初步认知，公众态度只是公众个人的情感表露和倾向，那么，公众舆论就是社会公众彼此之间的交流和传递，具有更强的影响力和煽动性。独具特色的形象定位和信息传播可以顺应社会潮流与民意动向，以先人一步的远见卓识引导公众舆论，避免对企业不利的公众舆论，从而为企业创造良好的舆论环境。

二、进行 CIS 总概念企划

依据 CIS 调研报告，重新评估企业理念，构造新的企业经营战略和 CIS 总方针，作为未来 CIS 管理作业的方向，称为"CIS 总概念"。总概念书是 CIS 的战略规划，是表达 CIS 总体企划思想、战略方针与精神的文本，为 CIS 的实施与管理指明了方向。正如日本的 CIS 专家加藤邦宏在其《企业形象革命》中所说："总概念是有关 CI 的企划书，主要根据公司的客观事实，再构筑出适合于公司的企业理念，也可以说是公司最高主管的建议书，因此必须具有解决问题、改善公司、指出未来方向的分量。总概念应该能针对调查结果，表达出正确的判断，进而提供有关 CI 的活动指针和改良建议，深入浅出地指出未来企业应该具有的形象，并明示以后一连串的 CI 作业及管理办法。"①

拟定 CIS 总概念包括以下步骤。

1. 分析调研结果

CIS 策划人员对调研过程中出现的企业形象建设方面的问题进行归类分析，并说明问题产生的原因。找出问题，即是 CI 总概念的发生点。

2. 形成企业形象策划的创意

为了准确有效地把握 CI 总概念创意的目标与方向，拓展思路，同时避免一般联想的随意性，CIS 策划人员应根据调研结果开设稽核问题表，并依据对形象调研结果的问题点分析，探求 CIS 的新概念、新方针，创造性地提出解决问题的新思路。问题点构成了 CIS 创意的原点。

为了使企业形象策划具有独特性，有目的地对 CI 人员的想象、思辨、分析、综合、归纳、演绎等能力进行训练，提高其创意能力十分重要。

3. 设定 CIS 概念

CIS 总概念是 CIS 的核心，它应包括公司理念、形象、作风、活动领域、经营方针等内容。

企业理念设定是总概念报告的核心内容，企业主管应直接对企业理念设定负责，CIS 设计人员可以提出参考意见。员工是企业的主体，也可向广大员工征集企业理念。

企业理念的设定要应以 CIS 提案人员为主导。CIS 策划人员在综合企业主管和员工建

---

① 加藤邦宏. 企业形象革命[M]. 台北：艺风堂出版社，1988：60.

议的基础上，充分发挥创造力，形成包括企业使命、经营方针和行为规范三大主要内容的企业理念书。企业使命是企业行动的原动力，必须明确企业的事业领域、发展目标和社会文化使命；企业的经营方针是企业如何实现其存在意义和价值的方针与方法，实质反映了企业经营者及员工的思想水平、整体素质以及价值观念；企业的行为规范是将经营方针落实到企业员工的实际工作中的一系列规范，如服务公约、劳动纪律、工作手册、操作要求、管理条例等。企业理念书必须明确上述三项内容，行文简练，富有激情，同时又通俗易懂。

除此之外，CIS 策划人员还要找出公众心目中某一行业所应具有的理想特性，找出本企业在公众心目中的地位，并与竞争者进行全方位比较，然后用最简洁的语言来表达企业形象，作为初步议案，写入总概念报告书。例如，日本卡乐比斯食品工业株式会社自 1964 年向市场投放卡乐比斯乳酸饮料以来，受到了广大消费者的喜爱。为了适应 21 世纪新的营销环境，提升企业竞争力，株式会社实施了 CIS 战略。作为食品企业，公司确定了支撑企业理念的八个方面，即健康、环境、家庭、体育、技术、情绪、社会时尚、国际性，将企业使命界定为"向社会大众提供优质的商品和良好的服务，为文化生活的蓬勃向上做出贡献"；将经营理念定位为"诚心诚意地与社会大众加强相互之间的交流、协调和了解，建立积极向上的经营目的"。将企业形象定位为"一切为了有利于社会公众的身心健康"，并具体化为"生产时兴新鲜的食品，丰富公众的饮食需要；随时为创造一个良好、舒适的生活环境提出建议"。

阅读资料

日本美能达公司形象概念的提炼

1978 年是美能达相机创业 50 周年。其商标已确立信誉，而在使用方面却没有固定的标准，使越来越多的广告活动产生困难。例如印刷物和商品上的字体不一致，在广告的宣传媒介上往往有两种不同的字体出现。美能达原是专门生产照相机的公司，随着事业扩大，生产办公用机械，并制造医疗器械及天文仪器，形成多元化经营。因此，商业交往的范围也越来越广。为了把美能达的公司现状传达给社会大众，以避免企业形象的散乱，达到与其他公司"差别化"的目标，必须有相关的系统化市场活动。

1979 年 2 月，由开发、生产、销售、广告、宣传、管理各课派课长级人员组成了 CI 委员会。委员会直属常务董事会，针对各课所提意见讨论，并接受常务董事监事会指挥。考虑到当时对外传播上的不统一，给公司形象带来的负面影响，制定新公司标识的必要性引起了公司决策层的高度重视。CI 委员会决定选择外国一流的设计专家承担设计工作，最后公司选择了负有盛名的平面设计权威索尔·巴斯（Saul Bass）先生负责。

签订设计合同后，索尔·巴斯公司开始分析美能达的各种资料。他们首先拜会各级主管以听取意见。根据分析结果，他们对公司的 CI 观感有如下判定，成为公司新标识的设计思想。

（1）vision：制造各类光学仪器，注重视觉效果的品质，而这种品质的原点是"光"。

（2）innovation：除技术创新之外，在以光学产品为延伸目标的市场创新上，也有领先优势。

（3）technology：以光学为核心，配合精密机械技术，又导入电子尖端技术，以开发高科技产品。

（4）quality：产品优良，价格合理，整体制作理想，表现出高品质；

（5）cosmos：能超越语言、历史、国民性，有效地通用于各国，表现出国际性的协调形象。

美能达公司本是一个经营非常成功的企业，只是视觉识别需要进一步整合和规范。因此策划的重点是挖掘公司的优势，以作为对外传播的依据。

根据上述所确认的设计思想，展示了美能达公司的五大特质和优点："品质的原点是'光'"；"技术和市场的创新"；"开发高科技的产品"；"表现出高品质"；"表现出国际性协调形象"。这样就可以从中推导出形象的核心概念："光""创新""高科技""高品质""国际化"。

资料来源：吴为善. 企业识别——CI 策划和设计[M]. 上海：上海人民出版社，2005：29.

4. 制定导入 CIS 的具体策略

设定企业理念之后，更需要一套导入 CIS 的具体可行的方法。一般意义的形象策略，必须具有鲜明的识别性和统一性；具体的形象策略则因行业而异，因个案的不同而不同。根据行业特征，强调某一方面的形象特征，是形象策略的基础。其基本原则是从企业经营问题点、市场需要及未来走向出发，兼顾企业的经营策略和形象定位，采取具有行业特征的策略，为企业创造有利的经营环境。

5. 设计 CIS 的开发要领

CIS 的开发设计要领就是确定 CIS 设计规范的基本要点。它遵循的是传播原则与视觉设计的美学原则。依据企业导入 CIS 的重点、理念定位、形象特征，运用企业名称、标志、标准色彩及一系列应用设计要素，以具体直观的形式开发企业形象的有效传达系统。

6. 拟定 CIS 的传播计划

CIS 的基本方针与设计要领明确以后，要拟定对新设计的 CIS 系统对内对外的信息传播、发布计划。对内发布能增强企业凝聚力，激发员工的敬业精神；对外发布则能在社会公众中塑造企业的新形象。传播计划的拟定应考虑发布的对象、范围、内容、媒体选择、活动安排和发布日程等。

7. 撰写 CIS 总概念书

CIS 总概念报告的整理作业，可由公司内部人员或聘请外部 CIS 专家执笔完成，呈交企业的高级主管和有关人员审议。总概念书应简明扼要地说明企业的理念体系、导入 CIS 的基本方针与形象策略，CIS 设计开发的要领等。具体而言，CIS 总概念报告一般应包括以下七项内容：①对于调研结果的意见；②企业经营上的问题点；③企业今后的活动及形象构筑的方向；④新形象概念；⑤基本要素设计的开发；⑥CIS 应用要素的设计项目；⑦今后的具体推进作业设想。CIS 总概念报告中，可以将企业导入 CIS 的程序、内容、作业方式等，用"整体设计规划表"的形式予以明确表示。

在导入 CIS 的实践中，以往人们总是将关注的重点放在具体项目的设计上。但实际上，CIS 总概念直接关系到设计的成败，需要投入较多的精力。CIS 设计应该以 CIS 总概念为基准，体现总概念中规定的方针与精神。另外，CIS 的概念与企业一般的经营理念、经营方针不同，它是从传播的角度确立的经营理念，以塑造良好的企业形象为目的。

三、提出导入 CIS 的企划案

CIS 总概念报告完成之后，接下来的任务就是根据这份报告提出企业导入 CIS 的企划案。CIS 企划案包括调查分析、企划设计、实施作业三大部分，要突出"问题"与"解决办法"两大重点。

导入 CIS 的企划案应该包括以下项目：①前言；②提案目的；③导入 CIS 的时机与背景分析；④CIS 的计划方针；⑤CIS 开发计划；⑥CIS 实施计划；⑦实施 CIS 的保障措施；⑧导入 CIS 的经费预算；⑨CIS 的执行时间表。

 **本章小结**

导入企业形象识别系统，需要奠定科学的形象意识、优异的产品质量、先进的技术水平和完善的营销体系等基础条件，明确导入的动机和目的，准确把握新企业成立或合并成企业集团、决定实施多元化发展战略、创业周年纪念和新产品上市等导入时机。企业高级管理人员、营销传播部门、专业的广告及形象设计公司可以分别就企业导入 CIS 的动议发布倡议书或提交建议书，提出导入 CIS 的动议。

CIS 动议确定后，企业需要建立导入 CIS 委员会和 CIS 执行委员会，专门负责组织实施导入 CIS 的相关工作。

CIS 的导入机构建立后，要进行导入 CIS 的企划。创意是 CIS 企划的关键，贯穿于企业形象策划的整个过程之中，是企业形象策划的灵魂。创意本质上是一种创造性的思维活动。集体思考法、奥斯本检验表法、联想创意法、组合创意法是创意的主要策略技巧。

企划的重要任务是提出 CIS 总概念报告。CIS 总概念是 CIS 的核心，决定了未来企业形象管理的方向，它包括公司理念、形象、作风、活动领域、经营方针等内容。CIS 总概念报告完成之后，企业需要根据这份报告提出企业导入 CIS 的企划案。CIS 企划案包括调查分析、企划设计、实施作业三大部分，要突出"问题"与"解决办法"两大重点。

复习思考题

1. 所有的企业都适合导入 CIS 吗？为什么？

2. 以某企业导入 CIS 为例，简要说明企业导入 CIS 必须遵循的基本程序。

3. 请以你自己所在的组织为对象，撰写一份导入 CIS 的建议书。

4. 如果你所在的组织打算导入 CIS，请为其提出一份简要的 CIS 总概念。

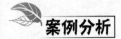 **案例分析**

箭牌卫浴：用行动塑造"人文卫浴"的标杆形象

近年来，越来越多的卫浴企业和品牌都热衷于选择音乐营销，而箭牌卫浴作为民族卫浴行业的龙头企业，早在数年之前就开始布局音乐营销，让音乐驻进浴室，用音乐拉近与年轻消费群体之间的距离，用音乐来进一步推动品牌和行业的年轻化。

全面布局音乐营销，箭牌卫浴加速品牌年轻化

自 2018 年春节开始，箭牌卫浴就与全民 K 歌 App 合作，连续发起 3 届全民 K 歌活动，集听唱一体，为年轻群体打造了一场音乐盛宴。以 2019 年 8 月举办的第 3 届全民 K 歌大赛为例，箭牌卫浴再次开启音乐营销新玩法，通过走心的创意漫画、预热海报、趣味 H5 等内容引起都市青年们的共鸣。短短 10 天，大赛就征集了超过 5 700 首音乐作品，推广人群高达 3 100 万以上。可以说，箭牌卫浴全民 K 歌大赛影响力的不断增加，加深了年轻消费者与箭牌卫浴之间的情感联结，同时也更好地推动了品牌和整个卫浴行业的年轻化进程。

为了更好地了解在洗浴时，水流的噪声对浴室中播放的相同频段的音乐声，及人们身心产生的影响。2017 年 6 月，箭牌卫浴携手星海音乐学院，发布沐浴场景音乐研究报告，从多个维度对不同人群进行问卷调查报告和研究，厘清用户与沐浴音乐相关的基本情况。而研究报告的成功发布，一方面为箭牌卫浴继续研发更加智能贴心的产品、为消费者带来更舒适的沐浴体验给予了强力的支持；另一方面，也为其他卫浴品牌甚至整个卫浴行业未来的发展指明了方向，促进行业的良性发展。

此外，2019 年 10 月，始终保持年轻化、坚持创新道路的箭牌卫浴，更是破天荒地与温暖歌者李行亮跨界合作，共同推出原创歌曲《梦想守候》。用音乐向社会各界传达出一种守候梦想的坚持，祝愿每一个追梦人也能如"箭"一般奔向梦想，用音乐向消费者传达了箭牌卫浴的"人文卫浴"理念。同时，创新的音乐营销模式也给其他卫浴品牌及卫浴行业带来全新的启示。

积极投身公益事业，箭牌卫浴树立行业标杆形象

如果说产品品质是品牌和企业立足市场的关键因素，那么品牌的文化就是建立品牌形象的重要一环。箭牌卫浴在坚持为消费者创造舒适、健康、环保型卫浴产品的同时，始终贯彻"人文卫浴"的理念，积极投身公益事业，树立行业榜样，推动整个卫浴行业的良好发展。

2018 年 4 月，箭牌卫浴向佛山市社会福利院捐赠了一批坐便器和智能便盖，为福利院里的孤寡老人、残童弃婴送去一份爱心和温暖，用实际行动践行"人文卫浴"的品牌理念与文化。2019 年 9 月，箭牌卫浴与网易家居在北京乐龄老年社会工作服务中心，共同发起了"美好生活舒适关怀季"捐赠仪式，既为乐龄老年社会工作服务中心的卫浴环境进行升级改造，也给长者们送去一份关怀与温暖，向社会传达出正能量的品牌形象，以高品质产品、贴心的服务为社会传递爱心。

无论是通过创新的音乐营销，满足年轻消费群体对于卫浴产品的情感需求以及使用需求，加速品牌的年轻化；还是始终坚持企业发展与公益事业同行，积极履行企业社会责任，向社会传递正能量，无不体现了箭牌卫浴不断践行"舒适体验，人文关怀"的品牌理念，以及致力于为消费者带来更健康环保的卫浴产品、为消费者打造舒适智能的家居卫浴生活的品牌目标。此外，箭牌卫浴仍将继续扛起民族卫浴行业的大旗，立足国内发展的同时，不断开拓国际市场，在世界舞台上展示中国智造的风采。

在今后的日子里，箭牌卫浴将继续在产品的设计研发上投入更多的资源，提高消费者的生活品质，设计更多如箭牌智能马桶 V7 碟般充满"人文卫浴"理念的产品。集科技、美学、节能于一体的箭牌智能马桶 V7 碟，不仅能够自动翻盖，用"芯"感知消费者的存在；还拥有按摩清洗等多种清洁功能，座圈加热、暖风烘干等更是让消费者可以体验到来自未来的舒适卫浴产品。

除了将继续利用先进的生产技术，为消费者带来一个个高品质的卫浴产品，箭牌卫浴同时也将坚持以人为本，大力发展和支持社会公益活动，用实际行动延续"人文卫浴"精神，树立行业标杆品牌形象，迈向行业新高度。

资料来源：https://jiaju.sina.com.cn/zixun/20191118/6602083224393155072.shtml.

思考题

1. 你怎么理解箭牌卫浴的"人文卫浴"的理念？这算箭牌卫浴企业形象的总概念吗？

2. 箭牌卫浴为什么要把"人文精神"作为企业形象的核心理念？这体现了企业形象管理的一种什么样的趋势？

3. 为了更好地塑造"人文卫浴"的企业形象，请你为箭牌卫浴提几条切实可行的富有建设性的对策建议。

第五章

企业形象的定位管理

名人语录

使公司强大的并不是产品或是服务，而是其在顾客心目中的地位。

——杰克·特劳特《终结营销混乱》①

学习目标

企业形象定位是企业在公众心目中确定自身形象特色的过程。通过本章的学习，应能够了解企业形象定位的依据和企业形象定位的不同类型；理解企业形象定位的实质、构成要素和企业不同利益相关者形象定位的差异；掌握企业形象定位的基本程序和主要方法。

本章关键词

企业形象定位、企业的主体个性、个性张扬的定位方法、优势表现的定位方法、公众引导的定位方法、形象层次的定位方法、企业利益相关者的形象定位

本章内容框架

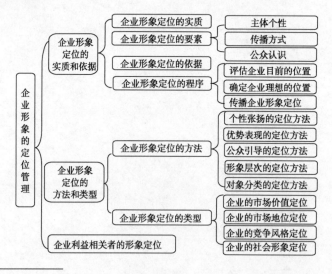

---

① 特劳特. 终结营销混乱[M]. 北京：机械工业出版社，2010：91.

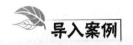
导入案例

中冶北方：匠心打造绿色钢铁新形象

2019年9月5日，中冶北方工程技术有限公司举行了"匠心打造绿色钢铁新形象"企业开放日活动。这次活动依托2019年全国球团技术研讨会暨烧结球团"高质、高效、绿色、智慧"主题研讨会开展，以推介中冶北方建设绿色钢厂、绿色矿山的核心技术为主要内容，旨在彰显中冶北方"冶金铁前领域技术服务国家队、节能环保领域生力军、新兴产业探索者"的品牌定位，向合作方全面展现企业技术创新成果以及工程应用实践，助力企业市场开拓与品牌精准传播，进一步提升中冶北方品牌知名度和美誉度。

建设"绿色钢厂" 打赢蓝天保卫战

当天上午，代表们参观了中冶北方建设"绿色钢厂""绿色矿山"的核心技术展板，通过聆听冶金工程领域专家对技术内容和工程应用实例的生动讲解，参与者了解了"绿色钢厂"和"绿色矿山"的内涵与实现方式。同时，全面展示了中冶北方用匠心打造绿色钢铁新形象的生动实践。这次活动还设置了现场问答互动环节，讲解人提问与此次开放日主题相关的问题，与参与者答题互动，进一步加深参与者对中冶北方品牌的理解和认知。

近年来，中冶北方积极开拓冶金铁前领域节能环保市场，以超低排放改造项目为发力点，研发应用了一系列满足钢铁企业环保改造、节能减排的核心技术，包括烧结烟气循环、活性焦烧结烟气净化、多功能高效烧结环冷机、低温余热发电、环保封闭料厂等，可以为钢铁企业提供节能减排的"定制化"服务，既顺应了创新、绿色、高质量发展的历史潮流，又承担了建设低污染、低能耗绿色钢厂的新的历史责任。

中国金属学会炼铁分会副秘书长、北京科技大学教授冯根生在接受媒体采访时表示："中冶北方一直致力于矿山、烧结、球团领域的技术创新及应用，包括多功能高效环冷机、烟气循环技术在内的多个节能减排新技术都具有完全自主知识产权，不仅在国内多个大型烧结项目中得到应用，也在近两年输出到海外，展示了中国钢铁冶金技术在国际舞台的独特竞争力。"

中南大学朱德庆教授在接受媒体采访时表示："烧结、球团工艺为高炉生产提供原料，做好高质量的高炉原料是我国钢铁冶金工业实现高质、高效、绿色、智慧发展的关键一环。中冶北方所展示的烧结、球团领域的绿色核心技术不仅符合国家环保标准要求，更实现了高炉原料质量的不断提升，为钢铁行业实现绿色发展提供了非常有效的方法和途径。"

"中冶北方建设绿色钢厂的核心技术，已经实现了规模化的工程应用，这些技术所能达到的节能减排效果不仅仅是设计文件中冷冰冰的数据，更为钢铁企业带来了社会效益和环保效益的双丰收。"参加活动的一家钢企代表高度称赞了中冶北方在冶金节能环保领域所作出的创新尝试，并对"绿色钢厂"核心技术中的"活性焦烟气净化技术"和"多功能高效环冷机技术"表现出浓厚兴趣。他表示："环保改造是目前钢铁企业转型升级的重头戏，通过对中冶北方技术的全方位了解，我看到了中冶北方对技术、工艺的专注和追求，也更加坚定了合作的信心。"

打造"绿色矿山" 留住绿水青山

绿色矿山是相对于传统的粗放型高开采、低利用、高排放矿山而言的，是指在矿产资源开发全过程中，既要严格实施科学有序开采，又要对矿区周边环境的影响控制在环境可接受范围内。

在打造"绿色矿山"方面，中冶北方一直致力于研究如何实现无废和不破坏生态环境的开采。其中，智慧矿山技术把新一代的信息技术充分运用在矿山企业的管理和生产活动中，充分发掘和利用企业信息资源，实现矿山生产的高效、节能、安全、环保的管、控、营一体化；矿山废水热能回收综合利用技术充分利用矿山废水中蕴藏的低温能源，实现水资源的全方位利用，大幅降低矿山企业的单位产品能耗值；全尾砂胶结充填连续制备及自流输送技术实现大流量充填料浆连续制备及管道自流输送，高效、环保，为实现矿山无尾排放创造了前提条件；尾矿库、废石场联合排放堆存技术，解决了微细粒尾矿高效、经济堆存的问题，实现了尾矿库与废石场协调统一发展，实现了尾矿库安全、经济运行；矿山废石处理技术对废石进行综合利用，提高矿山固体废弃物利用率，减少排放。

参加活动的矿山企业代表表示："中冶北方在矿山设计领域有着独特的优势，尤其是在建设智慧化矿山方面走到了行业的前列，所展示的核心技术对于我们矿山企业降本增效、节能减排方面都有着非常重要的实践意义，这也说明中冶北方了解我们矿山企业的需求，知道行业的'痛点'在哪里，并用创新的技术积极推动整个行业的转型升级。"

资料来源：李迪. 匠心打造绿色钢铁新形象——中冶北方企业开放日活动侧记[N]. 中国冶金报，2019-09-19(4).

第一节　企业形象定位的实质和依据

一、企业形象定位的实质

企业形象定位是企业在公众心目中确定自身形象特色的过程，是企业根据环境变化的趋势、企业竞争优势、社会公众对企业的期望和要求，选择自己的经营目标和事业领域，为自己设计出一个独具特色的个性形象，并以此在公众的心理空间占据一个突出的位置的过程。企业形象塑造的一切过程和活动均以定位为基础和准绳，围绕定位来开展。因此，企业形象定位事关企业未来形象的总体态势和特征，它是企业形象战略的核心，是企业具有重要意义的战略性决策问题。

现代社会是一个信息超载的社会。众多的企业为了塑造自身的形象，都在采用广告、公关等多种传播手段进行宣传，使公众处于眼花缭乱的信息包围之中，导致企业对公众的影响力弱化，公众难以识别并特别关注某一企业。这时，最有效的途径就是进行企业形象定位，使自己的形象与众不同，从而产生"万绿丛中一点红"的效果。如当手机市场竞争处于白热化的时候，深圳的朵唯公司将企业定位为"女性手机生产者"，专门生产适合女性使用的手机，在市场上脱颖而出；当市场都认为酒店处于供大于求的过剩状态时，七天连锁酒店则以经济型酒店的形象赢得了众多消费者的青睐。由此可见，在市场日益处于买方市场状态、公众被众多的传播信息所包围的背景下，企业要想得到公众的认可，就必须准确地进行形象定位。企业形象定位在根本上所要解决的问题就是在公众心目中塑造与众不同的独特形象，从而在公众心目中占据比较靠前的位置，成为公众经常想起、提及和产生积极行为的对象。

二、企业形象定位的要素

一般来说，企业形象的定位包括三个基本的要素，即主体个性、传播方式和公众认识。

1. 主体个性

主体是指企业主体；个性既指价值个性，又指品质个性。主体个性是企业在价值和品质方面的独特风格，这种风格使企业独树一帜，与众不同。如同为山东省内的家电制造企业，海尔致力于"真诚到永远"，以周到、细致的服务为特色；海信则强调"科技创造新生活"，突出其科技创新对生活带来的改变。同为移动通信服务的提供商，中国移动致力于做"移动信息专家"，突出其专业优势；中国联通则要"让一切自由联通"，突出其网络优势。这些企业都从不同的侧面体现了企业目标、企业风格的定位，具有鲜明的个性特征。

企业所突出的主体个性必须是企业本身所具有的个性，要实事求是，不捏造，不夸大，要以自身高质量的产品、完善的服务、系统化和科学化的管理、先进的技术水平、独具特色的企业文化为基础。如果一家只有几十个房间的小旅馆也提出"给你一个五星级的家"，就很难赢得公众的信赖了。企业形象的定位虽然是主观的，但不是随心所欲的。主观定位必须建立在实实在在的品质和价值的基础上。

阅读资料

"环保友好"——一种新的企业形象

纽约市许多倡导环境保护的企业认为，解决城市垃圾问题的最好办法是整个社区紧密配合；积极参与垃圾可回收计划。以纽约市电话电讯公司为例，它参加的环保计划有美国环境署发起的"绿色能源计划""明智地处理垃圾计划"，纽约市卫生部门发起的"垃圾预防合作计划""购买再生商品计划"。它在具体实践中，将印制电话号码簿时四周留白距离缩小，一本电话簿原来需要用 22.5 磅纸，现在只用 20 磅纸就行了。这样一来，光纽约市每年用在印刷电话簿上的纸就可节约 600 吨。另外，纽约市的电话簿有 25% 是用再生纸制造的；电话账单也是双面打印的，光这一项，每年又可节约 700 吨纸。

现在，纽约市有许多企业标榜自己是"环保先锋"，或者是"对环境友好"（environmental friendly）的企业；这样做既是为了树立良好的企业形象，也是为了争取更多的客户。因为，现在消费者的环保意识增强，企业只有具有好的环保声誉，才能在激烈的市场竞争中站稳脚跟。

拿企业的产品包装来说，有的企业在其产品中"过度包装"（over-packaging），现在就会遭到顾客的抵制。但是总的来说，比起欧洲的同行们，美国企业在削减垃圾源头方面做得不是很好；在西欧和日本，顾客购买食品时，店家很少给予塑料袋或纸袋包装，而是顾客自己用布袋包装。如果纽约市的食品企业在减少包装方面做得更好些，那么纽约市的垃圾总量就会减少三分之一。

资料来源：https://huanbao.bjx.com.cn/news/20160225/710996-3.shtml.

2. 传播方式

传播方式是把主体个性的相关信息准确、有效地传递给社会公众的渠道和措施。在信息超载的环境中，"酒好也怕巷子深"。主体的个性信息如果不能有效地进行整合传播，公众就无法认知和把握。这样，企业的个性就难以在公众心目中建立起独具特色的形象。

传播方式主要包括营销方式及广告、公共关系等传播方式。独特的传播方式是在公众心目中建立起独特形象的保证。如小米科技用饥饿营销的手法，依靠口口相传的方式塑造了小米手机"功能强大，价格低廉"的高性价比的形象；而加多宝公司则自 2012 年开始通过持续赞助具有超高收视率的"中国好声音"节目在市场上建立起了"凉茶领导者"的形象。在网络化时代，企业应更多地利用社会化媒体，对信息进行有效的整合传播（IMC），使公众获得的信息高度一致，所产生的企业形象也才清晰、明确。

3. 公众认识

主体个性经过有效的传达之后，形象定位真正完成的标志就是公众对企业形象的认知。公众对企业形象的认识是在获得企业提供的产品、服务的同时，也获得精神上、心理上的满足。许多名牌产品和非名牌产品，如"依云"矿泉水和"怡宝"纯净水之间，"吉利"汽车和"劳斯莱斯"汽车之间，一个普通的手袋和 LV 牌的皮包之间，其价格相差几倍甚至几十倍，但其物理性能的差距并没有如此之大，其关键就是企业的差异化传播导致公众认知的不同，从而形成了不同的产品形象和企业形象。

上述三要素，分别从主体、通路和客体三个方面构成了完整的企业形象定位，使企业形象的功能得到有效的发挥。

三、企业形象定位的依据

（一）企业面临的经营环境

企业形象的形成是公众对企业在特定的经营环境中发展状况的认知与评价。企业面临的经营环境决定了企业发展战略的选择、未来的发展空间和趋势，由此决定了企业未来的实际表现和市场地位。因此，对企业面临的经营环境进行深入的洞察和分析是进行形象定位的基础，准确把握企业面临的环境变化的趋势是企业形象定位的基本依据。成功的形象定位必然以对企业面临的实际环境进行系统、全面的分析为条件。这主要包括对企业面临的经济、政治、法律、社会、科技、文化和自然等宏观环境因素的深入分析；对供应商、经销商、顾客、竞争对手等微观环境因素的深入分析；对企业自身形象的实际状态和社会公众对企业的期望和要求的深入分析等。

（二）企业的经营理念

企业的经营理念界定了企业"我们主张什么"和"我们为什么存在"的问题，对企业的战略具有持久而深刻的影响。正如吉姆·柯林斯（Jim Collins）于 1996 年在《哈佛商业评论》上发表的"构建公司的愿景规划"一文中所说："核心经营理念界定了一个组织的经久不衰的特征——这种特征是组织的稳定标志，它超越了产品或市场的生命周期、技术突破、管理时尚和个人领袖。事实上，对于建构远见卓识的公司具有贡献的那些因素中，核心经营理念是最持久、最显著的因素。"核心经营理念是一种在企业成长、扩张、产品多元化、开发工作场所多元化的过程中把企业聚合起来的"黏合剂"。可见，企业的经营理念决定了企业经营的方向、方针和模式，决定了企业形象的基本风格。因此，企业的形象定位必须依据企业的经营理念和价值观，企业的经营理念决定了企业形象的思想文化内涵。

（三）企业的事业领域

企业的事业领域（domain）一方面确定企业的活动范围和企业的业务范围，即明确企业究竟是干什么的；另一方面确定企业未来的发展方向，即管理学上的"形势法则"（the law of situation）。形势法则要求，当形势发生变化时，企业应该重新检讨自己属于什么行业，或者说把自己归入哪个行业更有利。事业领域的界定直接影响企业的发展战略，同时决定了企业对未来的适应能力。企业事业领域明确了三百六十行企业最适合做哪一行。可见，企业事业领域的界定实际上就是要求企业明确自身在社会上存在的意义。通过这一明确化过程，企业员工才会找到自己存在的价值和工作的意义，企业的发展才有了扎实的基础。因此，企业的形象定位必须立足于并彰显企业的事业领域，由此决定了企业形象的行业特征。如英特尔公司确定的事业领域是："在电脑业成为一位超越群伦的供应商，以充分满足我们的客户、员工和股东。"华为公司确定的事业领域是："华为的追求是在电子信息领域实现顾客的梦想，并依靠点点滴滴、锲而不舍的艰苦追求，使我们成为世界级的领先企业。为了使华为成为世界一流的设备供应商，我们将永不进入信息服务业。"

（四）企业的发展战略

企业的形象定位与企业的发展战略及目标密切相关。一个企业未来的发展战略及目标决定了企业未来的实力形象。一方面，企业形象定位必须在企业总体发展战略和市场营销战略的基础上制定，它必须反映总体发展战略和市场营销战略的内容、要求，这是企业战略管理的客观要求；另一方面，企业的市场营销战略和策略应该适应企业形象定位的要求，使企业的经营行为与形象定位的意图相一致，这是形象战略的客观要求。也就是说，企业形象定位与企业总体发展战略、市场营销战略之间是互相联系、互相影响、互为保证的双向互动关系。

（五）同类企业的定位情况

企业形象管理的目的之一是塑造企业在各类公众心目中感觉美好、个性鲜明的企业形象。独特的企业形象依赖于独特的企业形象定位。因此，企业需要充分了解其他同类企业形象定位的角度和特点，并能独树一帜，避免与竞争对手的形象定位出现雷同。

四、企业形象定位的程序

简单来说，企业形象定位可以按下列程序进行。

1. 评估企业目前的位置

进行企业形象定位的首要工作是评估企业目前在公众心目中所处的位置。只有明确企业目前在公众心目中的地位，明确企业的知名度、美誉度在公众心目中所处的状态，才能明确企业进行形象塑造和管理的方向及重点。正如里斯和特劳特所说："定位是一种逆向思维，它不是从你自己开始，而是从预期客户脑子里的观念开始。它不是问你自己怎么样，而是问你在预期客户心目中占有什么样的位置。"里斯和特劳特特别强调：要从市场上而不是从营销经理那里去寻找"我们现在的处境如何"。

2. 找出企业理想的位置

企业要依据对外部环境和自身条件的洞察，找出在公众心目中理想且符合现实条件的空白点，以此作为自身形象塑造的方向。这里的环境和条件分析包括宏观环境的发展趋势、公众的特征及对企业的利益要求、公众对企业的认知和评价、竞争者的形象定位等。经过分析，找出企业能够提供给公众的而又不同于竞争者的独特价值，以此作为企业形象定位的基本点。简单地说，就是要找出企业所具有的机会点和问题点，再根据机会点和问题点找出企业能够实现、受众能够接受、又不同于竞争对手的一个独特位置。

3. 把理想的位置凝练为简单的诉求并对公众进行传播

企业根据所面临的机会点和问题点确定了最佳的形象位置以后，还需要用凝练的语言将其转化为易读、易记、便于传播和理解的诉求，通过整合传播，让公众认知并接受，从而在其心目中占据这个理想的位置，使公众逐渐对企业形成独特的印象和评价。如珠海格力电器股份有限公司的"好空调，格力造"，就用凝练、朗朗上口的语言传递了其追求高品质的形象定位。

第二节　企业形象定位的方法和类型

一、企业形象定位的方法

（一）个性张扬的定位方法

个性张扬的定位方法主要指充分表现企业独特的信仰、精神、目标与价值观等。企业的个性特点既是企业形象区别于其他企业的根本点，又是公众认知的辨识点，也是企业自我特性的具体表现。因此，企业进行形象定位时一定要注意把这种具有个性特征的企业哲学思想表现出来。广州好迪集团长期以"大家好才是真的好"的经营理念为个性特点深入人心，广东格兰仕集团坚持不懈地以"努力，让顾客感动"作为经营的信条，联想公司以"国际化的联想，高科技的联想和服务的联想"凸显其价值追求，IBM公司则以"前卫、科技、智慧"表现其使命。这种个性形象可以是企业整体的个性，也可以是企业的员工、产品、建筑设施、行为规范等局部个性。如可口可乐经典的曲线瓶以甜美、柔和、流畅、爽快的视觉和触觉设计彰显了其独特的个性形象，就是其局部个性的表现。当然，这种局部个性也应是企业整体个性的代表性、集中性的表现。

（二）优势表现的定位方法

在当今"酒好也怕巷子深"的市场环境中，企业要想在激烈的市场竞争中脱颖而出并立于不败之地，除了充分张扬其个性之外，还必须扬长避短，着重表现企业的优势。公众对企业形象的认识从根本上来说就是对企业优势的个性形象的认识。企业只有将其优势通过定位的方式充分展现给公众，并渗透到公众的心灵深处，才能赢得公众的好感与信赖。不同的企业有不同的优势。只要企业将自身的优势变成公众心目中的特色优势，就可以有效地发挥作用。如2013年，国内知名的大型综合购物平台京东商城就充分利用自身的物流优势，承诺北京、上海、广州、成都四大物流中心所在城市实现"当日达"；距离京东四大物流中心300公里以内并设有京东自有快递公司配送的城市将实现"次日达"。这一承诺使其"购物价格低，物流速度快"的形象深入人心。

（三）公众引导的定位方法

公众引导的定位方法是企业通过感性、理性或者感性与理性相结合的方法，通过独特的概念进行观念定位，以引导公众思维的定位方法。

感性引导主要指企业通过感性诉求，对公众采取情感性的引导方法，诉之以情，以求公众和企业在情感上产生共鸣，进而获得对企业理性上的认识。如"百事可乐，年轻一代的选择"，引起了年轻人强烈的情感共鸣；海尔集团"真诚到永远"则以打动人心的感情形象扎根于公众心目中。

理性引导是企业通过理性诉求，对消费者采取理性说服的方式，用客观、真实的优势引导公众对企业作出理性的判断。统一企业的"三好一公道"（品质好、信用好、服务好、价钱公道），就表现出企业对公众真诚、坦率的承诺；"怕上火，喝加多宝"，让公众清楚地知道加多宝凉茶的功能所在。这种理性引导公众的定位更有利于培养公众对企业的信任。

感性与理性相结合的引导定位法综合了感性与理性的双重优势，可以做到"情"与"理"的有机结合，在对公众"晓之以理""动之以情"的过程中完成形象定位。麦当劳以其干净、快捷、热情、优质而组成的"开心无价，麦当劳"为其企业形象定位，充分表现了公司愿让每一位顾客都"高兴而来，满意而归"的宗旨。这种既表现出企业的价值观又富有浓郁的感情色彩的形象定位，能满足不同消费者多方面的心理需求，更能赢得公众的青睐。

（四）形象层次的定位方法

形象层次的定位方法根据企业形象具有的层次性特点，从表层形象和深层形象来进行定位。

表层形象定位法是从企业形象外部直观的部分进行定位，如从企业的位置、厂房、设备、环境、标志、制服、吉祥物、色彩、产品造型等方面进行定位。如IBM公司采用蓝色作为企业的标准色，其"蓝色巨人"的形象深入人心；上海的宝山钢铁公司以"绿色钢铁让生活更美好"为核心理念，其"花园式工厂"成为一大特色。

深层形象定位法主要是根据企业内部的信仰、精神、价值观等企业哲学的本质来进行形象定位。如美国杜邦公司的"为了更好地生活，制造更好的产品"的定位即为深层形象定位。

（五）对象分类的定位方法

对象分类定位法主要是针对内部形象定位和外部形象定位而言。

内部形象定位主要针对企业内部的员工，从规范员工行为、激励员工士气、提高管理水平、塑造管理风格等方面进行定位。如娃哈哈公司的"凝聚小家，发展大家，奉献万家，报效国家"的经营哲学；蒙牛"学习沟通，自我超越"的企业精神，都是对内部员工的行为要求。

外部形象定位是企业针对外部各种利益相关者的利益要求在经营战略和策略、经营方式与方法等方面的定位。如荷兰飞利浦公司"让我们做得更好"的承诺，中国移动通信公司"创无限通信世界，做信息社会栋梁"的追求等，都是属于外部形象定位的方式。

企业形象定位的方法多种多样、丰富多彩。但各种方法核心目的都只有一个，即在公众心目中留下清晰、独特的企业形象。

日本松屋百货公司的形象定位

日本松屋百货公司（以下简称"松屋"）已有 100 多年的传统，颇得顾客信赖，是百年老店。该公司在开发和导入 CIS 时，经过调查得知，公众对公司形象的评价是具有稳定感和老资格。但公司的识别系统不太准确，表现缺乏统一感，使公众产生了一些误解；此外时代感不够强。松屋导入 CI 的目的是要使松屋成为有个性与特征的百货公司，重新检讨顾客需要和增加合乎时代的商品，并改善服务态度，振兴员工士气。经过反复讨论，设定了四大目标。

（1）向顾客建议新的生活方式（顾客试穿衣服或购物时，售货必须当场介绍这些服饰商品如何适应于新时代的生活）。

（2）优秀的商品性能和感觉，而且价格不昂贵（员工必须了解各类商品的性能和感觉，才能向顾客说明）。

（3）以服装、日常用品、礼品为特色（合乎潮流的服装与衣料、使日常生活更舒适的日用品、交际所需的礼品，均能满足顾客的期待）。

（4）成为日本服务态度第一的公司（每一位员工均需遵守公司规则，有良好的礼貌及服务态度，以成为日本服务态度第一公司为目标）。

根据上述目标，又经过数次会议，设定了"创造松屋新文化"的概念。根据设定的概念，确定的形象定位是："能满足都市进步中成人感的需求"，这个定位包含的设计要素非常清晰：都市、时尚、成人、服务。

资料来源：https://www.027art.com/design/vi/98968.html.

二、企业形象定位的类型

一般来说，企业形象的定位包括企业的市场价值定位、市场地位定位、竞争风格定位和社会形象定位等几种类型。

（一）企业的市场价值定位

企业的市场地位是企业的综合实力在市场上的表现，由企业的价值主张被目标消费者认同的程度决定。

市场价值定位是指根据竞争者现有产品在市场上所处的位置，针对消费者或用户对该种产品的某种特征、属性和核心利益的重视程度，强有力地塑造出本企业产品与众不同的个性或形象，并通过一套特定的市场营销组合策略把这种形象迅速、准确而又生动地传递给顾客，影响顾客对该产品的总体感觉。市场价值定位并不是企业对产品本身做什么改变，而是针对潜在消费者的需求进行个性化的诉求，其实质是使本企业与其他企业严格区分开来，使顾客明显感觉和认识到这种差别，从而在顾客心目中占有特殊的位置。市场价值定位恰当与否，是企业形象定位成功与否的关键。进行市场价值定位，有以下几种选择。

1. 创新定位

企业寻找新的尚未被占领但有潜在市场需求的位置，填补市场上的空缺，提供市场上没有的、具备某种特色的产品。如美国西南航空公司明智地避免与美国各大航空公司的正面交锋，只开设中短途的点对点的航线，没有长途航班，更没有国际航班，成功地运用低价格政策，使飞机成为真正意义上城际快捷而舒适的"空中巴士"。采用这种定位方式时，公司应明确创新定位所需的产品在技术上、经济上是否可行，有无足够的市场容量，能否为公司带来合理而持续的盈利。

2. 迎头定位

企业根据自身的实力，为占据较佳的市场位置，不惜与市场上占支配地位的、实力最强或较强的竞争对手发生正面竞争，而使自己的产品进入与对手相同的市场位置。这一般要求企业具有比竞争对手更强的实力，更具特色的产品或服务。如针对农夫果园"三种水果在里面，喝前摇一摇"的诉求，后来的娃哈哈果汁针锋相对地提出"三种水果就想打发我？三种不够味，四种才甜蜜！四种水果还高钙！"的广告诉求，突出了自身的优势。采用这种定位方式要注意把握好分寸，否则会引起企业间的纷争甚至诉讼。

3. 避强定位

企业力图避免与实力最强的或较强的其他企业直接发生竞争，而将自己的产品定位于另一市场区域内，使自己的产品在某些特征或属性方面与最强或较强的对手有比较显著的区别。

4. 重新定位

企业在确定了市场定位后，如定位不准确或市场环境发生变化致使原来的市场定位不恰当，就应考虑重新定位。如万宝路香烟在 20 世纪 30 年代是以女性为目标市场的，但销量始终平平。到 50 年代，广告大师李奥·贝纳将其重新定位为男子汉香烟，并将它与最具男子汉气概的西部牛仔形象联系起来，树立了万宝路自由、野性与冒险的形象，使其从众多的香烟品牌中脱颖而出，成为全球香烟市场的领导品牌。

阅读资料

大装公司的二维度四象限矩阵图定位法

日本大装公司是从事室内设计和装潢制作的企业，历来以"正统""俊美"为风格特征。但随着时代的发展、西方意识形态的渗透，消费者的价值观和生活观也发生了变化，大装的特色受到了挑战，年轻一代的消费者更崇尚现代感觉。

室内设计装潢制作如何应付不同的消费方式、不同的生活形态？如何提供合乎潮流的生活方式，以让消费者有一个身心休息的"避风港"？这是设计和装潢制作公司必须面对的问题，也是企业能否生存、发展的关键所在。

为了解决这些问题，大装公司采用二维度四象限矩阵图定位方法，引进"感觉"（柔软—强硬）和"色彩"（暖色—冷色）作为关联变量，着重对外展开竞争对手的形象调查。调查结果表明，大装公司是硬性形象，它的风格与竞争对手A公司的浪漫、B公司的轻松、C公司的优雅、D公司的变色等形象均形成差别，但过于传统而缺乏时代感。

为了进一步适应时尚潮流，实行差别化策略，大装公司决心把柔软性和精致化作为经营风格的定位，即在保持原有特色的基础上使之更加"精致"；同时，在总体感觉上进行软化，突出"柔软"。这种经营风格上的再定位，使大装公司在行业中继续保持了原有的竞争地位。

资料来源：吴为善. 企业识别——CI的策划和设计[M]. 上海：上海人民出版社，2005：24.

（二）企业的市场地位定位

企业为了树立良好的形象，除了对其产品或服务进行市场定位外，还要确定自己在目标市场上处于什么样的竞争地位，即进行竞争性定位。根据不同的资源实力和营销目标，企业有以下几种竞争定位。

1. 市场主导者定位

一般来说，市场主导者是指在相关产品的市场上占有率最高的企业。它在价格调整、新产品开发、配销覆盖和促销力量方面处于主导地位，是市场竞争的导向者，也是竞争者挑战、效仿或回避的对象。如国内碳酸饮料市场的可口可乐公司、电脑市场的联想集团、空调市场的格力电器等，都是各自所在行业的市场主导者。市场主导者巨大的市场份额使其可以支付更低的广告与生产成本，拥有更广泛、更忠诚的顾客基础，并且可以利用强大的知名度和美誉度来对抗竞争者的挑战。但要注意的是，主导者的市场地位是在市场竞争中自然形成的，随着市场竞争环境的变化，其地位也是变化的。

2. 市场挑战者定位

市场挑战者是指那些相对于市场主导者来说在行业中处于第二、第三和以后位次的企业。如美国汽车市场的福特公司、软饮料市场的百事可乐公司；国内移动通信市场的中国联合通信公司等。处于次要地位的企业如果选择"挑战"战略挑战市场主导者，在形象定位上必须重视三方面：①要针对主导者的弱点强化自身的定位形象，增强进攻的冲击力；

②可以抓住对手的弱点为对手重新定位，贬抑对手的形象；③一般情况下不直接针对主导者，除非有卓越的产品和独特的资源。

3. 市场跟随者定位

并非所有位居第二的企业都会向市场主导者发起挑战。主导者在一个全面的战役中往往会有更强的优势和更好的持久力，除非挑战者能够发动必胜的攻击，否则最好的选择是追随主导者而不是攻击主导者。市场跟随者是安于次要地位，不热衷于挑战的企业，其重要特征是"随大流"。市场追随者必须努力给它的目标市场带来有特色的优势，并确定一条不会引起主导者竞争性报复的成长路线，以保持其市场份额。市场追随者虽然占有的市场份额比主导者低，但也存在着巨大的盈利空间。

4. 市场补缺者定位

市场补缺者是指选择某一特定的较小的细分市场为目标，提供专业化的服务，并以此为经营战略的企业。在每一个行业中都有许多小公司为市场的某些部分提供专门的服务，它们避免同大公司的冲突。这些较小的公司通过专业化为那些可能被大公司忽略或放弃的市场提供有效的服务。市场补缺者虽然在整体市场上仅占很少的份额，但因比其他企业更充分地了解和满足某一细分市场的需求，因而能够通过提供专业化和高附加值的服务而得到高利润和快速增长。

（三）企业的竞争风格定位

独特的企业形象，也是由企业独具特色的竞争理念和竞争路径体现出来的。正是企业独具特色的竞争战略，才形成了企业个性化的经营模式和竞争优势，并决定了企业的市场地位。因此，企业的竞争风格定位在企业形象塑造中具有重要的作用。

依据迈克尔·波特的观点，企业有三种竞争风格可以选择：总成本领先、差异化和专一化。他认为，这三种战略是每一个公司必须明确的，因为徘徊其间的公司处于极其糟糕的战略地位，几乎注定是低利润的，所以它必须作出一种根本性战略决策，向三种通用的竞争战略靠拢。

成本领先要求企业建立高效的生产设施，大力降低成本，严格控制管理费用，最大限度地减少研究开发、服务、推销、广告等方面的成本费用，从而使成本低于竞争对手，在此基础上建立起低价格的企业形象。如沃尔玛"天天平价"的形象定位。

差别化是以创新为基础，赋予企业的产品在造型、性能、包装、渠道或服务的方式及水平等方面某种独特性，从而塑造特色化的企业形象。如苹果公司一直以来都以创新为本，无论是 iPhone 手机、Imac 电脑还是 iPod 便携式多功能数字多媒体播放器，都以带给消费者独特的功能体验赢得声誉。

专一化是针对某个特定的细分市场、某产品线的一个细分区段或某一区域市场。专一化围绕着更好地为某一特定的目标顾客服务这一中心，其前提思想是：业务的专一化能够以更高的效率、更有特色的方式为某一狭窄的目标对象服务，从而超过在较广阔范围内的竞争对手。这样，企业或者通过满足特殊对象的需要而实现了差别化，或者在为这一对象服务时实现了低成本，或者二者兼得，从而使其盈利的潜力超过产业的普遍水平。

企业需要在深入分析外部环境和自身条件的基础上，在上面三种竞争风格中选择一种最合适的风格，从而确定自己独具特色的竞争风格。

（四）企业的社会形象定位

随着经济的发展和消费水平的提高，人们不仅把企业看作一个以营利为目的的经济组织，也越来越关注企业的社会角色及社会责任。因此，企业也需要进行合理的社会形象定位，塑造独特的社会形象。

企业可以从以下几方面进行社会形象的定位。

1. 注重环境保护的绿色形象

自 20 世纪 60 年代以来，环境问题越来越受到人们的关注，"我们只有一个地球，保护地球就是保护人类自己"成为人们的普遍共识。因此，塑造绿色企业形象成为许多企业的选择。如日本的富士胶片公司在 20 世纪 60 年代把"通过发展感光材料产业为人类文化的发展做贡献"作为自己的追求，到 70 年代，适应世界越来越注重环境保护的大趋势，提出"绿色富士热爱绿色世界"，并从产品设计、生产制造等方面践行这一定位，从而塑造了典型的绿色企业形象。

2. 关注体育事业的运动形象

爱运动，爱健康。体育运动具有广泛的参与性和关注度。将支持体育运动作为企业的积极追求，将企业形象定位于体育活动的热心者具有广泛的社会基础。如 80 年代的健力宝，一直定位于运动型饮料的提供者，并通过赞助 1984 年第 23 届洛杉矶奥运会的中国体育代表团、赞助 1990 年第 11 届北京亚运会，致力于塑造热心体育事业的运动形象。

3. 关注文化、教育事业的社会文化形象

随着社会的发展，文化需求将成为人们更深层次的需求，企业的文化内涵和文化品位将决定其在市场上竞争能力。因此，将企业形象定位于文化教育事业的关心者和支持者，并在实践中积极赞助社会文化机构和文化活动，赞助学校的教育设施的建设，赞助有价值的科研项目，设立科学研究基金，对贫困和特殊学生进行资助等，从而彰显企业的社会责任和文化品位。

4. 关注社会弱势群体的慈善企业形象

在社会发展中，因为各种原因，往往存在着多种弱势群体，如孤寡老人、残疾人、社会灾难性事件的受害者、农村的留守儿童和妇女等。弱势群体需要得到社会的温暖。社会公众有同情心，企业可以从这个角度进行形象定位，塑造一个关爱弱势群体的慈善企业形象，以赢得公众的广泛好感。

第三节　企业利益相关者的形象定位

企业形象设计有内外两种目的，对内培养具有凝聚力和向心力的企业精神，对外建立统一而独特的标识和形象。每一个企业都有多种多样的利益相关者，不同的利益相关者对企业都有各自的利益要求。因而，企业要在充分考虑各利益相关者利益要求的基础上，设

定自身的形象概念。

一、员工心目中的形象定位

员工是企业内部的全体成员，包括企业的管理人员、技术人员、业务人员等。员工在企业形象的塑造中，既是形象的体现者，又是形象的传播者，也是形象的反馈者。一般来说，员工对企业的期望和要求主要体现在以下几方面：①较高的工资报酬；②良好的奖金福利待遇；③一个能够满足自己的物质和精神需求的工作环境；④一个具有良好的管理才能和道德品质的管理者；⑤完善、科学的管理制度和管理手段；⑥和谐的企业文化和氛围；⑦有较多的发展机会；等等。因此，从企业形象的角度来说，员工所喜欢的企业形象，可以概括为自己的企业，可以依托和归属的企业，值得骄傲的单位和融洽的工作场所，其中自己的企业是这一综合形象的核心。

塑造企业在员工心目中的良好形象，要在充分把握员工对企业需求的基础上，通过制度化的行为和组织、策划一系列新颖的活动，造就员工认同的优秀的价值观念体系，培养员工对企业的认同感，树立"自己的企业"的形象；优化企业内部的人际关系，培养员工对企业的信任感，树立"可以依托"的企业形象；促进员工对企业所从事的事业的价值和对社会贡献的理解和认识，培养员工对企业的自豪感，塑造"值得骄傲"的企业形象；培养企业内部的"家庭式氛围"，创造企业内部和谐的人际关系，引发员工的愉快感，塑造令人感到融洽的企业形象。

二、消费者心目中的形象定位

影响企业在消费者心目中形象的因素很多，综合起来可以分为以下几方面。

1. 市场形象

消费者对企业是否充分重视和洞察消费者的需求，重视消费者的问题，服务是否及时、热情、周到，是否善于进行广告宣传和销售推广，销售网络是否健全、完善，企业的国际竞争力如何等的认知和评价。

2. 技术形象

消费者对企业技术创新观念及研发能力的强弱、技术水平的高低、对开发新产品的态度等方面的评价。

3. 外观形象

消费者对企业的建筑设施是否怡人、产品包装是否给人以信赖感和美感，企业的规模大小、稳定性、传统性如何等的感觉和评价。

4. 公司风气形象

消费者对企业的环境是否清洁、美观，有无现代感，员工的敬业精神、待人接物的态度及工作作风如何等的评价。

5. 未来性形象

消费者对企业的经营是否合乎时代潮流，是否领导潮流，是否有寻求未来发展的积极性等的评价。

6. 经营形象

消费者对企业的经营风格、市场表现、员工的外表形象、风度气质等的评价。

7. 综合形象

企业对消费者是否有强大的吸引力，消费者是否认为公司是一流的企业，是否对该企业的产品和服务有充分的信心等。

针对以上因素，企业要在消费者心目中树立良好的形象，必须重视和做好以下几项工作。

1. 树立和强化消费者至上的观念

这是处理消费者关系时采取正确的行为并取得良好效果的前提。这要求企业使顾客成为整个营运的中心，形成系统的、完全致力于为顾客创造优异价值的文化观念，并以此为基础建立向顾客传递价值的流程，高效地整合企业的各种职能和资源以达到为顾客提供优异价值的目的。

2. 为消费者提供优质的产品和服务

消费者对企业是否满意主要取决于企业的产品和服务的质量，没有消费者满意的优质产品和服务绝对不可能有良好的消费者关系，也就很难在消费者心目中树立良好的形象。

3. 重视消费者教育

消费者在日常生活中常常由于商品知识的匮乏而使其消费带有极大的盲目性。因此，企业应积极主动地对消费者进行教育，使消费者变盲目消费为自觉消费，从而在引导和培养积极、健康的消费者意识的基础上创造良好的消费环境，促使顾客形成对企业及其产品的良好印象和评价，提高企业及其产品的知名度和美誉度，增强企业对市场的影响力和吸引力，为实现企业和顾客共同的利益服务。消费者教育的方式有许多，如采取技术示范，举办技术培训和咨询，组织消费者到企业进行参观等。

三、股东心目中的形象定位

股东是企业的投资者。建立良好的股东关系，加强企业与股东之间的沟通，争取股东对企业的信任和支持，能为企业获得稳定的财源，最大限度地利用社会资源。

协调企业与股东的关系，简单地说，就是要做好投资者关系管理。越来越多的企业上市致使投资标的日益丰富和投资者投资理念的不断成熟，资本市场的竞争也日益加剧。对上市公司管理者而言，只在经营业绩、财务状况等方面有良好的表现已不再是充分吸引投资者的条件，积极向现有及潜在投资者、合伙人、销售商等相关主体主动提供有关公司竞争力及发展潜力的信息，持续执行一贯而专注的投资者关系计划，不断增强股票流动性，提升股票价值越来越成为管理层用以改善公司形象、提高公司对投资者吸引力的理想方式之一。简单来说，最主要的就是要稳定老股东，使其保持或增加企业的股份；发展新股东，开辟新财源。为此，企业要做好以下几项工作。

（1）了解股东需求，维护股东的正当权益，如收益分配权、重大问题的表决权、选择管理者的权利等。

（2）建立畅通的沟通渠道，加强与股东的交流和沟通。如及时向股东报告组织的重大活动及重要人事变更等情况。

（3）与股东保持经常性的联系，请他们为企业献计献策，增强股东参与企业管理的意识。

四、政府心目中的形象定位

任何企业都处于政府的领导和管理之下，因而，政府是企业形象塑造中最具有社会权威性的对象，企业与政府各职能部门和相关工作人员建立与保持良好的关系，争取其对企业的了解、信任和支持，是企业生存和发展的重要条件。

因此，建立良好的政府关系，对企业良好的社会环境的营造具有重要意义：①为企业形成有利的政策、法律和社会管理环境；②得到政府在人、财、物和信息资源等方面的广泛支持；③通过对政府政策的执行和法律的严格遵守赢得媒介的关注，从而为企业获得良好的舆论环境。

在政府心目中树立良好的形象，企业要做好以下工作。

1. 服从国家利益

在企业利益与国家利益发生冲突的时候，从企业形象的角度考虑，以国家利益为重，服从国家利益，是企业在政府心目中塑造美好形象的第一选择。

2. 遵纪守法

企业必须严格遵守法律、法规、条例以及政策所限定的行为准则。任何置国家法律于不顾，违反国家各项规章制度的企业行为都是对自身形象的巨大伤害。

3. 创造良好的经济效益

企业是以创造物质财富为根本目的的经济组织。政府管理国家的资金取决于企业所创造的经济效益。企业以税收的形式上交给政府的资金是政府在行使职能过程中所需资金的基本来源。因此，经济效益好或经济效益迅速提高的企业往往备受政府的青睐。

4. 通过积极主动的活动密切与政府的关系

其具体包括：①了解各级各类政府机构的职能与层次，熟悉它们的工作范围和工作程序；②经常主动地与政府有关部门沟通信息；③积极配合政府各职能部门的具体工作，尽可能满足它们所提出的工作要求。

五、社区公众心目中的形象定位

社区是企业活动的主要空间，是企业的根基所在。社区公众是与企业生活在同一个社区内的个人、群体和组织，包括企业周围的其他企业、机关、学校、医院及居民等，是企业的左邻右舍。社区公众与企业生存于同一个地理空间，与企业有着共同的生存环境，与企业是一种"准自家人"的关系。

社区内的一些组织和个人虽然不与企业发生直接的联系，但对企业的生存和发展具有重要影响。因此，国外专家指出：社区既可以使企业得到最有价值、最有影响的声誉，也可能使企业遭到危害性最大的指责，它可以使企业由此获得各种优惠和特权，也可以让企业受到多方面的限制。远亲不如近邻。

具体而言，良好的社区关系可以给企业带来的利益包括以下两方面。

（1）为企业的生存和发展提供基础性条件。首先，社区公众是企业员工的主要来源；其次，社区是企业最可靠的后勤保障系统，为企业提供水、电及生活用品等供应；最后，对企业而言，社区公众是企业最稳定的顾客群体。

（2）社区公众直接影响到企业的形象。社区公众在与企业打交道的过程中，对企业形成的态度和评价会以口碑的形式相互传播，并不断扩大，从而影响到企业的社会形象。

企业要想在社区中树立良好的形象，必须重视以下几方面的工作。

1. 树立居民意识

企业必须牢牢树立起自己是社区居民的意识，自觉遵守社区的各种规定，服从社区公约和行为规范，支持社区的各种活动等等。

2. 促进与社区公众的相互了解

一方面，企业可以通过组织社区公众来企业参观、向社区公众派发企业的宣传资料、举办各种展览会等方式增进社区公众对自身的认知。另一方面，企业还应主动、及时收集社区公众的意见和建议，对来自社区的表扬可以激励员工的士气，对来自社区公众的批评应及时反省、整改，对来自社区的误解要认真做好解释工作。

3. 尽量避免自身活动对社区的不良影响

企业要做好"三废"（废水、废气、废渣）、噪声等的控制与治理，安全生产，清洁经营，为保持社区良好的环境尽到自己的责任。

4. 尽量将企业的文化娱乐设施向社区开放

在保证安全的前提下，企业可以将内部的体育设施、文化娱乐设施以合理的方式向社区开放，让社区居民能以适当的方式分享。

5. 积极参与社区的公益活动

如修建社区的公共设施（道路、公园、风雨亭等），组织或赞助社区的文化娱乐活动等。

六、竞争者心目中的形象定位

竞争者是指与本企业生产、经营的产品和服务具有相同或具有替代关系的个人或组织。竞争是市场经济的基本特征。但竞争需要在公平的条件下进行良性竞争，并遵循必要的道德规范。

一般认为，同行是冤家。但实际上，竞争环境也是企业生存和发展的必要条件，没有竞争就没有压力，没有压力也就没有锐意进取、追求卓越的动力。美国经济学家洛尔达特曾把企业比喻成一个生物体，认为生物体无论在空气中、泥土中或是在树上，都必须同环境保持和谐的关系，才能成功发展。因此，企业要树立良好的社会形象，应当采取正当的竞争手段，处理好与竞争者的关系，把握好在竞争者心目中的形象定位，在竞争者心目中塑造一个"光明正大""信誉至上""积极进取""互助友好"的良好形象等。这就需要做到以下两点。

1. 树立正确的竞争观念

把竞争者看作冤家对头、与竞争者的关系就是你死我活的关系的传统观念已经不适应现代的市场环境了。企业与竞争者的关系应该是一种在竞争中有合作，在合作中有竞争的"竞合关系"。

2. 采取正当的竞争手段

在竞争中，企业应以提高自身的创新能力和管理水平为基本准则，不能采用不正当的手段通过整垮对手来赢得竞争的优势。

七、金融机构心目中的形象定位

企业与金融机构的关系从根本上讲是资金的需求与供给的关系。金融机构最关心的是企业按时归还贷款的意愿与能力。因此，企业在金融机构心目中的形象定位的关键就是诚信和实力，在形象塑造中要重点突出"三性"，即实在性、动力性和稳定性。

实在性主要表现在两方面：一是企业的规模。规模大、经营业务多元化的企业风险容易分散，容易得到金融机构的信赖。二是能力。如果企业资金增值能力和还债能力都强，比较容易赢得金融机构的支持。

动力性也表现在两个方面：一是企业所处的行业属于朝阳产业，符合社会发展的趋势，未来发展潜力巨大；二是企业重视洞察消费者的需求变化，重视新产品的研发，具有明确的战略方向，发展具有未来性。

稳定性主要表现在企业内部的结构上。一是企业的管理团队有较高的素质和经营管理能力；二是企业的员工有较强的凝聚力和敬业精神；三是企业的产品稳定性强，具有持续的获利能力。

总体而言，"三性"集中表现为资金的安全性与获利性。因此，企业在针对金融机构开展活动以改善和提升形象时，一定要以上述"三性"为根基，以自身的实力和发展前景赢得金融机构的信任。

八、大众传媒心目中的形象定位

大众媒体是专业的传播机构，是传播信息、影响舆论的主体，在企业形象的塑造中具有非常突出的地位。一方面，新闻媒介是企业与公众之间进行沟通的重要手段，企业只有充分利用新闻媒介，才能把自己的经营观念、产品和服务信息传递给外部公众，从而提高自己的知名度和美誉度；另一方面，媒介是形成公众舆论的手段和中介，媒介对企业的态度如何直接关系到公众舆论的形成。在一定意义上，良好的媒介关系就代表着良好的舆论状态。因此，企业要争取新闻媒介对自身的了解、信任和支持，做大众传媒喜爱的企业，以便形成对企业有利的舆论环境；并通过新闻媒介实现与公众的广泛沟通，提高企业的社会影响力。

为此，企业必须切实做好以下几个方面：①公开事实真相，真诚对待记者；②主动与媒体长期保持接触，增进相互了解；③尊重新闻道德，拒绝有偿新闻；④充分了解各新闻媒体的背景、特点和风格；⑤避免厚此薄彼，对所有的新闻机构应一视同仁。

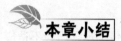 **本章小结**

企业形象定位是企业在公众心目中确定自身形象特色的过程，包括企业的主体个性、传播方式和公众认识三个基本的要素。进行企业形象定位，要依据企业面临的经营环境、企业的经营理念、企业的事业领域和企业的发展战略及同类企业的形象定位情况进行。

个性张扬的定位方法、优势表现的定位方法、公众引导的定位方法、形象层次的定位方法、对象分类的定位方法是企业形象定位的主要方法，企业的市场价值定位、市场地位定位、竞争风格定位和社会形象定位是企业形象定位的主要类型。

每个企业都有多种多样的利益相关者，企业要针对不同利益相关者各自的利益要求进行有针对性的形象定位。

 **复习思考题**

1. 你如何理解企业形象定位的实质？

2. 请以某企业的形象定位为例，说明企业形象定位的主要类型。

3. 进行企业形象定位主要有哪些方法？请举例说明。

4. 不同的利益相关者对企业存在不同的利益要求。企业在进行形象定位的过程中，应该如何协调不同利益相关者的利益关系？

5. 请对你所在的或你熟悉的某组织进行形象定位。

 **案例分析**

雀巢：着力塑造健康形象

卖糖、巧克力和咖啡出名的雀巢，如今想让消费者活得更健康。过去叫你吃糖、吃巧克力的雀巢，现在想帮你掌握健康吃法。

2018 年 8 月 16 日，雀巢正式宣布启动"15 分钟，优质食品美好生活"项目，号召广大消费者每天作出一点改变，享受健康生活。雀巢表示，从 2018 年起，会逐年开展"健康早餐 15 分钟，开启美好生活""休闲充电 15 分钟，开启美好生活""活力运动 15 分钟，开启美好生活"等不同主题活动，旨在不断与消费者沟通，帮助消费者养成健康生活习惯。

雀巢大中华区首席营销官江妮妮表示，此次健康早餐项目，包含三大举措：一是与学术界合作，利用大数据深挖消费者早餐行为；二是为 11 组不同人群分类定制健康早餐食谱；三是与业界多家合作伙伴通力联合，推广健康早餐。

为了了解消费者早餐的饮食状况，雀巢支持中国营养学会营养大数据和健康分会开展早餐饮食状况调查，生成了《中国居民早餐饮食状况调查报告》。同时，雀巢与小米 MIUI 合作，利用物联网技术，对 130 万用户的 370 万条饮食记录进行大数据分析，以了解消费者的饮食现状及认知。

按照中国营养学会发布的《中国居民膳食指南》，雀巢为包括中小学生、成年人、孕妈妈和中老年人等在内的 11 组不同人群设计了 154 份健康早餐食谱，并按人群特点进行个性化信息的推送及传播推广。雀巢宣布，未来将在 37 个城市的超过 800 间办公室和近 500 所大学食堂，免费派发 6 万份雀巢营养早餐产品。

雀巢还联合了京东、淘宝、美团与大众点评等多家合作伙伴推广早餐项目。在与京东智能音箱"叮咚"合作中，将雀巢小 AI 这款语音识别智能家庭营养健康助手进行升级，新增了早餐食谱和定制化健康早餐推荐等内容。同时与美团、大众点评联手开展"双城百店"活动，在北京和上海共选择近 100 家提供早餐和外送服务的餐厅，消费者可以参考雀巢健康早餐食谱来搭配早餐。此外，雀巢还计划利用阿里淘宝站内的内容营销平台，开设营养健康专栏。

消费升级下，健康生活方式成为新主流。进入中国市场已 31 年的"老"雀巢，也不得不和其他食品厂商一样，积极顺应健康潮流，将侧重点放在"营养、保健和健康"上。2018 年 5 月，雀巢推出减糖减盐计划，含糖量在 2000 年以来削减约 34% 的基础上再削减 5%；盐使用量自 2005 年以来减少了 20%，未来还将减少 10%；所有产品中不符合世界卫生组织推荐标准的饱和脂肪减少 10%。在雀巢 2017 年财报中，雀巢称，其近 17.1 亿美元的研发费用中，60% 用于开发更营养健康的产品。

资料来源：https://www.3490.cn/brand/news/35797.html。

思考题

1. 雀巢为什么要将企业形象定位为"帮助消费者养成健康生活习惯"上？这一定位反映了雀巢公司形象管理战略怎样的调整？

2. 你如何看待雀巢为"11 组不同人群设计了 154 份健康早餐食谱，并按人群特点进行个性化信息的推送及传播推广"？

3. 你认为雀巢采取的一系列推广其健康形象的措施能达到预期的目的吗？为什么？

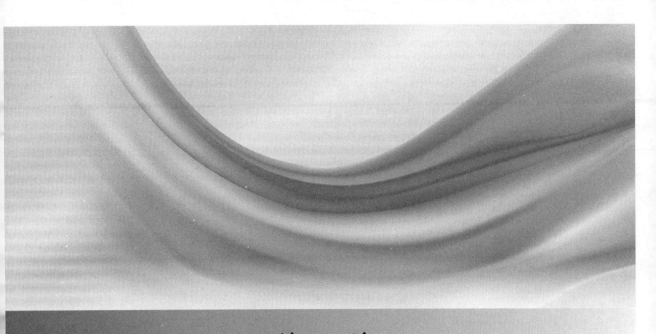

第三篇

企业形象识别系统的开发与管理

第六章

名人语录

企业中某种理念所获得的长期成功的标志是什么？从流程的结果来看，成功的标志是深入人心。这种理念在企业中是如此深入人心，以至于它看起来是无形的。每一个人在做事的时候都不用去思考它。没有会议专门讨论它，也没有知名度很高的大师，没有咨询项目，或许也没有一个部门专门负责该理念。在理念生命周期以前的阶段就是这样，但是现在这种理念被融入了每一件事情当中。

——托马斯·达文波特[①]

学习目标

能否建立起一个完善的企业识别系统，主要依赖企业理念识别系统的建立与执行。通过本章的学习，要了解企业理念识别系统的构成和开发依据，理解企业理念定位的主要原则、企业理念定位的检验标准，掌握企业理念识别系统的设计程序、企业理念定位的主要模式、企业理念提炼与表达的方式和要求。

本章关键词

企业理念识别系统的构成、企业愿景、企业使命、企业价值观、企业目标、企业经营方针、企业发展战略、企业精神、企业口号、企业道德、企业经营风格、企业经营作风、企业理念定位、企业理念的提炼与表达

---

① 达文波特，等. 最优理念[M]. 夏雨峰，等译. 北京：中信出版社，2004：54.

 **本章内容框架**

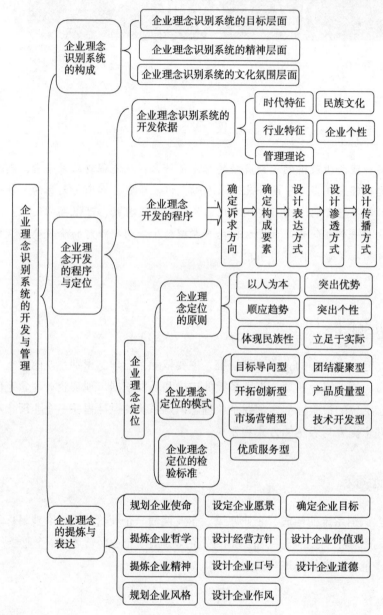

 **导入案例**

伊利集团的"绿色"发展理念

"企业社会责任公益典范"不仅考验着一个企业在生态、环境方面作出的贡献，更考验着企业的绿色可持续能力。而作为中国乳制品行业的龙头企业的伊利集团，正借助绿色生产、绿色消费、绿色发展的统一，进一步夯实绿色领导力，推动全产业链绿色可持续发展，助力企业业绩快速增长。

作为健康食品行业的龙头企业，伊利践行集团董事长潘刚的"绿色领导力"理念，通过"绿色产业链"发展战略，带动产业链上下游绿色、可持续发展。

2019年9月19日，在由联合国粮农组织与中国农业国际合作促进会联合主办的"2019世界农场动物福利大会"上，伊利连续第二年被联合国粮食及农业组织驻华代表处、中国农业国际合作促进会授予"企业社会责任公益典范"，是乳制品行业唯一获此殊荣的企业。

如今，经济的发展，不再追求单一利润的最大化，而是要协调企业、社会、环境的可持续发展，并成为企业增长的原动力。此外，在不断夯实绿色领导力的同时，伊利还积极面向全社会传递绿色消费、绿色发展的理念，从价值观念的绿色化、生产方式的绿色化、生活方式的绿色化去探索绿色发展路径，打造"全球健康生态圈"。

创造共享价值　践行绿色发展观

早在2009年，伊利就将"绿色领导力"理念进一步升级为"绿色产业链"战略，带动上下游合作伙伴一起走可持续发展之路。围绕可持续发展的目标，伊利在绿色生产、环境保护等方面采取强有力的举措。车间节能灯具改造、车间清洗系统升级、空压机余热回收……100多个节能项目的实施，伊利把可持续发展理念融入每个细节。

而今伊利将相关要求延伸到产业链上下游的所有合作伙伴，不但自己采用清洁的生产工艺，还将环保理念传递给整个产业链，并且优先选用注重环境保护的供应商。

众所周知，贴有FSC（森林管理委员会）标签的产品，是企业实践绿色发展的体现之一。2018年，伊利金典有机奶共使用FSC包材32.28亿包，相当于10万亩可持续森林的经营。伊利还持续开展全面碳盘查，核算生产过程中温室气体排放量，明确碳排放减排重点管控区域，在生产过程中，积极寻找碳减排的机会，使得碳排放量逐年降低。

保护生物多样性　打造健康生态

除了自身坚持绿色发展，作为签署联合国生物多样性公约《企业与生物多样性承诺书》的企业，伊利在保护生物多样性方面展开了诸多实践。

在伊利发布的《2018生物多样性保护报告》中，过去一年的生物多样性保护成绩也跃然纸上：2018年，伊利实现超2.8亿元环保总投入，比2017年增加55%；能源消耗密度降低为0.0506吨标煤/吨；一般废弃物排放量仅为2017年的33%，为2016年的29%。

当时联合国生物多样性公约执行秘书帕梅尔女士曾这样评价伊利："伊利是亚洲最大的乳企，企业把生物多样性纳入企业发展战略，这很了不起。而且伊利的绿色产业链战略在保护生物多样性上发挥了极大的正面效应。"

事实上，一直以来，伊利定期发布生物多样性保护报告，实现了信息及时披露，与全社会共享保护成果，同时在内部高效管理组织构架，充分汇聚了企业各部门众力，并深入有效地普及实践，架起了与消费者共谋可持续发展的桥梁，探索出"披露+管理+普及"的独有模式。

这一实践模式，更被联合国教科文组织纳入可持续发展案例集，作为"中国样本"在全球范围内进行推广。不仅如此，在国内，伊利与世界自然基金会合作，开展东北湿地保护；在大洋洲，与新西兰当地公益组织合作，共同开展野生大马哈鱼的保护项目。

推动业绩快速增长　给予投资者信心

毫无疑问，连续多年在可持续发展领域做出的努力，转化成了企业的强劲增长动力。据 2019 年伊利年中报告显示，2019 年上半年，伊利实现营业总收入 450.71 亿元，同比增长 13.58%；实现净利润近 40 亿元，再创亚洲乳业新高。其中，净资产收益率多年位居全球乳业第一，远超行业其他企业。

事实证明，保护生物多样性、保护地球资源与环境，不仅与企业的发展相融相生，成为企业发展不可或缺的能量源泉，也给予了投资者更强大的信心，为进一步的海外投资铺平了道路。

在新西兰，伊利在可持续发展上的表现，加深了当地民众的认同感，受到广泛青睐。新西兰怀马特市长 Craig Rowley 说："伊利就像我们大家庭的一分子，我一直把它当成一个 100%的新西兰企业。"

未来，伊利将继续以企业之力，与社会各界及合作伙伴共谋绿色发展、共创绿色产业、共享绿色健康生活，为全球可持续发展贡献中国力量。

资料来源：https://baijiahao.baidu.com/s?id=1645466826824344857&wfr=spider&for=pc.

第一节　企业理念识别系统的构成

企业理念是企业价值观的综合表达，是企业经营风格和追求的综合体现，是企业思想和信念的集中反映。能否成功地建立起一个完善的企业识别系统，主要依赖于企业理念识别系统的建立与执行。

企业理念识别系统由确定企业未来发展方向的目标层面、为企业发展提供动力支持和价值准则的精神层面和体现企业经营特色的文化氛围层面组成。

一、企业理念识别系统的目标层面

（一）企业愿景和企业使命

企业愿景是企业长期的发展方向、目的、目标，自我设定的社会责任和义务，明确界定了企业在未来发展环境中的形象与定位。企业愿景回答了"我们要成为什么样的企业"的问题，为企业前景和发展方向勾画出了一幅蓝图。美国雅芳公司将自己的愿景确定为："成为一家最了解女性需要、为全球女性提供一流的产品以及服务，并满足她们自我成就感的公司。简言之，成为一家比女人更了解女人的公司。"

华为公司的愿景：构建万物互联的智能世界

华为早期的愿景是"丰富人们的沟通和生活"，使命是"聚焦客户关注的挑战和压力，提供有竞争力的通信解决方案和服务，持续为客户创造最大价值"。

然而，在 2017 年 12 月，这家时年 30 岁的科技巨头将愿景变更为"构建万物互联的智能世界"：

"我们致力于把数字世界带入每个人、每个家庭、每个组织，构建万物互联的智能世界：让无处不在的连接，成为人人平等的权利；为世界提供最强算力，让云无处不在，让智能无所不及；所有的行业和组织，因强大的数字平台而变得敏捷、高效、生机勃勃；通过 AI 重新定义体验，让消费者在家居、办公、出行等全场景获得极致的个性化体验。"

在新愿景下，华为将聚焦 ICT（信息与通信技术）基础设施和智能终端，立志做智能世界的开拓者，全面引入人工智能技术，从云、管、端各个层面提升产品解决方案的竞争力。

有分析认为，华为这一改变既是顺应产业发展大势的敏锐洞察，又能很好地匹配华为在看得见的未来持续增长的目标。

资料来源：https://www.htwl168.com/list.php?id=4477.

企业使命是指企业在社会经济发展过程中所应担当的角色和责任，主要界定企业的根本性质和存在的理由，说明企业的经营领域、经营思想，反映企业管理者的价值观和企业力图树立的形象，揭示本企业与行业内其他企业的差异，为企业目标的确立与战略的制定提供依据。企业使命主要由企业哲学和企业宗旨两部分构成。

企业哲学是指一个企业为其经营活动方式所确立的价值观、态度、信念和行为准则，是企业在社会经济活动及经营过程中起何种作用或如何起这种作用的一个抽象反映。IBM 公司前董事长华森曾论述过企业哲学的重要性。他说："一个伟大的组织能够长久生存下来，最主要的条件并非结构形式或管理技能，而是我们称之为信念的那种精神力量，以及这种信念对于组织的全体成员所具有的感召力。我坚决相信，任何组织若想生存下去并取得成功，它就必须建立起一系列牢固的信念，这是一切经营政策和行动的前提。其次，必须始终如一地坚持这些信念，相信它们是正确的。最后，一个组织或企业在自己的整个寿命期内必须随时准备改变自身，应付环境变化的挑战，但它的信念却不应当改变。换言之，一个组织与其他组织相比较取得何等成就，主要取决于它的基本哲学、精神和内在动力。这些比技术水平、经济资源、组织结构、革新和选择时机等重要得多。"

在管理学的发展史上，泰罗建立了以经济人假设为基础的科学管理哲学，以梅奥、罗特利斯伯格和怀特海为代表的"人际关系学派"以"社会人"的概念取代了科学管理学派的经济人概念，强调了建立在人际亲密感和依赖感基础上的非正式组织的重要作用，为从理性主义的企业哲学向人本主义的企业哲学的转变架起了一座桥梁。德鲁克提出了"目标管理"，"把人和任务结合起来"，既体现了"专门化"的科学主义原则，又体现了重视人的作用的人本主义原则。20 世纪 80 年代以来，人本主义日益成为西方企业哲学的主流，强调以人为本，突出把人当作"人"来管理，关心人，爱护人，尊重人，发展人，注重人的全面发展，而不是把人当作物和工具来管理。

企业哲学的主要内容通常由处理企业经营过程中的各种关系的指导思想、基本观点和行为准则所构成，如企业（跨国公司）与所在国关系的观点，企业与社会、国家关系的观点，企业与外部利益相关者（顾客、竞争对手、供应商、销售商等）关系的观点，企业与雇员关系的观点，企业内部工作关系的观点等。企业哲学对每个企业来说不是千篇一律的，应该有其鲜明的个性。但是企业哲学一般可以包括以下几方面的内容。

（1）时间哲学。时间哲学指企业管理者在处理相关问题时对时间选择的偏好所形成的思维定式。如处理问题时是注重过去的惯例还是崇尚突破、创新，是抗拒变化还是积极变革、与时俱进等。

（2）系统哲学。系统哲学指企业管理者习惯性思考问题的视角和方式。企业在进行重大决策时是注重系统性和整体性，还是经常"头痛医头，脚痛医脚"。复杂多变的经营环境越来越要求企业具有系统性思维。

（3）权威哲学。权威哲学指企业管理者习惯性地选择可以有效地改变他人行为的方式。在企业管理中，是崇尚科学的管理方法还是推崇经验和资历？遇到问题时，是服从规章制度的权威还是服从管理者个人的权威？

（4）人本哲学。以人为本，充分研究员工的心理特征和价值取向，促进员工的全面发展，推行符合人性、以人为中心的管理。

沃尔玛的让顾客满意哲学

零售本身就是一种感性的消费者行为，顾客作出的理性消费选择往往受到生活方式、民族传统等多种因素的综合影响。沃尔玛是全球最成功的零售巨头，它的魅力在于能够将消费者的感性思维在购物过程中无限放大，与其说沃尔玛是在经营商品，倒不如说它是在经营"人"的哲学，它发源于乡村，成就于世界。

如今，沃尔玛在全球 27 个国家拥有的门店超过 10 000 家，连续多年占据世界 500 强榜首，是世界上最大的连锁零售公司。不可思议的是，只有短短 50 多年历史的沃尔玛超过了许多像西尔斯这样的百年老字号，沃尔玛的成功创业故事激励了一代又一代的创业者。

关于沃尔玛成功的心灵鸡汤有很多，其实最重要的一点就是处理好人的关系。员工满意，顾客满意，管理层满意，当所有人都满意的时候什么样的企业不能成功？满意这个词语是一个很难量化的指标，但沃尔玛相信满意是可以传递的，最经典的就是沃尔玛创始人山姆·沃尔顿曾经提出的十步服务原则，即无论何时只要顾客在自己十步范围之内都必须主动看着顾客的眼睛打招呼，询问其是否需要帮忙。

沃尔玛的经营哲学用到了许多的新颖经济学理论，影响了几代商业人。经营理念大众化，管理技术先进化，服务原则人性化是沃尔玛成功的三大特色，沃尔玛对自己很"吝啬"，但是对顾客很慷慨，因为沃尔玛的成长是扎根于朴实无华的乡村，即使沃尔玛今天已经是世界 500 强的零售巨头，它依然没有忘记自己的初心，"天天平价"的沃尔玛是平民百姓永远的家。

让顾客满意首先要让员工满意。沃尔玛的人力资源方针采取的是"留住，发展，吸纳"的三步走战略，俗话说"想要攘外必先安内"，沃尔玛的企业价值体现在内部文化中，山姆·沃尔顿曾说过，"培养员工就像是栽培花草树木，需要物质上的激励和精神上的鼓励为员工创造舒适的成长环境。"

在沃尔玛内部，员工有强烈的归属感。管理者与员工的关系更像是合伙人关系，尽管名义上有职务大小的区分，但是所有员工之间都是值得平等对待的伙伴关系，无论是总裁还是雇员都是一视同仁，没有特殊对待的礼遇。后期沃尔玛的员工合伙人计划落到实处，利润分享、雇员购股和损耗奖励等措施相继实施，在沃尔玛真正实现了责任共担、信息共享的合伙人共同体。

沃尔玛有一套完善的终身培训机制，它的目的是帮助每一个员工真正实现自己的价值，而不仅仅是工作的机器。激发人的创造力比单纯驱使人的劳动力要重要得多，甚至还专门开设了沃尔顿零售商学院培养表现优秀的人才。因此，沃尔玛的离职率在所有零售百货公司中是最低的，即使员工离职了，在他的心中永远对沃尔玛怀有一份感激之情。

"保证满意"是沃尔玛对顾客最重要的承诺。顾客的满意更多地体现在其获得的服务价值上，当然，物美价廉的商品是吸引顾客购物的基础，但是为顾客留下美好的购物体验才是沃尔玛营销的重心，不断满足顾客的需求，尝试新的服务项目，激发出顾客心中的满足感。

资料来源：http://www.chanpin100.com/article/103802?from=timeline.

企业宗旨是指企业现在和将来应从事什么样的事业活动，以及应成为什么性质的企业或组织类型。企业在任何一个发展阶段，都不能偏离其宗旨，宗旨实质上就是一个企业的根本思想与发展线路，是企业制定各项制度与决策的基本依据。企业宗旨不仅陈述了企业未来的任务，而且阐明了为什么要完成这个任务以及完成任务的行为规范是什么。因此，企业宗旨要回答两个基本问题：企业是干什么的和企业是按什么原则干的？企业应该树立什么样的社会形象以区别于同类企业？因此，企业一般可以从三个方面界定自己的宗旨：①顾客需求。即企业要满足顾客哪一方面的需求。②顾客群（目标市场）。即企业需要满足的对象是谁，由此决定了企业需要覆盖的市场和地理区域。③企业满足顾客需求的方式。即企业采用什么样的技术和活动来满足顾客的需求，由此决定了企业的生产经营活动的重点将放在价值链的哪些方面。这三个方面回答了企业的"什么？谁？什么方式？"三个基本问题。如果企业清晰地回答了这三个问题，企业对自己的宗旨也就非常清楚了。如波士顿咨询公司确定的企业宗旨是："我们的使命是协助客户创造并保持竞争优势，以提高客户的业绩。要达到这个目标并制定成功的策略，我们需要努力不懈地探讨问题的起因及根源，并对其进行系统化分析，以制定成功的策略。"海信集团将自己的宗旨界定为："致力于电子信息技术的研究与应用，以卓越的产品与服务满足顾客的需求，提升人类社会的生活品质。"

阅读资料

部分知名公司的企业使命

迪士尼公司：创造欢乐

微软公司：致力于提供使工作、学习、生活更加方便、丰富的个人电脑软件

沃尔玛公司：给普通百姓提供机会，使他们能与富人一样买到同样的东西

麦肯锡咨询公司：帮助杰出的公司和政府更为成功

- 为高层管理综合研究和解决管理上的问题和机遇；
- 对高层主管所面临的各种抉择方案提供全面的建议；
- 预测今后发展中可能出现的新问题和各种机会，制定及时且务实的对策。

华为公司：聚焦客户关注的挑战和压力，提供有竞争力的通信解决方案和服务，持续为客户创造最大价值

联想电脑公司：为客户利益而努力创新

- 创造世界最优秀、最具创新性的产品；
- 像对待技术创新一样致力于成本创新；
- 让更多的人获得更新、更好的技术；
- 最低的总体拥有成本（TCO），更高的工作效率。

万科地产公司：建筑无限生活

从上面的界定可以看出，企业愿景与企业使命有着本质的区别。企业愿景考虑的是企业未来的发展前景和发展方向，即考虑企业将成为什么样的企业的问题；而企业使命则考虑的是企业的业务是什么，即考虑如何将经营的重点放在企业的业务活动和满足所服务的客户需求上。

（二）企业目标

企业目标是企业在一定时期内，按照企业愿景和企业使命，通过战略期内的战略活动而要达到的长期结果，是对企业使命进一步具体、明确的阐述。在企业理念识别体系中所确立的目标，不是一般性的生产目标、经营目标、利润目标等单项多层次目标，而是企业的最高目标，即企业全体员工的共同追求、全体员工共同愿景的集中体现。只有确立了最高目标，才能够确立企业整个的目标体系。例如，华为技术有限公司确定的企业目标就是：“华为的追求是在电子信息领域实现顾客的梦想，并依靠点点滴滴、锲而不舍的艰苦追求，使我们成为世界级的领先企业。为了使华为成为世界一流的设备供应商，我们将永不进入信息服务业。”

企业目标体系中的具体目标可以是定性的，也可以是定量的，如企业获利能力目标、生产率目标或竞争地位目标等。彼得·德鲁克在《管理实践》中提出了企业八个关键领域的目标。

（1）市场目标。应表明企业希望达到的市场占有率或在竞争中达到的地位。

（2）技术改进和发展目标。对改进和发展新产品，提供新型服务内容的认知及措施。

（3）提高生产力方面的目标。有效地衡量原材料的利用，最大限度地提高产品的数量和质量。

（4）物资和金融资源方面的目标。获得物资和金融资源的渠道及其有效的利用。

（5）利润方面的目标。用一个或几个经济指标表明希望达到的利润率。

（6）人力资源方面的目标。人力资源的获得、培训和发展，管理人员的培养及其个人才能的发挥。

（7）职工积极性发挥方面的目标。对职工激励、报酬等措施。

（8）社会责任方面的目标。注意公司对社会产生的影响。

企业目标的确定需要依据企业的使命要求，选定目标参数，简要说明企业需要在什么时间内、以怎样的代价、由哪些人员完成什么工作并取得怎样的结果，从而为企业的经营活动指明方向，为企业的业绩评估和资源配置提供标准与依据。

IBM 公司：全力以赴追求目标

20 世纪 60 年代初，IBM 公司制定了一个远大目标——彻底改变计算机工业的面貌。为了实现这个宏伟的、大胆的、冒险的目标，IBM 公司几乎把全部资金都投入对 IBM360 的新计算机的研究工作中。

这是有史以来最大的私人投资商业项目，研究这个项目所要耗费的资金甚至要高出制造第一颗原子弹的美国"曼哈顿计划"的费用。《财富》杂志称之为近代预计风险最高的商业项目。

小托马斯·沃森自己说："一旦失败，恐怕很难再有翻身的机会。这是我所做的决定中最大、最危险的一个，我为此有好几周感到不安。但是，在我内心深处，我始终相信，没有 IBM 公司做不成的项目。我深信这一点。"

通过公司全体员工全力以赴的奋斗，IBM360 计算机项目终于成功了，并控制住了市场，利润也远远超过了其他对手。

正是 IBM 公司这种"必须争做第一，必须实现 IBM360 计算机项目"的远大目标让公司上下齐心协力、孤注一掷地实现了它。在它们心中，目标的实现远大于利润的增长。

（三）企业经营方针

企业经营方针是以企业的经营思想为基础，根据实际情况为企业实现经营目标而提出的一种指导方针。正确地确定企业经营方针，能有效地利用各种资源，有计划地进行经营活动，实现企业的经营目标。企业的经营方针可分为基本经营方针和年度经营方针。基本经营方针是企业最基本的发展思路，涵盖了基本文化、行业政策、人事政策等基本政策，它是企业的经营和管理政策经过长时间检验而固定下来的一种方针。例如，麦当劳公司在长期的经营过程中，始终坚持"$Q+S+C=V$"的经营方针。即通过向消费者提供优质的产品、热情的服务和优美干净的环境为顾客创造价值。企业的年度经营方针是一种相对具体的经营方针，它的作用在于指导企业某一年度的经营运作，实现企业某一年度的经营目标。因此，年度经营方针必须是非常具体而且容易理解的。

（四）企业发展战略

未来学家托夫勒指出："对没有战略的企业来说，就像在险恶气候中飞行的飞机，始终在气流中颠簸，在暴风雨中沉浮，最后很可能迷失方向。即使飞机不坠毁，也不无耗尽燃料之虞。如果对未来没有一个长期的明确方向，对本企业未来没有一个实在的指导方针，不管企业的规模多大，地位多稳定，都将在新技术革命和经济大变革中失去生存条件。"企业发展战略就是关于企业如何发展的理论体系，是一定时期内对企业发展方向、发展速度与质量、发展点及发展能力的重大选择、规划及策略。企业发展战略可以帮助企业指引长远发展方向，明确发展目标，指明发展点，并确定企业需要的发展能力。战略的真正目的就是要解决企业的发展问题，实现企业快速、健康、持续地发展。企业的发展战略需要回答以下四个问题：①企业要向什么方向发展（发展方向）；②企业未来以什么样的速度与质量来实现发展；③企业未来从哪些发展点来保证这种发展的速度与质量；④企业未来需要培育哪些发展能力来支撑企业的发展。

一般来说，企业发展战略包括三种基本类型：一体化发展战略、密集型发展战略和多元化发展战略。一体化发展战略是企业对具有优势和增长潜力的产品或业务，沿其经营链条的纵向或横向延伸业务的深度和广度，从而扩大经营规模，实现企业发展的战略；密集型发展战略是企业在原有业务范围内，充分利用在产品和市场方面的潜力来求得发展的战略；多元化发展战略是企业在原主导产业范围以外的领域通过开发新产品或开展新业务来扩大企业规模，实现企业发展的战略。

二、企业理念识别系统的精神层面

（一）企业价值观

价值观就是人们关于价值的观念，是关于什么是最重要、最贵重、最值得追求的观点和评价标准。它是主观意识对价值的筛选，是价值主体对自身需要的定位，是人们在社会实践中对其行为、手段和目标的意义、重要性的根本观点和总的看法。可见，价值观就是一种选择取向，反映了人类的需求、欲望以及实现这种需求欲望的方式和态度。正如管理学家迈克尔·希特在《管理学》中所说："价值观决定了什么是好什么是坏，什么是对什么是错，因而它不仅能引导行为，还是你所见到的行动的源泉。"[①]

组织行为学家史兰格认为，人的价值观基本可以分为以下几种：①理性的价值观，以知识和真理为中心；②美的价值观，以外形协调和匀称为中心；③政治性的价值观，以权力地位为中心；④社会性的价值观，以群体和他人为中心；⑤经济性的价值观，以有效和实惠为中心；⑥宗教性的价值观，以信仰为中心。

管理学大师彼得·德鲁克曾经说过："管理的任务就在于使个人的价值观和志向转化为组织的力量和成就。"而这一"转化"成功的关键就在于组织群体价值观的形成。

企业价值观是一个企业在长期发展过程中对经营目标和手段所持的基本信念与根本看法，是经过企业全体或大多数员工达成一致的关于企业意义的终极判断，是企业行为的价值倾向。企业价值观是企业文化的核心和基石，它是企业选择事业领域、确定自己长期奋斗目标和经营战略的依据，是企业吸引和凝聚优秀人才、不断保持旺盛精力的源泉，为全体员工提供了共同的思想意识、思维方式、精神信念和日常行为的准则，是企业建立自己的业绩评价体系和利润分配制度的基本原则。可见，企业价值观影响到企业的所有方面，

[①] 希特. 管理学[M]. 贾良定，等译. 北京：高等教育出版社，2009：107.

即从制造什么产品、如何制造产品到怎样对待员工、对待顾客等。正如唐纳德·索尔等在《创造优势：如何提升公司核心竞争力》中所说，"一个公司的价值观就是一套深层次的信仰，它能激励员工并使之一致行动。公司的价值观决定了雇员如何看待本身以及他们的雇主……价值观也为公司很广范围内的经营活动提供向心力。"[①]

企业的价值观包括企业的核心价值观（core values）和企业的单项价值观两方面。

企业的核心价值观是企业拥有的终极信念，是企业哲学中起主导和支配性作用的部分。在西方企业的发展过程中，已经经历了三种有代表性的价值观，即以是否获得最大利润来评价企业经营好坏的最大利润价值观，以强调是否为投资者创造利润并实现企业人员自身价值来评价经营好坏的经营管理价值观和把企业利润、员工利益和社会利益统筹考虑的社会互利价值观。在当代，企业的社会互利价值观越来越成为企业价值观的主流，其核心内容就是以人为中心，以关心人、爱护人、尊重人和发展人的人本思想为导向。美国兰德公司花了20多年的时间，跟踪了500多家世界大企业，发现其中100年不衰的企业的一个共同特点就是：它们不以追求利润为唯一目标，而是以人为本，有超越利润的社会目标。具体来说，其价值体系体现在以下几方面：①人的价值高于一切；②价值观念等软因素的价值高于硬管理因素的价值；③为社会服务的价值高于企业利润的价值；④共同协作的价值高于独立单干的价值；⑤集体的价值高于自我的价值；⑥普通岗位的价值高于权力的价值；⑦企业美誉度的价值高于利润的价值；⑧维护职工队伍稳定的价值高于赚钱的价值；⑨顾客第一，员工第二，本社区第三，股东第四；⑩用户的价值高于技术的价值；⑪保证质量的价值高于推出产品的价值；⑫集体路线的价值高于正确决策的价值；⑬顾客第一，家庭第二，工作第三。

企业的单项价值观是企业在不同的领域或单项问题上所倡导和信奉的价值理念。常见的企业单项价值观念包括以下几种。

（1）人才观。人才观表现了企业在人才定义、引进人才、培训人才、使用人才、留住人才等方面所持有的观念和态度。如海尔公司对人才是"赛马不相马"，华为公司则认为"认真负责和管理有效的员工是华为最大的财富。尊重知识、尊重个性、集体奋斗和不迁就有功的员工，是我们事业可持续成长的内在要求"。

（2）市场观。市场观是企业在经营活动中把握市场动态、应对市场变化、赢取市场份额所持有的观点和态度。如海尔公司"决不向市场说不"，上海施贵宝制药公司则"以市场为导向，市场是指导一切生产经营活动的出发点"。

（3）竞争观。竞争观是企业和员工在参与市场竞争中表现出来的对竞争的理解和观点。如上海浦东发展银行的竞争观"超越自我，以优取胜"等。

（4）质量观。质量观是企业对商品和服务质量在企业战略中的地位、质量标准的界定及提高质量的方法等方面所持有的观点和态度。如长安汽车公司对质量的看法是"优秀的产品一定是优秀的员工干出来的"。

（5）科技观。科技观是企业在生产经营中对新技术利用和新产品开发所持的观点和态

---

① 索尔，等. 创造优势：如何提升公司核心竞争力[M]. 李朱，译. 2版. 北京：企业管理出版社，2004：13.

度。如诺基亚公司坚持"科技以人为本",日本佳能公司则认为"忘记了技术开发,就不配称为佳能"。

（6）效益观。效益观表达了企业对效益的态度和看法。耐克公司认为"利润只是把工作做好的副产品"。

（7）安全观。安全观是企业在生产经营过程中在人、才、物等方面对避免伤害、损失进而转危为安的观点和态度。山西三维集团的安全观是"安全是天,生产是地;顶天立地,人企合一"。

（8）环境观。环境观是企业对实现可持续发展,防止自然环境恶化,合理利用自然资源,改善人类劳动和生活的环境所持的观点。深圳蛇口招商局的环境观是"创造最适合人类居住的地方"。

除以上所述外,企业还有许多单项价值观,如发展观、服务观、品牌观等,不再一一赘述。

知名企业的价值观

惠普公司: ①信任和尊重个人;②追求卓越的成就和贡献;③在经营活动中坚持诚实和正直;④靠团队精神达到目标;⑤鼓励灵活性和创造性。

摩托罗拉公司: 保持高尚的情操,对人永远尊重。

松下公司: 松下电器公司是造就人才的公司,并兼造电器。

荣事达集团: 互相尊重、相互平等、互惠互利、共同发展、诚信至上、文明经商、以义生利、以德兴企。

（二）企业精神

企业精神是现代意识与企业个性相结合的一种群体意识,是企业全体或多数员工共同一致、彼此共鸣的内心态度、思想境界和理想追求,是企业内部员工群体心理定式的主导意识,表达了企业的精神风貌和风气,是企业员工的健康人格、向上心态的外化,是企业经营宗旨、价值准则、管理信条的集中体现,是企业价值观的个性张扬,构成了企业文化的基石,具有激发员工的积极性、增强企业活力的重要作用。美国著名管理学者托马斯·彼得斯曾说过:"一个伟大的组织能够长期生存下来,最主要的条件并非结构、形式和管理技能,而是我们称之为信念的那种精神力量以及信念对组织全体成员所具有的感召力。"

企业精神与企业价值观的区别在于:"价值"是关系范畴,"企业价值观"是关于"价值对象的哪些属性能够满足企业的什么需要"的看法;"企业精神"则是状态范畴,描述的是一个企业全体（或绝大多数）员工的主观精神状态。塑造企业精神,主要对思想境界提出要求,强调人的主观能动性。

一般来说,企业精神主要包括主人翁精神（参与意识）、团结协作精神（协作意识）、敬业精神（奉献意识）、创新精神（进取意识）、服务精神（顾客至上意识）等。

与企业精神相联系的是企业家精神。企业家精神是企业精神的人格化，是企业家在长期的经营管理活动中形成的思想、价值观、品格、作风等个人素质的结晶。一般来说，企业家应该具有敢于冒险的开拓精神、追求卓越的进取精神、注重实效的实干精神、积极践行社会责任的担当精神等。

知名企业的企业精神

中国国际航空公司：永无休止地追求一流。

北京王府井百货大楼：一团火精神。

日本索尼公司：土拨鼠精神。

日本松下公司：产业报国精神；光明正大精神；和亲一致精神；奋发向上精神；礼貌谦让精神；顺应同化精神；感恩报德精神。

南京医药公司：不用扬鞭自奋蹄，不失时机急奋蹄，小步快走不停蹄，埋头苦干多贡献。

河南蓝天集团：板车精神。

（三）企业口号

企业口号是企业理念识别系统的重要构成要素之一，是将企业品牌的内涵、服务的特色、企业的价值取向融会贯通，运用最精练的语言，描述企业的形象，反映企业追求的价值观念。透过企业富有特色的口号，可以向受众传达企业的精神理念和价值追求。企业口号是企业形象的最简洁表达，是形象传播的最有效工具。人们通过一句简单的口号，就能对企业形成深刻的印象。

依据诉求点的不同，企业口号包括以下几种类型。

（1）表现企业的产品特色。如摩托罗拉的"飞跃无限"等。

（2）表现企业的服务水平和对服务的承诺。如海尔的"真诚到永远"等。

（3）表现企业的科技创新和进取精神。如海信的"科技创造新生活"、步步高公司的"我们一直在努力"等。

（4）表现企业的市场拓展目标。如北京日化公司的"走遍天涯海角，人间处处有大宝"等。

（5）表现企业的经营方针。如 TCL 公司的"科技美学化"等。

（6）表现企业的社会责任。如美国杜邦公司的"通过发展化工产品提高人类的生活质素"、广东太阳神集团的"振兴民族工业，提高中华民族的健康水平"等。

（7）表现企业的服务对象。如耐克公司的"为运动员服务"、金利来公司的"金利来，男人的世界"等。

这些创意独特的企业口号，有效地扩大了企业的知名度、美誉度和信任度，展示了企业的独特风采。

（四）企业道德

企业道德是在企业这一特定的社会经济组织中，依靠社会舆论、传统习惯和内心信念来维持的，以善恶评价为标准的道德原则、道德规范和道德活动的综合。企业道德既是社会道德体系的重要组成部分，也是社会道德原则在企业中的具体体现，它是人格化了的企业在生产经营活动中所应遵循的旨在调节企业与各类利益相关者各方面关系的行为规范的总和。按照道德活动主体的不同，可分为企业的组织道德和员工个人的职业道德两方面。

员工个人的职业道德以爱岗敬业、诚实守信、办事公道、服务客户、奉献社会为主要内容，这是企业组织道德的基础条件。

企业的组织道德更多地表现为企业的社会责任。依据西方学者 A.B.卡罗尔（A.B. Carroll）的研究，企业的社会责任表现在四个层面：最基础的层面是企业的经济责任，即企业为社会创造财富，这是企业作为经济组织存在的意义；第二个层面是企业的法律责任，即企业必须守法经营，照章纳税，这是企业能够在社会上存在的最基本基础；第三个层面是企业的伦理责任，即企业维护社会进步、促进人类发展的责任，这是企业的长远利益所在；企业最高层面的社会责任是通过慈善手段回报社会，热衷于社会公益事业。

阅读资料

知名企业的道德规范

联想集团：

宁可损失金钱，决不丧失信誉；生意无论大小，一律一视同仁；待人真诚坦率，工作精益求精；光明正大干事，清清白白做人；勤勤恳恳劳动，理直气壮挣钱。

摩托罗拉公司：

诚信不渝——在与客户、供应商、雇员、政府以及社会大众的交往中，保持诚实、公正的最高道德标准，依照所在国家和地区的法律开展经营。无论到世界的哪个地方进行贸易或投资，必须为顾客提供最佳的服务。

惠普公司：

相信、尊重个人，尊重员工；追求最高的成就，追求最好；做事情一定要非常正直，不可以欺骗用户，也不可以欺骗员工，不能做不道德的事；公司的成功是靠大家的力量来完成，并不是靠某个个人的力量来完成；相信不断的创新，做事情要有一定的灵活性。

三、企业理念识别系统的文化氛围层面

（一）企业风格

企业风格是一个企业有别于其他企业的个性特征，是企业在长期的经营行为中表现出来的内在品质，是企业形象赖以树立的基本要素。企业风格的内在品质主要体现在企业信誉、企业管理方式、企业竞争优势和企业文化等方面。企业的经营风格是理念识别的重要

组成部分，是企业理念的展开。

企业信誉是企业风格的重要组成部分。1996 年斯特恩商学院的名誉教授查尔斯·丰布兰（Charles Fombrun）对企业信誉的界定是："企业信誉是一个企业过去一切行为及结果的合成表现，这些行为及结果描述了企业向各类利益相关者提供有价值的产出的能力。"企业信誉是企业在其生产经营活动中所获得的社会公认的信用和名声。企业信誉好表示企业的行为得到社会的公认和好评，如恪守诺言、产品货真价实、严格履行合约等；而企业信誉差则表示企业的行为在公众中印象较差，如假冒伪劣、偷工减料、以次充好、故意拖欠货款、拖欠银行贷款等。良好的信誉是企业最有价值的无形资产，是企业立足市场求得发展、获得竞争优势的法宝。因此，致力于塑造良好的信誉是企业理念设计应着重解决的问题。

企业的管理活动都是通过一定的管理模式来进行的。企业管理模式是企业在管理理念指导下为实现其经营目标而组织资源、经营生产活动建构起来的基本框架和方式，是由管理方法、管理模型、管理制度、管理工具、管理程序组成的管理行为体系结构。企业的管理模式可以分为：主要通过家族血缘关系的内聚功能实现对企业管理的亲情化管理模式；主要依靠朋友情谊的内聚功能实现对企业管理的友情化管理模式；以强调以人性的内在作用为基础的人情味来处理企业中的管理关系的温情化管理模式；以任意性和随意化为特征的随机化管理模式；以规范的规则推动企业管理活动的制度化管理模式；以愿景管理、工作责任分工、薪酬设计、绩效管理、招聘、全员培训、员工生涯规划七大系统的建立和完善为基础的系统化管理模式。显然，不同的管理模式构成了企业不同的个性特征。现代企业应更多地将管理行为建立在制度化和系统化的基础上。

创造不同的竞争优势是企业风格的重要体现。企业竞争优势是企业在产出规模、组织结构、劳动效率、品牌、产品质量、信誉、新产品开发以及管理和营销技术等方面所具有的各种有利条件所构成的优越性，是企业竞争力形成的基础和前提条件。20 世纪 90 年代中期，美国信息技术战略家鲍尔（Bernard H. Boar）认为企业有五种竞争优势：①成本优势。这种优势能够使企业更廉价地提供产品或服务。②增值优势。这种优势能够使企业创造出更吸引人的产品或服务。③聚焦优势。这种优势能够使企业更恰当地满足特定顾客群体的需求。④速度优势。这种优势能够使企业比竞争对手更及时地满足顾客的需求。⑤机动优势。这种优势能够使企业比竞争对手更快地适应变化的需求。显然，企业不同的竞争优势构成了企业不同的个性特征。如沃尔玛基于完善的成本控制形成的以"天天平价"为特色的低价优势，海底捞基于完善的制度与文化设计形成的以点燃员工工作激情和责任感为基础的服务优势等。

企业文化是企业员工共同遵循的人生指导原则，以及在这些原则指引下的企业运作方式和员工群体生活。企业风格也体现在企业独具特色的文化类型上。特伦斯·迪尔和艾伦·肯尼迪在《企业文化——企业生活中的礼仪与仪式》中依据企业经营活动的风险程度和企业及其雇员工作绩效的反馈速度将企业文化分为四种类型：①强人文化。这种企业恪守的信条是要么一举成功，要么一无所获。因此，员工敢于冒险，具有强烈的进取心，而且对于采取的行动是正确与错误，能迅速地获得反馈。②努力工作尽情享受型文化。这种企业奉行拼命地干、尽情地玩的信念，把工作与娱乐并重，鼓励员工完成风险较小的工作。③赌注型文化。这种企业文化具有在周密分析基础上孤注一掷的特点，其信念是注重未来，崇尚试验，相信好的构想一定要给予机会去尝试、发展。④过程型文化。这种企业文化着眼于如何做，崇尚过程和细节，严格按程序办事，基本没有工作的反馈，职工难以衡量他们所做的工作。

企业文化中的动物世界

象文化：尊重、友好——人本型

象文化在中国企业里表现了这样的特征：企业的工作环境是友好的，领导者的形象犹如一位导师，企业的管理重心在于强调"以人为本"，企业的成功则意味着人力资源获得了充分重视和开发。这类企业文化的代表是万科、青啤、长虹、海信、远东、雅戈尔、红塔、格兰仕、三九和波司登。

狼文化：强者、冒险——活力型

狼群中有着强烈的危机感，它们生性敏捷而具备攻击性，重视团队作战并能持之以恒。狼性精神，是一种强者精神。在狼文化特征的企业里，充满活力，有着富于创造性的工作环境；领导者往往以革新者和敢于冒险的形象出现；企业最为看重的是在行业的领先位置；而企业的成功就在于能获取独特的产品和服务。华为、国美、格力、娃哈哈、李宁、比亚迪、复星、吉利，都是中国企业狼文化的典型代表。

鹰文化：目标、绩效——市场型

具有鹰文化的企业氛围是结果导向型的组织，领导以推动者和出奇制胜的竞争者形象出现，企业靠强调胜出来凝聚员工，企业的成功也就意味着高市场份额和拥有市场领先地位。这类公司以联想、伊利、TCL、平安、光明、春兰、喜之郎、小天鹅、雨润、思念等公司为代表。

羚羊文化：温和、敏捷——稳健型

羚羊的品性是在温和中见敏捷，能快速反应但绝不失稳健。这类文化的代表性企业有如海尔、中兴、苏宁、美的、汇源、燕京啤酒等企业。由于以追求稳健发展为最大特征，因此这类企业的工作环境规范；企业靠规则凝聚员工；企业强调运营的有效性加稳定性；企业的成功是凭借可靠的服务、良好的运行和低成本。

资料来源：中国企业文化的动物世界[EB/OL]. (2008-03-20). https://finance.sina.com.cn/leadership/mqywh/20080320/15204647645.shtml.

（二）企业作风

国有国风，家有家风。企业经营作风是企业在长期的生产经营等实践活动中形成的一种风气，是企业内在实质的外在表现，是企业在各种活动中所表现出来的一贯态度和行为处事风格，是全体员工在企业发展过程中长期积累并形成的精神风貌。企业作风是企业的一种氛围、风气，甚至是一种习惯，它往往通过企业员工的言行反映出来。表面看起来，企业作风看不见、摸不着，但它却影响着企业的发展方向、经营行为。良好的企业作风，能够协调企业的组织与管理行为，有助于建立科学、规范的企业运行秩序，提升企业员工的工作境界，达到提高工作效率与经济效益的目的。如海尔公司"迅速反应，马上行动"的作风，长安汽车公司"今天的事今天完，明天的事今天想"的作风，都凸显了企业独具特色的精神风貌。

北京城建的企业作风
团结拼搏 令行禁止 严谨求是 艰苦奋斗

伴随着"北京城建"的快速发展，城建员工形成了一种团体风貌，这就是以"团结拼搏，令行禁止，严谨求是，艰苦奋斗"为主要内容的企业作风。

"团结拼搏"是成就事业的关键。"团结"是企业发展的合力、凝聚力和向心力。"团结"就是要在思想上同心、行为上同步、目标上同向，形成强大的集团力量，并借此完成急、难、险、重的任务。"拼搏"就是要敢打善拼，一往无前。正是有团结拼搏的优良传统和作风，社会才公认"北京城建""军威依旧、雄风不减"，"拉得动，打得响，过得硬"。

"令行禁止"是成就事业的保障。市场如战场，在参与激烈的市场角逐中，有了严格的组织性、纪律性，才能统一行动，发挥集团整体优势，维护集团整体利益，实现集团经营战略目标。

"严谨求是"是科学的工作作风和规范的工作态度。"严谨"就是要精心组织、科学策划、周密工作。"求是"就是要探索并掌握客观规律。这是对"北京城建"员工共同的要求，即通过每个岗位、每个员工严谨的态度，达到求是的目的。

"艰苦奋斗"是"北京城建"始终要保持与发扬的优良传统。它是企业在发展进程中积累的最优秀的作风，是企业走向辉煌最有效的精神财富。社会主义市场经济要求创造巨大的物质财富的同时，更要创造强大的精神财富。因此，坚持艰苦奋斗的作风既是物质文明的保障，又是精神文明的最直接体现。

"团结拼搏，令行禁止，严谨求是，艰苦奋斗"——"北京城建"的"四大作风"，既是历史的积累，又是新时期的再创造。"四大作风"是一个统一的整体，"北京城建"成就事业必须发扬"四大作风"。

资料来源：https://xw.qq.com/cmsid/20200324A0B2XY00.

第二节　企业理念开发的程序与定位

一、企业理念识别系统的开发依据

（一）时代特征

时代是企业生存与发展所面临的重要外部环境。因此，企业理念的开发要紧扣时代主题，反映时代主旋律，这样，企业才能顺应社会发展的大趋势。而这正是企业树立良好形象的必要条件。

在当今时代，企业开发企业理念，要重点把握以下时代主旋律。

1. 科技浪潮

自第三次科技革命以来，以信息技术、生物技术、能源技术和网络技术为代表的科学技术迅猛发展，改变了世界的经济结构，使世界经济进入新经济时代。新经济背景下，注重科技开发、提高产品与服务的科技含量也成为企业提高竞争力、树立企业形象的重要途径。

2. 经济全球化

高新技术的迅猛发展，缩小了各个国家和地区之间的距离，使世界经济越来越融为一体，相互依存与合作不断增强，全球化趋势越来越明显。经济全球化的发展，使生产要素跨越国界，在全球范围内自由流动，各国、各地区相互融合，各国经济日益形成"你中有我，我中有你"的相互依存局面。经济全球化越来越要求企业具有国际视野，面向国际市场，整合全球资源，强化自身的国际竞争力。

3. 以人为本

当代最主要的特征是"新经济"与"全球化"。新经济意味着"知识"和"人"的重要性。而全球化使得企业的员工可能来自不同国家和地区，具有不同的文化背景。如何使普通员工成为"人力资本"，如何使来自不同文化背景下的员工能够和谐共处，成为企业价值的增值之源，根本途径就是进行"文化管理"。文化管理的核心是以人为本，是一种以人为中心，以塑造共同价值观为手段的管理模式，就是要通过企业内共同价值观的整合、塑造，来凝聚、引导、约束、激励企业员工的思维和行为，使企业形成文化力，并进而带动员工的行动力，最终实现企业的竞争力。

4. 注重和谐

和谐是不同事物之间相同相成、相辅相成、相反相成、互助合作、互利互惠、互促互补、共同发展的关系和状态。在当今时代，和谐成为人们追求的一种理想状态和目标，如和谐社会、和谐管理、人与自然的和谐关系。和谐给人们带来无限的遐想，成为人们的一种理想追求。

5. 创新求变

这是一个变革的时代，这是一个日新月异的时代，是一个"大众创业、万众创新"的时代。创新求变成为当今时代的主旋律。创新是社会进步的本质特征和独有品格，是民族进步的灵魂。人类文明进步所取得的丰硕成果，主要得益于科学发现、技术创新和工程技术的不断进步，得益于科学技术应用于生产实践中形成的先进生产力，得益于人们思想观念的巨大解放。可以说，人类社会从低级到高级、从简单到复杂、从原始到现代的进化历程，就是一个不断创新的过程。当今世界，观念的创新、制度的创新、科学技术的创新，更成为社会发展的动力源，成为民族兴旺的助推器。生于忧患，死于安乐。对于处于瞬息万变的市场环境中的企业而言，美国著名企业家艾柯卡"不创新就死亡"的警言是应该时刻作为企业的座右铭的。面对日益激烈的市场竞争，企业唯一不变的就是"变"。

（二）民族文化

不同的民族具有不同文化和价值观念。企业应着眼于本民族的传统文化、民众心理、宗教信仰来制定与本民族传统相吻合的企业理念，以使企业的经营思想能迅速根植于人心。中国文化历史悠久，有着丰厚的文化遗产，有许多值得广泛借鉴的思想精华，包括："天人之学——天人和谐的探索精神；道法自然——顺应自然的辩证法则；居安思危——安不忘危的忧患意识；自强不息——生生不息的奋斗精神；诚实守信——进德修业的立身之本；厚德载物——做人做事的根本原则；以民为本——中国古代政治思想精华的体现；仁者爱人——超越自我的大爱精神；尊师重道——传道授业解惑的教育理念；和而不同——博采众长的会通精神；日新月异——与时偕行的革新精神；天下大同——指向未来的理想之光。"[①]这些思想精华在当代社会仍然具有极高的实用价值，可以融入企业理念体系之中，作为企业在经营活动中的价值追求和行为准则。所以，中国企业的理念设计应立足于传统文化与现代生活的相切点，体现仁爱、道义、责任、向上、信誉的民族特性和气概。

（三）行业特征

企业理念的开发要立足于企业所处的行业，针对行业的技术状况、市场状况、产品特征、人员素质、消费者的偏好等来设计自己的理念。如工业企业应围绕提高产品质量、降低生产成本、提高售后服务水平等方面构建其理念；高新技术企业应把开拓创新、锐意进取放在突出的地位；服务企业要突出服务的热情、周到；交通运输企业应侧重于安全和准时；医疗卫生机构要把珍惜生命、救死扶伤当作不懈的追求。总之，企业在进行理念开发时，必须充分把握自己所处行业的当前特征和未来趋势，在科学分析的基础上构筑与企业长远业务规划相吻合的企业理念体系。

（四）企业个性

每个企业在生存和发展过程中，在不断迎接各种挑战的过程中，都会形成具有自身特色的传统、作风、习俗、价值观等特征，这些构成了企业鲜明的特征。企业理念的开发要体现企业的这些独特性。依据企业在长期发展中所形成的特色开发的企业理念，更容易被员工所理解和接受。

（五）管理理论

由的管理学家提出的经典管理理论，如客户关系管理（CRM）、供应链理论、执行力理论、企业流程再造理论（BPR）、学习型组织理论等，揭示了企业经营管理的重要规律和趋势，是企业理念开发的重要来源。

二、企业理念开发的程序

一般而言，设计企业理念识别系统要经历五个步骤，如图 6-1 所示。

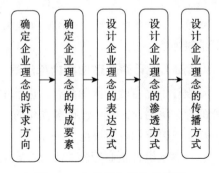

图 6-1　企业理念开发的程序

---

① 张恺芝. 中华优秀传统文化核心理念读本[M]. 北京：学习出版社，2012.

（一）确定企业理念的诉求方向

企业理念是一个涵盖非常广泛的体系。但每一个企业都可以以某些方面为重点构建自己的理念体系，由此形成了企业理念的特色。依据企业理念的侧重点的差异，企业理念诉求具有以下方向。

1. 侧重于对内还是对外

有的企业，以"团结、拼搏、创新、进取"等作为自己的理念，侧重于以内部员工为主要的诉求对象，更多地表现对员工的期望和要求；而有的企业，承诺"让我们做得更好""真诚到永远"，则更多地以外部的消费者、中间商、政府等作为诉求对象。

2. 侧重于理念体系的某个侧面

一般来说，企业理念总是突出理念体系的某个侧面，由此形成企业的理念特色，并成为企业形象特色的核心。奔驰公司说"奔驰公司在世界各地维修站的工人都无事可干"，突出的是产品质量；海尔说"真诚到永远"，突出的是服务；诺基亚说"科技以人为本"，突出的是技术创新的方向；佳能说"忘了技术创新，就不配称作佳能"，突出的是对技术创新的追求。

（二）确定企业理念的基本构成要素

从总体上说，企业理念体系包含着企业愿景和使命、企业哲学、经营方针、企业精神、企业道德、企业口号等多个方面。但在企业形象设计的实践中，并不是每个企业都需要设计企业理念的所有方面，而是有所侧重地选择其中的若干方面。所以，我们看到，有些企业的理念体系面面俱到，纷繁复杂，有些企业的理念体系则只有几方面。所以，在进行理念设计时，要依据企业面临的环境、企业自身的条件、企业的形象差距等因素，确定重点设计的相关理念要素。对确定为企业理念的要素，要给予科学合理的解释，在此基础上，可通过联想与比喻，使其内涵延伸，以便与树立理念的真正目的相吻合。建立在上述内涵基础上的企业理念，必须成为能与其他企业相区别的内容。

（三）设计企业理念的表达方式

确定了企业理念的内容之后，就要考虑如何用富有特色、韵律优美的语言表达出来。进行企业理念的表达，必须把握以下原则：①体现企业的产品及行业特点；②语句符合语言规范，不存在语法错误；③意境优美，内涵丰富；④语意明确，含义清楚；⑤新颖独特，简洁凝练。

（四）设计企业理念的内部渗透方式

设计了完备的企业理念后，进一步需要考虑的就是如何首先让内部员工了解、认同企业的理念。因此，需要设计多样化的企业理念渗透方式，使企业理念一步一步地变成员工的信念、追求和行为规范。

一般来说，企业理念的渗透方式主要包括以下几方面。

（1）重复强化。如日本的一些企业在每天员工上班前会由社长带领一起朗诵企业的社训等。

（2）阐释体会和认识。企业可以组织以企业理念为主题的座谈会、演讲会、辩论会、征文比赛等，让员工结合自身的工作实际谈其对企业理念的认识。

（3）环境物化。企业可以设立宣传橱窗、标语、电子显示屏等，使企业理念对员工形成强烈的视觉冲击。

（4）仪式、游戏等活动。企业可以采用寓教于乐的方式，举办以企业理念为主题的文艺汇演、游园等活动，使员工在轻松活泼的氛围中认知和接受企业理念。

（5）树立模范。榜样的力量是无穷的。企业可以树立若干充分践行了企业理念的模范人物，发挥他们的表率作用，从而对全体员工产生有效的示范效应。

宝洁公司的理念灌输方式

企业理念的灌输形式，有正式的和非正式的。宝洁公司通过举办适应性培训班使新员工适应公司情况，并期望他们阅读公司的正式传记《着眼明天》，书中把该公司描写为"国家历史的一个有机部分"，"具有精神传统，又有不变的特性"……这些传统和特性的牢固基础依然是那些原则和伦理道德——这正是公司的创始人一再强调的东西，而且已经成为一种永恒的传统。公司内部出版物、经理们的谈话和正式的介绍材料，都强调宝洁公司的历史、价值观和传统。

宝洁公司的每位员工都会看到，俯瞰艾佛里戴尔工厂的"艾佛里戴尔纪念碑"——这是一尊与真人大小一样的威廉·库珀·普罗克特（公司创始人之一威廉·普罗克特的孙子）昂首阔步的大理石雕像，下面刻着："他一生简朴而高尚，信仰上帝、信仰同胞们的内在价值。"

新员工——尤其是那些在品牌管理部门的人员——马上就发觉自己几乎所有的时间都用于同"家族"的其他人员一道工作和交往，从他们那儿进一步了解公司的价值观和习惯做法。宝洁公司位于相对偏僻的辛辛那提市，该公司占据了该城市主要部分。这也进一步强化了全身心投入公司事业的意识。宝洁公司的一位老员工说："你们到一个陌生的城市，白天一起工作、晚上写笔记，周末碰头聚会。"宝洁公司希望其员工主要与本公司的人员交谊，去同一类俱乐部，参加同一教堂的礼拜并住在同一街区。

宝洁公司长期实行家长式的、渐进的员工薪水福利计划，从而将员工同公司紧密地联系在一起。

1887年，宝洁公司开始对员工实施一种利润分成制度，这是美国工业史上连续运用时间最长的利润分成制度；1892年，宝洁公司开始实施员工股份制计划，这也是工业史上的第一次；1913年，宝洁公司开始实施全面的病、残、退休人保险计划，同样是最早这样做的一家公司。

该公司不仅把这些计划当作奖励员工的方式，而且当作影响员工行为、赢得员工恪尽职守并确保适应制度严格实施的一种机制。

资料来源：http://www.biaoyu.org/post/2910.html。

（五）设计企业理念的对外传播方式

为了让社会公众快速、准确地认知和接受企业的新理念，企业必须策划有效的企业理念对外传播方式。在媒体高度细分化、受众日益碎片化的背景下，企业不仅要利用传统媒体进行传播，更要充分利用微博、视频网站、交友网站等社会化媒体进行传播；不仅要利用多种媒体进行传播，更要对各媒体传播的信息充分整合，进行整合营销传播（IMC）；不仅要利用大众媒体进行传播，更要把媒体传播与企业的公关宣传活动、社会公益活动和促销活动结合起来，从而构建一个全方位、多层次、多形式的企业理念传播系统。

知名企业的企业理念

同仁堂：

> 同修仁德，亲和敬业；贡献仁术，济世养生。
>
> 求珍品，品味虽贵必不敢减物力；
>
> 讲堂训，炮制虽繁必不敢省人工。

六必居：

> 黍稻必齐，曲蘖必实，湛之必洁，陶瓷必良，火候必得，水泉必香。

全聚德：

> 全而无缺；聚而不散；仁德至上。

海尔公司：

> 海尔精神：敬业报国，追求卓越
>
> 海尔作风：迅速反应，马上行动
>
> 海尔的 OEC 管理：日事日毕日清日高；要么不干要干就争第一
>
> 海尔的质量观：高标准、精细化、零缺陷
>
> 海尔的营销观：先卖信誉后卖产品
>
> 海尔的技改观：先有市场再建工厂
>
> 海尔的人才观：人人是人才，赛马不相马
>
> 海尔的服务观：用户永远是对的；24 小时安装到位
>
> 海尔的发展目标：21 世纪初进入 500 强

娃哈哈集团：

> 娃哈哈宗旨：健康你我他，欢乐千万家
>
> 娃哈哈哲学：凝聚小家，发展大家，奉献万家，报效国家
>
> 娃哈哈核心价值：精心研究需要，用心创造需要，倾心满足需要
>
> 娃哈哈远景：争取成为多个行业的龙头
>
> 娃哈哈训条：先将诚信施诸人，才得取信于人

娃哈哈精神：励精图治，艰苦奋斗，勇于开拓，自强不息

娃哈哈人本意识：员工为公司创造效益，公司为员工谋发展

娃哈哈人才观：有为有位，唯德唯才

娃哈哈管理观：人性化，规范化，定量化，集权化

娃哈哈团队意识：道相同，心相通，力相聚，情相融

娃哈哈分配定律：能力决定岗位，贡献决定分配

蒙牛公司：

经营理念：百年蒙牛，强乳兴农

企业精神：学习沟通，自我超越

蒙牛人的性格：有胸怀，有远见，有思维，有品格

胸怀：草原一样辽阔（胸怀多宽，事业多宽）

远见：雄鹰一样高远（登高望远，举重若轻）

思维：骏马一样驰骋（思维超前，观念创新）

品格：哈达一样高尚（洁白无瑕，坦荡真诚）

蒙牛人的信条：小胜凭智，大胜靠德

以蒙牛事业为己任，不以蒙牛利益为己有

观念、思维方式的革命，远比技术、软件和速度的革命更重要

做正确的事，然后把事做正确。有所为有所不为

大道行简。把复杂的事情简单化，把简单的事情做完善

世界上没有奇迹，只有专注和聚焦的力量

三、企业理念定位

企业理念是企业的灵魂和核心，是企业运行的依据。因此，企业理念定位是否准确，不仅直接影响企业行为识别系统、视觉识别系统和听觉识别系统的开发与实施，而且最终影响到企业营运的成功与否。

（一）企业理念定位的原则

在企业形象管理中，企业理念是核心和灵魂，决定了形象的特色和方向。在企业理念管理中，理念定位至关重要，它决定了理念识别体系的科学性、特色和方向。因此，在理念定位中，必须遵循以下原则。

1. 以人为本原则

以人为本原则即是以人为中心。企业必须将理念当作一种管理工具来应用，开发和树立企业理念的根本目的在于激发企业员工的积极性和创造性，科学的企业理念及其有效的实施，将会使所有的企业员工得到尊重和信任，使企业拥有一种良好的氛围和环境。

2. 突出优势原则

企业理念识别系统是一个纷繁复杂的体系。企业在进行企业理念定位时，要做好理念形成中各相关要素的调查，并针对调查结果进行科学和理性的分析，从而找到一个既能对

企业形成指引和指导，又能促成企业鲜明特色的理念体系。企业理念是以产品质量定位还是以服务水平定位，是定位为"创新"还是定位为"社会责任"，都取决于企业在哪方面更有优势，或者更能体现自身的理想追求。

3. 顺应趋势原则

进行企业理念定位，必须充分考虑时代特征。"世界大势，浩浩汤汤，顺之者昌，逆之者亡。"只有符合社会发展的趋势和潮流，企业才能真正赢得人们的广泛赞誉。相反，如果逆潮流而动，最终则被人们所抛弃。因此，企业要充分把握以人为本、绿色环保、和谐共生、科技制胜等这些大趋势，使理念定位具有鲜明的时代感和适应性。

4. 突出个性原则

企业形象管理的首要目的是提高形象的识别性。识别以特色为前提，只有与众不同才能鹤立鸡群。因此，企业理念要突出企业的个性及其所在行业的特征。在形成企业理念的个性化特征时，必须明确三个问题：本企业是什么企业；本企业应该是什么企业；本企业将是什么企业。明确了上述三个问题，就要针对其要求，从企业个性和行业特征上设计企业理念。如中国移动的"移动信息专家"的理念，英特尔公司"无线你的无限"的理念，既体现了行业特点，又突出了企业的追求。因此，理念定位应突出个性特色，这是企业形象管理达到预期目标的重要条件。

5. 体现民族性原则

这一原则要求在进行企业理念定位时，必须充分考虑民族精神、民族习惯和民族特点，以体现民族形象。如日本企业的理念设计都十分崇尚"和谐""诚实"和"努力"等大和民族文化的特征。相关资料表明，美国企业中近1/3的企业强调员工"个性"的展示、"人格"的尊重和"潜力"的充分发挥。受"修身齐家治国平天下"的儒家文化的熏陶，中国企业在理念设计上则常有一种强烈的爱国情怀，如"四川长虹以产业报国，民族昌盛为己任"、同仁堂"同修仁德，济世养生"等。

6. 立足于实际原则

企业理念的定位突出的是特色、优势和追求。但这一切一定要立足于企业实际，充分考虑企业的优势和不足，使企业理念具有切实可行性。只有从实际出发的定位才具有深厚的土壤，能够被广泛地认知和接受，并成为指导和支配企业未来发展的思想动力。好高骛远的过高定位（如一个小微企业动辄将自己定位为"世界一流服务水平的提供商"之类），过度谦虚的偏低定位，都会制约企业形象的塑造。当然，企业进行理念定位，也要有发展的眼光，充分考虑未来的发展趋势。但一定要注意，明天从今天开始，脱离了今天的实际就没有明天。

阅读资料

李嘉诚：企业成功的10条经营理念

（1）我相信世上每一个人都有义务去维护人类的尊严。

（2）我相信帮助他人、对社会有所贡献，是每一个人必须承担的。我相信强者特别要学习聆听弱者无声的呐喊；没有怜悯心的强者，不外是个庸俗匹夫。

（3）我相信只有坚守原则和拥有正确价值观的人，才能共建一个正直、有秩序及和谐的社会。

（4）一个没有原则的世界是一个缺乏互信的世界。

（5）我相信只有通过对真理和公平不断的追求，才可建立一个正义的社会。

（6）我相信没有精神文明、只有物质充斥的繁荣表象，是一个枯燥、自私和危险的世界。

（7）我相信有理想的人富有傲骨和诚信，而愚昧的人往往被傲慢和假象所蒙蔽。

（8）强者的有为，关键在我们能否凭仗自己的意志、坚持我们正确的理想和原则；凭仗我们的毅力实践信念、责任和义务，运用我们的知识创造丰盛精神和富足的家园；我们能否将自己生命的智慧和力量，融入我们的文化，使它在瞬息万变的世界中能历久常新；我们能否贡献于我们深爱的民族，为它缔造更大的快乐、福祉、繁荣和非凡的未来。

（9）我不是一个聪明的人，我对我的员工只有一个简单的办法：一是给他们相当满意的薪金花红，二是你要想到他将来要有能力养育他的儿女。所以我们的员工到退休的前一天还在为公司工作，他们会设身处地地为公司着想。因为公司真心为我们的员工着想。

（10）我绝不同意为了成功而不择手段，如果这样，即使侥幸略有所得，也必不能长久。

资料来源：http://mt.sohu.com/20150525/n413725530.shtml.

（二）企业理念定位的模式

企业理念的个性化决定了企业之间形象的差异性，因而不同的理念定位将导致企业形象定位的不同。由于不同企业具有不同的主客观条件和理想追求，因而也必然具有不同的理念定位模式。企业理念定位的模式主要有目标导向型、团结凝聚型、开拓创新型、产品质量型、技术开发型、市场营销型、优质服务型等。

1. 目标导向型定位

目标导向型定位是以企业在经营过程中所要达到的目标和精神境界来设定企业理念，可分为具体目标型和抽象目标型两种类型。具体目标型的企业理念，如中国移动通信公司的"创无限通信世界，做信息社会栋梁"，雷欧·伯纳特广告公司的"创造伟大的广告"等。抽象目标型的企业理念，如上海宝山钢铁公司的"创造新的文明"，中国华能集团的"把华能建设成一个为社会主义服务的'红色公司'，一个注重科技、保护环境的'绿色公司'，一个坚持与时俱进、学习创新、面向世界的'蓝色公司'"等。

2. 团结凝聚型定位

企业将团结奋斗作为企业理念的内涵，以特定的语言表达团结凝聚的经营作风。这种定位有助于加强员工的团结协作精神，促进企业内部形成和谐融洽的工作气氛，更有效地发挥员工的积极性和创造性，同时还有助于获得顾客的认同。例如，美国肯德基公司的"群策群力，共赴卓越"，上海大众汽车有限公司的"十年创业，十年树人，十年奉献"等。

3. 开拓创新型定位

企业以拼搏、开拓、创新的团体精神和群体意识来规定与描述企业理念，如通用电气公司的"以科技及创新改善生活品质"，联想集团的"为客户利益而努力创新"，TCL 集团的"创新科技、共享生活"等。

4. 产品质量型定位

企业以质量第一、注重质量、注重创名牌等含义来规定或描述企业理念。如长春第一汽车制造厂的"以第一流的质量创名牌汽车"，金地集团的"以品质提升价值，做中国最受信赖的地产企业"，北京同仁堂的"炮制虽繁必不敢省人工；品味虽贵必不敢减物力"等。

5. 技术开发型定位

企业以尖端技术的开发意识来代表企业精神，着眼于企业开发新技术的观念。这种定位与开拓创新型较相似，不同之处在于开拓创新型理念定位立足于一种整体的创新精神，这种创新渗透于企业技术、管理、生产、销售的方方面面，而技术开发型立足于企业专业技术的开发，内涵相对要窄得多。如海信集团的"科技创造新生活"，佳能公司的"忘记了技术开发，就不配称为佳能"等。

6. 市场营销型定位

企业强调自己所服务的对象，即顾客的需求，以顾客需求的满足作为自己的经营理念。典型的如华为公司的"聚焦客户关注的挑战和压力，提供有竞争力的通信解决方案和服务，持续为客户创造最大价值"；养生堂的"为生命健康提供产品与服务。让所有的商店都有我们的产品，让人人都享用得起"；青岛啤酒的"用我们的激情酿造出消费者喜好的啤酒，为生活创造快乐"等。

7. 优质服务型定位

企业突出为顾客、为社会提供优质服务的意识，以"顾客至上"作为其经营理念的基本含义。这种理念在许多服务性行业如零售业、餐饮业、娱乐业中极为普遍。如海尔公司的"真诚到永远"，IBM 公司的"IBM 就是服务"，美国波音公司的"以服务顾客为经营目标"，韩国 LG 公司的"微笑服务，为顾客创造价值"等。

阅读资料

当代企业理念的核心关键词

C 族：变化·挑战·创造

变化： 变化时代的企业经营的中心问题就是理解变化，并作出变革。那些在路中央站立太久而不关注车流的人，迟早会遭受灭顶之灾；企业生存与发展的历史就是不断挑战的历史。

挑战： 挑战困难、挑战对手、挑战不确定性，甚至挑战所谓的不可能。任何企业面临的环境都不是威胁，而是挑战。

创造： 对于企业而言，创造意味着创造新技术、创造新机会、创造新资源、创造新顾客、创造新市场、创造新价值。创造是企业生命力的核心来源，也是产品与服务竞争的最高境界。

Co族：承诺·沟通·竞合

承诺： 现代社会要求企业的承诺必须为可信承诺而非随意承诺，要求信守承诺而非空头支票。具体的行动是衡量承诺的真正标准。

沟通： 信息需要沟通，知识需要共享，文化需要共创。沟通是合作的基础，良好的顾客关系和公共关系来自"良性有效的沟通"。

竞合： 竞合即竞争中求合作，既竞争又合作，本理念超脱传统上视"合作"与"竞争"为彼此抵触的观念，主张构结"策略联盟"。

S族：速度·满意·协同

速度： 面对急剧变化的商业竞争环境和技术变革环境，企业不仅仅要有宏大的思想，还要行动迅速，快速应对市场、顾客和科技的变化。

满意： 满意理念是顾客本位、以人为本、企业市民、公司治理等理念的结合体，包括顾客满意、员工满意、社会满意、股东满意等具体内涵。这是一个以满意为坐标原点的时代，不管企业是否真正意识到企业经营管理的满意理念，但是企业都在通向满意的道路上奔跑。

协同： 协同的精髓在于谋求单个力量独自无法达成的相乘效果，要求凝聚合力，集中资源，优化配置。

P族：人本·专业·实绩

人本： 企业要在激烈的市场竞争中风雨不动，需要将人本理念渗透在企业经营、管理和发展的各个层面，创造良好的环境让每一个员工充分发挥自己的才华，做到人尽其才、人尽其用。人本管理理念具体含义为：尊重员工的权利；依靠员工的力量；为员工谋取利益。人本重于成本，人才优于钱财，人品高于产品，人心胜于高薪。

专业： "专业"理念强调通过实力强劲的业内专家，基于专业标准和专业精神，通过专业知识、专业技能、专业经验和专业能力，为顾客提供专业的产品和服务。

实绩： 实绩主张一种以事实说话的理念：从昨天的历史事实中寻找证据，并将今天置于历史的延长线上；同时，为了赢得明天，通过捍卫今天的绩效来保持延长线继续延伸的方向。

I族：创新·改善·整合

创新： 可持续竞争的唯一优势来自超过竞争对手的创新能力。创新不是企业竞争力的锦上添花，而是企业未来生存的基本条件，是企业发展的内在要求和基本形式，也是一个企业不断适应环境、实现自我超越的必然过程。

改善： 改善是指以消除浪费和改进提高的思想为依托，对生产与管理中的问题采用由易到难的原则，经由过程改善、流程改善、现场改善、方法改善、绩效改善等不断地改进、巩固、提高。改善是从细微处着眼的渐进式提升的过程。

整合： 整合的内涵在于其凸显的互动过程、互补需求和优化性能，在于对资源、组织、要素等进行整理、组合、协调、融合、序化、优化的连续性特征，在于其针对分立、孤立、离散、封闭等状态所采取的效能解决方案理念。整合使企业在不断变化的千丝万缕的关系模式中与社会整体、其他企业、市场、顾客、用户、供应商、合作伙伴、公共机构等进行协调和优化，成为企业变革和创新的推动力。

资料来源：节选自《经营理念的核心诉求：关键词解读》，http://tech.163.com.

（三）企业理念定位的检验标准

企业理念的定位确定以后，是否符合企业形象设计的要求，一般可以用以下标准进行检验。

1. 形象识别标准

（1）企业理念是否反映了企业的行业特征。企业理念首先要能反映出该企业是做什么的。是房地产企业还是交通运输企业？是工业企业还是农业企业？通过企业理念识别企业的事业领域，是理念识别的重要功能。企业理念是否具有这种识别性，也就成为企业理念的一个最基本的检验标准。

（2）企业理念是否反映了企业的核心能力。企业理念不仅要让人明白企业是做什么的，还要让人明白企业能够做得怎么样。因此，设计企业理念，要能反映出企业的研发、生产、营销等方面的独特能力，要能显出自己的品位、格调，突出企业的业绩、规模、成长性等这样一些综合性的机能。

（3）企业理念是否反映了企业的独特个性。通过企业理念，人们能够认识到：这是一个新兴的企业还是一个传统企业，是一个有亲近感的企业还是一个等级森严的企业，是一个积极进取的企业还是一个保守落后的企业，是一个极具社会责任感的企业还是一个仅仅追求"利润第一"的企业等。

2. 形象塑造标准

一个好的企业理念定位，除了要具备形象识别功能以外，还必须具有形象塑造功能，能提升企业内部的凝聚力和企业外部的影响力。

（1）内部功能标准。从企业内部来说，企业理念要能提升企业的管理水平，增强企业竞争力。这要求：①能够作为企业经营的指导思想，对企业的经营活动具有导向、指导作用，能够成为企业确立经营宗旨、经营目标和各种规章制度的依据与理论基础。②能够对企业员工的行为进行调节和规范。规范的具体形式就是企业制定的各项规章制度。企业理念在某种意义上讲更是一种企业内部的精神蕴涵，企业更主要的是依靠这种内在的自律力，对员工的行为加以调节和规范。③能够使员工沉浸在由企业理念营造的文化氛围之中，时刻意识到自己处于企业这一集体之中，从而增强员工的向心力和凝聚力。

（2）外部功能标准。从企业外部来说，企业理念要能提升企业的宣传效果，增强其辐射力和影响力。这要求：①能够使企业内外、上下都保持经营上的、姿态上的、形象上的一致性和协调性，富有统一性；②能够使企业的独特性通过独具特色的理念系统成为在传播过程中易于识别的内容。

卡西欧公司的理念定位

卡西欧电子公司以电子产品为主要经营方向。公司经过调查研究，确认电子技术发展迅速，产品更新换代和研制开发是本公司生存发展的关键问题，因而确定了"创造与奉献"的经营理念。根据这一经营理念，公司采取了加速缩短产品生命周期的策略。公司首先从管理体制上革新，将工程设计部门和产品开发部门合并到市场经营部门，让它们能最直接地收集市场信息，把握消费需求动向。同时将优秀人才充实到设计开发部门，这样公司形成了第一流的把握市场脉搏的能力和工程设计能力，保证公司能在短期内开发出新产品。公司每推出一个新产品，销售不久就会立即降低售价，由于成本已在前半销售中回收，且多有盈利，产品质量稳定，因而在竞争中价格问题成为焦点。而竞争对手的模仿产品刚上市，成本尚未回收，更谈不上盈利，而且为了竞争还得投入大量的广告费用，这些决定了它们不可能像卡西欧那样降价销售。因此模仿卡西欧产品会担极大的风险，这就使竞争对手不敢贸然模仿生产同一产品，从而保持了卡西欧的竞争优势。由于卡西欧的"创造与奉献"的经营理念造就了它擅长开发新产品、经常奉献新产品的企业个性特色。所以一旦有新颖的计算器和电子表问世，消费者便能根据卡西欧与其他企业的个性差异而很快想到这是卡西欧的产品。卡西欧的成功有力地说明了企业理念定位的重要性和复杂性。

资料来源：饶德江.CI原理与实务[M].武汉：武汉大学出版社，2002：19.

第三节 企业理念的提炼与表达

企业理念的表述开发是在理念定位的基础上进行的，企业理念的表达是企业理念定位的展开和呈现方式。

一、目标层面企业理念的提炼与表达

（一）规划企业使命

企业使命是企业所有经营活动的根本原因，是企业终极责任的集中反映，反映了企业存在的意义，是企业社会态度和核心价值取向的哲学回答。管理学家德鲁克认为："管理就是界定企业的使命，并激励和组织人力资源去实现这个使命。界定使命是企业家的任务，而激励与组织人力资源是领导力的范畴，二者的结合就是管理。"因此，合理地确定企业使命是企业管理者的重要职责。

对下面三个问题的回答可以帮助企业合理地确定其使命：企业能做什么？企业能将什么做得最好？企业必须做什么？

对"企业能做什么？"的回答使企业知道自己面临着什么样的环境机会。尚未得到满足或变化了的消费者需求、向潜在顾客传递价值的新技术的出现、政府政策的变化，都代表着环境机会。从这个意义上来说，环境机会是没有边界的。但企业要把环境机会变成自己发展的机会，还需要明确"企业能将什么做得最好？"这个问题。"企业能将什么做得最好？"体现了企业的独特能力。独特能力描述了企业所具有的独特的优势和素质，包括能将自己与其他企业区别开的技能、技术和资源。并且，这种优势能对为消费者创造价值作出明显的贡献，且不易被竞争对手所完全模仿。最后，"企业必须做什么？"反映了一个行业或市场中的成功要求。成功要求是企业在某行业或市场中成功竞争所必需的条件，比如，要在房地产领域取得成功，就必须持续不断地以相对较低的价格在较好的位置取得土地资源。

环境机会、独特能力和成功要求三者决定了企业使命可能的方向。但实际的企业使命，则需要更加具体、更加细化。

依据弗雷德·R. 戴维在其《战略管理》中的观点，企业应从以下九个方面设定其使命。[①]

（1）客户。客户是企业的消费者或服务对象。企业使命要以客户为中心，客户或消费者的需要决定企业的经营方向。

（2）产品或服务。企业生产、经营的主要产品或提供的主要服务项目是构成企业活动类型的主要因素。

（3）市场区域。市场区域是企业计划要开辟或参与竞争的地区。

（4）技术水平。技术水平的定位能够反映企业所提供的产品或服务的质量，有助于明确企业的技术竞争力。

（5）增长与盈利。企业是否能够以及通过何种方式实现业务增长和提高盈利水平，是表达企业盈利能力的信息。

（6）经营理念。企业在生产经营活动中所持有的基本信念、价值观念和行为准则、精神追求等。

（7）自我认知。企业对自身比较优势和特别能力的判断与认识。

（8）人力资源。表明企业对待员工的态度和政策。

（9）社会责任。表明企业对社会、社区、环境的责任。

从以上九个方面可以看出，规划企业使命核心的内容就是确定企业的事业领域。事业领域实质上就是企业的活动范围和发展方向。因此，企业事业领域的确定包括两方面的内容：一是确定企业的业务范围，即确定企业是做什么的；二是确定企业未来的发展方向。事业领域的确定使企业找到自身在社会中存在的意义，明确了企业的定位。这样，企业员工才能清晰地认识到自己工作的意义。

一般来说，企业的活动范围可以从行业范围、纵向范围、顾客范围和地理范围四个方面进行描述。行业范围说明三百六十行，企业致力于做哪一行或哪几行。例如，是进入汽车行业还是进入能源行业。纵向范围说明企业在选定的行业中打算做哪些环节。例如，如果企业确定的行业是汽车行业，就要进一步明确是做汽车零部件的供应，还是做汽车整车制造或汽车维修。顾客范围说明企业决定服务的目标市场。例如，汽车制造公司要明确是

---

① 戴维. 战略管理[M]. 北京：经济科学出版社，2001：82-83.

为物流货运公司提供大卡车，还是为客运公司提供大型公共汽车（大巴），或者为家庭用户提供小汽车等。地理范围说明企业决定业务拓展的地理区域。例如，小汽车生产商要明确是为中国的消费者还是为美国的消费者提供小汽车。

企业未来发展方向的确定要明确两个问题：一要遵循"形势法则"，即当企业所面临的形势发生变化时，要重新检讨自己属于什么行业，或者说把自己归为哪个行业更为有利；二要明确界定自己的活动边界，排除某些严重偏离企业发展方向、前景不明的投资领域，从而做到目标明确、力量集中。

要合理地规划企业使命，以下几个问题是必须充分考虑的。

（1）企业使命必须坚持市场导向而不能是产品导向。从企业使命的角度看，企业的业务活动应当是一个满足顾客需要的过程，而不仅仅是一个制造或销售某种产品的过程。产品或技术迟早都会被淘汰，而市场需要却是永恒的。所以，施乐公司的使命不是生产最好的复印设备，而是"提高人类的办公效率"。

（2）企业使命必须具有约束力。合理的企业使命不仅应明确规定企业应该做什么，还应该指出企业不应该做什么。例如，深圳华为公司为了成为世界一流的设备供应商，在1998年制定的《华为基本法》中明确宣布华为永不进入信息服务业，而致力于成为世界一流的设备供应商。"华为的追求是在电子信息领域实现顾客的梦想，并依靠点点滴滴、锲而不舍的艰苦追求，使我们成为世界级的领先企业。"事实已经证明了华为的承诺与选择。

（3）企业使命必须切实可行。企业使命应该为企业提供创造性的发展空间，但也要注意合理性，不能过于宽泛。企业使命的形成是在企业和环境之间展开的，是要解决企业的主观意愿和环境可能之间的矛盾。只有企业能胜任而又能被环境所接纳的重大社会责任才能成为企业的使命。

（4）企业使命必须能反映出企业的个性。必须针对特定企业的具体情况来设定企业使命，使其具有针对性和独特性。

（5）企业使命必须具有激励性。合理的企业使命应能清晰地表达企业对未来发展的观点，使员工感受到他们工作的重要性和对社会的重要贡献，从而产生使命感和自豪感。

规划企业使命，一般由高层管理者负责，经过从上而下、从下而上的广泛讨论、修改，再由高层管理者定案，并公布实施。

（二）设定企业愿景

企业愿景是彼得·圣吉在《第五项修炼——学习型组织的艺术与实务》中提出的一项重要的修炼。他认为，企业的"共同愿景"是在人们心目中一股深受感召的力量。"在人类群体活动中，很少有像共同愿景能够发出这样强大的力量。"[1]

企业愿景是建立在对企业的各项活动和企业文化深入理解的基础上的，必须对员工的深层需求和价值观充分洞察。一个成功的企业愿景不应该是由机械的公式生成的，而应该是企业资源和能力、员工意愿和追求、个人兴趣与直觉、企业面临的机会环境共同造就的产物。

---

[1] 圣吉. 第五项修炼——学习型组织的艺术与实务[M]. 郭进隆，译. 上海：上海三联书店，1998：238.

企业愿景的设计与建立，是一个密不可分的过程。这一过程可以分为四个阶段。

（1）鼓励个人愿景。企业愿景是由员工个人愿景汇聚而成的。借着汇聚个人愿景，企业愿景获得了凝聚的能量。因此，建立企业的共同愿景首先必须持续不断地鼓励员工发展自己的个人愿景。每个人都有自己不同的兴趣和利益，因而也有不同于其他人的愿景。将个人不同的愿景汇聚成企业共同的愿景，需要做的就是个人愿景的自我超越。

（2）个人愿景与企业愿景融合。个人愿景必须和企业的长远追求融合起来，才能形成企业的共同愿景。因此，个人愿景必须进行自我超越，将个人的理想追求与企业的事业发展结合起来。个人的理想追求只有在企业的事业持续发展中才能实现。认识到自己与企业休戚与共、唇齿相依的关系，个人愿景和企业愿景才能融合到一起。

（3）具有愿景意识的管理者与员工分享愿景。企业愿景常常是企业管理者对企业未来发展的长远规划。管理者个人的主观意志为员工所理解、接受和认同，是形成企业愿景的必要条件。这需要管理者与员工进行有效沟通。一方面，管理者将企业的发展规划和未来景象以多种方式传递给员工；另一方面，员工也将自己对企业发展的意见和建议传递给管理者。因而，企业愿景不断得到完善，逐渐被员工所接受，并逐渐成为员工的信念与追求。这样，员工不再仅仅为工资与福利而工作，而是为企业的美好未来而努力。员工个人的行为就具有了更高的意义和价值。

（4）个人分享企业愿景。在企业愿景设定和培育过程中，企业愿景只有被全体员工所接受、认同，变成个人对企业的热切关注和期望之后才能成为激发员工行为的原动力，才能创造员工个人与企业的一体感，形成员工个人与企业生死与共的高度契合。正如彼得·圣吉在《第五项修炼——学习型组织的艺术与实务》中所说："当一群人能够分享组织的某个愿景时，每个人都有一个最完整的组织图像，每个人都对整体分担责任，不仅只对自己那一小部分负责。"[1]

企业愿景设定好以后，要把愿景用文字描述出来，以便让企业内部员工和外部公众了解、认同并分享。描述企业愿景的文字要简洁生动、通俗易懂、激动人心，并具有现实的可操作性。

（三）确定企业目标

任何企业都有自己的发展目标，企业的生产经营活动总是围绕一定的企业目标进行的，确立企业目标是企业理念设计的重要内容。设计企业目标，要注意以下几方面。

1. 明确企业目标建设的主要目的

制定企业目标，其目的是使其成为企业运行的指南。因此，要通过各种渠道和形式使全体员工明确企业目标在企业经营活动中的导向功能，以及对企业人际关系的协调和凝聚功能，以便增强员工的荣誉感和自信心。

2. 以充分的调查研究为基础

在确定企业目标之前，必须进行外部环境和企业内部条件的调查研究，把机会与威胁、

---

[1] 圣吉. 第五项修炼——学习型组织的艺术与实务[M]. 郭进隆，译. 上海：上海三联书店，1998：245.

优势与劣势、企业与环境、市场需求与企业核心竞争力进行对比，为确定企业目标奠定比较可靠的基础。

3. 构建一个完整的目标体系

企业不应只有某一方面的目标，应该形成一个完整的、相互配套的目标体系。这个目标体系的结构为：①在内容上，应包括经济效益目标、员工发展目标、思想道德目标、社会效益目标、环境保护目标等。企业只有树立全面发展的观念，对企业经营活动的各个方面都制定相应的目标，才能有效地实现企业使命。②在性质上，应将定量目标和定性目标相结合起来。③在要求上，企业要列出哪些目标是企业必须实现的目标，哪些目标是企业经过努力争取实现的目标。④在时间上，要构建企业的长期目标（5～10年）、中期目标（2～5年）和短期目标（1年以内），从而建立不同期限的目标体系。

4. 要充分体现企业的使命和发展战略

著名管理学家彼得·德鲁克曾说过：企业目标要从本企业是什么企业、将是什么企业、应该是什么企业这三个问题的解答中推导出来。这就是说，必须从企业的根本性质及其使命上确定企业目标，不能随意凭主观推断和个人情绪制定与更改企业目标。

5. 要充分体现民主原则

企业目标制定的基础应是广泛的民主。在拟定企业目标的过程中，一方面，要充分听取企业员工的意见和建议；另一方面要充分吸取有关专家、学者的意见。通过民主过程，既能调动企业员工的积极性，又能提高决策的正确性。

6. 建立确保目标实现的支持系统

这是确立企业目标的实质性内容。因此，一要安排充分的人力、物力、财力等资源保证企业目标的实施；二要按照目标管理的要求，将企业目标分解为企业各部门的具体指标，并成为企业员工的自觉追求；三要制订目标实施过程中的纠偏措施。如果出现目标与实际不一致的情况，要及时修正。

（四）提炼企业哲学

企业哲学是企业对于如何生存和发展的哲理性思维，是企业运行的基本的、深层次的、带普遍性的规律和原则，是指导企业经营管理的最高层次的思考模式，是处理企业一切经营管理问题的价值观与方法论。企业哲学必须回答的基本问题是"企业与社会的关系""企业与人（员工、顾客）的关系""企业与环境的关系"等。因此，设计企业哲学是对企业运作内在的本质规律的揭示，并不对企业的每项工作做具体规定。其目的是使企业哲学作为工作的最高原则和基本规律被广大员工认识与掌握，化为他们的思维方式和行动指南，成为他们思考问题、采取措施、开展工作时自觉遵循的原则和规律。

提炼企业哲学，要在把握时代特征的基础上，深入洞察企业经营管理的实践，从企业管理者和广大员工丰富多彩的实践活动中进行挖掘。企业哲学的具体来源主要有以下几方面。

1. 企业管理者的哲学观念

企业管理者在经营管理过程中，其自身的世界观、价值观和人生观往往被自觉或不自觉地用来作为处理企业经营管理问题的依据，因而容易在企业范围内形成共识而成为企业哲学。如海尔集团的张瑞敏认为："现代化首先是人的现代化，现代化的主体是人，现代化的目的也是人。因此人的意识和价值就有着特殊的地位，谁拥有了德才兼备的现代化人才，谁就可以在竞争中获胜。"正基于此，"把人当作主体，把人当作目的，一切以人为中心"就成为海尔集团重要的哲学观念。

2. 企业英雄模范人物和群体的哲学观念

企业的模范人物和群体的思想与行为代表了企业主流的价值倾向，在员工群体中具有巨大的影响力、认同感和感召力，通过挖掘提炼，使其成为企业哲学，容易得到企业员工的广泛接受和认同。

3. 企业多数员工共同的哲学思维

企业多数员工的世界观、价值观、人生观，渗透在企业生产经营活动的各个方面，一旦成为企业中占优势地位的观念和思维方式，就可以提炼升华为企业哲学。

4. 企业外部的其他哲学观念

企业也可以吸收和利用外部符合企业发展要求的哲学观念，如社会公众的哲学观念、其他企业的哲学观念、中国古代的哲学思想、西方哲学思想等。这些都可以成为企业哲学的重要来源。但在将这些哲学思想提炼为企业哲学时，一要注意吸取精华。社会潮流思想、中外哲学思想并非都是积极的、代表进步的。作为支配企业生产经营活动的企业哲学则必须是积极向上的。二要符合企业所处的行业及本身的个性特征，并具有独特性。尽量不选择与其他企业，特别是竞争对手相同或类似的哲学观念。三要采用特色化、通俗化的表达形式，这样才容易被企业员工理解和应用。

明确了企业哲学的来源，也就明确了企业哲学的提炼方法。用具有"哲学味道"的语言将其表达出来，企业哲学也就提炼出来了。

（五）设计企业经营方针

经营方针是以企业的经营思想为基础，根据实际情况为企业实现经营目标而提出的一种指导方针。正确地确定企业的经营方针，能有效地利用各种资源，有计划地进行生产经营活动，实现企业的经营目标。

如前所述，企业的经营方针关键是解决"怎么做"的问题。在市场竞争的环境下，企业必须立足行业，实施差别化的经营方针，依靠特色化赢得竞争优势。

1. 设计经营方针的原则

设计企业的经营方针，必须遵循以下原则。

（1）合法性原则。企业的经营方针必须符合国家有关方针政策、法律法规和市场经济客观规律的要求。

（2）一致性原则。企业的经营方针必须以企业经营理念为指导，有利于实现企业的使命和目标。

（3）独特性原则。企业的经营方针必须突出自己的独特风格，不盲目模仿他人。

（4）调适性原则。企业要随着外部环境和内部条件的变化适时地对经营方针进行重新评价和修正。

2. 设计企业经营方针的思路

设计企业的经营方针，需要从以下几方面进行。

（1）体现行业特色。不同的行业为顾客提供不同的产品，创造不同的价值，顾客对其利益的要求也不一样，因而企业的经营方针首先要体现出行业特色。日本野村综合研究所（NRI）对日本企业的"公司方针的分析"报告表明，不同行业的企业方针的侧重点各有不同。制造业企业较多地突出"个人向上的资质"，一般服务业则更多地突出"对顾客的服务"，新闻媒体、金融保险行业中的企业其经营方针占第一位的是"对社会服务"。1983年，住友生命公司以全日本3 600家公司为对象进行了公司方针的调查，各企业使用的经营方针如表6-1所示。

表6-1　企业方针的使用情况

企业方针	和谐	诚实	努力	信用	服务	责任	贡献	创造力	安全
使用企业/家	548	466	380	165	126	98	81	71	70
所占比例/%	15.2	12.9	10.6	4.6	3.5	2.7	2.3	2.0	1.9

表6-1表明，日本的大部分企业更注重企业内部和谐氛围的营造和员工素质的培育。企业方针的选择，主要与企业所处的行业、服务的顾客密切相关。

（2）彰显企业个性。在激烈的市场竞争环境中，企业必须采取独具特色的经营方针，实施差异化的经营策略，才能赢得竞争优势。战略管理学家迈克尔·波特认为，差异化就是企业在"全产业范围内树立起一些具有独特性的东西。如名牌形象、技术特点、性能特点、顾客服务、商业网络及其他方面的独特性"。企业之间的差别化是通过市场竞争得以体现的，因而，企业的差异化策略实质上就是企业所采取的特色化的竞争形式和手段。随着企业的发展壮大，企业的经营方针进一步发扬光大，成为特色企业文化的核心，也就成为独特企业形象的标志。例如，固特异公司、米其林公司和阿姆斯特朗公司都是世界轮胎制造业的知名企业。它们都以独具特色的经营方针赢得了自己在激烈竞争的市场中生存和发展的空间。固特异公司的经营方针是："成本、广告、市场占有率"，以生产大众化产品，追求规模经济为特色；米其林公司的经营方针是"创新、高质量、高价值"，注重技术创新，以产品的高质量和高档次为特色；阿姆斯特朗公司的经营方针是"专攻换胎市场"，避开生产制造领域，以提供专业的换胎服务为特色。

值得注意的是，企业经营方针的个性化不仅体现在企业经营策略的差异，也体现在独特的经营策略所积淀形成的文化个性。例如，"奔驰"和"宝马"汽车虽然都属于高档车，但宝马公司把汽车定位于"驾驶的乐趣"，旨在为宝马车的驾驶者创造一种独特的驾驶体验，因而吸引了众多以宝马为生活形态的年轻白领；而奔驰公司则把汽车定位于"高贵、王者、显赫、至尊"，是"世界元首使用最多的车"，因而吸引了众多有身份、有地位、事业有成的中老年人士。正是由于两个品牌不同的经营方针所形成的不同的文化个性，因而塑造了它们各具特色的企业形象。

（3）强化公众利益。企业的经营方针着重于解决"怎么做"的问题，企业怎么做就给公众带来怎样的利益。因此，企业合理的经营方针必须是建立在充分洞察公众对企业的利益要求的基础上，充分体现并最大限度地满足公众利益要求的。这样的经营方针才能被社会公众所广泛认同。如海尔公司的"真诚到永远"、格兰仕公司的"努力，让顾客感动"都体现了顾客至上的经营方针。这种把顾客利益放在首位的经营方针，必然赢得顾客的认同和支持。

二、精神层面企业理念的提炼与表达

（一）设计企业价值观

特伦斯·迪尔和艾伦·肯尼迪在《企业文化——企业生活中的礼仪与仪式》中指出："共享价值观决定了公司的基本特征，也使它们区别于其他公司。通过共享价值观，它们为组织成员建立了一种身份的认同，使员工感到自己的特殊性。"[①]因此，塑造个性化的企业形象，必须按照科学的原则和程序设计企业价值观。

1. 企业价值观设计的依据和原则

（1）设计企业价值观的依据。企业价值观设计的依据主要有：①员工的个人价值观。对一个企业来说，全体或多数员工的价值观影响企业的价值取舍，左右企业的追求；②企业家的价值观。在某种程度上，企业（群体价值观）就是企业家的价值观，特别是企业决策层价值观的群体化；③社会价值观。企业的价值观念必须反映社会的价值要求，与社会主流的价值准则一致。

（2）企业价值观的设计原则。设计企业价值观，必须遵循以下原则：①与企业最高目标相协调；②与社会主导价值观相适应；③充分反映企业家的价值观；④与员工的个人价值观相结合。

2. 企业价值观设计的步骤

设计企业的价值观，一般可以按以下步骤进行。

（1）在分析社会主导价值观的基础上，根据企业的最高目标，初步提出企业的核心价值观表述并在企业决策层以及管理层和员工代表中进行反复的讨论。

（2）依据企业的核心价值观进一步酝酿提出企业的主导价值观和整个价值观体系。

（3）把企业价值观（体系）与企业文化各个层次的其他要素进行协调，并做文字上的提炼，形成全面准确的企业价值观表述。

（4）在员工中广泛宣讲和征求意见，反复进行修改，直到为绝大多数员工理解并得到他们的支持为止。

企业的核心价值观确定以后，如果企业的最高目标发生重大改变，或者企业所处环境（包括政治、经济、文化、技术环境等）发生重大变化，或企业的主要业务领域、服务对象、管理模式等发生重要改变，那么也要相应地更新企业的价值观念。更新的程序包括：首先，要对企业内外环境进行分析，找到原有价值观与企业新的最高目标、社会环境以及

---

① 迪尔，肯尼迪. 企业文化——企业生活中的礼仪与仪式[M]. 孙健敏，等译. 北京：中国人民大学出版社，2015：24.

企业运行等不相适应的地方；其次，在保留企业价值观表述中仍适应新情况的部分的基础上，按照前述价值观设计的步骤进行增补；最后，将新的企业价值观表述与原有表述进行对照，并通过向员工宣讲和征求意见，再最终确定。

价值观塑造的 8 项原则

（1）大家共同参与提炼企业价值观。

（2）确保价值观正确反映企业长远目标。

（3）价值观应该激励人心。

（4）注重价值观和变革的关键驱动因素。

（5）面对利润如何作出选择。

（6）坚持不懈地灌输。

（7）确保使用简单易懂的语言。

（8）确保价值观各要素能明白无误地转换成行动。

资料来源：王吉鹏. 价值观塑造八项原则[EB/OL]. https://ask.12reads.cn/67215.html.

（二）提炼和塑造企业精神

俗话说：塑人在于塑其神韵。塑造良好的企业形象，必须着力培育企业精神。企业精神是随着企业的发展而逐步形成并固化下来的群体意识，是对企业现有观念意识、传统习惯、行为方式中积极因素的总结、提炼和倡导。因此，提炼企业精神，要在尊重广大员工在生产经营实践中迸发出来的积极的精神状态，恪守企业核心的价值观念和目标，体现时代精神、体现现代化大生产对员工精神面貌的总体要求的前提下，完成以下三大任务。

1. 确定特色化的企业精神

确定特色化的企业精神要考虑到企业传统、民族精神、时代精神和企业个性，将各方面的精神内核整合起来，确定最能准确地融汇本企业特色的企业精神。这一般要经历三步。

第一步，进行企业文化、企业精神的宣传和普及，营造企业文化氛围，加深对企业文化、企业精神的理解和认识。

第二步，广泛发动群众，酝酿、提炼企业精神，通过集思广益，征集企业精神提案。征集提案的方法包括以下几种。

（1）员工调查法。将可以作为企业精神的若干候选要素罗列出来在员工中进行广泛调查，再根据员工的意见决定取舍。

（2）典型分析法。通过挖掘企业的英雄模范人物身上所凝聚的符合企业需要的精神因素作为企业精神的来源。

（3）领导决定法。由企业领导直接决定企业精神的方向和内容。

（4）专家咨询法。由企业外部的管理专家在对企业充分调查研究的基础上设计出符合企业发展需要的企业精神。

第三步，确认企业精神。一般采用上下结合、反复筛选的办法。在确认企业精神时，要把由企业所处的行业特点及自身特点决定的个性与由民族文化、社会利益和时代特征所决定的共性结合起来。从共性的角度，企业精神应以"生产一流产品，提供一流服务，创造一流效益，锻造出一流员工"为主线来培育企业精神，具体应包括以下内容：实事求是的精神；团结协作的精神；开拓创新的精神；追求卓越的精神；勇于竞争的精神；艰苦奋斗的精神；乐于奉献的精神；爱岗敬业的精神；敢冒风险的精神；超越自我的精神等。

经过筛选确定企业精神以后，要用恰当的方式表达出来。企业精神的表达方式一般包括以下几类。

（1）企业名称命名法。如"大庆精神""鞍钢精神""松下精神"等。

（2）产品命名法。以企业的产品名称命名。如沈阳风动机厂根据自己的拳头产品齿岩机敢于碰硬、开拓进取的特点，把企业精神命名为"齿岩机精神"。

（3）模范人物命名法。以企业英雄模范命名，如大庆油田的"铁人精神"、鞍山钢铁公司的"孟泰精神"等。

（4）群体命名法。以企业全体员工命名，如广州白云山制药厂的"白云山人精神"。

（5）概括命名法。将企业精神的具体内容加以概括、提炼而命名。如台湾统一集团的"三好一道"（信誉好、品质好、服务好，价格公道）精神。

（6）比喻命名法。如常州自行车总厂的"金狮精神"、北京王府井百货大楼的"一团火精神"、索尼公司的"土拨鼠精神"等。

2. 进行企业精神的教化

企业精神确认后，要把它转化为全体员工的共有意识，这是一个教化的过程。要利用多种形式大力宣传，开展多种活动加以推广，从而使员工从思想上接受企业精神、从行动上实践企业精神。

（1）企业领导率先垂范。企业领导者要把企业精神所倡导的原则，贯穿在企业经营管理的整个过程之中，贯穿在和员工的每一次接触与互动之中。

（2）通过舆论强化灌输。通过企业的文化网络，把企业精神的内容、实质灌输给全体员工，甚至他们的家属，做到家喻户晓，人人皆知。

（3）树立楷模。企业的英雄模范是企业价值观的化身和组织力量的体现，也是企业精神的集中体现，要充分发挥模范人物的示范作用。

（4）教育培训。要使企业精神深入人心，不仅要有舆论宣传，更要有细致入微的教育培训。寓教于经营活动，寓教于公益事业，寓教于座谈讨论，从而使员工学会并掌握一种新的工作、生活状态，并发自内心地身体力行。

（5）多方参与。企业精神的培育不仅是企业管理者的责任，更需要广大员工的关注和参与。要充分激发员工的主动性和积极性，为企业精神的培育献计献策。

3. 加强企业精神的深化

企业精神深化的任务是将企业精神人格化，把简练、抽象的企业精神具体化、形象化，并转化为员工的个体意识，从而使员工从"要我做"变成"我要做"。主要包括三方面。

（1）把企业精神通过企业的规章制度体现出来，并将制度的硬性规范与软性规范结合起来，通过企业的理想、信念教育，把企业精神潜移默化地渗透到员工的意识中。

（2）把企业精神物化到企业视觉识别的具体要素中，如企业口号、企业旗帜、员工制服等。

（3）建立企业习俗和礼仪，把企业精神外化为固定的程式和行为规范。

中国石化：通过培养员工的自豪感和责任感来塑造企业精神

中国石油化工集团公司通过培养员工"六个自豪感"、强化职工"六方面的责任"，来逐步培养员工的拼搏、奉献精神。

培养员工"六个自豪感"。即通过推进企业民主管理、完善职代会制度、落实职代会职权来强化职工当家作主的主人翁意识，培育职工的政治自豪感；通过大力宣传石油石化行业在国民经济中的重要作用和巨大贡献，培育职工的社会自豪感；通过塑造"高度负责任、高度受尊敬"的中国石化企业形象，培育职工的企业自豪感；通过提高劳动生产率，实现职工收入高于社会平均水平，培育职工的经济自豪感；通过继续推进"比学赶帮超"和"创先争优"活动，培育职工的集体自豪感；通过广泛开展评优活动和大力挖掘宣传企业内各行各业的先进典型，培育职工的个人自豪感。

强化员工"六方面的责任感"。除了一直强调企业所担负的经济、政治、社会"三大责任"之外，公司还引导职工由近及远、由小及大认识个人身上的"六个责任"。即对个人负责，安全生产不出事、遵纪守法不惹事；对家庭负责，为家人谋福祉，为家人添光彩；对岗位负责，敬业爱岗，勤学苦练，干好本职工作；对企业负责，热爱企业，建设企业，为企业发展添砖加瓦；对国家负责，为国家繁荣和民族复兴尽绵薄之力；对人类社会负责，积极推进人类文明进步。

资料来源：https://ishare.iask.sina.com.cn/f/ix8Ozjqzp6.html.

（三）设计企业口号

企业口号是企业使命和企业方针的浓缩、感性化的表现形式，是将企业的特色和价值取向用最精练的语言或若干个生动、激情的词汇表现出来。透过企业个性化的、言简意赅的口号，可以有效地传达企业的精神理念。

企业口号的设计，必须体现企业的历史传统、经营特点和风格、企业理念、经营方针和企业文化，能在企业内部达成共识、认同，只有这样才能自觉化为企业员工的行为指南，积淀成企业的价值观和企业文化，从而树立起鲜明的企业形象。因此，设计企业口号，必须在明确企业理念定位的基础上，在汇集各方意见和要求的前提下，在明确了企业理念所要表达的主旨与特定含义以后，用精辟的文字和浓缩的语言将企业理念表达出来。因此，设计企业口号必须符合以下要求。

（1）准确。企业口号必须准确体现企业的理念。如广州好迪公司的"大家好才是真的好"就充分体现了公司追求共赢的经营理念。

（2）精练。企业口号必须简明扼要，用最精练的文字涵盖最丰富的思想内容，尽可能做到"增一字则多余，少一字则不足"。如奥克斯公司的"没有最好，只有更好"，联想公司的"联想走近你，科技走近你"等，就非常言简意赅。

（3）独特。独具个性的企业口号才具有最强的识别性。如同为通信网络服务的提供商，中国移动的口号是"移动信息专家"，中国联通的口号是"让一切自由连通"，中国电信的口号是"世界触手可及"。三者的口号都突出了各自不同的侧重点和优势。

（4）亲和。通俗易懂、朗朗上口、具有亲和力是企业口号被接受并广泛传播的关键。因此，企业口号要有文化内涵，充满对人的关爱，通俗中带着底蕴，精妙中透着人文，精练中充满韵律与节奏。如飞利浦公司的口号"让我们做得更好"，万家乐公司的口号"万家乐，乐万家"等。

（四）设计企业道德

企业道德是企业在经营过程中处理与相关公众以及社会环境之间的相互关系时所依据的判断是非善恶、正当与不正当、荣誉与耻辱等的观念、标准和行为规范的总和。企业道德是检验企业成员素养高低的试金石。良好的企业道德有助于协调企业的利益关系，形成追求上进的和谐气氛和统一的价值取向，从而树立良好的企业形象。

设计企业道德，要注意从以下几方面入手。

1. 遵循企业道德设计的原则

（1）符合中华民族的优秀传统道德。企业道德不是无源之水，是由民族的传统道德衍生出来的。因此，我国企业在进行道德设计时，必须符合中华民族优秀的道德观念，继承我国传统道德的精华，如"诚信""节俭""廉洁"等。

（2）符合社会公德及家庭美德。企业员工不仅是企业的一员，同时也是社会的一员和家庭的成员。因此，企业道德必须与社会公德和家庭美德所要求的规范保持一致，以免由于道德观念相悖导致员工出现行为的内在冲突，从而导致企业道德失去了现实的社会基础。

（3）突出本行业的职业道德特点。企业道德所调节的主要关系是在企业生产经营活动过程中企业与员工之间、管理者与普通员工之间、员工和员工之间、企业与社会之间、企业与股东之间、企业与环境之间等多方面的关系，这些无不与职业岗位具有密切的关系。因此，企业道德规范要充分反映所在行业的职业道德要求。如"救死扶伤"是医生的职业道德规范，而"文明驾驶，礼让行人"则是司机的道德要求。

2. 全面构建企业道德的约束机制

（1）确立企业的道德规范。企业道德规范是企业道德体系的核心内容，是指导企业及员工行为的准则。确立企业道德规范，包括确立员工个人的道德规范和企业群体的道德规范。

员工个人道德准则的规范主要包括：①忠诚。这是企业员工的首要道德规范，要忠于国家，忠于企业，忠于职守。②无私。这要求员工事事出以公心。当个人利益与集体、国家利益发生矛盾的时候，能以集体利益和国家利益为重。③勤劳。勤劳是中华民族的优良品德，当然也应成为企业员工的美德。④节俭。节俭是中华民族的又一美德。⑤团结。团结就是力量，只有同心同德，才有和谐的人际关系和企业竞争力。⑥廉洁。廉洁的实质就是在工作中要划清公私界限，不能假公济私，化公为私。⑦自强。自强是企业及其员工面对困难和挑战所表现出来的积极态度，体现了企业开拓进取的精神。⑧礼貌。礼貌是企业员工处理人际关系的基本行为规范。⑨守信。人无信不立。诚信应成为企业员工一切行为的基本准则。⑩守纪。纪律是胜利之本。遵规守纪反映了社会化大生产的客观要求。

企业群体的道德规范主要包括互利、诚信、公正、责任和秩序。

互利是市场经济中企业行为最基本的道德规范，这是交易双方进行交易的前提条件，也是交易成功的基础。它要求企业在与利益相关者进行利益交换的过程中，注意把企业利益与员工、消费者、股东、供应商、经销商和社会公众等主体的利益结合起来，以互利互惠为基本原则。

诚信是企业的灵魂，是企业生命力的支柱。经商以诚信为本。它要求企业：①思考问题讲诚信。即管理者在发现问题，谋划应对方案时要诚心诚意地为企业发展和员工利益，而不能打着为企业着想、为员工谋利的幌子，实际干着假公济私的勾当。②制定目标讲诚信。只有建立在符合企业实际条件的基础上、依靠合法经营的手段实现的目标，才是诚信的目标。③提供产品讲诚信。只有以凝聚了诚信理念的投资决策、技术研发、工艺流程、质量标准作为保证，才能够向社会提供真正货真价实的产品。④评价效益讲诚信。企业不仅要注重行为的动机和过程中的诚信理念，更要吸取来自所有利益相关者对企业行为各方面的评判等反馈信息。

公正是企业行为的基本道德要求。美国的约翰·罗尔斯在《正义论》中将公正分为程序公正、分配公正、交换公正、惩罚公正、补偿公正五种类型，他的公正涵盖了社会生活中的一切制度、机关、群体和个体，成为社会生活中人们所遵守的最高准则。在市场经济中，公正要求企业和各类利益相关者之间公平交易、公平分配、相互支持、和谐相处。

责任是企业行为的又一个重要的道德规范。企业作为经济组织，追求经济效益最大化，为股东的投资保值增值是其重要责任。但企业作为社会组织，对社会的发展进步、对环境保护等都具有不可推卸的责任。在一定程度上，企业积极承担除经济责任以外的社会责任，对于塑造良好的企业形象，具有越来越重要的作用。

秩序即和谐，和谐是最好的秩序。一定的经济秩序和社会秩序是企业生存和发展的保障，而经济和社会秩序的建立更需要企业的积极努力。企业内部秩序的建立有赖于企业的管理者和员工之间的相互信任和密切配合，企业与社会其他利益相关者之间秩序的建立和维持有赖于企业积极与利益相关者之间进行的良性循环和互动。特别是，良好的市场秩序更依赖于企业对经营中的道德规范的信念和坚守。

（2）建立企业的道德约束机制。企业的道德设计，特别要着眼于处理好以下四种关系，并建立相应的道德约束机制。

①处理好企业、国家和社会的关系，建立"企业社会道德"的约束机制。就企业与国家的关系而言，国家利益应高于企业利益。企业的经营行为不应以损害国家利益为代价；就企业与社会的关系而言，企业是社会的一员，应积极履行社会责任，支持社会公益事业；

就企业与其他企业的关系而言，企业应积极参与市场竞争，并坚持良性竞争，避免采用不正当手段进行竞争。

②处理好企业与环境的关系，建立"企业生态道德"的约束机制。企业的经营环境，包括自然环境和社会环境。自然环境和社会环境相互影响、相互融合。建立企业的生态道德，要求企业在生产经营活动中积极节约资源，防治污染，保护环境，不仅生产条件和工艺流程要符合员工的生理和心理特点，而且对自然生态系统要给予充分的关爱和美化，对社会生态环境也要积极优化，促进社会生态的良性循环，使之更适合人类的生存和发展的需要。

③处理好企业与人的关系，建立"企业人际道德"的约束机制。以人为本是现代企业管理的重要趋势。以人为本要求企业尊重人、关心人、爱护人、发展人，关注企业内外部的所有人，人性化地处理企业与各种"人"的关系，把人的要素、人的利益、人的需求作为企业一切决策的首要依据。

④处理好企业的本职工作权利和企业的特殊行为责任之间的关系，建立"企业行业道德"的约束机制。企业都处在特定的行业中，有权利开展与本职工作有关的各种业务，但也必须承担和社会公共利益密切相关的各项道德义务，如食品企业要保障食品安全，矿山企业要珍惜自然资源等。只有严格遵守行业的道德规范，才具备良好的行业道德。

3. 把握企业道德设计的程序

进行企业道德设计，要按照以下步骤进行。

（1）调研。确认企业的行业性质、事业范围，了解本行业组织或其他企业制定的有关职业道德要求，这是必要前提。

（2）定位。考察企业的每一类具体工作岗位，分析其工作性质及职责要求，在此基础上分别提出各类岗位最主要的道德规范要求。

（3）选择。汇总这些岗位的道德观念和规范，选择出现频度最高的几条作为初步方案。

（4）评价。根据已经制定的企业目标、企业哲学、企业宗旨、企业精神，检查初步方案与已有理念是否符合、有无重复，不符合的要改正，重复的去掉。

（5）决定。在管理层和员工代表中征求意见，看看是否最能反映企业事业发展对员工道德的要求，并经反复推敲后确定。

阅读资料

IBM 公司：2020 年全球最具商业道德企业

IBM 被美国道德村研究院（Ethisphere Institute）评选为"2020 年全球最具商业道德企业"之一。

道德村研究院是定义和推进合乎道德的商业实践标准的全球领导者，其"全球最具商业道德企业"的评选计划旨在表彰那些推动商业和社会产生积极变化的企业。获评者均为在道德与合规、组织文化、治理、企业责任以及领导力和声誉方面表现卓越的榜样企业。

IBM 公司董事长、总裁及首席执行官 Ginni Rometty（罗睿兰）表示："107 年以来，从我们的实验室到董事办公室，责任一直是 IBM 文化的标签，我们很荣幸能够被评为'全球最具商业道德企业'之一。我们深知，客户和他们所服务的消费者需要的不仅是突破性的创新和专业知识，他们更希望与值得信赖、并努力让这个世界更美好、更安全、更智能的合作伙伴并肩工作。这正是我们坚定不移追求的价值观。"

对数据和科技负责任的管理、面向未来的工作和技能，以及对多样性和包容性的追求是 IBM 道德承诺的标志。2018 年，随着全球加强了对科技可信度的审查力度，IBM 发布了长期以来一直指导公司的信任和透明原则（principles for trust and transparency）。这些原则所强调的信念是：新技术的目的是增强而不是取代人类智能，数据和由科技推导而来的见解属于拥有它们的企业，而引入世界的新技术必须是开放、透明、可解释且无偏见的。

IBM 还是全球公认的拓路先锋，拓展学生和专业人士为当前的科技时代培养技能的途径。这包括"新领工作"，在这样的岗位上拥有合适的技能比拥有特定的学位更重要。

此外，在其创纪录的多元化招聘、晋升和人才留任计划的推动下，IBM 2019 年在全球高管女性和少数族群中实现多元化方面取得了十年间的最大进步。公司还倡导世界各国政府制定政策，帮助确保工作场所与我们所生活的世界一样具有包容性和多元性。

道德村研究院首席执行官 Timothy Erblich 表示："我们特别赞扬 IBM 在教育和技能方面的创新领导力，以及为社会的福祉提供科学和技术，积极推进围绕人工智能和道德规范展开对话所作出的努力。此外，IBM 在志愿服务方面的领导力正在把全球各地的社区聚集在一起，让世界变得更美好。"

Ethisphere 协会主要通过五大类别对全球企业进行评估，它们分别是：道德与合规项目、公民与企业责任、道德文化、管理方式与领导力，以及创新与声誉。

资料来源：https://www.sohu.com/a/376323422_684179.

三、文化氛围层面企业理念的提炼与表达

（一）规划企业风格

企业风格是企业在历史发展过程中形成的具有特定企业内涵的个性特征。设计企业风格，就是要构建企业完善的信誉体系，建立企业独具特色的管理风格、竞争风格和文化模式。

1. 规划企业的信誉体系

企业信誉是企业在生产经营活动中所获得的社会公认的信用和名声，是企业的无形资产，决定着企业的产品收益和资本收益，是企业可持续发展的基础，是企业生命周期和活力延长的决定性因素。例如，杰克·韦尔奇把通用电气（GE）的核心价值定位于"诚信"的企业理念，要求通用电气的员工通过 6 个西格玛（产品质量达标率达 99.9999%），坚持完美、无边界的工作方式，以客户为中心创建信任的环境，永远对客户有感染力，从而使通用电气公司"成为全球最具竞争力的企业"。

因此，构建企业的信誉体系，塑造企业良好的信誉是每一个企业应着重解决的问题。这需要从以下几方面入手。

（1）建立企业信誉的基本价值取向。企业信誉是以获得社会公认的声誉为直接目的的。

因此，企业必须建立以利益相关者利益的满足作为实现企业自身利益的条件，而不是单纯追求自身利润最大化的价值取向。这是建立企业信誉的基础。

（2）树立全员的信誉意识。企业信誉的建立和维护是通过企业的行为也即企业员工和企业经营者的行为表现出来的。因此，企业的全体员工必须树立信誉第一的意识，明确信誉是决定企业生存和发展的重要因素，信誉与企业每个员工的利益息息相关。

（3）建立企业信誉全过程管理的机制。企业的产品、服务、财务等任何环节的信誉出现问题都会引发连锁反应，从而对整个企业的信誉产生重大的影响。因此，企业要建立对信誉进行全过程管理的机制，加强产品、服务的质量管理，处理好与外部各利益相关者的关系，从而在全局上取得良好的信誉。

（4）超越期望，实现利益相关者与企业的良性互动。实现企业信誉的重要手段是"让现实超越期望"。企业要在产品、技术、管理、服务等领域不断创新的基础上，超越利益相关者的心理期望。只有"超越"，信誉的力量和魅力才会产生，才能赢得利益相关者的惊喜。而利益相关者的惊喜是其充分的满足感和对企业未来信心的昭示。

（5）让利益相关者了解企业的信誉状况。企业需要建立科学的信誉评价体系，选择权威的评价机构对自身的信誉状况进行适时评估，并定期公布企业的信誉信息，以实现信誉信息的公开与共享。

2. 规划个性化的企业管理模式

企业管理模式是企业为实现其经营目标而组织资源、经营生产活动的基本框架和方式。如前所述，企业的管理模式分为亲情化管理模式、友情化管理模式、温情化管理模式、随机化管理模式、制度化管理模式和系统化管理模式。不同的管理模式形成了企业不同的行为特点和独特的个性特征。

从趋势上看，企业应将建立制度化管理模式或系统化管理模式作为管理的目标模式。但过于突出制度就会显得呆板。从现实性和灵活性的角度讲，企业在完善制度的基础上，适当地引进一些亲情关系、友情关系、温情关系，甚至有时也可以适当地对管理中的矛盾及利益关系进行随机性处理，这对于营造企业良好的人文环境、调动员工的积极性是非常必要的。

设计个性化的管理模式，在坚持以人为本的原则下，需要注意以下几点。

（1）以企业的价值观为导向。管理模式是企业价值观的具体体现，企业的价值追求要依靠特定类型的管理活动才能实现。

（2）从企业和社会的实际出发，建立符合企业技术水平、员工特点、行业特征和社会环境的管理模式。

（3）使企业的制度体系和营运流程与企业理念相适应。

（4）接受企业管理实践的检验，并在实践中不断完善企业的管理模式。

3. 规划企业的竞争风格

从某种意义上讲，企业竞争是一场又一场多领域、全方位的市场较量行为。这决定了企业竞争的多样性和系统性。企业之间的竞争总体来说是以企业的优势为基础的竞争力的角逐，企业的管理模式、产品质量、价格水平、信誉状况、服务水平等都是企业竞争能力的重要来源。企业独特的竞争优势和竞争方式形成其独特的竞争风格。设计企业的竞争风格，要从以下几方面入手。

（1）确立企业的竞争理念。企业首先要确定以什么样的态度对待竞争：是积极参与竞争，还是回避竞争；是以"你死我活"的态度应对竞争，还是以尊重竞争对手，向对手学习，取长补短，超越自我，扬长避短的态度面对竞争；等等。

（2）选择企业的竞争优势。一般来说，企业可以从多个方面挖掘或者培育自身的竞争优势，如成本优势、产品特色优势、专业化优势、速度优势、服务优势等。企业应依据企业理念的价值取向和基本精神，在充分考虑自身的实力条件、消费者的价值需求、竞争者的优势与不足、其他环境因素的基础上，依据"两利相较取其重，两害相较取其轻"的原则选择合理的竞争优势方向。

（3）确定企业应对竞争的反应方式。面对其他企业的竞争，企业的反应方式一般有四种类型：从容不迫型反应、选择型反应、凶猛型反应和随机型反应。企业要依据企业形象定位和面临的竞争环境进行合理的选择。

4. 规划企业的文化模式

2001 年初，美国海氏治理咨询公司在对财富 500 强评选的总结中指出："公司出类拔萃的关键在于文化。""最能预测公司各个方面是否最优秀的因素是吸引、激励和留住人才的能力，公司文化是它们加强这种关键能力的最重要的工具。"企业文化是企业个性的基因，一个有独特文化的企业也一定是一个具有独特个性的企业。选择企业文化模式，要从以下几方面入手。

（1）重视战略文化。企业的发展战略只有得到全体员工的认同，才能发挥应有的导向作用，才能成为全体员工的行动纲领。企业要通过积极的战略文化建设，凝聚员工的工作热情和创造性。

（2）注重人本文化。人才是企业发展的宝贵资源。企业必须营造尊重人、塑造人的文化氛围，增强员工的归属感，激发员工的积极性和创造性。

（3）规范制度文化。制度文化是企业文化的重要组成部分。企业要致力于建立科学的决策机制、完善的运行规则、健全的经营管理制度、精干高效的组织架构、开放的沟通制度，以便规范管理行为，营造和谐的文化氛围。

（4）营造团队文化。企业文化建设的重要任务，就是要营造有利于企业发展的良好氛围，使领导与领导、领导与员工、员工与员工之间精诚合作，从而促进企业目标的顺利实现。

（5）增强创新意识。创新是进步的灵魂。企业要创造可以容忍不同思维的环境，要容纳并适应市场竞争所形成的新的竞争理念和模式，以确保企业持续健康发展。

（6）注重行业特征和企业个性。每个行业都有特定的行业属性，每个企业都有自己的历史传统和经营特点，企业文化建设要充分利用这一点，建设具有自己特色的文化。企业有了被公众所认同的特色，才能独树一帜，建立竞争优势。

（7）汲取传统文化的精华。企业需要从博大精深的传统文化中汲取精华，运用现代科技手段开发利用民族文化的丰厚资源，以与时俱进的时代精神对传统文化中的合理因素加以利用，使之成为塑造企业灵魂、推进企业发展的强大精神动力和丰富文化资源。

（二）设计企业作风

企业风气是企业文化氛围的体现。企业风气通过企业员工的一言一行反映出来，成为影响企业形象的重要因素。是否具有良好的企业风气，是衡量企业文化是否健康的重要标志。企业风气的核心成分就是企业在经营管理活动中所体现出来的作风。因此，设计良好的企业作风，是形成健康的企业风气、塑造良好的企业形象的必然要求。

设计企业作风一般要经历三个步骤。

1. 全面深入地洞察企业风气的现状

该步的重点是要了解企业现在的风气怎么样。一般可以通过问卷调查和面对面交流的方法收集信息，也可以安排一些试验，观察员工在对待工作和处理问题时的表现，通过个案进行了解。

2. 区分企业的现实风气

要区分企业现实风气中哪些只是一种现象，哪些有可能形成风气，哪些已经形成风气，哪些是值得企业提倡的优良风气，哪些是企业必须反对的不良风气，并分析这些风气产生的原因。对那些不良的风气，企业必须把它遏制在萌芽之前，这是培育企业作风的关键。

3. 确定独具特色的企业作风

根据社会风气和其他企业的作风，挖掘出本企业潜在的优良作风，并结合前面两个步骤，制定出本企业的企业作风表述。企业作风的表述应具有本企业的个性特色，避免千篇一律、千企一面。

企业作风的表述虽然要求独具特色，但艰苦奋斗的作风、求真务实的作风、团结协作的作风、严谨细致的作风、文明礼让的作风、勤俭节约的作风、创新进取的作风等则经常是众多企业作风共有的内涵。

培养良好的企业作风，一方面要加强情感管理，以感情联络来调动员工的积极性、主动性和创造性。浓厚的情感氛围能为员工提供安全感、信赖感，从而创造出良好的工作环境；另一方面要加强自主管理，充分信任、尊重员工，激发员工的主人翁精神。

本章小结

能否建立起一个完善的企业识别系统，主要依赖企业理念识别系统的建立与执行。

企业理念识别系统由确定企业未来发展方向的目标层面、为企业发展提供动力支持和价值准则的精神层面和体现企业经营特色的文化氛围层面组成。开发企业理念识别系统，要以时代特征、民族文化、行业特征、企业个性和管理理论为依据，按照确定企业理念的诉求方向、确定企业理念的基本构成要素、设计企业理念的表达方式、设计企业理念的内部渗透方式、设计企业理念的对外传播方式的程序进行。

企业理念定位要遵循以人为本、突出优势、顺应趋势、突出个性、体现民族性和立足于实际的原则，目标导向型、团结凝聚型、开拓创新型、产品质量型、技术开发型、市场营销型和优质服务型是企业理念定位的主要模式，企业理念定位的合理性可以用形象识别标准和形象塑造标准进行检验。

　　企业理念的提炼与表达包括目标层面的企业理念的提炼与表达、精神层面的企业理念的提炼与表达和文化氛围层面的企业理念的提炼与表达三个方面。

复习思考题

1. 简要说明企业理念的内容结构及其相互关系。
2. 开发企业理念识别系统的依据主要有哪些？你觉得哪些依据更为根本一些？为什么？
3. 请你结合某企业开发企业理念的实例，说明企业理念开发的基本程序。
4. 请你收集 3～5 条你熟悉的企业的企业理念，简要分析其定位模式。
5. 你所在的学校的校训是什么？请用企业理念定位的原则对校训进行评析。
6. 请为你所在的或者你熟悉的某一组织提炼一份企业理念识别体系。

案例分析

广东美的的价值守望之路

　　2018 年 12 月 18 日，美的集团创始人何享健在人民大会堂作为"改革开放先锋"代表当中的"乡镇企业改组上市的先行者"，在庆祝改革开放四十周年大会上接受了表彰。

　　在此之前，由中国企业联合会、中国企业家协会发布的"2018 中国企业 500 强"榜单中，美的集团不仅代表佛山企业首次挺进百强，并且一举反超老牌霸主青岛海尔，坐上了白色家电头把交椅。更早的 7 月份，由《财富》杂志发布的 2018 全球五百强企业榜单当中，美的连续三年上榜，排名一路飙升。在新一期全球五百强榜单当中，美的集团排名为 323 位，相较于 2017 年，排位上涨了 127 位。值得一提的是，自 2016 年进入榜单以来，美的集团在竞争激烈的财富五百强排位中足足上升了 158 位之多。

　　每一家成功的公司都有着深刻的 DNA 印记，这也是这家公司最大的价值所在。比如我们提到苹果公司，会想起极致创新精神，关于在其创始初期在公司楼顶悬挂海盗旗的故事一直为人所津津乐道。而在全球市场迅速崛起的 Uber，则始终倡导着"whatever it takes"的目标导向型价值观，这种激进型的价值观也给这家企业发展带来了双重效应。那么，美的成功的原因又在哪里？

　　一般来说，企业的成功有三个阶段或者准确说是三重境界。首先是被市场（消费者和投资者）认同，此乃安身立命之本；其次是被员工（人才）认同，这是发展动力所在；最后也是最高层次的是被社会认同，此时企业的市场价值已经与社会价值完美统一，企业成为社会的有机组成部分，成为代表性的社会形态，这也是企业存在的最高形式。

　　认同代表着价值，美的的成功恰恰在于发掘并坚守了这些价值。

坚守用户价值：坚守品质，创新为先

　　拥有 13 亿人口的中国既是全球最广阔的市场，同时又是公认最难做的市场。因为多样化的需求夹杂在一起，对企业提出了更高的要求。当然，这种困难也成为一种门槛和试金石，改革开放至今，在消费者需求不断升级的过程中，无数国内外企业被这个门槛绊倒退出。

但美的不仅坚持了下来，而且发展得越来越好，这正是因为美的始终尊重并不断满足消费者需求，并借助对于市场的深刻了解，做了很多超越消费者期待的事情，从而赢得了市场的信赖。

以售后政策为例，传统的"三包"政策包修期限为五年。但美的为了满足中国消费市场的多元化需求，宣布从2010年4月17日起，在全国范围内推出"变频空调十年包修"政策，不但刷新空调行业包修期限的最高历史纪录，为消费者带来最实际利益的同时，也推动了行业标准的进一步完善升级。

针对信息技术快速发展所带来的消费市场升级的趋势，美的提前布局，率先将工业互联网和人工智能化作为企业未来发展的重点方向，实现了从"家电制造商"向"工业互联网解决方案提供商"的转型，满足了消费市场现实与未来的双重需求。用户需求在哪里，企业价值就在哪里。

发掘人才价值：高额投入，全球视角

全球知名企业松下电器创始人松下幸之助曾说："企业最好的资产是人。"他甚至这样说道："松下首先是造人的企业，然后才是造电器的企业。"同为电器企业起家的美的，其人才观也是从创立之日起就建立了。这一切与美的的创始人何享健有着紧密的关系。

美的集团的人才观，可以简单用何享健的两句话来概括。

"我宁愿放弃100万元的利润，而不愿失去一个工程技术人员。"这是美的集团创始人何享健在多个公开场合反复提到的一句话。美的人才观的第一条就是以人为本，始终把员工视为企业发展的原动力。企业如此重视员工，员工归属感和责任感增强，团队的凝聚力和战斗力提升自然是水到渠成。三军用命，所向披靡。

"80年代用广东人，90年代用中国人，21世纪用全世界的人。"美的集团创始人何享健10多年前这句颇具预言性的话在今天成为现实。这也折射出了美的人才观的第二个特点就是"不拘一格降人才"。

伴随着全球化战略的实施，美的集团已在全球建立起多家研发中心，除位于顺德的全球研发总部外，美的正陆续在美国、日本、韩国、德国等地建立海外研发创新中心，借助贴近市场，以达到整合国外研发资源和网罗优秀研发人才的目的。

在美的，人才世界化与国际化成为美的人力资源最明显特征，国际化人才助力美的全球化的发展，美的全球化的纵深推进又培育了阶梯化的国际人才，形成了良性的人才成长闭环。

成就社会价值：履行责任，视美德为财富

优秀可以一时，卓越方为永远。企业从优秀走向卓越，价值观的传承是最为重要的组成部分。这一点与美的的价值观不谋而合。美的旗下和的慈善基金会主席何剑锋就曾表示："价值观才是最好的传承，美德才是最大的财富。"

企业社会责任作为企业价值观的重要组成部分，既是内生需求，也是外在需求。企业

既是经济组织，又是社会组织，因此企业的目标应该是经济职能与社会职能的统一。企业的社会职能就构成了企业的社会责任。

2017年，何享健宣布了总额高达60亿元的捐赠计划，其中包括1亿股美的集团股票和20亿元现金捐赠，这些资金用来成立慈善信托，反哺中国社会公益事业。何享健表示，个人财富得益于改革开放，得益于国家政策、各级政府的支持，同时也得益于美的人的共同努力。创立和的慈善基金会的目的就是抱着感恩之心，将财富回馈社会。

除了财富捐赠和公益付出，美的也把企业社会责任落实到了经营的每一个环节当中。以产品开发为例，美的不仅要满足客户需要，而且要符合社会可持续发展的方向，不仅要满足大众客户的需要，还要尽量考虑弱势群体的诉求，不仅要满足客户的效用要求，有时还要引导客户的责任消费和可持续消费，并将其落实在产品设计、产品生产、产品营销和销售、产品售后服务的各个环节中。

50多年来，美的对价值的坚守也收获了丰硕的回报。从广东到中国，从中国到世界，美的在不断赢得消费者和行业的尊重。

资料来源：https://www.sohu.com/a/282953925_116897.

思考题

1. 依据上述案例，你认为广东美的重点关注了哪些利益相关者的利益？彼此之间是什么关系？

2. 如果你是广东美的的消费者，你认同它针对用户的企业理念吗？为什么？

3. 依据上述案例，你认为广东美的还有哪些重要的价值也需要守望？为什么？

4. 依据上述案例，你觉得广东美的是一家什么样的公司？请用4～5个关键词描述广东美的在你心目中的形象。

第七章

名人语录

　　变革的洪流将我们带向何处，目前我们无法预料。然而，我们能够确信的是，创新的企业和社会一定能够兴旺发达。……为培育真正的创造性文化，企业必须从组织结构上将创新纳入企业的运作过程，必须褒奖员工的创造性观点。

——理查德·巴雷特①

学习目标

　　在企业形象管理中，建立科学、完善的行为识别系统是塑造独特企业形象的关键。通过本章的学习，要理解企业行为开发与管理的原则，掌握企业行为识别系统设计的程序、企业内部行为识别和外部行为识别管理的主要内容与要求。

本章关键词

　　规范性行为的习俗化、企业内部行为识别策划、企业环境行为识别策划、企业管理行为识别设计、开放式创新、市场信息分享机制、市场知识管理系统、专业化经营的市场拓展行为、多元化经营的市场拓展行为、企业整合传播行为

---

　　① 巴雷特. 解放企业的心灵[M]. 公茂虹，等译. 北京：新华出版社，2005：55.

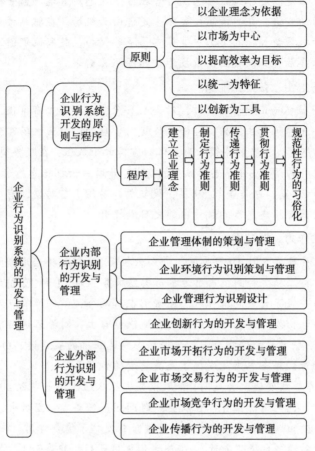

白云机场：让春风服务成为一道亮丽的风景

志愿服务，是新时期民航服务的延伸和拓展。"奉献、友爱、互助、进步"的志愿者精神，同时也是新时期民航服务精神的诠释与创新，是十九大报告中"永远把人民对美好生活的向往作为奋斗目标"的具体体现。

从 2018 年春运开始，广州白云国际机场股份有限公司（以下简称"白云机场"）推出"春风服务"品牌，为更好地将"春风服务"落实落地，以"春风服务"为助力，白云机场客户服务中心组建了春风服务志愿队，开展了白云机场常态化的志愿服务，让志愿服务成为航站楼内一道亮丽的风景线！

规范志愿者管理，建设专业志愿服务队

机场的志愿服务与一般的志愿服务相比，具有一定的专业性，志愿者除了有爱心、有热情，还有要服务旅客的能力。针对专业性的要求，白云机场春风服务志愿队采取了以下五点措施：一是与广州团市委合作开展志愿者招募；二是编写春风服务志愿者培训教材，开展志愿者培训；三是制定春风服务志愿者管理办法及志愿者现场监管标准；四是与高校联系，组织志愿活动宣讲，并邀请高校大学生走进白云机场，在航站楼内举办志愿活动开放日；五是在白云机场新入职的员工中宣贯志愿服务精神，鼓励他们通过在机场做志愿服务，和旅客面对面接触，加快巩固岗位技能，熟悉旅客需求。

做好志愿服务宣传，弘扬正能量

志愿服务是一项弘扬正能量的工作，对企业有意义，对员工有价值，对管理团队有成就感，从春风服务志愿队成立伊始，宣传工作就同步启动。白云机场客服中心组建了以员工志愿者、高校志愿者、志愿服务领队为主体的宣传骨干队伍，在服务现场捕捉感人瞬间，用精彩的镜头和质朴的语言，分享志愿服务的感悟。开通白云机场志愿者微信公众号，2018年共制作微信推送23篇，制作美篇89篇，民航员工纷纷点赞转发，有力地宣传了志愿服务的大爱，报名白云机场志愿者的数量也随之日渐提升。

重大活动主动作为，勇挑重担

2018年4月26日至5月19日期间，即白云机场T2航站楼启用期间，春风服务志愿队发动内部员工、招募社会和高校志愿者参与志愿服务，为T1和T2航站楼的指引、自助值机、特殊旅客服务做了大量的工作。志愿者们在这两个关键保障节点发挥了重要作用，让服务向前一步，在出发厅外、在车道旁、在地铁站台上，对旅客进行准确指引，不厌其烦地向旅客介绍T2航站楼的航空公司，确保旅客到达正确的航站楼。白云机场T2航站楼的启用，白云机场春风服务志愿队发挥了至关重要的作用。

在第24届世界航线发展大会期间，春风服务志愿队组建了一支近300人、以内部员工为主的"春风使者"志愿者队伍保障世航会。时间短，任务重，变数大，这支战斗力超强的队伍以其专业、敬业、爱业的精神多次在关键时刻发挥了重要作用。特别是9月16日世航会开幕当天，面对超强台风"山竹"，志愿者们逆风而行，迎难而上，把志愿服务坚持到底，他们所表现出来的精神风貌，受到主办方和3 000多名中外参会嘉宾的高度赞扬。

彰显企业社会责任，开放志愿服务平台

2018年暑假期间，白云机场春风服务志愿队举办了两期为期一周的"携手白云同心同行"首届民航青少年志愿者夏令营活动，并精心策划了多姿多彩的学习和志愿服务项目，组织了富有仪式感的开营和闭营仪式，送出了"以梦为马让爱流淌"的志愿者卡片，邀请了孩子们的家长参加闭营仪式，分享孩子们的感悟。

暑假期间，白云机场春风服务志愿队联合广州市越秀区来穗人员服务管理局，为"留守儿童"举办两期"爱在越秀——小候鸟成长计划"夏令营活动。志愿队为他们倾注浓浓的爱意、用心用情，安排了多名员工志愿者陪同这些年幼的孩子，让他们在白云机场度过了一个难忘的关爱日、志愿日。

此外，春风服务志愿队还开放志愿服务平台，为大学生提供实习舞台。2018年11月，为河南安阳工学院英语本科空乘班学员提供社会实践的机会，春风服务志愿队带领她们观看白云机场宣传片、参观学习、志愿服务、分享体会，让大学生们真实感受到平安机场、

绿色机场、智慧机场、人文机场的建设与发展。

经过近一年的努力，白云机场的志愿服务从零星到常态，从零散到聚焦，从个体到群体，从单一到多元，越来越多的民航员工参与志愿服务，越来越多的高校聚集在这个平台，越来越多的社会志愿者加入这个团队，白云机场春风服务志愿队的品牌影响力已日趋凸显。2018 年，春风服务志愿队共组织 11 466 人次参与志愿服务，为 40 多万名旅客提供志愿服务。帮助时间紧急旅客顺利登机 65 200 余人次；协助老弱病残孕等特殊旅客 53 420 余名，收到口头表扬 1 626 起、书面感谢信 21 封。12 月 13 日，在团市委举办的"花城有爱志愿同行"志愿服务成果展中，广州市志愿者行动指导中心给白云机场颁发了志愿服务感谢状。

白云机场春风服务志愿队既是一个平台，又是一个窗口，白云机场收获的是企业形象和社会责任，志愿者们收获的是喜悦与成就！这是一个爱的能量场，一个流淌于民航圈的能量场！

资料来源：http://news.carnoc.com/list/486/486729.html.

第一节　企业行为识别系统开发的原则与程序

一、企业行为识别系统开发的原则

在企业形象管理中，建立科学、完善的行为识别系统是树立企业独特形象的关键。这需要按照一定的程序、遵循一定的原则进行。

（一）以企业理念为依据

企业理念识别是企业形象定位和传递的开端，是 CIS 策划和管理的起点与向导。企业理念对企业政策的制定、企业活动的开展和企业形象的传达具有统摄作用。能否建立起一个完善的企业识别系统，主要依赖企业理念识别系统的建立与执行。企业理念规定了企业行为的价值取向，是企业各项规章制度建立的依据和理论基础。因此，建立企业的行为识别系统，必须紧密围绕企业理念进行，与企业理念保持一致。

（二）以市场为中心

市场是企业活动的舞台，企业的一切活动都离不开市场。企业要从市场中获取所需的各种资源，其产品和服务要依靠市场，并在与其他企业的竞争中通过优异顾客价值来实现其价值。因此，企业在建立行为识别系统时，必须贯彻需求导向和竞争导向，使自己的行为围绕着市场这一中心来展开。

（三）以提高效率为目标

企业行为识别系统的核心是依据企业理念设计企业的组织结构和经营管理流程，建立企业的各项管理制度，从而使企业的管理制度化、程序化、标准化，使员工的行为规范化，其目的是提高决策效率、管理效率、工作效率，从而提高企业的经营绩效。

（四）以统一为特征

CIS 的"I"是统一和识别。这有两层意思：其一，企业的理念、行为和视觉、听觉形象要统一；其二，企业识别系统中各个子系统的各构成要素要统一。就建立行为识别系统来说，从领导者的行为到一般员工的行为，从企业的对内行为到对外行为，必须在同一理念的统率下，按照各自的行为规定来展开。

（五）以创新为工具

行为识别的目的是建立统一性与独特性。统一指企业就自身而言是一个形象统一的整体，独特是指企业的行为体现出与其他企业不同的个性特征，而这种个性特征，正是各类公众认识企业的基础和识别企业的依据。这种独特性正是依靠创新产生的。以创新为工具，设计出与众不同的企业行为，使受众通过企业行为来了解企业、认同企业，是建立企业行为识别系统的努力方向。

二、企业行为识别系统开发的程序

建立企业行为识别系统，需要按照一定的程序来进行。这一程序主要包括建立企业理念、制定行为准则、传递行为准则、贯彻行为准则和规范性行为的习俗化五个阶段。

（一）建立企业理念

企业理念的开发与建立，是建立企业行为识别系统的基础阶段。有关该方面的具体内容，请参见本书第六章。

（二）制定行为准则

在企业行为识别系统的策划与管理过程中，将企业理念条例化为一系列的行为准则是其关键的一步。企业的行为准则，要根据企业所在的行业及其业务性质和要求制定。不同的行业用不同的产品和服务为消费者创造不同的价值，消费者对不同的行业也有不同的利益要求。日本经济新闻社根据对各行业的调查发现，公众对不同行业的要求是各不一样的。如表 7-1 所示。

表 7-1　公众对不同行业的不同要求

行　业	公众的期望
食品业	安全性、信赖感、规模、技术
电气机器	安全性、可信度、技术
纤维业	安全性、技术、可信度、销售网的实力、规模
输送用机器	可信度、安全性、规模、技术
化学药品	安全性、规模、可信度、技术、发展性
商业（经销商）	可信度、安全性、社会风气、规模、服务品质
商业（销售业）	规模、安全性、发展性、可信度、海外市场的竞争能力
金融业（保险）	规模、可信度、安全性、发展性、强势的宣传广告力
金融业（证券）	规模、传统、销售网的实力、可信度、安全性
玻璃、水泥	安全性、规模、可信度、传统、发展性
建筑业	安全性、传统、规模、强势的宣传广告力、新产品的开发、时代潮流

制定行为准则，涉及诸多细节，从人际行为、语言规范到个人仪表、穿着，从上班时

间到下班以后，都需一一规定。在制定过程中，一方面要按照企业理念的要求，另一方面要考虑行业特点，同时也要对企业所处的主客观条件进行分析。例如，员工素质、管理人员素质、技术条件等。

（三）传递行为准则

行为准则制定之后，要通过各种渠道进行传递、解释和说教，通过说明它的目的、含义和意义，让员工接收、理解和接受，并能在各自的岗位上遵照执行。

（四）贯彻行为准则

要彻底贯彻行为准则，必须做好以下几方面的工作：①行为准则本身必须规定得具体而不笼统，具有可操作性；②要有必要的奖惩机制与之配合；③要对员工进行必要的培训，使其掌握践行行为准则的基本技能，并在执行中具体加以指导；④要随时进行监督检查，发现问题及时处理；⑤完善企业各方面工作，为员工贯彻行为准则提供良好的环境；⑥培养典型，充分发挥典型的示范作用和模范带头作用。

（五）规范性行为的习俗化

当企业所有员工都能够自觉地执行各种行为准则，将按照行为准则的要求行事变成一种自然而然的习惯的时候，行为识别系统的实施就达到了最理想的状态。规范性行为的习俗化，需要企业、管理者、一般员工持之以恒地不懈努力，从而使企业从人员管理走向制度管理，从制度管理最终走向自我管理。

阅读资料

谷歌公司的 14 条员工行为准则

（1）如果你想要走在世界的前沿，你应该对那些正在发生的事情保持高度的关注。

（2）聆听，聆听，还是聆听——不要总想着炫耀你的学识，当你应用它们时，别人自会知道。——如果你的嘴总是说个不停，你就学不到什么东西。

（3）在精神上质疑一切——而不是口头上——特别是那些对形势的预设。

（4）真正地听听同事的意见——让他们喜欢你——他们是你最好的资源。

（5）尽你所能地帮助老板提升他/她的地位。

（6）为你被指派的每个任务都做一份商务计划。——分配你的时间和资源——在日程表上设定节点。

（7）你的可利用时间是你最重要的财富——它应该被上上下下、前前后后地全面利用起来。如何利用时间？一起来学时间管理课程。

（8）致力于让别人知道你注意到了他们的感受和目的。

（9）在进入新的环境时，先获取一份显示你新同事的姓名和职责的组织结构表——在大厅里走走，让其他人看到你。

（10）寻求别人的帮助，并且表达你的感激。这是交朋友最好的方式。

（11）不要试图利用你的教育背景、旅游经历或者取得过的成就来给别人留下深刻印象。

在适当的时候这些东西总会被知道的。

（12）你说了你要做什么就要做到。——如果你做不到，就要及时让别人知道。

（13）你的第一个任务就是成为团队的一部分，而不是领导者。

（14）早到晚走——前六周就不要安排什么社交午宴了。

资料来源：https://www.unjs.com/z/1405172.html.

第二节　企业内部行为识别的开发与管理

一、企业管理体制的策划与管理

企业的管理体制决定了企业的运作方式和员工的行为方式，是营造企业氛围、形成企业特色文化的基础，因而是塑造独特企业形象的主要推动机制和约束机制。

企业的管理体制策划包括建立企业的组织结构、构建企业管理的制度体系等方面。

（一）企业组织形式的选择

企业组织形式是企业财产及其社会化大生产的组织状态，它表明一个企业的财产构成、内部分工协作与外部社会经济联系的方式。

1. 企业组织形式的类型

根据市场经济的要求，现代企业的组织形式按照财产的组织形式和所承担的法律责任的不同通常分为独资企业、合伙企业和公司制企业三种类型。

独资企业也叫个人业主制企业，是个人出资经营、归个人所有和控制、由个人承担经营风险和享有全部经营收益的自然人企业。这种企业形式一般规模小，经营灵活，主要适用于零售业、手工业、农业、林业、渔业、服务业和家庭作坊等。正因为如此，这一古老的企业制度一直延续至今。但独资企业存在着资本来源有限、企业主对企业的全部债务承担无限责任、企业的存续与否完全取决于企业主个人等缺陷，难以适应社会化大生产的发展和企业规模不断扩大的要求。

合伙企业是由两个或两个以上的自然人通过订立合伙协议，共同出资经营、共负盈亏、共担风险的企业组织形式。合伙企业的资本由合伙人共同筹集，扩大了资金来源；合伙人共同对企业承担无限责任，可以分散投资风险；合伙人共同管理企业，有助于提高决策能力。但是合伙人在经营决策上也易产生意见分歧，合伙人也可能追求自身的利益而损害企业利益。因此，合伙制企业一般都局限于较小的合伙范围，以小规模企业居多。

公司制企业是由多元股本依据公司法组建并依照公司章程运作，有独立的法人财产，自主经营，自负盈亏的法人企业。《中华人民共和国公司法》规定的公司制企业分为有限责任公司和股份有限公司两种形式。公司制企业实现了企业的法人财产权与出资者的最终所有权的分离，从而为企业的独立营运提供了保证；股东只承担与出资额相应的有限责任，从而为企业的发展创造了充分的资金来源，大大拓展了企业的发展空间。但由于公司制企业组织结构复杂，也存在组建难度大、监督和约束不容易等缺点。

2. 选择恰当的企业组织形式

企业组织形式反映了企业的性质、地位、作用和行为方式，规范了企业与出资人、企业与债权人、企业与政府、企业与企业、企业与职员等内外部的关系。它需要和我国的社会制度相适应，和生产力的发展水平相适应，和企业所在的行业特点相适应。只有选择了恰当的企业组织形式，才能充分调动各个方面的积极性，使之充满生机和活力。在决定企业的组织形式时，要重点考虑以下几方面的因素。

（1）税收。不同形式的企业税收存在差别。例如，我国对公司制企业和合伙企业实行不同的纳税规定。公司制企业的营业利润在企业环节上征企业所得税，税后利润作为股息分配给股东，股东还需要缴纳个人所得税。合伙企业的营业利润不征企业所得税，只征收合伙人所获收益的个人所得税。但公司制企业能享受国家多方面的税收优惠政策，合伙企业则不享受相应的税收优惠。一般情况下，规模较大的企业应选择公司制的组织形式，规模不大的企业，采用独资企业或合伙企业比较恰当。

（2）利润和亏损的承担方式。独资企业的业主无须和他人分享利润，但也要独自承担企业的亏损；合伙企业的利润和亏损要由每个合伙人按相等的份额分享和承担，并要对亏损承担无限连带责任；公司制企业的利润是按股东的出资比例（有限责任公司）或持有的股份比例（股份有限公司）分配的，股东个人只需要承担以投资额为限的责任。

（3）资本和信用的需求程度。如果对资本和信用的需求程度较低，投资者无意使事业的规模太大，或者扩大规模受到客观条件的限制，则适宜采用独资或合伙的形式；如果对资本和信用的需求巨大，并希望经营的事业规模宏大，则适宜采用公司制形式；如果企业创办人愿意以个人信用作为企业信用的基础，且不准备扩展企业的规模，适宜采用独资的方式。

此外，企业的存续期限，投资人的权利转让和责任范围，企业的控制和管理方式等因素都会对投资者选择企业组织形式构成影响，需要在对各项因素进行综合分析的基础上合理选择。

（二）企业组织机构的策划与管理

1. 恰当地选择企业的组织机构

在一定的企业组织形式下，组织机构不同，企业的决策方式、信息沟通方式、营运方式也不同。因而，企业组织机构的选择也同样是企业行为识别系统构建的基础内容之一，是企业识别系统的有机组成部分。

企业的组织机构简单地说就是企业的各构成部分及各部分之间的相互关系。一般来说，一个组织机构包括以下几个系统：第一，完善的职能系统。人们有可能实行专业分工，分别承担不同的职能。第二，有效的激励系统，引导组织成员自觉地为组织的发展作出贡献；第三，有效的权力（权威）系统，促使组织成员接受管理者的决定。第四，高效的决策系统，为组织的发展指引方向。

企业的组织机构是企业的基本框架。企业组织设计的一个重要问题就是设计合理的组织机构。不同行业、不同技术条件、不同规模的企业，适宜的组织机构形态是不同的。而不同的组织机构形态，也适应于不同的环境和条件，各有优劣。因此，企业要根据实际条件，在分析各种组织机构形式的利弊的基础上，合理选择合适的组织机构形态。

企业的组织机构一般有下列几种。

（1）直线制。这是早期的企业组织形式，其特点是：企业的指挥和管理职能由企业的行政领导人执行，不设专门的职能管理部门。这种组织形式机构简单、权责分明，较好地体现了统一指挥的管理原则。但权力比较集中，并要求管理人员必须通晓各种专业知识，具备广泛的业务能力，因而适用于人数较少、规模较小、生产过程不太复杂、生产技术比较简单的企业。

（2）职能制。这是在直线制基础上为各级行政领导设置职能机构或人员的组织形式。其特点是：管理职能不集中于企业主要领导人，而是由各职能部门去承担；任何职能部门都可以领导、指挥企业基层的作业活动。这是适应于规模庞大、技术复杂、分工比较细的企业的组织形式。但由于多头领导、政出多门，基层作业部门往往无所适从，容易造成生产秩序的紊乱。因此，实行职能制的企业必须有较高的综合平衡能力，各职能部门能为同一个目标进行专业管理。

（3）直线职能制。直线职能制形式吸收了直线制和职能制的优点综合而成，其特点是：既按集中统一的原则设置直线行政领导人，又按分工管理的原则设置各级职能机构或人员。命令、指挥权集中在企业最高层，职能部门对基层作业部门有指导权、监督权，一般没有指挥权，指挥权由企业各级主要领导人分级行使。这种组织形式兼具了直线制和职能制的优点，又克服了职能制多头领导的弊端。但领导者的横向协调工作负担较重，容易陷入日常事务之中。这种形式适用于中小规模、产品和技术较为简单的企业。

（4）事业部制。事业部制是在总公司下面按产品、地区、业务范围划分事业部或分公司，事业部或分公司自主经营，独立核算。事业部制是一种将集权和分权有机结合的组织形式。总公司制定公司的发展战略及长远规划，各事业部拥有独立的经营决策权，这使公司的高层管理者摆脱了日常事务，集中精力进行重大决策的研究。事业部制适于规模大、产品种类多、经营范围广、地区经营分散、技术上和生产上可以独立进行的企业。事业部制的主要不足是职能机构重叠，管理费用高，各事业部协调比较困难，易产生本位主义的倾向。

（5）矩阵组织形式。矩阵式组织是把按职能部门划分的横向管理部门和按产品或项目划分的纵向管理部门结合起来的形式。在矩阵式组织中，每个工作人员都要同时受纵、横两方面管理部门的领导，容易沟通信息，强化协调，提高效率，具有较强的适应性和灵活性，比较适合于大件、小批、高技术的产品制造业和新产品开发，但也存在着双重领导、职责不清、部门之间关系复杂等问题。

（6）多维立体制。多维立体制是将直线职能制、事业部制、矩阵式组织和地区、时间结合在一起的复合机构形态，特别适用于跨国经营的巨型企业。这种组织机构包括三类管理机构：一是按产品划分的事业部，是产品利润中心；二是按职能划分的专业参谋机构，是专业成本中心；三是按地区划分的管理机构，是地区利润中心。多维立体制能把产品事业部、地区和公司专业参谋部门三者的管理较好地统一和协调起来。

从以上分析可以看出，不同的组织机构形式，具有不同的信息沟通方式、决策体系，因而在决策行为、领导行为和管理行为等方面都具有不同的特点。企业要根据自己所处的行业、经营规模的大小、经营业务的分散程度等因素选取恰当的组织形式。这既是构建企业行为识别系统的内容，也是其基础。

企业除了正式组织以外，还存在着大量的非正式组织。非正式组织是人们以感情、爱好、兴趣等因素联系在一起形成的组织形式。非正式组织产生的这种情感逻辑基础决定了它对员工的情绪和工作效率都会有巨大的影响，这种影响可能是好的，也可能是坏的。因此，在构建企业行为识别系统的过程中，要自觉运用非正式组织的积极作用，积极引导并充分利用非正式组织为构建企业的行为识别系统服务。

2. 科学地建立企业的部门结构

企业的部门化是依据一定的标准将若干单位组合在一起的过程。部门化是劳动分工在企业内部的体现。划分部门的目的在于确定企业中各项任务的分配与责任的归属，以求分工合理、职责明确，实现企业目标。部门划分是 CIS 的有机组成部分，其划分方式决定了企业的行为方式和效果，它的合理与否决定了 CIS 能否得到彻底的贯彻执行。

企业的部门化可以依据不同的标准选择安排，包括职能部门化、产品或服务部门化、流程部门化、顾客部门化和地域部门化等。

职能部门化是根据生产专业化原则，以工作或任务的性质为基础来划分部门的方法，其结果是在企业内部组成各种职能部门，如生产部门、财务部门、营销部门等。这些部门职能的总和构成了企业的管理职能。这种划分方法遵循了分工和专业化的原则，有利于充分发挥员工的专业能力，培养和训练专门人才，提高工作效率，但各职能部门容易从自身利益和需要出发，忽视与其他职能部门的配合，各部门横向协调不足。

产品或服务部门化是依据产品线或服务内容来组合工作的过程，其结果是在企业内部组成各种产品或服务部门。如一家家电企业的内部就会形成彩电部、冰箱部、空调部等，这些部门的产品覆盖了企业的所有产品。这种方法能发挥专业设备的效率，部门内部上下关系易协调；各部门主管人员将注意力集中在特定产品上，有利于产品的改进和生产效率的提高。但这种方法使产品部门的独立性比较强而企业的整体性比较差，加大了主管部门在协调和控制方面的困难。

流程部门化是依据工作或业务流程的顺序组织企业内部的各个部门。如产品生产过程要经过锻压、机加工、电镀、装配、检验等流程，就按该顺序组成相应的各部门。这些部门完成全部的工作或业务流程。流程部门化能对市场需求的变动快速反应，且易于界定部门间的工作关系，但部门之间的协作关系有可能得不到充分的贯彻。

顾客部门化是依据同类顾客来组合工作的过程。同类顾客有共同的需求和问题。这种部门化能满足顾客的独特需求，有利于提高顾客的满意度和忠诚度，但需要顾客群体有一定的规模，且容易导致各部门的职能重复设置。

地域部门化是依据地理区域来组合工作的过程。这种方法适合于业务分布比较分散的企业。当一个企业的空间分布地区广泛，并且各地区的政治、经济、文化、习俗等方面存在较大差别，构成企业经营管理的重要影响因素时，地域部门化是最佳选择。这种方法能因地制宜，对区域性环境的变化迅速作出反应，但易使公司职能管理与地域职能管理重复设置，且不易协调各地区之间的关系。

3. 合理地设计管理的幅度与层次

管理幅度是一名管理人员所能够直接领导、指挥和监督的下级人员或下级部门的数量及范围，管理层次是企业的纵向等级结构和层级数目。管理幅度与管理层次是影响企业组织结构的两个决定性因素。管理幅度构成了企业的横向结构，管理层次构成了企业的纵向结构，横向和纵向相结合构成了企业的整体结构。在企业条件不变的情况下，管理幅度与管理层次通常成反比例关系，即管理幅度宽，则管理层次少，反之亦然。因而，较大的管理幅度意味着较少的管理层次，较小的管理幅度意味着较多的管理层次。管理层次多，管理幅度小，企业的组织结构呈现"高耸"的结构形式；反之，则呈现"扁平"的结构形式。"高耸"的结构管理严密，便于严格监督和控制；分工明确；上下级易于协调。但管理层次多，权力比较集中，信息沟通时间长，决策传达的时效性和准确性差，下级人员的满意感和创造性较低。"扁平"的结构信息交流速度快，下级人员有较多的自主性和创造性，故满意感强。但管理者对下属的监督不足，上下级协调较差。

因此，企业在进行行为识别系统的策划时，必须慎重决定管理幅度的大小和管理层次的多少，以保证决策行为、管理行为和一般业务行为规范而有效。

4. 合理授权

授权是上级委授给下属一定的权力，使下属在一定的监督之下有相当的自主权和行动权。授权得合理与否，直接决定了一个企业的决策效率、决策风格和行为特点。授权是一门管理的艺术，其基本依据是目标责任，要根据责任者承担的目标责任的大小授予恰当的权力。在授权时需要遵循的原则是：①相近原则。这要求：其一，给下级直接授权，不要越级授权；其二，把权力授予最接近作出目标决策和执行的人员。②首要原则。授给下级的权力必须是下级在实现目标中最需要的，能够解决实质性问题。③按责授权。授权要以责任为前提，授权同时要明确其职责，使下级明确自己的责任范围和权限范围。④动态原则。根据下级的不同环境条件、不同的目标责任及不同的时间授予不同的权力。

授权中应该避免的行为

下列行为不是真正的授权：

（1）鼓励自己的员工越来越依赖于你。

（2）利用授权人角色进行控制而不是引导和支持员工的工作。

（3）对员工隐瞒失误和坏消息（也就是不诚实）。

（4）说某人（他或她）喜欢听的话。

（5）干预别人的个人决策。

（6）只给那些与你自己相类似的人授权，而不给那些与自己有着不同背景和职业目标的人授权。

（7）将授权混同于养育。

（8）在"合理竞争"的幌子下，或者在适者生存的名义下，挑拨员工之间的关系。

资料来源：彼得斯，奥斯汀. 追求卓越的激情[M]. 张秀琴，译. 北京：中信出版社，2005：372.

（三）构建合理的企业管理规范

企业管理规范是企业管理中各种条例、规章、标准等的总称，是全体员工的行为准则。企业管理规范既是企业组织机构设计的继续和细化，也是企业组织机构健康运行的保证。

1. 构建企业管理规范的内容

构建企业的管理规范包括构建企业管理的制度体系和建立企业管理的标准体系两方面。

（1）构建企业管理的制度体系。企业管理的制度体系是企业员工在经营活动中共同遵守的规定和准则的总和，是企业赖以生存和发展的体制基础，是员工的行为规范和企业经营活动的体制保障。成功的企业背后一定有着一套健全的管理制度在规范性地执行。管理制度体系建设是企业构建行为识别系统的基础，它以一定的标准和规范来调整企业内部的生产要素，调动职工的积极性和创造性，提高企业的经济效益。

企业管理的制度体系包括企业基本制度、企业工作制度和企业责任制度三个方面。

①企业基本制度。企业基本制度是企业的"宪法"，是企业制度规范中具有根本性质的、规定企业形式和组织方式、决定企业性质的基本制度。企业基本制度主要包括企业的法律和财产所有形式、企业章程、股东大会、董事会、监事会组织、高层管理组织等方面的制度和规范，它规定了企业所有者、经营管理人员、企业组织成员各自的权利、义务和相互关系，确定了企业财产的所有关系和分配方式，制约着企业活动的范围和性质，是涉及企业所有层次、决定企业组织的根本制度。

②企业工作制度。企业工作制度是企业对各项工作运行程序的管理规定，是保证企业各项工作正常有序地开展的必要保证。企业的工作制度包括生产管理制度、服务管理制度、设备管理制度、物资供应管理制度、财务管理制度、人力资源管理制度等。

③企业责任制度。企业责任制度是具体规定企业内部各个部门、各类人员的工作范围、应负责任及相应权力的制度。建立责任制的目的是在对企业员工进行合理分工的基础上，明确每个部门和岗位的任务与要求，把企业中纷繁复杂的工作与多种多样的人对应地联系起来，做到"事事有人管，人人有专责"。企业中的责任制度又可分为部门责任制和岗位责任制两种。部门责任制是针对企业中各个部门的责任制，如企业中的生产、计划、质量、供应等职能科室的责任制度，它要规定各职能部门的基本职责、工作范围、拥有权限、关系等内容。岗位责任制是一个岗位所要求的需要去完成的工作内容以及应当承担的责任范围。依据对象的不同，岗位责任制又可分为管理人员岗位责任制、工人岗位责任制、领导干部岗位责任制。

（2）建立企业管理的标准体系。建立企业管理的标准体系，重点是使企业管理的业务流程标准、管理工作标准和管理方法标准科学化与合理化。管理业务流程标准是对企业中重复出现的、常规性的管理业务科学地规定其工作程序和工作方法，并制定为标准固定下来，作为开展各种管理业务活动的准则。推行管理标准化，不仅要对每项管理业务的工作程序和工作内容制定出标准，还应对每一工作程序和工作内容提出相应的质量要求，将这些工作质量要求制定为标准，就是管理的工作标准。同时，将管理领域中经常使用、效果显著、具有普遍推广价值的管理方法制定为标准，在企业中全面推行，就形成了管理的方法标准。

2. 构建企业管理规范的原则

构建企业的管理规范，最根本的目的就是实现企业管理的规范化、科学化和特色化，形成企业独具特色的经营管理模式和文化氛围，从而提高企业的效率和效益。因此，构建企业的管理规范必须遵循以下原则。

（1）以企业理念为核心。企业理念是制定企业管理规范的根本指导思想和最高原则。企业价值观是企业管理制度和标准所规范的一切行为的出发点，企业目标是其归宿，企业哲学、企业宗旨、企业道德等分别从不同的角度和不同的层次决定着企业的行为方向。企业管理规范是践行企业理念的基础和保证。因此，以企业理念为中心，体现企业理念的目的和要求是构建企业管理规范的首要原则。

（2）具有现实性、全面性和可操作性。

现实性强调企业的管理规范要符合中国国情，符合企业的行业特点和发展阶段，符合企业的实际工作的需要。因此，要根据企业经营管理的需要来决定管理规范的构成，根据员工的素质状况和心理承受能力等具体情况来拟定管理规范的具体内容，依据企业实践的效果来检验管理规范的合理性和有效性。

全面性包括两方面：第一，构建企业的管理规范要有战略思维，要从企业生存和发展的全局出发，根据企业战略及其他权变因素，全面考虑企业管理规范的设计，使企业管理规范在整体上适应外部环境变化和竞争的需要，不能"头痛医头，脚痛医脚"；第二，企业的管理规范要覆盖企业生产经营活动的每一个环节和每一个方面，做到"人人有规范，事事有规范，时时有规范"。

可操作性要求管理规范不仅要符合实际，更要具体并量化。管理规范的设计是为了能够在实践中落实，对人们的行为起到引导和规范的作用，因此其可操作性就与其执行力的强弱有着内在的实质性联系。可操作性低的管理规范自然可行性就低，可行性低必然导致执行力弱，反之亦然。因此，构建管理规范，不能太笼统，要有针对性，并量化。

（3）具有独特性。企业的管理规范就是员工的行为规范。有什么样的行为规范就会有什么样的员工行为，有什么样的员工行为就会有什么样的企业形象。因此，独特的管理规范是塑造独特的企业形象的前提和基础。

二、企业环境行为识别策划与管理

从行为意义上看，企业环境既是员工行为的结果，又是影响员工行为的因素。一个管理有序、和谐美好的环境不仅能使员工心情舒畅，减轻其工作的疲劳感，更能增加员工的满足感、成就感和归属感，提高工作效能，同时，能使企业在社会公众心目中树立独特、美好的形象，使企业行为突破单纯经济利益的界限，而上升为审美情趣。因此，企业行为识别策划与管理的重要内容就是营造和谐、独特的企业内部环境。

企业内部环境分为物理环境和人文环境两个方面，企业环境行为识别策划与管理要从这两方面入手。

（一）企业物理环境的设计

1. 企业视觉环境的营造

从心理学的角度讲，视觉环境带来的心理效应包括：①和谐协调的心理效应。②引起美感的心理效应。引起美感、创造美感是视觉反应的必然要求。③诱发情感的心理效应。不同的光线、色彩的感觉会使人产生喜爱、高兴、兴奋、愉快、美好、幸福、自豪、哀伤等情感。④制造假象的心理效应。人为的环境营造，能使视觉反应出假象，造成假象的心理效应。

视觉环境的营造是对企业室内的光线、照明、装饰、色彩及室外的布局、绿化等方面的设计，营造一个富有吸引力的视觉环境，从而凸显企业独具特色的文化氛围和品位，创造积极的心理效应。

工作环境的主色调对人们的情绪、态度和行为有着重要的影响作用。例如，红色容易使员工变得激动、爱发脾气及焦虑不安，蓝色则使人安宁平静。因此，对员工周围环境的颜色进行有意识的规划和设计，对于员工的行为管理具有重要的作用。如果员工需要安宁平静的工作环境，可选择蓝色作为环境的主色调；如果要使员工提高工作效率，则可以把明度较低的色调换成明度较高的色调。

工作环境的照明设计关系到劳动效率、视力防护、劳动者健康和舒适等问题。合理、安全、高效的照明环境有利于提高劳动者的工作效率，有利于劳动者个人的身体健康和舒适。一般来说，把灯光调节到使人舒服的亮度，能平均提高产出率 3%～15%。要创造一个良好的照明环境，一方面要注意采用恰当的照明方式，避免对员工产生刺眼的照射；另一方面，要依据我国现行的《建筑电气设计技术规范》规定的标准提供适当的照度，避免光线过明或过暗。

不仅工作环境的颜色和照明会影响人们的态度与行为，而且环境的布局也会对员工的行为产生重要影响。宽敞、明亮、整洁、布局合理、使用方便的环境能使人心情愉悦、富有效率；如果在工作场所摆放一些花木，则更能使工作环境空气清新、优雅舒适。除了工作环境的布局以外，企业内部的整体布局和绿化对于提高员工的自豪感和归属感，对于在公众心目中塑造独特的企业形象都具有重要意义。1967 年，美国建筑师波特曼在亚特兰大海特摄政王旅馆设计了一个"中庭"。各层客房围绕着带有玻璃顶棚的多层大厅，引进阳光、蓝天、绿地、流水、山石及生物到室内，创造了一个富有天然胜地感觉的"共享空间"。阳光普照，绿茵葱葱，流水潺潺，鸟语花香，满足了现代人在室内也享受自然的迫切要求。一时间形象增色，声誉鹊起，人们争相仿效。

2. 企业听觉环境的营造

听觉环境给人带来的心理效应包括：①声音能引起愉快心情的心理效应；②能引起传递信息、产生无意注意的心理效应；③具有陶冶身心的心理效应；④能引起人们烦躁和消极的心理效应。听觉环境的营造是对工作环境中的音响控制以及音乐的应用等方面的设计，有意识地进行声响控制，营造一个高雅、舒适、恬静的听觉环境，从而创造积极的心理效应。

在有噪声的环境里，人们更容易产生心情抑郁、理解力下降、注意力不集中等不良反应。企业可以采取利用吸音板加厚墙壁或者安装消声器等措施控制噪声。一般认为，工作场所内的噪声应控制在 55 分贝以下。

为了改善室内的听觉环境，通常可以采用播放音乐的办法来抑制噪声。适宜的音乐可以陶冶身心、消除疲劳、提高效率。要根据工作性质、周围环境及员工的年龄分布、风俗习惯等因素来选择合适的音乐。研究表明，A 调的乐曲能使人情绪激昂；B 调的乐曲能使人悲哀忧伤；C 调的乐曲能使人和蔼可亲；D 调的乐曲能使人热情友好；E 调的乐曲能使人情绪稳定。对脑力劳动者适合在工作之余播放节奏轻快的音乐以松弛精神、缓解疲劳；对一般的工人可在工作间休息、上班前和午休时间播放节奏平缓的流行歌曲、世界名曲或轻音乐，以缓解紧张的劳动气氛；对挖掘等节奏感强的活动可播放流行舞曲、DJ 音乐等节奏感强的音乐。

3. 企业温度、湿度和嗅觉环境的营造

温度和湿度是影响人们的情绪与行为的重要因素。温度过高，湿度过大，会使人们容易疲倦，产生烦躁情绪，降低工作效率；温度过低，会影响人们的敏感度，并引起上呼吸道黏膜感染，呼吸困难。温度和湿度环境的营造就是选择适合企业工作性质、让人感觉舒服、愉快的温度和湿度。企业一方面可以多设窗户进行自然通风，另一方面可安装排风扇进行人工通风，并经常打扫卫生和吸尘、除尘。也可在条件许可的情况下安装空气净化器、抽湿机、加湿器、空调等设备，并随时调节室内的温度和湿度。一般来说，温度保持在 15～20 ℃最为舒适，但不同劳动强度的舒适温度存在较大差别。例如，坐着从事脑力劳动的舒适温度为 20 ℃，坐着从事轻体力劳动的舒适温度为 19～20 ℃，站着从事轻体力劳动的舒适温度为 17～18 ℃，站着从事体力劳动的舒适温度为 16～17 ℃，从事很重的体力劳动的舒适温度为 15～16 ℃。湿度一般控制在 60%～70%为最好。

此外，室内还可以利用花卉香料、盆景等营造一个清香的嗅觉环境。良好的嗅觉环境能使人心情舒畅、精神愉悦。制造清香环境的方法，除了放置盆景以外，还可以用人工制造的香味，如燃点熏香料、喷洒香水等。在使用人工方法制造香味时要注意以淡雅为宜。如果气味过重、香味刺鼻，效果就适得其反了。

（二）企业人文环境的营造

企业人文环境的营造主要是对企业的领导行为设计、沟通行为设计和文化活动设计。

1. 企业领导行为设计

领导是企业的核心人物，是企业营运模式和管理制度的主要设计者，是企业文化氛围的主要营造者，领导行为直接影响着企业员工的士气，关系到企业形象的好坏。中外许多成功企业的经历告诉我们：好的企业领导者是企业成功的一半。

杰出的企业领导者总是那些具有卓越才能的人。美国普林斯顿大学的教授认为，企业领导者必须具有以下十大素质：合作精神、决策才能、组织能力、恰当地授权、勇于应变、勇于负责、敢于创新、敢于冒险、尊重他人、品德超人。这些素质几乎没有人是通过先天

遗传而继承的，都是在长期的实践磨炼中逐步培养的。

杰出的企业领导者往往是企业文化价值观念的人格化象征，其领导行为对于企业形象的塑造具有非常重要的作用。例如，杰克·韦尔奇之于通用电气公司，张瑞敏之于海尔公司，比尔·盖茨之于微软公司，乔布斯之于苹果公司，雷富礼之于宝洁公司，曹德旺之于福耀玻璃集团公司，任正非之于华为技术有限公司等。这些领导者的言行举止直接代表了企业的形象，体现了企业的经营风格，反映了企业的价值取向，对企业个性形象的塑造具有不可替代的引导作用。

企业领导者的领导作风是形成企业文化氛围的关键。美国社会心理学家卢因把领导者的领导作风分为三种类型：民主作风、专制作风和放任自流的作风。民主型领导作风工作效益最高，不但能取得预期的工作绩效，而且群体成员关系融洽，工作积极性高，富有自觉性和创造性；专制型领导作风的工作效率次之，它通过严格管理虽能达到工作目标，但使群体成员往往以"我"为中心而缺乏责任感，遇挫时推卸责任，争吵攻击，领导在不在场，工作效益大不一样；放任自流的领导作风工作效率最低，只能达到社交目标而完不成工作目标。因此，企业领导者的领导作风有明确的好坏等级之分。企业领导者只有奉行最佳的民主型领导作风，才能使企业具有和谐的文化氛围，使工作卓有成效。

领导是一种技能，更是一门艺术。领导者要不断地提高自己的领导水平，提升领导艺术。

（1）用人的艺术。用人的方法和艺术在领导工作中占有特别重要的位置。

①善于用人所长。用人之诀在于用人所长，且最大限度地实现其优势互补。用人所长，首先要注意"适位"。领导者要知人善任，把合适的人才安排到最适合其才能及个性的岗位上，实现人才所长与岗位所需的最佳组合。其次要注意"适时"。"用人用在精壮时"。界定各类人才所长的最佳使用期，不能单纯以年龄为依据，而应以素质做决定，对看准的人一定要大胆使用、及时使用。最后要注意"适度"。领导者用人不能"鞭打快牛"，如果长期压着那些工作责任心和工作能力都较强的人在"快车道"上超负荷运转，这些"快牛"就会成为"慢牛"或"死牛"。

②善于用人所爱。有位中学生曾向比尔·盖茨请教成功的秘诀，比尔·盖茨对他说："做你所爱，爱你所做。"因此，领导者在用人过程中，要知人所爱、帮人所爱、成人所爱，这样才能充分发挥人才的积极性。

③善于用人所变。许多名人成功的经历告诉我们：人的特长是可以转移的，能产生特长转移的人，一般都是创新思维与能力较强的人。对这种人才，领导者应倍加珍惜，应适时调整对他们的使用，让他们在更适合自己的发展空间里施展才华。

（2）用权的艺术。运用权力是管理者实施管理的基本条件。管理职能发挥的效果好坏主要取决于权力运用艺术水平的高低。领导者需要做到以下几点。

①规范化用权。领导者要遵守法定权限，不向上越权和向下侵权。

②谨慎性用权。领导者不要轻易动用法定权力，但在必要时要敢于果断用权。当一个领导者处理任何事情都要依赖职权作为后盾时，说明其领导行为已经濒临失败的边缘。

③实效化用权。领导者要保持权力的诱导和控制功能，使下属不能逾越和冲垮权力底线。

④体制外用权。领导者要以个人影响力弥补组织法定权力之不足，依靠个人影响力使

下级达到自觉服从的效果。依靠强制性的职权力量进行领导，往往在危机状态和应急状态下才具有特殊的效用。在大多数情况下，领导者必须依靠个人的影响力，通过体制外用权，展示凝聚性领导的魅力。

（3）授权的艺术。其包括合理选择授权方式，权力下放但责任不下放，依据下级能力的高低授权，明确所授工作任务的目标、责任和权力适度授权，授权后对下属的工作要进行合理的监督控制等。

（4）决策的艺术。决策是领导过程的核心，决策艺术是领导艺术的重中之重。领导者要强化决策意识，提高决策水平，尽量减少各种决策性浪费。这要求领导者必须做到以下几点。

①注重决策前的调研。领导者要把一切决策都建立在对实际情况的充分把握和准确判断的基础上。

②注意决策的民主化。领导者在决策中要充分发扬民主，广泛听取各方面的意见，优选决策方案。

③注意决策后的落实。决策一旦确定，领导者就要保证落实，做到"言必信，行必果"，绝不能朝令夕改。

（5）激励的艺术。领导者要调动下属的积极性，就要学会激励下属。这需要领导者做到以下几点。

①注意适时进行激励。领导者要善于经常适时、适度地激励下属。

②激励要注意因人而异。每个人的需求都不一样。领导者在激励下属之前，要弄清楚被激励者的喜好，尽可能"投其所好"，这样才能达到预期的效果。

③注意激励手段的多样性。激励的手段包括目标激励、榜样激励、责任激励、竞赛激励、关怀激励、许诺激励、金钱激励等多种方式。这些方式总体上可分为精神激励和物质激励两大类。领导者要以精神激励为主，以物质激励为辅，从而形成一种长效的激励机制。

2. 企业沟通行为设计

在企业经营活动中，如果上传下达、下情上察，企业的信息沟通渠道畅通无阻、沟通方便，就能形成一种良好的氛围。这既是企业行为识别系统设计与管理的重要内容，也是导入 CIS 所追求的重要目标之一。

企业沟通的途径一般可分为正式沟通和非正式沟通两种。

正式沟通是在企业内部根据明文规定的原则进行的信息传递与交流，如企业内部的文件传达、召开会议、上下级之间的定期交流等，包括下行、上行、横向几种方式。当上级以命令的方式向下级传达上级所决定的政策、计划、规定之类的信息时，所进行的是下行沟通；当下级依照规定向上级提出书面或口头报告及建议时，进行的是上行沟通；企业内同一层次不同业务部门之间的信息沟通则是横向沟通。企业常用的正式沟通的方式包括：定期进行公开演讲或员工大会，举行座谈会、交流会等小型会议，定期出版报纸、杂志等出版物，设置管理者信箱或热线电话，有针对性地进行个别交谈等。

非正式沟通是通过正式规章制度和正式组织程序以外的其他各种渠道进行的沟通。这些途径繁多且无定向。例如，员工之间的随意交谈、闲聊，走动式交谈、吃饭时的交谈等。

非正式沟通可以弥补正式沟通渠道的不足，传递正式沟通无法传递的信息和情感。

美国著名的未来学家奈斯比特指出："未来竞争是管理的竞争，竞争的焦点在于每个社会组织内部成员之间及其与外部组织的有效沟通之上。"因此，构建完善的沟通网络是企业策划和管理行为识别系统的重要方面。企业在设计内部沟通网络时，要注意以下几方面。

（1）确定明确的沟通目标。构建企业内部沟通体系的总体目标，是为了提高员工满意度和归属感，保证企业战略目标的实现。

（2）创建鼓励性的沟通氛围。根据美国学者杰克·吉布（Jack Gibb）所说，沟通氛围是一个从防御性到鼓励性的连续体，鼓励性氛围有利于促进开放，而防御性氛围则会限制沟通过程。因此，企业要营造一个鼓励性的沟通氛围，使员工能够进行广泛的交流。

听取员工心声

美国西南部一家大型公用事业公司业绩不振，公司总裁采取了一种非常特殊的手段。他让公司的中层主管上报哪些人是最具影响力的人。"不要管职称和岗位"，"哪些人代表了本公司的决心？"他想知道，公司若想把决策贯彻下去，需要得到哪些支持。经过一个星期的深思熟虑，中层主管们报上了一份耐人寻味的名单，上面列示的言论领袖都是典型的员工，他们包括一些工程师、应收账款员、货运卡车司机、秘书、一些中层主管本身，甚至还包括一名清洁工。

这名总裁随后召集了一线主管及所有的言论领袖开了一次会。他交给大家一份议程和计划，说道："这是我们在财务上应有的表现，这是我们的生产效率应达到的水平……"展示了所有的大目标和挑战后，他总结道："我本来打算问中层主管该怎样干，可是他们告诉我诸位才是使公司运转的灵魂人物，所以我邀请各位一起参与。我需要在场的各位协助。我应当有什么样的激励计划和奖励方案，才能使大家齐心来做这件事呢？"这些言论领袖回到各自的工作岗位后都在猜测："为什么他会问我？""工作不知道还保不保得住？""提了意见后不知会不会秋后算账？"可是总裁意志坚定，一些员工经过认真思考后，交出来的答案不仅令人惊奇，而且效果也很好。中层主管们不禁对这种反应感到震惊——他们早该在数年前就这样做了。经过这次转型后，该公司开始步入正轨，保持持续增长。

资料来源：https://www.51test.net/show/1052858.html.

（3）构建完善的沟通网络。一般而言，企业内部存在链型、环型、Y型、轮型和全通路型五种较为普遍的沟通网络形式。链型沟通网络是典型的命令链，参与程度较低；环型沟通网络没有明显的领导者，成员的满足程度均较高；Y型沟通网络集中化程度高，解决问题速度快，但成员的满意程度较低；轮型沟通网络集中化程度高，但中心人物要承担过多的沟通与反馈工作；全通路型沟通网络允许所有的成员彼此沟通，合作气氛浓厚，但沟通渠道太多，易造成混乱。因此，企业应根据实际情况，构建多种形式的沟通网络。工作中正式的业务或工作指示沟通，应当以上下级沟通为主。对于部门或员工之间的沟通，则可以采用一些经验交流，跨部门、跨小组的团队活动。同时，要注意发挥非正式组织在企业内部信息沟通中的积极作用。

（4）根据沟通内容确定沟通的方式及方法。企业内部沟通从内容上看一般可分为情感沟通、业务信息沟通、战略决策沟通、制度沟通、企业文化沟通等类型。

情感沟通是企业创造和维持良好的人际工作环境，提高员工的工作热情和绩效而进行的内部沟通工作，可以通过举办生日宴会、旅游活动、体育活动及各类竞赛、创建企业内部杂志等方式，促进员工之间充分的情感交流。

业务信息沟通是企业管理中对人们关于自己怎么工作和应该怎么工作及目前工作得如何的基本业务信息的沟通。这类沟通主要是上级对下级的指令，通过培训及操作指导书以书面的形式来完成沟通。在构建内部沟通体系时，可加入口头、双向、非正式沟通的方式，如恳谈会、分享会、座谈会等，以提高员工的积极性。

战略决策是企业经营管理能力的综合体现。战略决策信息只有在所有执行者之间被深入传达、领会了，战略决策的执行力才有真实可靠的保证。在构建内部沟通体系时，除以通告的方式来传达战略决策信息外，可增加如杂志、广播、内部网站等多种渠道，还可以采取"企业战略沙龙"、企业战略培训会、企业战略研讨会等方式，实现企业战略决策沟通的深入性。

在企业管理中，当制度发生变化时需要及时进行深入的沟通，以便使企业成员人人知所当知，并为所当为。在构建内部沟通体系时，除采用的通告、公告等方式传达外，还可采用电子邮件、内部网等沟通方式。同时还可在制度沟通中增加人性化的因素，如通过"经理与你零距离"活动将制度解释给基层员工，或由资深员工或各级主管主持分享会，以增强员工对制度的理解与执行。

企业文化是企业经营管理过程中提倡或形成的独特价值观和行为规范。为了让员工体验企业文化的精髓，可以在新员工进入企业之初让一些对企业文化有深刻体验的优秀员工和他们分享；可以通过工作竞赛等让员工在竞赛中体会企业团结协作、努力拼搏、优质高效的企业精神；可以通过定期的教育日和纪念日等活动让员工深入理解企业理念，感悟企业独特的文化氛围。

建立完善且独具特色的内部沟通体系以后，为保证沟通体系的有效运行，还要设立专门人员负责监管整个企业所有的内部沟通行为，建立收集员工对沟通体系意见的有效渠道，听取员工对内部沟通体系的反馈，进行企业内部沟通满意度的调查，以便使企业内部沟通体系不断完善。

阅读资料

摩托罗拉公司的内部沟通制度

在摩托罗拉公司，每一个公司的高级主管都被要求与普通操作工形成介乎于同事与兄弟姐妹之间的关系——在人格上千方百计地保持平等。"对人保持不变的尊重"是公司的个性。最能体现其个性的是它的"Open Door"。"我们所有管理者办公室的门都是绝对敞开的，任何职工在任何时候都可以直接推门进来，与任何级别的上司平等交流。"

每个季度第一个月的 1 日到 21 日，中层干部都要同自己的手下和自己的主管进行一次关于职业发展的对话，回答"你在过去 3 个月里受到尊重了吗？"之类的 6 个问题。这种对话是一对一和随时随地的。

摩托罗拉的管理者为每一个下层的被管理者预备了 11 条这种"Open Door"式表达意见和发泄抱怨的途径。

（1）I Recommend（我建议）。书面形式提出对公司各方面的意见和建议，"全面参与公司管理"。

（2）Speak out（畅所欲言）。保密的双向沟通渠道，如果员工要对真实的问题进行评论和投诉，应诉人必须在 3 天之内对隐去姓名的投诉信给予答复，整理完毕后由第三者按投诉人要求的方式反馈给本人，全过程必须在 9 天内完成。

（3）G.M Dialogue（总经理座谈会）。每周四召开座谈会，大部分问题可以当场答复，7 日内对有关问题的处理结果予以反馈。

（4）Newspaper and Magazines（报纸和杂志）。公司给自己内部报纸起的名字叫《大家庭》。

（5）DBS（每日简报）。方便快速地了解公司和部门的重要事件和通知。

（6）Town-hall Meeting（员工大会）。由经理直接传达公司的重要信息，有问必答。

（7）Education Day（教育日）。每年重温公司文化、历史、理念和有关规定。

（8）Notice Board（墙报）。

（9）Hot Line（热线电话）。你遇到任何问题时都可以向这个电话反映，昼夜均有人值守。

（10）ESC（职工委员会）。职工委员会是员工与管理层直接沟通的另一个桥梁，委员会主席由员工关系部经理兼任。

（11）589 Mail Box（589 信箱）。当员工的意见尝试以上渠道后仍无法得到充分、及时和公正的解决时，可以直接写信给天津市 589 信箱，此信箱钥匙由中国区人力资源总监亲自掌握。

资料来源：http://edu.sina.com.cn/l/2004-05-10/67771.html.

3. 企业文化活动设计

卢梭在《社会契约论》中将"文化"定义为："文化是风俗、习惯，特别是舆论。"企业文化是企业所有成员共享并传承给新成员的一套价值观、共同愿景、使命及思维方式，它代表了企业中被广泛接受的思维方式、道德观念和行为准则。企业文化包括物质文化、行为文化、制度文化和精神文化四个层面。物质文化是企业创造的产品和各种物质设施等构成的物质形态；行为文化是企业员工在生产经营活动中所表现出来的行为特征；制度文化是企业的制度设计和员工的行为规范，包括企业的领导体制、组织机构、管理制度、明文规定的行为规范和没有明文规定的风俗习惯；精神文化是企业在经营过程中形成的群体意识、价值观念和理想追求，是以企业精神为核心的价值体系，集中体现一个企业独特的、鲜明的经营思想和个性风格，反映了企业的信念和追求，是企业群体意识的集中体现。这里的"文化"，不是利润，而是对利润的心理；不是人际关系，而是人际关系所体现的为人处世的哲学；不是舒适优美的工作环境，而是对工作环境的感情；不是企业管理活动，而是造成那种管理方式的原因。总之，企业文化是一种渗透在企业一切活动之中的东西，它是企业的灵魂所在。设计企业的文化活动，其目的就是要通过丰富多彩的文化活动进行企业内共同价值观的整合、塑造，来凝聚、引导、约束、激励企业员工的思维和行为，使企业形成文化力，并进而带动员工的行动力，最终提升企业的竞争力。

美国管理学家约翰·科特、詹姆斯·赫斯克特在《企业文化与经营业绩》中将企业文化分为强力型企业文化、策略合理型企业文化和灵活适应型企业文化三种类型。强力型企业文化的公司中，几乎每一位经理都具有一系列基本一致的共同价值观念和经营方法，企业新成员也会很快接受这些价值观念和行为方式。这些公司一般具有特有的风格或经营模式。策略合理型企业文化产生于对强力型企业文化的批评。如果企业文化想对企业的经营业绩产生正面的影响，就要团结企业员工，调动企业员工的积极性。只有当企业文化"适应"于企业环境时，这种文化才是好的、有效的文化。按照这一理论的基本观点，与企业经营业绩相关联的企业文化必须是与企业环境、企业经营策略相适应的文化。灵活适应型企业文化能够使企业灵活适应市场经营环境的变化，并在这一适应过程中领先于其他企业的企业文化。这种企业文化在员工个人生活和公司生活中都提倡信心与信赖感、不畏风险、注重行为方式，员工之间相互支持，勇于发现问题、解决问题，彼此信任，具有排除一切困难、迎接各种机遇的能力。具有较高的工作热情，有愿意为公司发展牺牲一切的精神和敢于革新、欢迎变革的态度。

设计企业独具特色的文化活动，需要做好以下几方面工作。

（1）进行企业文化现状的调查和诊断。

（2）确定企业文化建设的目标。

（3）依据企业实际进行企业文化的定位，明确企业文化建设的类型。

（4）进行企业文化的提炼与设计。

（5）采用有效的方法进行企业文化的灌输。灌输企业文化的措施包括：①组织编写企业文化手册，对企业文化特别是企业理念进行通俗易懂的诠释。②举行企业文化的导入仪式。③采取多种形式强化企业文化的训导，以便在较短的时间内使员工对企业文化产生认同感。④建立企业的文化网络。完善的企业文化网络是建设企业文化的关键。企业的文化网络建设包括：语言传播网络，如企业的新闻发布会、员工大会、演说宣传、座谈会、表彰大会、主题会议、质量大会、营销会议等；实物传播网络，如企业的产品、纪念品、象征物、建筑物、厂区环境、办公物品、橱窗、展厅、指示牌和文化墙等；企业的纸质传播网络，如企业的公司宣传册、公司文化特刊、公司内部简章、企业板报、企业平面广告等；企业的电子文化网络，如企业的广播、电视、电影、录像、录音和幻灯、企业内部网、BBS、短信平台、微信公众号、内部的电子显示屏等。

（6）以各种活动为载体，进行企业文化的推展。如晨会、劳动模范报告会、经验交流会、主题文艺晚会、表彰会、运动会、合理化建议评奖会等，使员工在潜移默化中接受企业文化。

（7）从制度上保证企业文化。制度是企业文化理念的重要载体。通过建立和完善企业的各项制度，使企业所倡导的价值观念和行为方式规范化、制度化，从而保证企业文化的形成和巩固。

（8）使企业文化习俗化。企业习俗是企业长期相沿、约定俗成的典礼、仪式、行为习惯等，是企业员工在长期的共同工作中形成的习惯做法，是全体员工默认的、自觉遵守的规范，而不是强迫的、书面制度式的规定，是一种"软约束"。当企业的价值观念和行为规范变成员工的一种习惯、一种信念和追求时，员工与企业所倡导的价值观念一致的行为就是一种完全自觉的行为。这是企业文化建设的一种理想状态。

企业文化的习俗化一方面表现为员工行为的自觉状态，另一方面表现为企业惯例化、习惯化的礼仪和仪式活动，如升旗仪式、对新员工的欢迎仪式和对离职或退休员工的欢送仪式、新产品下线的剪彩仪式及日常的礼仪等。这些是营造企业的文化氛围、使员工产生文化认同和文化自觉的重要手段。企业文化学家特伦斯·E.迪尔在《新企业文化：重获工作场所的活力》中分析了习俗中的仪式在企业文化建设中的作用："作为问候和道别仪式的握手与拥抱，围坐在咖啡壶和饮水机旁的闲聊，午休时间、下班后的幸福时光。礼仪把时光结合在一起，它们形成了纽带把人们联系在一起，甚至是在艰难时期。……在仪式中，行动在说话，它帮助我们感受到意识层面以下的东西，并与之联系在一起，它帮助群体为履行文化职责做好准备。"[①]

三、企业管理行为识别设计

（一）员工招聘行为设计

员工招聘是企业根据人力资源规划和工作分析的要求，从企业内部和外部吸收人力资源的过程。员工招聘包括员工招募、甄选和聘用等内容。企业最重要的资源是人力资源。招聘是企业获得人力资源的首要途径。从行为识别的角度讲，企业招聘员工除了要遵循人员招聘的一般原则和程序外，还应该设计特色化的招聘方式。

1. 员工招聘的一般要求

招聘员工首先要确定的是招聘标准。总的来说，招聘员工的标准是应聘者有能力完成岗位职责，达到工作目标。由于不同岗位的工作具有不同能力及个性特征的要求，因此，招聘员工的具体标准要视岗位的特殊要求而定。一般而言，要求具有良好的道德素质和身体素质，具有与岗位的工作要求相一致的学历水平、业务能力和工作经验。企业可以通过观察和背景调查来了解应聘者的以上情况，并将静态分析和动态分析结合起来，将知识测试和能力测试结合起来，判断应聘者是否达到了既定的招聘标准。

虽然招聘员工的标准因企业的不同而有所差异，但在招聘员工的过程中都应该遵循以下原则：①因事择人。员工的招聘应以实际工作的需要和岗位的空缺情况为出发点，根据岗位对任职者的资格要求选用人员。②公开、公平、公正。招聘员工时要公示招聘信息、

---

① 迪尔，肯尼迪. 新企业文化：重获工作场所的活力[M]. 孙健敏，等译. 北京：中国人民大学出版社，2009：9.

招聘方法，并保证招聘制度给予合格应征者以平等的获选机会。③竞争择优。在员工招聘中要引入竞争机制，在对应聘者进行全面考察的基础上择优选拔录用。④效率优先。要用尽可能低的招聘成本录用到合适的最佳人选。⑤德才兼备。招聘中要注重应聘者的品德修养，做到以德为先、德才兼备。⑥先内后外。招聘时应先从公司内部选聘合适人才，在此基础上进行对外招聘，以便充分运用公司现有的人力资源。⑦扬长避短。尺有所短，寸有所长。不能用十全十美的标准来招聘员工。每个岗位要求的能力不同，只要一个人的能力和秉性适合于特定的工作岗位，而他（她）的不足不至于阻碍完成任务，就应将其列入考虑的范围。

2. 员工招聘的特色化设计

企业招聘员工的过程，既是选拔人才的过程，更是进行形象宣传、展现自己独特风采的过程。企业应该把员工招聘当作一场形象营销活动，使招聘方式更有特色、更有个性、更具实效性。

员工招聘的特色化包括：①用人标准的特色化。例如，海尔公司"人人是人才，赛马不相马"就体现了与众不同的用人标准。②招聘渠道的特色化。传统的招聘会、校园招聘、猎头、内部推荐等渠道已经被企业广泛采用。随着网络技术的飞速发展，一些企业采用专业论坛、社交网站、QQ、微博、微信等新型网络招聘渠道就显得别具一格。③招聘宣传的特色化。独具特色的招聘广告既使企业获得了较高的关注率，更成为口碑传播的对象，而获得较高的知名度和美誉度。④招聘方式的特色化。企业在招聘流程、招聘的具体形式上的特色化设计，都会给应聘者留下深刻的印象，并被广泛传播。

阅读资料

知名企业的特色面试

日产公司：请你吃饭

日产公司认为，那些吃饭迅速快捷的人，一方面说明其肠胃功能好，身强力壮；另一方面体现他们往往干事风风火火，富有魄力，而这正是公司所需要的。因此对每位来应聘的员工，日产公司都要进行一项专门的"用餐速度"考试——招待应聘者一顿难以下咽的饭菜，一般主考官会"好心"叮嘱你慢慢吃，吃好后再到办公室接受面试，那些慢腾腾吃完饭者得到的都是离开通知单。

壳牌石油：开鸡尾酒会

壳牌公司组织应聘者参加一个鸡尾酒会，公司高级员工都来参加，酒会上由应聘者与公司员工自由交谈，酒会后，由公司高级员工根据观察和判断，推荐合适的应聘者参加下一轮面试。一般那些现场表现抢眼、气度不凡、有组织能力者会得到下一轮面试机会。

假日酒店：你会打篮球吗

假日酒店认为，那些喜爱打篮球的人，性格外向，身体健康，而且充满活力，富于激情。假日酒店作为以服务至上的公司，员工要有亲和力、饱满的干劲，朝气蓬勃，一个缺乏兴趣、死气沉沉的员工既是对公司的不负责，也是对客人的不尊重。

美国电报电话公司：整理文件筐

先给应聘者一个文件筐，要求应聘者将所有杂乱无章的文件存放于文件筐中，规定在10分钟内完成。一般情况下不可能完成，公司只是借此观察员工是否具有应变处理能力，是否分得清轻重缓急，以及在办理具体事务时是否条理分明，那些临危不乱、作风干练者自然能获高分。

统一公司：先去扫厕所

统一公司要求员工有吃苦精神以及脚踏实地的作风，凡来公司应聘者，公司会先给你一个拖把叫你去扫厕所，不接受此项工作或只把表面洗干净者均不予录用。他们认为一切利润都是从艰苦劳动中得来的，不敬业，就是隐藏在公司内部的"敌人"。

资料来源：http://finance.cctv.com/20070131/105767.shtml.

（二）员工考评行为设计

对员工进行及时、准确的考评，对于改进员工的工作行为、保证行为规范的贯彻、塑造独特的企业形象具有非常重要的意义。

1. 设计科学的考评标准

对员工的考评必须依据客观的考评标准。考评标准的制定和选择对员工的行为具有重要的导向作用。一般来说，企业对员工的考评可从工作行为评价和工作成果评价两方面进行。工作行为评价主要是对工作行为的规范性进行人与人之间的相互比较和对照统一标准的绝对评价，而工作成果评价主要是针对工作后的成果进行相互比较和绝对评价。这两方面的考评内容相辅相成。在导入企业行为识别系统的过程中，特别要注重对工作行为的考评。具体考评内容包括：员工的工作热情、主动性；员工的开拓性和创造力；员工的合作态度与协调能力；员工日常履行行为准则的情况；员工的工作效率和工作绩效；等等。

2. 选择科学的考评方法

在制定了科学、合理的考评标准后，选择科学的考评方法就是保证对员工作出全面、系统、客观、公正和准确的评价的关键。企业可以采用以下方法对员工进行考评：①自我评价法，即让员工对自己在工作中的表现、取得的成果及存在的问题进行自我评价的一种方法；②民意调查法，即以民主方式通过民意测验来评定员工的行为和绩效的方法；③实测法，即通过各种项目实际测量进行考评的方法，如采用现场作业对员工进行生产技术、技能的考评等；④事实记录法，即将员工取得的工作绩效（如生产数量、进度、顾客投诉等）记录下来，以最后累积的结果进行评价的方法；⑤情境模拟法，即设计特定情境以考察员工现场随机处置能力的一种方法。⑥因素评分法，即分别对各项评估因素评分，然后汇总确定考核结果的一种考核方法；⑦直观评估法，即依据对员工平日的接触与观察，由考评者凭主观判断进行评价的方法，这种方法简便易行，但易受考评者的主观好恶影响，科学性差。

3. 严格遵循考评原则

企业在考评员工过程中，应该掌握以下原则：①事前性。考评标准应在考评之前制定和公布，以便遵照执行，而不应用事后制定的标准评价以前的行为。②参与性。只有让被评价的员工参与，才能取得他们的合作和理解。③公正性。评价标准、评价行为、评价过程都应该公正，且每一部门、每一员工都应接受评价。④规范性。考评本身应尽可能客观、准确、明确、科学，以求最大限度地减少主观偏见、感情色彩等个人因素。⑤可靠性。要保证所得到的信息的可靠性，就要求评价者平时对被评价者经常注意观察，同时还要求尽量征求各个方面的意见。

（三）员工激励行为设计

对员工的激励与对员工的沟通密切相关，可以说，沟通本身就是一种激励。二者的区别是：沟通偏重于信息的交流，激励则侧重于通过满足员工的需要以调动员工的积极性，提高工作绩效。

影响员工工作绩效的因素主要有两方面：一是员工的工作能力，二是员工的工作积极性。在员工能力一定的情况下，工作绩效就主要由员工的工作积极性决定。积极性越高，工作绩效就越好。一般来说，工作积极性决定于企业的激励机制，包括动力机制和约束机制两部分。灵活运用这两种机制，能够有效地激发员工的成就感、荣誉感和奉献精神。

1. 有效激励的基本原则

在现实的激励活动中，要保证激励的有效性，要遵循以下原则。

（1）以满足员工的需要为中心。需要是人的行为的动力之源，它决定了行为的发生以及发生的方向。因此，激励要从员工的需要出发并围绕员工需要的满足展开。

（2）物质激励与精神激励相结合。人们的需要有物质需要和精神需要两方面。因此，对员工的激励也要从物质和精神两方面入手，并依据员工的具体情况权宜应变。

（3）公平竞争。企业在对员工进行激励时，不能轻重失衡、厚此薄彼，否则就会影响内部团结，从而影响工作绩效。需要注意的是，强调公平原则并不是平均分配，而应该以员工在公平竞争环境下的工作绩效为依据。

（4）目标、制度、竞争与合作协同。一个明确而合理的目标具有强大的激励作用。企业目标的激励性很大程度上取决于其满足员工个人需要的程度。制度是依据组织目标设计的，制度的激励作用主要在于它的强制性。而一个具有激励性的制度安排还在于它对组织内部竞争与合作的鼓励和支持，因为竞争和合作本身都具有极强的激励作用。

2. 设计有效的激励方式

企业可以依据自身的实际，设计独特有效的激励方式。

（1）物质激励。物质激励是运用物质手段使员工得到物质利益上的满足，从而调动员工的积极性、主动性和创造性的激励方法，包括报酬激励、福利激励和环境激励三个方面。报酬激励主要有工资、奖金、员工持股和股票期权等方式；福利激励是企业提供给员工的间接报酬，主要包括保险、休假、员工帮助计划等；环境激励是企业通过营造让人舒适的办公、生活等客观环境和良好的规章制度等主观环境来激发员工的积极性和创造性的激励方式。

（2）精神激励。精神激励是为满足员工的精神需要采取的激励方式，包括情感激励、目标激励、信任激励和赏识激励等方式。情感激励是通过关心员工的精神生活和心理健康，在企业内部营造相互信任、融洽、支持的氛围以增强员工对企业的归属感的激励方式；目标激励是通过设置合理的目标，并使员工个人目标与企业目标紧密相连，以激励员工的积极性、主动性和创造性的激励方式；信任激励是管理者在尊重员工的劳动和意见的基础上，充分信任员工，放手使用员工，使员工产生被尊重感、亲密感和责任感，产生为企业、为社会努力工作的积极性的激励方式；赏识激励作为精神激励的一种重要方式，就是充分发现员工的才能和价值而予以充分重视或肯定，以激发员工的工作热情和积极性。

（3）成果激励。成果激励是通过对员工的工作成绩给予合理的评价，并在此基础上对员工的工作业绩予以恰当的奖赏，从而保证员工行为的持续性的激励方式。

（4）培训激励。培训激励是通过对员工思想、文化、专业技能等方面知识和技能的培训，以提高员工素质，满足其发展的需要的激励方式。

吉利公司：别具特色的"员工关爱日"

2019年6月26日，浙江吉利控股集团（以下简称"吉利"）迎来了第二个"员工关爱日"。分布在全球各地的吉利人，以爱之名用集体生日趴、员工座谈会、内部抢购惠等多种形式共同庆祝这一美好时刻，塑造员工元气、凝聚员工之心，共同分享吉利人的快乐与幸福。

在杭州吉利总部，吉利党委、工会代表与各部门员工代表共聚一堂，聆听员工在工作、生活、福利保障、管理规程等方面的心声，为员工提供更便捷、更全面的服务。通过员工座谈会、总经理面对面等多样创新轻松的形式，吉利为员工创造了"敢于表达、积极表达"的心声平台，确保每一位员工在吉利工作顺心、舒心、安心，持续提升员工工作生活的满意度。同时，吉利也在总部园区开展了"关爱巡游""爱的关怀"等多样活动形式。身着玩偶装的文化大使、各级领导纷纷为幸运员工送上抽奖券，不断送出好运礼。对于在孕的准妈妈、刚完成角色升级的新妈妈以及长年奋斗在营销一线的员工，吉利还准备了相应的特别关爱礼包，不断提升员工的幸福指数。

对于6月过生日的员工，吉利更精心组织了一次集体生日会。印有"吉利的我们"的专属定制生日蛋糕，巧传乒乓球、蒙眼喂食、隔空取物等互动游戏，专属生日礼物，共唱生日歌等丰富的活动形式共同把现场气氛推向了高潮，处处洋溢着欢声笑语。

此外，吉利还设立了精品展示体验专场，吉利员工订购吉利原厂精品均可享特惠员工价。在线上订购平台，吉利也通过吉淘淘网上商城向全体员工惠购补贴，并且可使用吉点点、现金、餐卡等多种方式及组合方式支付。

秉承着"快乐人生，吉利相伴"的核心价值理念，除了"员工关爱日"这一特殊节日，吉利更为员工打造了一套全过程生命周期关爱体系，最大限度赋能员工，激发员工巨大创造力，从而推动企业可持续发展。除社保外，吉利每年还花费近亿元为员工及家属购买商业险。截至2019年5月，吉利商业险计划已覆盖18万名员工及家属，共计5 000多个员工家庭获得帮助。

吉利汽车集团副总裁、销售公司总经理林杰表示："唯有尊重员工、成就员工、幸福员工，才能凝聚吉利向上发展的原动力。吉利汽车每一次跨越的背后都有大家拼搏的身影，正是大家就就业业的辛勤付出，才有今天的这份来之不易的成绩，每一位员工都是吉利的奋斗者和筑梦人。只要我们继续坚定信念、同心同德、并肩携手，吉利一定能实现全球汽车企业前十强的伟大目标，吉利的秀美画卷将更绚丽。"

资料来源：吉利以爱之名暖心开启"员工关爱日"[EB/OL]. (2019-06-27). https://www.sohu.com/a/323299775_100303339.

（四）员工培训行为设计

在人才成为企业竞争力最重要的来源、知识成为企业日益重要的资源的背景下，对员工进行系统的培训，从而提高经营管理者的管理水平和员工的操作技能，实现员工行为的规范化，是企业导入 CIS 的重要内容。

1. 设计合理的培训内容

一般而言，企业对员工的培训包括企业文化培训和业务能力培训两方面。

企业文化培训的目的在于提高员工对企业文化的认同感和对企业的归属感，内容包括公司的发展史、对公司发展具有重要影响的人物、公司的经营理念及其含义、公司理念的具体运用方式、公司的行为准则、公司的奖惩制度等。

业务能力培训的目的在于提高员工的技能水平，为其高质量地履行工作职责、完成工作任务创造条件。员工的业务能力培训包括通用能力培训和岗位能力培训两个方面。通用能力是适用于任何工作岗位的能力，主要提升员工的综合素质，如沟通能力、反应能力、决断能力、时间管理能力等；岗位能力是适应于履行特定岗位的工作职责所要求的能力。不同的岗位对业务能力的要求不同，因而培训的内容和方式都不一样。如营销部门侧重于提升员工的营销策划、市场洞察、推销谈判技巧等能力的培训，财会部门侧重于提升财会人员的会计核算与账务处理、编制财务报告、资金管理等能力的培训。

2. 选择有效的培训方法

灵活多样、针对性强的培训方法是保证培训效果的关键。从企业行为识别系统的角度看，企业要从本企业的实际条件出发，从下列培训方法中选择或者创新培训方法，形成独具特色的培训模式。可采用的培训方法包括以下几种。

（1）讲授法：这是传统的培训方式。优点是方便运用，便于培训教师控制整个过程。缺点是信息单向传递，反馈效果不佳。这种方法适用于企业理念的培训。

（2）视听技术法：通过现代视听技术（如投影仪等工具），对学员进行培训。这种方式运用视觉与听觉的感知，直观鲜明，但学员的反馈与实践较差，且制作和购买的成本高，内容易过时。它多用于企业概况、传授技能等培训内容，也可用于概念性知识的培训。

（3）讨论法：包括研讨会与一般小组讨论两种方式。研讨会常以专题演讲为主，中途或会后允许学员与演讲者进行交流沟通。这种方式，信息可以多向传递，反馈效果较好，但费用较高。小组讨论的信息能多向传递，学员的参与性高，费用较低，多用于巩固知识，训练学员分析、解决问题的能力与人际交往的能力，但运用时对培训教师的要求较高。

（4）案例研讨法：向学员提供相关的背景资料，让其寻找合适的解决方法。这一方法费用低，反馈效果好，可以有效训练学员分析解决问题的能力。

（5）角色扮演法：让学员扮演工作场景中的角色，其他学员与培训教师在学员表演后做适当的点评。这种方式信息传递多向化、反馈效果好、实践性强、费用低，多用于处理问题的能力的训练。

（6）互动小组法：这种方法特别适用于管理人员的人际关系与沟通训练，可以让学员在培训活动中亲身体验来提高他们处理人际关系的能力。这种方法可明显提高学员的人际关系与沟通的能力，但其效果在很大程度上依赖于培训教师的水平。

（7）网络培训法：这是新型的计算机网络信息培训方式，使用灵活，符合分散式学习的新趋势，能节省学员集中培训的时间与费用，传递新知识、新观念的优势明显。因此，这种方法特别为实力雄厚的企业所青睐，也是培训发展的一个必然趋势。

（8）工作轮换：让员工互换工作，一般是在一个岗位待上几个月，其目的是使受训人能获得不同的工作经验。

（9）指导：由有经验的员工对新员工进行个别指导，如我国企业普遍采用的"师傅带徒弟"的方式。

阅读资料

IBM 独具特色的新员工培训

所有的 IBM 新员工都是"新蓝"，包括大学刚毕业就加入 IBM 的"纯蓝"。IBM 的新员工培训一般都在本土进行。IBM 的新员工培训按照新员工的职属不同被分为两类：一类是针对业务支持的员工，主要指行政管理人员，即 Back-Office；另一类则是针对销售、市场和服务人员，占公司员工的大多数，称为 Front-Office。社会招聘的新员工因为有工作经验，进行的培训要比校园招聘的新员工精简一些。

Back-Office 培训

对新进入 IBM 公司的行政管理人员，要经过两个星期的培训，目标是使了解 IBM 的企业文化、政策等公司概况。之后回到自己的岗位上跟着一名指定的"师傅"（tutor）边工作边学习，这也就是常说的 IBM "师傅徒弟制"，以便新员工边干边学、尽快熟悉工作。

Front-Office 培训

对新进入 IBM 公司的销售、市场和服务人员，则需要先经过 3 个月的集中强化培训，回到自己的工作岗位之后还要接受 6~9 个月的业务学习。

进入 IBM 的"纯蓝"们不会像一个迷茫无助、不受重视的个体。IBM 首先会对他们进行 4 个月的全面培训，之后，会按照职位需要和个人能力分配到 IBM 相关的部门。接着，针对新员工的指导计划会展开，以帮助新员工分享老员工的知识和经验。

不仅如此，以"培养 IBM 的未来之星"为目标的"个人发展链（EDC）"将伴随着新员工在 IBM 成长、成熟乃至担当大任。

首先，每一个新员工接受技能评估（PSU），制订个人发展计划（IDP）。

其次，在得到充分的培训和指导的情况下实施个人发展计划，人力资源部会跟踪计划的实施，并考评这一目标的实现情况。

最后，在部门经理和人力资源部的帮助下，每一名员工都会在 IBM 建立新的个人目标计划，以充分发挥个人的才能和智慧。

在 IBM，员工提出加薪，可能会需要一段时间的评估和衡量。但如果员工提出要学习，根据员工个人职业生涯发展的需要，IBM 一般不会拒绝，学费报销计划正是为了鼓励员工扩展知识和技能。丰富的培训和深造机会也成为促使很多优秀人才加入 IBM 的原因。对于刚刚毕业的应届毕业生来说，他们最渴望通过 IBM 健全的培训体系完善自身的技能，适应工作与竞争的需要。而 IBM 所需要的就是那些再学习能力很强的人才。

资料来源：https://tech.it168.com/a2008/0723/198/000000198211.shtml.

（五）员工行为规范设计

企业形象的塑造离不开员工的共同努力，员工的行为直接体现了企业的整体素质。没有良好的员工行为也就不可能有良好的企业形象。员工行为包括一般行为和岗位行为两部分内容，企业需要通过员工手册对其加以规定和规范。

员工的行为规范设计是依据企业的理念、制度和各部门及各岗位的职责要求制定的员工行为准则及实现条件。由于行为规范直接决定了员工的行为方式，因而这是 BIS 设计的关键内容之一。员工的行为规范设计包括员工工作行为规范设计和员工礼仪规范设计两方面。

1. 员工工作行为规范设计

员工工作行为规范是员工在工作时必须自觉遵守的行为准则，分为适用于企业所有岗位的一般行为规范和适用于具体工作岗位的行为规范。一般行为规范是基础性要求，岗位行为规范是更具体、更高层次的要求。

一般行为规范是企业全体员工都应遵守的行为规范，如按时上下班、工作场所保持安静、工作时间不做私活、接待来宾或接听电话时热情礼貌、工作忙时自觉加班加点、与同事沟通时和蔼礼让、与同事工作配合默契、穿着打扮得体、精神风貌积极向上、有敬业精神等。通过一般行为规范，人们可以感受到企业的精神面貌、企业的氛围、企业的文化、企业的形象。

岗位行为规范主要针对员工具体工作而言。不同的岗位对员工的行为要求不一样。如企业司机要遵守交通规则，安全行驶；财务人员要按要求进行财务工作，保证所提供的财务信息合法、真实、准确、及时、完整；柜台人员要对顾客礼貌周到，百问不厌；呼叫中心的接线人员要应答及时、亲切；生产人员要按规定的程序操作等。

阅读资料

兴亚化工公司安全操作规范三字经

安全法，护我身，利国家，益人民。若生产，须安全，意深刻，责任重！兴亚厂，属化工，设备多，几十种。范围大，难管理，若不严，事故生！

为工者，切谨记，上班来，妻儿送：平安去，安全归，若不测，痛不生！为妻儿，为己身，守纪律，守章程，遵工艺，不蛮干，做合格，兴亚人！

上班前，莫饮酒，情绪稳、心境平。若饮酒，反应慢，若激动，动作冲；此两项，皆无益，好员工，铭心中！

安全规，记心中，生命换，血凝成！违规者，轻性命，严管理，不留情！安全员，责任重，我员工，守护神！晓以理，动以情，若理解，益无穷！若罚款，请理解，严要求，益己身；若放纵，必无益，事故发，悔终生！

劳保品，公司情，穿在身，暖在心；衣扣结，帽要正，劳保鞋，要系绳；留长发，藏帽内，若外露，祸端生！操作时，戴手套，若裸露，不留情；工作服，每天洗，防腐蚀，又卫生！飞溅物，危险大，切谨记，戴眼镜！

曰现场，重中重，常检查，常提醒，"7S"，益处大，见隐患，即改整：有轴者，可有罩？有井者，盖可平？有坑者，可有栏？若摔倒，伤性命！常用物，有序放，无用物，清干净；仪器柜，常擦拭，设备转，要留神；若检修，先停车，开关处，连性命！挂好牌，专人守，万不可，掉轻心！试车时，先检查：检修处，可完工？所用物，可清理？细观察，免祸生！

厂区内，多危险，多留意，多提醒！原材料，多易燃，若见火，害无穷！厂区内，禁烟火，外来客，要讲明：有火种，交门卫，代为管，暂保存，出门时，如数还，为安全，献真情。

....

安全事，事非轻，除隐患，重中重！三字经，固然好，却不如，见行动。每周三，活动日，安全弦，常绷紧。精计划，巧安排，主持者，要经心：情与理，相结合，既有趣，又生动；操作者，齐参与，受教育，益无穷！

资料来源：安阳市兴亚洗涤用品有限责任公司（节选）。

2. 员工礼仪规范设计

礼仪规范是员工行为规范的重要组成部分，其重要性在于员工的仪容仪表、言行举止是企业形象的一面镜子。塑造企业形象，也要从塑造优美的员工个人形象开始。员工的礼仪规范包括以下几方面内容。

（1）仪容仪表规范。要求服饰整洁、搭配得当，服饰适合所处的地位与场合；头发、面部、手部等必须整洁、得体、协调。

（2）姿态、神态规范。站立姿态要腰背挺直，伟岸而不失谦恭；坐立姿态要端庄、优雅，无跷二郎腿等不良体态；行走姿态要挺胸收腹，步履轻松矫健，不矫揉造作，并给人以关注、微笑、亲切的神态。

（3）交往礼仪规范。这包括在公司内与同事、上级相处时的礼仪；在商务活动中与客人见面时的介绍、握手、递接名片、谈判、宴请、迎送礼仪等。

阅读资料

你今天对客人微笑了吗

企业礼仪是企业的精神风貌。它往往形成于传统习俗，体现企业的经营理念。它赋予企业浓厚的人情味，对培育企业精神和塑造企业形象起着潜移默化的重要作用。希尔顿十分注重员工的文明礼仪教育，倡导员工的微笑服务。每天他至少到一家希尔顿饭店与饭店的服务人员接触，向各级人员（从总经理到服务员）问得最多的一句话必定是："你今天对客人微笑了吗？"

1930 年是美国经济萧条最严重的一年，全美国的旅馆倒闭了 80%，希尔顿的旅馆也毫不例外地一家接一家地亏损不堪，一度负债高达 50 万美元。希尔顿并不因此而灰心，他召集每一家旅馆员工向他们特别交代和呼吁："目前正值旅馆亏空靠借债度日时期，我决定强渡难关。一旦美国经济恐慌时期过去，我们希尔顿旅馆很快就能进入云开日出的局面。因此，我请各位记住，希尔顿旅馆服务员脸上的微笑永远是属于顾客的。"事实上，在那纷纷倒闭后只剩下 20% 的旅馆中，只有希尔顿旅馆服务员的微笑是美好的。

经济萧条刚过，希尔顿旅馆紧接着充实了一批现代化设备。此时，希尔顿到每一家旅馆召集全体员工开会时都要问："现在我们的旅馆已新添了第一流设备，你觉得还必须配合一些什么第一流的东西才能使客人更喜欢呢？"员工回答之后，希尔笑着摇头说："请你们想一想，如果旅馆里只有第一流的设备而没有第一流服务员的微笑，那些客人会认为我们供应了他们全部最喜欢的东西吗？如果缺少服务员的美好微笑，正好比花园里失去了春天的太阳和春风。假如我是旅客，我宁愿住进虽然只有残旧地毯，却处处见到微笑的旅馆，也不愿走进只有一流设备而不见微笑的地方……"当希尔顿坐专机来到某一国境内的希尔顿旅馆视察时，服务人员就会立即想到一件事，那就是他们的老板可能随时会来到自己面前再问那句名言："你今天对客人微笑了吗？"

资料来源：https://www.sohu.com/a/224838730_763450.

第三节　企业外部行为识别的开发与管理

一、企业创新行为的开发与管理

21 世纪是一个智力竞争、科技竞争，特别是创新竞争的时代。创新是现代企业的活力之源，是提升企业竞争力的基本驱动力。在 20 世纪的绝大多数时间里，企业创新主要来自企业内部的研究机构，依靠企业内部创新，强调对创新知识的垄断控制。企业竞争成功在于通过投资内部的研发机构，研究新技术并开发出适合市场需要的新产品。这种封闭式的创新模式已经难以适应快速发展的市场需求及日益激烈的市场竞争。企业从封闭式创新模式不断走向开放式创新模式成为企业适应新的市场环境的必由之路。

与封闭式创新模式不同，开放式创新模式强调企业应把外部创新和外部市场化渠道的作用上升到和封闭式创新模式下的内部创新以及内部市场化渠道同样重要的地位，要均衡协调内部和外部的资源进行创新，要积极寻找外部的合资、技术特许、委外研究、技术合伙、战略联盟或者风险投资等合适的商业模式来尽快地把创新思想变为现实产品与利润。在开放式创新模式中，企业利用外部知识的能力成为其创新能力的关键组成部分，最终目标是以更快的速度、更低的成本，获得更多的收益和更强的竞争力。

（一）培育全员创新的文化氛围

一般来说，企业的研发人员注重技术先进性，生产人员注重成本领先，营销人员注重有效满足顾客需求。因此，只有营造鼓励创新的文化氛围，凝聚所有员工的智慧，创新的火花才能不断迸发。如上海的宝山钢铁股份有限公司提倡"全员创新大有可为"的观念，形成了"人人是创新之人，时时是创新之时，处处是创新之地"的企业文化，极大地增强了企业的创新活力；广东的格力电器股份有限公司同样致力于营造一种全员创新的文化氛围，通过建立技术工人的培养和发展体系，把普通工人培养成技术工人来实现全员的创新；美国的杜邦公司也把大力鼓励全员参与创新作为企业文化的特色之一，提倡"不要控制失败的风险，而要控制失败的成本"。

（二）积极利用企业外部的创新资源

近年来开放式创新模式的提出，为企业创新活动的展开提供了新的思路。它要求企业采取"博采众长，为我所用"的开放理念，在对企业内外技术创新能力进行评估的前提下，不管创新的资源是来自企业内部还是外部，只要有利于创新的实现，就应积极地创造创新的组织形式去吸纳这些资源来参与创新。具体来看，开放式创新主要有以下几种可以利用的资源。

1. 顾客

研究发现，大部分新产品来源于顾客提出的创意，而不是来源于企业内部的头脑风暴会议或者成熟的研发活动。在网络信息化时代，顾客已不再是一个纯粹的消费者，而变成企业的一个合作生产者。顾客已成为企业创新的重要来源之一。根据麻省理工学院的埃里克·冯·希贝尔教授的统计，在 262 个手术设备中，用户参与的创新达 22%；在 197 个极限运动装备中，用户参与的创新高达 37.8%。有研究显示，将顾客整合进创新项目之后，产品销量比传统方法高出 8 倍，而他们为此花费的研发费用却不见得增长。

2. 供应商

对《财富》1000 强企业的大量研究表明，在新产品推介过程中，越早让供应商参与其中，整个项目所节省的资金也就越多。目前，有效整合、利用企业外部资源的能力已经成为企业创新能力的关键。耐克公司就只做产品设计与营销，其他的工作全部外包给分布在世界各地的企业来做。

3. 各种研究机构和知识工作者

对于企业自行研发成本较高的非核心技术，企业可以采取资助、合作、直接购买各种研究机构的相关创新成果的方式。例如，中国集装箱集团公司的集装箱生产技术世界领先，这种世界领先地位就是收购了美国一个集装箱研究机构后充分利用其技术实现的。

同时，企业还应该密切联系所有相关的知识工作者，密切监视和跟踪外部技术的发展动态，及时、经济地购买新技术，以填补企业某些方面的技术空缺。例如，江苏的春兰集团于 2004 年就率先建成了赶超世界最新技术的企业博士后开放式创新基地，以吸引全球"智库"中的一流科研人才，整合世界最新科技创新成果，从而取得能支撑春兰新产业的产生或现有产业更新换代项目的突破。在随后的 10 多年的时间里，春兰延揽了 200 多名近

20 个一级学科的博士后进站担纲尖端课题的研究，取得了家电、自动车、电子、新能源等产业具有国际一流水平的众多科研成果，其中高能动力电池的研究达到了世界最高水准。

4. 竞争对手

企业可以通过对竞争对手情报的关注，对竞争对手资源和能力的分析，有效地整合企业内外部的资源，比竞争对手更快、更有效地为顾客创造新价值。如奇瑞公司从放弃自主研发的国内三大汽车集团吸收了大批"无用武之地"的人才，一些人才来自福特、通用、戴克、大众、三菱、本田等世界著名汽车公司，这为奇瑞公司的创新奠定了坚实的基础。有些时候，从战略上考虑，与竞争对手结成研究联盟，也是利用其资源的重要途径。如 IBM 公司、摩托罗拉公司和苹果公司就曾结盟开发 Power PC 微处理器芯片，以向英特尔公司的全球市场霸主地位发起挑战。

5. 购并企业

当创新项目需要一项重要的技术，而技术的拥有者无意出售该技术时，最佳方法就是与对方成立合资企业，甚至收购拥有该技术的企业。

从以上分析可以看出，开放式创新的本质就是上述创新要素的融合与集成。当企业充分利用开放式创新模式，与外部建立开放性的创新网络，将更多创新主体涵盖到自身的创新体系中来，积极整合创新资源，不断向外部开拓新的市场，以此推动企业内部的制度创新和文化创新的时候，企业独具特色的创新机制就建立起来了。

阅读资料

创新方式的演变：从独立自主到群体创造

工业革命以来，社会生产方式经历了三个阶段。

第一个阶段是 20 世纪 10 年代开始的大规模制造阶段。得益于标准化作业流程和流水线，福特 T 型车大规模生产。选择权由厂商控制，正如福特所说："汽车只有一种颜色，那就是黑色。"

第二个阶段是始于 20 世纪 80 年代的大规模定制阶段。戴尔在线产品定制的出现，使用户可以根据自身需要配置不同电脑，尽管这种组装的方式依然由戴尔在其工厂车间里实现。在大规模定制环节，用户开始有更多的选择余地和更多的满足感。企业与用户之间，也开始出现互动。

第三个阶段，可以称作个性化定制阶段。消费者更加追求个性化，大众市场被打碎，重新分化组合，呈现多品种、少批量、碎片化格局，消费者甚至开始 DIY。消费者通过量身定做这个过程，彰显自己的个性，表达自我的情感诉求。

纵观生产方式转变的三个阶段，生产者和消费者的互动关系在悄然变化，消费者开始一步一步参与到产品价值创造的环节，出现了"产消合一"。

网络经济下，除了消费者以外，供应商、合作伙伴等利益相关者也越来越多地参与企业的价值创造活动，即众包或群体创造。众包以开放的平台，聚合用户、供应商、合作伙伴以及员工的智慧，发挥企业内部和外部群体创造的力量，来自不同头脑的思想和智慧相互碰撞、借鉴、补充和启发，从无序到有序，从散乱到集中，从微小到宏大，迸发出工业经济时代无法想象的力量。例如星巴克推出在线平台（My Starbuckidea.com）来挖掘消费者的创意；宝洁采用"联发"（connect and development）策略，通过网络平台寻求智力库，宝洁甚至要求每个业务部门的创新思想的 50% 必须从外部获得。

"群体创造"这种价值创造形式所依靠的是人类对美好世界的更为本源的追求，也就是他们的兴趣、爱好。正是这些非物质的人性因素的生产力化，推动越来越多的人参与到群体创造的过程中来。

资料来源：https://www.jiemian.com/article/792412.html.

二、企业市场开拓行为的开发与管理

一般来说，企业在公众心目中的形象是由其在市场上的表现和地位决定的。企业在市场上的表现既依赖于企业建立在持续地进行市场学习，从而洞察消费者需求基础上的优异顾客价值的能力，也依赖于企业拓展市场，从而为消费者传递价值的方式。

（一）市场学习行为设计

在消费者主导的市场环境中，企业提升竞争力的关键就是要建立市场导向型企业。市场导向的根本不仅在于企业树立了以顾客为中心的营销哲学，更在于企业从顾客需求出发建立了向顾客传递价值的流程。这需要企业具有较强的市场洞察能力。"只有当一家公司完全了解市场并知道谁是目标顾客时，它才能够成为市场导向型企业。"[①]这需要企业进行持续的市场学习，前瞻性地获取和分析市场信息。

企业良好的市场学习行为依赖于企业在以下几方面的设计。

1. 建立开放式的市场调研机制

开放式的市场调研机制就是企业自觉、积极、主动地从供应商、营销专家、科技专家、分销商和顾客等渠道获取市场信息的信息搜寻系统。信息搜寻的途径包括企业内部的记录、与其他企业的业务往来、公开出版的信息、专门的市场调查、广泛的营销情报网络及其他途径。通过建立开放式的市场调研机制，企业可以及时获取顾客、供应商和竞争对手的信息，从而对顾客需求变化的行为和竞争对手的竞争行为作出快速的反应。

2. 建立市场信息分享机制

传统的管理体制下，企业获得的各类信息分散于企业内部的各个职能部门，信息的拥有成为各职能部门内部权力的来源，信息的作用未能得到有效的发挥。因此，企业要打破信息传递和使用的部门屏障，建立信息共享机制，鼓励信息在不同的管理部门之间流动，以最大限度地发挥信息对决策的支持作用。网络的高速发展为企业内信息共享机制的建立提供了充分的技术支持。一些企业导入的 ERP（企业资源计划）系统就是信息共享的重要体现。例如，IBM 公司利用精心设计的具有各种功能的"顾客屋"（customer room）网上工

---

① SHAPRO B P. What the hell is marketed oriented[J]. Harvard business review, 1988(12).

作室，以实现知识共享。在这间工作室中，不同部门和职能的员工可以相互沟通，也可以与顾客进行沟通，从而真正实现了知识共享。

3. 建立完善的市场知识管理系统

在信息化、网络化的背景下，营销知识成为企业日益重要的一种营销资源，加强企业营销知识的创造和分享成为企业提升营销力的重要手段。企业对营销知识一般可以采取以下三种策略进行管理。

（1）营销知识管理的市场化，重点是营销知识来源的"寻找"与"整理"，工具是营销知识地图（marketing knowledge map），它是重要的搜索导航工具，可以使营销人员快速找到所需要的营销知识点。

（2）营销知识管理的系统，重点是营销知识内容的"储存"与"流通"，工具为营销知识库（knowledge base）。通过建立营销知识库，可以积累和保存营销知识资产，加快营销知识的流通，实现组织内部营销知识的共享。

（3）营销知识管理的社会化，重点是营销知识价值的创新与利用，其工具为营销知识社群（marketing knowledge community）。营销知识社群是营销人员自动自发组成的营销知识分享的团体，能有效地发挥内隐知识的传递和知识的创新作用。

完善的市场学习机制的建立提升了企业持续地进行市场学习的能力，强化了企业的信息能力和市场反应能力，因而能有效地提升企业的竞争力。

（二）市场定位行为设计

企业营销行为的独特性不仅在于其建立了独具特色的市场学习系统，更在于其选择了独特的目标市场和市场定位。

市场细分是选择目标市场的前提。市场细分是将某个产品的消费者划分成不同的子市场的过程，其目的是在特定的产品市场上寻找到对产品特性具有相似价值要求的顾客群。市场细分的结果决定于对市场细分变量的选择，选择不同的细分变量对市场进行细分，所获得的顾客群体也就不同。一般而言，市场细分的变量有以下几种。

（1）按人口统计特征进行细分。如按年龄、性别、收入可以将服装市场分为"高收入的年轻女性服装市场""低收入的老年男性服装市场"等。

（2）按生活方式进行细分。生活方式变量说明的是消费者所从事的活动、他们的兴趣、观点及购买行为模式等，如旅游爱好者、乐活族等。

（3）按产品用途进行细分。如日本照相机生产企业尼康（Nikon）就根据产品用途研制了滑雪镜、驾驶镜、登山镜等系列太阳镜产品，以满足消费者不同的活动和不同的光线情况下的需要。

（4）按消费者需要和偏好进行细分。如食品企业依据消费者不同的口味偏好将食物分为不辣、微辣、中辣、重辣等不同类别。

（5）按消费者的购买数量、购买决策的参与程度等购买方式进行细分。如某专门生产化工产品的企业，其营销的重点就是争取那些年购买量至少在 50 万元的客户。

（6）按顾客忠诚度进行细分。麦肯锡忠诚度多维度细分法根据消费者对于产品和服务的需求及对品牌的态度和满意度的差异，将顾客忠诚度由高到低细分为感情型忠诚顾客、习惯型忠诚顾客、分析比较型忠诚顾客、生活方式改变型下滑顾客、分析比较型下滑顾客和不满意型下滑顾客六个细分市场。

市场细分为企业提供了发现市场机会的工具。当企业将某个或几个细分市场作为自己服务对象并为其提供价值的时候，企业就确定了自己的目标市场。目标市场的确定决定着企业将服务于多少顾客群，其目的是使企业独特的能力与市场上的价值机会相匹配。一般来说，企业有三种确定目标市场的方式。

（1）面对整个市场，用单一的产品、同一的营销组合策略吸引所有的消费者，以求获得广泛的市场覆盖率的无差异性营销。

（2）选择两个或多个细分市场，并分别采用不同的营销组合策略的差异化营销。

（3）集中力量进入某个或几个细分市场，以专业化的营销活动满足市场需求的集中性营销。

显然，不同的目标市场具有不同的营销机会，也决定了企业不同的营销方式，并最终决定企业不同的市场地位和形象。

当企业选定目标市场范围之后，就必须确定企业在目标市场中的竞争地位，即市场定位。市场定位是企业根据竞争者的产品在市场中所处的位置，针对消费者的需求特点，强有力地塑造出本企业与众不同的、个性鲜明的形象，并将这种形象生动地传递给顾客，树立企业及其产品在顾客心目中的形象地位，使每个目标顾客都能认可企业的产品，并与其他竞争产品相区别。

一般而言，市场定位包括以下几个步骤。

（1）选择定位概念。定位概念是从目标消费者的价值偏好出发确定的定位方向。定位的方向可以是功能性的，也可以是象征性的或者体验性的。功能性的定位突出产品给消费者所带来的功能利益，如洗衣粉的去污能力、空调的制冷效果、洗发水去头屑、牙膏防止蛀牙等；象征性定位侧重于突出产品对消费者的自强、角色定位、群体关系、自我评价、社会地位等需求的满足，如"劳力士手表可能是世界上最贵的手表"（劳力士广告语）所带来的身份感，"金盾西服，事业成功的标志"（金盾西服广告语）所带来的成就感，"我就是我，晶晶亮，透心凉"（雪碧广告语）所带来的个性感等；体验性定位强调产品给消费者带来的愉快、刺激的体验，如宝马汽车定位于"驾驶的乐趣"等。

（2）设计定位的传播方式。市场定位是定位在消费者的心里，消费者对企业定位的认知并被吸引是定位成功的关键。这要求企业必须选择有效的定位传播方式。常用的定位传播方式包括品牌名称、企业口号、产品的外观设计及其他特征、产品的销售地点、企业员工的仪容仪表等。

（3）依据市场定位协调营销组合要素。所有的营销组合要素——产品、价格、促销与分销都必须与市场定位一致。如兰蔻是定位于高端市场的护肤品，因而除产品本身要具有高质量以外，精致的包装、高档商场装潢精美的柜台、知名的品牌代言人、较高的价格等，都在向消费者传递一致的高端品牌信息。在营销实践中，许多产品就失败于定位不一致使消费者混淆了对产品的认知。

从以上分析可以看出，企业选择目标市场和进行市场定位的过程，也是体现企业独特的营销风格、塑造企业独特的市场形象的过程，是企业行为识别系统设计与管理的重要组成部分。

（三）市场进入和拓展行为设计

1. 市场进入行为设计

企业进入目标市场，有三种方式可以选择：内部创业、企业并购和战略联盟。

（1）内部创业。内部创业是企业通过内部的研发，创造出适应目标市场需求的产品或服务，并利用自身的资源为目标市场创造并传递价值的行为。企业采用内部创业的方式进入目标市场，需要解决如何克服行业的进入壁垒，如何面对现有企业的报复威胁，如何发展供应商和建立销售渠道，如何选聘和培训员工，如何形成稳定的顾客群体等一系列问题。因此要求企业拥有较强的资源整合能力和市场开发能力。娃哈哈公司从儿童口服液开始，逐步进入饮料、童装等多个市场，就是采用了这一模式。

（2）企业并购。企业并购是企业与已进入目标市场的其他企业合并或收购该类企业从而进入目标市场的方式。这种方式提供了跨越进入壁垒的有效方法，适合快速变化的市场和技术，是进入目标市场的一种捷径。如2014年阿里巴巴花费16亿美元收购了高德地图，从而进入汽车导航市场；2014年百度收购了糯米网，从而进入团购市场。

（3）战略联盟。战略联盟是企业同其他公司建立联盟或伙伴关系从而进入目标市场的方式。通过联盟，企业可以弥补自身在资源或能力上的不足。如2015年9月，东方航空公司与美国的达美航空公司签订联盟协议，以提高其在美国市场的市场份额。

2. 市场拓展行为设计

企业为了提高其在目标市场上的竞争地位，需要持续地进行市场拓展行为。拓展市场、提高市场占有率是企业塑造独特形象的必由之路，因而也是企业行为识别系统设计不可缺少的部分。企业拓展市场的行为方式依据企业不同的战略情境而不同。

（1）专业化经营的市场拓展行为设计。企业专业化经营战略是企业将全部资源集中使用于最能代表自身优势的某一技术、某一市场或某种产品上的一种战略。专业化发展战略能使企业生产、营销、管理的不同环节、不同阶段、不同方面共同利用同一资源（原材料、设备、信息、渠道、管理）而产生整体协同效应，并有效地提高产品市场占有率，因而是企业普遍采用和首选的战略。企业专业化经营拓展市场的具体方式一般包括以下几种。

①定点生产经营方式。定点生产经营方式是指企业对整体市场进行总体部署，然后在不同的地方进行布点，通过各经营网点的拓展最终占领整体市场的方式。

②专卖经营方式。专卖经营方式是指在全国市场寻求代理商，以专卖经营的方式在整体市场上布点的经营方式。

③特许经营方式。特许经营方式是指特许经营权拥有者以合同约定的形式，允许被特许经营者有偿使用其名称、商标、专有技术、产品及运作管理经验等从事经营活动的经营模式。麦当劳正是通过特许经营的方式，在短时间内在全球拥有了超过3万家门店。

（2）多元化经营的市场拓展行为策划。企业多元化经营就是企业进行跨地区、跨行业经营，同时生产和提供两种以上满足不同需要的产品和劳务的一种经营方式。一般来说，企业多元化经营拓展市场的方式包括以下两种。

①相关多元化。企业主要业务总销售额占企业销售总额的比重大于70%，且各项业务之间拥有一定的技术、市场等方面的相关性。企业进行相关多元化经营时，通常采取以下方式：进入能够共享销售队伍、广告、品牌和分销网络的经营领域；探求密切相关的技术和专有技能；将专有技术从一种经营领域转移到另一种经营领域；将企业的品牌和信誉转移到一种新的产品和服务上；等等。

②不相关多元化。企业的主要业务收入低于全部收入的70%，而且其他业务与主营业务之间缺少技术、市场等方面的相关性。企业不相关多元化经营一般通过自己独立创业、购并和与其他企业建立战略联盟等方式实现。

三、企业市场交易行为的开发与管理

（一）推销与谈判行为策划

企业的推销人员推销商品的过程是其运用推销技巧说服潜在顾客接受其产品或者服务的过程。依据推销中的"吉姆"公式（GEM，即goods，产品；enterprise，公司；man，推销员），推销人员要成功地推销产品，首先要成功地推销自己和自己所在的公司。因此，推销人员推销商品的过程更是推销企业形象的过程。推销人员是企业形象的代表，他们主动热情地工作、积极的态度乃至一言一行都代表了企业形象，是企业文化和经营理念的传播者。他们在与目标顾客打交道的过程中，若能给人一种胜任、礼貌、可信、可靠、反应敏捷、善于交流的印象，那么良好的企业形象就会直接树立起来。因此，企业在设计行为识别系统过程中，必须专门对推销人员制定出岗位行为准则，以规范他们与客户打交道的行为。

在商务谈判过程中，谈判人员一般是代表企业与合作对象进行谈判，因而他们不但是企业利益的代表者，同时也是企业形象的代表者。谈判人员在谈判桌前的表现，实际是向谈判对手推销企业形象。在谈判过程中，企业的经营理念、技术水平、经营特色、产品质量等形象因素会通过谈判人员直接传达给客户。因此，谈判人员的良好素质和优异表现是塑造企业形象的重要途径。这就要求谈判人员：第一，具有良好的语言表达能力；第二，具有较高的沟通协调能力；第三，具有较强的决策能力；第四，具有良好的谈判技巧；第五，要有丰富的相关知识，如政治、法律、市场、企业、社会文化、心理等方面的知识；第六，熟悉并遵守商务活动中的礼仪规范。因此，企业在组织谈判的过程中，要选择能充分展示本企业形象的谈判人员，设计相应的行为准则，选择与本企业形象一致的谈判风格。

（二）履约行为策划

履约行为是体现企业形象的重要途径。严格依据合同约定的时间、数量、质量、价格、履行方式履行合约，是保证企业高信誉度的基本条件。市场经济是契约经济，严格履行合同是市场经济得以顺利运行的前提和基础。很难想象，一个不能严格履行合约的企业，能在市场经济的大潮中树立起良好的企业形象。这要求企业管理人员和相关的职能部门必须具有契约精神，严格遵循合同约定的各项条款，遵守交易中的道德规范，贯彻执行依据企业理念所制定的行为准则。

四、企业市场竞争行为的开发与管理

竞争是市场经济中企业生存与发展的"英雄交响曲"的主旋律，它回荡在企业生命进行曲的每一个乐章，赋予每一个音符以跳动的、昂扬的生命力。正如美国的保罗·索尔曼等所说："实际在商业战场上，竞争是常态而不是例外。"[①]因此，企业要想在竞争中取胜，在策划与管理行为识别系统的过程中，必须进行企业竞争行为的策划。竞争行为是包含在企业行为识别系统中的基本行为，竞争行为策划的核心在于促使企业树立合理的竞争意识，选择独特的竞争战略和策略，利用各种正当的竞争方式以增强企业自身的竞争实力和发展活力。

（一）树立积极、正当竞争的意识

公平竞争、优胜劣汰是市场经济的基本法则。企业要在市场中立稳脚跟，必须树立以下几种意识。

1. 主动竞争的意识

只有积极参与竞争，才能促进企业生产技术的改进、产品的不断创新和质量的不断提高，才能促进企业制度的变革和管理水平的提高，才能充分激发员工的活力，才能不断地拓展企业的市场空间。因此，企业要把竞争作为促进自身发展壮大的手段，主动参与竞争。正如海尔的张瑞敏所说："要想成为狼，就要与狼共舞。"

2. 良性竞争的意识

从企业形象的角度看，企业只有严格遵守市场规则，采用合理、合法的手段提升自身的竞争力，才能赢得公众的认同和好感。因此，企业要树立良性竞争的意识，把竞争力的提升建立在自身的技术创新、制度创新、营销创新而不是建立在偷工减料甚至损害竞争对手的声誉的基础上。

3. 竞合意识

西方有一句经典的名言："没有永远的敌人，也没有永远的朋友，只有永远的利益。"在错综复杂的市场环境中，企业要主动利用一切有利于自身发展壮大的机会。有些企业也许现在是企业的竞争对手，但同样也可以因为共同的利益关系而成为合作伙伴。就像三国时期的蜀国和吴国虽然彼此抗衡也可以联合抗击曹操一样。在竞争中合作，在合作中竞争，竞合关系是现代企业之间的常态关系，现代企业应该树立竞合的意识。2015 年 8 月，曾经的竞争对手阿里巴巴 283 亿元入股苏宁云商，正是竞合意识的体现。

（二）塑造独特、突出的竞争风格

企业的独特形象也通过其独具特色的竞争风格体现出来。制定独具特色的竞争战略，塑造富有个性的竞争风格，是塑造个性化的企业形象的重要途径。

依据著名的战略管理学家迈克尔·波特的观点，企业最具特色的战略有三种类型：针对宽域市场的成本领先战略和差异化战略、针对窄域市场的重点集中战略。

成本领先战略是企业通过在内部加强成本控制，在研究开发、生产、营销、服务等领

---

① 索尔曼，弗里德曼. 企业竞争战略[M]. 北京：中国友谊出版公司，1985：1.

域把成本控制到最低限度，从而成为行业中的成本领先者。成本领先者低成本的优势为其低价格奠定了坚实的基础，因而塑造了低价商品供应者的企业形象。如国内的格兰仕公司、神舟电脑公司，国外的爱默生电子公司、戴尔电脑公司、沃尔玛等都曾以其产品的低价而深入人心。

差异化战略是企业为满足顾客的特殊需求而提供与众不同的产品和服务，以形成自身的竞争优势。差异化可以体现在许多方面：①产品差异化。产品差异化的主要因素有特征、工作性能、一致性、耐用性、可靠性、易修理性、式样和设计等。②服务差异化。服务差异化的主要因素包括送货、安装、顾客培训和咨询服务等。③人事差异化。一般来说，训练有素的员工体现出六个特征：胜任、礼貌、可信、可靠、反应敏捷和善于交流。④形象差异化。形象差异化战略的因素主要有个性与形象、标志、书面与听觉及视觉媒体、环境和活动项目等。差异化意味着独特性。企业采用差异化的竞争风格，需要认真研究消费者的需求和行为，洞察他们对产品或服务的看法，然后使自己提供的产品和服务的属性既适应顾客的需求，又与竞争对手所提供的属性有明显的易于分辨的差别，从而在公众心目中塑造出独特的企业形象，赢得竞争优势。市场上的许多企业都以其某一方面或几方面的差异化受到人们的青睐，如带给消费者"五星级"服务的海尔公司、以"iPhone"和"iPad"带给消费者独特体验的苹果公司、承诺"当天下单，当天收到商品"的京东商城等。

重点集中战略是企业把经营活动的重点放在一个特定的目标市场上，为特定的消费者提供特殊的产品和服务，核心是瞄准某个特定的用户群体、某种细分的产品线或某个细分市场，依靠专业化赢得竞争优势。重点集中的形式包括：①产品线重点集中，即以产品线的某一部分作为经营重点。②顾客重点集中，即将经营重点放在具有特定需求的特定顾客群上。③地区重点集中，即将经营重点放在满足特定地区的需要上。企业采用重点集中的竞争风格，在公众心目中营造了专业化的特色形象。有的公司甚至在其所选择的领域占有极高的市场份额，成为"隐形冠军"，如专注于女性手机的朵唯志远科技公司、专注于凉茶供应的加多宝公司、专注于市场调研的华南国际市场研究公司、专注于指甲钳生产的圣雅伦公司等。

（三）选择有效、合法的竞争方式

在确立了竞争风格以后，企业要依据竞争战略，选择与竞争战略一致的竞争方式和竞争手段。企业可以采用的竞争方式包括以下几种。

1. 价格竞争

价格竞争是企业常用的竞争手段，主要在两个领域展开：一是在生产领域，企业通过降低生产成本，以低于同类产品的价格在市场上与对手竞争；二是在销售领域，企业采用不同于竞争对手的价格策略营销产品。

2. 品种竞争

品种是产品的种类，品种竞争的核心内容就是新产品的开发。在激烈的市场竞争中，企业如果能够随市场的变化和消费者消费心理的发展而改变产品品种，就能保持较强的竞争能力。这一方面决定于企业开发和营销新产品的能力，另一方面决定于消费者对产品品种的多样化需求。品种竞争的具体方式包括：①不断地研发新产品，以新取胜；②根据市场多样化的需求，推出系列化、多样化的产品，以多取胜；③采用创意独特的营销手段营销产品，以奇绝的营销方式取胜。

3. 质量竞争

质量是企业的生命。企业要在激烈的市场竞争中立于不败之地，就要树立质量竞争的观念，加强质量管理，以优质取胜。因此，企业要做好以下几方面：①通过市场研究洞察顾客的真实需要，提高市场研究的质量；②依据顾客的需要构思产品的质量特性，使产品的质量特性充分体现顾客的真实要求；③把选定的产品构思转化为能详细满足顾客需要的产品规格；④建立能生产高质量产品的生产制造系统，不断提高产品的制造质量，使企业生产的产品与企业设计确定的产品标准和规格高度一致；⑤积极开展售前、售中和售后服务，保证产品在销售过程中和使用过程中使顾客满意。

4. 服务竞争

随着市场竞争的加剧及科学技术的快速发展，产品的同质化程度越来越深，单纯依靠产品赢得竞争优势越来越困难。正如服务营销学专家亨科夫（Henkoff）所说："产品质量不再是竞争优势的源泉。大家都越来越善于开发新产品。使你与众不同的地方在于你所提供的服务。"服务已成为企业提升竞争力的主要手段。"如果不把服务作为其竞争战略的基石，则没有一家企业会成功。"①企业完善的服务行为能直接在顾客心目中树立其良好的市场形象，提升其市场竞争力。因此，服务竞争的策略设计是企业行为识别系统策划和管理的重要内容。

（1）树立全员服务意识。服务意识应当根植于企业管理者和每个员工的观念中，企业应当为顾客提供各种售前、售中、售后服务。要树立服务意识，首先必须具有顾客意识、竞争意识。服务是以顾客需求为中心的，是竞争的有力手段，是树立企业形象的有力途径。

（2）合理设计服务组合。不同的产品和不同的顾客需要的服务是不同的。例如，工业设备的购买者需要企业提供送货、安装、维修保养等服务，可口可乐的消费者则不需要安装、维修等服务。因此，企业必须根据客户的需要和产品的特点决定所提供的服务内容。一方面，企业要全方位地提供优质服务；另一方面，企业要在受消费者重视程度高的服务项目上具有很强的竞争力。

（3）选择恰当的服务方式。企业必须决定用什么方式来提供各种服务。比如，对于一个空调生产商而言，它可以自己雇用和培训维修服务人员直接为顾客提供维修服务，也可以将空调维修保养服务外包给其他专业的空调维修公司，还可以不提供任何维修服务，将空调以较低的价格卖给顾客，销售价格与正常价格之差就作为维修费用，让顾客自己在市场上寻求维修服务的满足。不管选择哪一种方式，企业都需要在维修成本和顾客满意度之间进行权衡，在提高顾客满意度的前提下降低维修成本。

（4）提高服务质量。企业在提供服务的过程中，必须注意提高服务质量，这是展现企

---

① 霍夫曼，等. 管理服务营销[M]. 邓小敏，等译. 北京：中信出版社，2004：8.

业形象的良好机会。按重要性排序，决定服务质量的因素主要有以下五个方面：①可靠性。完全、准确地按承诺的服务履行的能力。②迅速反应性。有帮助顾客的愿望以及能提供迅速的服务。③可信性。服务人员的知识和礼仪以及他们传递信任和自信的能力。④移情性。服务部门应对顾客表示关注以及个人的关心。⑤有形性。物质设施、设备、人员和沟通材料的外在表现。要提高服务质量，企业一方面要制定服务的质量标准，另一方面要通过教育和培训提高服务人员的服务素质，并尽量保证服务人员对工作的满意度，创造一个对优良服务绩效给予奖励的环境。

五、企业传播行为的开发与管理

传播沟通是企业对外树立形象的重要工具。因此，在企业行为识别系统的策划和管理过程中，必须对企业的传播和沟通行为加以规划，有步骤、分阶段地进行形象传播活动。设计形象传播的步骤如图 7-1 所示。

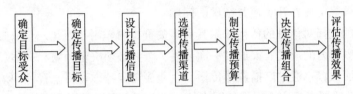

图 7-1　设计形象传播的步骤

1. 确定形象传播的目标受众

设计有效的形象传播计划的第一步，是准确地界定目标受众。企业要明确目标受众是谁，是消费者还是经销商，是政府部门还是金融机构，是求职者还是社区公众。确定目标受众是传播沟通的基础，它决定了企业传播信息应该说什么（信息内容）、怎么说（信息结构和形式）、什么时间说（信息发布时间）、通过什么说（传播媒体）和由谁说（信息来源）。

2. 确定形象传播的目标

确定传播目标就是确定形象传播所希望得到的反应。企业应明确目标受众对企业的心理过程处于哪个阶段，并将促使目标受众进入心理过程的下一个阶段作为形象传播的目标。

公众对企业的心理过程一般包括六个阶段。

（1）知晓。当目标受众还不了解企业时，传播沟通的首要任务是引起目标受众的注意并使其知晓。这时传播的简单方法是不断地重复企业形象的相关要素，增加目标受众与企业的接触点。

（2）认识。当目标受众对企业已经知晓但所知不多时，企业应将建立受众对企业的清晰认识作为传播目标。

（3）喜欢。当目标受众对企业的感觉不深刻或印象不佳时，传播沟通的目标是着重宣传企业的特色和优势，使之产生好感。

（4）偏好。当目标受众对企业已比较喜欢但还没有特殊的偏好时，传播沟通的目标是建立受众对本企业的偏好。这时需要特别宣传企业相对于其他同类企业的优越性。

（5）确信。目标受众对企业已经形成偏好但还没有发展到充分的信任时，传播沟通的目标就是增强他们对企业的信心，建立起他们对企业的实力和发展前景的信念。

（6）行为。当目标受众对企业已经有足够的信心时，形象传播的目标就是促使他们对企业做出有利的行为，如消费者购买企业的产品、银行积极向企业提供融资服务、经销商积极经销本企业的产品，或者向周围的人对本企业进行积极的口碑传播等。

3. 设计形象传播的信息

设计形象传播信息，需要解决四个问题：信息内容、信息结构、信息形式和信息来源。

信息内容是信息所要表达的主题，也被称为诉求，其目的是促使目标受众作出有利于企业的良好反应，一般有三种诉求方式：以事实或数据表现企业的竞争实力或技术优势的理性诉求；通过幽默、喜爱、欢乐等方式使目标受众产生正面或反面的情感来影响受众对企业的态度的情感诉求；诉求于人们心目中的道德规范以促使受众分清是非、弃恶从善的道德诉求。

信息结构特别要解决的问题是决定信息的表达顺序，即传播中把重要的信息（如企业名称、企业口号等）放在开头还是结尾的问题。

信息形式的选择对信息的传播效果具有至关重要的作用。因此，企业必须为企业形象的传播设计有吸引力的形式。如通过平面传播，企业必须决定标题、文案、插图和色彩，以及信息的版面位置；通过广播媒体传播，企业要充分考虑音质、音色和语调；通过电视媒体传播，企业除要考虑广播媒体的因素外，还必须考虑信息传播者的仪表、服装、手势、发型等体语因素。

信息由谁来传播对信息的传播效果具有重要影响。如果信息传播者本身是受众信赖甚至崇拜的对象，受众就容易对信息产生注意和信赖。在实践中，信息由可信度较高的信息源进行传播会更具有说服力。如玩具公司请儿童教育专家作为企业形象代言人，冰箱厂请制冷专家作为企业形象代言人，都是比较好的选择。

4. 选择信息传播渠道

一般来说，企业信息传播的渠道包括人员传播渠道和非人员传播渠道。现代营销学认为，传播的方式包括人员推销、广告、公共关系、营业推广、直销与互动营销、事件营销、体验营销和口碑营销等。企业把这些传播形式有机结合起来，综合运用，形成一种组合策略或技巧，即为营销传播组合。

（1）人员传播渠道。人员传播渠道是指涉及两个或更多的人相互之间进行的直接传播。人员传播可以是当面交流，也可以通过电话、信件甚至QQ、微信等网络聊天等方式进行，包括人员推销、网络互动传播、口碑传播等方式。这是一种双向沟通，能立即得到对方的反馈，并能够与沟通对象进行情感渗透，因此效率较高。人员传播渠道可以通过邻居、同事、朋友等形成一种口碑，具有极强的辐射效应，成为企业越来越重视的一种形象传播方式。

（2）非人员传播渠道。非人员传播渠道是指不经人员接触和交流而进行的一种信息传播方式，是一种单向传播方式。它包括大众传播媒体（如广告、公共关系等）、气氛和事件等。大众传播媒体包括印刷媒体（报纸、杂志等）、广播媒体（广播、电视等）、网络媒体及展示媒体（广告牌、显示屏等）。大众传媒面对广大的受众，传播范围广。气氛指设计良好的环境因素营造氛围，如商品陈列、POP（卖点广告）、营业场所的布置等，促使目标受众关注企业的产品及活动。事件指为了吸引受众注意而制造或利用的具有一定新闻价值的活动，如新闻发布会、展销会等。

5. 制定形象传播的预算

企业形象的传播预算是企业面临的最难作出的传播决策之一。传播预算的多少，决定于企业形象传播的目标、传播的环境及传播媒体的选择等因素。企业制定传播预算常用的方法主要有以下几种。

（1）量力支出法，这是一种量力而行的预算方法，即企业以本身的支付能力为基础确定传播活动的费用。这种方法简单易行，但因企业每年财力不一，从而传播预算也经常波动。

（2）销售额百分比法，即依照销售额的一定百分比来制定形象传播的预算方法。如企业今年实现销售额 100 万元，如果将今年销售额的 10%作为明年的形象传播费用，则明年的传播费用就为 10 万元。

（3）竞争对等法，主要根据竞争者的形象传播费用来确定企业自身的形象传播预算方法。

（4）目标任务法，企业首先确定形象传播目标，如到 2023 年使企业在某一地区的知名度达到 80%以上，然后确定达到这一目标所要完成的各项任务，最后估算完成这些任务所需的费用，这种预算方法即为目标任务法。

6. 决定企业形象传播的组合

企业把人员传播渠道和非人员传播渠道两种形式有机结合起来，综合运用，形成一种组合传播的策略或技巧，即为企业形象传播的组合。

企业在确定了传播总费用后，面临的重要问题就是如何将传播费用合理地分配于各种传播方式的传播活动中。不同的传播方式各有优势和不足，既可以相互替代，更可以相互促进、相互补充。所以，许多企业都综合运用多种方式达到既定目标。这可使企业形象的传播活动更具有生动性和艺术性，当然也增加了企业设计形象传播组合的难度。企业在各种方式的选择上各有侧重，如可口可乐公司主要通过广告进行形象传播，华润啤酒则持续10 年以"勇闯天涯"为主题通过公关活动进行形象传播等。

设计企业形象的传播组合，企业需要从以下两方面入手。

（1）了解各种传播方式的特点。各种传播方式在具体应用上都有其优势和不足，都有其适用性。所以，了解各种传播方式的特点是选择传播方式的前提和基础。

①广告具有传播面广、形象生动、节省资源的优点，但广告只能对一般消费者进行广泛性的传播，针对性不足。

②人员传播能直接和目标受众沟通信息，建立感情，及时反馈。但人员传播占用人员多，费用大，而且接触面比较窄。

③公共关系的影响面广，信任度高，对提高企业的知名度和美誉度具有重要作用。但公共关系花费较大，效果难以控制。

④网络互动传播注重企业与目标受众之间的相互学习、相互启发、彼此改进，强调根据受众的个性设置互动方式和互动内容。但互动传播目前还主要依赖于网络环境，对于非网络用户的互动，还是一个需要深入探讨的问题。

⑤事件传播具有投入少、渗透性强的优点，集新闻效应、广告效应、公共关系、形象

传播、客户关系管理于一体，是一种能快速提升企业知名度与美誉度的传播手段。但是，由于媒体的不可控制性和受众对新闻事件理解的差异性，事件传播也具有一定的风险。

⑥体验传播关注目标受众的体验，把企业及其品牌与目标受众的生活方式联系起来，为目标受众提供感官、情感、认知、行为等多方面的价值，具有高度的受众参与性。但是，体验传播对于诸如钢铁、机械等提供生产资料的企业而言，传播效果会比较有限。

⑦口碑传播也称为"病毒式传播"，具有故事性强、可信度高、传播成本低、传播网络性强的特点。但是，对于负面消息而言，口碑也具有"坏事传千里"的风险。

（2）充分评估影响传播组合的各种因素。

①企业所处行业的性质。一般来说，按照传播效果由高到低的顺序，提供生活资料的企业形象传播的方式为广告、产品推广活动、人员传播和公共关系；提供生产资料的企业形象传播的方式则主要为人员传播、产品推广活动、广告和公共关系。

②目标受众对企业在心理上所处的阶段。如前所述，目标受众对企业的心理过程一般分为知晓、认识、喜欢、偏好、确信和行动六个阶段。不同的传播手段在目标受众对企业不同的心理阶段的作用是不同的。如广告对于提高企业的知名度具有其他传播手段无法替代的作用，而企业积极参与公益事业，主动承担社会责任的公共关系对于提高目标受众对企业的认同度、满意度和美誉度则具有极好的效果。

③企业所处的生命周期。与产品具有生命周期一样，企业也具有诞生、成长、成熟和衰退四个生命周期。企业所处的生命周期不同，传播的重点就不同，最适合的传播方式也就不同。一般来说，在企业诞生期，传播的主要目标是提高企业的知名度，广告的传播效果最好；在成长期，传播的任务是增进受众对企业的认识和好感，广告和公共关系需加强；到成熟期，企业可适度削减广告，增加公共关系、网络互动和口碑等传播方式的力度，以巩固受众对企业的信任感；到衰退期，企业传播的任务是使一些老用户继续信任本企业，因此，传播应以公共关系、人员传播和口碑传播为主。

④传播费用。各种传播沟通方式的费用各不相同。总的说来，广告传播的费用较大，人员传播次之，产品推广活动和公共关系、网络互动传播花费较少。企业在选择传播方式时，要综合考虑企业形象传播的目标、各种传播方式的适应性和企业的资金状况，进行合理的选择，符合经济效益原则。

7. 评估形象传播的效果

企业形象传播方案实施后，企业需要评价其效果。这需要目标受众回答下列问题：是否接触到企业所传播的信息，是否能够识别或记住该信息，接触该信息的次数，记住的内容，对信息的感觉如何等。企业需要收集受众反应的行为数据，如在企业进行形象传播后多少人对企业的态度由消极变为积极，多少人喜爱并乐意与别人谈论企业的产品，开始乐于与企业合作等。假设企业通过实施形象传播方案，有80%的目标受众知晓了企业的有关信息，其中60%的人对企业的产品有试用的经历，但试用的人中仅有10%的人对企业的产品感到满意。上述数据说明，企业形象传播方案在创造企业的知名度方面是有效的，但所传递的信息则可能使受众对企业的产品产生了超出产品实际特性的消费预期。如果仅有40%的目标受众知晓企业的有关信息，其中有30%的人试用过企业的产品，在试用的人中有 80%的人对产品感到满意，这时，则需要改进企业形象的传播方案以加强受众对企业的认知度。

本章小结

在导入 CIS 的过程中，建立科学、完善的行为识别系统是树立独特形象的关键。建立企业行为识别系统，必须以企业理念为依据、以市场为中心、以提高效率为目标、以统一为特征、以创新为工具，按照建立企业理念、制定行为准则、传递行为准则、贯彻行为准则和使规范性行为习俗化的程序进行。

企业行为识别系统策划包括企业内部行为识别策划和企业外部行为识别策划两方面。

企业内部行为识别策划包括选择恰当的企业组织形式和组织机构，科学地建立企业的部门结构，合理地设计管理的幅度与层次，进行合理授权，构建合理的企业管理规范，合理设计企业的物理环境和人文环境，科学地选聘、考评、激励、培训员工，并科学地建立员工的行为规范等内容。

企业外部行为策划旨在构建企业外部的形象塑造机制：建立开放式的创新模式和市场学习机制，选择独特的目标市场和市场定位方式，采用个性化的市场进入方式和市场拓展方式，并在市场交易、市场竞争和传播活动中塑造个性化的企业形象。

复习思考题

1. 请结合实际说明你对企业行为识别系统设计原则的理解。
2. 请以某企业进行行为识别系统设计的过程为例，说明企业行为识别系统设计的程序。
3. 请结合实际说明你对"使规范性行为习俗化"的理解。
4. 企业内部行为识别系统的策划包括哪些内容？从形象的角度看，你觉得你所在的组织哪一方面做得最出色？哪一方面最需要改进？
5. 企业外部行为策划包括众多方面。如何才能使这些行为具有统一的风格，从而在公众心目中形成一致的个性化形象？

案例分析

广东移动：通过提升服务质量提升形象

一提起中国移动，相信很多老用户最大的感受就是"服务好"。从 2G 时代到 4G 时代，移动客服热线 10086、"沟通 100"营业厅一直都是运营商客户服务的标杆。

进入 5G 时代，伴随着通信网络系统的升级换代，广东移动利用各种先进技术手段创新服务举措，让"贴心服务"的理念深入人心。

电子服务渠道打造"服务就在您身边"

过去办理手机业务，哪怕只是简单的资料更新都要跑营业厅，排很长的队，费时费力。

如今，广东移动打造的全天候、全方位、信息化、一站式服务渠道，覆盖绝大部分通信业务，移动用户足不出户、动一动手就能搞掂。

从 4G 开始，广东移动在客户服务模式上不断创新，为适应新通信技术发展和人们生活方式的需要，不断增强"互联网+"在线服务方式。广东移动的 10086 客服热线、网上营业厅、手机掌上营业厅，以及官方微博、微信营业厅、飞信客服、在线客服等，构筑起立体化、信息化、个性化的电子客服渠道，让客户服务更加细分化、便捷化、自主化。

移动用户可随时随地根据自己需求选择合适渠道，办理充值缴费、余量查询、修改资料、套餐更换、合约签订甚至是在线换卡等服务。对于一些时间紧张又需要前往营业厅现场办理业务的用户来说，多元化电子渠道提前预约取号，还能节省时间，加快效率。

如果再拿现在的"沟通 100"营业厅与之前对比，业务内容早已从普通业务办理，逐渐转化为形象展示、真机体验以及服务指导等。这些变化的背后，既是新通信技术带来的变革，更是广东移动与时俱进，适应社会大趋势和消费者新需求所积极努力的成果。

"以人为本"贴心服务用户

从 4G 到 5G，不断变化的是通信技术的发展和消费者生活方式的改变，以及各种服务渠道、服务内容的迭代更替。但贯穿其中永恒不变的，却是广东移动从"心"出发，贴心服务的宗旨。适应时代潮流的贴心服务，满足了用户日益增长的消费需求，诠释了"互联网+"时代下的服务新品质内涵。

多元化电子渠道的建立，密织起一张"密不透风"的服务"大网"，让移动用户随时随地办理业务，这本身就体现了"以人为本"的贴心服务理念。为了让移动用户享受更多优惠，广东移动在多元化电子服务渠道中，推行赠送流量包、短信包以及充值优惠、购机优惠等。部分高端星级用户，还可以享受到更多、更丰富的优惠服务。

某些特殊情况下，传统人工服务依然不可缺少。比如年纪稍大的中老年人士，可能视力不够好或者不太熟悉在线业务操作，"沟通 100"营业厅或 10086 在线客服，通过实际演示或者语音沟通，贴心关怀指导用户，提升沟通效率。

5G 大数据时代，一些服务数据就能反映出广东移动扎实的服务能力：10086 渠道每个月提供 1 500 万次人工服务，平均每人承接 3 600 个电话服务，每月有 1.5 亿次以上的 1008611 查询话费流量直通车服务，每月有 600 万次以上接入智能客服机器人"小和"……细致入微的"贴心服务"，让移动与用户的距离近在咫尺。

"满意服务 365"提升客户感知

为进一步提高服务质量、提升服务口碑，广东移动在 2019 年 9 月底之前举办以"满意服务 365"为主题的系列服务活动，及时响应移动用户的诉求，提升用户感知体验。这项服务活动以网络为重点，"满意服务 365——网络篇"面向中国移动个人用户。

在广东移动的多元化网络入口（包括移动自有线上、线下渠道以及广大社会媒体），移动用户可通过互联网线上答题的方式参与活动。部分特定受邀移动用户，还可能收到广东移动精准推送的 H5 短信连接，可直接根据提示参与。成功参与"满意服务 365"的移动用户即可参加抽奖，广东移动提供"网络达人奖"2G 流量券（7 天）共 6 万份以及"网络先锋奖"5G 流量券（7 天）共 1.5 万份。奖品会在活动结束后的 10 天内通过"广东移动手机营业厅"App 以电子券的方式发送给中奖用户。

广东移动相关负责人士表示，"满意服务 365"活动旨在全心全意邀请移动用户发声。通过聆听用户心声，努力提升服务质量，以迎接 5G 时代移动用户对于网络质量的更高要求和全新挑战。

资料来源：广东移动紧跟 5G 步伐　树立 5G 时代服务标杆[EB/OL]. (2019-09-27). https://www.sohu.com/a/343704381_123753.

思考题

1. 你如何理解广东移动"从'心'出发，贴心服务"的理念？广东移动是如何通过对顾客的服务行为践行这一理念的？

2. 与 4G 相比，你认为 5G 的到来为广东移动提升服务水平带来了哪些新的机会和挑战？

3. 你认为服务行为在企业形象塑造和提升中的地位与作用如何？为什么？

4. 站在用户的角度，你认为广东移动还可以给用户提供哪些你觉得重要的服务来有效地提升其形象？

企业视觉识别系统的开发与管理

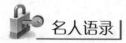 **名人语录**

人类正经历一场新的革命，它可以与开创机械时代的工业革命相比，视觉传达设计界通过投入大众视觉传达、系统设计和计算机图像，正响应这个新电子通信时代。

——约翰·奈斯比特《大趋势——改变我们生活的十个新方向》

 **学习目标**

企业视觉识别系统是企业内在本质的外在表现。通过本章的学习，应了解企业视觉识别系统设计的主要内容、企业视觉识别要素的主要类型、企业视觉识别设计的主要方法；理解企业视觉识别设计的原则；掌握企业视觉识别设计的主要流程和策略。

本章关键词

企业视觉识别系统设计、企业基本要素设计、企业标志、企业标准字、企业标准色、企业象征物、企业应用要素设计

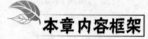 **本章内容框架**

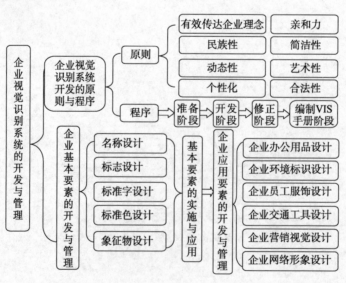

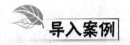
创维：导入全新 Logo 以塑造富有时代感的形象

随着时代潮流的发展以及公司经营战略的调整，2019 年创维公司发布了最新的公司 Logo，并在产品的宣传和官方网站上使用了。

创维集团（Skyworth）是一家成立于 1988 年的老牌家电企业。经过 30 多年的发展，已经成为一家拥有 4 万多名员工的大型集团企业，致力于成为一家以研发制造消费类电子、智能电视、空调、冰箱、洗衣机、显示器件、数字机顶盒、安防监视器、网络通信、半导体、3C 数码、LED 照明等产品为主要产业，同时向智能电视平台内容运营、用户价值延伸的大型高科技集团公司。此次创维新 Logo 的更换，不仅仅展现了创维新的企业面貌，同时还从企业形象方面深入阐释了未来创维公司的使命及前进方向，新的视觉标识标志着创维即将开启一个新的发展篇章，以一种更简单、可靠、更为消费者所希望的方式为大家带来更多更好的产品。

对比创维旧的 Logo，创维新 Logo 更具有一种时尚和大气的国际气质，全新的 Logo 在一些细节上进行了许多变动，首先就是英文字母由"SKYworth"全部换成了大写的形式，整体看起来十分统一、协调，给人一种稳定、可靠的感觉，有几分高端感和质朴感在里面；其次，在细节上，"T"的倒角向左，"创"字内部的勾画倒角同样向左，两者互相呼应，具有一种独特的美感。

创维新 Logo 的设计灵感来源于创维不断挑战、领先前行的精神，品牌 VI 的每一处细节均体现了这种精神。新 Logo 的基础色彩体系由太空灰和太空蓝组成。太空灰对应着创维"纯粹与质感"的品牌调性，展现了创维产品在未来市场的独特品质。太空蓝则保留了原有创维集团品牌蓝的基因，喻义广阔天空、价值无限，具有神秘感，对应着品牌"时尚与想象"的品牌调性，吸引着人们前来一探究竟。

目前，随着市场潮流的发展，很多企业也都相继更换了自家公司的 Logo 形象，比如腾讯、谷歌、华为等，企业换新 Logo 预示着企业重新调整了发展战略，对于企业新的发展方向已经有全新的规划。创维此次新 Logo 的更换，也确定了一条更加年轻化的发展路线，同时起用了年轻演员李易峰作为创维的全球代言人，以更加青春和活力的姿态走向更美好的未来。

资料来源：https://www.sohu.com/a/326117660_305564.

企业视觉识别系统是企业通过图形符号、字形符号、色彩符号等各种视觉要素来表现企业的性质、经营理念、战略选择、行业特点等相关信息，以展示其独特形象，达到各类公众快速识别、有效区分、清晰记忆、深刻认识的效果的设计系统，是企业内在本质的外在表现，也是层面最广泛、效果最直接、传播力与感染力最强的视觉传达形式。通过视觉识别，能充分表现企业的经营理念、企业精神和个性特征，使社会公众能够一目了然地了解企业传达的信息，从而达到识别企业并固化企业形象的目的。

企业视觉识别系统包括基本要素系统和应用要素系统两部分。企业标志、标准字、标准色、企业专用造型等是基本要素系统的主要内容，企业的办公用品、标识体系、员工制服、建筑外观等因素是应用要素的主要内容。基本要素体系是应用要素体系设计与应用的前提，应用要素体系是基本要素体系的扩展与丰富，只有将基本要素的内容有机地融入应用要素的体系中，使应用要素体系最大化地体现基本要素的内容，企业的视觉识别系统才能充分地发挥其作用。

第一节　企业视觉识别系统开发的原则与程序

一、企业视觉识别系统开发的原则

（一）有效传达企业理念

企业视觉识别系统的各个要素都是向社会传达企业理念的重要载体，企业 VIS 的设计必须以企业的理念宗旨为中心，充分、完整地传递企业的经营理念。视觉识别系统要充分表现企业理念的同一性和一贯性，表现企业理念的差异性和独特性。视觉识别是企业理念的具体化、视觉化和符号化的过程，是将企业理念表象化的结果。脱离企业理念的 VIS 只是没有生命力的视觉符号，最有效、最直接地传递企业理念是 VIS 设计的核心原则。例如，国内最早导入 CIS 的太阳神集团的企业标志就很好地传递了企业理念，提升了企业形象。

太阳神集团的经营理念是"通过发展医疗产品，提高中华民族的健康水平"，其管理理念是"以人为本"。公司的标志在圆形和三角形的对比中力求和谐。上面的红色圆形象征太阳，表达了光明、温暖、希望、健康的公司理念；黑色的三角形整体位置向上，给人以奋发向上之感，既是 Apollo（古希腊主宰光明的太阳神）的首字母"A"的变形，又是"人"字的造型，传达了公司充满生机、蒸蒸向上的精神和"以人为本"的理念。红、黑、白三

图 8-1　太阳神公司标志

种颜色形成强烈的色彩对比，暗示了企业不甘现状、勇于创新的精神风貌。"太阳神"的字体造型是根据"日"的篆体字为主要特征，结合英文 APOLLO 的黑体圆滑字形，形成独具特色的合成文字，并与标志图案紧密配合，融为一体（图 8-1）。这样，标志、标准字、标准色三者有机、和谐地组合在一起，准确地反映了企业理念、企业精神和企业产品的特性。

（二）亲和力

企业经营的产品是通过消费者的购买和消费来实现其自身价值的。因此，企业进行视觉设计时必须使其作品具有让人感到被关心的亲切感，能满足消费者的情感需要，以充满人性的方式被消费者接纳，以情动人。如著名的 APPLE 的标志，在设计上表现出充满人性的动态画面：一个色彩柔和、被人吃掉一口的苹果，表现出 You can own your computer 的亲切感。这种人性化的设计是苹果公司成功的关键因素之一（图 8-2）。

图 8-2　苹果公司标志

（三）民族性

每个民族的文化都有自己的思维模式、审美模式和语言差异，在不同的文化区域具有不同的图案禁忌和色彩禁忌。如蝙蝠在中国文化中被视为吉祥的象征，但在西方文化中则是恐怖、死亡和不祥的征兆。因此在视觉识别设计时必须充分考虑各种民族差异和民族特色，充分传达民族的个性。只有符合民族审美习惯的视觉设计才是能赢得本民族好感的设计。同时，越是民族的就越是世界的，也只有具有民族特色的设计才是能赢得世界广泛认同的设计。例如，中国移动的 3G 标志（图 8-3），标识造型取义中国太极，以中间一点逐渐向外旋展，寓意 3G 生活不断变化和精彩无限的外延；其核心视觉元素源自中国传统文化中最具代表性的水墨丹青和朱红印章，以现代手法加以简约化设计，具有浓郁的民族特色。

引领 3G 生活

图 8-3　中国移动的 3G 标志

（四）简洁性

现代社会是信息过载的社会，公众每天要接触大量的信息。因此，公众没有时间和精力去关注每一条信息，也不愿意去思考和理解那些复杂的设计。公众喜欢简单，不喜欢复杂，这正是市场定位理论产生的社会基础。因此，企业的视觉设计必须简洁明了、一目了然。当然，"简洁"不是"简单"，不是"缺乏吸引力"。企业的视觉设计必须用简单的图案、简洁的线条表现丰富的内涵和深刻的意境。视觉设计简洁化的一个重要表现就是视觉设计越来越从具象设计向抽象设计发展。具象设计因其写实的设计手法而显得复杂，也因其设计过于具体而不适应企业向多元化经营的发展趋势。抽象设计采用抽象的线条或几何图案，简洁明了，能充分适应专业化经营或多元化经营的情形。

（五）动态性

企业视觉设计的动态性表现在两个方面：一方面，企业设计的视觉识别图案具有运动、变化的气势，充满动感。富于动感的图案是最能引人注目、激发人们丰富联想的图案。另一方面，由于企业的经营范围会随着企业的发展而变化，原来专业化经营的可能走向多元化经营，原来多元化经营的也可能走向专业化经营；社会公众的价值观和审美偏好也会随着社会的发展而变化，原来被广为称道的视觉要素也可能变得不合时宜。因此，企业设计的视觉要素要依据需要进行调整，与时俱进，使其始终既与自身的个性特征一致，又符合公众审美和价值观的要求。

（六）艺术性

企业的视觉识别系统也是一种视觉艺术，人们观看视觉要素的过程，同时也是审美的过程。在审美过程中，人们把视觉所感受到的要素用社会公认的相对客观的标准进行评价和分析，引起审美体验。因此，视觉设计要遵循必要的美学法则。

1. 统一与变化

任何完美的图形，首先要具有统一性。具有统一性的图形才能给人带来畅快的感觉。这种统一性越单纯，就越具有美感。因此，要使视觉要素带给人们美感体验，必须具有统一性。在视觉设计中，统一要求注重点、线、面、体、色彩等视觉元素的一致性。但是如果视觉要素只有统一性而没有变化性，则缺少刺激和趣味，图形虽和谐宁静却也刻板单调。因此，在统一中要追求变化，变化是刺激的源泉。在视觉设计中，变化通常通过对比、韵律、夸张、重复、渐变等手法来实现。在变化中，要力求简洁，以少胜多，以获得统一和谐的美感。

2. 对称与均衡

自然界中到处可见对称的形式，如鸟类的羽翼、花木的叶子等。所以，对称的形态在视觉上有自然、安定、均匀、协调、整齐、典雅、庄重、完美的朴素美感，符合人们的生理和心理的要求。对称是重要的美学法则。均衡是根据形象的大小、轻重、色彩及其他视觉要素的分布作用于视觉判断的平衡，是在视觉艺术作品中不同部分和造型因素之间既对立又统一的空间关系。均衡可分为对称均衡与不对称均衡。对称本身就是均衡的。由于中轴线两侧必须保持严格的制约关系，所以凡是对称的形式都能够获得统一性。尽管对称的形式天然就是均衡的，但是人们并不满足于这一均衡形式，还要用不对称的形式来体现均衡。不对称形式的均衡相互之间的制约关系不像对称形式那样明显、严格，且比对称形式的均衡要轻巧活泼。

3. 节奏与韵律

节奏本是音乐中音响节拍轻重缓急的变化和重复。在视觉设计上，节奏是以同一视觉要素连续重复时所产生的运动感。韵律是音乐或诗歌的声韵和节奏。韵律美是一种抑扬顿挫的有规律的重复、有组织的变化。视觉设计中使有规则变化的视觉元素产生音乐、诗歌的旋律感就是韵律的运用。韵律使构图具有积极的生气，有加强魅力的能量。在视觉设计中，可以通过视觉要素的渐大渐小、渐多渐少、渐长渐短、渐粗渐细、渐疏渐密、渐深渐浅等方式创造出不同的"律动"形式。

4. 调和与对比

调和即"整齐划一，多样统一"。调和是设计形式美的内容，包括表现手法的统一、色彩的和谐、线面的协调等。把反差很大的视觉要素安排在一起，从而使人感受到鲜明强烈的感触而仍具有统一感的现象称为对比。对比关系主要通过视觉形象色调的明暗、冷暖，色彩的饱和与不饱和，色相的迥异，形状的大小、粗细、长短、曲直、高矮、凹凸、宽窄、厚薄，方向的垂直、水平、倾斜，数量的多少，排列的疏密，位置的上下、左右、高低、远近，形态的虚实、黑白、轻重、动静、隐现、软硬、干湿等多方面的对立因素来实现。对比能使主题更加鲜明、视觉效果更加活跃，它体现了哲学上矛盾统一的世界观。

5. 比例与尺度

任何一个完美的构图，都必须具有协调的比例关系。美的比例是视觉设计中一切视觉单位的大小，以及各单位间编排组合的重要因素。良好的比例关系，如早在古希腊就已被发现的迄今为止全世界公认的黄金分割比 $1:1.618$，有一种协调的美感，成为形式美法则的重要内容。

（七）个性化

英国的尼古拉斯·印德在其《企业形象：有效的企业身份战略》一书中明确指出，设计系统应包括：定义公司的类型和公司的业务；揭示公司的风格；将公司与其竞争者区别开来；通过强化某一因素传播企业结构的逻辑性；传播企业的变化。因此，差别化、个性化是企业视觉设计的一项重要内容，是企业形象脱颖而出、迅速传播的关键。

（八）合法性

企业的标志、标准字、标准色及其相互之间的组合，作为企业的无形资产，需要通过一定的法律程序予以登记注册，成为商标，才能受到法律保护。因此，在进行视觉识别要素设计时，必须严格遵循国家商标法、广告法等相关法律法规，并在长期的形象管理过程中依据法律所赋予的权利来保护自身的形象。

二、企业视觉识别系统开发的程序和方法

（一）企业视觉识别系统开发的程序

1. 设计准备阶段

企业进行视觉形象开发之前，必须做好相关的准备工作。

（1）进行视觉形象开发的调研。对企业经营环境和营运状况进行深入的调研与精确的判断是企业视觉形象开发的前提。调研将为进行视觉形象开发提供翔实、充分的依据。

（2）选择设计方式。经过周密的调研之后，企业需要在企业自身和专业的视觉设计公司之间进行开发设计主体的选择。一般情况下，企业需要将视觉识别系统的设计外包给专业的 CIS 设计公司。外包的方式一般有三种：全部外包、部分外包和招标。全部外包是将企业视觉识别系统的设计工作完全交给一个声誉好、实力强的设计公司来承担，依靠专业设计人员的经验和才干完成所有的设计开发项目；部分外包是以专业设计公司的人员为主体，本企业的设计人员也参与其中的合作开发方式；招标分为指名设计和公开竞选两种。指名设计是将邀请的比较优秀的设计人员的作品拿出来进行优选比较；公开竞选是面向社会提出设计要求，广泛征集设计方案进行优选的形式。无论采用哪种开发方式，都应根据企业自身的实力谨慎选择，以保证设计质量。

在选定了开发设计的公司之后，企业要认真拟定开发委托书，提出视觉识别的开发目标和其他要求。

（3）拟定设计概念。视觉识别设计作为企业对外形象的传播载体，应紧紧围绕企业的理念识别系统，多层次、多视角、立体化、全方位地进行对外的表意和传达，使企业视觉识别系统成为企业理念的生动表述。也就是说，企业的视觉识别系统应以企业的理念识别系统为基础，从识别和发展的角度，从社会和竞争的角度，进行市场定位，并以此为依据，认真分析和审视企业的理念识别系统，使之演绎为视觉符号系统，并将具有抽象特征的视觉符号系统设计成视觉表意和传达的基本要素，统一地应用于企业经营的方方面面，以达到树立企业良好形象的目的。因此，从形象概念到设计概念，再从设计概念到视觉符号，是视觉识别系统设计的关键阶段。然后，企业需要组织由设计师、高层管理人员、营销专家等专业人士组成的评审团，对设计概念从创意的新颖性、传达理念的准确性等方面进行评议。

阅读资料

2008年北京奥运会会徽的创意思考过程

北京始创国际企划有限公司奥运会设计小组在对中西文化及各方面的调研、资料收集、梳理和分析思考的基础上，从不同的侧面寻求2008年北京奥运会会徽的多个创意切入点。经过提炼概括，主要集中从三个方向进行创意思考：一是地域性，包括天坛、长城等；二是易经、八卦；三是民间艺术、传统文化，其中有印章，有中国结，还有脸谱等，主要是基于中国文化这个大方向着手的。最终经过归纳提炼，确定以"京"字为源泉，以印章作为载体，以中国文化作为支撑的切入点。

图8-4　2008年
第29届北京
奥运会会徽

可以说，以印章作为主体的2008年北京奥运会会徽之所以能够在众多作品中脱颖而出，正是因为它将"中国特色、北京特色和奥林匹克运动元素巧妙结合，将历史遗产与现代北京和中国的形象及其对世界、未来与奥林匹克的庄严承诺很好地融合在一起"，其作品内涵显得十分丰富。印章既是中国传统文化的艺术形式，也是至今广泛使用的社会诚信的表现形式，它寓意着北京将实现举办历史上最出色的一届奥运会的承诺。此外，印章与"京"字的结合表现了中国北京张开双臂欢迎世界各地人民的热情与真诚（图8-4）。

2. 设计开发阶段

这一阶段的任务是将上一阶段所拟定的设计概念转换成系统的视觉传达形式，以具体表现企业的理念。这分为三个步骤。

首先，将识别性的抽象概念转换成象征化的视觉要素，并将这些视觉要素反复斟酌，直到设计概念明确化为止。

其次，开发以企业标志、标准字、标准色、象征物为主要内容的基本设计要素，以建立起企业形象整体传播系统的基础。

最后，以基本设计要素为基础，展开企业的办公用品、员工制服、交通工具等应用要素的开发作业。

在设计开发阶段，对标志、标准字、标准色、象征物提出的构想提案越多越好，特别是对符合企业理念且能使公众产生强烈视觉吸引力的视觉符号，要予以足够的关注。经过反复研讨、试做、修正直至最终确定，以找到最佳的符合企业实态和代表企业理念的符号体系。只有在确定基本要素的方案并加以精致化作业处理后，才能进行应用要素的开发作业。

3. 反馈修正阶段

在视觉形象设计基本定型以后，还要进行较大范围的调研，以便通过一定数量、不同层次的调研对象的信息反馈来检验视觉形象设计的各部分是否符合要求。对于不符合要求的设计，要及时予以修正。

4. 编制 VIS 手册阶段

有效地建立规范而又切合实际的视觉识别系统，有赖于企业视觉识别手册——VIS 手册。因此，一经确定视觉符号后，需要立即着手编制 VIS 手册。VIS 手册是将所有的视觉设计开发项目，根据其使用功能、媒体需要等制定出相应的使用方法和使用规范而编制的使用指南。VIS 手册是 VIS 实施的技术保障，是 VIS 管理的依据，其目的在于将企业信息的每个设计要素，以简单明确的图例和说明进行统一规范，作为应用时必须遵守的标准，以便保证使用过程中的一致品质和统一形象。

（二）企业视觉识别系统的设计方法

VIS 的设计开发分为基本要素的开发和应用要素的开发。一般来说，VIS 开发从基本设计系统做起，再将之应用于应用项目中，最后才进入实施阶段。

1. 基本要素的设计方法

由于基本要素中的标志在企业形象中处于龙头地位，因此，VIS 设计最主要的是企业标志的设计。标志的作用在于通过展示某种明晰的视觉认知结构来诠释企业形象的特质，其作用的发挥依赖于标志设计所采用的方法和所遵循的设计规范。

（1）制定标志的设计方法。标志设计的一种方法是方格标志法，即在方格纸上配置标志，以说明线条的宽度和空间位置关系；另一种方法是圆弧角度标示法，即用圆规、量角器标识各种构成要素的正确位置、角弧度、半（直）径等，以说明标志造型的空间结构关系。这就保证了标志在制作和使用过程中视觉结构特性传达的准确度。

（2）设定标志展开应用的尺寸规范。根据视知觉原理，同一标志在不同的应用环境（如放大、缩小及背景差异）中传达的是不同的视觉感受。为达到标志统一的视觉认知效果，必须针对不同的应用环境和范围对标志进行造型修整、线条粗细调整等对应性变体设计，建立严格的标志应用尺寸规范系统。

（3）制定标志变体设计的应用规范。在不破坏标志的设计理念和视觉结构形式的前提下，针对印刷技术、制作程序的差异，需要制作各种变体设计，如线条粗细变化的表现形式、标志正形和负形的表现形式等。这些变体都要以规范的形式固定下来。

（4）制定基本要素组合的规范。基本要素的组合规范是以规范法则的形式制定要素间合法的组合关系和禁止的组合关系，从而组合各种视觉要素，达到统一、系统、标准化的视觉传达目的。组合规范正是通过对要素间组合形式的确定对整个 VIS 系统进行系统化管理，这也为基本要素应用于应用项目奠定了规范应用的基础，是整个 VIS 系统中最为重要的规范系统。基本要素的组合规范要遵循的原则是：在二维空间上，创造引人注目的吸引力；在同时出现的版面竞争上，制造强有力的表现力；在长期出现的多样的视觉信息传达中，塑造统一性的设计形式。

在确定要素组合关系时，要根据视觉心理学原理，对符号要素的组合单元（特别是标志和企业名称、标准字组合单元）的间距、尺寸、色彩、大小比例、空间位置进行不断的排列组合，找出符合企业理念、经营规模和范围、产品内容的要素组合单元，并将其固定下来成为组合规范。预先确定的组合规范在实际制作时可能发生视觉要素错误组合的形式，要将可能出现的错误的组合形式以具体图例的方法列为禁止组合规范，从而建立起一套严格、完整的组合规范系统，以强化组合单元的表现力。

（5）制定象征图形的设计规范。在 VIS 设计要素中，象征图形是除标志、标准字、标准色、吉祥物等基本要素以外的一个常被忽视而又非常重要的要素。象征图形是 VIS 系统中最活跃的要素，对整个 VIS 的表现效果都会产生极大的推动作用。

如前所述，为保证标志、标准字等基本要素被正确运用，便制定了严格的使用规范。但是应用设计种类繁多、形式各异，如果千篇一律地使用设计的几种形式，就会导致设计作品的单调、呆板。因此，借用象征图形这种富于弹性的组合，随着传播媒体的不同，对空间的大小做调整和修正，能使设计版面达到更佳的视觉效果。如日本的 KENWOOD 标志，其象征图形是由字母 W 上的红色倒三角形发展而成的，在黑色的背景上是黄色的倒三角形，其角度的延伸可依据画面空间的大小做适当的调整。这种象征图形具有高度的伸缩性和系统性，能应用于公司的各种产品、包装和广告等上面。象征图形增加了基本设计要素应用于传播中的自由度，同时也增大了它们所表现的内容的宽度与广度。

象征图形的设计要做到：其一，有的放矢。要针对企业的特点进行设计，使形式、色彩能充分体现企业的经营特色。其二，具有亲切感。必须通过象征图形在大众心目中建立起和蔼可亲的企业形象。其三，全盘考虑。要考虑到其在以后的应用中版面的安排，与周围因素的协调，在具有很大的伸缩性的同时又不丧失自己的特点。其四，切忌喧宾夺主。象征图形是为了突出基本要素并造成和谐的视觉效果，而不仅仅是突出表现自己。

象征图形规范的制定与基本设计要素有所不同，它形式丰富且可以在空间上无限延展，因此，它只需规定最小的能保持其特点不丧失的比例尺寸，以及垂直或水平的角度。同时制定出当它与其他要素以不同的方式形成各种组合时，能保持最佳视觉效果的尺寸规范。

2. 应用要素的设计方法

在企业的视觉识别系统中，应用要素包括办公用品、员工制服、标识招牌、交通工具、产品包装、广告、建筑环境等类别。在与外界接触中使用最频繁的是办公用品。应用规范不仅要设定应用项目的质材、规格、印刷方式、色彩标准、象征图形的应用方式等，还需要制定出要素组合规范的空间位置，并用标准尺寸确定下来，从而传达出企业经营理念和产品特征等视觉信息。

应用要素设计的方法包括以下几种。

（1）制作基本要素的识别单元。将标志、标准色、标准字等制成不同规格的样品以便使用。

（2）制作公司名称的基本组合单元。将公司名称、标志、公司地址、电话号码等组合成一个基本单元，以便经常统一使用。

（3）制作包装设计系统。对急需的产品和新产品优先实施新包装，对库存品和经销中的商品视情况逐渐更换包装。

（4）进行车体外观设计。在车体外观漆上标志等要素，并予以标准化后收入在规范手册中。

（5）其他应用项目，可依据实际需要进行设计。

第二节　企业基本要素的开发与管理

一、企业名称设计

CIS策划的重要内容就是确定企业的名称。企业名称是企业识别最重要的因素之一，是企业信息与人们心灵之间的第一个接触点。俗话说："美名传天下。"好的企业名称宛如一曲动人的歌谣，滋润着人们的心田；又如一首感人肺腑的诗篇，给人以爱的温暖和美的享受。它是企业或商品的代名词，向人们传递着它的文化和品位。经典的企业名称已经远远地突破其单纯的商业意义，演变成一部百读不厌的史诗，深邃隽永，回味无穷。美国营销专家艾·里斯与杰克·特劳特（Jack Trout）在《定位》中很好地揭示了名称在营销中的意义："名字就是把品牌挂在预期客户头脑中产品梯子上的钩子。在定位时代，你能做的唯一重要决策就是给产品起什么名字命名。"因此，如何为企业确定一个设计独特、易读易记并富有艺术性和形象性、能引起人们积极联想的企业名称，越来越受到企业决策者的重视。

（一）企业命名的原则

美国一家著名的调查机构曾以"品牌名称和效果的相关性研究"为题，对全美品牌名称做深入研究，结果发现：只有12%的品牌名称对销售有帮助，有36%的品牌名称对销售有阻碍，而对销售谈不上贡献的品牌名称高达52%。其中的关键在于：品牌名称能产生"一眼望穿"的效应，最大限度地激发公众的"直接联想力"，让人在短短的几秒钟内，即知道"葫芦里究竟卖的是什么药"，这是全球营销成功的品牌名称的基本特征之一。进行企业名称设计，要遵循以下原则。

1. 名副其实

古语说："名不正则言不顺，言不顺则行不果。"因此，名正言顺、名副其实是进行企业名称设计必须遵循的首要原则。名副其实要求企业名称真实地反映其经营规模和产品特色，不给受众带来误解。我国的《企业名称登记管理条例》明确指出，企业名称不得含有"可能对公众造成欺骗或者误解"的内容和文字。但在实践中，企业命名往往存在比较突出的以下问题：①夸大。如一个几十平方米的小店却命名为"××大世界"，一个一两百平方米的空地却命名为"××广场"。②攀贵。动辄"皇都""帝豪""贵族"，千方百计地向"豪门贵族"靠拢。③求洋。如"欧罗巴餐厅""蒙娜丽莎时装店""伊丽莎白歌舞厅"等随处可见。这些命名倾向名不符实，极易引起顾客的反感，损害企业形象。

2. 易读易记

一个好的企业名称，必须易读易记，这样才能在公众心目中留下深刻的印象，并广为传诵。这要求做到以下几点。

（1）简洁。一方面，字数要精。日本经济新闻社的调查表明，受众对4个字的认知率为11.3%，5~6个字的认知率为5.96%，7个字的认知率为4.86%，8个字以上仅为2.88%。因此，企业名称的字数不宜太多，一般以2~5个字为宜。另一方面，名称的笔画要简洁。

汉字是象形文字，如果名称的笔画太多，不仅书写不便，而且从远处难以辨认，会造成受众的视觉障碍。

（2）独特。独特的东西往往比较容易给人留下深刻的印象。如一家餐馆取名为"不亦乐乎"，使人想到"有朋自远方来"，很有特色，让人过目不忘；再如"娃哈哈"，最初用于儿童口服液，含有小孩喝了口服液后哈哈大笑的意思，与产品的功能十分吻合，名称非常独特。

（3）发音清晰响亮。一些发音困难或连在一起不顺口的词，要尽量避免。选择方便发音且读起来响亮的名字，并注意音调的平仄协调，以便读起来抑扬顿挫，富有音律美。如"立白""宝马""美加净"等都是读起来响亮且极富韵律感的名字。

3. 启发积极联想

企业名称容易记忆固然重要，能给受众带来广泛而深刻的联想同样重要。由于企业名称是最集中的沟通形式，因此受众从名称中所获得的直接或间接含义对企业形象的树立起着关键作用。因此，在命名时要赋予其丰富的寓意，让受众从中得到愉快而美好的联想。例如，"感冒灵""胃泰""立白""汰渍"等品牌，通过暗示产品的效用、成分等属性带给受众积极的联想；"万事达""好运来""步步高""百事可乐"等名称则带给人们对未来的美好期盼。品牌名称只有带给人们积极联想，才能激发人们的欲望，赢得广泛的认同和支持。相反，如果企业名称让人想到一些排斥甚至禁忌的事物，则对树立形象就相当不利了。如某生产女鞋的企业取名为"大象"，就与女性希望苗条、清秀，而不希望自己拥有一双"象脚"的心理产生冲突了。

4. 支持企业标志

企业的名称和标志都是其品牌的构成要素，二者必须具有一致性。当企业名称与标志相得益彰、相映生辉时，品牌的整体效果会更加突出。相反，如果企业标志是一只熊猫，企业名称却是"大象"，就显得不伦不类了。

5. 适应环境

企业的发展包括时间和空间两个方向，因此，企业名称要适应其未来拓展所面临的环境特点。从时间上，要适应将来进入新的行业、多元化发展的环境特点；在空间上，要适应进入世界市场的环境特点。总体来说，要适应文化环境、行业环境和法律环境。

不同国家或地区的受众因民族文化、宗教信仰、风俗习惯、语言文字等的差异，对同一企业名称的认知和联想也具有差异甚至截然相反。因此，企业名称要适应目标市场的文化价值观念。在企业全球化经营的趋势下，企业名称要具有世界性，应特别注意目标市场的文化、宗教、风俗习惯及语言文字等特征，以免在受众中产生不利的联想，如"白猫"（White Cat），在英语环境中变成了"W C"（厕所），"马戏扑克"（Ma Xi Pu Ke）在英语环境中则成了"最大限度地呕吐"等。

一般来说，企业建立初期基本是专业化经营的，企业名称与产品往往具有较好的一致性，如"春兰"（空调）、"五粮液"（白酒）。但当企业从专业化向多元化发展的时候，原来的名称就可能与企业新进入的行业出现不协调，如　"春兰"用于卡车，"五粮液"用于机械装备等。因此，确定企业名称时一定要有战略眼光，充分考虑企业将来可能进入的行业领域，使其具有高度的适应性。

不论企业选择什么样的名称，一个最基本的要求就是具有合法性。企业名称受到法律保护是品牌被保护的根本。企业名称的选定首先要考虑该名称是否与法律的相关规定相抵触，是否有侵权行为，如果有，则必须重新命名。企业必须选择与其所在市场的法律环境相适应的名称，在国际化经营中特别要注意不同国家法律规定的差异。

阅读资料

知名企业名称的来源

1. 微软

"Microsoft"一词由"microcomputer"和"software"两部分组成。其中，"micro"的来源是"microcomputer"（微型计算机），而"soft"则是"software"（软件）的缩写，是由比尔·盖茨命名的。

2. 百度（Baidu）

全球最大的中文搜索引擎"百度"这一公司名称便来自宋词"众里寻他千百度"。而"熊掌"图标的想法来源于"猎人巡迹熊爪"的刺激，与李彦宏的"分析搜索技术"非常相似，从而构成百度的搜索概念，也最终成为百度的图标形象。在这之后，由于在搜索引擎中，大都由动物形象来作为企业形象，如SOHU的狐、Google的狗，而百度也便顺理成章称作了熊。百度熊便成了百度公司的形象物。

3. 采菊商城（caijusc.com）

采菊商城是跟淘宝合作的专业返利网站。"采菊"这一公司名称来自陶渊明《饮酒》中的千古名句"采菊东篱下，悠然见南山"。喻义"篱下采菊，悠然自得"的美好生活；同时"采菊"一词与"财聚"谐音，可谓一语双关。

4. 苹果公司（Apple Inc.）

"Apple Computer"是史蒂夫·乔布斯在社区农场里干活时想出来的。根据苹果公司的创始人之一史蒂夫·沃兹尼克（Steve Wozniak）的回忆，当史蒂夫·乔布斯想出"苹果电脑"名称时，他正行驶在帕洛阿尔托（Palo Alto）通往洛斯阿尔托斯（Los Altos）的85号高速公路上。当时乔布斯说，"我想出了一个伟大的名字：苹果电脑（Apple Computer）"。

5. 雅虎

Yahoo一词由《格列佛游记》的作者Jonathan Swift发明。在小说里，它代表一个在外表和行为举止上都非常让人讨厌的家伙——列胡。Yahoo！的创始人杨致远和雅虎联合创始人David Filo（大卫·费罗）选择这个名字的原因就是他们觉得自己就是Yahoo。还有一种说法，David Filo和杨致远坚持选择这个名称的原因是他们喜欢字典里对Yahoo的定义"粗鲁，不通世故，粗俗"。

（二）企业命名的策略

企业命名一般有以下策略可以选择。

1. 消费者利益命名策略

以产品带给消费者的不同利益层面来命名，这种命名策略能通过消费利益的暗示带给消费者对企业及其产品的美好联想。

（1）功效性命名。以企业产品的某一功能效果作为命名的依据，名称对产品的功能效果进行暗示，如"黑又亮"（鞋油）、"美加净"（化妆品）、"奔驰"（汽车）等。

（2）情感性命名。以企业的产品带给消费者的精神满足作为命名的依据，如"登喜路"（服装）、"金利来"（服装）、"美的"（家电）、"七喜"（饮料）、"吉利"（汽车）、"好日子"（房屋装饰）等。

（3）中性命名。该类命名虽不能直接带给消费者对产品利益的丰富联想，但因其独具特色而容易让人印象深刻，如"SONY"（电器）、"ESSO"（润滑油）、"EPSON"（办公设备）等。

2. 专有名词命名策略

专有名词是专属于某一特定对象的名词，如人名、地名等。用专有名词作为企业名称，能增加其显著性。

（1）用人名命名。人名包括企业创始人或产品发明人的姓氏名称，以及历史名人、传说中的人名和文学作品中的人物名称等。以产品创始人的姓氏或人名命名，给人以或者历史悠久，或者产品专业，或者声誉卓著的感觉，如"李宁"（体育用品）、"福特"（汽车）、"麦当劳"（食品）；以文学作品中的人物、歌星、影星、体育明星的人名命名，则充分利用了其广泛的知名度，如"孔乙己"（酒）、"太阳神"（口服液）、"猪八戒"（网络）等。

（2）用地名命名。地名包括产地名称、名胜古迹的名称等。以地名作为品牌名称，其一可以利用地名广泛的知名度，如"青岛"（啤酒）、"鄂尔多斯"（服装）、"长城"（汽车）等；其二可以传递产品的质量、特色等信息，如"昆仑山"（矿泉水）、"香格里拉"（酒店）等。

3. 普通词汇命名策略

普通词汇是词典里收录的不具有专有性的词汇。以普通词汇命名，具有比专业词汇更大的创造性和选择空间。采用普通词汇作为名称，可以利用其本身的含义对企业的规模、实力、经营特色及产品的功能特点进行揭示。但由于普通词汇是公用的词汇，且在特定的文化背景中具有相同的价值取向，因而一些词汇成为企业命名时高频使用的词汇，如西方的"Happy""Lucky""Golden""Royal"、东方的"安""康""泰""和"等。所以，使用普通词汇命名容易重复，缺乏足够的显著性。使用普通词汇命名的策略包括以下几种。

（1）采用动植物名称命名。以动植物名称命名，一方面可以将人们对动植物的喜好转嫁到品牌身上，如"熊猫"（手机）、"小天鹅"（洗衣机）、"大白兔"（糖果）等；另一方面可以利用动植物的特性暗示产品的属性，如"美洲豹"（Puma，汽车）、"毛毛虫"（Caterpillar，履带拖拉机）、"芳草"（牙膏）等。需要注意的是，因为文化差异，不同地域的人对同一动植物的寓意理解差异很大，因而动植物名称更适合于经营范围在同一文化背景下的企业，不太适合跨文化经营的企业。

（2）采用数字、字母命名。在确定企业名称时，采用数字、字母及其组合命名，易识、易记，世界通行，便于传播。数字名称如"七喜"（饮料）、"555"（香烟）、"三星电子"等，字母名称如"TCL"（家电）、"IBM"（电脑）、"HP"（电脑）等。

4. 特别词汇命名策略

特别词汇命名有两种选择：其一，选择具有特别含义的现有词汇作为企业名称，如联想（电脑）、鸿运（电风扇）、东风（汽车）、英雄（钢笔）等。其二，创造新词汇。新创词汇是脱离词典中现成的字词，用字母或汉字组成新的词作为企业名称，其特点是独树一帜，很容易给受众留下深刻的影响。但由于是新造词，需要赋予其一定的含义。因此，新创词并不是随便构成的，而是采用能说明产品特点的词或词根，通过某种构词方法，如缩略、组合、变异等，创造性地设计出来的。这样产生的企业名称，一方面能传达企业的特点，另一方面又具有显著性。一般来说，新创词汇的方法包括以下几种。

（1）缩略。缩略就是从一个词汇取其部分而成，或者从几个词汇中取其首字母或部分字母组合而成，如"KFC"（Kentucky Fried Chicken）、"FIAT"（Fabbrica Italiana Automobile Torino）等。

（2）组合。组合就是把两个词汇不加变化地组合在一起，一般能有效地说明企业或产品的特点，如"DIE HARD"（电池）、EVER HOT（恒热家电）、"BEAUTY REST"（床上用品）等。

（3）拼缀。拼缀就是用两个或两个以上能描绘企业产品性能特点的词汇，取其词根或若干字母，重新组合在一起形成一个新的词汇，如"CONTAC"（康泰克）即由"continuous"和"action"两个词汇拼缀而成，意为"连续发挥作用"，揭示了康泰克感冒药的特点；"Timex"（铁达时）由"time"和"excellent"两个词汇拼缀而成，意为"卓越的计时工具"，也较好地揭示了铁达时手表的优越性能。

（4）变异。变异是对直接描绘产品特点的普通词汇做一些改变，使之既能揭示产品特点，又具有显著性，如"YOUNGOR"（雅戈尔）就是对"YOUNGER"的变异，"KLIM"（奶粉）是对"MILK"的反向拼写变异等。

阅读资料

中国古代商号用字歌

我国老字号多以吉祥、喜庆、和谐的字眼来起名，如元、恒、亨等，体现了我国传统的人文思想。清代学者朱寿彭曾把商号取名常用的字总结成《商号用字歌》：

顺裕兴隆瑞永昌，元亨万利福丰祥；春和茂盛同乾德，谦吉公仁协鼎光；

聚义中通全信义，久恒大美庆安康；新泰正合生成广，润发洪源福厚长。

短短八句，56个字，包含了丰富的含义：数量众多（万、广、丰）；规模巨大（元、泰、洪）；发展顺利（亨、和、协）；生意兴隆（隆、昌、茂）；事业持久（长、恒、永）；万事吉利（瑞、祥、福）；公平信用（义、仁）等。

二、企业标志设计

标志（Logo）是人们在长期的生活和实践中形成的一种视觉化的信息表达方式，是具有一定的含义并能使人们理解的视觉图形，具有简洁、明确、一目了然的视觉传递效果。企业标志是用独特的视觉语言说明企业的性质、表达企业理念、突出企业个性的视觉符号，是企业整体形象的浓缩和集中表现，是企业哲学、企业精神的凝聚和载体。在企业视觉识别中，企业标志是使用最为广泛、影响力最为深远的视觉因素，它不仅具有统率所有视觉因素设计的作用，更是整合所有视觉要素的核心。心理学研究表明，人们凭感觉接收到的外界信息中，83%的印象来自视觉。标志正是对人的视觉的满足，它将企业的理念及产品特性等内涵，通过意义明确、造型独特的视觉图形传递给公众，使公众对其识别并产生独特印象。

（一）企业标志的类型

企业标志的分类所依据的标准可以有很多，主要有依据标志的构成因素分类、依据标志的内容分类、依据标志的造型要素分类、依据标志设计的功能分类等。从多样的分类视角去认识标志，有助于全面把握标志设计的方法与规律。

1. 企业标志的构成因素分类

依据构成要素的差别，企业标志可以分为表音标志、表形标志和图文组合标志。

NOKIA 诺基亚

图 8-5　连字标志

（1）表音标志。表音标志是表示语言因素及其拼合的语音的视觉化符号，包括连字标志和组字标志两种类型。

连字标志是由相对完整的词语组成的连字标志，如"NOKIA""SONY""MICROSOFT"等企业的标志，参见图 8-5。

组字标志是由企业名称的首字母组成的组字标志，如"IBM""3M""FIAT"等，参见图 8-6。

3M

图 8-6　组字标志

表音标志能直接传达企业或商品的有关信息，具有可读性强、简洁明了、歧义小的特点，但表现力较弱、标识能力较差、印象不突出。因此，使用时一般加些背景图案、装饰、象形性构字等变化，以增强其图案性。

（2）表形标志。表形标志是采用几何图形或象形图形来作为企业标志。它通过创造性的设计，能以简洁的线条或图形来表示一定的含义，形象性极强，具有生动、形象、便于传达、易于识别的特点，但由于没有表音符号，不利于人们把企业名称与标志联系起来，容易产生歧义。因此，在标志出现的场合，最好能配以企业名称。表形标志的设计要充分把握图形的组合结构规律，充分研究构图的点、线、面、体等构图要素的特性及变化，设计出具有意境、情调和审美韵味的图形，即所谓形有限而意无穷，表现出无限的生命力。表形标志包括具象标志、抽象标志和形征标志三类。

具象标志是直接刻画对象的特征形态的符号，一般是在实物图形的基础上，经过一定的简化、夸张、设计而成。在设计过程中，夸张实物图形的美的部分，省略不美的部分，因而，具象标志能激起广泛的美感。具象标志无论是否直接显示企业及产品的特点，都在一定意义上展示了某种可认知的形象，并通过形象暗示或象征企业的理念及个性特征而赋予标志以特殊的意义，如"鹰"象征强健、进取的精神，"皇冠"象征荣耀，"心"形象征爱情，"雄狮"象征力量、勇敢，"太阳"象征光明和温暖等。具象标志的优点在于信息表达直观准确，形象生动、活泼、含义清楚，使人一目了然；其图形又来源于直接的真实生活，让人印象深刻。但联想性较弱，负载的含义具有一定的局限性，在应用上有较高的限制。参见图8-7。

抽象标志是用几何图案来表达某种事物的意义或概念。这种标志运用现代构成原理，以及点、线、面、体等构图要素设计而成，具有简约大气、风格现代、含义多元、应用性强的优点，但受众对标志的理解易产生不确定性，指代性较弱。设计抽象标志最重要的是处理线条。线条的粗细、强弱或是采用垂直、水平、波浪、如闪电般等不同形态的线条，都会使受众产生不同的情绪反应。如直线具有正直、明确、理性等感觉，而曲线则具有柔和、活泼、感性等感觉。好的标志设计能在线条上创造微妙的效果，如独特性、信赖感、亲切感、高贵感等，参见图8-8。

形征标志融合了具象标志和抽象标志两种标志设计类型的长处，一定程度上弥补了各自的不足。在抽象中加入象形元素便显得生动活泼，削弱了呆板的感觉，也提高了指代性。如日本的"日立"标志，将"日""立"两字抽象地构成图形，"日"字位居中间，既是文字，又是太阳；"日"字的外圆与"立"字的两横一竖构成"立"字，既是"立"字，又是一个人站在地平线上，象征公司如旭日东升的生命力；外圆的扩展箭头，突破了圆形的封闭感，象征着公司业务的全方位发展。参见图8-9。

（3）图文组合标志。图文组合标志是表音标志和表形标志优势互补的产物，这种标志兼有上述两种类型的优点，又在一定程度上避免了它们各自的缺点，具有视觉传播和听觉传播的综合优势，成为现代标志设计的主流，因而被众多的企业所采用。参见图8-10。

图8-7　具象标志　　图8-8　抽象标志　　图8-9　形征标志　　　　图8-10　图文组合标志

2. 企业标志的内容分类

根据企业标志物的内容，可以将标志分为名称性标志、解释性标志和寓意性标志三种。

（1）名称性标志。企业的标志就是企业名称，直接把名称的文字、数字、字母用独特的字体表现出来。显然，名称性标志也就是前述的表音标志。不少企业都直接以企业名称或者名称的缩写作为企业标志，如索尼（SONY）、健伍（KENWOOD）、施乐（XEROX）、TCL等。

（2）解释性标志。解释性标志一般用名称本身所指向的事物的图案作为标志，可分为图案标志和符号标志两类。

　　图案标志是以一定的图案来解释名称的含义的标志物，其特点是生动形象、真实具体，如七匹狼公司直接以"狼"做标志，鳄鱼皮鞋以"鳄鱼"做标志等。

　　符号标志是用特定的符号作为标志物。这种标志多来自简单几何图形的组合，可以是名称的转化，也可以与名称无直接关系。与名称有关的标志，如金利来的标志就是名称"GOLDLION"中的"G"和"L"的字母组合，三菱公司的标志也是三个菱形组成的人字造型。与名称无直接关系的符号标志，可以是企业理念的表达，也可以是对企业某些要素的解释。如奔驰公司的三叉星圆环标志就是对其历史上奔驰公司与戴姆勒汽车公司合并这一经历的解释。参见图8-11。

图 8-11　符号标志

　　（3）寓意性标志。寓意性标志是以图案的形式将名称的含义间接地表达出来的标志。寓意性标志可分为名称字母式标志、名称线条式标志和图画标志。参见图8-12。

图 8-12　寓意性标志

　　名称字母式标志是在名称前面、后面或中间加上一个字母，以构成独特的标志，如柯达（Kodak）的"K"、麦当劳的"M"等。

　　名称线条式标志是在名称周围艺术化地加上一段线条的标志。这种标志充分利用了标志的艺术性，也就强化了标志的视觉效果。如可口可乐公司的标志就很好地运用了线条的修饰作用。完整的可口可乐标志由两部分组成，第一部分是变体的"Coca Cola"，用鲜艳的红色衬托白色的文字，并将英文字母艺术化地变形；第二部分是白色的波状弧线，它由字体下面逐渐延伸，弧线由粗变细，再由细变粗，流畅地与文字巧妙地融为一体，产生一种"飘"的感觉，很好地暗示了可口可乐的口感。

　　图画标志是对名称进行加工和提炼，然后再以一定的图画的形式将其表现出来的标志。许多公司以图画标志来暗示企业的经营理念和产品的独特性能。如航空公司多以展翅高飞的鸟类做标志，如中国国航的凤凰标志、东方航空的燕子标志等；汽车公司多以奔跑快速的野兽做标志，如法拉利的马、英国捷豹汽车的豹子、美国麦克汽车的狮子等。

3. 企业标志的造型要素分类

　　企业标志的造型要素有点、线、面、体四大类。各个造型要素都具有独特的造型意义，既可增强标志设计的表现力，又能强化企业理念的说明性，或传达企业产品内容的特性。因此，在标志设计中可根据设计对象的特性和设计表现的重点选择恰当的造型要素，以创造出独具特色的企业标志。

（1）以点作为标志设计造型的基本要素。点是最基本的设计要素，在视觉上给人以富于张力和流动的感觉，是所有形状的起源，具有很强的表现力。点可以构成线、构成面，适合于各种构成原理和表现形式的运用。用相同大小、数量不等的点可以构成不同的几何图形，或以不同大小的点可以构成自由的任意图形。在标志设计中，经常以圆点来造型，用于构成线、织成面、堆积成为体。特别是表现电脑、资讯、电信业等现代科技的高速发展，圆点具有极强的表现力。参见图8-13。

图8-13　以点为造型要素的标志

（2）以线作为标志设计造型的基本要素。线可以分为两类：一是几何线，二是随意的线。线条的表现力非常丰富，各种刚柔糙滑、抑扬顿挫、粗细疏密的线不仅能表达各种形体，而且能表达人们丰富的思想感情。中国画的线描18法充分体现了线的丰富多彩的表现力。线是一切形象的代表，可分为直线和曲线两大系列。线的长度为其造型特性，有粗细、长短、宽窄的弹性变化。直线具有方向性和速度感等象征意义，曲线则表现了转折、弯曲、柔软等特征。在标志设计中，线的运用非常广泛和丰富，具有极强的表现力。参见图8-14。

图8-14　以线为造型要素的标志

（3）以面作为标志设计造型的基本要素。面是点的延扩，面可以由"点扩大""线条宽度增大"而形成，可以由"点密集""线集合"和"线条围绕"而形成，也可以不借以点和线形成本身独立的形态。面分为几何的面和随意的面。几何的面是由数字方式借助仪器构成的，随意的面是由自由的线构成的，几何图形中的三角形、方形、圆形、椭圆形、多边形在标志设计中最常采用，或作为造型要素，或作为背景、外形以衬托主题。参见图8-15。

图 8-15　以面为构成要素的标志

（4）以体作为标志设计造型的基本要素。体是点、线、面的多维延扩，是在平面上表现三维空间的一种视觉幻象，一种视错觉。以体造型的标志图形能产生实在感和压迫感，造成强烈的诉求效果，利用立体作为标志图形的造型要素有以下三种情况：一是利用标志设计的题材（文字、图案）本身的转折、相交、组合而构成立体感；二是在标志设计题材的侧面增加阴影以制造厚度使其产生立体感；三是设计出既有实在的立体感又在现实中不可能出现的图形，以趣味性带来强大的视觉冲击力。参见图 8-16。

图 8-16　以体为构成要素的标志

（5）综合多种造型要素的标志设计。在实际的标志设计中，往往不是仅限于使用某一种造型要素，而是综合多种造型要素进行设计，以充分地发挥标志图形的视觉表现力。设计中多采用主辅明确、对比协调、轻重适度的手段，创造出生动活泼、个性突出的标志图形。

4. 企业标志的功能分类

企业标志和商标是两种不同功能的标志。企业标志的主要功能在识别，企业商标的核心作用则在于保护。在实践中，企业对企业标志和商标的使用有两种不同的类型：一是企业标志就是商标，二是既有企业标志又有商标。

采用企业标志与商标同一化的一元化视觉结构，目的在于获得同步扩散、强化印象的效果。一般而言，规模较大、知名度较高的企业，或者经营范围单一、技术特点相似的企业较易采用这一方式，这样可以强化传播力度、降低传播成本。

采用企业标志和商标各自独立的多元化视觉结构，主要是基于企业多元化经营、国际化经营、市场占有率的提升和企业形象的保护等需要，商标具有独立性，能使企业在开发新产品、进入新市场时各个击破，具有较强的主动性和灵活性。如可口可乐公司就有"可口可乐""雪碧""芬达""酷儿"等多个商标，松下电器也有"National""Panasonic"和"Technics"三个商标。

不论是企业标志与商标同一，还是企业标志与商标分立，二者的策划和设计都要基于企业的发展战略和营销策略。在进行标志设计时，要认真研究企业的发展战略、组织机构与商标的关系，既要反映企业的现状，更要有战略眼光。

（二）企业标志设计的主题选择

企业标志设计的主题素材是标志设计的根本依据。只有确定了企业标志的主题，造型要素、表现形式与构成原理才能展开。企业标志设计的主题素材主要包括以下几方面。

1. 以企业名称和品牌名称为主题

这是近年来较为流行的做法，即字体标志。以企业、品牌名称设计标志，可以直接传递企业信息。在企业名称的字体设计中，一般采用对比的手法，使其中某些字体具有独特的差异性，以增强标志图形的视觉冲击力。通常，独特的部分也是标志的意义重点，是标志图形的注目点和特征，也是企业信息的主要内容所在，具有辨认识别和记忆的作用。参见图 8-17。

图 8-17　以名称为主题的标志

2. 以企业名称和品牌名称的字首为主题

这是以企业名和品牌名称的第一个字母作为造型设计的题材，也有双字首或多字首的表现形式。造型单位越是单纯，设计形式就越活泼生动。在单字首的标志中有字母（文字）结构、笔画变化和字母（文字）空间变化等处理方法；双字以上的字首有平列、重叠、贯通、扣连等组合方式。参见图 8-18。

图 8-18　以名称字首为主题的标志

3. 以企业名称、品牌名称与其字首的组合为主题

这类主题的设计特点在于：追求字首形成强烈的视觉冲击力，与企业名称字体的直接诉求的说明特点相结合。强化字首的特征，可以增强字体标志的可视性；将字首与名称进行组合，突出了传达性。柯达公司的标志就是由名称的字首与企业名称组合而来，其读音似相机快门的启闭声，非常生动易记，而且图形简练，让人印象深刻。参见图 8-19。

图 8-19　以名称与字首组合为主题的标志

4. 以企业名称、品牌名称或字首与图案组合为主题

这种设计把文字标志与图案标志相结合，兼顾文字说明与图案表现的优点，两种视觉样式相辅相成，具有视、听觉同步诉求的效果。参见图8-20。

图8-20　以名称与图案组合为主题的标志

5. 以企业名称和品牌名称的含义为主题

这种设计按照企业名称和品牌名称的含义，将文字转化为具象化的图案造型，或象征表现，或直接表现，能使人一目了然。这种标志的设计形式较多采用具象化的设计图案。参见图8-21。

图8-21　以企业名称和品牌名称含义为主题的标志

6. 以企业文化和经营理念为主题

这种设计将企业独特的经营理念和文化采用具象化的图案或抽象化的符号传达出来，通过含义深刻的视觉符号唤起社会公众对企业的共鸣与认同。参见图8-22。

图8-22　以企业文化和经营理念为主题的标志

7. 以企业经营内容和产品外观造型为主题

这种设计通过写实的设计表达企业的经营内容与产品的造型，可以直接传达企业的行业特征、经营范围、服务性质和产品特色等信息。但要特别注意不能与商标法产生抵触，参见图8-23。

图8-23　以经营内容和产品外观造型为主题的标志

8. 以企业或品牌的历史传统和地域环境为主题

这种设计通过突出企业或品牌悠久的历史传统和独特的地域环境,引导消费者对企业产生权威感、认同感和新鲜感。这是具有强有力的故事性和说明性的特点的设计方式,多采用具有装饰风格的图案或卡通形象作为表现形式,简练生动,个性突出。这种形式也常用于企业象征物的设计中,参见图8-24。

图8-24 以历史传统和地域环境为主题的标志

（三）企业标志设计的构成形式

标志的构成形式是标志的构图要素排列组合的方式。标志的构成主要有反复、突破、对称、渐变、对比、借用、重叠、镶嵌、幻视、折带、发射、连接等多种方式。

1. 反复

相同或相似的要素重复出现称为"反复"。反复产生于各种事物的生长、运动的规律之中,是一种最单纯的形式美。反复通过形象的秩序化、整齐化,可以呈现出统一的、有节奏感的视觉效果,如仪仗队,同样身材的整齐队伍,迈着一致的步伐,显示出整齐、雄壮之美。反复可分为单纯反复和变化反复两种。单纯反复是某一造型要素简单反复出现,从而产生了整齐的美感效果;变化反复是一些造型要素在平面上采用不同的间隔形式,不仅具有节奏美,还具有单纯的韵律美。反复属于整齐的范畴,是一种整齐的美。设计中,一要注意图形反复的整体感,二要注意图形反复的美感,三要注意图形反复的可能性,不能勉强凑合,否则可能会显得单调和呆板。参见图8-25。

图8-25 以反复为构成形式的标志

2. 突破

突破是为了夸张图形或文字的某一部分,有意识地将其分布在轮廓线的外侧,使作品更加生动活泼、引人注目。在进行标志设计时,突破的方向包括:①上方突破。当主题在轮廓上方突破时,给人一种挺拔、雄伟、高大的感觉。②下方突破。当主题在轮廓下方突破时,给人一种平稳、安详、扩展的感觉。③左右方突破。当主题在轮廓的左右方向突破时,给人一种运动的感觉。参见图8-26。

图 8-26 以突破为构成形式的标志

3. 对称

由中间一条竖线或横线将事物造成形状完全相同的等分的两部分，称为"对称"。如人体以鼻梁和肚脐上下连线为中轴，眼、耳、手、足，乃至鼻孔都是对称的。对称是图案中求得均衡的基本结构形式，具有单纯、完整而又丰富变化的视觉美感，是构成图案形式美的基本法则之一。对称图案的规律性强，整齐平衡，具有节奏美，能使人感到一种合乎规律的愉悦。因此，人们制造工具、建造房屋、美化生活等，都运用对称形式。但有时用得不好，会显得呆板。这时可用倾斜、旋转、错位等变化，以改变呆板感觉。最常用的对称方式有上下对称、左右对称、圆周对称、中心对称等。参见图 8-27。

图 8-27 以对称为构成形式的标志

4. 渐变

渐变是两种以上要素关系所显示内容的基本形态或骨骼不显著、非根本的变化，是事物在数量上的增加或减少，给人以富有韵律节奏的自然美感。基本形态的渐变是指形状、大小、位置、方向、色彩等视觉因素的变化；骨骼的渐变一般是改变水平线或垂直线的位置而获得方向、大小和宽窄等因素的变化效果。渐变的构成形式包括：①水平式渐变。水平布局有开阔、安定、平稳、扩展之感。②垂直式渐变。垂直渐变具有挺拔、向上之感。③倾斜式渐变。倾斜有左倾和右倾之分。由于重心位置变化，具有左或右方向的动感，所以倾斜布局较为活泼。④内外式渐变。内外布局有内大外小和外大内小之分。内大外小的渐变具有内凸外凹的感觉，呈球形；外大内小的渐变具有外凸内凹的感觉，呈碗状。⑤周围式渐变。周围式渐变具有丰润圆润之感。⑥螺线式渐变。螺线式渐变包括等距螺线渐变和阿基米德螺线（又称等速螺线）渐变，它具有回旋扩展之感。参见图 8-28。

图 8-28 以渐变为构成形式的标志

5. 对比

对比是把两种不同的事物或情形做对照，相互比较，形成强烈对照的现象。标志造型艺术中的对比是把点、线、面、体的大小、方向、位置、空间、重心、色彩等造型要素中差异较大的部分组织在一起加以对照比较，互相衬托，更加突出各自的特征，以增强标志的表现力。如直线和曲线对比可以更加显现出直线的刚强、坚硬、明确感和曲线的柔和、流畅、活泼、亲切感。对比的目的在于强调同一造型要素中不同部分的差异性，使人感到生动、活泼、鲜明、醒目。对比包括形态对比、色彩对比、排列对比、质地对比、感觉对比等，也包括粗与细、简与繁、多与少、疏与密、刚与柔、动与静、轻与重、强与弱、显与隐、冷与暖的对比。在设计中，要巧妙地利用对比手法，达到增强视觉冲击力的效果。如果利用不当，过分追求对比，则会产生各自为政、杂乱无章的后果。参见图 8-29。

图 8-29　以对比为构成形式的标志

6. 借用

借用就是若干个构图单元共同借助同一部分用以造型，构成各自完整的图案。从图形上看，借用是一种巧妙的组合方式。参见图 8-30。

图 8-30　以借用为构成形式的标志

7. 重叠

重叠就是把几个构图单元重叠或减缺，以构成新的图像。重叠是标志设计中最基本的造型方式之一，它不仅缩小了各构图单元的总体面积，使标志结构紧凑，更重要的是它使原有的各平面构图单元层次化、立体化、空间化。参见图 8-31。

图 8-31　以重叠为构成形式的标志

8. 镶嵌

在标志设计中，为了缩小构图面积，经常把几个单元镶嵌合在一起，就是镶嵌。镶嵌在单元组合中既给人以均衡的感觉，又给人以整体的感觉。参见图 8-32。

图 8-32　以镶嵌为构成形式的标志

9. 幻视

幻视是将波纹、点群和各种平面图形、立体图形通过某种构成方式来产生律动感、闪光感及反转实体等视幻觉，是利用光的效应制造运动感觉的构图方式。参见图 8-33。

图 8-33　以幻视为构成形式的标志

10. 折带

折带是以条带为造型素材，在平面或空间中采用软折、硬折进行造型的一种技法。折带造型取材简单，技法开阔扼要，效果纤巧秀丽，具有较强的装饰效果。参见图 8-34。

图 8-34　以折带为构成形式的标志

11. 发射

发射是一种常见的自然现象，太阳四射的光芒就是发射的。发射具有方向的规律性，发射中心为最重要的视觉焦点，所有的形象均向中心集中，或由中心散开，有时可造成光学动感，会产生爆炸的感觉，有强烈的视觉效果。发射可分为由中心向外或由外向内集中的中心点发射、以旋绕的形式逐渐扩大形成螺旋的螺旋式发射和以一个焦点为中心层层环绕进行的同心发射。参见图 8-35。

图 8-35　以发射为构成形式的标志

12. 连接

连接就是以线条为素材，从始至终连绵不断、一笔成画的技法。因而连接的设计方法也叫一笔标志设计法。参见图 8-36。

图 8-36　以连接为构成形式的标志

（四）企业标志设计的程序

科学地设计企业标志，需要经历以下程序。

1. 调查分析

在设计标志之前，要对企业的实际情况进行深入的调查研究，作为设计意念开发的前提和基础。特别要重点研究以下几方面：企业经营的理念与未来的发展规划；企业的经营内容、产品和服务的性质；企业经营的规模、历史与地理环境；企业的知名度和美誉度；企业产品的目标消费者的主要特性；企业的竞争者的基本情况；企业管理者对企业标志等视觉识别内容的期望等。

在对企业的基本情况进行全方位了解之后，可以对市场上竞争对手的标志进行收集和分析，比较各个标志的优缺点，或让消费者进行评价，以便了解消费者对于设计主题、造型要素、构成形式的偏好，作为标志设计的依据。

2. 确定标志设计的思路和主题

（1）确定标志设计的思路。确定标志设计的思路就是确定标志设计的方向。标志设计有四种方向可以选择：表述法、表征法、会意法和纯标识法。

表述法是直接表现企业的产品、服务项目等经营内容，以及经营目标、经营宗旨等。这种方法直接、明确、一目了然，使人对其经营范围易理解和记忆。如出版社以书的形象为标志、金融业以钱币的形象为标志等。采用表述法设计时，要最大限度地表现企业的共性、代表性及相对稳定性。参见图 8-37。

表征法是使用抽象图案表现企业特征和性质的手法。这一方法常用来表现企业产品的效能、精度、优质等特征。多元化经营的企业较多采用这一手法。参见图8-38。

会意法是借助某种具体形象或图形来象征企业所要表现的主要内容，从而引申到企业的性质、经营理念以及价值取向等方面。它从侧面烘托主题，因而能产生许多新颖的情趣，显示出脱俗的味道，但如果处理不当，则易削弱主题，产生歧义。需要注意会意法与表述法的区别。有时不同的企业可能采用相同的视觉图形，但有的属于会意法，有的却是表述法，这关键取决于企业的经营内容。例如，某汽车制造公司采用豹做标志，其目的是用豹的快速暗示车的优越性能，属于会意法，但某动物园采用豹做标志，则主要说明其经营内容，则为表述法。参见图8-39。

纯标识法是直接运用表音符号或单纯的图形作为标志。所用的符号常常是企业的名称或字头。为了加强标识性，人们常常在字形、组合、装饰等方面突出变异、精致和趣味，以增强视觉冲击力。参见图8-40。

图8-37　表述法

图8-38　表征法

图8-39　会意法

图8-40　纯标识法

（2）选择标志设计的主题。在确定了标志设计的思路以后，可以通过选择合适的设计主题和素材，使标志的内容具体化。在标志设计的实践中，可以在第267—269页所述的八个可供选择的主题中确定恰当的主题类型。

3. 设计标志的表现技巧并绘制标志图案

当标志的主题内容确定后，需要在确定表现主题的形式技巧的基础上绘制标志图案。

（1）确定标志的基本造型要素，即确定是以点、线、面、体单一构图要素造型，还是综合多种构图要素进行设计。

（2）选择恰当的构成形式，依据形态构成的规律和艺术法则进行分析，充分运用设计造型的手段，在合理运用构成原理的基础上选择恰当的构成形式（如前述的反复、对称、渐变、重叠、镶嵌等），力争创造出符合企业理念、有独特个性、应用时有较大灵活性的企业标志。

（3）绘制标志图案，在设计构思基本成熟以后，就要用草图来表现出创意构思。草图是将思维活动变成具体创作的第一步，可以快速勾画出多个草图方案，尝试从不同的角度、用不同的方式对主题进行挖掘和表现，以便找到最佳的表现主题的视角。然后，在充分论证的基础上从多个草图方案中确定最佳方案。

4. 进行标志的精细化作业

标志设计完成后，为了确保其造型的完整性以及将来在各种传播媒介和场合应用中的一致性，需要对标志进行精细化作业。

（1）标志造型的视觉修正。由于人的视觉会产生错觉，如同样粗细的直线，水平线看起来比斜线粗，斜线又比垂直线粗；水平线二等分，右边的线段看起来比左边的线段长等，因此，需要依据视觉原理，从整体的视觉构成样式到具体每一造型细节做认真推敲，以达到预期的视觉效果。如奥运五环旗的设计中，红、蓝、绿三种颜色的环宽相同，黑色则仅为其宽度的0.92，黄色为1.3，这主要是由于视觉效果所产生的偏差造成的，因此需要对宽度进行修正，以使观众看起来的宽度一致。这充分体现了精细化作业的过程，即通过改变字体宽度、高度，线条宽度、高度，使主观感觉和客观视觉相结合，创造出有生命力的标志。

（2）标志的规范化。为了确保标志造型的统一性和一贯性，避免在以后的使用中因变形、异化而出现企业形象混淆、散乱的负面效果，必须对标志进行规范化作业，树立系统化、标准化的权威，作为变化多样的应用项目设计和各种传播媒介使用的规范。企业标志的规范化作业主要包括标志造型的标准作图、尺寸规范、变体设计的规范及标志与其他基本要素的组合规范等。

①企业标志的标准作图。标志的标准作图主要是把标志造型、线条做数值化分析，规定成标准的尺度，以便正确地复制和再现。标准作图的方法一般有以下几种。

方格标识法。方格标识法就是在正方形的网格上绘制标志图案，以说明线条的宽度和空间位置关系。参见图8-41。

圆弧角度标识法。为了说明标志图案的造型和线条的弧度与角度，用圆规、量角器标识各种正确的位置。它是一种辅助说明的有效方法。参见图8-42。

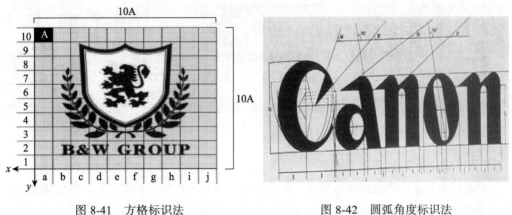

图8-41　方格标识法　　　　　　　　　图8-42　圆弧角度标识法

比例标识法。以标志图案的总体尺寸为依据，设定各部分的比例关系，并用数字标识出来。

标志的标准作图通常采用上述三种方法。这三种方法可单独使用，也可综合使用，使用的基本原则是以数值化为前提，力求简明准确，避免任何随意性。

②标志运用尺寸的规范。标志是VIS中使用频率最高、应用范围最广的视觉要素。标志在应用时常常需要放大或缩小，当缩小到一定尺寸时容易出现模糊不清的现象，这对于

企业形象的传播和识别均会产生不利影响。因此，为了确保标志放大、缩小后的视觉认知的同一性，必须针对标志应用时的大小尺寸制定详尽的规范。如规定标志缩小使用的极限为多少毫米，以避免随意缩小，破坏原有造型特征的情况出现。

③标志变体设计的规范。在标志应用过程中，由于各种印刷媒体和作业程序对标志图案的造型要素有不同的要求，因而需要针对印刷方式的不同或作业程序的限制，制作各种变体设计，以适应不同的使用情境。如苹果公司的标志的标准设计由红、橙、黄、绿、蓝、紫六色组成，但在实际使用时则可根据具体情况使用单色或反白等。标志的变体设计，要万变不离其宗，以不改变原有标志的设计宗旨和构成形式为原则。一般来说，变体的设计方法包括线条粗细的变化、彩色与黑白的变化、正形与负形的变化、造型要素的各种变化（如空心体、点织面、线织面、网纹线条等）等。

④标志与基本要素的组合规范。将标志与基本要素进行各种组合设计，使之成为规范化、系统化的整体，是保证标志应用规范性的需要。基本要素的组合系统，要依据应用设计项目的客观需要，根据应用载体的规格尺寸、排列位置、排列方向和空间关系等，设计出横排、竖排、斜排等不同形式的组合单元。设计的重点是使标志与基本要素的构成取得均衡感，获得合理的比例与协调的空间关系。标志与基本要素的组合方式包括：标志与企业全称或缩写标准字的组合单元；标志与企业名称标准字、品牌名称标准字的组合单元；标志与企业名称标准字、品牌名称标准字及企业造型角色的组合单元；标志与企业名称标准字、品牌名称标准字、企业造型、企业口号、宣传标语的组合单元等。参见图8-43～图8-45。

图8-43　标志与标准字的组合单元

图8-44　标志、标准字与企业口号的组合单元

图8-45　标志、标准字、象征物及企业口号的组合单元

（五）企业标志的演变与革新

企业标志是企业形象的核心要素，是企业经营理念及产品特色的象征。标志能够被大众认可甚至具有较强的忠诚度，是企业长期传播的结果，是企业宝贵的无形资产。因此，标志一旦确定，就不要轻易改变，而应该让它长久地、深刻地留在人们的记忆中。

然而，随着社会经济、文化的发展，企业本身的经营状况在发生变化，人们的思想观念和审美情趣也在不断改变，企业标志也会逐渐丧失原有的影响力。因此，标志的革新是必然的趋势，只是不同的企业采取了不同的革新方式。一种是骤变的方式。企业为了领导潮流，不顾现有形象在公众心目中的高度认同度，毅然放弃陈旧过时的标志，采用富有时代感和创新精神的新标志，体现了大胆创新的精神。另一种是渐变的方式。企业的标志是分阶段逐步演变的，在演变中保留原有标志的部分题材、形式，以兼顾消费者对企业的认同感和依赖感。这样，公众不易发现标志细小的变化，标志在公众的不知不觉中实现了与时俱进的革新，从而产生一种"润物细无声"的效果。

图8-46反映了标志演变与革新中所呈现出来的以下特点和趋势。

马自达的标志演变　　　　　　　　　　　　　　百事可乐的标志演变

网易云音乐的标志演变　　　　　　　　　　　华为的标志演变

图 8-46　企业标志的演变

（1）由复杂图形逐渐向简约图形转变。现代设计崇尚单纯简洁的图形，"简单的是美好的"是设计的一条重要法则。

（2）由具象的表现形式向抽象的表现形式转变。相对于具象的表现形式，抽象的表现形式图案感更强、更简约，具有更强的涵盖性，构成了一种抽象美，能赋予标志更强的符号感、现代感，成为标志设计的流行趋势。

（3）字体标志越来越受到青睐。特别是汉字属于象形文字，很容易进行图案化处理，从而使其既能直接传达企业的相关信息，又具有极好的可视性、形象性，因而成为众多企业进行标志设计的选择。

三、企业标准字设计

标准字体是经过专门设计用以表现企业名称或品牌名称的独特字体。它通过文字的可读性、说明性等明确化特性将企业的性质、经营理念等信息表现在独特的字体之中，以达到塑造形象的目的。标准字往往与标志同时使用，它运用广泛，可直接将企业或品牌传达给公众，以视觉、听觉同步传递信息，能有效地强化企业形象与品牌的诉求力，是企业形象识别系统中的基本要素之一，在基本要素的设计中具有与标志同等的重要性。

经过精心设计的标准字体与普通印刷字体的差异性在于，除了外观造型不同外，更重要的是它是根据企业或品牌的个性而设计的，对字体的形态、粗细，字体间的连接与配置，统一的造型等，都做了细致严谨的规定，与普通字体相比更美观、更具特色。

（一）字体的个性特征与企业标准字的类型

1. 字体的个性特征

字体一般分为印刷体、书法体、装饰字体和美术字体四种类型，不同的字体类型具有不同的个性特征。

印刷体具有庄重规范、平易朴实的特点。汉字的基本字体包括宋体、黑体、仿宋体和楷体等。宋体横轻直重，易写易认，平易朴实；仿宋体笔画细致、轻灵、秀美、飘逸；楷体笔画浑圆庄重，柔中带刚；黑体横竖一样粗壮，凝重有力。

书法是我国具有 3 000 多年历史的汉字表现艺术的主要形式，既有艺术性，又有实用性。书法体具有轻松随意、个性张扬的特点。汉字的书法体包括篆书、隶书、魏碑、草书、行书、行楷等。篆书古朴苍老，圆转瘦劲；隶书圆润生动，朴质平实；魏碑朴拙险峻，雄强奇肆；草书笔画简约，字形多变；行书错落有致，和谐优美；行楷运笔轻盈，点画灵动。

装饰字体在视觉识别系统中具有美观大方、便于阅读和识别、应用范围广等优点。海尔、科龙的中文标准字体即属于这类装饰字体设计。

美术字体是依据文字的内容含义和想象力在基本字形的基础上进行装饰、变化加工而成的艺术变体，包括装饰美术字、形象美术字、立体美术字和书法美术字等，它在一定程度上摆脱了印刷字体的字形和笔画的约束，可根据需要进行设计，达到加强文字的精神含义和富有感染力的目的。

研究表明，内容完全相同的文字，若采用不同的字体表达，会使人产生不同的感受和联想。例如，细线构成的字体，容易使人联想到香水、化妆品之类的产品；圆厚柔滑的字体，容易使人联想到食品、饮料、洗涤用品；浑厚粗实的字体则让人对企业雄厚的实力浮想联翩；有棱角的字体，则让人对企业的个性印象深刻。例如一则酒的电视广告片，画面的视觉中心位置是一个字体不断变化的"酒"字，从篆书、隶书到宋体，使人觉得该酒不但具有悠久的历史，而且具有深厚的文化底蕴，顿生一饮为快的愿望。

2. 企业标准字的类型

在视觉媒体发达的今天，我们每天会接触到报纸、杂志、路牌、商品包装等各种传播媒体，可以看到各式各样的标准字，如企业名称、产品名称、广告标题、活动名称等。这些种类繁多、风格各异的标准字的共同任务在于建立独特的风格，塑造差异化的企业形象。依据功能的不同，标准字包含以下类型。

（1）企业名称标准字。经过专门设计的企业名称标准字，主要用于传达企业的经营理念和品格，以树立企业的良好形象。企业名称标准字是标准字中最主要的，也是其他各种标准字的基础。

（2）品牌名称标准字。企业为了突出品牌的个性特点，依据产品特性和目标市场，设立多种品牌，并竭力提升品牌的知名度，达到促销的目的。因此，品牌标准字与商标组成完整的信息单元，在传达中又各自发挥着重要的作用。

（3）字体标志。将企业和品牌名称设计成具有独特性格、完整意义的标志，达到容易阅读、认知、记忆的目的，具有视觉、听觉同步传达的优点，是当今企业标志设计的主要趋势，如 SONY、IBM、FUJI 和 NEC 等使用的都是字体标志。

（4）活动标准字。活动标准字指专为新产品推出、庆典活动、展示活动、竞赛活动、社会活动、纪念活动等企业特定活动所设计的标准字。这类标准字与企业名称、品牌名称等都有明显的差异。因为使用时间短，设计风格大多自由、活泼，给人印象强烈。

（5）标题标准字。标题标准字是用于各种广告文案、专题报道、电影电视广告、海报标题的标准字。这种个性化的标准字极具感染力和吸引力，能让受众在看到的第一眼就引起注意。

（6）英文标准字。企业名称和品牌标准字体的设计，一般均采用中、英两种文字，以便同国际接轨，参与国际市场的竞争。英文字体也分为两种基本字体，即书法体和装饰体。书法体的设计虽然很有个性、很美观，但识别性差，用于标准字体的不常见，常见的情况是用于人名或非常简短的商品名称。装饰字体的设计，应用范围非常广泛。从设计的角度看，英文字体根据其形态特征和设计表现手法，大致可分为四类：一是等线体，字形的特点几乎都是由相等的线条构成；二是书法体，字形的特点活泼自由，显示风格个性；三是装饰体，对各种字体进行装饰设计、变化加工，达到引人注目、富有感染力的艺术效果；四是光学体，采用摄影特技和印刷用的网络技术原理构成。

（二）企业标准字的设计

1. 把握标准字设计的原则

企业标准字的设计，主要是确定它的书写形式。"写字"虽然是一件简单的事情，但从企业形象设计的角度讲，必须把握以下原则。

（1）识别性。企业的标准字首先要具有识别性，即要简洁、易读，传递的信息让人一看就明白。这要求在设计标准字时必须：第一，选择公众普遍认识的字体，审慎选择甲骨文、篆书等公众识别范围较小的字体，不用奇形怪状的字体，更不能随意造字；第二，避免选择与其他企业，特别是同行业的竞争者相同或相似的字体；第三，字体结构清楚，线条明晰，放大或者缩小均易辨认。

（2）艺术性。标准字作为视觉设计的基本要素之一，良好的艺术性和审美性是其重要特征。字体是否具有独特而良好的造型和新颖别致的形式是其成功与否的关键。因此，标准字应该比例适当、结构合理、线条美观，具有和谐的美感，具有极强的亲和力。在设计过程中，要充分挖掘有利条件，寻求适当的表现手法，设计出独具一格、有震撼力的字体。从艺术效果看，书法体具有趣味的笔墨、灵动的线条，作为标准字体更具艺术魅力。

（3）关联性。企业的标准字是企业理念和产品特性的载体。这要求对标准字的设计，不应只考虑美观，还要和企业、产品的特征有一定的内在联系，以便达到联想的目的。不同的字体具有不同的个性特征，企业要根据自身的性质选用、设计并确定相应的标准字体，并根据企业特点、期望和实际条件，确定字体的造型，如正方、瘦长、扁平、斜体，或者外形自由、样式活泼，或者在字体中设置某些具象、抽象的图案作为笔画，充分运用字体的特点反映企业的性格，从而给公众带来或古朴雅致，或时尚现代，或情趣盎然的感觉。如可口可乐公司的"雪碧"和"芬达"的字体设计，就将字体的比例、形状处理得非常精致、美观。雪碧的"碧"字的一横，是柠檬形象的高度抽象（图8-47）；芬达的"达"字的一点，是苹果叶子的高度抽象，非常醒目、传神。

图 8-47 雪碧的标准字

（4）协调性。标准字的设计必须与其经常使用的产品、包装等相适应，与企业的目标市场的特性相一致，与其他视觉因素能和谐组合，具有良好的统一感。例如，儿童用品选用很严肃、古朴的字体，女性用品选用棱角分明的字体，或者标志很时尚但选择的标准字很古朴，都会显得很不协调。

2. 企业标准字的设计程序

设计企业标准字，一般依下面的程序进行。

（1）调查分析。在设计标准字之前，要对企业现在使用的标准字进行分析，看它们是否符合所处行业的特征、是否与企业的产品特征一致、是否符合目标消费者的审美习惯、字体的造型是否合理等，从而作为设计标准字的依据。

（2）选择企业标准字的字体。依据调研结果和各类字体的个性特点，选择恰当的字体，一般的选择依据如下。

①依据诉求对象选择字体。从行业特征来说，家用电器的生产经营企业宜选用优美轩昂的黑变体，以体现商品的分量和质感；化妆品、针织品、各类服饰等商品的生产经营企业可选用轻巧秀丽、流畅柔婉的宋体，不宜用粗犷厚重的黑体；儿童用品、电风扇、自行车等商品的生产经营企业，可选用寓意变体，充分考虑字体的和谐美和装饰美；建筑、五金、机械、电气等重工企业可选用粗犷厚重、刚劲有力的黑体。从企业产品的目标市场的特点来说，生产男性用品的企业的标准字要有力度感、简洁刚毅，生产女性用品的企业的标准字要柔和、轻巧秀丽，生产儿童用品的企业的标准字要生动鲜明、活泼有趣，生产老年用品的企业的标准字则要宁静安详、清晰稳重。参见图 8-48。

武汉嘉丽雅装饰工程有限公司
Wuhan JialiyaDecoration Engineering Co., Ltd.

中国金币总公司
CHINA GOLD COIN INCORPORATION

图 8-48 企业标准字示例

②依据字体的个性特征选择字体。如由细线构成的字体经常是纤维、香水、化妆品制造业所青睐的字体，它同香水等流质的商品有关。圆滑字体经常是生产经营糕饼、糖果、香皂、唱片等商品的企业青睐的字体。设计这种字体，一般以圆、椭圆、弧线等作为标准字的轮廓，内部则用直线分割开来。薄型字体则常与报纸、旗帜、飘逸的丝绸等有关。此类字体亦在外形上取胜，但又有一定的象征意义。这种字体一般采用字体框架中空不实的方法，用细线勾勒，体现商品的柔顺感、光滑感，使人备感亲切和温暖。厚重字体常与严肃的主题有关。这种字体多用于大型的机械用品的外包装和新闻发布会等正式场合。在设计上它采取在框架中涂实的方法，粗线条描绘，给人以厚实、坚固、可靠、稳重的感觉。三维字体常与建筑物、金融机构大厦有关。这类字体只对某一侧面重点描绘，且常采用一面中空、另一面涂实的方法，立体感极强。角型字体常与机械类、工业用品和家具制造业有关，这类字体一般直接用直线、折线描绘，且棱角分明，体现了其精密的特征。字体可

涂实，也可中空，与描绘的物品有关，若体现其牢固感，则用前者；若体现其灵巧感，则用后者。

③依据材料工艺选择字体。在设计实践中，字体有不锈钢、钛金、塑料泡沫等多种材料，有阳文、阴文等形式，还有多种制作工艺。同样是金属材料，因喷绘、氧化、烫轧和浇铸的工艺不同，字体设计的效果就截然不同。因此，要针对不同的用途、不同的材料、不同的制作工艺等选用不同的字体。

④依据文字的词义选择字体。作为表意文字的汉字可以通过表象的手法、表意的手法，或是字形笔画的变化，实现视觉传达和心理诱导的沟通。

⑤依据环境空间选择字体。如果将标准字体置于建筑物外墙、室内空间和交通工具上，应进行放大、缩小、立体化、扁形处理等艺术修正，以产生强烈醒目的视觉效果；如果将标准字体应用在办公用品、包装袋、信笺、名片上，亦应作出相应的设计处理，以产生隽秀耐看的视觉效果。

（3）确定标准字的基本造型。字体确定以后，要根据企业所要传达的内容和期望塑造的形象，确定字体的造型，如正方形、长方形、扁形等。标准字的外形要与企业的产品特征相一致，反映企业的经营理念。参见图 8-49。

图 8-49　企业标准字的造型示例

（4）配置笔画。标准字字体确定以后，可在其中划分若干方格细线作为辅助线，以配置标准字的笔画。常用的字格主要有米字格、十字格、五宫格等形式，制作英文字母的辅助线有上缘线、大写线、腰线、基底线、下缘线五种。配置笔画需先进行字体的布局。当字体外形的辅助线画好之后，即可勾画字体的骨架。一般可使用圆规、直尺等制图仪器来实现字体设计的标准化和精细化。由于视觉会出现错觉，在打好间架之后，依据结构布局进行上下、左右、大小的调整是字体造型的重要环节，这样才能保证空间布局的合理与均匀。

（5）统一字体。为了使字体准确地传达企业的经营理念和经营内容，需要塑造字体统一的典型特征，以表现其差异性的风格。字体的统一可以通过统一线条形式和笔画弧度的表现来实现。线条形式的圆角、缺角、直角、切角度的大小等，都会直接影响标准字的性格。笔画弧度的大小也能传达企业的内容和个性。表现技术、精密、金属材料、现代科技等特征应以直线型为主，表现食品、服装、化妆品等产品柔和、柔软的特点应以曲线为主来造型。图 8-50 的"葡式蛋挞"和"金星啤酒"的标准字通过统一线条形式和笔画弧度实现了风格的统一。

图 8-50　企业标准字的统一示例

（6）排列标准字的方向。标准字的排列方向有横向排列和纵向排列两种。由于中文字多为方形，具有较好的适应性，可根据需要选择横排或竖排。英文字母竖排的效果不太理想，一般采取中英文对照的做法。这就需要在设计时考虑使用的需要，设计横、竖两种排列法。

（7）标准字的展开。由于标准字广泛应用在几乎所有的应用项目上，但不同的应用项目的材料及工艺制作等原因，会使标准字的字体造型产生细微的变化，影响视觉的同一性。因此，需要配合不同材料、工艺、施工技术等使用情境，考虑传达上的需要，设计标准字的变体，以加强标准字的传达功能。标准字的变体是建立在印刷和制作工艺的客观要求上的，常用的变体设计有放大缩小变形、图底互换或黑白反转变形，字形线框空心体、线条的变形、立体设计等。此外，将标准字连续并列、重复组合从而形成集合性、整体性的图案，不仅可以改变标准字简单孤立的感觉，还能起到反复和强化视觉传达效果的作用。

四、企业标准色设计

"远看颜色近看花。"在构图中，色彩是最能引起人们注意、最具有感染力和视觉冲击力的表现要素，它能给人一种情感，一种心灵的愉悦，有先声夺人之美。在 VIS 设计中，采用独具特色的色彩语言，能使公众更易识别和产生亲近感。

（一）色彩的基本原理

1. 色彩的三要素

色彩是人通过眼睛感受可见光刺激后的产物，有三原色和四间色之分。红色、黄色和蓝色构成三原色，它们是最基本的颜色，不能由别的颜色配出来。橙色、绿色、紫色和黑

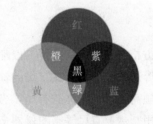

图 8-51　色彩的调配

色构成四间色，分别由三原色调配而成（图 8-51）。即

红色 + 黄色 = 橙色　　　　蓝色 + 黄色 = 绿色
蓝色 + 红色 = 紫色　　　　红色 + 黄色 + 蓝色 = 黑色

从性质上讲，每一种颜色都有色相、色度和色性三种性质，称为色彩的三要素。

色相是色彩的相貌、种类，即每一种颜色所独有的特征，这是色彩显而易见的最大特征。三原色和四间色是标准的色相，不同标准色的混合构成不同的色相。目前视觉上能够辨认的色相有 100 多种。将红、橙、黄、绿、蓝、紫等色彩按顺序连成一个圆环，就形成色相环（图 8-52）。在色相环中，

图 8-52　色相环

相邻的两种颜色称为近似色，如黄色与橙色；相对的颜色称为补色，通常补色相互配合，可以产生强烈的对照。如把蓝色与橙色相配合，则蓝色显得格外纯净。

色度是指色彩的明度和纯度。明度即颜色的明暗、深浅程度，指色彩的素描因素。它有两种含义：一是同一颜色受光后的明暗层次，如深红、淡红、深绿、浅绿等；二是各种色相明暗比较，如黄色最亮，其次是橙、绿、红，青较暗，紫最暗。画面用色必须注意各类色相的明暗和深浅。颜色除在明度上的差别外还有纯度的差别。纯度是指一个颜色色素的纯净和浑浊的程度，也就是色彩的饱和度。纯正的颜色中无黑白或其他杂色混入。未经调配的颜色纯度高，调配后，色彩纯度减弱。此外，用水将颜料稀释后，水彩和水粉色亦可降低纯度，纯度对色彩的面貌影响较大。纯度降低后，色彩的效果给人以灰暗或淡雅、柔和之感。纯度高的色彩较鲜明、突出、有力，但感到单调刺眼，而混色太杂则容易感觉脏，色调灰暗。

色性是色彩具有的冷暖倾向性。这种冷暖倾向是出于人的心理感觉和感情联想。暖色通常指红、橙、黄一类颜色，冷色是指蓝、青、绿一类颜色。所谓冷暖，是由于人们在生活中，红、橙、黄一类颜色使人联想起火、灯光、阳光等暖热的东西；而蓝、青、绿一类颜色则使我们联想到海洋、蓝天、冰雪、青山、绿水、夜色等。生活中物象色彩千变万化，极其微妙复杂，但无论怎么变都离不开冷暖两种倾向。

色相、色度、色性在一块色彩中是同时存在的。观察调和色彩时三者必须同时考虑到，要三者兼顾。最好的办法是运用互相比较的方法，才能正确地分辨出色彩的区别和变化，特别是对于近似的色彩，更要找出它们的区别。

在画面上，当两种以上的颜色同时出现时，由于色相、色度和色性的差别，会形成一种彼此衬托的作用。原来暗淡的色彩因与其他颜色的对比而变得更明快或更暗淡。利用色彩的对比，可以提高色彩的明度或纯度，或降低其明度和纯度，扩大色彩的表现范围，能够使主题表现更加鲜明和突出。

为了使画面给人协调统一的感觉，色彩除了对比以外，还需要调和。色彩的调和就是色彩上具有共同的、互相近似的色素及色彩之间协调和统一。即当两种以上的颜色组合在一起时，能够统一在一个基调之中，给人以和谐而不刺激的感觉。各部分的色彩在色相、色度、色性上比较接近，容易感觉调和。因此，组成调和色的基本法则就是"在统一中求变化，在变化中求统一"。也就是变化和统一适当结合。只有调配得当，色彩才能给人以美感。

2. 色彩的感觉和联想

（1）色彩的感觉。色彩靠知觉来传达和接收，靠情感来反射。不同的色彩给人们的感觉不一样。色彩的生理感觉主要有以下几种。

①寒暖感。红色、黄色和橙色是暖色调，蓝色、绿色是冷色调。利用色彩的冷暖感可以有效表现商品的特性，如药品广告的色彩多用白色、蓝色等冷色调，以给人安全、宁静的感觉。

②兴奋感与沉静感。一般来说，暖色容易引起心理的亢奋和积极性，属于兴奋色；冷色具有压抑心理亢奋的机能，令人消极、冷静，属于冷静色。

③远近感。明度高的颜色有膨胀的感觉，明度低的颜色有收缩的感觉。膨胀的颜色感觉相对较近，收缩的颜色感觉则相对较远。

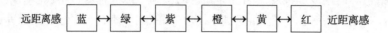

远距离感　蓝　↔　绿　↔　紫　↔　橙　↔　黄　↔　红　近距离感

④色彩的听觉和味觉。色彩除了视觉上的感觉以外，还会产生听觉、味觉等作用。一般来说，明度越高的色彩，感觉其音阶越高。色相上，黄色代表快乐之音，红色代表热情之音，绿色代表闲情之音，蓝色则代表哀伤之音。另外，色彩也会影响人们的味觉。例如，绿色让人联想到未成熟的果实，给人酸的感觉；红色、橙色则联想到成熟的果实，带来甜的感觉；褐色、黑色让人联想到烧焦的食物等，带来苦的感觉。在食品类企业的视觉设计中，通过表现不同味道色彩的应用，可以使食物产生更加诱人的魅力。

（2）色彩的象征意义。色彩教育家约翰内斯·伊顿说："色彩向我们展示了世界的精神和活生生的灵魂。""色彩就是生命，因为一个没有色彩的世界，在我们看来就像死的一般。"色彩具有很强的象征性和情感性，它能够直接影响人们的心灵，引起某种情感上的共鸣。掌握和运用色彩的象征意义对于正确地应用色彩是非常重要的。参见表8-1。

表8-1　各种色彩的象征意义

色彩类别	色彩的象征意义
红色	红色是太阳、火焰、血液的颜色，给人热烈、温暖、奔放的感觉，象征着革命、喜庆、幸福、活力。同时，它又给人以暴露、冲动、刺激、危险的感受
黄色	黄色是明度最高的颜色，是阳光的颜色，给人明亮、温暖的感觉，象征着光明和希望。同时，明度和纯度较低的黄色也会给人低级、庸俗、色情的感觉
蓝色	蓝色是天空和海洋的颜色，给人沉静、凉爽、理智、神秘的感觉，象征着博爱、平等和智慧。同时，这种颜色也给人冷酷、缺少活力、寂寞、悲伤的感觉
橙色	橙色是光感度比红色高的暖色，给人活跃、喜悦、欢快、富丽的感觉，象征美满、幸福
绿色	绿色是植物的色彩，是生命的色彩，给人以清新、舒适、和谐、安宁、亲切的感觉，象征着生命、青春、理想、智慧、和平
紫色	紫色是大自然中比较稀少的颜色，给人高贵、优雅、神秘、华丽、成熟的感觉，象征虔诚，也象征着迷信
白色	白色是明度最高、最明亮的颜色，是冰雪和白天的颜色，给人轻快、洁净、明亮、朴素、卫生的感觉，象征着纯洁、光明和神圣，也代表了虚无
黑色	黑色属于明度最低、最深最暗的无彩色系，也是黑夜的颜色。它象征着万物的终结，代表着黑暗、死寂、沉默、恐怖、罪恶等，给人畏惧、痛苦的感觉。同时，它也是最为庄重、严肃、高贵和沉静的颜色
金属色	金属色主要指金色和银色。金色和银色给人感觉富贵奢华，象征着财富和权力
灰色	灰色处于黑白之间，给人感觉稳定、雅致、谦和、中庸

需要注意的是，不同的人，不同的民族和国家，同一个人在不同的时期，对色彩的感觉具有重大的差别。美国营销学教授劳伦斯·雅各布斯曾对8种颜色在不同国家和文化背景下的"商业"含义进行了比较研究，结果发现，一方面，不同的国家对同一色彩有着不

同的感觉，如灰色，在中国和日本感觉是廉价的，而在美国却是昂贵的、高质量的、可靠的；紫色则正相反，在中国、日本、韩国是昂贵的，在美国却是廉价的。另一方面，不同国家对同一色彩往往也有一致的感觉，如黑色，上述四个国家都有"效力大、昂贵"的感觉。

 阅读资料

奥运会五环标志的色彩象征

奥林匹克运动会会标由 5 种颜色和 5 个圆环组成，象征着五大洲的人民团结起来，为创造更好的体育运动纪录而努力拼搏，其中，蓝色代表欧洲，绿色代表大洋洲，黄色代表亚洲，黑色代表非洲，红色代表美洲（图 8-53）。而这 5 种颜色又包含世界各国国旗的颜色，这充分体现了色彩的象征性。

图 8-53 奥运五环

（二）企业标准色的设计

1. 企业标准色

企业标准色是由企业设定的用来象征公司的经营哲学或产品特性的某一特定颜色或一组特定颜色。它广泛应用于企业的标志、广告、包装、办公用品等应用要素上，通过色彩的知觉刺激产生心理反应，具有强烈的识别效果，是 VIS 设计中的基本要素。例如，可口可乐的销售对象多为年轻人，选择活泼、鲜明而轻快的红色作为标准色，洋溢着青春、热情、刺激的信息；IBM 则以蓝色传递着前卫、科技、智慧的经营理念。因此，企业要根据需要，选择合适的色彩，使公众从色彩的角度注意、认识、了解和信任企业。

2. 企业标准色的开发程序

要充分发挥企业标准色的传达功能，必须制定一套科学的开发作业程序，以便使设计活动顺利进行，一般包括以下几个阶段。

（1）明确设计理念。企业标准色设计要尽可能单纯、明快，以最少的色彩表现最多的含义，达到精确快速地传达企业信息的目的。因此，在设计时应明确以下指导思想：①体现企业的经营理念和产品的特性，表现企业的生产技术水平和产品的实质内容；②具有独特性，突出与竞争企业之间的差异性；③符合社会公众的色彩心理；④符合国际化潮流。目前世界上企业的标准色正由红色系逐渐转向蓝色系，追求一种体现理智和高技术精密度的色彩象征。

（2）进行色彩调研。调研的重点包括：①企业现有标准色的使用情况；②公众对企业现有标准色的认知状况；③竞争企业标准色的使用情况；④公众对竞争企业现有标准色的认识状况；⑤企业性质与标准色的关系；⑥市场对企业标准色的期望；⑦民族、区域习惯等忌讳色彩的情况。

（3）设定色彩概念。根据色彩调研分析的结果及企业发展战略的需要，确定准备让色

彩带给公众对企业什么样的感觉和认知，什么色彩才能带来这种感知，以此来设定对应的色彩表现概念，以确定企业标准色的基本方向。下面是一些色彩概念：①积极的、健康的、温暖的等（如红色）；②和谐的、温情的、任性的等（如橙色）；③明快的、希望的、轻薄的等（如黄色）；④成长的、和平的、清新的等（如绿色）；⑤诚信的、理智的、消极的等（如蓝色）；⑥高贵的、细腻的、神秘的等（如紫色）；⑦厚重的、古典的、恐怖的等（如黑色）；⑧洁净的、神圣的、苍白的等（如白色）；⑨平凡的、谦和的、中性的等（如灰色）。

（4）进行色彩概念的表现。依据设定的色彩概念选择恰当的颜色进行色彩表现。进行色彩概念的表现一般有三种方式。

①单色标准色。只选择一种颜色作为标准色。单色标准色具有集中、强烈的视觉效果，方便传播与管理，是最常见的企业标准色形式。如中国国际航空公司的红色、阿迪达斯的蓝色等。参见图8-54。

②复色标准色。选择两种以上的色彩进行搭配，追求色彩组合的对比效果，以增强色彩的美感和视觉冲击力。如太阳神集团的红色与黑色、绿丹兰公司的红色与绿色等。参见图8-55。

③多色标准色。一般选择一种色彩为标准色，再配以多个辅助色，即标准色＋辅助色的方式。其目的在于利用色彩的差异性区分企业集团母子公司各自的身份和关系，或者表示企业内各个事业部或品牌、产品的分类。通过色彩系统化条件下的差别性产生独特的识别特征。如丹麦的国家铁路公司，就以不同的色彩表示不同的经营内容。参见图8-56。

图 8-54　单色标准色　　　图 8-55　复色标准色　　　图 8-56　多色标准色

（5）进行色彩效果测试。色彩选定后，要对选定的色彩样本进行心理性、生理性和物理性的调查与测试，以确定色彩样本是否充分表现了企业的形象概念。其具体包括：①色彩的具象、抽象的联想及偏好等心理性反应测试；②色彩的明视度、记忆度、注目性等生理性效果测试；③色彩制作的技术性、材料性、经济性等物理分析和评价等。

（6）制定色彩的使用规范。色彩设计决定之后，还需要制定用色规范，规定色彩应用中误差的范围，并针对不同材料、油墨、技术等制作问题，予以明确化的数值测定，制定共同遵守的色彩管理系统，以便正确使用色彩，保证其标准性和一致性。

（7）色彩使用中的监督管理。在色彩使用过程中，要严格监督标准色的使用情况，及时处理使用中出现的问题，包括对不同材质制作的标准色进行审定；对印刷品打样进行色彩校正；对商品色彩进行评估；其他使用情况的资料收集与整理等，从而建立起完善的标准化的色彩计划。

马自达汽车公司标准色的设定

日本马自达汽车公司在导入 CIS 时以进取性、高度品质感和丰富的人间性三者作为企业经营理念而开发整体的视觉识别系统。其中，清澈爽朗的天蓝标准色的设定为 CI 开发的重点之一。

公司试图通过某种色彩来表现经营理念。当时负责标准字设计的吉村先生提出，蓝色很适合精密机械制造业的形象，并具有团结、清洁和强大的意向，与马自达汽车以防止污染、关心社会为己任的企业形象相符合，因此蓝色是最适合的颜色。

实际上，马自达汽车原有的标准色即是蓝色，但是与其设定的经营理念比较之下难以表现全貌，因此就委托色彩计划中心进行企业色彩的调查。调查主要分三个阶段进行。

（1）企业印象调查阶段。采用语义差别法，将原来的蓝色与其他色彩并列比较，做意象的心理分析、意象平均值对照等，从中检讨多种意象形成的原因及意象构造的表达方法，塑造出理想的企业意象，并将有关的各项资料加以整理分析，从而决定企业标准色。此阶段调查的结果是在年轻、革新、积极性、冒险性、技术领先项目中马自达汽车较为优秀，然而在大型、和蔼可亲、温暖感、明亮感等项目中，马自达汽车则略逊一筹。因此，总体上来说，马自达公司从前的意象是知性的因素较高，而感性的因素较低。所以，在未来企业标准色的设定上，应该要求一方面维持技术革新的意象，另一方面则创造和蔼可亲的新形象。

（2）标准色关键语调查阶段。采用联想语法，从 150 种用语中选出最能代表马自达汽车的关键用语（key word），经过热烈的讨论后，选出代表该公司以及汽车公司的关键用语，再配合调查的内容与象征业种的色彩，得到如下的用语：娇嫩的、清楚的、属于速度感的、跳动的、优雅的、和蔼可亲的、知性的、生动的、大方的、讲究的、富于自然气息的、属于安全感的、稳定感的、年轻气息的、百看不厌的、天空色的、海洋色的、纺织公司的、水产公司的、家电制造厂商的、汽车公司的、建筑公司的、钢铁公司的、马自达公司的，共计 24 项。此阶段即以上 24 种意象为基础，在不同色相、明度、彩度的各式各样蓝色样本中，选择符合关键用语的蓝色，以作为候补色之用。

（3）色彩意象调查阶段。本阶段是将上述 24 项意象中某一蓝色在调查中出现频率达10%以上的颜色筛选出来，以进行相对关系的定量化分析。经由分析获得 5 种类型：①基本型；②马自达概念型；③跳动倾向性型；④自然清香型；⑤安定倾向型。再将 5 种类型的色彩，整理出相同的色彩并与标准值配合，印制成 9 种不同的彩色标准字，以进行色彩记忆性和视认性的调查作业，并从印刷技术性、油墨涂料适应性及色彩的意象三方面做最后的综合检讨，在 9 种模拟设计的色彩中得到最高评价的是 No：8、9、3。

除了在日本国内进行色彩调查之外，为了日后开展国际化经营，马自达汽车公司还调查了世界各国对于蓝色的观感。世界各国汽车业及相关行业（如航空业、运输业、石油业、汽车零件业等）所使用的标准色也都一并列入调查范围。资料分析比较的结果是，欧美的汽车公司多半采用蓝色系列的标准色设计，而日本的公司则清一色是红色的标准色。各个国家和民族对蓝色的好恶也不尽相同。土耳其人基于宗教上的理由最厌恶蓝色，德国人基于政治上的偏见也不太喜欢蓝色，其他各国则普遍都能接受。

经由上述各阶段的调查作业，详细地研究分析之后，色彩计划中心从 9 种蓝色中选出两种蓝色，作为马自达汽车标准色的候补色。马自达汽车的标准色在费时半年、作业严谨的色彩调查之后，终于诞生了。作为名副其实的有进取性、高度质量感、丰富人间性的形象，与日本各大汽车公司的色彩有着明显的区别，强化了企业竞争的动力。

资料来源：朱健强. 企业 CI 战略[M]. 2 版. 厦门：厦门大学出版社，1999：229-231.

五、企业象征物的设计

（一）企业象征物及特征

1. 企业象征物

企业象征物是企业为了强化企业的个性特征和产品特质，借助适宜的人物、动物、植物等基本素材，通过象征、夸张、变形、拟人等手法塑造的造型符号。它常常是某个亲和力强、个性鲜明的拟人化造型，或生动活泼，或酷感十足，让人印象深刻，是塑造企业形象重要的辅助元素，多数情况下与标志、标准字一起出现，共同发挥传播作用。同时，企业象征物具有较强的可塑性，可根据经营特色、传播媒体、传播主题制作各种变体设计，如微笑、欢迎、跳跃、奔跑等丰富多彩的表情、姿势、动态，以强化象征物的说明性和亲切感。相比企业标志和标准字而言，象征物更富有弹性、更生动、更具亲和力，它通过亲切可爱、平易近人的造型，给人留下强烈的记忆印象，形成视觉焦点，并由此传达企业的经营理念和服务特质，对于强化企业形象、提升传播效果具有不可替代的作用，在 CIS 计划推进过程中占据着极其重要的地位。

2. 企业象征物的特征

在视觉识别系统中，企业象征物是各种视觉要素中最形象生动的因素，其经过夸张的、拟人化的、漫画式的形象成为企业视觉要素最活跃的部分。企业象征物具有以下特征。

（1）说明性。企业象征物以具象化的造型图案直观地图解企业理念、目标和企业精神，在诙谐幽默中使公众对企业的个性特征和产品特性产生形象化的了解和记忆，并留下美好难忘的印象。

（2）亲切感。企业象征物一般取材于活泼可爱的人物、风景、动物、植物等，是设计要素中最具亲切感的要素。这些设计素材经过夸张、变形等艺术处理，成为富有生命魅力的造型，具有亲切、可爱、感人的特征，容易引人注目，产生视觉冲击。

（3）统一性。企业象征物和企业标志、字体、色彩为了表现一个统一的企业形象，同时起着连接多方活动、统一整体形象的作用，是维系企业所有环节的纽带。

（4）灵活性。企业象征物不是一个固定的独立形象，而是一个遵循象征物实际使用的逻辑链，以基本形象为主体进行多种变化的系列化形象。企业象征物一般由一组姿态、表情各具特色的形象共同构成，以适合于不同环境、不同场合下使用的需要。

（二）企业象征物的设计

1. 遵循企业象征物的设计准则

设计企业象征物，要遵循以下准则。

（1）关联性。企业造型的形象与性格必须与企业和产品有所关联。

（2）个性化。企业象征物在造型、风格和气质上都应该独具特色。

（3）情感性。设计的象征物要有亲切感、有趣味性，使人乐于接受。

（4）定型化。设计的企业象征物要具有稳定的形态特征。

（5）名称特。企业象征物的取名要别致，使人见到名字便能立即联想到相关企业和产品。

（6）幽默感。对造型的形态和表情要给予适度的夸张变形处理，使其富有情趣，个性更加鲜明突出。

（7）简洁性。企业象征物在造型上要高度概括凝练，尽可能地单纯化。

2. 为象征物选择恰当的题材

企业象征物的作用在于通过具象化的造型图案来诠释企业的个性和产品的品质。企业象征物的题材选择与设定，直接关系到企业象征物的生命力，更决定了企业形象的风格。因此，设计企业象征物必须选择恰当的题材，理性分析企业的实态、企业的个性、产品的特征，并以企业意欲建立的形象为准则，选择名副其实的企业象征物。

（1）故事性。从家喻户晓的童话故事、神话故事或民间传说中，选择个性特征突出的角色。如日本运动港体育用品公司以龟兔赛跑故事中的兔子作为象征物等。

（2）历史性。基于人们眷顾历史、缅怀过去的怀旧心理，或者标示传统文化、老牌风味，以企业的创造者、文物作为企业造型设计的方向，可以标示历史悠久的传统文化，彰显经典名牌的权威性。如肯德基公司就以创始人山德斯少校的形象作为企业造型，以显示其祖传秘方的迷人风味；美国吉列刀片公司同样以吉列公司的创始人吉列的头像作为企业象征物（图8-57）。

图 8-57　吉列公司的象征物

（3）材料性。以企业经营的内容或产品制造的材料为企业造型的设计方向，具体而明确地说明企业经营的内容。如英国瓦特涅斯（Watneys）酒业公司以酿酒的木桶作为说明企业经营内容的象征图案；麦酷营养公司以小麦的趣味造型说明了经营内容（图8-58）。

（4）动植物的习性。动植物的特点、习性都有明显的差异，如飞鸟的活泼与灵性，走兽的迅捷与凶猛，家畜的温顺与可爱，植物中牡丹的雍容华贵、竹子的高风亮节、梅花的不畏严寒等。企业可按行业属性、企业实态、性格及产品特质来选择符合其个性特征的动植物，再赋予其特定的姿态、动作，以传达独特的经营理念。如京东商城的金属狗、搜狐公司的狐狸、瑞星杀毒软件公司的狮子、腾讯公司的企鹅等都以动物作为其象征物（图8-59）；日本劝业银行则以玫瑰作为象征物。

图 8-58　麦酷营养公司的象征物

图 8-59　以动物作为企业的象征物

3. 合理确定企业象征物的表现类型

企业象征物的表现方式分为具象和半具象两种。

（1）具象的企业造型。以物象的自然形态做写实性的表现，这种方式在企业造型表现中占主导地位。具象的造型角色有质朴、通俗的感觉，社会公众对其有较强的亲切感，一般有四种类型：①人物类企业造型。如海尔公司的海尔兄弟、麦当劳公司的麦当劳叔叔、日本明治公司的铁臂阿童木、朝日啤酒公司的霍希先生、松下电器公司的魔术大叔等。②动物类企业造型。如小鸭电器公司的小鸭、美国迪士尼公司的唐老鸭、日本三洋电器公司的松鼠小姐、日本三菱公司的河狸等。③产品拟人化企业造型。如日本资生堂牙膏的"珍珠姐妹"、日本电信电话公司的"长途电话小子"、法国米其林轮胎的"轮胎人"等。④联想性企业造型。如日本星辰表公司的"星辰先生"、日本索尼公司"影视先生"等。

（2）半具象的企业造型。半具象的企业造型是将具象形象进行变形或夸张，做高度简化和提炼的抽象处理，是一种意象性的表现。这种表现个性突出，随意性强，能更自由地表达意念，比具象更具现代感和高格调感，给人印象深刻，记忆度更高。

4. 灵活运用企业象征物的表现技巧

（1）企业象征物角色比例的确定。人身体正常的头身比一般是 1∶7 或 1∶8。但在设计企业象征物时，常用 1∶4 或 1∶2 的大头比，这样的比例更接近婴幼儿，显得更加可爱；在一般漫画中常用 1∶3 或 1∶4 的比例，但在企业象征物的设计中甚至会用到 1∶2 或 1∶1，这样能使企业象征物比漫画更具漫画性，从而更有吸引力。

（2）具象造型和半具象造型的确定。具象的造型具有质朴、通俗、亲切的感觉。但创作具象造型时要做必要的简化和修饰。即使是非常写实的，也应简练、概括、形象集中、个性突出。同时，在制作技术和表现风格方面也要符合潮流与流行趋势。半具象的造型是在具象的基础上进行的变形和夸张，但夸张和变形都要适度。如果过分夸张或变形，完全脱离了原型的特征性，就会使公众产生陌生感和厌恶感。

（3）企业象征物的表情和姿势的确定。企业象征物只有具有优美的表情和姿势，才能使公众心里产生愉悦感，从而打动人心。企业象征物的表情是最传神的地方，要取得消费者的信任和亲近，应选择生动可爱、亲切宜人的表情，切不可让象征物板着面孔或有呆板、恐怖的表情。企业象征物的姿势往往要配合其表情和动作，用得最多的是与人交流打招呼的姿势。坐、走、蹦跳、飞等姿势动作要适度夸张，这样才能引人注意。

（4）企业象征物的服饰的确定。要根据企业象征物不同的使用场合、受众对象、媒体类型等给予不同的着装和修饰。同时要注意，服饰的造型风格要与企业形象总体的定位相一致，应简练突出、富有个性。

敏捷集团精心打造 IP 形象——敏羊羊

2020 年 8 月 18 日，敏捷集团经过 130 多天精心打造的全新 IP 形象——敏羊羊正式"出道"，开启了 TA 的首场大秀。

这是继年初品牌形象焕新升级后，敏捷集团再次用心出发，以心为道，以美为达，构建出更具温度的全新 IP 形象，进一步诠释"用心，生活就很美"的品牌主张，为美好生活赋能，实现自我升华。

敏羊羊，出生于广州。在其命名设计上，用心的敏捷人巧妙地选取了"羊"字，既有广州"羊城"文化的缘起，又包含善于奔跑、以速度取胜的"藏羚羊"之意，亦谐音年轻化的"young"和喜气洋洋的"洋"，再冠以敏捷集团第一个称谓作为姓氏，整体读起来朗朗上口、时尚可爱，充分寓意敏捷集团打造这一全新 IP 形象更具年轻力、亲和力的创意理念。

缘起羊城，筑梦开始的地方

在整体创意设计上，敏羊羊拥有乌溜溜的大眼睛、红红的翘翘耳、粉嘟嘟的小脸颊、可爱的圆肚肚……萌萌哒的造型尽显聪明伶俐又亲切活泼；加上长着 "外八"形的羊角，梳着绵软轻盈的"云朵"刘海，平添了一丝娇憨，一副颇具亲和、讨喜的形象跃然而生，还未出道就备受社会各界关注。

敏羊羊核心设计灵感和思路来源于敏捷集团"敏于思，捷于行"的企业精神，而来自高原的藏羚羊，它们是动物界稳健、低调、迅捷、坚毅的代名词，有着不屈不挠、顽强而自尊的品格，这一精神特质与敏捷集团企业精神相契合；同时长长的犄角、矫健的身姿及炯炯有神的眼睛……这一形象特质，也与大众对敏捷集团 20 多年来低调、稳健发展的印象十分匹配。

广州羊城，是敏捷集团筑梦开始的地方和不断稳健前行最坚强的基石。在和城市共生长、共美好的发展过程中，敏捷集团希望品牌 IP 能够被赋予更多的"城市印记"，因此使用了叠音组合；让敏羊羊赋予自身和城市更多元、年轻、创新、有趣的内涵。

敏羊羊有着红色的身体、灰白的肚皮，整体线条流畅、自然，以敏捷集团品牌 VI 体系中敏捷红、稳健灰为主色调。

（1）敏捷红：全身以红色为主调，代表着年轻、热情和活力，与敏捷集团的品牌 VI 标识相契合。

（2）稳健灰：凸显出敏羊羊机敏干练的特性，在萌力十足的同时不失聪明睿智。

跨界多元，永远保持 young 心态

本次敏捷集团全新 IP 形象——敏羊羊正式发布，是敏捷集团继品牌形象焕新升级后的又一重要品牌战略。

2020年初，敏捷集团发布"用心，生活就很美"的品牌主张，开启了品牌战略全新篇章，引发了社会各界的关注。这一系列品牌战略的背后是敏捷集团始终保持一颗永远年轻、不断创新的赤诚之心，以跨界思维不断提升产品品质和服务，深度诠释了多年来对城市、对居者、对品质的用心。

1993年，敏捷集团在广州创立，一路走来发展成为新时代美好城镇综合服务商，20多岁风华正茂的敏捷集团不断创新，如今构建起多元化发展的全产业链服务生态圈：夯实人居品质、智慧工程建筑、智慧物业三大优势业务。同时推动酒店、商业、教育等多元业务的协同发展，并将文化旅游、长租公寓、城市更新及智能家居作为新的业务发力点，赋能城市，创造人居美好新生活。

随着敏羊羊这一全新IP形象的诞生，TA将作为敏捷集团品牌传播的重要载体和"代言人"，不仅赋予敏捷集团品牌更加年轻化、更具亲和力的内涵，而且进一步彰显企业精神和"用心，生活就很美"的品牌主张。在未来不断创新的道路上，TA还将搭建起敏捷集团与业主、客户、战略合作伙伴等社会各界之间温情沟通的桥梁，带着"本心、匠心、知心、悦心、善心、正心"的"心美学"品牌理念，展现更多元化的"敏捷"。

资料来源：https://www.jiemian.com/article/4842526.html.

第三节　企业应用要素的开发与管理

一、企业应用要素设计的原则

基本要素设计的完成，不是CIS活动的结束，而是整个CIS活动的开始。企业CIS导入的目标能否实现，关键在于如何将基本视觉要素落实于企业日常的经营活动中。企业视觉识别系统应用要素的设计就是基本要素的实施与运用性设计，是将企业形象真正建立在实体之上。企业视觉识别的应用要素的内容非常广泛、具体，小到一张名片、一个工作证，大到一部形象宣传片、一项大型的公关宣传活动。这些都是企业向外传达形象的载体，每一项内容都给公众以真实、具体、生动的印象，使企业形象的生命力真正展露出来，对企业视觉及整体识别体系的建立，乃至整个企业形象的塑造都起着至关重要的作用。

企业应用要素的设计项目主要包括：办公用品系列；企业证件系列；账票系列；制服系列；企业指示符号系列；企业办公环境设计规范；交通工具系列；产品应用系列；广告应用系列规范；企业出版物、印刷物等。对这些项目的规划和设计，应力求科学、系统、全面，力求做到兼具识别性、规范性和可操作性。因此，设计中需要遵循以下原则。

（一）标准化

对企业基本要素在各种项目上的应用要制定明确的使用规范，如基本要素的组合状态、各种组合适用的媒体范围，以及详细的使用说明、注意事项和禁忌等，以便进行统一控制，确保规范化和标准化。

（二）整体性

整体性体现在两方面：从横向看，要对企业所有的应用项目进行系统化、整体性的设计，并制定相应的实施程序，以保证各应用项目之间的一致性；从纵向看，不仅要对现有的应用项目进行统一设计，还应对未来可能使用的新的应用项目进行预想性设计，以保证前后的一致性。如果在使用中发现事先设计的规范不够全面或不适应，也要按预定的程序进行修正和补充，防止与原先设计的宗旨不一致。务必使不同的应用项目、不同时期的应用项目相辅相成、形象一致。

（三）吸引力

使用应用要素的主要目的是引发公众对企业的视觉关注，并由视觉关注诱发其对企业的认知和偏爱。因此，进行应用要素的设计，要特别注意基本要素在应用媒体上的夸张与渲染，使其具有强烈的视觉冲击力和吸引力，以彰显和突出企业的形象特征。

（四）程序化

CIS 的应用项目在实际使用中往往会出现诸多问题。需要修正和补充设计规定时，要由 CIS 设计小组提案，经 CIS 实施管理委员会研究认可后才能更改和补充，更改后正式列入企业的 CIS 实施手册，作为以后实施的范本。不能由制作者，更不能由使用者随意更改和补充。

二、企业应用要素设计的内容与要求

（一）企业办公用品设计

企业的办公用品是企业信息传达的基础单位，是企业日常事务所必备，是企业对外交往的重要媒体，因而成为企业视觉识别有力的传播手段。它随时随地传达着企业信息，是企业对内、对外沟通的直接手段，具有使用量大、扩散面广、传播率高、渗透力强、使用时间持久的特点，对塑造企业形象发挥着重要的作用。就企业内部而言，办公用品的规范设计和科学管理，给人以乐观、整齐、正规的感觉，有利于形成企业的优良风格，提高员工的自尊心、自信心、责任感和荣誉感，对员工的精神状态、服务态度、工作效能的提升都具有积极的促进作用；就企业外部而言，办公用品通过企业的经营活动广泛而持续地传递着企业信息，诉说着企业的经营特色、工作作风等个性特征。

1. 办公用品的内容

企业识别应用系统中的办公用品主要包括纸制品和工具类用品。纸制品包括：物流类用品，如领料单、出库单等；人流类用品，如工作证、介绍信等；信息流类物品，如名片、信封等；工具类用品包括写字笔、文件夹、公文袋等。在办公用品中，信息流类物品用量最大，因而应成为设计的重点。

2. 办公用品的设计要求

企业的办公用品具有公务上的实用性和形象上的识别性双重功能。因此，将企业的基本视觉要素应用在办公用品上时，要从充分发挥这两方面的功能出发，既服务于企业的业务往来，又塑造企业的独特形象。进行办公用品的设计，要遵循以下要求。

（1）规范性。一方面，办公用品引入的企业标志及变体、字体图形、色彩组合等基本要素必须符合设计规范；另一方面，诸如信封、信纸等办公用品的尺寸规格必须严格按照国家统一规定的特定要求来执行，如使用范围最广的 5 号信封，规格为 110 mm × 220 mm；9 号信封的规格是 230 mm × 320 mm。信封中邮编、邮票的位置、样式都不能随意更改。

（2）协调性。办公用品所附加的企业地址、电话号码、邮政编码、邮箱、网址、广告语、宣传口号等信息，必须注意其字形、色彩与企业整体风格的协调一致。

（3）兼顾实用性和艺术性。办公用品是企业日常公务活动的媒介，有其本身的实用功能。除名片外，都必须留出大片的空间。如表格、信纸主要供人书写填抄，这是首先要考虑的。基本要素的安排和布局，不能喧宾夺主。也就是说，基本要素的引入要以不影响办公用品的使用为原则。在此基础上，要增加其办公用品的美感。如文字的编排要符合阅读顺利、视线流畅，并构成一种美的韵律和秩序；色彩除必须采用企业的标准色外，其他颜色宜沉着庄重、典雅大方，不可过于花哨。宜明快，不宜灰暗；宜调和，不宜强烈；宜淡雅，不宜浓艳。

（4）品位性。企业办公用品作为传达企业形象的基础单位，首先要给公众带来良好的第一印象。因此，办公用品的纸质选择和印刷效果都不能太差，一般应选择质量较好的纸品，不能由于考虑成本等原因而因小失大，要设计得品位独特、清新脱俗、一眼醒目。

（二）企业环境与标识物识别设计

企业环境主要指企业的生产、经营场所，包括企业的建筑物和环境设施。企业环境的指示导向系统是企业公共空间环境中的指示标志牌、旗帜和功能性指示标志。通过对企业环境和指示导向系统的视觉设计，可以有效地发挥它们的视觉传播和形象塑造功能，给公众创造鲜活、立体的感官体验。

1. 企业建筑的识别设计

企业建筑物的个性，是由建筑物的外观造型和内在功能目的之间的密切关系所决定的，其外观造型和内在功能共同决定了其对企业形象的传播程度。企业建筑的基本功能是满足

图 8-60　五粮液公司办公楼

生产经营的需要。因此，企业建筑的设计，必须有利于提高员工的工作效率，在色彩和造型上应具有亲和力，使员工感受到自己是生产环境的主角。同时，企业建筑不仅是企业的经营场所，更是企业的象征。企业建筑的风格体现了企业的性质特征、独特的形象和文化特色，代表了企业的经营风格。如五粮液公司的办公大楼，整个建筑以五粮液酒瓶的形状为造型，人们只要一看到这栋大楼，就能对企业的性质和特色留下深刻的印象。参见图 8-60。

企业建筑设计最重要的在于把企业的特征或内涵，即企业建筑的主要功能和象征意义表现得直接而透彻，以优美、特色的建筑和环境创造优秀的企业文化，使其成为企业形象的一面镜子。

企业建筑的设计一般由专业人员进行，其设计风格因企业性质的不同而有差异。如办公场所的建筑物要突出其开放性的一面，要注重庄重、自尊和克制的特点，充分体现企业与社会、环境的相辅相成、共存共容的特征；生产型企业的建筑物要突出企业的经营目标、

技术水平和质量追求，宏大的建筑体现出一种追求高远的志向，古朴典雅的厂房则体现了精巧细致的企业文化；商业和服务性企业要使其成为优美、整洁、轻松和愉快的购物及消费场所。规模较大的商业和服务企业应采用连锁经营的模式，采用统一的外观形象，这样不仅有助于扩大市场规模，而且对于建立统一的企业形象具有重要的作用。参见图8-61。

图 8-61　中国联通的
店面设计

要特别注意的是，企业建筑不要一味追求形式上的怪异而离开企业的实际和社会的文化环境，否则会对形象塑造造成损害。近年来受到广泛关注的一些怪异建筑，如苏州的"东方之门"、广州的"铜钱"大楼、沈阳的方圆大厦等，都给人们留下了不好的印象。在进行建筑设计时，如果建筑使用功能极不合理，与周边环境和自然条件极不和谐，抄袭、山寨，盲目崇洋、仿古，体态怪异、恶俗等，都有可能损害企业的形象。

总之，企业建筑本身就是企业最大的招牌标识，是企业形象在公共场所的视觉再现，它表达了企业的个性特征和文化内涵。因此，建筑设计要考虑环境、空间和象征性三方面的要求，要在色彩和造型上具有亲和力，突出和强调企业的识别标志与功能的发挥，充分体现企业形象的标准化、正规化和美感，使公众在眼花缭乱的都市风景中一瞥便能获得认知和好感。

2. 企业环境风格设计

企业的环境规划主要是指企业内部的庭院、生产车间、购物场所内的装饰和布置等，如生产或服务场所的布局、休闲和娱乐性设施的设置、环境的绿化和美化等。

企业内部的环境设计对营造企业文化、树立企业形象具有非常重要的意义。楼房布局合理、院内绿树成荫、空地绿草覆盖、道路清洁卫生、标语口号醒目、门区门面设计合理，并且这些浑然一体，形成独特风格，对鼓舞员工士气、增强凝聚力具有非常重要的作用。另外，生产车间环境布置得好，对于强化员工工作热情、提高员工的工作效率也起着直接的作用。一般而言，各种商业及其他服务性的企业都比较重视环境规划，因为商业企业和服务企业的室内布局，直接影响企业的服务形象。优美、整洁、轻松愉快的服务场所，不仅使消费者在购物之余对企业产生美好的印象，而且以企业文化的特色点缀了社会文明的环境，社会大众真正在心目中产生对企业形象的认同。因此，企业环境风格的设计实际是从内部树立企业的总体形象、传播企业经营理念的重要途径。

环境风格美的类型很多，有传统的美，也有现代的美；有精巧的美，也有浑厚的美；有简洁的美，也有复杂的美；有朴素的美，也有华丽的美。进行企业内部环境的设计，关键是要塑造具有企业自身特点的美的环境形象，要以基础系统中的要素组合为基础，结合主要标志物的内容，求得规划统一的企业形象；应注重企业内部的办公、销售、车间环境等室内环境统一色调的应用和氛围的营造，强化企业整体形象，让人体验到企业的理念和精神面貌；对于商业和服务性企业而言，更要设置醒目、清楚的购物和服务信息，处处为消费者着想，使环境亲切友好、温馨舒适。

3. 企业标识物识别设计

企业的标识物也是企业的主要象征。社会公众对企业的认知往往是从招牌、旗帜和指示导向系统的接触开始的。它们主要运用在企业的生产、销售、展销等场所，是企业的第一门面，具有强烈的吸引作用和明显的识别作用。

企业招牌是指引性和标识性的企业符号，是公众第一个接触到的企业视觉形象。企业招牌一般分为两种：一种是路边招牌，即作为企业宣传广告立于城市的高处、街道的两旁、交通要道的交叉路口及高速公路的出口和入口等，其主要功能是对企业形象的标识，引起驾驶员和行人的注意；另一种为门面招牌，即立于企业的经营场所的门口、店面和展示厅等地方，对顾客起招揽和指引的作用。企业招牌一般固定安置在建筑物上成为门面或店面的一部分，或是竖立在建筑物附近（图 8-62）。设计时要注意以下几点。

（1）有较好的形体特征和显著特征，内容简洁大方、鲜明突出，具有较好的可视性和明视度，以保证中远距离的传达效果。

图 8-62　企业招牌

（2）要重点传达企业的标志、标准字、标准色、象征物等主要视觉要素或者它们的组合单元。

（3）既要与周围环境统一、协调，又要相对突出，以达到最佳的传播效果。

（4）要考虑白天、夜晚、晴天、雨天等各种条件下都能达到最佳的传播效果。

企业的旗帜往往用于企业的传达场所，悬挂于醒目的位置，如办公环境、企业的大门、广场、展销厅等地方，以便被企业的员工和客户识别。旗帜的利用方式一般分为悬挂式和撑竿式两种。悬挂式旗帜是为了渲染环境，烘托气氛；撑竿式旗帜往往挂有企业标志、企业的名称、企业的象征物等，是企业的象征。大型企业的企业旗帜一般设计成企业标志旗、名称旗、象征物旗，并将这三种旗帜立于一起，以形成统一的识别形象（图 8-63）。旗帜内容的设计往往在企业基本要素设计时同时进行，旗帜的大小则满足标准国旗、团旗的尺寸要求，颜色鲜艳，整体醒目。

图 8-63　企业旗帜

麦当劳和美孚石油公司的招牌设计

麦当劳公司的招牌以其极为有特色的大"M"，吸引了全世界各地的顾客，不管距离多远，人们只要看见彩黄色的标准双拱造型图形"M"，就能断定是麦当劳，其标志具有极强的识别性，而与之配合的企业标语也非常恰如其分："世界通用的语言——麦当劳"。

美孚石油公司"Mobil"的设计充分利用了色彩的对比性，这个单词中只有一个"o"

采用了红色。该标志的设计师卜切莫耶夫认为，加油站的招牌一定要容易看见，应该能做到一小时 65 英里的车速时，相距至少半英里以外就可以看到，红色的"o"是设计系统中最具有价值的要素。

资料来源：http://www.u-we.com/BrandTheory/cis/25.html.

企业的指示导向系统是企业为了表示企业的标志和名称，表示建筑物及其他设施、部门的名称及位置，表示环境的指示、引导性质等而设定的指示系统，一般设置在企业的内外环境中和建筑物上，如组织机构的门口、关键路段、主要建筑物上等，是企业对内对外传达信息的最直接方式之一。作为企业内部的传达媒体，企业的指示导向系统是方便公众和员工生活、创造优美环境的重要工具。设计时要先规划不同的规格，以便依据设置地点、空间的需要进行选择；并要对周围环境、阅读距离、视觉角度、对比效果做通盘考虑，既要注意与企业建筑、环境的风格统一协调，又要力求美观大方、个性鲜明。但在设计形式和功能的排序上，务必将指示功能放在第一位。如果指示牌的指示性能模糊、错误，就会给人们的工作和生活带来误导。好的指示导向系统设计应当做到准确无误、直观醒目、简单通俗、一目了然。

（三）企业员工服饰设计

企业员工的服饰是企业形象识别的重要媒介。企业采用整洁美观、大方得体、特色鲜明的服饰，具有传达企业经营理念、行业特点、工作风范、整体精神面貌的重要作用。企业对于员工服装的统一规定，既能使员工将自己和企业紧密地结合在一起，又给公众以管理严谨、作风规范的印象，从而产生好感与信任。

图 8-64　中国移动员工制服

企业员工的服饰大体可分为四种类型：第一类是工作服，主要用于生产经营过程中的各个作业操作岗位（图 8-64）；第二类是礼服，主要用于企业内外重大交流活动、庆典仪式；第三类是特种服，如特种岗位的工作服、竞技运动服、企业代表队队服等，主要用于企业内外的特种活动；第四类是饰品，如领带（图 8-65）、领结、腰带、挂带、鞋帽、手帕、徽章等，主要与前几种服装配套。

企业员工服饰的设计要遵循以下原则。

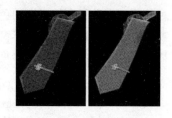

图 8-65　中国联通的领带设计

（1）适用性。员工的服饰是在工作中穿着，因此要从实际工作需要出发进行设计，特别要满足安全需要和劳动保护的要求。同时也要符合人体工程学的原理，方便员工工作。

（2）体现企业理念。员工服饰的设计要基于企业理念，体现企业特色，表现出企业是现代的还是传统的，是创新开拓的还是温和亲切的等企业形象属性。

（3）基于行业特色，表现出已为大众认同的服装模式。如医院的制服多用白色，所以护士被称为"白衣天使"；邮政的制服习惯为绿色。社会公众在认知上已经形成的类似的习惯不应轻易改变。企业需要在行业特色的基础上表现企业的个性，附加上本企业的视觉特征。

（4）表现出整体统一的视觉形象，使制服的基本设计要素与企业的基本视觉要素取得多样的统一，即将企业的个性特征通过服装的造型、质料、色彩、饰品等造型要素与企业的标志、标准色彩、标准字体等基本要素相结合，根据不同功能制服的特点，既整体统一又灵活多变地将企业视觉要素融合进去。如何在整体统一的前提下求得制服系统化的变化，是制服设计的关键。例如，酒店的员工制服就是一个既严谨又多样的视觉体系，既要考虑酒店总体的特点，又要考虑接待生、服务员等不同岗位的性质。

（5）美观大方。作为企业的"形象名片"，企业的服饰必须设计得大方得体，有层次，有品位。因此，要依据员工的工作性质、工作岗位制定不同的款式，选用不同的面料和色彩，不能一概而论。服装造型要符合员工身份，满足人体工程学的要求，注意色彩的协调搭配，并符合流行趋势。

（四）企业交通工具设计

企业的交通工具是塑造、渲染、传播企业形象特别是视觉识别形象的流动性媒介和渠道。交通工具有多种类型，其活动范围广、经济灵活、持续时间长、宣传面广，能够将企业的形象进行全方位、多角度的宣传，是企业 VIS 应用设计的重要项目之一。

进行交通工具的视觉识别设计，关键在于使企业标志、标准字及其变体的构成组合，与车体、车窗、车门构成组合的协调。设计时，应根据不同交通工具的不同外形采用不同的手法，充分发挥企业基本视觉要素的延展性，充分利用每一个可以用来设计的体面，既要考虑每个体面的不同特点，又要考虑不同体面之间的联系，并且使每个体面的图形信息相对完整。在设计中要充分考虑交通工具快速流动的特点，运用标准色统一各种交通工具外观的视觉效果，尽量使标志鲜明、突出，文字、图案不宜过小，以引起行人的注意；要注意文字排列的基本要求，不论是左侧还是右侧，都要按从左到右的顺序，不要逆向，以免误认。企业象征物是交通工具识别应用中最活跃的因素，它能调节各视觉要素之间的关系，提高识别性和传播力，应灵活运用；企业标准色在远距离的传达中具有突出的作用，可使用一定数量和扩展性的色块、色面来构建企业识别与车辆识别的桥梁；企业标志等主要视觉要素应避开车门、车窗等缝隙的位置，以免在门、窗打开时使视觉要素出现割裂，影响视觉形象的完整性。参见图 8-66。

图 8-66   山西汾酒公司的车辆设计

需要注意的是，企业视觉要素在交通工具上的应用设计，不仅仅是为了追求强烈的视觉刺激，更重要的是要准确、完整、多种形式地传达企业的经营理念和经营内容，创造企业独具特色的个性风格。

（五）企业营销的视觉化要素设计

企业视觉识别的基本要素在营销活动中的应用主要体现在四个方面：产品、包装、广告和公共关系。

1. 产品外观的识别设计

现代社会中，产品已成为传达社会、文化、经济信息的重要载体，也是企业理念、经营风格的具体体现。在 CIS 设计中，产品设计不仅是产品的机能和性能设计，更应将产品信息化，赋予产品丰富的信息价值，使产品设计成为企业形象战略的重要组成部分。

产品的外观式样是产品给予购买者的视觉效果和感觉。企业应注重塑造产品外观式样的独特个性，赋予其鲜明的艺术风格，从而以个性化的设计吸引消费者（图8-67）。企业应在了解消费者喜好的基础上，将企业的各种视觉基本要素用于产品外观式样的设计中，创造出其他企业无法模仿的产品特性。企业应将企业标志、品牌、商标融入产品外观中，使其完美结合，并充分利用铭牌、标贴的材料特性，给消费者以精致的感觉；而企业的产品色彩，应与企业标准色相结合，展现美学效果，使消费者觉得赏心悦目，色彩可以是单一的，也可以是组合色；企业可在产品上标上企业的口号、经营理念等，以促进消费者对企业的识别和认同。

图 8-67　造型独特的电脑音箱

2. 产品包装的识别设计

产品的包装不仅是商品的面孔，从营销的观点来看，包装是产品的延伸，良好的包装能增加产品的功能、扩大产品的效用，成为产品不可缺少的一部分。同时，包装也以其独特的图案设计传达着企业和商品的信息，是商品感性诉求的营销工具，是一种符号化、信息化的企业形象。

包装设计的要素包括文字、图形、色彩、材料、造型结构、印刷工艺等。各项设计要素的规划和调配形成商品独特的视觉形象。与其他平面设计不同的是，包装设计中增加了"造型"这一视觉要素。例如，"绝对"伏特加的经典瓶形，甚至超越了品牌标志的地位，成为最具识别性的形象符号；可口可乐经典的曲线瓶，也是继标志、标准字之后的核心识别要素。进行产品包装的识别设计，要遵循以下要求。

（1）在充分考虑目标市场的偏好、竞争对手产品包装的使用状况、产品大小等因素的基础上，作出与企业理念、产品特性一致的包装决策（图8-68）。

（2）必须将视觉识别的基本要素应用于包装之中，包装材料、色彩、文字、图案等因素应与基本要素相统

图 8-68　古井贡酒的特色包装

一。包装上应将企业名称置于统一的固定位置，用统一的背景或统一的构图予以衬托，使企业名称处于主导地位，从而取得良好的视觉效果；企业标准字应当成为包装的中心，企业可以通过对比的手法加强其明视度，造成视觉上的冲击力；企业标准色应成为包装的主色调，至少应成为包装上较为突出的颜色；企业标志应置于包装的醒目位置，并将企业口号加入其中。

（3）对于企业的不同产品，可以使用系列化的包装设计，这样能使商品具有更强的视觉冲击力，并实现系列商品的扩散效应。

3. 企业广告的识别设计

在现代社会，广告是传递企业信息的主要手段，它通过有效利用现代大众传播媒介，向社会公众传递企业及其商品的信息，达到促进商品销售的目的。从 CIS 的角度来看，广告也是实现视觉识别、树立企业形象的重要途径。它在将企业信息通过传播媒介向社会公众传达后，提高了公众对企业广泛的认知和认同，树立了企业形象和产品形象。

从企业形象识别的角度，广告应具有以下特点。

（1）明确的主题。广告应有一个具有明显针对性的、独具个性的广告主题，并且能准确地将想要表达的企业信息、商品特点，用各种视听媒体组合予以明确的传播，从各个方面强化企业信息的识别性。

（2）真实的表达。广告的生命在于真实。广告应切合企业的实际，真实可信。由于企业形象传播是一项长期的、系统的工程，因此企业广告的信息来源要令人信服，具有真实性，宣传要恰到好处，使社会公众产生信任感，不应只注重眼前利益的获取而进行夸大其词的虚假宣传。

（3）感人的诉求。广告传播要有艺术感染力，要以新颖的创意、巧妙的构思、诱人的情趣，使信息产生感人的力量，给人以亲切感和美的享受，以此缩短企业与社会公众之间的距离，把企业和社会公众在感情上联系在一起。

（4）持续的传播。企业形象的塑造不是一朝一夕之功，维护和提升企业形象也不能仅靠一招一式。因此，企业的广告宣传不能追求一时的效应，应有一套系统的、长期的广告战略，从广告运动的角度，立足长期的宣传效果。

（5）整合传播。随着大众市场的日益分众化、新兴媒体形式的不断涌现，以及消费者的知识日益丰富和成熟度的不断提高，企业只有采用整合传播的方法，综合运用多种传播手段和形式，才能达到预期的传播效果。正如美国战略营销学家托德·A. 穆拉迪安所说，"在这样一个支离破碎的媒体环境下，企业已不能再单纯依靠广告来与广大受众进行有效交流，而是应该利用越来越丰富的沟通工具的合理组合来开发真正的整合营销传播方案。"[①]整合传播体现在两方面：其一，传播媒体的综合性。企业应以受众为核心，综合协调地使用各种传播方式进行传播，以达到最佳的传播效果。其二，广告主题的一贯性。企业要以统一的目标和统一的传播形象，传递一致的企业和产品信息，通过反复传播，形成严谨一致、始终如一的风格，实现与社会公众的双向沟通，以树立企业或产品在公众心目中稳定的形象。

---

① 穆拉迪安. 战略营销[M]. 郑晓亚，等译. 上海：格致出版社，2014：346.

要使广告具有实现企业视觉识别、树立企业形象的作用，在进行广告设计时，必须科学、合理地利用企业视觉识别的基本要素，进行统一的视觉传播。就平面广告而言，应针对报纸、杂志等不同的广告媒体及版面位置，对视觉识别的基本要素进行不同的组合利用，其中的企业名称、企业标志、产品品牌、商标、标准字、印刷体、标准色、口号等要素应与产品包装上所出现的相统一，以树立整体统一的企业形象（图8-69）；就影视广告而言，

应将商品式样、企业标志或产品品牌、商标加以突出，画面色调也应尽量与印刷广告相一致，使用的广告词应与产品包装、印刷广告上使用的广告词一致；就广播广告而言，其广告语言要突出统一的品牌名称和广告词，并与电视广告的画外音相一致，广告的背景音乐也要尽量与电视广告的音乐相一致。

图8-69 格力电器的平面广告

4. 企业公关礼品的视觉设计

企业的公关礼品一般可分为两类：一类是在企业庆典、展销等重大活动或在重大节日发放的商务公关礼品，主要用来联络感情、协调关系，是企业公关活动的辅助手段；另一类是随同出售的商品附赠给消费者的赠品，是促销活动的礼品，是企业销售促进（SP）活动的工具。

进行公关礼品的视觉设计，要遵循以下原则。

（1）关联性。其一，要将企业的标志、标准字等基本视觉要素放置在礼品显眼的位置，礼品的设计风格要与企业的品牌形象、包装形象一致，以形成联动的视觉效果（图8-70）；其二，商务礼品的选择要与重大活动或节日的主题一致，并使其充分发挥形象传播的作用。例如，

图8-70 蒙牛公司的公关礼品

汽车生产企业在新车下线时可以将该车的模型作为礼品赠送，年底时可设计制作以企业的系列产品为主题的挂历、台历作为礼品等。促销礼品的选择要尽可能与商品具有关联性和互补性，以方便消费者的使用。如以鼠标作为电脑的赠品，以杯、碗作为食品、饮料的赠品等。

（2）趣味性。礼品的价值一般不高，但如果设计得亲切可爱、趣味盎然，也是很能打动人心的。因此，要多在趣味性上做文章，一方面给顾客留下独特的、深刻的印象，另一方面也能达到促销的目的。

（3）形象传播。将礼品进行系统规划，或者在上面打上企业的标识，或者从标志形态的角度开发设计企业礼品的造型，以便使送出的礼品以一种亲和、自然的方式伴随着消费者的生活，时时刻刻地传递和塑造着企业形象。

（六）企业网络形象的视觉设计

企业网络形象的视觉设计就是通过对网页设计中企业形象的各要素进行系统化、一体化的处理，使网络形象具体化、图案化、符号化，借助网络将其清晰、准确地展现在互联网上，达到塑造和提升企业形象的目的。

网络中的视觉识别是以企业的网站为载体，实现音频、视频、Flash 动画和文字、图片的全方位融合，以超文本、多媒体的形式进行的传播，从而使企业的网络形象通过多种表现形式表现出来。同时，在网络环境下，受众不仅是企业信息的接收者，也是意见的发布者，可以随时对企业的视觉效果进行评论和反馈。

1. 网络视觉识别设计的原则

（1）主动接触。通过 VI 设计增进网站的吸引力和宜人度，使作为认知主体的网站浏览者，脱离被动接收信息的角色观念，一跃成为积极的信息关注者。这就要求企业网络的视觉设计不但要单纯、简练、清晰和精确，而且在强调艺术性的同时，更应该注重通过独特的风格和强烈的视觉冲击力，鲜明地突出设计主题。同时，加强互动性，提高参与感与体验感，以增进与网民的主动接触。

（2）主题鲜明。网络视觉设计表达的是一定的意图和要求。根据认知心理学的理论，大多数人在短期记忆中只能同时把握 4～7 条分立的信息，而对多于 7 条的分立信息或者不分立的信息容易产生记忆上的模糊或遗忘。这就要求在进行网络视觉设计时，必须有明确的主题，并按照视听心理规律和形式将主题主动地传达给网络使用者，以便使企业所传达的信息能在适当的环境里被网络用户即时地理解和接受，以满足人们的使用要求。

（3）统筹协调。网页视觉设计必须服务于网站的主题。就是说，什么样的网站，应该有什么样的设计。因此，网络的视觉设计必须为网站的主题服务，要协调好艺术与技术的关系，既要给人充分的美感，又要充分地实现网站的功能。无论是"美感"还是"功能"，都是为了更好地表达主题。当然，在有些情况下，"功能"即是"主题"；而在另外的情况下，"美感"却是主题。例如，百度作为一个搜索引擎，首先要实现"搜索"的"功能"，它的主题即是它的"功能"。而某个企业形象展示网站，可以只展示企业的经营理念和特色、产品的造型风格，其主题则以美感为主。

（4）交互性。交互性是网络的最大优势。要实现与网络用户的顺畅沟通，就要向网络用户提供个性化的服务，针对不同的用户设置不同的信息，也就是提供适合特定使用者的信息。

（5）风格一致性。研究表明，网站视觉设计的一致性会对网络使用者的认知产生影响，进而影响他们对网站的态度、对企业形象和企业所宣传的产品的态度。影响视觉风格一致性的因素包括网站主题、网页标题、企业标志、网页背景、网页布局、网页的字体风格、网站导航地图和网站链接标签等。因此，在进行网络视觉识别设计时，要保持一个公司下的分公司的网页及同一网站下各个网页视觉表现形式的统一性，如统一的网站标志、统一的字体风格和颜色、统一的浏览条和浏览机制等。保持统一性的有效方法是编制网页设计风格标准文件，规定所有网页页面设计必须遵守的设计准则。

2. 企业网络视觉设计的内容

企业网络视觉设计的重点内容包括以下几方面。

（1）企业标志的网络设计。企业标志是企业的象征，因而在网页设计中处于举足轻重的地位。一般要将企业标志放在企业网络中比较显眼的位置。在站点的页面中插入企业标志通常有两种方法：一种是在网页的页面上直接使用企业的标志，然后以文本方式加上标题字。企业原有标志可能不适合页面的风格，需要进行色彩的调整、边缘的虚化等艺术处理。另一种是将标志的标题字加入图形中，以免使浏览者在浏览时因其计算机系统中未安装设计的字体而影响传播效果。

（2）色彩的网络设计。网站给人的第一印象来自视觉冲击，不同的颜色调配产生不同的作用，并能够影响到访问者的心情。在进行网络视觉设计时，一要用企业标准色作为表现网站形象和延伸内在特征的颜色，主要用于网站的象征、标题、主菜单和主色块，给人以整体一致的感受，其他颜色应当作为装点和烘托，不能喧宾夺主；二要遵循 VIS 对色彩协调统一的处理原则，选用能表达网站主题和内涵的色彩作为主色，并根据色彩的"总体协调，局部对比"的对比调和原则，使页面产生既统一又有一定变化的舒适感觉；三要谨慎使用大面积的太强烈的色彩对比。

（3）字体的网络设计。标准字体是用于象征、标题、主菜单的特有字体。为了表现企业网站的"独具匠心"和特有个性，要依据需求创作出独特的字体风格，并通过特定的字体风格来表现出企业特定的形象。需要注意的是，在网页上使用非默认的字体必须使用图片的格式，以免因为浏览者的电脑系统中没有安装企业设计的特别字体而影响视觉效果。

（4）网页的版式设计。网页的版式设计是在有限的屏幕空间上将视听多媒体元素进行有机排列组合的一种视听传达方式。它在传达信息的同时，也使网络访问者产生感官上的美感和精神上的享受。在设计工作中，除了应该按照传统美术设计中的平面构成原理合理地分割、平衡页面布局外，还应该按照 VIS 设计的原则对整个网站的所有页面之间的版面布局采用协调一致的排版风格。合理地应用网页模板手段是实现网页风格统一的一个有效途径。

本章小结

企业视觉识别系统是企业内在本质的外在表现，其策划要遵循有效传达企业理念、亲和力、民族性、简洁性、动态性、艺术性、个性化和合法性的原则，依照设计准备、设计开发、反馈修正和编制 VIS 手册的流程依次进行。

企业视觉识别系统的设计包括企业基本要素的设计和企业应用要素的设计两部分。设计企业的基本要素，要进行企业名称、企业标志、企业标准字、企业标准色和企业象征物等要素的设计；设计企业应用要素，则要进行企业办公用品、企业环境与标识物识别、企业员工服饰、企业交通工具、企业营销的视觉化要素和企业网络形象的视觉要素等内容的设计。

复习思考题

1. 选择 2~3 个你熟悉的企业标志，说明其如何体现企业视觉识别系统设计的原则。
2. 以某企业的视觉识别系统设计的过程为例，说明企业视觉识别系统设计的程序。
3. 请为企业标志设计的八种主题中的每一个主题收集 2~3 个标志。

4. 请选择1~3个你熟悉的标志，分析其设计主题和构成形式。

5. 请运用标准字设计的主要原则，对某企业的标准字进行评析。

6. 简述企业标准色的开发程序。

7. 企业的象征物有哪些类型？如果要为你所在的组织选择一个象征物，你觉得选什么比较恰当？为什么？

8. 运用企业应用要素设计的主要原则，对你所在的组织的应用要素进行评析。

 **案例分析**

融创：用全新的 VI 诠释其战略定位

2019 年 3 月 25 日，以"美好即刻启程"为主题的融创文旅品牌发布会在北京水立方举行，500 位业界嘉宾和媒体人士受邀莅临现场。发布会举行了融创 VI 焕新仪式，宣布融创全新战略升级正式启动。未来在坚持地产为核心主业的基础上，融创将继续提升服务，布局文旅与文化，致力于成为中国家庭美好生活整合服务商。

坚持地产核心主业，围绕"地产+"美好生活全面布局

融创自成立以来，基于对房地产市场和客户需求的理解与判断，始终坚持"全国优势布局"与"高端精品"的发展战略，坚持创新引领高品质产品与服务，获得了客户的信赖与市场的认可。

融创中国行政总裁汪孟德表示，地产板块作为融创的核心主业，未来仍将是融创的战略重点。过去十几年的发展，融创在打造高端优质产品、提供优质服务方面，积累了行业内领先的能力，未来融创将围绕客户不断提升的需求，继续提供更好的产品与服务。

对市场趋势的准确判断，始终以客户为中心，是融创十几年发展过程中重要的战略与决策依据。汪孟德谈道，随着中国居民可支配收入的持续增长，人们追求美好生活的愿望更加强烈，中国家庭消费升级的趋势更加明显。这也意味着当下市场环境与消费需求正在发生变化，人们除了追求物质上的满足之外，丰富的精神文化生活与美好的情感体验都是美好生活的重要内涵。"这种变化对我们来说，既是挑战，也是机遇。"汪孟德说。

2019 年初，融创集团作出四大战略板块的全新布局：作为"中国高端精品生活创领者"的融创地产，作为"品质生活服务专家"的融创服务，作为"中国家庭欢乐供应商"的融创文旅，以及聚焦内容环节、布局文化行业全产业链的融创文化。其中地产作为主业，将继续打造最好的房子和社区；融创服务将为美好生活提供极致的社区服务；融创文旅为中国家庭提供欢乐度假的一体化解决方案；融创文化则将提供优质内容与家庭娱乐平台。

四大板块的布局，意味着家庭与社区场景之外"诗与远方"的需求也将在融创得到全面满足。四大板块也将发挥联动和协同效应，为中国家庭美好生活提供全方位、全系统、全场景的服务。

VI 焕新，形象体现战略升级

发布会上，融创正式宣布将战略定位升级为"中国家庭美好生活整合服务商"。

融创中国行政总裁汪孟德谈道，战略定位升级是融创战略布局深化、服务中国家庭的能力提升后水到渠成的结果。他也阐释了新战略定位的内涵："中国家庭，是我们服务的目标客户；美好生活，是融创始终不变的追求目标；整合服务商，是我们对自己的理解。我们希望能够通过整合企业内外的资源，整合企业各个业务板块的资源，更好地为中国家庭提供服务。"

配合战略定位升级，发布会举行了 VI 焕新仪式。此次 VI 升级，也意味着融创正在由一个高端地产品牌向生活方式品牌的升级。融创新 Logo 依然保留了"至臻·致远"的文字标识，它代表融创的初心始终不变，以真诚之心打造至臻品质，以开阔的眼界看到更远的未来。变化的是 Logo 的色彩和字形，代表了融创在 15 年始终坚持高端精品战略、全国优势布局，坚持以客户为中心，坚持长期主义的同时，仍然保持着旺盛的创造力，与时代、与社会共同进步。

融创发布新 Logo 在颜色选择上，使用了橙色和灰色组合。橙色相较于原先的蓝色，更显温暖、更有活力，其表达了融创希望以更有温度的产品和服务为中国家庭创造更美的生活场景，包含了融创希望传达给客户的信赖、舒享、包容、关爱、活力和欢乐；灰色更加理性、沉稳，亦是砂石的色彩，其表达融创扎根地产主业，始终以高品质引领时代的理念，代表了融创给予客户安全感和信任的一面。

新形象其实是对融创新定位、新战略的一种感性表达。如果说"灰色"是传承，是坚持融创地产是融创的核心主业，是坚持高端精品战略，是坚持高品质引领，代表了融创给予客户安全感和信任的一面，那么"橙色"则意味着温暖与包容，在融创取得已有成绩的基础上，围绕中国家庭的全方位需求，继续创造温情的服务，创造欢乐的休闲度假体验，创造丰富的文化内容，代表了融创对生活满怀温情、充满活力的一面。

在字体设计上，新 Logo 的字体线条变得纤细、更加柔和，整体显得更加简洁，这种更具现代感的设计，与国际主流生活方式品牌的发展趋势是一致的，未来在融创文旅和融创文化等生活方式内容上做延展应用，包容性也更强。

融创 VI 焕新，既是战略的升级，也是形象的更新，但不变的，是融创以客户为中心的服务理念，以及对"至臻·致远"品牌核心价值的持守。从好房子到好生活，融创让美好一直发生。融创将用新的标识系统，用崭新的面貌，迎接更美好的未来。

资料来源：融创战略升级，发布全新 VI，打造"中国家庭美好生活整合服务商"[EB/OL]. (2019-03-09). https://finance.sina.com.cn/stock/relnews/hk/2019-03-29/doc-ihtxyzsm1611345.shtml.

思考题

1. 结合案例，简要分析融创公司变更 VI 的主要动机和目的。

2. 简要说明融创的战略定位和 VI 的关系。新的 VI 从哪些方面诠释了公司新的战略定位？

3. 依据案例的描述，融创的新 VI 在哪些方面继承了旧 VI 的相关元素？哪些方面做了变更？你认同这样的变更吗？为什么？

4. 融创的新 VI 为什么选择橙色和灰色的组合作为企业标准色？除此之外，你还可以推荐什么颜色？为什么？

5. 简要分析融创公司的 VIS 和 MIS 的关系。

第九章 企业听觉识别系统的开发与管理

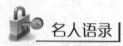

名人语录

我们必须有一个世界通行的营销方法，什么东西可以在不同的人种之间实现没有障碍的共享呢？毫无疑问，是音乐！

——雀巢公司前 CEO 鲍比达

学习目标

在塑造企业形象中，听觉识别发挥着越来越重要的作用。通过本章的学习，要了解企业听觉识别系统产生的理论和实践依据、企业听觉识别系统的构成和传播的主要手段，理解企业听觉识别系统的作用，掌握企业听觉识别系统设计的原则与程序、传播中整合的方式。

本章关键词

企业听觉识别系统、企业主题歌曲、企业标识音乐、企业广告音乐、企业的特殊声音标识、企业听觉识别系统传播、企业听觉识别系统整合

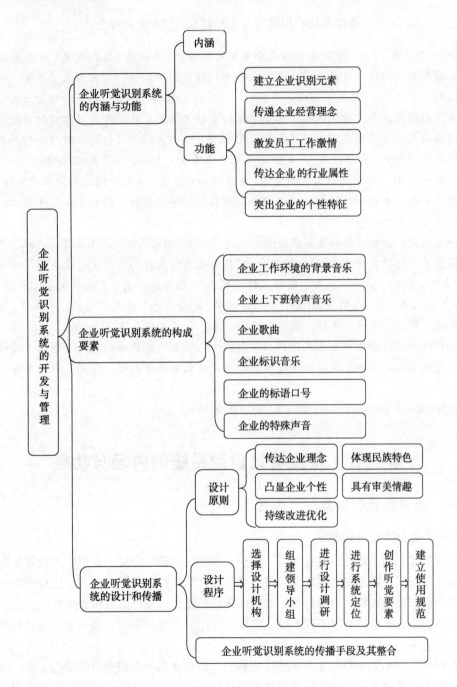

企业听觉识别系统的内涵与功能 ── 内涵

企业听觉识别系统的内涵与功能 ── 功能 ── 建立企业识别元素

传递企业经营理念

激发员工工作激情

传达企业的行业属性

突出企业的个性特征

企业听觉识别系统的构成要素 ── 企业工作环境的背景音乐

企业上下班铃声音乐

企业歌曲

企业标识音乐

企业的标语口号

企业的特殊声音

企业听觉识别系统的设计和传播 ── 设计原则 ── 传达企业理念 ── 体现民族特色

凸显企业个性 ── 具有审美情趣

持续改进优化

设计程序 ── 选择设计机构 → 组建领导小组 → 进行设计调研 → 进行系统定位 → 创作听觉要素 → 建立使用规范

企业听觉识别系统的传播手段及其整合

企业听觉识别系统的开发与管理

水电八局：用歌曲《上善若水》诠释企业理念

2019年7月14日，中国水电八局企业文化歌曲《上善若水》正式发布。该企业自2014年起，每年创作推出一首企业歌曲。本次歌曲以该企业"尚水"文化为主要内容，从"河水""滴水""汗水""露水""雨水""墨水""池水""秋水"等不同形态和视角出发，或描绘水奔流向海的进取精神，或刻画水滴石穿的坚韧品格，或展示泽被万物的担当意识，或倾诉缠绵动人的水边故事。同时此歌曲采用电音与戏曲混搭、流行与古典结合的形式，配以水墨风格的MV（音乐短片），充分诠释了中华民族"上善若水"的文化精髓。

有听众表示，"对于企业文化的宣传，看多了各种俗套，今天看到这么清新的宣传形式，眼前为之一亮，古典和现代相融，传统和工程相融，诗意盎然，思想隽永，是可以流传很久的一篇好文章和一部好作品"。

一直以来，水电八局高度重视企业文化建设。于2019年初提炼形成了"尚水"文化体系，提出了"建设美好生活"的企业使命，"成为最具行业特色的投资建设集团"的企业愿景，"责任、创新、诚信、共赢"的核心价值观，"自强不息、勇于超越"的企业精神，"敬业、专业、人品、精品"的企业准则，"上善若水，顺势勇为"的文化内涵，并阐释了水"顺势、开放、包容、进取、坚韧、担当、谦逊、清正"的八种品德。

水电八局还持续推出企业文化产品，创作企业歌曲，编辑企业文化故事集，设计卡通形象，企业文化建设相继获得国务院国资委、建筑业协会等表彰，得到了社会各界的广泛赞誉。

资料来源：https://www.sohu.com/a/327431998_539679.

第一节　企业听觉识别系统的内涵与功能

一、企业听觉识别系统的内涵

（一）企业听觉识别系统

企业听觉识别系统是以听觉元素（旋律、节奏、节拍、力度、音色、调性等）作为传播手段，以听觉传播力作为感染体，将企业理念、产品特色、服务内容、风格个性、企业规范等内容转换为独特的声音符号，以标准化、系统化的有声语言传播给社会公众，从而塑造独特的企业形象的一种经营手段。它是CIS的重要组成部分，是企业塑造良好形象的重要手段之一。

在理论上，AIS是以企业形象建设为核心，以企业的听觉识别与传播为手段，以人的情感共鸣为传播内容，以企业形象的树立为传播目的的系统理论、设计标准和应用方法，系统阐释企业听觉传播的概念、属性、价值和实现原理；在应用上，AIS是一套企业形象传播的实用方法和工具，它将企业独特的理念和个性内涵镶嵌在一定的声音（音乐）载体中加以传播应用；在技术上，AIS 利用人的听觉所具有的识别与记忆的功能和原理，为企业设计创作出一套独特而差异化的声音形象体系，用于企业形象的传播之中，在功能上，AIS 充分发挥音乐的识别与教化作用。音乐是识别手段，更是人类最有力的教化工具。例如，中国古代，以"礼、乐"育人，一旦礼崩乐坏，社稷就将不存。荀子在《荀子·乐论》中认为："声乐之入人也深，其化人也速。"《礼记·乐记》中说："乐者，天地之和也……""乐也者，圣人之所乐也，而可以善民心。其感人深，其移风易俗，故先王著其教焉。"刘向在《说苑·杂音》中说："凡从外入者，莫深于声音，变人最极，故圣人因而成之以德，曰：乐。""乐者德之风……君子以礼正外，以乐正内。"国外把音乐当作"天使的演说"，"有抚慰野兽的魔力"。柏拉图说："节奏与乐调有最强烈的力量浸入心灵的最深处，如果教育的方式适合，它们就会拿美来浸润心灵，使它们也因而美化……"贝多芬说："音乐比所有的智慧和哲学都具有更高的启示。"

可见，AIS 通过建立并传播企业独特的听觉识别要素，能够有效地增进企业内部员工和外部公众对企业的知晓度、认同度、美誉度、信赖度、忠诚度。"闻其声如见其人""闻其声就倾其心"可以说是对 AIS 的价值和实现原理的最形象的阐释。

（二）企业听觉识别系统产生的理论与实践依据

随着社会的发展，企业与消费者、社会公众之间沟通交流的手段、途径越来越多。在企业形象识别系统最初的三个子系统——理念识别系统、行为识别系统和视觉识别系统日臻成熟之时，社会的媒体资源和社会公众的需求也不断呈现出多元化的趋势，MIS、BIS、VIS 已不能涵盖企业 CIS 战略的全部内容。企业界迫切希望出现新的形象识别要素，以满足企业在形象建设方面不断创新的需要。从传播媒介的角度出发，理论界和企业界陆续提出了情感识别、感觉识别、超觉识别、听觉识别、环境识别、嗅觉与味觉识别等一些新的识别系统，这为 CIS 开拓了更广阔的空间。这样，CIS 的一种新的子系统——听觉识别系统，也相应被提出并得到迅速的发展和完善。

心理学研究表明，人通过感觉接收的外界信息中，有83%来自视觉，11%来自听觉，3.5%来自嗅觉，1.5%来自触觉，1%来自味觉。可见，人通过听觉得到的信息量仅次于视觉。并且，听觉与视觉所需要的外界条件是不同的。研究表明，视、听有机结合的整体记忆功能优于视觉和听觉的单独记忆功能或简单相加的记忆功能（表 9-1）。因此，VIS 需要与AIS 有机结合起来，充分发挥声音在塑造形象中的作用。

表 9-1　不同感觉的记忆效果比较　　　　　　　　　　　　%

感觉类型	3 小时后	3 天后
听觉	70	10
视觉	72	20
听觉视觉结合	85	65

同时，听觉识别具有很强的可操作性。

（1）可控性。声音识别是在视觉识别的基础上给形象信息的传播加入"声音"元素，具有传播主体完全可控的特点。声音种类的选择、声音的强度、频率和刺激速率等都可以由企业自主决定。

（2）可识别性。与视觉相比，悦耳生动的声音也有自己的优势。声音是一种由物体振动而产生的声波造成的听觉印象，不同的声音可以传递不同的信息，唤起人们不同的情感印象。例如，乡音给人以亲切的感觉；号角声给人以激越昂扬的感觉；庄严、神圣的《义勇军进行曲》是中华民族勇往直前、自强不息的精神的象征；优美的马头琴声则会将人们带入辽阔的大草原……同时，不同的声音会唤起人们对不同时间和空间的回忆与联想，体现出声音强烈的感染力，从而给受众留下深刻的印象。每当听到某种熟悉的声音和旋律，与这种声音相关的情境就会浮现在人们的眼前。也就是说，声音具有极强的记忆与识别作用。

（3）可传播性。广播、电视、网络等媒体的广泛存在，给声音传播的系统性整合提供了非常便利的物质条件。当媒体传播的声音被人们彼此分享以后，媒体传播就转化为人际传播。今天，人类已经步入一个智能化与多元化的传播时代，网络传播给我们的时代提供了快捷、便利的传播方式。一曲美丽的音乐一夜间可以遍及世界的每一个角落，从2012年唱遍大江南北的《最炫民族风》到2020年广为传唱的《少年》，充分表明了声音快捷的传播力。随着数字技术的发展、智能化数字设备的普及，声音传播不再受传统媒介与载体的限制，机场、车站、超市、商场中的背景音乐，公交车上的液晶显示仪、数字设备的开机音乐，等等，声音可以达到视觉所不及的许多地方。

（4）经济性。听觉能突破语言障碍，有时能比视觉系统的应用更节省成本。视觉依靠图像传播必然需要屏幕，而听觉只需要音响。人们在等候电梯、地铁、公交的时候，一段有趣而优美的旋律，几句颇具创意的广告词，一串具有品牌特质的铃声频频响起，公众在不自觉中就接受了企业形象传播的"洗礼"，而传播的硬件设施比起视觉传播来说要简单得多，从而能为企业节省许多成本。

在众多的声音中，音乐更因其充分的娱乐性、强烈的情感性和教育性而受到重视。正如梁启超所说："情感教育最大的利器，就是艺术。音乐、美术、文学这三件法宝，把'情感秘密'的钥匙都掌握住了。音乐是艺术中最活跃、最动人、最富有感染力的一种。"刘邦和项羽的垓下之战，是"四面楚歌"瓦解了千秋豪杰项羽的部队；当苏武孤独地在戈壁草原牧羊时，也是音乐给了他不变汉节、顽强生活的勇气；第二次世界大战时，当德国法西斯侵占了波兰2/3的国土时，是肖邦的《革命练习曲》鼓舞波兰人民收回了被踩躏的国土；抗日战争时期，当中华民族处于生死存亡关头时，是《义勇军进行曲》雄壮的歌声使中华民族"起来""起来"，"冒着敌人的炮火前进"；当21世纪来临之际，是《走进新时代》优美动人的旋律，激励着"勤劳勇敢的中国人，意气风发走进新时代"，"高举旗帜开创未来"。可见，音乐具有一种神奇玄妙的力量，它使人如痴如醉，也使人激越昂扬；使人轻松愉悦，也使人慷慨悲壮。正如恩格斯所说："在一切艺术中，只有音乐才能产生与广大群众的合作，同时在表达力量上，音乐也是优胜者。"

从企业形象设计的角度看，音乐是企业用来塑造和提升形象的主要声音工具。音乐虽然不提供任何可视的形象，但它通过一缕缕抽象的、流动的、千变万化的乐音的运动，给人以听觉刺激，造成人们心理的反应，再通过类比、联想，变成丰富多彩的形象，激起人们喜怒哀乐的感情共鸣，从种种情绪体验中获得愉快的享受。

音乐艺术的表现是通过旋律来进行的。旋律是音乐的"语言"，它比一般语言更具感染力。正是旋律的起伏变化，最有效地传达出音乐艺术的表情性质。它没有国界，能冲破语言、地域、历史、民族的界限，表达人类深刻的内心感受，塑造美好的形象。

音乐给人一种美的享受。音乐美是由四个因素构成的，即音响的组合、旋律的展开、节奏的起伏和音色的融合。音乐以音响为原料，通过音响组合的变幻，引起听觉刺激，由听觉刺激引起人们多种多样的心理反应。强大的音响，给人以非凡的力量感；轻盈的音响，给人以柔美感。音响是旋律、节奏和音色的载体。旋律是音乐的主要表现手段，音乐的内容、风格、体裁、民族特征都首先通过旋律集中表现出来。为了塑造出优美的音乐形象，音乐以不同的节奏来表现不同的情境，引起人们相应的心理反应；丰富的音乐形象，多彩的情感，正是在多种节奏交替运行中鲜明生动起来。不同的乐器、不同的人都有不同的音色，音乐作品的好坏，取决于是否有能充分、真实表现作品主题的音色。音乐正是通过上述四个因素的有机结合，形成具有一定的高度、长度、强度和音色的乐音，使人感到一种和谐之美。可见，音乐是通过有组织的乐音所形成的音乐艺术形象来表现人们的思想感情、反映社会现实生活的艺术，是一种最世俗化、最易被广大公众所接受、最能引起人们共鸣的艺术形式，在塑造形象、反映生活和表达情感方面，具有独特的魅力。

音乐形象具有两方面的特点：其一，音乐在反映现实生活时不描绘事物的具体外貌和动作，而是着力表现人们对外部世界各种事物的形象感受；其二，音乐通过声音形象的运动，作用于人的听觉器官，使人产生联想，并在内心形成一定的艺术形象。

从以上分析可以看出，音乐作为一种听觉艺术，带给人们美好的精神享受，激起人们丰富的情感涟漪；音乐作为一种情感语言，动听的旋律叩击着人们心底那份眷眷的牵挂和潺潺的情思；音乐作为一种企业精神，鸣奏着企业灵魂中那份炽烈追求和梦想图腾；音乐作为一种企业形象，交响着企业为信念而执着奋进的昂扬身影。当我们倾听到波浪滔天、惊涛拍岸的声音时，一定会产生某种独特的感受：大海的奔放、激情和力量……并因这种倾听感受的记忆而识别出那种声音：那是大海在咆哮、奔腾……进而产生与那种声音相关联的散发性联想：辽阔、蔚蓝、海鸥、战舰，或许还有难忘的海上浪漫的人、事、物……这就是"听觉识别"功能所产生的效应，从而体现出企业听觉识别与传播的价值功能和实现原理。因此，在进行形象设计时，可以有效地利用音乐形象的特点，使其作用于现实生活，充分发挥其塑造、提升和传播企业形象的作用。

（三）企业听觉识别系统的产生与发展

就实践而言，听觉识别已经有悠久的历史，尤其在部队中运用得更加系统和完善。如古代击鼓、鸣号可以作为指挥部队行动的一种重要手段，现代部队仍然在以军号作为传递指令的一种重要方式。就商业而言，老字号商店的吆喝声就是早期存在的听觉识别元素。

到了近现代，日本的松屋百货公司在第二次世界大战前就创作了店歌，使用了相当长的一段时间。后来，松下公司创作了《松下进行曲》。每天早晨，松下公司的员工一起背诵公司的经营哲学、基本纲领、松下信条和松下七精神，一起高唱公司歌曲："从创业的当初起，日新月异与日月共进。我们以促进世人的电器化生活为荣。松下电器，坚守传统的崇高美德。大跃进的时代已经来临，为了让 National 的标志远播世界各地，大家步伐齐一。松下电器，团结的力量真神奇。"激昂嘹亮的《松下进行曲》，既把松下员工的心凝聚在一起，又使公众认为松下是一个被一种精神融合的整体。1988 年，日本国际营销传播经理人协会编纂的《日本企业的骨气——170 大企业的经营理念与定位》一书显示，在这 170 家企业中，有 110 家企业有自己的社歌或店歌。这表明，日本的大部分企业都已把企业歌曲作为企业管理的一种重要手段。

不仅在日本，创作企业歌曲在欧美国家也逐渐受到重视。如 IBM 公司就推出了《IBM 之歌》。《IBM 之歌》完整地表现了公司的宗旨、精神、地位和发展方向，非常有力，富有极强的感染力和号召力，激发了员工的向心力和进取心。歌词写道："永远向前，永远向前，这是我们的精神，带给我们名声！我们强盛，我们将更加强盛。我们不会失败，因为我们目睹一切。为人类服务是我们神圣的信念，每个地区都知晓我们的产品的存在，我们的声誉犹若宝石般闪亮，我们已开创了局面，我们有信心去攀登新的峰巅。IBM，永远向前！"

中国企业较早就认识到了企业歌曲的重要作用。早在 1932 年，作为长安汽车股份有限公司前身的金陵兵工厂就有了由郭沫若作词、贺绿汀作曲的企业歌曲《第二十一兵工厂厂歌》（现更名为《长安之歌》）。当抗日战火初起的时候，雄壮的《第二十一兵工厂厂歌》就在嘉陵江畔上空回荡，激励着全厂职工同仇敌忾，奋发猛进。"战以止战，兵以弭兵，正义的剑是为保卫和平。创造犀利的武器，争取国防的安宁，光荣的历史，肇自金陵。勤俭求知，廉洁公正，迎头赶上，尽我智能，工作是不断的竞争。……"这应该是我国最早的较有影响的企业歌曲了，极大地激励了全厂职工的斗志，激发了员工的爱国热情。这首歌曲被称作抗战时期与《义勇军进行曲》齐名的歌曲。

1949 年后的中国，涌现出一大批优秀的企业或行业之歌，如《克拉玛依之歌》《石油工人之歌》《铁人之歌》等。《石油工人之歌》是这些歌曲中的代表，它以豪迈的气势唱出了大庆油田工人的决心、抱负与情怀："天不怕地不怕，风雨雷电任随它，我为祖国献石油，哪里有石油哪里就是我的家。"这首激越昂扬的歌曲成为 20 世纪 50 年代企业歌曲的里程碑，大庆精神、铁人精神的代名词，石油工人的音乐符号和进军号角，反映了石油工人艰苦创业、乐于奉献、勇敢拼搏的企业精神，具有鲜明的时代特色，当年的许多有志青年就是唱着这首歌投身于祖国的石油事业的。

值得注意的是，在 20 世纪 80 年代之前，中国的企业歌曲一般都着重于企业内部员工教化或者行业的管理，有意识地进行企业外部宣传、以塑造企业形象为目的的企业歌曲还为数不多。这一状况直到 80 年代末国内企业开始导入 CIS 以后才发生转变。

1988 年，广东太阳神公司率先导入 CIS。1989 年 9 月底，广东太阳神公司创作了展现企业形象的主题歌曲《当太阳升起的时候》，并以该主题歌为核心，演绎创作出了由《太阳神升旗曲》《太阳神进行曲》《我们就是太阳》《太阳神交响曲》和《太阳神主题礼仪音乐》构成的音乐识别体系，整个体系极其丰富和完整，将太阳神"关爱生命、造福健康、振兴中华"的企业宗旨，融入绽放着太阳神企业精神光芒的 AIS 之中。这是国内企业第一次有意识地导入企业听觉识别体系的大胆尝试和成功实践。《当太阳升起的时候》从朝日起伏到夕阳辉煌，由童声引入成人对唱、合唱，歌颂太阳的轮回，以通俗的笔触和极富联想的张力，深刻地表达和讴歌了太阳神企业艰苦卓绝的创业发展历程和对"大爱与责任"的企业使命矢志不渝的追求："经过无数个沉浮的春秋，满天的星星还在奔走，没有月亮的黑夜里，燃烧的地平线还在等候。……当太阳升起的时候，我们走出桑田沧海；当太阳升起的时候，我们的爱天长地久。"歌曲采用复二部曲式完成。副歌中"当太阳升起的时候"乐句，由最具大调特色功能属性的Ⅰ、Ⅳ、Ⅴ正三和弦分解和逻辑攀升，构成了太阳神"喷薄欲出，勃发向上"的核心音乐主题形象，成为太阳神 AIS 体系中的基础识别标识，应用于听觉识别体系中的所有歌曲与音乐。歌曲旋律深情而激扬，起伏跌宕，大气磅礴，同时配以歌唱家毛阿敏那感人至深的演唱，引起广大听众强烈的情感共鸣，经久不息地流传于中国的大江南北，乃至成为中国一个时代的情感记忆。太阳神的音乐识别体系为提升太阳神的企业形象、增强企业凝聚力、塑造企业的独特个性产生了积极的推动作用。此后越来越多的企业创作了自己的歌曲和广告音乐，如中国平安股份有限公司的《天下平安》、腾讯公司的《腾讯之歌》、隆力奇生物科技公司的《江南之恋》等。

目前国内企业在听觉识别体系的创作与运用方面大致有以下几种情形。

（1）尚未建立听觉识别的任何要素。许多中小企业，也包括一些知名的大企业，尚未充分认识到听觉识别系统在塑造和提升企业形象中的巨大作用，既没有创作企业的主题歌曲，也没有确定其他诸如广告音乐、背景音乐等听觉识别要素。

（2）建立了听觉识别的部分要素，但尚未形成完整的听觉识别体系。有些企业创作了企业的主题歌曲，但没有确定广告音乐和礼仪音乐等其他要素。广告音乐主要应用于电视台，能在电视台播放广告音乐说明广告片有一定的长度，这既是企业决心与魄力的体现，也是企业实力的体现。企业的大大小小、方方面面的庆祝和交流仪式被称作"激发热情的技术"，恰到好处地运用规范的礼仪音乐，对于激发热情、创造积极向上的文化氛围具有重要作用。

（3）建立了比较完整的企业听觉识别体系。这类企业除前述的广东太阳神集团外，五粮液集团也具有极大的代表性。五粮液集团创作了以《鹏程万里》为主题歌曲，包含《五粮液之歌》《仙林青梅》《爱到春潮滚滚来》《五粮液圆舞曲》《迎宾曲》等30多首歌曲组成的音乐识别系列，涵盖了企业精神、企业环境、产品品质等多个方面，用音乐这种艺术形式全方位地展示了企业形象。

在创作了听觉识别体系或要素的企业中，也存在着两种情形：一种是企业的听觉识别系统被广泛应用于企业内部的日常活动和企业的对外宣传活动中，对于建设企业文化、提升企业的影响力发挥了积极的促进作用。另一种是在企业庆典、节日晚会等时机偶尔使用企业的听觉识别要素。特别是企业歌曲，员工平时一般不唱企业歌曲，但在节日晚会时会以表演节目的形式演唱或合唱。在这种情况下下，企业听觉识别系统所发挥的作用就相当有限了。

二、企业听觉识别系统的功能

企业听觉识别系统的主要功能在于：通过听觉与声音之间的互动，加强企业对内与对外的管理，提高企业内部的凝聚力和向心力，强化企业外部的影响力和感召力，从而提升企业的竞争力。其功能具体表现为以下几种。

（一）建立企业识别元素

在现实生活中，人们可以通过听觉识别"风声、雨声、读书声"，可以辨析"鸡啼狗吠""蝉鸣鸟歌"。同样，企业创作主题歌曲、广告音乐、广告词、宣传口号，并通过传播媒体反复播放，社会公众也可以借此识别所听到的歌曲、音乐和口号所属的企业，并自然而然地联想到该企业的相关要素，形成或强化了对该企业的印象。可见，与 MIS、BIS 和 VIS 一样，AIS 也为社会公众建立了识别和认知该企业的元素，提高了企业的识别性。

（二）传递企业经营理念

好的企业听觉识别体系能够迅速传达出企业的经营理念。音乐的传达是艺术化的、间接的，歌词的传达是直接的、清晰的。如海尔集团的企业歌曲《海尔之歌》："蓝蓝的天，那一边，心心紧相连；蓝蓝的海，这一边，真诚到永远。我们拥有同一个世界，同一个世界。我们拥有同一个世界，海尔，无私的奉献。""真诚到永远""无私的奉献"很好地表现了海尔公司的经营理念和追求。好的听觉识别系统必须能够准确地传达企业的经营理念，无须多加诠释，就能使员工理解和接受，并以此作为自己的追求和行为准则，同时也能让社会公众理解与接受，以便有更多的人认同和支持企业。

（三）激发员工工作激情

企业听觉识别体系的曲调一般比较激越、昂扬，富有节奏感，悦耳动听，能比较好地表现出企业的精神、作风以及员工工作、学习的基本态度和状态。员工哼着自己企业的歌曲时，自然会产生一种文化认同感、亲切感、归属感、自豪感和自信心，从而产生强烈的内部凝聚力。同时，伴随着激越有力的旋律，员工在激昂的音乐声中很能鼓舞热情、激发斗志、振奋精神，并在轻松愉快的乐曲中感悟企业的文化，深刻地理解企业的规章制度。如联想集团的《联想之歌》："我们的心中有一个声音在回响，人类失去联想，世界将会怎样。我们的目光在科技高峰上翱翔，肩负历史的重任，托起中华的太阳。啊，联想，联想，联想，乘风破浪向远方。啊，联想，联想，联想，我们走向辉煌。"这首歌曲激越昂扬、气势雄浑，极大地激发了员工心目中的自豪感和主人翁意识。

（四）传达企业的行业属性

企业听觉识别体系应该能够迅速传达出企业的行业性质，使公众一听到企业的听觉识别元素就能认知企业的行业属性。如中国移动通信公司的企业歌曲《沟通从心开始》一开始就以比喻的手法揭示了自己通信行业的属性："天空中有一道桥把心和心相连，让超速的梦放飞在天地之间。无论在何时何地，彼此近在身边，是无线的祝福传递着无限的情感。"

（五）突出企业的个性特征

听觉识别的个性特征表现在行业的听觉个性和企业自身的听觉个性两方面。行业的听觉个性是指某个行业长期固定使用一种音响来标识自身以吸引顾客，这种音响便被约定俗成，成为本行业的标志。如铁匠铺的打铁声、唱猴戏的敲锣声、货担郎的拨浪鼓声、卖油郎的梆子声等；企业自身的听觉个性是企业为提高自身的知名度和美誉度，将企业自身的信息以独特的方式融会贯通于对外界的声音传播中。这一般有两种途径：一是通过企业歌曲的歌词展现企业的特色和优势。如中国建筑工程总公司的《中国建筑之歌》用夸张、拟人的手法表现了公司的特色和优势："中国建筑有力量，建起的路桥追太阳。中国建筑豪气壮，建起的高楼揽月亮。天南地北转战场，脚手架下写辉煌。万千广厦仰天唱，神州大地披新装。追太阳、揽月亮，我们是中华的钢铁脊梁。"二是通过独特的声音标识或独具特色的音乐风格表现企业的风格。企业的声音标识相当于视觉形象中的企业标志，具有专属性和独特性，不会轻易改变。如 MOTOROLA（摩托罗拉）手机的"Hello MOTO"、腾讯通信软件 QQ 的"滴滴滴"的消息提示音、克咳胶囊的"Ke—Ke"声等。企业歌曲有美声唱法、民族唱法和通俗唱法等类型，企业的乐曲也有交响曲、协奏曲、进行曲、舞曲、轻音乐等形式。企业听觉识别体系所采用的演唱风格、乐曲形式往往体现了企业的个性特征。有的企业歌曲，如联想集团的《联想之歌》、五粮液集团的《五粮液之歌》，给人一种雄浑的气势和力量感；而有的企业歌曲，如康美药业公司《康美之恋》、隆力奇生物科技股份有限公司的《江南之恋》，则给人一种风格优雅的柔美之感。这样，企业的个性特征就通过企业选择的独特的音乐形式呈现给广大的社会公众。

《把健康带回家》
——云南白药以一首神曲将关爱健康的形象植入人心

每年春节前，大批打工人群就好像"候鸟"一样迁徙，跋山涉水也要回家过年。以前是不管有钱没钱都要回家过年；而 2022 年能回不回家还得看你的红黄绿码。毕竟一家团圆虽然重要，但是家人的健康更加需要重视。

在 2022 年这个特殊的春节前夕，云南白药以一首洗脑神曲《把健康带回家》爆红网络，这首歌洋溢着欢乐、喜庆的气氛，不仅让消费者瞬间上头，更能够切身感受到品牌的温情。

音乐在营销领域一直存在。从很早之前的步步高《我在那一角落患过伤风》、娃哈哈《爱你等于爱自己》的流传到如今的蜜雪冰城《甜蜜蜜》、云南白药《把健康带回家》爆火，证明音乐元素能够快速带人入情入境，满足品牌沉浸式营销的需求，更快速地与消费者形成情感共鸣。

那么，云南白药《把健康带回家》爆火的点在哪里呢？

1. 歌词朗朗上口、温情满满

在歌词上，"春节健康最重要，家人多关照""新的一年我来了"这两句重复了三次，不仅强调了健康和家人的重要性，更是体现了品牌对大家的关爱。"植物补益我们不可少/要趁早/我们需要/有云南白药"，歌词的重复反复强调了产品的利益点，加深消费者对产品功效的印象。《把健康带回家》不仅仅是一首广告歌曲，也表达了当代年轻人对家人和健康的一种重视。优质的音乐总能引起普通人的共鸣，表达内心深处的情绪，云南白药借助音乐营销锁定最柔软的用户沟通方式。

2. 旋律富有节奏感、欢快喜庆

春节是一个阖家团圆、喜气洋洋的节日，以春节为主题的音乐旋律一般都是喜庆、欢快的。《把健康带回家》这首歌的旋律轻快激昂，层层递增，节奏明快，节奏感很强，每一个音符飘出来，都洋溢着幸福、快乐的感觉，这种春节独有的热情洋溢的气氛极具感染力，也因此覆盖到了不同圈层的人群，起到扩散品牌影响力的作用。

3. 视频内容暖心、引起共鸣

云南白药春节 TVC《一起把健康带回家》场景温馨真实、歌曲欢乐喜庆，产品的植入也颇有创意。从主角——加班的打工人接到一通新年祝福电话开始，云南白药气血康口服液一路引领女主角走过大街小巷回到家中，一路上的春联、舞狮、烟花等春节元素接踵而至，营造了浓郁的过年氛围。云南白药从打工人的视角展开了妙趣横生的回家过年过程，在浓郁喜庆的气氛中穿插传统春节文化中诸多元素，不管是视频内容还是歌曲，都趣味十足，回家过年的场景引起了消费者的共鸣。

云南白药《把健康带回家》成功出圈，也正是因为云南白药精准把握了音乐营销的精髓，歌词简单多重复、旋律欢乐有节奏感、内容符合品牌调性，不经意间便会进入消费者的记忆，旋律和歌词简单重复容易记住，情不自禁就能哼出来。消费者就算对品牌无感，但在消费场景中却不自觉地第一时间想起品牌，从而购买产品。

资料来源：https://news.bjd.com.cn/2022/01/30/10037157.shtml.

第二节　企业听觉识别系统的构成要素

企业听觉识别系统是由多种听觉要素构成的听觉识别体系，主要包含以下内容。

一、企业工作环境的背景音乐

工作环境的背景音乐是企业经过精心选择或刻意创作的适合本企业经营管理特点、在工作场所和工作时间播放的背景音乐，旨在提高工作效率或者吸引顾客。

在工作场所播放恰当的背景音乐，能够改善劳动的声音环境，对劳动者的心境、情绪、士气会产生积极影响，从而提高劳动生产率。研究表明，播放背景音乐，可以使技术还不熟练的工人缩短进入熟练期的时间为 4%～5%。有这样一个实验，在两个装配车间里，一个播放背景音乐，另一个不播放。一段时间后，人们惊奇地发现，播放背景音乐的车间的产量和不播放背景音乐的车间相比，日班产量高 6%，夜班产量高 17%。因此，目前在美、英、法等西方国家，有大量的公司采用播放背景音乐的方式来提高工作效率。为满足这一需要，美国缪扎克公司专门制作了一组组适宜于在工作场所播放的背景音乐。这些背景音乐是按照一定规律编排组合的，开始播放的是一组节奏缓慢、以弦乐为主的曲调，每次播放 15 分钟，停顿两分钟后再播放一段，乐曲速度逐渐加快，渐渐转为快板和以打击乐为主的流行性音乐。这些背景音乐在大规模流水作业的车间里播放后，能使工人很快消除单调劳动的疲劳感，始终保持旺盛的工作精力，而且减少了工伤事故。

美国新奥尔良州的一位商业家罗纳德经过调查后发现，播放徐缓的音乐能明显增加营业额。他首先注意到音乐速度对顾客流动速度的影响。如播放节奏快、刺激性强的乐曲，顾客的脚步也会随之加快，同时在挑选商品时表现出耐心不足，尤其是他们对可买可不买的商品宁可不买。多次实验证明，播放快节奏音乐比无音乐时销量不但不会增加，有时反而会减少。相反，播放节奏缓慢的音乐可以减慢顾客的流动，而且顾客在挑选商品时表现出耐心，这就增加了商场的营业额。1998年，艾德里安·诺斯、大卫·哈格里夫斯和詹尼弗·麦肯德克在一家英国的酒类商店开展了一项有趣的测试，以研究背景音乐对消费者购买决策的影响力。在一段测试周期中，他们交替地播放来自法国和德国的背景音乐，并观察消费者的购买行为。结果出人意料：在播放法国背景音乐的日子里，法国酒的销量是德国酒的4倍；而在播放德国背景音乐的日子里，德国酒的销量则是法国酒的3倍。可见，声音的影响可说是无色无味却又无处不在。美国高盛市场研究人员在美国西南部的一个超级市场对影响顾客购买心理问题所做的实验结果也表明：顾客的行为往往会同音乐合拍，当音乐节奏加快、每分钟达108拍时，顾客进出商店的频率也加快，这时，商店的日平均营业额为12 000美元；当音乐节奏降到每分钟60拍时，顾客在货架前选购货物的时间也就相应延长，商店的日均营业额竟增加到16 740美元，上升39.5%。这样，背景音乐就被广泛应用于超级市场和餐馆。

二、企业上下班铃声音乐

在员工进入厂区车间开始新的一天的工作的时候，可以播放企业的形象音乐，既作为员工上班的铃声信号，又作为对员工的暗示和激励。员工在企业特有的音乐声中开始一天的工作，可使他们得到企业精神、企业风格的重复认同。长期反复地播放企业的形象音乐会激发和强化员工的使命感与认同感，从而使其朝气蓬勃地投入一天的工作中。下班铃声播放企业形象音乐，其作用也是如此。用形象音乐作为员工上下班信号，比传统的钟声、号声、哨声、铃声具有更大的优越性。音乐有丰富的思想内涵和生动的表达力，它可以寄托企业的期望和对员工的祝愿，从而使上班这件极其平凡甚至烦琐的事情变得神圣起来，变得有意义起来。

三、企业歌曲

国有国歌，军有军歌，企业也有企业歌曲。企业歌曲是企业专有的，反映企业经营理念、企业精神和作风的歌曲，是企业文化个性的鲜明体现。企业歌曲用音乐来传递企业形象，用艺术的方式来表达企业的内部文化、产品特性、核心竞争力等诉求。对于企业内部来说，企业歌曲通过员工的歌唱，不仅能够增强员工对企业的自豪感和归属感，从而增强企业的凝聚力和向心力，而且能够激发员工的上进心和责任感，鼓舞他们积极进取、开拓创新的精神；对于企业外部来说，企业歌曲则可以显示企业的实力和特色，展现企业风采，提升企业形象。

企业歌曲一般分为企业团队歌曲和企业形象歌曲两种类型。

企业团队歌曲主要用于企业内部，目的在于对员工诉求企业的理念、精神、目标、宗旨，加强企业文化建设。通过企业广播等媒介的反复播放、集体合唱、个人熟唱等形式，强化企业的团队精神。如日本松下公司，首创公司歌曲。每天早晨上班前，松下公司的全体员工整齐列队，齐声歌唱公司歌曲，以此形式向员工灌输企业理念、精神，从而达到强化企业团队精神的目的。继松下之后，日本其他企业纷纷效仿，现在日本大多数企业都有企业的团队歌曲。

企业形象歌曲主要用于对企业外部公众的诉求，目的在于增进社会公众对企业的关注度和信任度，塑造良好的企业形象。在感性消费时代，社会公众对企业的感知和认识不仅依赖于企业的视觉要素，以企业形象歌曲为核心的听觉要素在传播企业理念、塑造企业形象方面发挥着越来越重要的作用，以歌言志，已成为当代企业进行听觉传播的一种时尚做法。它把企业的核心价值观、企业文化、企业精神等融入音乐中，表达了企业的价值追求，优美的旋律传递着企业的精神，叩击着人们的心灵，向公众展示企业的文化形象。因而，企业形象歌曲是最能激起公众心灵共鸣的形象传播手段。五粮液集团无疑在这方面为我们提供了一个很好的典范。当《仙林青梅》的歌曲在中央电视台播出时，无数人为这首动人的歌曲动容。如歌的往事，如酒的恋人，唤起了无数人青涩酸甜却甘醇恬淡的情感回忆。而这种情感与五粮液集团新开发的产品"仙林青梅"果酒的滋味是融为一体的。2007年腾讯公司推出的《腾讯之歌》同样体现了腾讯人激情时尚的精神风貌和对消费者的承诺："腾飞的这片天空里，传递着爱的信息。""真心去奉献，快乐到永远。"

企业形象歌曲要根据企业的核心理念和精神来设计，歌词要充分体现企业的追求和精神，旋律要充满激情，具有良好的传唱特性，能叩击人们的心弦。如当我们听到"没有人问我过得好不好，现实与目标哪个更重要，一分一秒一路奔跑，烦恼一点也没有少……"的时候，我们马上就会想到"步步高"。

四、企业标识音乐

这是主要用于企业的广告宣传和形象识别的音乐，包括企业的广告音乐和音乐标识。

（一）企业广告音乐

广告音乐是在广告宣传过程中所使用的音乐，它既有一般音乐艺术的审美特征，也包含广告艺术的特性。广告音乐的主要功能与作用是在广告宣传过程中作为背景音乐来衬托画面，丰富广告艺术的表现力，加强广告宣传的艺术感染力。关于广告音乐的作用，美国的乔伊斯·科皮尔斯（Joyce Kurpiers）在其《广告形象、音乐与声音设计在文化中的角色》一书中写道："受众对其作用并不很清晰的产品，常常需要通过广告及其音乐等形式拉近产品与受众之间的距离，因为受众在接触广告信息时即可产生信息加工的心理动机，通过受众对音乐的喜爱，进而对广告产品产生兴趣，达到打开市场的目的。"

一般来说，企业的广告音乐包括广告歌曲和广告背景音乐两种类型。

1. 广告歌曲

广告歌曲是电子传播媒介特有的一种广告传播方式。广告歌曲或以强调品牌为意图，或以提高产品的知名度为目的，或以树立企业形象为主旨，旋律优美活泼，歌词简练通俗，通过对商品或企业形象的描述，赞扬或唤起人们对商品的兴趣，使人们对企业产生好感，以促进商品的销售。

广告歌曲可分为直接型广告歌曲和间接型广告歌曲两种类型。直接型广告歌曲的歌词中含有企业的名称或产品的品牌等诉求信息，如康师傅冰红茶的广告歌曲《冰力十足》、香飘飘奶茶的广告歌曲《香飘飘》等；间接型广告歌曲则同一般歌曲的特征相似，甚至直接选用与企业或产品具有某种联系的某一流行歌曲，如统一冰红茶的广告歌曲《年轻无极限》、荣威550的广告歌曲《平凡的精彩》等。

企业广告歌曲一般具有以下四个特征。

（1）短小精悍。因为电视广告时间短，所以广告歌曲也注定了要短小精悍、简洁优美。例如，可口可乐的广播、电视广告的广告歌："It's the Real Thing...Coke（可口可乐，真感觉）"。

（2）旋律简单。广告歌曲短，旋律自然不能太复杂，否则很难有效表现。

（3）歌词口语化。广告歌曲的目的是传达明确的广告信息，不是表情达意。所以，只有简单明快、口语化的歌词，才能在短短30秒的时间里交代清楚广告主题及内容。如美国"The Moo Won The West"的广告歌曲："Moo牛奶征服了西部，Moo、Moo、Moo，这是我能够想起的唯一饮品，我们希望奶牛能为我们产出更多的牛奶，谢天谢地，有牛奶喝。"

（4）冲击力强。广告歌曲的使命就是增强广告的冲击力，以加深印象，强化记忆。因此，要利用音乐、歌曲强烈的震撼力辅助画面传递信息，并遵循流行趋势，应时而作。例如，新西兰"卡尔佰·恰奇"的广告歌曲："我喜欢它的那种感觉，我要找点不寻常的感觉，只有卡尔佰·恰奇能够给我这不寻常的感觉。我是个很叛逆的人，因此，我向你推荐卡尔佰·恰奇。一根接一根怎么也吃不够！每块恰奇都含丰富奶油。"歌曲充满动感与时尚，视觉冲击力也很强。日本某研究机构曾专门调查过广告歌的传播效果，结果是：人们对广告歌的爱好度特别强烈；经过5年以上，仍能记住某广告歌曲旋律的片段；爱好广告歌曲者以儿童为多；接触度（在此指播出次数）与广告的记忆度一致，反复播出的效果极强；好感度特别强。由此可见，在广告中加入广告歌曲，能产生极好的广告传播效果。当广告歌曲被广泛传播以后，它也就成为企业的一种重要的识别元素，不断塑造着企业独特的形象。

阅读资料

华为《我的梦》：对梦想与未来的信心

华为在推广"Make It Possible"（让它成为可能）这个口号时，花了8 000万元买下 *Dream It Possible* 英文版权和《我的梦》中文版权，并且指定由歌手张靓颖演唱。张靓颖与著名词作人王海涛共同填词完成中文版《我的梦》，并在2015年11月26日HUAWEI Mate8在上海世博中心的发布会上倾情首唱。这首《我的梦》火爆全球，充满了激情与励志。

"想飞就用心地去飞，谁不经历狼狈，我想我会忽略失望的灰，拥抱遗憾的美……带我奔向那片有你的天空，因为你是我的梦……"

"执着地勇敢地不回头，穿过了黑夜踏过了边界，路过雨路过风往前冲，总会有一天站在你身边。泪就让它往下坠，溅起伤口的美，别以为失去的最宝贵，才让今天浪费……"

"世界会怎么变化，都不是意外；记得用心去回答，命运的精彩；世界会怎么变化，都离不开爱，记得成长的对话，勇敢地说我不再等待。就让光芒折射泪湿的瞳孔，映出心中最想拥有的彩虹，带我奔向那片有你的天空，因为你是我的梦。"

这首《我的梦》，恢宏励志的旋律和极富感染力的歌词，如同一股巨大而向上的能量，引起广大歌迷的共鸣。

歌曲三次强调是什么让我们眼含泪水，心中拥有美丽的彩虹，向往着奔向那片属于自己的天，一切都是因为那是我的理想、我的梦想。歌曲所传递的那种坚韧不屈的力量让人备受鼓舞，表达了华为对梦想的执着，及"以行践言"的信念。

有网友评论道，"令人惊艳的旋律，蕴含着温暖和能量！"

资料来源：https://www.toutiao.com/a6899257115563606532/.

2. 广告背景音乐

广告背景音乐是用于表现广告主题、塑造广告形象、烘托广告气氛、暗示产品属性、显示时代特征的纯音乐。广告背景音乐可以专门创作，也可以采用现成的、符合广告表现要求的音乐作品，也有可能是从企业主题音乐中节选出的一段高潮部分。广告的背景音乐能够有效地与广告的其他各个要素互动，以优美的旋律和独特的音效来刺激公众的听觉，从而营造独特的广告氛围，加深人们对商品特点的认识、记忆和联想，从而强化消费者对产品品牌的积极态度，促进销售。例如，广告的背景音乐能够和创意有节奏地互动，它随着创意剧情的发展而跌宕起伏，与创意达到深层次的共鸣，从而起到烘托创意气氛、引导剧情的作用。广告的背景音乐能在某种程度上与广告的解说词达成一种互动，配乐烘托解说词，解说词点缀配乐，互利共生。在影视广告中，广告背景音乐对画面有衬托作用，它随着画面的变化而变化。画面影响配乐，配乐点缀画面，两者相辅相成，成就一个视听的结合体，带给人们心灵深处的触动。

可见，广告音乐是广告中能够激发信息共鸣的一种优良的媒介。在广告中恰当地运用高品质的音乐，可以很好地实现企业形象和品牌形象的提升，建立目标消费者对企业品牌的忠诚度，提升其他社会公众对企业的美誉度和信任度。

（二）企业的音乐标识

企业的音乐标识是一支很短的特别曲调或声音序列，主要被安置在广告的开头或结尾，相当于视觉形象中的图像 Logo。一个合理的音乐标识最基本的特征是独特、难忘和灵活，具有专有性和唯一性，只为一个品牌服务，而且在品牌战略不改变的情况下基本不变，如 Windows 的开机音乐、美国米高梅电影公司在电影播放时出现的狮吼声等。"音乐名片""音乐商标"都是对企业标识音乐的形象说法。音乐标识的独特性可以让消费者清楚地认知商品或品牌，并给消费者留下深刻的印象。而且，这种印象一旦形成，会比视觉印象更深刻，更易于记忆，更持久。例如，雅客糖果小女孩儿的欢乐声音"yake"，一听到这个声音，人们就能想到酸甜可口的雅客糖果；摩托罗拉手机的"HELLO MOTO"就是声音 Logo 的典型代表，一听这个声音，便知道它代表什么；英特尔公司于 1998 年推出的音乐标识也独具特色，内含英特尔处理器的广告音"dang—dang dang dang dang"，这简短而明快的声音，出现在所有英特尔的电视广告和网络广告中，成为这个品牌最打动人心的元素。有研究表明，这段广告音的鲜明和易记程度与英特尔的商标不相上下。有趣的是，几乎没有人真正看到过英特尔的芯片产品，它就躺在那个消费者不需要拆开的主机箱里。声音、颜色、商标三者结合在一起，清晰地传达出产品的信息。这些在广告中相当于商标作用的特别声音，能够给受众极深的印象，达到不见产品本身、仍然深入人心的效果。

五、企业的标语口号

企业口号越来越成为塑造企业形象的重要工具。因此，把企业的哲学、经营理念、价值观等用标语口号的形式表达出来，通过视听媒体反复播放，在社会公众中产生潜移默化的作用，对塑造企业形象具有重要的意义。

企业的标语口号通常以广告口号的形式进行传播。广告口号是一则广告的灵魂。事实上，很多广告的口号已经成为一种文化现象，变成了人们的日常用语，如小米科技有限公司的"为发烧而生"、自然堂的"你本来就很美"、欧莱雅的"你值得拥有"、统一冰红茶的"年轻无极限"等。人们大都能对这些广告标语脱口而出，足以说明它们的品牌在人们的心目中已经烙下深深的印记。

企业的标语口号需要把最能打动消费者和其他公众的东西表现出来，使人们通过标语口号能感受到企业所带来的独特价值。从听觉识别的角度设计企业的标语口号，必须符合以下要求。

（1）积极向上。企业口号必须表现出或对顾客关爱，或对员工关心，或对社会长远发展的高度责任等，给人一种积极向上的感觉。

（2）简洁明快，读起来朗朗上口。我们耳熟能详的企业口号，一定是既简洁又好念的。"万家乐，乐万家"、"好东西要和好朋友一起分享"（麦斯威尔咖啡）、"选择中国银行，实现心中理想"等，都使我们过目成诵、永志不忘。

（3）具有较强的号召力和感染力。企业口号要达到吸引受众的目的，一要具有一定的气势，响亮有力；二要有强烈的感染力和亲和力。如"让我们做得更好""我们一直在努力"等，就非常亲切，容易引起受众的共鸣。

（4）能够给受众带来巨大的想象空间。消费者总是在追求着美好的未来，所以，企业口号必须给消费者插上联想的翅膀，使消费者对企业的产品和服务特色产生广泛、积极的联想。譬如，"广之旅，无限风光带给你"（广之旅旅行社）、"随时随地，随心随行"（中国移动通信公司）等口号，都能把我们带入一个美好的梦想之境。

（5）具有一定的哲理性。有些企业口号，表现出一种较高的哲学意蕴，使人们能够从中得到人生的启迪。如中国人寿的"成己为人，成人达己"、纳爱斯的"努力就有机会"、中国建设银行的"善建者行，成其久远"等，这些口号，体现了人生的基本哲理，使其在人们不断的回味中记忆深刻。

（6）避免负面联想。企业口号要避免使受众产生消极联想。如某城市的旅游宣传口号"我靠重庆"，结果因为"靠"在一些地区属于脏话而遭到人们的诟病。所以，拟定企业的标语口号，必须进行充分的调查研究，充分考虑目标对象的文化背景。

六、企业的特殊声音

1. 企业代言人的特殊声音

企业广告或形象代言人独具特色的声音也是一种重要的听觉识别元素。如小鸭圣洁奥洗衣机请为动画片《米老鼠与唐老鸭》中"唐老鸭"配音的演员李扬为其广告配音，公众一听就知道是小鸭圣洁奥的广告。企业要充分利用这一识别元素塑造形象，必须做到以下几点。

首先，选择具有个性化声音的代言人，并用合同加以约定。独具特色的声音才具有较高的识别性，而独具特色的声音也具有稀缺性。这种资源别人也可以利用。如果一个个性化的声音为多个企业代言，就会丧失识别功能。

其次，企业要尽量使用相对固定的形象代言人。只有相对固定的形象代言人，才能形成相对稳定一致的声音风格，避免造成声音传播的混乱。

最后，企业代言人的声音要具有感召力，要让人一听就有亲切感，让公众接触到企业的广告就感到好像是自己的亲密朋友在呼唤自己一样。

2. 企业彩铃

企业彩铃是企业通过定制自己公司的回铃音，让主叫客户在接通等待时收听到企业统一定制的音乐和语音，从而展现企业的整体风采、拓宽企业的沟通渠道的一种工具。它特设"一企一音"功能，可以灵活地将企业的愿景、价值观、理念、品牌态度、产品介绍等信息放在里面，这样企业的每一部电话在每一次一打一接中都能轻松为企业做一次宣传，成为展示企业形象、识别企业形象的新窗口，它使企业与员工、企业与客户之间建立起更加紧密的沟通关系。这种强大的传播效应被很多企业称作"企业的有声名片""企业的声音代言人"。

3. 企业的其他特殊声音

有时，企业特有的某种声音也可能成为识别企业的一种手段。例如，日本本田公司生产的摩托车发动机的音响很特殊，通过这一音响就可识别这一企业及其产品。他们就对这种声音进行注册加以保护，作为企业的无形资产，并加以宣传。这种特殊的声音也就成为企业听觉识别系统的元素之一。

第三节　企业听觉识别系统的设计和传播

一、企业听觉识别系统设计的原则

企业听觉识别系统是企业理念的听觉化行为，其目的在于通过企业的形象广告、广播、网站等媒体向各类目标受众传递企业的经营理念和文化品位。因此，企业的听觉识别系统的设计和管理应遵循以下原则。

1. 传达企业理念

作为企业形象识别系统的子系统之一，AIS 的设计和导入必须以企业理念为宗旨，充分传达企业精神理念。"言"为"心"声。因此，在 AIS 设计中，企业的"言"（听觉识别系统，AIS）必须服从于企业的"心"（企业理念识别系统，MIS）的基本导向和要求，并对企业理念进行精彩的演绎和优美的表达。

2. 体现民族特色

各个民族在语言、音乐、文字、审美习惯等方面都有自己的特色和偏好。因此，在设计和导入企业听觉识别系统时，必须传达民族个性，契合民族和个人的心理情感，以情动人。不符合民族习惯的听觉识别设计必然是失败的。

3. 凸显企业个性

企业进行形象设计，其目的就是要使企业从同行中脱颖而出，与众不同。因此，企业在设计和管理 AIS 时，必须突出自己的个性特征。这既要把握企业所在的行业属性，更要通过特别的 AIS 设计和导入来凸显企业自身的独特性。

4. 具有审美情趣

AIS 不仅是一个为传播企业形象而带有功利性的声音文件，同时也是听觉上的艺术。AIS 应适应人们审美需求，让公众在接受企业形象的同时产生愉悦之感，享受到企业的声音之美。

5. 持续改进优化

在 AIS 设计和导入的过程中，应随着企业理念的转变与内外部环境的变化进行持续改进。企业形象的树立不是朝夕之功可以解决的，AIS 应随着企业的发展而不断创新和完善。

二、企业听觉识别设计的方式和程序

（一）设计方式

1. 与其他识别项目的开发相结合

在企业形象设计和管理过程中，AIS 与 VIS 有着异曲同工之效，AIS 是通过企业听觉识别（专用声音符号）的标准化设计与统一、规范的系统应用，艺术地表现企业精神和传达企业理念。AIS 在 CIS 中与视觉识别系统是平行并列的，而且是功能互补的。因此，听觉识别项目的设计开发，要注意同视觉识别项目、行为识别项目、理念识别项目等设计开发结合起来，这样才能扬长避短、优势互补。"音形并举"才能取得更好的传达效果。企业应综合发挥各种媒体的作用，将听觉识别与视觉识别、行为识别融为一体，注意音乐的意境与画面、主导语的配合，尤其是电视广告更要强调声音与画面的配合，以表现出强有力的吸引效果，创造一个个性鲜明、可信可亲的良好形象。例如广东太阳神公司在 1986 年设计导入 CIS 时，精心设计开发了听觉识别传播的主导旋律，音色浑厚、音域宽广、音调铿锵、音节分明、节奏从容，从心理上引导社会公众和企业员工迈向太阳与人之间既博大恢宏又显得神秘的意境中。同时，与听觉识别精心配合的画面是：在凝重的背景音乐中，在晨曦映衬下的大漠里，一个身强力壮的汉子在挥汗劳动；在音乐结束之际，浑厚的男中音唱出了"当太阳升起的时候，我们的爱天长地久"这一主题，使人强烈地感受到了该公司震撼人心的关怀，感受到它"开拓奋进"的企业精神。主导旋律、主导文字、主导画面的内在结合、有机协同，既强化和深化了视觉识别的传播，又强化和深化了听觉识别的传播，从而使太阳神形象更突出、更具个性和更易记忆。

2. 将听觉识别系统进行分解

在设计和导入 AIS 过程中，采用的最基本的方法是把 AIS 分解为若干听觉要素，对各听觉要素进行艺术化的设计以后，再通过不同的载体以不同的方式传输给企业员工和其他社会公众，为企业树立起良好的形象。

一般来说，企业可以把 AIS 分解为企业名称的语音表达、企业的音乐定位（主题歌曲）、企业理念的语音表达、企业的声音标志、广告音乐的基本韵律、广告词的语音要求等要素。这些要素构成了企业 AIS 的基本要素，就像企业识别系统的标志、标准字、标准色、象征物等基本要素一样，作为总体设计的一种元素、规范或标准而存在。企业 AIS 的应用要素主要包括企业广播、网站音乐、广告、宣传片、办公环境音乐、礼仪音乐、列队曲、升旗曲、音乐礼品、音乐贺卡等。需要注意的是，这些应用要素传达给受众的过程并不是单向的灌输过程，而是一个互动的学习过程。特别是企业的员工，要不断地学习、传播和贯彻本企业的理念，树立起本企业的特别形象，声音形象的传播更是其重要的组成部分。

（二）设计程序

一般而言，设计和导入企业听觉识别系统，需要遵循以下程序。

1. 选择设计机构

企业听觉识别系统设计的专业性比较强，一般采取委托专业设计机构进行设计的方式。企业听觉识别系统的设计机构是企业听觉识别系统设计的执行者，它的选择决定了听觉识别系统设计的成败，非常重要。在选择时要深入考察设计机构的设计风格和操作模式、设计机构的声誉、设计机构是否具有成功设计企业听觉识别体系的经历和丰富的设计经验等。

2. 组建企业听觉识别系统设计领导小组

如果企业的听觉识别体系与视觉识别体系等其他 CIS 项目同时进行设计，这个领导小组就是企业的 CIS 委员会。如果企业在导入 CIS 后的某一阶段专门进行听觉识别体系的设计，那么企业必须成立专门的企业听觉识别系统设计领导小组，由企业的总经理亲自负责，企业所有的高层管理人员以及重要部门的负责人都应纳入领导小组之中。

3. 进行听觉识别设计调研

企业听觉识别系统的设计人员要深入企业进行生活体验，充分了解企业的基本情况、企业所要表达的理念、情感以及它所倡导的文化，充分理解企业设计的理念识别体系、行为识别体系和视觉识别体系所表达的内涵，了解企业内外目标受众的心理特征和声音喜好，了解企业所在的地域与行业内其他企业听觉识别体系设计与应用的一般情况，从而为进行听觉识别系统的设计提供依据。

4. 进行听觉识别系统的定位

企业听觉识别系统定位的内容一般包括以下几方面。

（1）功能定位。要确定建立企业听觉识别系统所要使用的场合以及发挥的作用。对企业听觉识别系统功能的定位决定了企业听觉识别系统开发的内容。

（2）构成定位。依据企业听觉识别系统所要发挥的功能要求，确定需要设计哪些听觉识别要素。企业的主题歌曲是企业听觉识别体系的灵魂，这是听觉识别体系必不可少的内容。除此以外，还要设计和创作企业广告音乐作品、礼仪音乐等元素。

（3）风格定位。根据企业的理念及个性特征确定声音传播的基本风格，如采用民族唱法、美声唱法还是通俗唱法；确定声音传播的文化特点以及所要表达的感觉等，从而根据传播的风格来确定听觉识别元素的韵律和节奏。

5. 创作企业听觉识别的要素

根据企业听觉识别体系的定位，进行听觉识别体系的设计和创作。就像企业的视觉识别系统的设计首要从企业标志开始一样，企业听觉识别系统首先要设计企业的主题歌曲。

企业主题歌曲是一种用音乐来传递企业形象和企业文化的艺术形式，是用最直接的方式来表达企业的文化特色、产品个性、核心竞争力等诉求，是企业精神的标志。一首优秀的企业主题歌曲将给企业带来无穷的凝聚力和感召力，从而提升企业的竞争力。因此，企业主题歌曲的歌词创作要根据企业理念、企业文化、企业经营的特色来设计，充分体现企业的发展理念和奋斗精神；企业主题歌曲的旋律要充满激情，同时不失音乐易于传唱的特性，让员工都要会唱并积极对外宣传，产生精神号召力和企业向心力，使员工更加热爱自己的企业，把企业当成自己的家。

企业歌曲的设计制作不是简单地写一首歌那么简单。它是以基本的歌曲为核心，充分利用现代的音频、视频和传播媒介，对企业经营的各个方面和环节进行独具特色的诉求和表达。因此，要更多地突出企业文化和产品特性，打造企业独特的听觉识别系统，使公众能够"听音识企业"。例如，只要公众听到"四海一家，在你身边，心与心靠近；四海一家，在你身边，千万里跟随；美味暖心田，相伴每一天，希望放飞海天之间"马上就会联想到"海天味业"。

听觉识别体系中的歌曲也不一定都是全新创作的。有时，也可以从现有的歌曲中选择与企业理念一致的歌曲作为企业主题歌曲。如有的企业选择电视剧《西游记》的主题曲《敢问路在何方》作为企业主题歌曲，借以激励员工"路在何方，路在脚下！"的进取精神。但因为现有的歌曲并非针对企业的理念和特征进行创作，因而要特别注意选择的歌曲要恰当。在条件许可的情况下，最好还是自己创作企业的主题歌曲。

企业的主题歌曲确定以后，要依据听觉识别系统的定位确定的内容设计创作企业听觉识别系统的其他要素。企业的其他歌曲和听觉识别要素的创作要与主题歌曲协调统一，采用与主题歌曲风格一致的旋律和节奏，并与主题歌曲相互补充。听觉识别体系的方案出来以后，需要提交给领导小组讨论通过。

6. 建立听觉识别体系的使用规范

企业听觉识别体系确定以后，企业要对其运用建立相应的规范。什么时候使用什么听觉要素，如何使用，使用的频率和强度如何，都要明确规定，不能乱用。

三、企业听觉识别系统的传播

（一）企业听觉识别系统传播的要求

相对于企业视觉识别系统而言，企业听觉识别体系传播的难度要大得多。在大多数情况下，企业视觉识别体系的运用是一次性到位的。例如，企业标志运用于企业的建筑设施、员工制服、交通工具、办公用品等上面，都是一次性的，一般要使用一个较长的周期以后再加以维护或重新印制。

企业听觉识别体系如果采用直接播放预先录制的视频或音频节目等方式来运用，也比较方便且易于标准化。但如果要让企业员工在各种场合演唱企业歌曲，要做到标准化难度就比较大。但是，对于企业歌曲来说，只听不唱的感受不如亲自唱来得深切。员工在唱企业歌曲的过程中，回顾了往日的难忘生活，重温了企业文化的精髓，牢记着企业的宗旨与目标，谨记着自己的责任与努力方向。这样，企业歌曲就像一只无形的手，紧紧地把企业员工凝聚在一起。例如，日本松下电器公司有一位技术人员，由于各种原因离开了松下公司。若干年过去了，松下的一切使他总是难以忘怀。有一天，他突然在电视里看到松下员工举行升旗合唱企业歌曲的镜头。熟悉的公司音乐，像一股巨大的暖流，顿时涌遍他的全身。他立即回忆起在松下的日日夜夜，发现有一种难以割舍的感情牵动着他的心灵。他感慨万分，夜不能寐，起身向松下部门经理写去了一封表达自己心愿的长信，信中写道："此时此刻，有一种无形的力量，催促着我作出人生的重新选择，即回到松下去！"可见，歌唱企业歌曲显示了极大的凝聚力。因此，企业应创造更多的机会让员工演唱企业的歌曲，特别是以集体的方式演唱企业歌曲。在企业员工集体歌唱的过程中，强化了集体意识，强化了彼此间的协作精神，增强了集体荣誉感。所以，企业不仅应该要求所有的员工唱企业的歌曲，还应该要求企业员工按照 AIS 设计的规范唱好企业歌曲，从而真正地将听觉识别体系作为企业日常管理的手段。

（二）企业听觉识别系统传播的手段

1. 传统的有声媒体

作为四大大众传媒之一的广播，具有廉价而传播范围广泛的特点，是企业听觉识别系统传播的主要载体。但是，广播由于没有画面的配合，相比电视逊色不少。随着生活节奏的加快、视觉信息的饱和、有车族的增长而带来的车载广播发展，被认为前途渺茫的广播正在回归到大众身边。如今，美国成人中的 77%每天白天都要收听广播，而只有 72%的成人白天收看电视。在美国中西部和东北部，有 80%的成人每天听广播。这与美国的生活方式有关，因为美国人白天基本都是在交通工具上和办公室里度过，而在汽车等交通工具上和办公室里是便于收听广播的。在我国，目前私家汽车的数量正呈现快速增长的趋势。从驾驶人年龄情况看，驾驶者的年龄主要集中在 26 岁至 50 岁之间。

因此，灵活地在广播里运用企业的听觉识别系统，可以有效地达到宣传企业形象的目的。例如，模仿电视节目中的品牌冠名权的方式，在热门广播节目中用企业歌曲作为背景音乐，用企业的声音标识做整点报时，都可以达到吸引听众的注意、提高企业识别度的目的。

值得注意的是，基于传统广播诞生的新兴网络广播随着硬件设施的完善和技术的成熟而得到快速发展。网络广播（或在线广播）是指数字化的音频视频信息通过国际互联网传播的形态，它是网络传播多媒体形态的重要体现。随着网络广播的发展，网络用户中的听众、观众群已经出现。据美国阿尔比朗新媒体公司的调查显示，越来越多的互联网用户选择听网上电台，令这类电台发展空间大增，收听网上电台的网友比例 6 个月激增 1 倍，而网上电台的数目也大幅上升。例如，国内的喜马拉雅网络广播，已经聚集一大批听众粉丝。对许多人而言，收听网络广播既是一个放松心情的消遣方式，也是收听知识讲座、进行大脑充电的学习方式。因而，网络广播也是企业传播其听觉识别系统的重要平台。

2. 新型的有声媒体

随着传播技术的发展，媒介的多元化使企业听觉识别系统的传播平台日益丰富。除了以互联网和个人计算机为代表的多媒体平台以外，一些传播企业听觉识别系统的新手段和新方法也被陆续开发出来。例如，近年来出现的企业彩铃就是一个代表。拨打企业电话的用户可以听到企业的彩铃声，由此对其在等待接听的时间里进行宣传，或是在电话自动服务系统工作时进行宣传。目前我国的企业彩铃以音乐和朗读企业名称、服务内容、企业文化等信息为主要内容。如果加上适时地出现企业的声音标识，更加有利于区别竞争者的彩铃，也有利于在短短的几秒钟里向收听者传达企业形象的相关信息。

此外，写字楼中的电梯提示音是又一个代表。在多层分租型写字楼中，一些公司为了进行形象宣传，除了在电梯内粘贴楼层地址外，还将电梯到达楼层时电梯扬声器的提示音改成公司的声音标识。这样的播放相当于每次都给整个电梯内的乘客进行了一次强制性传播。

这些新型的媒体形式，对于声音识别体系的创作主体、创作技术手段、创作思维方式、传播方式、接收方式等都产生了深刻的影响。同时，这些传播载体的综合运用，越来越使企业听觉识别系统的传播呈现出一种立体的、分众的、包围式的状态。

3. 商品和活动传播渠道

企业听觉识别系统可以将商品本身当作传播源进行传播，即商品渠道传播。使用手机通常会接触到开机声、铃声等一些提示音。以 NOKIA 手机为例，用户每次开机的时候会出现 NOKIA 蓝色品牌标识、握手的动画，以及 *Nokia Tune* 的开机音乐。这个音乐标识已经使用多年。*Nokia Tune* 实际上是改编自 19 世纪的西班牙音乐家 Francisco Tárrega 的吉他作品 *Gran Vals*。这个铃声在诺基亚手机中最早名为 *Grande Valse*。1998 年，该铃声已经广为人知，诺基亚将其改名为 *Nokia Tune* 并沿用至今。作为一个成功的声音标识，*Nokia Tune* 不但有效地发挥了企业识别的功能，还能让受众主动接收企业的相关信息。

此外，影视娱乐业和游戏软件业是利用产品传播企业听觉识别要素的代表。电影或电视节目的播放通常是以出品公司或制作公司的标识开始的，这类标识通常是动画伴随着声音。例如 Disney 电影公司出品的电影以迪士尼城堡和烟火以及沃尔特·迪士尼标识开始，再辅以背景音乐和烟火爆炸的噼啪声；Pixar 动画公司制作的电影通常以包含一个跳跃的台灯和公司标识的动画开始，同时伴随着台灯跳跃的嘎吱声。一个熟悉电影的观众只需要聆听到这些公司标识的声音，就可以分辨与回忆起这些公司的电影。也许迫切关心电影内容的人们没有留意冗长的电影公司名称，但是声音标识却加深了他们对电影公司品牌的记忆。

与电影和电视节目类似，大部分游戏软件的运行也以制作公司或是代理运营公司的图形和声音标识作为序幕。相比之下，应用软件由于要求简约，很少有此类标识。尽管如此，还是有少数软件带有可被视作声音标识的元素。例如腾讯公司的 QQ 聊天软件的提示音，迅雷下载软件、格式工厂（Format Factory）的工作完成后的提示音，卡巴斯基杀毒软件采用的杀毒尖叫声等。

企业的听觉识别要素也可在卖场开展促销活动时、企业的免费热线咨询活动中、企业的公共宣传活动等方面加以运用。经过大量的、长期的反复，特有的听觉要素就会成为企业特有的形象表征，无论在什么时间、什么场合下，只要听到企业的某段听觉识别要素，公众就会产生一种油然而生的亲切感，产生一种有利于企业的特定的心理定式。从而，企业的听觉识别系统就成为提升企业知名度和美誉度的"有声名片"。

（三）企业听觉识别系统在传播中的整合

CIS的核心是"identity"，即统一、识别。因此，为了保证企业传播的信息的一致性，提高企业的识别度，企业听觉识别系统在传播过程中必须注意整合。

1. 企业听觉识别系统内部各要素的整合

企业听觉识别系统是由多种听觉要素构成的听觉识别体系，包括企业的主题歌曲、声音标志、广告词等基本元素和办公环境音乐、礼仪音乐、音乐礼品等应用要素。如果说企业标志是企业视觉识别体系的核心，那么，企业的主题歌曲就是企业听觉识别体系的核心。企业在听觉识别系统的传播活动中，必须以企业主题歌曲的旋律、节奏和风格为中心，企业的其他听觉识别元素的传播必须以此为基础，与其保持一致；同时，企业听觉识别系统在大众传媒、企业活动等各种传播媒体上的传播也要保持高度的一致，避免彼此冲突甚至相互矛盾。

2. 企业听觉识别系统在不同时期的整合

企业形象的塑造是一个长期的系统工程。因此，从动态的角度看，虽然企业在不同的时期面临着不同的经营环境和战略，但企业必须保持听觉识别系统在风格和主题上的连续性与一致性。如果企业的听觉识别系统在不同时期的旋律、节奏、主题和整体风格差别过大，公众对企业的认知就必然产生混乱。比如，康美药业公司将谭晶演唱的声音甜美、画面唯美的《康美之恋》在某个时期变成声音浑厚、曲调低沉的男声演唱，公众对康美药业公司必然会产生完全不同的印象。因此，企业听觉识别系统在不同的时期需要进行纵向的整合，以便用风格和主题一致的听觉信息不断强化公众对企业的印象，从而塑造个性鲜明的企业形象。

3. 企业听觉识别系统与其他识别要素的整合

生活中，人们通过五个感觉器官来认识和记忆所有的信息。当五种感官（视觉、听觉、嗅觉、味觉、触觉）相互配合的时候，人们对于事物的记忆可以达到最大化。所以，日本的CIS专家山田理英说："以五官感觉来控制具体化的形象概念，运用所有的感觉管道（眼、耳、鼻、舌、身），向人的意识和潜意识层发出信息，以获得企业形象的有力定型，使受众在毫无抵抗力的状况下，接受企业形象力的强大攻势的深刻影响。"可见，企业听觉识别系统是与企业的视觉识别系统、行为识别系统等共同发挥作用的。从受众感觉通道的各个方面对其进行刺激和影响，将受众的全部感官包围，并使受众的感觉产生交互共鸣作用，使其在短时间内对企业及其产品产生不可磨灭的深刻印象，从而形成强大的企业形象力。因此，企业的听觉识别系统在传播中必须以企业理念识别系统为核心，与企业视觉识别系统、企业行为识别系统所传达的信息保持高度一致，从而形成信息刺激的合力，这样才能建立起公众对企业清晰、一致的印象。

现在，企业形象传播识别系统中应用最广的要数视觉识别系统了。VIS 主要是通过平面表现的格式化、统一化，整合传播，传递一种"声音"，冲击大众的视觉神经系统，达到强化记忆、塑造形象的效果。然而，随着市场竞争日趋加剧，想要让公众在无意中仅仅依靠视觉记住成千上万的企业中的某个企业不是一个简单的事。因此，必须整合企业的听觉识别系统、视觉识别系统和行为识别系统所传达的信息，实现"多种信息形式，一种信息主题"，从而充分调动公众听觉、视觉甚至触觉、味觉等各个方面，使其在感官上受到强烈的震撼，使企业形象的传播深入人心。

本章小结

企业听觉识别系统是将企业理念、产品特色等内容转换为独特的声音符号，以标准化、系统化的有声语言传播给社会公众以塑造独特的企业形象的一种手段。企业听觉识别系统的产生具有充分的理论与实践依据。就实践而言，听觉识别具有悠久的历史。

企业听觉识别系统具有建立企业识别元素、传递企业经营理念、激发员工工作激情、传达企业的行业属性、突出企业的个性特征等功能。

企业听觉识别系统是由企业工作环境的背景音乐、企业上下班铃声音乐、企业歌曲、企业标识音乐、企业的标语口号和企业的特殊声音等多种听觉要素构成的听觉识别体系。

设计企业听觉识别系统，要遵循传达企业理念、体现民族特色、凸显企业个性、具有审美情趣和持续改进优化的原则，并按照选择设计机构、组建设计领导小组、进行设计调研、进行定位、创作企业听觉识别的要素和建立听觉识别体系使用规范的程序进行。

企业可以利用传统的有声媒体、新型的有声媒体、商品和活动等多种手段对企业听觉识别系统进行传播，在传播中要注意听觉识别系统内部各要素之间、与其他识别要素之间、不同时期的听觉识别系统之间的整合。

复习思考题

1. 企业导入了 MIS、BIS 和 VIS，为什么还应该导入 AIS？导入 AIS 的理论和实践依据是什么？

2. 请以某企业的企业听觉识别系统为例，说明企业听觉识别系统在塑造企业形象中的作用。

3. 请以某企业设计和导入企业听觉识别系统为例，说明设计和导入企业听觉识别系统的程序。

4. 举例说明你对设计和导入企业听觉识别系统必须遵循的原则的理解。

5. 在进行企业听觉识别系统传播时，为什么必须注意传播中的整合？企业需要从哪些方面进行整合？

案例分析

百事可乐：用音乐打造年轻化的形象

"年轻"这个词通常伴随着音乐、激情、梦想与热爱，年轻人热爱一切拥有能量的东西，饱满、热血。百事可乐捕捉到他们的想法，把音乐、偶像与梦想融合在一起，开启了一场席卷全国校园的音乐盛世——"百事校园最强音"，这是一个年轻人的舞台、梦想的舞台、激情的舞台。

"我和你，我和你，百事都惊喜……"2019年7月23日晚，广州南沙体育馆的舞台上，随着百事可乐代言人王嘉尔、G.E.M.邓紫棋和24位来自全国各地的校园歌手的歌声，2019年的"百事校园最强音"总决赛画上了句点。

他们一起演唱的是百事最新的品牌主题曲《热爱就一起》。腾讯视频为全场比赛进行现场盛况直播，持续关注大学生歌手的音乐之路。一直以来，百事都在通过音乐与年轻人沟通，持续渗入本土年轻文化生态。

与代言人一起"热爱全开"

对年轻人而言，音乐是生活中不可缺少的元素，丰富精神生活的同时，也是自我表达的普遍形式。对百事来说，品牌鼓励很多怀有音乐梦想的年轻人释放自我，而连续举办了8年的校园音乐赛事"百事校园最强音"正越来越成为这样一个提供给年轻人的平台。

2019年的百事校园最强音比赛，是历年来规模最大的一届，也是"花样"最多的一届，不但引入了综艺玩法的升级赛制，还有百事可乐的代言人王嘉尔、G.E.M.邓紫棋以明星导师的身份助阵。配合新的Slogan，"热爱全开"，全新洞察与视角持续深入流行文化圈，用综艺化平台化的方式创新校园音乐赛事，并联动代言人的榜样力量输送品牌价值观。

对于这个新的Slogan，百事公司大中华区饮料品类副总裁叶莉认为，之所以用新的"热爱全开"（英文"FOR THE LOVE OF IT"）取代之前的"LIVE FOR NOW"，是基于品牌对当下年轻人生活的洞察——"现在的年轻人基本上都非常把握现在了，他们更需要的是有勇气活出自己想要的生活"。

叶莉认为，"现在的年轻人很有想法，但也很迷茫，在互联网看到很多可能性，一会儿做网红，一会儿做歌手，一会儿做偶像，就觉得很多东西都有可能，但实际上你真正需要做的就是把心中的热爱活出来，让梦想变成事实"。

G.E.M.邓紫棋和王嘉尔作为华语乐坛新生代音乐人，音乐风格以及自身定位都十分符合百事可乐的全新Slogan"热爱全开"。2008年通过歌唱比赛正式出道，邓紫棋一直活跃在音乐和综艺节目中；拥有多首"金曲"；截至2019年，她已完成世界巡回演唱会超120场。王嘉尔与百事的"缘分"始于2017年，这位击剑运动员出身的年轻人，因为喜欢音乐而转行进入演艺界，2017年，王嘉尔助阵当年的"百事校园最强音"，并现场演唱了《Generation 2》，一首他个人参与创作的电音嘻哈歌曲。

到底什么是热爱全开？G.E.M.邓紫棋认为："就是你不知道怎么办，可是你还会100%去把这件事情做了。"王嘉尔觉得："先把这个东西拿出来、扔出来，才知道自己行不行，不要在做之前就觉得怕。"

叶莉认为，2019年的"热爱全开"更加有行动性，把"热爱"去放大，你可以有很多兴趣爱好，但你的真爱应该不会太多，真正触发你一直坚持去做的应该就只有一件事情，我们希望通过这些故事去鼓励年轻人，往往心里面最深的热爱，可能就是最不容易做的那件事情。

"百事校园最强音最早是一个简单的学生选秀节目，现在，我们希望能把它变成一个平台，有两位作为新生代音乐人的代表，我觉得他们不只代表中国的音乐人，而且也代表这一代华人在国际舞台上被认可的地位。希望让学生们看到，只要他们愿意去付出、愿意去追求梦想，有一天他们都可以像这两位一样。"叶莉说。

百事可乐的音乐 DNA

王嘉尔与百事可乐的合作始于2017年，而邓紫棋在2019年新加入了百事代言人的行列。邓紫棋谈到此次与百事可乐的合作初衷，说道："我觉得很开心，因为这是我的童年回忆，我从小就喝百事可乐，而且还从小很爱看百事的那些音乐明星的广告。现在自己变成其中的一员，可以帮百事一起做音乐、做个 Music Video 出来就觉得很开心，小时候那个梦想，哇！实现了！"

近60年来，百事可乐一直都与流行文化、青年文化紧密相连，在全球的流行文化中扮演着重要角色。这个饮料品牌，早已超越自己的行业属性，成为流行文化中的一部分，在音乐、体育、艺术、时尚行业中都有一席之地。

有"美国春晚"之称的超级碗美式足球赛，本身早已成为流行文化符号，而百事作为官方赞助商，不但每年都有精彩的广告故事上演，还包揽了中场秀的冠名。

在中国，百事也在用贴近本土的方式，去引领流行文化。叶莉认为："百事成立100多年，在中国也有近40年的历史了。在欧美，流行文化始于20世纪50年代，音乐是其中很重要的元素。跨代际的同时，也跨国、跨语言。音乐在百事的品牌里是非常重要的基因，这种基因会让我们非常专注地去做。而且大家看百事中国做这件事情也是非常自然，不会去问为什么做。"正因为以上种种，百事可乐拥有了使命感——在塑造和推动流行文化的同时，也希望借助品牌的力量去影响不同年代的年轻人。

百事可乐以音乐为切入点，在年轻人的生活方式中占据位置。全新广告曲《热爱就一起》MV拍摄地位于极具夏日风格的海边沙滩，故事脚本是两个年轻人的互动，内容幽默、欢快、热情并且时尚，给年轻消费者带来全新的夏日体验。

百事可乐这个品牌的经久不衰，离不开与时代年轻人潮流的接轨。同时，百事可乐也希望带给年轻人正能量，用品牌的力量推动他们去追逐梦想、去热爱、去寻找。

资料来源：https://baijiahao.baidu.com/s?id=1643907402933182249&wfr=spider&for=p.

思考题

1. 百事可乐为什么要连续多年举办校园音乐赛事"百事校园最强音"活动？你关注过该活动吗？这一活动是否影响了百事可乐在你心目中的形象？

2. 结合本案例，简要说明音乐对塑造百事可乐的形象所发挥的作用。

3. 从企业听觉识别系统的角度，你觉得百事可乐还可以导入哪些听觉识别元素？请为它列举一个建议清单，并说明理由。

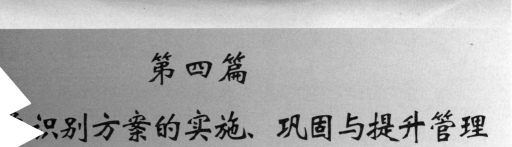

第四篇

识别方案的实施、巩固与提升管理

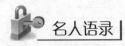 名人语录

一个在任何地方任何时间都想着维护企业形象的人，他很有可能会成为下一任的企业领导人。

——松下幸之助

 学习目标

在策划与设计了合理的企业形象方案之后，关键的问题就是对企业形象方案的实施与推广。通过本章的学习，要了解实施企业形象方案所必需的各项条件，理解企业对内、对外发布企业形象识别方案的方针，掌握企业对内、对外发布 CIS、在企业内部实施和在企业外部推广企业行为识别系统的策略。

本章关键词

CIS 实施推进小组、CIS 的对内发布、CIS 的对外发布、企业形象策划案的实施、企业形象策划案的推广、企业形象推广策略

本章内容框架

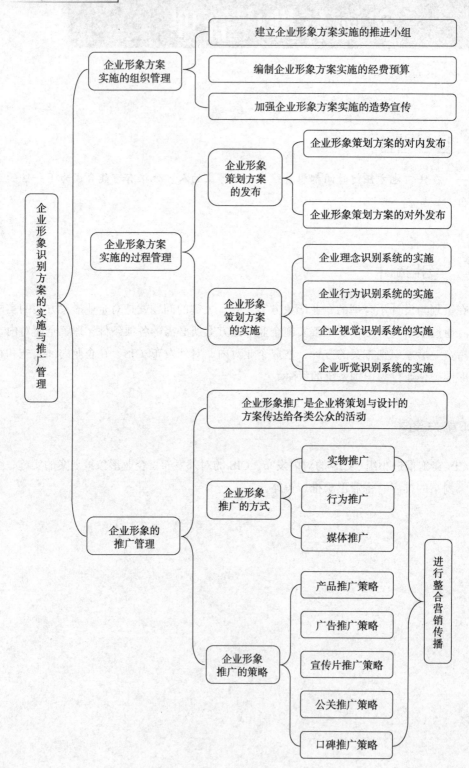

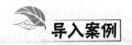
荣南科技：以全新的 VI 塑造国际化形象

上海荣南橡塑科技有限公司（以下简称"荣南科技"）是一家专注于汽车橡塑零部件的中国供应商，为全球客户提供橡塑产品整体解决方案，主产品为整车密封条、天窗密封条、整车密封件、防夹条和双色注塑件。荣南科技目前在中国设有 3 个制造工厂，并在北美和欧洲设有本地服务支持中心。在经营管理过程中，荣南科技严谨运行 IATF 16949 质量管理体系、ISO 14001 环境质量管理体系，致力于以专业的技术、卓越的品质、满意的服务，成为全球一流的汽车零部件制造商和供应商。

2019 年 3 月 15 日，荣南科技正式发布全新企业 VI（企业视觉识别系统）。全新 VI 由"荣南兰、稳重黑"为最新标准色组成，充分演绎了荣南科技不断走向绿色环保新科技的品牌形象。

全新 VI 在色彩和内涵上体现了荣南科技专注汽车科技领域，诠释了荣南科技坚实、浓厚的实业本质，同时又精准地传递出了荣南科技进取之心、环保的大爱之心，不断前行，不断突破创新，荣南科技品牌持续向客户传达友好与协作，务实进取，精益求新，致力于打造专注、专业、可持续发展的全球化企业。

全球视野

中国的汽车工业，在近 100 年国内经济整体蓬勃向上的背景下迅速发展。21 世纪初，荣南科技由 100% 出口公司转型为实业，也由此进入企业飞速发展阶段，荣南科技也逐渐从单一汽车密封条产品生产逐渐转向汽车密封行业多元化技术研发。成为汽车产业平台上的优势企业，一直是荣南科技的愿景，高质量发展、全球视野——荣南科技品牌形象及 VI 应运而生。

高质量发展

"全新 VI 折射制造业高质量发展的新征程。"我们正处于一个竞争尤为激烈的时期，不进则退，而能够为未来的发展持续增加活力与动力的便是高质量发展。全新 VI 的"新"不仅体现在外在形象，形象之下稳定、创新的核心制造技术，才是持续高质量发展的实质。荣南科技的宗旨是"同步开发，同步全球"，全新 VI 系统的发布，体现了荣南科技历经变革而始终不渝的信念，更是荣南科技未来发展战略的又一次新启程。

资料来源：荣南科技发布全新 VI 国际感"荣南兰"拉开高质量发展序幕[EB/OL]. (2019-03-18). http://auto.gasgoo.com/News/2019/03/180928352835I70094229C106.shtml.

第一节　企业形象方案实施的组织管理

在企业导入 CIS 的作业过程中，确定导入阶段的各项准备工作是前提，对企业内外部环境及企业形象的调查研究和评估是基础，企业形象的定位与表现是核心，企业形象的实施与管理是关键。

企业形象实施管理阶段的主要工作是将 CIS 开发设计的一系列成果付诸实践。新的企业理念需要在企业员工内部得到广泛传播，渗透到每一个员工的心田，并贯彻在员工的日常行为之中；新的视觉系统和听觉系统要通过广告、环境营造、文化及公关活动进行对内、对外的广泛宣传，并将这一系列活动管理制度化。如果说 CIS 的导入是 CIS 委员会及其执行人员的任务，那么此后企业形象方案的实施则是需要企业全体员工共同参与的"运动"。

一、建立企业形象方案实施的推进小组

当企业形象策划设计方案完成后，企业形象委员会的职能就由组织策划与设计企业形象方案转向对形象方案的组织实施。因此，在 CIS 的开发设计阶段组成的 CIS 委员会及执行委员会在完成对形象方案的开发设计并编制出完备的 CIS 手册以后，继续保持若干专业设计人员和 CIS 专家已显多余。这时，需要围绕 CIS 的实施与管理这一中心任务对 CIS 委员会及执行委员会进行改组，建立 CIS 实施的推进小组，专门负责企业形象识别方案的实施与维护管理。CIS 的实施与管理主要是企业内部的事情，主要涉及企业高层管理人员、公关、营销等相关职能部门的工作。因而，CIS 推进小组应主要由这些部门的主管和专职人员负责，规模大的企业可以长期聘用一名 CIS 专家对企业 CIS 的实施与管理进行督导。

CIS 推进小组要制订企业形象识别方案实施的作业计划，将提案阶段制定的"CIS 推进日程表"进一步细化、具体化，作为 CIS 实施管理工作的依据。CIS 实施的作业计划应包括作业内容、作业方式、作业程序与时间安排、作业的关键与目标、作业项目的负责人及经费预算等内容。CIS 实施的作业计划制订后，就开始了 CIS 的实施与管理阶段。

二、编制企业形象方案实施的经费预算

从观念上讲，实施企业形象方案所产生的费用不应该当作"开支"，而应该看作对企业形象的"投资"，是一种提升企业形象从而提升企业市场竞争力的投资。为了保证企业形象设计方案的有效实施，企业需要进行合理的预算，在经费上予以保证。

企业形象方案实施预算的内容包括劳动工时报酬、咨询和培训费用、行政办公费、专项资料费、专项器材费、广告宣传费用等。常用的预算方法主要有以下三种。

1. 销售额百分比法

企业按年度销售额或计划销售额的一定百分比提取相应的经费作为年度企业形象实施和维护的预算经费。该方法只能估算出企业年度策划活动的经费总额，适用于进行年度预算。

2. 项目作业综合法

采用项目作业综合法进行预算一般按下列程序进行：首先，确定建设和提升企业形象所要完成的作业项目；其次，列出实施企业形象各项目所需费用的细目和总额，核定单项策划活动预算；最后，将年度内各形象策划项目的预算进行汇总，从而得出年度预算总额。

3. 平均发展速度预算法

运用历史资料计算企业形象经费实际开支的发展速度，然后据其确定计划期实施形象策划活动所需经费的预算数额。

三、加强企业形象方案实施的造势宣传

企业形象方案的实施需要企业全体员工的共同参与和高度投入才能取得预期的效果。一方面，它必须在企业全体员工达成共识、共同努力的情况下才能实现；另一方面，它的实现还必须得到企业外部社会公众的理解、支持和认可。因此，企业在实施企业形象方案时，要进行充分的造势宣传。造势过程是一个宣传与培训相结合的过程。

从企业内部来说，企业一方面可以通过领导的动员报告、部门讨论、企业简报、有关文件、资料汇编、开展"CIS教育月"活动、印发CIS学习资料等方式传播CIS的有关知识，宣传导入CIS塑造企业形象的重要性，从而统一思想认识，让员工充分认识和理解企业形象方案实施的重要意义，从而积极支持、参与并高质量地完成实施企业形象方案所要求的各项工作。另一方面，企业要开展各层次的CIS知识培训班和研讨班。通过培训班请专业策划部门的专家讲授企业导入CIS、塑造企业形象的具体操作过程；通过研讨班进一步理解企业形象策划的意义、程序和方案的内容，从而让员工深刻认识、理解企业形象方案的各项要素，并形成严格践行规范的自觉性，以便更好地配合企业形象策划工作的进行。另外，企业实施CIS方案以后，随着时间的延续，企业形象方案的相关内容会作为企业文化的组成部分沉淀下来，老员工会逐渐习以为常，新员工却会感到陌生。因此，加强企业形象的宣传教育，也是巩固企业形象实施成果的重要措施。企业应有计划地持续开展CIS教育，使企业理念不断内化为员工的信念和追求，使企业行为和视听要素始终保持规范性和一致性，从而使企业形象方案真正"落地"。

从企业外部来说，企业形象方案在实施过程中如果能受到社会各类公众的广泛关注并积极参与，对于提高企业形象方案实施的有效性、达到塑造企业形象的预期目标无疑具有事半功倍的效果。因此，企业要运用广告、公共关系等手段进行宣传造势，要利用新闻媒体发表企业领导关于企业形象方面的文章和讲话、介绍企业业绩和员工中的先进事迹、宣传企业文化和企业精神等，从而形成强大的冲击效果，扩大企业形象方案实施的影响力，使企业形象的相关内容家喻户晓、人人皆知，为企业形象方案的实施营造积极的外部环境。

阅读资料

狮王公司鼓励员工参与CI设计

日本狮王公司的前身是狮王牙膏公司和狮王油脂公司。两家公司合并时，决定导入CIS计划。为使两家公司合并后能齐心协力，公司拟定将"心的一致"和"形的一致"作为企业的目标和理念。那么，怎样将这一目标和理念转化为员工的行为呢？

公司采取了直接鼓励员工参与设计的方式。

首先统一公司报纸，对内公开征求报纸名称，应征作品多达1 300件，并从中选用"鬃毛"一名作为报纸名称。其次是甄选企业精神口号，应征作品有1 670件，采用"配合新生活的狮王"作为新的精神口号。最后是制定公司之歌。由于员工的参与感很强，应征作品多达528件，其中不乏优秀之作。在众多优秀作品中，选定的歌词题目是"在绿狮子的

旗帜下"。

由于员工参与了 CIS 设计，狮王公司在合并过程中导入 CIS 一举取得了成功，实现了"心的一致"和"形的一致"相结合的初衷。

资料来源：李民. 企业形象设计[M]. 南宁：广西美术出版社，2013：65.

第二节　企业形象方案实施的过程管理

企业进行形象开发的目的是使企业内部的员工和企业外部的公众认知与感受企业的新形象和新概念，向社会展示企业独具魅力的新形象。因此，当企业形象方案完成以后，企业需要对内、对外发布企业新形象方案。

一、企业形象策划方案的发布

企业形象策划方案的发布分为对内发布和对外发布两个方面。

（一）企业形象策划方案的对内发布

企业形象策划方案的对内发布就是将企业策划与设计的形象方案系统地对企业内部全体员工进行完整的解释和说明，使他们明确企业形象开发的主旨和计划。由于员工是传播企业形象的重要载体和塑造企业形象的主体，其言行和对企业的态度直接关系到企业形象，因此，在企业形象实施过程中，对内发布一般应早于对外发布，以赢得员工对实施企业形象识别方案的理解和支持，充分发挥员工在形象传播中的积极作用。

1. 确定对内发布 CIS 的方针

企业对内发布 CIS 时，要确定其基本方针，从整体上把握对内发布需要事前确认的事项及其要点，主要包括：确定对内发布的范围，发布的对象和效果，发布效果的测定和调查，确定 CIS 的发布带来的推展效应等。

（1）确定对内发布的范围，主要确定是单独进行 CIS 方案的发布，还是以推进 CIS 为中心，开展其他活动。

（2）确定对内发布的对象和效果，主要是确定 CIS 成果对内发布的受众面，以及通过对内发布以期达到的目的和效果。

（3）确定对内发布效果的测定和调查，主要是对 CIS 方案发布前后员工的思想动态以及心态进行对比分析，并对 CIS 方案所带来的正面效应进行定性、定量的测定。

（4）确定 CIS 方案对内发布的推展效应。企业应借助导入和推展 CIS 方案的动力与惯性，带动和推进企业其他经营管理活动的开展。

2. 确定对内发布 CIS 的内容

对内发布 CIS 方案的目的，就是让员工全面了解企业导入 CIS 的计划，从而使全体员工积极投入导入 CIS 的活动中来。因此，对内发布 CIS 的内容一般包括以下几点。

（1）CIS 导入的意义和原因。通过介绍 CIS 的基本理论、主要作用和企业导入的成功案例，并对企业自身在形象方面存在的问题进行分析，说明企业导入 CIS 的必要性和重要意义。企业形象策划人员应充分注意这部分工作的重要性，要通过组织多种形式的员工讨论会、座谈会，营造企业形象更新的氛围，使大家充分理解企业形象策划的意义、性质及基本理论，并积极、主动参与企业的形象塑造。

（2）企业导入 CIS 的计划。企业形象策划人员应向员工说明导入 CIS 的目的、基本程序、设计开发状况和实施管理计划，动员全体员工主动成为企业形象策划的知情人、企业形象方案实施的积极参与者、企业形象的塑造者，使其意识到其一言一行都在塑造着企业形象。

（3）宣传企业的新理念。企业形象策划人员应向员工详细阐释企业新的理念体系内在的精神实质以及企业选择该理念的原因。

（4）企业视觉要素的说明。企业形象策划人员应对企业标志、标准字和标准色的象征意义进行说明，使员工对其产生认同感。

（5）对企业相关视觉要素的使用方式和规范的说明。

（6）对企业相关听觉要素使用的场合、使用方式和使用规范的说明。

（7）阐释企业行为识别的准则。宣传企业员工对内行为和对外活动所遵守的准则，将企业理念在言行中予以贯彻。

（8）统一对外的 CIS 说法。为员工制作一套企业实施企业形象识别方案情况的规范性手册，使员工对外的传播具有高度的一致性。

3. 确定对内发布 CIS 的媒介

企业对内发布 CIS 方案有多种媒介形式可供选择，主要包括以下几方面。

（1）企业员工手册。说明企业的新理念、新概念、新标志、新行为准则的手册，让员工随身携带并参照执行。

（2）视听教具。利用幻灯片、闭路电视、内部网络等现代化教育工具，对员工进行企业形象识别系统的形象化教育。

（3）内部刊物。对于具有一定规模的企业，可充分利用企业内部已有的报纸和杂志等刊物，有计划地配合 CIS 的实施，刊登相关内容，主要说明企业导入 CIS 的背景、经过、特色，以及新确立的经营理念和新的企业识别，以便在企业内部传播、营造 CIS 的氛围，达到"润物细无声"的效果。

（4）其他媒体。企业可以利用海报、专栏、招贴、展示板、路牌等工具宣传企业的理念、行为准则和视觉识别要素等，还可以通过厂徽、服饰、交通工具、购物袋等载体进行发布。另外，企业定期举办 CIS 专题会议、讲座，以及形象宣传活动，以普及、深化员工的 CIS 意识，强化企业导入 CIS 的氛围。

4. 确定对内发布 CIS 的日程安排

对内发布 CIS 是一个持续不断的过程，而非一劳永逸的行为。从某种意义上说，它是企业经营管理的一部分，有必要将其制度化并确定工作日程安排。如果制定日程表，其中必要的项目有传播内容、传播对象、传播方式、时间安排、负责人等。

（二）企业形象策划方案的对外发布

企业形象策划方案对外发布的目的是要让更多的外部公众认知企业的形象定位和设计

方案，从而产生对企业的好感、认同感和信心，进而支持企业。企业应首先确定对外发布的方针。只有以明确的方针为基础，才能确定明确的对外发布的对象和预期目标，从而采取恰当的方式和手段对外发布。

对外发布的内容可分为总体方面的内容和具体方面的内容两大部分。总体方面的内容包括企业实施企业形象识别方案的动机与目标、基本计划和阶段性成绩等；具体方面的内容包括：企业新理念的内涵和依据，企业的新名称、新标志和色彩的内容及象征意义，企业依据新理念对利益相关者的新承诺，企业的社会公益活动等。

对外发布的对象，重点是企业的各类利益相关者，特别是消费者、经销商、供应商、银行、政府和社区公众等。发布对象直接影响到制定发布策略和选择发布媒介。因此，企业在对外传播之前不仅要列出所有发布的对象，还要对这些对象进行功能检讨和归类，以便针对不同的对象，采取有针对性的发布媒介与发布方式。

一般，企业通过广告、新闻宣传和公关活动等方式进行对外发布。具体的媒体形式包括电视、广播、报纸、杂志、广告牌、新闻发布会或记者招待会、企业公关赞助活动等。随着网络的快速发展，以微博、微信、视频网站、交友网站、点评网站等为代表的社会化媒体在 CIS 的对外发布中发挥着越来越大的作用。企业要针对发布对象的特点有针对性地选择传播媒介。例如，针对广大个体对象应采取广告与新闻宣传的形式，针对社区公众则可以借助公关性的社会公益活动，针对社会机构团体可以邮寄内部通信类报刊，针对销售代理商可以诉诸广告册、宣传招贴等 POP 类宣传方式。

二、企业形象策划方案的实施

企业形象策划方案在企业内部的实施，其目的是让员工充分理解和认同企业所设计的形象，形成一种具有凝聚力的价值观和文化理念，使每一位员工都能从灵魂的深处产生共鸣，并将其实实在在地落实在行动中。

（一）企业理念识别系统的实施

企业理念的确立奠定了企业形象识别系统的核心和灵魂，而准确地实践和弘扬企业理念则是整个 CIS 实施和管理过程中最具决定意义的环节。

1. 企业理念的传递与接受

理念的传递是理念实施的第一步。要使企业理念内化为员工的信念和自觉行为，首先必须让员工知晓企业的理念是什么。

理念传递的方法从总体上来讲为反复法，即通过多角度、多层次、多途径、反复多次的传递，以使企业的理念深入人心，具体包括以下几方面。

（1）重复加强。采用各种视听形式如企业广播、集体朗诵等方式重复强调企业理念，如在企业的大型会议上播放或合唱企业歌曲等。

（2）阐释体会和认识。采取以企业理念为主题的座谈会、演讲会、征文比赛等形式，让员工结合自身的工作岗位阐释其对企业理念的认识和理解，将其化为内在意识，在企业理念方针的指导下，确认自己在企业中的位置与职责。

（3）环境物化。在环境布置中体现企业理念的精神实质，通过标语、壁画乃至厂房、办公室的布置，处处表现企业理念，使其深入人心。如 IBM 的创始人沃森提出了"Think"（思考）箴言，在 IBM 的办公室，一幅幅装潢"Think"的横幅随处可见，它时刻激励着 IBM 的员工积极创新、努力进取。

（4）举办仪式、游戏等活动。企业定期举办由全体员工参加的阐释企业理念的仪式、以弘扬企业理念为主题的文艺演出或体育运动等活动，以寓教于乐的形式强化员工对企业理念的认识和体会。如某公司的员工每天上班前要列队朗诵"为国贡献，团结拼搏，进取敬业，全心服务，文明礼貌"的企业精神，然后再进入当天的工作程序。这种宣传教育方式，强化了员工的凝聚力和意气风发的精神面貌。

（5）树立榜样。榜样的力量是无穷的。在企业内部设立"光荣榜"，树立充分体现企业理念与价值的榜样，通过这些榜样来传播企业理念，能起到示范作用。特别要注意的是，企业领导者以身作则，以自己的实际言行来示范性地传达企业理念，对于企业理念的渗透具有至关重要的作用。

2. 企业理念的解释与理解

进行企业理念的渗透，需要对企业理念进行合理的解释。对企业理念的解释一般要依据企业的使命和战略目标，并采取恰当的方式，使员工对企业理念的理解和企业导入 CIS 的预期相一致。培训法是对理念解释和理解非常有效的方法。日本松下公司的管理学院、美国麦当劳的汉堡大学，都是解释理念、学习理念、理解理念和掌握理念的有效形式。

3. 企业理念的教化与接受

企业理念的教化即是将企业理念的传播作为一种制度固定下来，以实现企业理念的渗透、共有、分享和接受。理念教化的形式多种多样，应该说，凡是制度化、惯例化的企业理念传递、解释、说教、宣传方式，都属于理念教化的方式。这些方式主要包括脱产长期培训、在职长期培训、定期短期培训、定期研讨、每天或每逢重大会议时唱诵、定期学习员工手册、定期出版 CIS 内部刊物、定期推出宣传企业理念的墙报或板报、定期举办以展现企业理念为主题的文体活动、树立践行企业理念的榜样等。

通过以上教化方式，经过长期的潜移默化，企业员工会慢慢地从心底认可和接受企业理念。

4. 企业理念的应用

企业理念应用的方式和过程，实际就是企业行为识别系统的设计和实施过程，是员工在彻底领会和接受企业理念的基础上，将其贯彻于日常的工作之中，用以指导和规范自己的行为，并付诸实施的过程。在员工对理念接受的基础上，通过对理念的分解和细化，提出各个部门的一般员工和管理者应该遵守的规章制度、行为准则和工作作风。理念的贯彻与准则的执行，既体现于企业内部的业务开展和管理之中，也体现于企业对外的各项业务活动和管理之中；既体现于企业日常工作之中，也体现于员工工作之余的生活之中；既体现于人们的行为举止之中，也体现于人们的仪表风貌之中；既体现于一般员工之间，也体现于企业领导者之间。

通过上述环节，企业理念识别系统得到有效的实施，企业的面貌和氛围将呈现出焕然一新的特征：①企业员工队伍的建立和员工良好精神风貌的展示；②企业"质量是企业的生命"观念的确立；③企业增强了全员形象意识，倾力塑造企业形象；④企业提高了办事效率，展示企业风格和特色；⑤企业强化了售前、售中和售后服务，坚持顾客优先的原则；⑥企业领导层务实、高效、廉洁、奉公，富有创新精神；⑦企业内部沟通效果良好，部门之间、员工之间的关系协调和谐；⑧企业鼎新革故，敢于自我超越。

（二）企业行为识别系统的实施

企业行为识别系统的实施是企业理念诉诸行为的方式，是在企业内部依据企业理念所进行的组织、管理、教育培训、沟通等活动。

企业在内部所进行的 BIS 实施活动主要包括：依据企业理念建立和完善企业的组织结构；依据企业理念制定管理制度和工作标准；严格实施与企业理念相一致的日常管理、培训、考核、激励、沟通等活动；依据企业理念制定员工的行为规范等。

员工是将企业形象传递给外界的重要载体。行为准则制定之后，企业要通过各种渠道进行传递、解释和说教，通过说明它的目的、意义和含义，让员工接收、理解和接受，并能在各自的岗位上切实践行。企业应强化对员工的教育，使其认同企业理念和行为识别系统的各项规定，发扬其敬业精神，提升其业务水平，增强企业的内聚力。

要使行为准则得到有效实施，企业必须做好以下几方面：①使准则本身具有可操作性；②建立必要的奖惩制度与之配合；③对员工进行必要的培训，提高其业务技能；④随时进行监督检查，发现问题及时处理；⑤完善企业各方面的工作，为员工贯彻行为准则营造良好的环境；⑥培养典型，发挥先锋模范的示范作用。通过以上措施，企业所有员工能够自觉地执行各种行为准则，按照行为准则要求行事，从而使切实践行行为准则成为一种自然而然的习俗行为。

（三）企业视觉识别系统的实施

企业视觉识别系统的实施主要集中在基本要素和应用要素的应用上。在 CIS 设计手册编写完成后，企业要依照 CIS 设计手册的内容，在实践中贯彻落实。

企业的名称、标志、标准字、标准色、口号等基本要素要贯彻在企业的办公用品、员工制服、交通工具、建筑设施、招牌旗帜、产品包装等应用要素中，通过应用要素体现出来。视觉识别系统的对内和对外传达应统一，突出企业视觉识别系统的规范性和标准性。

（四）企业听觉识别系统的实施

企业听觉识别系统的实施，就是企业依据设计的听觉识别系统的内容和规范，在恰当的时机和场合应用听觉识别系统的相关要素的活动。在企业经营管理活动中，企业的听觉识别要素主要应用于企业的各种仪式、工作环境、广告和企业形象宣传等多个领域。

阅读资料

可尔必思食品公司 CIS 的实施

日本可尔必思食品工业公司创业数十年，前几年业绩一直低迷不振，公司内部弥漫着一股沉滞的气氛。于是公司决定导入 CI，将事业领域定义为"有益身心健康的事业"，企业理念为"本公司一定提供优良的产品和亲切的服务，致力于提升生活文化"，经营方针为"本公司和环绕本公司的关系者将秉持诚意、协调的态度积极地健全经营"；员工的行为准则是"我们都要有自觉本分的责任，以富有创意的功夫和挑战精神为公司的声誉和利益而努力"。

公司要求每一位员工对公司CI的意义和内容必须有深刻的了解，要应用于日常业务中。在发布 CI 之际，公司就对内部提出"使企业理念在工作岗位上再生"的实践主题，同时尊重各工作单位的自主性，让各单位选定合乎本身条件的具体主题，由 CI 推荐委员会协助其完成。为了追求更高品质的内容，每一位员工都士气高昂，决心向高水准挑战，极大地推动了整体的意识革新。公司导入 CI 的第二年，董事长对全体员工提出："全体员工的行动本着相同的企业理念，配合健康、自然向上的时代潮流而努力建设，以发展合乎时代趋向的新企业"，提升了企业形象。

资料来源：周旭. CI 设计[M]. 长沙：湖南大学出版社，2007：53.

第三节 企业形象的推广管理

在企业形象识别方案确定并发布、实施后，企业还必须对外部进行充分有效的形象推广，才能产生巨大的形象效应，发挥它应有的价值。企业形象推广策略就是企业将形象推广到企业外部公众以赢得其认同与支持的一系列方法和手段。企业需要拟订详尽的企业形象识别方案推广计划，精心策划推广策略，使企业形象识别方案尽快得到公众的认可。

一、企业形象推广的内涵

企业通过实施企业形象识别方案构建自己的形象，不是为了自我欣赏，其目的是推向市场、推向社会，使其能够被社会各类公众广泛认同，并在此基础上赢得竞争优势，得到相应的经济收益。因此，企业实施企业形象识别方案是一项投资活动。从市场营销的角度来说，从投资到收益的过程必然离不开形象的推广。企业形象开发的效果如何，最终要通过企业形象识别方案的推广来完成。企业形象识别方案推广的效果如何，则取决于社会公众对企业形象认同和支持的提升程度。因此，企业形象推广就是企业为推广自身的形象而向社会公众所进行的传播活动。

企业形象的推广活动包括以下内涵。

（1）企业形象的推广是企业形象开发与管理的必经阶段，其推广效果直接决定了企业形象开发的效果。

（2）企业形象的推广是针对特定的目标对象进行的。一般来说，企业形象推广的对象就是企业形象的直接或间接感受者，也就是企业各类现实的和潜在的利益相关者。相对于企业而言，也可以将这些利益相关者称为社会公众。

（3）企业形象的推广目的是将企业形象开发的方案传达给企业外部的各类公众。因此，针对各类公众的利益要求和媒体习惯选择合理的推广方式和策略，对于企业形象的塑造和提升具有至关重要的作用。

（4）心理学研究表明，人类获取信息的83%来自视觉。企业视觉要素具有直观、形象生动、富有感染力的特点。因此，要特别重视企业视觉要素的传达在企业形象推广中的重要作用。

（5）企业形象整体性的特点，要求进行企业形象的推广必须具有系统性、持续性和全面性，充分发挥企业的产品、员工、环境等各个形象要素在形象推广中的重要作用。系统性应该从推广活动及其过程中体现出来，科学组织，精心策划，推广有序。持续性体现在推广活动的连贯和过程的发展中，各项推广活动应当疏密得当，安排环环相扣，新意迭出。全面性体现在推广范围和过程的影响上。就范围而言，不仅要面向企业现实的利益相关者进行推广，也要依据企业的战略规划，考虑到企业未来的、潜在的利益相关者。就推广过程而言，推广过程可以有长有短，或简单或复杂，但要以影响的最大化为目标，设计过程时要考虑如何获得最佳的直接效果和良好的口碑效应所产生的间接效果。

二、企业形象推广的方式及选择原则

企业形象推广的实质是将企业的相关形象信息传达给公众，并使公众理解和接受。因此，企业形象推广的方式就是企业传达形象信息的方式。

（一）企业形象推广的方式

总体而言，企业可以采取的形象推广方式包括以下几种。

1. 实物推广

企业形象的实物推广是企业以产品、办公用品、建筑设施、服装服饰、交通工具等实物为主要信息传递载体所进行的形象推广方式。产品是企业导入 CIS 的主要基础，产品的质量、功能、款式和包装等对于企业形象的推广具有决定性作用；企业的办公用品、员工制服、交通工具等应用要素具有广泛的渗透性和传达性，对于企业形象的推广具有重要作用。

2. 行为推广

说得好重要，做得好更重要。企业的生产经营行为、管理行为、服务行为、公益行为，以及各类员工的行为，是企业形象体系表达与推广的重要手段。企业及企业员工的行为既是决定企业的市场地位和经营业绩的基本因素，更是展现企业实力和竞争力、体现企业经营风格的直接载体。

3. 媒体推广

企业形象的媒体推广是指企业以各种广告和公关活动，利用大众传播媒介进行形象推广的方式。这是传达企业形象最广泛、最快捷的形式。但这种方式必须与实物推广和行为推广方式有机结合才具有充分的说服力。如果企业通过大众传播媒介传递的广告、公关等信息与公众对企业的产品、行为所感受到的信息严重不一致，就会对企业形象产生负面效果。

（二）选择企业形象推广方式的原则

一般来说，企业可以依据以下原则合理地选择企业形象推广的方式。

1. 企业形象策划的目标

形象策划的推广可以采取多种媒介和方式，不同的媒介和方式具有不同的功能效果。选择推广方式首先要考虑企业形象策划的具体目标和要求。如果是提高企业知名度，则要利用广告等大众传播媒介进行推广；如果要提高企业的美誉度，则必须从改革企业的组织结构和流程、完善企业制度、革新企业文化、完善产品质量和服务水平入手；如果要提高员工的凝聚力和归属感，则可采取座谈会、对话会等方式进行。

2. 形象推广的对象

不同的公众对象，具有不同的经济条件、受教育水平、职业习惯、生活方式和接受信息的习惯等，因而适应于不同的传播媒介和传播方式。如针对文化水平较高的白领、金领人士宜采用专业的报纸、杂志进行推广；对文化水平较低的公众则宜采用广播、电视等媒体进行推广。随着网络，特别是移动互联网的快速发展，网络则成为一个具有广泛适应性的推广媒体。

3. 形象推广的内容

内容决定形式。因此，要依据信息内容的特点和传播媒介的特点进行最佳的匹配。感性的、简单的印象性的信息宜采用视听媒体，而理性的、需要反复思考才能弄清楚的信息则宜采用印刷类媒体。

4. 形象推广的预算

形象策划活动的经费一般都比较有限，成功的形象策划应该在最经济的条件下采取最有效的推广方式追求最大的影响力。因此，在选择推广方式和媒介时要量力而行，注重经济效益。

三、企业形象推广的策略

（一）企业形象的产品推广策略

产品是企业形象的最基本要素。在企业的形象推广过程中，要有效地发挥产品在形象推广中的重要作用。

1. 切实树立依据产品整体概念开发产品的意识

产品是一个复合的概念。在现代经济中，对产品概念的理解绝不能停留在具体的用途和形状上，而必须从最大限度地使产品满足顾客的需要上去把握。顾客的需要是多方面的和复杂的，包括物质的、精神的、生理的和心理的，等等，顾客寻求的是全方位的满足。而且随着社会的发展，消费者收入越多、文化层次越高，这种复杂性和多层次性的程度就越高。因此，要从核心产品、形式产品、延伸产品、期望产品和潜在产品这五个层次上设计和开发产品，全方位地提高顾客的满意度。而满意的顾客正是企业最好的广告，他们会以口碑的形式将其美好的消费体验在其各种圈子中进行分享，从而提高企业的知名度和美誉度。

2. 将持续提高产品质量放在战略地位

在市场经济中，产品质量已经成为企业生存和发展的决定性因素，也是决定企业形象的关键因素。产品质量既是产品赖以生存的物化指标，又标志着产品满足社会对使用品质需要的程度。只有将精良的产品质量与先进性统一起来，才能赋予产品以旺盛的生命力，从而为企业形象的推广奠定坚实的基础。

3. 赋予产品以独特性

产品质量是同类产品在共有的性能和功能水平上的高低，而产品特色则是其共性之外的个性。产品特色能使其与竞争产品有效区别、卓尔不群，满足消费者差异化的需要，从而有效地推动企业形象的传播。企业必须建立完善的市场学习机制，在对消费者深入洞察的基础上，准确掌握消费者的需要及其愿意为产品的每一种独特属性支付的价格，在成本与效用的平衡中确定产品特色的方向和内容，并使产品特色随消费者需要的变化而不断创新。

企业赋予产品独特性的途径包括以下几种。

第一，弥补竞争对手产品的缺陷。企业可以通过市场调研，将顾客关注度高而竞争对手又没有提供的产品属性作为产品特色化的核心。如苹果公司的 iPhone 手机在智能手机市场上可谓一枝独秀，依靠产品优异的性能雄霸市场。三星公司抓住 iPhone 手机屏幕小的软肋，推出了 Galaxy（银河）系列大屏幕产品与之抗衡取得了成功。

第二，创造特色化的产品价值链。与弥补竞争对手产品的缺陷不同，产品价值链特色化是通过增加本产品的附加值来赢得竞争优势的方法，即在产品价值链的上、中、下游各环节上寻找增加产品附加值的元素，主要有三个方向：①产品系列化。通过增加产品的内涵或外延的辅助性产品来增加产品的附加值，如吉列剃须刀延伸出来的剃须啫喱、剃须水、刀架等。②产品专业化。集中生产一种产品，并向各类顾客销售该产品。这样能使企业较容易地在该产品领域建立很高的声誉，树立形象。如德芙公司围绕巧克力进行口味多样化、包装风格化的各种产品升级，有力地塑造了在巧克力市场中第一品牌的地位。③产品原料或工艺的独特化。产品原料或工艺的独特化是通过对原料、关键辅材、添加物或工艺的垄断，实现产品原料的差异化，如依云矿泉水突出其阿尔卑斯山的水源，特仑苏牛奶诉求"不是所有的牛奶都叫特仑苏"的关键就是牧场水草鲜美的环境下的优质奶源，阳澄湖清澈如镜的水质形成的生长环境使阳澄湖大闸蟹成为大闸蟹的标杆，独特的"5S 压榨工艺"成就了鲁花牌花生油在食用油市场的龙头地位等。产品原料或工艺的独特化通常是依靠稀缺甚至垄断性资源作为提升产品附加价值的主要元素，这对于建立产品的长久价值、塑造独特的企业形象是非常有效的途径。

第三，塑造特色化的品牌形象。特色化的品牌形象是通过品牌元素的塑造带来的产品特色化，主要有两个方面：一是品牌元素的独特设计。通过对产品的名称、字体、色彩、图案、声音、造型、包装等元素的创造性设计与组合塑造产品的独特性，如可口可乐经典的曲线瓶设计、农夫山泉的长白山四季瓶等。二是提炼并传播品牌独特的核心价值，就是赋予品牌独特的内涵，为产品进行个性化背书，如金地集团的"创造生活新空间"、腾讯公司的"科技向善"、吉利公司的"让世界充满吉利"等，这些独特的品牌口号有效地传递了品牌的核心价值，成为产品差异化的终极归宿。

第四，提供特色化的服务。服务特色化是企业在服务内容、服务渠道和服务形象等方面采取有别于竞争对手的做法以突出优势的策略。如将标准产品进行个性化定制；建立客户档案，并及时分析解决客户对产品质量的质疑和投诉；等等。

阅读资料

海信：以智慧产品为底色打造行业领先的企业形象

"技术立企，稳健经营"一直是海信集团有限公司（以下简称"海信"）最鲜明的底色。技术代表未来，而创新是最大的产品力。51年来，技术是海信最坚实的护城河。

海信董事长周厚健曾表示，"自主创新当前看是一碗饭，长远看就是一条命"。长期以来，海信持续创新，不断实现自我更新迭代，"硬核产品"层出不穷，始终保持技术领先、持续领跑的姿态。

芯片是国家的"工业粮食"。海信是国内率先涉足芯片研发的彩电厂商。对于一个公认投资规模大、风险高且回报周期长的"烧钱"行业，20年来，海信坚持"创芯"。

中国制造业什么时候掌握了核心技术，什么时候就真正将挑战变成了机遇。周厚健曾在公司内部邮件中强调，没有自己的芯片将永远是二流厂家，更无法定义自己的原生产品，一定要站在生死存亡的角度来看待芯片的开发与使用。

2000年，海信进入芯片研发领域，从零开始，忍受了四年多只有投入、没有成果的寂寞。2005年6月，海信研发成功中国第一颗拥有自主知识产权并产业化的数字视频处理芯片——信芯，结束了我国年产7 000万台彩电却无"中国芯"的历史。

海信有两块集成电路相关的产业：一是在光通信芯片领域，具备完整的芯片垂直整合制造能力，其产品应用在海信宽带公司的光模块产品上，是全球领先的光通信模块供应商；二是电视整机使用的显示处理相关芯片。

海信在芯片研发上持续投入，不断推出新的产品。比如，从高清到全高清，再到超高清显示，形成了完整的全系列芯片产品。2015年发布了Hi-View Pro超高清画质引擎芯片，2018年迭代推出"信芯"H3画质处理芯片。2020年，海信第4代画质芯片回片，并成功点亮叠屏电视。经过对芯片功能、性能的充分验证，下一步将进入批量生产阶段。

从2019年12月2日"海信电器"发布公告拟更名"海信视像"算起，更名至今（2020年8月）已8个月。海信视像除了做好以电视为代表的家庭显示，还尝试跳出"电视"圈，布局游戏显示、教育显示、办公显示、医疗显示、智能交通显示等多领域，以视觉图像处理、传输、播控技术为核心，创造"屏幕无处不在、连接无处不在、服务无处不在"的显示世界。

海信推动"一芯两硬"的制造板块向高端跨越。"一芯"，指芯片板块。海信既有光芯片与光模块产业，也有电芯片产业，且都是行业领先。根据规划，海信芯片产业板块3年后产值将突破百亿，2025年实现163亿元的目标。"两硬"，即To C和To B两种智能硬件。利用业已形成的产业基础，海信2025年"一芯两硬"要实现收入2 127亿元。目前，"两硬"领域，海信已经锁定了13个高技术项目。

早在5年前，周厚健就在行业内首次提出，打造从家庭到社区到城市的全场景智慧新生活。各项布局也早已相继开展起来。

近年来，海信以人工智能作为引领家庭、社区和城市发展的新动能，研发和建设了应用导向型智慧城市系统，并打造出智慧城市三平台，即"慧享家""信我家""智通城"，首创了从家庭到社区到城市的全场景智慧生活，形成包含芯片、智能硬件、云脑技术、运营平台、轨道智能、医学影像在内的六大硬核科技。

场景从"局部改造商业"逐渐演化为"完整接管生活"。为促进智慧城市产业生态在青岛加速形成、智慧城市产品和解决方案加速成熟，海信提出了一个极为大胆的设想，要将青岛建设成全球首个从家庭到社区到城市的全场景智慧新生活之城。

智慧生活和智慧城市，离不开硬件支撑。场景是整合所有技术、方案、软硬件的最终载体。目前，海信正着眼创新生态体系的建设，规划在青岛火车北站附近，打造海信慧湾新基建产业创新基地，为智慧城市产业发展提供有力支撑。该基地面积达 1 200 亩（1 亩≈666.67 平方米），建筑规模达到 150 万平方米，建设总投资 150 亿元，预计 5～7 年建成，建成后引进企业 500 家。

据研究机构预测，到 2023 年，仅中国智慧新生活市场规模就将超过 2 万亿元，全球市场更为广阔。海信在全球拥有 18 个研发中心，7 000 多人的研发队伍，手握 2 万多件相关专利，主持参与国际和国家标准近 200 项，积极布局新基建，在"智慧"蓝海中成为先行者。

资料来源：庞丽静. 海信的"力道" [N]. 经济观察报，2020-08-25.

（二）企业形象的广告推广策略

现代社会，广告是传递企业信息的主要手段，其任务在于有效地利用大众传播媒介向社会公众传播企业及其产品的信息，强化企业与社会公众之间的沟通关系。企业形象的广告策略即通过广告传播企业形象的策略。企业形象广告的重点在于突出企业的标识，展示企业的使命、实力和社会责任感等非产品因素，突出企业的个性和追求，全面展现企业形象的内涵和实质，强调和社会公众进行深层次的交流，以产生情感的共鸣。

1. 企业形象广告策略的类型

企业形象推广的广告策略多种多样，大致有以下几种类型。

（1）企业实力广告。企业实力广告是用广告的形式展示企业的生产经营、技术、人才、规模、销量、利润、成就等整体性实力的广告，主要目的在于使公众通过对企业实力的认知，增强对企业及其产品的信心。

（2）企业观念广告。企业观念广告是用广告向社会传达企业的经营宗旨、管理哲学、价值观念和企业精神的广告。观念广告通过诉求和渲染企业的价值观念，对内能产生自豪感和凝聚力，对外能产生影响力和号召力，提高公众对企业的认同感。

（3）企业公益广告。公益广告最早出现在 20 世纪 40 年代初的美国，亦称公共服务广告、公德广告，是表明企业对社会公共事务和公益事业的提倡、关心和参与，为公众服务的非营利性广告。企业公益广告的主题取材于老百姓日常生活中的酸甜苦辣和喜怒哀乐，或以广告的形式响应社会生活中某一重大主题、政府号召、公众呼吁等，以求得社会各界的理解与支持；或以企业的名义率先发起某种运动或提倡某种有益的观念，表明企业积极参与社会生活的态度；或以广告的形式表明企业对社会存在的某种问题的看法等，其主题内容存在深厚的社会基础，并运用创意独特、内涵深刻的艺术手段，鲜明的立场及健康的方法来诱导社会公众。公益广告的诉求对象也是最广泛的，它是面向全体社会公众的一种信息传播方式。如在提倡戒烟、戒毒的公益广告中，直观看仅仅是针对吸烟、吸毒者，但烟、毒的危害也已伤及环境中的其他人及其后代，因此，它是社会性的，是整个人类的。所以，公益广告针对的基本是社会生活和发展中的问题，拥有最广泛的受众，更容易引起公众的共鸣，深入人心。企业做这样的广告更容易得到社会公众的认可，是树立企业形象的重要手段。

（4）企业招聘广告。企业招聘广告是企业用来公布招聘信息的广告。一份优秀的招聘广告要向求职者充分展示企业的魅力以实现对人才的吸引，因而能够为求职者提供一个认知企业的机会。

（5）企业事件广告。企业事件广告是企业向社会大众传递企业发生的变化或将企业发生的危机事件向大众传媒进行说明的广告。

（6）企业庆典广告。企业庆典广告是企业发布的配合企业开业、周年纪念、工程竣工、产品下线等向社会公众表示谢意的广告。

（7）企业祝贺广告。企业祝贺广告是企业向其他组织的成立、周年纪念或其他重大事件表示祝贺的广告。

（8）企业活动广告。企业活动广告是企业通过举办各种活动，如举办展览会、讲座，举行会议、纪念活动、赞助活动、体育比赛、文艺娱乐活动等，以提高企业或产品的知名度和信誉度的广告。

（9）企业征求广告。企业征求广告是通过征求方式吸引社会公众的注意力，增加其对企业的兴趣，借以提高公众对企业的记忆与熟悉程度的广告，如征求企业的名称、标志、口号、建议、答案等。

（10）企业致歉广告。企业致歉广告是企业以真诚的态度对自己的过错或失误向公众道歉，以取得公众谅解、挽回形象危机的广告。该广告形式有利于展示本企业敢于承担社会责任和有错必改的态度与信誉的形象。

2. 企业形象广告的设计策略

广告设计策略是使广告作品产生预期的效果所采取的方法和手段，是企业广告宣传成功的关键，是实现广告目标的重要保证。企业形象广告的设计必须十分重视设计策略的应用，加强信息的传达力、促销力和竞争力，以提高公众对企业的认知度和好感度。

企业广告的设计策略很多，但总起来说就是要根据广告内容、市场需求的变化、传播对象的差异和广告主题的不同采用不同的设计策略。

（1）依据广告目标选择广告设计策略。广告目标是广告在特定时期和范围内要达到的目的。企业形象广告可以有多种目标，如宣传企业的价值主张、传达企业的 CIS 计划，或是促销企业的产品、推广企业的品牌等。广告的目标不同，其传递的信息内容就不同。为了实现预定的广告目标，就要采取与目标相应的设计策略，根据具体的广告目标确定相应的广告主题和创意表现，以便获得良好的广告传达效果。如日本航空公司的企业形象广告，为了传达和蔼可亲的服务形象，设计者采用了 6 张日本人人皆知的喜剧演员的笑脸向乘客表示欢迎之意，使消费者感到愉悦舒心，似乎在告诉旅客从空中到地面为其服务的人员都是他们最喜欢的人。

（2）依据不同的推广阶段选择广告诉求的重点。企业形象战略是一项长期的包含若干阶段的系统工程，各个阶段都有相应的目标和计划。因此，企业形象广告要依据形象的阶段性计划采取与其相应的广告策略，以配合企业 CIS 工程的推进。在 CIS 计划的准备阶段，广告应重点向企业内部员工和外部公众宣传 CIS 的理论与功能作用，为企业实施形象识别方案营造良好的环境；在 CIS 的策划、设计阶段，广告应宣传、解释企业实施 CIS 的目的和意义，使企业员工和相关公众加入为企业出谋划策的行列中；在 CIS 的总体规划完成以后正式向社会公众、企业员工发布的时候，企业的广告应努力造成一种声势，渲染气氛，大力宣传企业的理念体系和未来的 CIS 目标，多种宣传媒体、多种方式集中地展开宣传，以取得广泛的社会影响，以后应有计划地将企业 CIS 推进的成果反馈给社会公众。

（3）依据推广对象选择不同的广告传播方式。广告的设计都是针对特定的传播对象的。根据广告受众的年龄、性别、职业、文化、地位等不同的特点，采用不同的方式和语言才能达到有的放矢的效果。如针对年轻人的广告就必须采用活泼、新奇、刺激的风格以符合年轻人的心理和生活方式。

（4）依据广告主题选择广告策略。企业广告包括形象广告和商品广告。形象广告的目的在于提高企业的知名度和美誉度，商品广告的目的则在于促进商品的销售。广告目的不同，因而广告主题和广告表现的角度与手段各不相同。企业形象广告大多采用感情诉求的方式，而商品广告则根据产品的特点、广告传播的对象、不同时期的竞争状态的不同，有时采用感情诉求方式以情动人，有时则采用理性诉求的方式以理服人，说服消费者改变态度，进而促使消费者进行购买。

（5）依据媒体的特点选择广告策略。广告媒体是用来进行广告活动的物质技术手段，是沟通广告主和目标受众的中介。企业形象广告要以最经济的传播取得最理想的效果，就必须依据各种媒体的特点和优势，进行有计划的选择和组合，设计与媒体属性相一致的广告创意和广告表现策略，进行整合营销传播。

阅读资料

企业形象广告的 10 大功能

美国《商业周刊》在 1979 年归纳了企业广告的 99 种功能，这 99 种功能可以简要地概括为 10 大类：

（1）树立公司同一性的认识；

（2）加深对公司业务的理解；

（3）克服对公司的恶劣态度；

（4）阐明公司的政策和哲学；

（5）表明成就；

（6）加深投资者对公司的印象；

（7）拥护对公司有利的社会变革；

（8）确保对有用的立法的支持；

（9）向雇员灌输公司团结的观念；

（10）帮助招收新的成员。

资料来源：马玉涛. 企业形象识别（CIS）与广告经营[M]. 北京：中国广播电视出版社，1996：260.

（三）企业形象的宣传片推广策略

在企业形象的推广过程中，有效地发挥企业形象宣传片的作用具有非常重要的意义。

1. 企业形象宣传片的优势

企业形象宣传片是用制作电视、电影的表现手法，对企业内部的各个层面进行有重点、有针对、有秩序的策划、拍摄，将企业视频、文字、图像、动画、音乐、音效等资源进行高效整合，以图文并茂、影音互动的形式表现出来，以彰显企业独特的风格面貌和实力，让社会公众对企业产生正面、良好的印象，从而建立起对企业及其产品的好感和信任度的一种综合性的推广方式。

企业形象宣传片如同一张企业名片。一部好的企业形象宣传片，能以精彩的创意、大容量的信息、意蕴深厚的文字、入情入理的解说、震撼人心的视听冲击向公众展示企业实力、社会责任感和使命感，让受众在较短的时间内形成对企业的整体认知，感受企业的独特性和优势。一部优秀的企业形象宣传片，不仅是企业形象的完美展现，更是企业文化的良好升华与积淀，可以实现企业良好的自我推销和展示实力的目的。它不仅能够提升企业品牌形象，更能在短时间内让受众了解企业文化和企业的良好发展，使受众对企业及其产品产生信赖感和共鸣，从而形成对企业的美好印象，因而已成为企业全面展示自身实力、拓展业务的重要手段。

阅读资料

武汉城市形象片：《WH 天际线》

2019 年 9 月底，武汉城市献礼新片《WH 天际线》重磅发布。影片在"龟蛇静，起宏图"雄伟气势下，展现了从盘龙城遗址博物馆到光谷 188 社区、从青和居到东沙连通工程等一座座城市地标、一个个文化符号构成的城市最美的天际线。深情而郑重地讲述着天际线下这座城市的面貌、历史、经济、文化……将这些由钢筋、水泥、玻璃等坚硬建材构筑的城市地标中饱含的柔软细腻的人文情怀娓娓道来。

除大气磅礴的拍摄风格之外，片中解说词佳句频出，个性的表达使这部城市形象片充满了"网红剧"的时尚元素：

盘龙城遗址博物馆又是最矮的……犹如横卧在地平线上，她的低矮显出某种遥远的崇高，让前往参观的人有了一种对历史的敬畏。

武汉市民之家。这个庞然耸立的红色建筑……她还拥有了一个最嗨的中庭……你定然会对这个让市民少跑路的"家"有了发自心底的认同。

从低矮、狭窄、拥挤的棚户搬进宜居高楼……"青和居"这三个字，让他们真切地品出了同在阳光下的平民的尊严。

东湖绿道还配置了道路"13＋1"，即13条隐形的动物通道，使不受人类干扰的"原住民"小动物们，有了穿林涉草的真正绿色通道，可以骄傲地宣称，"走自己的路！"

《WH天际线》用"WH"来表达武汉是一座国际化、年轻化、现代化的大都市。并以大约10分钟的短片结构，顺应网络时代的传播需求，吸引各个年龄段受众的关注，并从中感受到武汉城市建设者们七十年来艰苦卓绝的爱国主义情怀。

该片由法国SIPA图片社、新华社、美国国家地理签约摄影师武汉虎客影像文化传播有限公司的拍摄团队历时两个月创作完成。选用BBC译制片中文御用播音刘琮配音。

新中国成立70周年大典之际，作为出品方的武汉地产集团表示，用这部深情的影片讴歌伟大时代，献礼祖国华诞，是武汉地产人的心意和荣耀！

资料来源：https://www.sohu.com/a/343892741_99933681.

2. 企业形象宣传片的类型

在企业形象推广中使用的企业形象片主要有以下几种类型。

（1）企业综合形象宣传片。这类宣传片重点在展示企业综合实力，提升企业形象。它可以是以叙述为主的短片，详细描述企业的历史、文化、产品、市场、人才、愿景，也可以是以形象为主的短片，通过一些象征性的事物，反映企业的整体形象。

（2）企业产品推广宣传片、电视直销片。这类宣传片针对客户人群，用生动、可信的形式对产品特殊功能和用途进行富有吸引力的宣传，可在电视台、卖场、展销会播放，亦可由销售人员向客户推荐产品时进行辅助播放，降低讲解难度。

（3）企业纪念日或周年庆典的历史回顾片。它在企业周年庆典或纪念日上播放，回顾企业发展历程、总结企业管理的成败得失，展望未来，提出发展目标，以增加企业员工的荣誉感，激励员工的士气。

（4）企业产品使用说明片。它起到产品说明书的作用，详细演示产品的结构功能、应用范围、使用方法、注意事项、保养措施、客服方式等，适用于在产品售出后附带赠送。它比说明书更易理解，学习产品功能更方便，且能提高企业形象。

（5）企业会议纪录片。它记录企业会议的相关内容，并对会议主题进行归纳和整理，形成专题报道。它可作为公司内部资料保存，亦可在适当的时间和场合播放供相关领导、来访嘉宾观看。

（6）企业上市路演宣传片。在企业上市路演时使用的形象宣传片，用翔实的数据和镜头对企业进行综合介绍，展示企业发展的美好前景，清晰生动地向投资者展示企业的投资价值。

（7）房产楼盘销售宣传片。房地产企业通过实拍、三维动画等表现形式，配合优美的文字、抒情的音乐、少量恰当的解说词，从地理位置、周边环境、建筑格局、配套设施、人文风格等方面多角度、全方位地展示楼盘特点与优势，让人产生向往，进而刺激购买欲望，达到促进楼盘销售目的的宣传片，主要用于房展会、售楼处等场所的播放与赠送及网络传播。

3. 充分发挥企业形象宣传片在形象推广中的作用

发挥企业形象宣传片的作用，特别要做好以下几方面的工作。

（1）制作充分展现企业特色的企业形象宣传片是前提。企业形象宣传片不是单纯的广告动画形式，它要以企业文化为核心，能从企业的价值取向、思维方式、核心优势、愿景发展、生产能力、质量保证体系等多方面进行深度的挖掘、整理、提炼，并赋予其独特的文化内涵；能把企业的发展战略、管理水平、文化模式、营销特色及一系列的数字和概念变成激情奔涌的歌唱和雅致优美的诗；要具有高尚的人格情操和审美情趣，具有雄厚的思辨色彩、说服能力和思想的塑造力，具有刻骨铭心、发人深省的精神震撼力，具有引人向上、催人泪下的道德情感力量；要能动用流动优美的镜头画面和技术手段、富有感染力的画外音、富有表现力的音乐，把所有的音像语言因素融合成一个有机整体，从而激动观众、感动观众、震撼观众。

（2）多渠道投放企业形象宣传片是保证。只有多渠道投放企业形象宣传片，创造广泛、密集的受众与企业形象宣传片的接触点，才能有效地发挥企业形象宣传片在企业形象推广中的作用。

企业形象宣传片的投放途径有很多，主要有：①网络投放。今日头条、微信、优酷、搜狐视频、酷6等网站是企业形象宣传片投放的有效平台。②电视媒体投放。可以选择合适的电视台及其频道、时段、栏目播放，也可以与相关栏目联办节目。③楼宇媒体投放。楼宇电梯中的电视媒体一般是循环播放，受众乘坐电梯的时间也是"无聊时间"，能实现极好的传播效果。④商场媒体投放。商场中的购物者来来往往、络绎不绝，在商场中设置电视进行传播，具有广泛的接触效果。⑤巴士媒体投放。利用公交车、巴士、火车站及火车车厢内的电视媒体进行传播，受众天南地北、五湖四海，传播效果广泛有效。⑥展会媒体投放。利用展场的大型显示屏、电视等媒体进行现场播放，能广泛吸引参展者的眼球，有效地传递企业信息。

（3）全方位地发挥企业形象宣传片的推广作用。企业形象宣传片不是单纯的某个产品的介绍，而是整个企业综合实力的特色展示。因此，在企业形象宣传片完成之后，还要全方位地发挥其作用，将其作用最大化。要在企业形象推广、招商、人才招聘、终端促销、产品推介会、新闻发布会等场合全方位利用企业形象宣传片，做到"一片多用"；也可以分发、邮寄给企业的客户或者有意合作的潜在客户，让客户在深入了解企业或者产品的基础上增加对本企业的认知度和信任度，从而为下一步合作打下良好的基础；还可以作为企业档案长期保存，为继任者和想了解企业历史的人提供了一份不可多得的文献资料。

（四）企业形象的公关推广策略

公共关系作为企业通过与公众沟通塑造形象的艺术，在企业形象的推广活动中扮演着至关重要的角色。在企业公关活动中，一定的公共关系目标和任务以及由此所决定的若干技巧和方法构成了公共关系活动的模式。公关活动的模式包括目标、任务、方法技巧和功能四方面的内容。企业形象的推广活动要恰当地运用公共关系模式，充分发挥企业公共关系活动的作用，以便产生良好的公共关系效应。

企业进行形象推广的公共关系模式主要有以下几种。

1. 建设型企业形象推广

建设型企业形象推广是在企业刚刚创立时期或新产品、新服务首次推向市场时期，为迅速打开局面而进行的企业形象推广模式。其目的在于激发公众对企业及产品的浓厚兴趣，提升美誉度，形成良好的第一印象。建设型形象推广可采用的方法很多，包括开业广告、开业庆典、新产品试销、新服务介绍、新产品发布会、免费试用、免费品尝、免费招待参观、开业折价酬宾、赠送宣传品、主动参加社区活动等。

2. 维系型企业形象推广

维系型企业形象推广是企业在稳定发展时期，为巩固其良好的形象所进行的活动模式。其目的是通过持续的形象推广活动，巩固、维持与公众的良好关系，使公众在潜移默化中对企业产生良好的印象，并使这一良好印象始终保留在公众的记忆中。其做法是通过各种渠道和方式持续不断地向社会公众传递企业的各种信息，"润物细无声"，使公众在不知不觉中成为企业的顺意公众。

维系型企业形象推广有两个特点：其一，把企业的各种信息和态度传递给公众，使企业的形象始终保留在公众心目中；其二，通过持续不断的沟通，建立与公众之间稳定、长期的联系。

维系型企业形象推广是针对公众心理特征设计的，可分为"硬维系"和"软维系"两种方式。

"硬维系"是维系目的明确，企业和公众双方都能理解对方意图的维系活动，其特点是通过优惠服务和感情联络来维系与公众的关系，一般用于已经建立购买关系或业务往来的组织和个人。硬维系的具体方式灵活多样，可利用各种传媒进行一般的宣传，如实行会员制、提供累计消费折扣、向常年客户赠送小礼物、邀请用户联谊、经常派发企业小型纪念品或礼品等。航空公司规定旅客乘坐公司航班达到一定次数或里程可以免费乘坐一次，目的就是和旅客建立较长期的联系。

"软维系"是活动目的虽然明确，但表现形式却比较超脱、隐蔽的企业形象推广活动，带有战略性眼光，其目的是在不知不觉中让公众不忘记企业。一般是对广泛的公众开展的形象推广活动，其具体做法灵活多样，但以低姿态宣传为主，如定期刊发企业有关情况的新闻、播出广告、提供企业的新闻图片、散发印有企业名称的购物袋等。其目的在于保持一定的媒体曝光率，使公众在不知不觉中了解企业的情况，加深对企业的印象。

3. 防御型企业形象推广

防御型企业形象推广是企业为防止自身的公共关系失调、形象受损而采取的一种企业形象推广方式。预防的目的是在企业与公众之间出现摩擦苗头的时候，及时调整企业的政策和行为，消除摩擦苗头，始终将与公众的关系控制在期望的轨道上。

防御型企业形象推广的特点在于预防与引导相结合。从预防的角度讲，企业要居安思危，确切地了解自身的形象状况，敏锐地发现其失调的征兆，针对失调及时采取对策，消除隐患；从引导的角度讲，在公众对企业产生某些误解或错觉而使企业形象将要受损时，要及时有效地做好引导、沟通工作，促使其向有利的方向转化。如美国电报电话公司为了不断完善企业形象，第一个将电报电话的接线员全部改为年轻女性，旨在充分发挥年轻女性在性别和年龄上的优势，以完善服务形象，防患于未然。此举至今仍为各企业所效仿。

4. 矫正型企业形象推广

矫正型企业形象推广是企业在遇到问题与危机、公共关系严重失调、企业形象受到损害时，为了扭转公众对企业的不良印象或已经出现的不利局面而开展的企业形象推广活动。其目的是通过及时有效的措施，对严重受损的企业形象及时纠偏、矫正，挽回不良影响，转危为安，重新树立企业的良好形象。其特点是"及时"：及时发现问题，及时纠正问题，及时改善不良形象。通常的处理方法为：查明原因、澄清事实，知错就改，恢复信任，重塑形象。

5. 进攻型企业形象推广

进攻型企业形象推广是企业采取主动出击的方式来树立和维护良好形象的企业形象推广模式，其特点是企业通过自身的努力改变环境，使环境适应自己。当企业需要拓展业务，或其预定目标与所处环境发生冲突时，主动发起公关攻势，以攻为守，及时调整决策和行为，积极地去改善环境，以减少或消除冲突的因素，并保证预定目标的实现，从而树立和维护良好的形象。这种模式，适用于企业与外部环境的矛盾冲突已成为现实，而实际条件有利于企业的时候。其特点是抓住一切有利时机，利用一切可利用的条件、手段，以主动进攻的姿态来开展企业形象推广活动。

6. 宣传型企业形象推广

宣传型企业形象推广是运用大众传播媒介和内部沟通方法传播企业的有关信息，树立良好形象的企业形象推广模式，具有主导性强、时效性强、传播面广、传播迅速的特点。其目的是利用各种传播媒介和交流方式，进行内外传播，让各类公众充分了解企业、支持企业，从而形成有利于企业发展的社会舆论，使企业获得更多的支持者和合作者，达到促进企业发展的目的。

根据宣传对象的不同，宣传型企业形象推广可分为向内部公众宣传和向外部公众宣传两方面。

向内部公众宣传的主要对象是企业内部的员工、股东等，宣传的目的是让内部公众及时、准确地了解与企业有关的各方面信息，如企业的现行方针和决策、企业各部门的工作情况、企业的发展成就或困难和挫折、企业正在采取的行动和措施、外界公众对企业的评价以及外部社会环境的变化对企业的影响等，以鼓舞士气，增强凝聚力，形成统一的价值观和企业精神。向内部员工的宣传可采用多种形式和手段，如内部刊物、黑板报、图片宣传栏、宣传窗、员工手册、广播、闭路电视、全体大会、演讲会、座谈会、讨论会、表彰颁奖会、专门恳谈会等。对于内部的特殊公众——股东，可采用年终总结报告、季度报告、股东刊物、股东通讯、财务状况通告等形式。

向外部公众宣传的对象包括与企业有关的一切外部公众，目的是让他们迅速获得对企业有利的信息，形成良好的舆论。对外宣传的形式一般有两种：一是利用展览会、经验交流会、演讲会等企业形象推广活动进行宣传；二是利用大众传播媒介进行宣传。企业在利用大众传播媒介传播时，既可以利用广告，把企业形象塑造作为广告的中心内容，宣传企业的管理经验、经济效益、社会效益和已经获得的社会声誉等，也可以创造机会利用新闻媒介，通过新闻机构和记者以第三者的身份传播企业信息，树立良好形象。

7. 交际型企业形象推广

交际型企业形象推广是在人际交往中开展企业形象推广工作的一种模式。以人际接触为手段，与公众进行协调沟通，具有直接、灵活的特征，是形象推广活动中应用最多、极为有效的一种模式。它的目的是通过人与人的直接接触，进行感情上的联络，为企业广结良缘，建立广泛的社会关系网络，形成有利于企业发展的人际环境。其实施的重心是创造或增进与公众直接接触的机会，加强感情的交流。不过，企业在开展交际工作时，要坚持诚信的原则，不能使用欺骗、贿赂等不正当手段。

交际型形象推广活动可以分为团体交往和个人交往两种类型。团体交往包括招待会、座谈会、工作午餐会、宴会、茶话会、联谊会、现场参观团队、考察团、团拜和慰问等；个人交往包括交谈、上门拜访、祝贺、信件往来、个别参观、定期联络、问候等。

8. 服务型企业形象推广

服务型企业形象推广是一种以提供优质服务为主要推广手段的模式，其目的是以实际行动来获取社会的了解和好评，建立企业良好的形象。对于一个企业来说，要想获得良好的社会形象，宣传固然重要，但更重要的还在于实实在在地工作，在于企业为公众服务的程度和水平。企业应依靠向公众提供实在、优惠、优质的服务来开展形象推广活动，获得公众的美誉度。离开了优良的服务，再好的宣传也必将是徒劳的。服务型企业形象推广模式具有以下特点：其一，注重实在的服务，给公众以实惠和方便；其二，注重服务技巧，针对公众的困难和问题，以新颖独特的服务方式吸引公众；其三，把专题服务活动和平时的优质服务结合起来，持之以恒，不懈努力。

9. 社会型企业形象推广

社会型企业形象推广是企业通过举办各种社会性、公益性、赞助性的活动，来塑造良好形象的模式，具有公益性、文化性、社会性、宣传性的特点。它通过积极的社会活动，为企业塑造一种关心社会、关爱他人的良好形象，扩大企业的社会影响力，提高其社会声誉，赢得公众的支持。实践证明，经过精心策划的社会型形象推广活动，往往可以在较长的时间内发挥作用，潜移默化地加深公众对企业的美好印象，取得比单纯商业广告更优异的效果。

社会型企业形象推广包括：第一，以企业本身的具有社会影响的重要活动为中心展开活动，如利用开业大典、竣工仪式、周年纪念活动、企业内部重大事件等机会，邀请社会公众共同参加庆祝活动，渲染喜庆气氛，扩大社会影响；第二，以参加各种社会活动为中心开展活动，如参加社区及同行的体育比赛、文艺演出等；第三，以赞助社会福利事业、文化体育事业、教育科技事业为中心开展活动；第四，资助大众传播媒介举办的智力竞赛、专题节目等活动；第五，积极支持和关心社区公众，为他们提供便利。

10. 征询型企业形象推广

征询型企业形象推广是以收集、整理、分析、提供各类信息为核心的企业形象推广模式，其目的是通过信息采集、舆论调查、民意测验等工作，加强双向沟通，使企业了解社会舆论、民意民情、消费趋势，为企业的经营管理决策提供信息服务，使企业的行为尽可能地与国家的总体利益、市场发展趋势以及民情民意一致。征询型企业形象推广活动实施的重心在于操作上的科学性及实施过程中的诚意，靠持之以恒、日积月累取得公众的信任与支持。其具体的实施过程是：当企业进行一项工作时就要设法了解社会公众对这项工作的反应。经过征询，将了解到的公众意见进行分类整理，加以分析研究，然后提出改进工作的方案，直至满足公众的愿望为止。

征询型企业形象推广的工作方式有市场调查、产品调查、访问重要用户、访问供应商和经销商、征询使用意见、鼓励职工提合理化建议、开展各种咨询业务、设立监督电话等。例如，美国通用汽车公司雪佛兰部的车主关系部专门建立了特别用户名册，它任意抽选雪佛兰车用户共 1 200 名，聘为用户顾问，分客车和卡车两部分，公司以定期函件联系，征询他们对雪佛兰的产品及服务的意见，并将这些意见提供给公司的业务部门，作为改进企业与车主关系的依据。

11. 文化型企业形象推广

文化型企业形象推广是企业在形象推广中有意识地进行文化定位、展现文化主题、借助文化载体、进行文化包装、提高文化品位的形象推广活动。

在形象推广过程中突出文化特色，借助文化形式或文化主题开展企业形象推广活动，以发挥企业文化对企业形象塑造中的积极作用。如美国 IBM 公司倡导"为职工利益，为顾客利益，为股东利益"的三原则，以及"尊重个人，竭诚服务，一流主义"的三信条体现了以人为本的文化境界。这种鲜明的文化风格，使企业的形象更为高大、有效。

企业可以根据公众的文化心理，采用丰富多彩的形象推广活动，对公众施加文化影响。

第一，文化包装。文化包装是企业经常采用的一种形象推广活动方式。它以鲜明的文化特性赋予形象推广活动以鲜明的文化色彩。这对提高企业的文化品位、满足公众的文化需求具有重要的意义。

第二，文化导引。文化导引是向公众倡导和传播某些新的文化活动方式。企业在文化导引中扮演新文化的倡导者、文化风气的传播者与新文化形式的创造者，只要企业导引的文化符合社会发展和进步的要求，能够满足公众新的文化追求，就能被公众所认同和接受。

第三，组建文化基金会。企业本着"取之于社会，用之于社会，造福于社会"的精神，根据社会的文化艺术和科技教育发展趋势以及公众的文化与教育需求，拨出专款设立文化艺术与科技教育基金会，一方面能作为企业支持某种文化教育事业的主要阵地，另一方面能提高企业的文化品位和文化氛围，取得意想不到的形象塑造效果。这种文化艺术和科技教育基金会，能够让公众感受到一种浓厚的社会文化风气，公众就会由文化上对基金会的依赖演化为对企业的信任，从而形成亲密的情感依赖关系。

文化型企业形象推广活动，由于融入文化的因素，因此，在工作程序上，除了遵循企业形象推广的一般程序外，还要突出以下环节：一是调查公众所处的文化环境构成，了解公众的文化特点，分析公众文化的品位，理解公众文化的实质内容；二是找准企业形象推广活动与公众文化的结合点，使企业形象推广活动与公众文化的内容和形式上有机融合；三是根据公众的文化需求和文化心态，选择具体的文化型形象推广活动的方式，包括适应既定文化的方式、文化包装的方式和文化导向的方式；四是制订和实施富有创意、操作性强的活动方案。根据既定的企业形象推广计划，运用各种媒介开展宣传，以此影响公众的心态，刺激公众根据文化所包含的内容、要求作出积极的反应。

12. 企业形象的网络推广

网络推广作为一种新型的形象推广模式，是企业借助网络实现与内外公众双向信息交流的实践活动。这种推广方式，日益受到广泛重视。掌握这种推广方式的运作，对于在激烈的竞争中赢得优势的企业来说具有十分重要的意义。

相对于传统的推广方式，企业形象的网络推广的优势在于：第一，能迅速扩大企业的影响力。互联网络提供了一种新的传播沟通方式，它结合文字、声音、影像、图片，用动态或静态的方式，通过一对一的沟通，全方位地展示企业的经营理念、产品性能、技术水平、场区环境等信息。特别是，这种形象推广方式不受时间和地域的限制，能把企业的信息及时传达到世界各地。第二，网络为企业提供了广泛的传播形象信息的渠道，如传统印刷媒体的电子版、新型媒体出版物、网络广播电台节目、网络电视台、网上会议等，使形象传播的方式更便捷、更丰富。第三，企业掌握了信息传播的主动权。网络使企业直接面向公众而不需借助其他媒体发布信息成为可能，从而克服了传统传播方式速度慢、人为因素多、企业控制力差等缺点，使企业能有效地掌握传播的主动权。随着企业与公众进行双向沟通机会的增多，企业更易与公众保持长期友好的关系。除此以外，企业还可以建立富有个性的企业网络，在网络论坛设立企业站点，提高站点的影响力和企业的知名度，消除误导信息，通过网络信息监督的监视，及时纠正公众对企业的误解，避免企业形象受到损失。

企业形象网上推广的常见方式包括：第一，企业可以在网络上举办各项公益活动，如设立奖学金、赞助体育比赛等，塑造企业的社会责任形象；第二，利用网上交流的功能，举行网上公众联谊活动和网上记者招待会；第三，利用网络向用户提供新产品的相关信息，提供在线抽奖等活动，提高公众上线搜寻的兴趣；第四，积极参加网络资源索引，使客户能方便地查询到企业的推广资料；第五，与竞争性的企业进行网上交流，互相传递信息，增加与潜在消费公众接触的机会。

（五）企业形象的口碑推广策略

好东西要和好朋友一起分享。在企业形象推广过程中，要充分发挥口碑的重要作用。

1. 口碑传播

菲利普·科特勒认为，21世纪的口碑营销是由生产者以外的个人通过明示或暗示的方法，不经过第三方处理、加工，传递关于某一特定或某一种类的产品、品牌、厂商、销售者，以及能够使人联想到上述对象的任何组织或个人信息，从而导致受众获得信息、改变态度，甚至影响购买行为的一种双向互动的传播行为。可见，口碑传播是公众之间对企业的相关信息的任何非正式的交流或传播过程和状态。传播的内容包括公众对企业的相关信息的认识、态度、评价、事例、传说、意见、好恶、熟语等。传播的途径包括直接或间接的口头传播、基于互联网和其他通信工具的口碑交流。

口碑传播具有以下特点：第一，口碑传播在公众之间进行，包括诸如企业、媒体、行业、传播者、渠道成员、意见领袖、接收者等一切利益相关者；第二，口碑传播的信息包括产品、品牌、形象、服务、文化等所有和企业或组织相关的信息；第三，口碑传播的内容包括公众对企业相关信息的认识、态度、评价、传说、意见、好恶、故事、熟语等；第四，口碑传播的途径可以是口头的，也可以是非口头的（如利用网络和其他通信平台的传播等）；第五，口碑传播具有非正式的特点，一般不包含直接的利益关系。

一般来说，口碑传播的内容包括三个层面：首先是体验层，即公众对企业相关信息的认识、态度、评价；其次是传播层，即传播过程中的事例、传说、意见、好恶、熟语等传播素材；最后是公众对其的认可层面，即满意、颂扬。

企业形象的口碑推广策略是企业运用各种有效的手段，引发公众对其产品、服务以及企业形象的谈论和交流，并激励公众向其周围人群进行介绍和推荐的推广方式。

企业形象的口碑推广具有以下特点：第一，口碑推广包含了企业有意识或无意识的行为。也就是说，口碑推广不单单是公众间的传播，企业还应该主动、有意识地去设计、促进有利于企业的口碑传播，防止和控制不利于企业的口碑传播。第二，口碑推广既满足顾客商品交易的需求，又满足公众的心理、沟通、信息获取、归属、荣誉等需求。第三，口碑推广是一种公共关系行为，不仅是企业与公众、公众之间的关系行为，还包括企业和整个社会之间关系的广泛行为。第四，口碑推广的本质是如何赢得公众的信赖。只有人们彼此信赖，真诚交流各自的所爱与所憎，口碑推广才能取得成功。企业不能以虚假身份进入聊天室，不能在网上发布赞美自身及其产品的虚假评论，也不能让员工扮成产品或企业的狂热追捧者，到各个场所进行虚假宣传。客户的话语权会让不诚信的企业付出沉重代价。

2. 企业形象口碑推广的方式

利用口碑推广企业形象，主要有以下几种方式。

（1）利用事件制造话题。善于利用各种有利的机会（如政策法规、突发事件等）制造口碑传播的话题，是口碑营销的有效途径。2001年，武汉森林野生动物园一只非洲雄狮突然向游客发起攻击，致使一对母子身受重伤。该动物园向野生动物保护部门申请，要求击毙这只伤人的雄狮。消息经媒体报道后，社会舆论哗然，武汉市民纷纷给出事的动物园、野生动物保护协会，甚至市政府打电话，发表意见和呼吁：伤人狮子不能杀！它之所以伤人，完全是管理不善和游客不遵守纪律造成的，狮子本身无辜！一时间，非洲狮伤人事件的责任在谁成了武汉市民街谈巷议的话题。武汉动物园巧妙地利用这一突发事件进行了有效的口碑营销。

（2）以公众关注的利益为纽带。口碑传播必须将传播的内容以利益为纽带与目标受众直接或间接地联系起来。美国一家饼干制造企业为了打垮竞争对手，开展饼干的大量免费派送活动。因与消费者的利益直接相关，所以，事件引起了消费者广泛的关注，企业的知名度与美誉度显著提升。

（3）制造新颖的传播内容。在信息爆炸、媒体泛滥的传播环境中，只有制造新颖的口碑传播内容才能吸引大众的关注与议论。新颖、奇特是口碑传播成功的一个重要因素。

（4）合理利用争议性话题。具有争议性的话题更容易引起广泛的传播，但企业要把握好争议的尺度，最好使争议在两个正面的意见中进行，避免消极影响。

（5）有效利用私密性话题。每个人都有好奇心，越是私密的东西，越能激发人们探知与议论的兴趣。英国一个学者做了一个有趣的实验：他神秘地向两个邻居透露一个消息，说早上一只怪鸟在自己家的庭院产下了一枚巨大的绿壳蛋，并且告诉这两个邻居不要对别人讲，可结果不到一个小时，就有人在街上议论这件事情。没到第二天，这个学者所在小镇的所有人都知道了这个消息。可见，私密的消息具有强大的传播能力。

3. 企业形象口碑推广的步骤

美国口碑营销协会（WOMMA）总裁安迪·塞诺威兹在《做口碑》中提出了口碑营销的五个步骤（简称为"五T"模式），为企业形象的口碑推广提供了一个比较清晰的思路：谈论者（talkers）、话题（topics）、工具（tools）、参与（taking part）和跟踪（tracking）。

（1）谈论者。谈论者是口碑推广的起点。首先需要考虑谁会主动谈论企业，是产品的粉丝、用户、媒体、员工、供应商、经销商。这一环节涉及的是人的问题。如果将产品放在完整的营销环境中，除了消费者以外，有很多角色都可能成为口碑传播的起点。

（2）话题。话题给人们一个谈论的理由，如企业理念、产品、独特的价格策略、企业的外观环境、公益活动、代言人。口碑推广实际上就是一个炒作和寻找话题的过程。企业需要创造一些合乎情理又出人意料的噱头让社会公众来说三道四、品头论足。

（3）工具。网站广告、病毒邮件、博客、BBS等工具如何帮助信息更快地传播？进行口碑传播不仅需要对不同工具的传播特点有全面的把握，而且要特别重视对信息的监测和传播效果的评估。

（4）参与。参与指"参与到人们关心的话题讨论"。企业要主动参与到热点话题的讨论中。

（5）跟踪。如何发现评论，寻找客户的声音？这是一个事后监测的环节。借助专业工具，很容易发现一些反馈和意见。但更为关键的是，知道人们已经在谈论或者准备马上谈论企业的产品，企业会怎么办？参与他们的话题讨论？还是试图引导讨论？抑或置之不理？这是一个非常重要的问题。

企业形象推广策略的选择是企业形象策划方案制订与实施的重要内容和必要步骤，各种不同的形象推广策略各有特点。企业在某一时期实际选择与应用时，除选择一种策略类型为主外，还应把其他类型结合运用，以发挥各种推广策略的优势互补效应。

四、企业形象推广过程中的整合传播

随着大众市场的日益分众化、新兴媒体形式的不断涌现，以及传播对象的知识日益丰富和成熟度的不断提高，企业在进行形象推广的过程中，需要采用整合传播的方法，综合运用多种传播手段和形式，才能达到预期的传播效果。正如菲利普·科特勒在阐释整合营销传播时所说，"多种传播工具、信息和受众，需要公司整合营销传播工具。公司必须采用消费者的'360度视野'，这样才能在日常事务中，全面理解影响消费者行为的不同传播方式"。[①]企业整合传播是以传播受众为核心重组企业行为和市场行为，综合协调地使用各种传播方式，以统一的目标和统一的传播形象，传递一致的企业信息的活动，其目的是实现与传播对象的双向沟通，迅速树立企业在传播对象心目中的地位，建立企业与目标受众长期密切的关系，更有效地传播企业信息、树立企业形象。

企业进行整合传播可以从横向整合传播和纵向整合传播两个方面进行。

1. 横向整合传播

（1）传播对象的整合。企业传播对象的整合就是对企业各类利益相关者的整合。企业的利益相关者包括顾客、供应商、经销商、竞争对手、政府、金融机构等，这些都是企业传播的目标受众。不同的目标受众具有不同的媒体习惯和不同的利益追求，需要有意识地进行整合。企业必须充分洞察不同利益相关者不同的利益要求，有针对性地设计传播信息，使其与利益相关者的利益要求一致。因此，企业进行传播必须实行差异化，针对不同的受众运用不同的传播方式传达不同的信息。差异化传播是整合传播的基本要求。

（2）传播信息的整合。传播信息的整合主要要求语言、图片、声音、视频等各种媒体所传达的信息在内容上高度一致，即"多种媒体，一个声音"。

（3）传播工具的整合。传播工具的整合，实质要求企业在运用广告、公关、人员传播等各种传播工具时具有高度的协调性，传达的信息具有高度一致性。

（4）信息接触点的整合。信息接触点是目标受众在什么时间、什么地点及如何接触到企业传播的信息。"接触"包含媒体、传播工具和其他可能与传播对象接触的形式。显然，传播对象接触信息的次数越多，这些信息又具有高度一致性，对其认知、态度或行为的影响就越大。因此，选择传播对象的最佳接触点作为传播信息的落脚点，就成为接触管理的重点问题。

2. 纵向整合传播

纵向整合就是在不同传播阶段，运用各种形式的传播手段进行传播，从而产生协调一致、渐进加强的效果，以实现形象传播的目标。就整合传播而言，纵向整合包括以下两方面。

（1）营销活动各环节中的整合。企业的营销活动同时也是传播企业形象的活动。营销活动是一个包含市场研究、市场细分、选择目标市场、进行市场定位、设计营销组合、进行营销管理等一系列活动的过程。企业营销活动的每一个环节，都是与消费者进行沟通、向消费者展示企业形象的环节。因此，需要整合以保持相同的理念、个性和风格。

（2）与目标受众关系发展过程中的整合。目标受众与企业的关系，一般需要经过一个由知晓、认识、喜欢、偏好、确信和行为等阶段组成的阶梯。在这个过程中，整合传播的主要任务就是要在阶梯的不同阶段，传达与目标受众所处阶段相适应的企业信息，并使信息前后所体现的精神和风格高度一致。

---

① 科特勒. 营销管理[M]. 14版. 上海：格致出版社，2012：470.

本章小结

企业在导入 CIS 的过程中，CIS 的实施与管理是关键，建立 CIS 实施的推进小组、编制 CIS 实施的经费预算、加强企业形象方案实施的造势宣传是实施 CIS 的必要准备。

企业必须对内、对外发布 CIS 方案，实施并推广 CIS 方案。CIS 方案的实施包括企业理念识别系统、企业行为识别系统、企业视觉识别系统和企业听觉识别系统的实施。企业形象推广的实质是将企业的形象相关信息传达给公众并使其理解和接受，其策略包括产品推广策略、广告推广策略、宣传片推广策略、公关推广策略和口碑推广策略等多种形式。为了有效提升传播的效果，企业必须对各种传播方式统筹规划，进行整合传播。

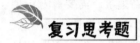

复习思考题

1. 在 CIS 实施过程中，为什么要建立 CIS 实施的推进小组？其主要职能是什么？

2. 为什么 CIS 方案的对内发布必须先于对外发布？

3. 企业理念识别系统的实施包括哪些方式？你还能列举其他方式吗？

4. 进行企业形象推广，可以采取哪些行之有效的策略？你认为在社会化媒体的运用越来越广泛的背景下，什么样的推广策略比较有效？

案例分析

上海家化：只为你生命中的"美"一天

从民国时期流行于上海滩的"雙妹"、新中国成立后代表上海制造的"友谊雪花膏"，到 20 世纪 90 年代起家喻户晓的国民花露水"六神"，以及中国首个面向高端市场的本土化妆品"佰草集"等，上海家化联合股份有限公司（以下简称"上海家化"）旗下的不少品牌，存在于各个时代不同消费者的集体记忆中。

作为一个拥有百年历史的民族日化企业，上海家化的发展伴随着中国日化行业的前进和变革历程，以及国人对于"美"的认知、消费观及能力的提升。

2018 年是上海家化创立的第 120 年，作为一系列庆典活动的重要一环，公司在 3 月 23 日于乌镇举办的"上海家化 120 周年品牌盛典"上，发布了一部探讨国人审美观变迁的企业形象片——《只为你生命中的"美"一天》。与那些传统的梳理企业大事记、展现合家欢场景的宣传片不同，该片从一个普通消费者的视角，回顾了上海家化旗下各个品牌伴随不同时代消费者的生活场景与故事，从 1898 年到当下共跨越了 10 个不同的时代背景。

如何直观地呈现上海家化 120 年的发展历史，是策划团队一直在思考的问题。"上海家化的历史与中国民族产业、轻工产业甚至整个国家和民族的命运息息相关，我们想用一个普通的家庭，在这 120 年里日常生活的场景故事，折射出时代发展的洪流，同时也展现出 100 多年来中国日化行业消费趋势的变化。"上海家化相关负责人表示。

该片的筹备期历时半年，由于要考虑每个时代场景融入哪些上海家化的产品，体现何种消费者生活习惯的变化，片子的脚本反复打磨了几个月。最终，宣传片选择了从一个普通消费者的视角出发，来全面演绎这个故事，呈现出上海家化的产品陪伴不同时代的消费者共同生活了120年，可强烈引发观众的代入感和情感共鸣。

上海家化的前身是成立于1898年的香港广生行，在经历百年发展后，2001年在上海证券交易所上市。目前上海家化主要从事美容护肤用品、个人护理用品、家居护理用品领域的研发、生产和销售，主要品牌包括佰草集、六神、高夫、美加净、启初、家安、玉泽、雙妹、一花一木、Tommee Tippee（汤美星）等。

从20世纪90年代外资日化巨头纷纷涌入中国、加剧市场竞争，到近年来中国的消费升级呈现出爆发性的增长势头，上海家化和其他本土日化企业一样，也曾经历短暂的发展停滞期。其间一个转折点是2016年底上海家化董事长兼CEO张东方的上任。在竞争激烈的化妆品行业，具有20多年快消品行业经验的张东方，将如何带领上海家化寻找新的发展机会，是业内普遍关注的焦点。

2016年底，上海家化对外公布了新的经营方针——"研发先行、品牌驱动、渠道创新、供应保障"，这是张东方在分析了公司当时的情况之后作出的重要调整。张东方曾在回答投资者提问时表示，上任后经过了一系列了解与视察后，她认为上海家化"底子很好"，且核心竞争力强，具有丰厚的品牌资产以及多年积累的消费者群体基础，在百货、商超等渠道也拥有忠诚度较高、合作意愿较强的经销商，短期调整并非企业发展的阻碍。

新战略计划提出后，上海家化在2017年上半年进行了一次组织架构调整，设立研发部、品牌管理办公室、渠道管理办公室、供应链，合并战略部和投资部，增加法律部的合规管理和监督管理职责。

而此次新战略调整的关键就在于"品牌与渠道实现分离"。这意味着品牌将独立于渠道，开始承担更多的市场策略和资源分配的决策权，并首次设立首席市场官一职，以树立品牌的主导地位。随后公司又新设立了首席销售官职位，以统领渠道，组成"双首席"配置，打通各品牌与各渠道之间的沟通渠道，助力提升企业内部沟通效率，以适应日化行业越发融合的市场环境。

如何让"品牌"成为驱动整个公司发展的中枢？上海家化的策略是将更多的资源从简单、短期的促销、打折、品牌活动，慢慢地调整投入长期的品牌建设与产品研发上。公司成立了单独的品牌团队去推动品牌的整体运作，从产品的研发方向制定、产品体系的管理，到品牌的定位、传播，再到终端渠道的销售及推广，都由品牌团队来全面运作及协调。

2017年9月，基于对此前方针的详细解构，上海家化提出了日化行业"生态圈"的概念，计划打造一个集研发、品牌、渠道、供应链为一体的生态圈。

在2018年3月23日"上海家化120周年品牌盛典"的现场，张东方进一步强调，"生态圈"概念集中了生产、研发、销售、品牌管理与资本运作五大平台，并有能力进入服务、制造和科技三大行业。"我们跨界发展进入服务行业，比如我们目前的销售管理、品牌管理以及研发成果可以与行业共享；可以进入制造行业，新工厂除了生产自有产品外，还可以承接OEM和ODM；也可以进入科技行业，未来将更好地应用AR（增强现实）、VR（虚拟现实）以及CRM大数据等技术。"

与行业内其他公司现有的营销体系相比，上海家化强调"生态圈"的"共享"与"扩张"的特点。"共享"体现在作为上市公司融资平台的资源、研发平台、生产能力为所有品牌及品类所共享，并实现线上线下各个渠道融合发展；而"扩张"则透露出公司构建更大品牌矩阵的野心，在保持自有品牌增长的基础上，不断推出新的品类和产品，同时不断寻找知名品牌，补缺护肤、彩妆、家居护理、护发、口腔护理等品类。

2017 年，上海家化正式完成对英国知名母婴品牌 Tommee Tippee 的收购，这是公司以收购方式"扩张"品牌矩阵的典型案例。在世界范围内拥有成熟市场的 Mayborn 集团及旗下品牌 Tommee Tippee，也的确有助于上海家化实现构建家化母婴平台、进一步拓展海外市场的目标。公司在 Tommee Tippee 平台上将收购一个英国的婴童睡眠类产品，未来会尽快把该产品带给中国消费者。

在过去一年推行新战略后，上海家化主营业务的业绩和运营效率较 2016 年得到了有效提升。公司 2017 年年报显示，公司实现营业收入 64.88 亿元，其中自有品牌全球营业收入（剔除花王业务因素影响），同比增长约 48%；实现归属于母公司的净利润 3.898 亿元，同比增长 93.95%。公司表示，净利润增长的原因是 2017 年度公司有效执行年初制订的战略计划，稳步推进战略落地举措，公司业绩及运营效率获得较好提升。

在业绩逐渐改善的时候，张东方基于上海家化的"生态圈"，向外界描绘了公司未来的发展路——"品牌拓展、精准营销、品类挖掘、渠道创新"。而这一发展路径的设定，实际上离不开上海家化对当前中国消费人群、观念与趋势变化的洞察。

上海家化认为，新时代的消费人群有三个主要变化：首先，随着中国人均可支配收入的不断上升，社会上高消费能力的人群在持续发展壮大；其次，2010 年中国城镇化比例是49%，2016 年中国城镇化比例是 57%，大量的城镇人群进入消费市场，这正在改变整个消费格局；最后，年轻人主导消费市场的时代已经到来，成长于更富裕、更数字化环境下的90 后、00 后人群，其消费习惯也影响着整个市场。

因此，与整体市场方向契合的前提是不断提升产品的品质。例如，上海家化在科研费用上始终保持"稳中有升"，新品贡献率连年持续增长，公司投资约 13.5 亿元建造的跨越新工厂于 2015 年实现奠基。新工厂引入 MES（制造企业生产过程执行系统）、LEED（能源与环境设计先锋）、GMPC（化妆品良好生产规范）等前沿理念，通过国际领先的生产技术、设备、自动控制系统及生产信息化管理系统，将在技术和管理上大幅提高生产综合效益。

而对于上海家化旗下品牌来说，不同品牌肩负着"高端化、年轻化、细分化"策略的不同职责，并在美容护肤、个人护理、家居护理的不同品类中占据引领者的地位。

"高端化"主要迎合了年轻一代消费者对于高端品牌和产品的追捧。在中国市场上，20～29 岁的年轻族群已经成为化妆品品类的消费主力军，她们对于高端品牌的热爱远高于其他年龄层。凯度消费者个人美妆指数 2016 年的调研显示，这一群体重视外在形象、消费观念超前，舍得花更多的钱在化妆品上。她们在美发、美甲、美妆领域的消费指数，明显高于她们在固定投资等方面的消费指数，在奢侈彩妆品牌领域，她们贡献了 53% 的销售额。

定位中高端的佰草集，是上海家化品牌高端化发展的代表。佰草集品牌诞生于 1998 年，最早就是为了满足改革开放后消费能力提升的国人对于化妆品更高品质的需求，而在消费升级的形势下，佰草集仍不断推出高端新品，加快品牌高端化的进程。2017 年底，佰草集品牌推出了高端系列新品"太极·昼御夜养·源生霜"，以太极平衡理论和本草为特色，结合尖端的ZFT活萃科技，持续提升品牌的高端化、产品的高品质形象。

作为120年的老牌国货企业，"年轻化"更是上海家化发展中不变的议题。上海家化通过多种年轻化的方式实现与年轻消费者的有效沟通。

个人护理品类中的"六神"在推进品牌年轻化上表现最突出。六神花露水从1990年上市以来已经成为许多国人夏日记忆的一部分，但它近年来在产品设计、传播方式、营销渠道上的调整，正吸引着更多年轻消费者。以六神在产品层面最大的一次年轻化尝试为例，品牌在2017年夏天面向90后消费群体推出了"嗨夏"限量版花露水，该系列产品与香精公司创新合作，调制出柑橘、白兰、薄荷、水果四种不同香氛味道，并请来国际艺术院校的90后学生设计了"清雅""清新""酷玩"和"酷爽"四种包装风格，更邀请了90后歌手华晨宇担任六神品牌形象代言人，持续加强与年轻消费者的关联度。2018年，六神又与迪士尼进行跨界IP合作，推出了六神迪士尼限量版花露水，包括2款经典玻瓶产品和4款走珠产品。此外，其他品牌也通过不同的营销方式与年轻群体沟通。例如，高夫在营销上多次与二次元IP联名合作，跨界到游戏、电竞、动漫等年轻男性受众感兴趣的领域。2017年，高夫推出了一套和电影《大圣归来》跨界合作的产品——恒时水润保湿系列，这是中国男士护肤市场第一套使用IP的产品。

美加净则针对手部护理的不同场景，首次推出了"分场景护手"理念的产品，同时邀请蔡康永为品牌主打歌曲作词，在"上海时装周"举办期间开设品牌快闪店，用年轻人喜欢和易于接受的方式进行了品牌重塑与推广。

除了将美加净手霜产品的配方精确到每个使用场景，上海家化在满足消费者细分需求方面，专业医学护肤品牌"玉泽"的表现则更为典型。

2009年末，耗时6年时间、历经1 386例临床试验，上海家化终于推出了第一款"玉泽"产品，将临床医研成果成功转化成适合更多普通消费者的护肤产品。为深化医研合作，加速布局细分市场，玉泽品牌在2018年1月与瑞金医院皮肤科共同成立了"瑞金医院-上海家化玉泽联合实验室"，同时邀请14名国内外顶尖的皮肤科医生和专家成立"玉泽皮肤健康研究专家委员会"，目标是通过继续加大研发投入，推出更有针对性的细分产品，将玉泽打造成"中国医学护肤领导品牌"。

此外，上海家化在过去5年也通过自主运作、兼并收购等方式，不断拓展品牌矩阵。如2013年，定位中高端的婴儿个人护理品牌启初面世；2014年，延续上海家化的中医中草药特色、主要面向专营店渠道的个人护理品牌一花一木上市；而2017年全资收购的Tommee Tippee（汤美星），也将成为公司拓展母婴市场的重要抓手。

与品牌同为发展驱动力的"渠道"，也是上海家化创新变革的重要领域。目前，上海家化拥有线上和线下共八大渠道，包括：电商、专营店等高增长渠道，百货、商超等高渗透渠道，以及母婴、海外等新机会渠道。上海家化未来的品牌和渠道共同驱动的策略是，每一个品牌或品类都有一个主渠道拉动，同时兼具多渠道发力推广。

中国日化市场，特别是化妆品市场整体规模的日益壮大，为本土品牌的快速发展提供了有利的成长环境。中商产业研究院预计，2022年中国日化行业市场规模将达5 785亿元。

虽然外资品牌仍占据中国化妆品市场的主要地位，但近年来其增速明显放缓，本土品牌的增长速度已经超过外资品牌。本土品牌正凭借更灵活的线上营销策略、品牌年轻化探索以及对研发投入的增加，逐渐抢走更多的市场份额。

这一趋势也给上海家化的发展带来了更多新机会——公司将以中医中草药概念、婴童护理、医学护肤品等细分领域为主力市场，不断拓展品牌、品类和产品矩阵，同时在销售渠道、营销模式和品牌建设上加速创新。未来，这个变革中的老牌国货企业将会更加吸引新一代的消费者。

"上海家化的中期发展目标是成为世界日化行业中型公司，而长期目标，是未来成为世界日化行业大型公司。"张东方表示。

资料来源：上海家化发布 120 周年企业形象片 变革中的老牌国货企业如何吸引新一代消费者？[EB/OL].（2018-03-23）. https://www.jiemian.com/article/2009539.html.

思考题

1. 为了塑造适合新一代消费者的企业形象，上海家化推出了 120 周年的形象宣传片。该形象宣传片体现了什么样的特点？

2. 为了塑造适合新一代消费者的企业形象，除推出形象宣传片外，上海家化还采取了哪些战略和策略措施？

3. 你认为上海家化针对年轻消费者所采取的一系列塑造形象的措施成功吗？为什么？

4. 你觉得老品牌应塑造什么样的企业形象才能赢得新一代消费者的青睐？在此过程中老品牌应如何处理"老"与"新"的关系？

第十一章

企业形象的巩固与提升管理

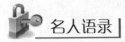

名人语录

形象管理产生的最重要的"效果"是整个公司的全部生产能力，特别是公司员工对他们所服务的社会和消费者的生活做出的生产贡献。如果用一个金钱的尺度来衡量这个效果的话，那就是公司得到的工资投资的回报。以形象为基础的管理带来的收益不仅局限于经济方面，士气、热情、贡献、信念和发明都属于那些不易被衡量的收益的范围之内。

——劳伦斯·D. 阿克曼[①]

学习目标

企业形象策划方案实施和推广之后，必须加强对企业形象的巩固和提高。通过本章的学习，要了解企业形象评估的主要内容、企业形象危机的主要原因和类型，理解企业形象管理的必要性、巩固和矫正企业形象的原则、企业形象变革的驱动因素及原则，掌握企业形象评估、提升、矫正和变革的主要方法与策略。

本章关键词

企业形象管理、企业形象评估、企业形象的巩固与提升、企业形象危机、企业形象矫正、企业形象变革

---

① 阿克曼. 形象决定命运——塑造个性化企业形象的八条法则[M]. 北京：中信出版社，2002：206.

本章内容框架

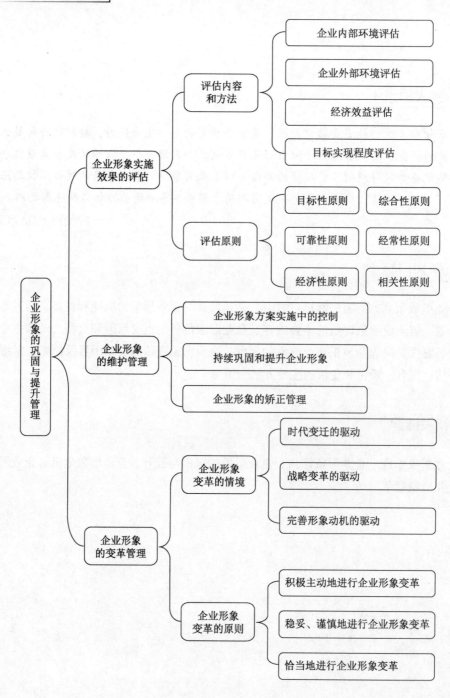

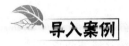

新希望乳业：以"鲜战略"提升企业形象

新希望乳业股份有限公司（以下简称"新希望乳业"）是国内大型的综合乳制品供应商，具有活力与创新的企业基因，在西南、中南、华北、华东地区拥有10余家乳制品企业，其中有2家国家级农业产业化重点龙头企业、10家省级龙头企业。聚焦奶业新消费需求，新希望乳业从成立之初就确立了聚焦方向，将"鲜战略"作为企业发展的品牌纲领。以低温奶产品作为核心，新希望乳业持续进行全产业链的系统升级，构建以"新鲜"为核心价值的城市型乳企联合体，为消费者提供新鲜健康优质的乳品。在"鲜战略"的指引下，通过鲜奶源、鲜科技、鲜供应、鲜体验的四鲜战略打造乳业品牌，提升品牌价值。

鲜奶源：高标准打造现代化的牧场

新希望乳业自成立伊始，便投入巨资积极建立自己的奶源基地，目前在全国拥有20多个生态奶源基地集群、10个直属牛场，分别坐落于生态环境极佳的大理、洪雅、千岛湖等地区，保证奶源距城市的距离控制在150千米的"鲜半径"内，从源头保证牛奶品质。通过自有牧场，形成了"公司＋牛场＋农户"的经营模式，调节了"分散养殖，集中收购"这种传统模式所引发的乳企与分散奶农之间的松散关系，加大了奶产品在收集过程中的控制与监管力度。通过对奶牛育种、饲养、牧场、产品加工、冷链储运等优势资源的整合，实现了从牧场到餐桌全程乳品质量监管及可追溯模式的质量反向追踪，通过五重健康安全保障，率先建立了乳业黄金产业链，有效地确保了产品质量。

鲜科技：推进优质乳工程全面升级

随着中国消费者完成从对价格敏感到对品质敏感的过渡，中国乳业正面临一场更深刻的品质革命。作为最早参与中国优质乳工程的企业之一，新希望乳业带头构建"优质乳工程朋友圈"，以品质探索和引领乳业可持续发展的未来。通过投资建设国内领先的低温工厂，采用全球高端生产加工设备，联合国际顶级的科研机构，打造具有规模效应、标准产能以及国际水准的乳品工厂。2011年，新希望乳业推出了一款"24小时巴氏鲜牛乳"，该产品以"极致新鲜"为核心诉求，从生产到下架不超过24小时，这是国内首款用时间定义新鲜的鲜奶，也是新希望乳业践行"鲜战略"的旗舰产品。目前新希望乳业旗下已有6家企业先后通过巴氏鲜奶"国家优质乳工程"验收，数量上独占全国半壁江山。

鲜供应：采用先进的供应链管理体系

新希望乳业采用国际先进的供应链管理体系，实现供应链高效管理，全程低温冷链运送，确保牛奶的新鲜供应。在原料端，精选水土优质地区建设生态奶源基地；在生产端，采用国际先进技术建设规模化、高标准的乳品工厂；在配送端，联动新希望鲜生活冷链物流公司，采用国际领先的综合物流管理系统，通过互联网全面实现物流管理的自动化和智能化。通过在产业上、中、下游构建完整的鲜生态产业链，形成牧场、工厂、市场的三位一体化，最大限度地保证乳品的新鲜度和品质感，打造用户体验更优的鲜活营养生态链。

鲜体验：构建社群模式深化消费体验

结合互联网时代"开放、创新、共融"的思路，新希望乳业近年来在夯实品质的基础上，大力探索社群发展模式，依托科技创新深化消费者体验。与传统粉丝经济的中心化、单向度不同，新希望乳业所搭建的社群是一个去中心化的平台，消费者和品牌以平等的身份进行多向度的交流。通过深入观察和了解消费者的生活方式，新希望得以实现C2B的反向定制，实现与粉丝的众创众享，最终达到重构商业要素、重塑零售价值的效应。2017年底在新希望乳业NewNine粉丝节上推出的一款功能性新品活润LB-8，基于用户深层洞察，专门针对"不正常人类"的不健康生活方式"对症下药"，因此在年轻群体中迅速成为爆款。"牛奶钱包"是新希望乳业开展社群融合的一个成功尝试。这一创新孵化项目，不仅为消费者提供了线下体验—线上购买—送货到家的一站式服务，还开辟了以牛奶乐园为主题的丰富社群活动，未来是一个可以连接消费者生活、理财、出行等日常方方面面的入口。

新希望乳业正在应用新技术链接产业端与消费端，在上游供应链和下游消费市场之间建立起全新的需求匹配，既能对前瞻性的需求进行洞察与分析，更可对潜在服务需求进行自发匹配，满足和引领对于乳制品的新鲜、优质、个性化的消费体验，传递新鲜的生活态度。伴随着全球一体化、智能化与实体经济的加速融合，中国乳业的后发优势日益明显，以新希望乳业为代表的中国乳业，以极富前瞻性的思考和实践，正在全球性的产业整合中，向世界递交出一份鲜活、智慧和务实的"中国乳业方案"。

资料来源：http://www.cnfood.com/news/show-319090.html.

第一节　企业形象实施效果的评估

在企业形象策划方案完成并付诸实施之后，独具特色的企业形象已基本确立。这并不代表企业形象的塑造与管理已经万事大吉，企业更需要加强对企业形象策划方案实施效果的评估，以便改进形象实施中存在的问题，维护、巩固和提升企业形象。如果在实施企业形象方案之后，没有专门的机构或人员监督其运作，及时发现和修正可能出现的问题，再好的形象方案也都是"镜花水月"，难以达到预期的效果。因此，对企业形象实施效果进行评估，可以发现形象实施中存在的不足，以便及时对下一步的推行工作进行改进，以求得更好的效果。可见，效果评估是企业形象实施过程中极其重要的一环。

一、企业形象实施效果评估的内容和方法

评估企业形象实施的效果，一般从以下四个方面进行。

（一）企业内部环境评估

企业形象识别方案的实施人员应对CIS的推行情况进行随时的了解，重点是了解企业员工对企业形象识别方案实施的总体情况和具体作业的评价。企业内部评估较常采用的方法是询问访谈法和问卷调查法。

询问的问题应根据企业形象策划方案实施的具体情况而定。问题的设计既应包括企业

总体形象的评价，也应包括对企业具体形象的评价。如企业在实施企业形象识别方案以来，管理者的工作作风、员工的精神面貌等是否有了明显改观？企业的劳动生产率、对企业的认同度和敬业度是否得到提高？企业员工的流失率是否降低？新的企业理念是否符合企业的实际？企业的制度规范是否得到切实的遵守？对新的标志是否满意？等等。对于企业内部的询问访谈应经常进行，以便及时发现问题。对询问的结果要及时记录，并进行整理分析，同时注意信息的真实性问题。

但是，直接面对面地询问访谈，员工在回答问题时可能会有所顾忌，有意回避一些认为敏感的问题。因此，企业还需要通过问卷调查来弥补这一不足。进行问卷调查时，员工可以以匿名的方式将问题写在问卷上。问卷设计一定要科学、合理，可以针对具体项目的实施情况进行设计，也可以就企业形象策划实施的整体计划与活动进行设计。同时，在选择问卷调查的对象时，要考虑到层次结构的组合，针对不同层次、不同年龄、不同工种、不同岗位的员工分别进行调查，以便发现问题，及时改进。

（二）企业外部环境评估

外部环境评估可重点选择与企业有直接关系的组织或个人进行。选择企业形象识别方案实施效果评估的对象应尽量优先选择企业形象识别方案实施前被访者或回答问卷的人，这些人对企业形象状况有一定了解，而且经过调研阶段，会对企业形象识别方案的实施情况比较关注，因此能提供更多的信息。

对于评估的内容而言，可以就企业的整体形象进行，也可以围绕某一具体问题进行。一般来说，视觉设计项目的传播效果和企业总体形象是评估的主要内容。

评估视觉项目的传播效果，既可以针对一个基本设计项目，也可以针对几个设计要素的组合应用，主要评估认知度与识别功能、视觉印象和设计品位三个方面。

评估企业总体形象可采用调研阶段的关键语作为评估问题，根据肯定回答者占接受测试总人数的比例，与调研阶段的结果相比较，分析实施企业形象识别方案后企业形象的优化程度或在哪些方面取得了较大的改观。例如，日本广告研究所对 4 家导入 CIS 的企业进行评估，发现从 1945 年到 1978 年，白鹤制酒公司的一流评价率从 34.1%上升到 38.4%；菱备公司导入 CIS 后的一流形象评价率从 1975 年的 2.7%大幅上升到 1980 年的 6.7%，其他项目的好评率也有所上升；美津浓公司借莫斯科奥运会之机导入 CIS，一流评价率从 44.4%上升到 67.3%；相反，松屋百货公司的一流评价率却有所下降，提升的项目是"善于宣传广告""规模大"等。

进行外部环境评估的基本程序一般为：①确定调查方式（如采访或问卷调查等）；②设计问卷或者访问提纲；③进行实际访谈或问卷调查；④对比相关资料，揭示企业导入 CIS 后形象的变化情况。

（三）企业实施形象方案的经济效益评估

企业导入 CIS，其经济效益直接体现在所投入的成本与取得的收益之间的对比关系上。

CIS 导入的成本一般包括企业形象调研费用、专家咨询费用、创意设计费用、员工的教育培训费用、企业形象识别要素的制作费用、企业形象识别系统的推广费用等。这些费用的总和构成了企业导入 CIS 的总成本，可以用 C 来表示。

　　企业导入 CIS 具有两方面的收益：一方面是企业直接经济效益的提高，表现在企业产品的市场占有率、销售额及利润的提高和营销费用的降低上；另一方面是企业因社会效益的提高而带来的间接经济收益。这是因为，企业因导入 CIS 而导致知名度、美誉度和信任度的提高，公众对企业的信任度增强，满意度和忠诚度提高，进而带来企业声誉、品牌等无形资产的增值等，从而既使企业的产品价格因形象的提升而上升，又使企业产品的销售量因形象的提升而扩大。这两方面的变动导致企业的总收益增加。如果把企业导入 CIS 后获得的总收益用 G 表示，企业导入 CIS 的经济效益用 P 表示，则

$$P = G - C$$

　　从上式可以看出，当 $P > 0$ 时，说明企业导入 CIS 的成效显著，取得了较好的经济效益；如果 $P < 0$，说明企业导入 CIS 处于投资大于收益的状态。但需要注意的是，企业导入 CIS 属于一种战略性投资，其投入不一定能在短期内全部收回，但它会使企业在以后很长的时间内取得超额回报。美国的相关统计资料表明，企业在 CIS 上每投入 1 美元，可以产生 227 美元的回报。因此，当企业实施 CIS 后的经济效益值 P 为负值时，企业要深入分析原因，看是 CIS 战略方案的问题，还是 CIS 方案的执行问题。如果是 CIS 方案存在问题，就要尽早修改方案；如果是 CIS 方案的执行问题，就要完善执行的措施，加强执行的力度。

（四）企业导入 CIS 的目标实现程度评估

　　由于企业导入与实施 CIS 过程中的所有作业项目都是根据导入目标确立的。因此，CIS 导入效果的评估，也应根据 CIS 导入的目标而定。根据企业导入 CIS 的战略目标，可以确定评估内容的重点与评估标准。如日本白鹤制酒公司导入 CIS 战略的目标是建立品牌标志的统一识别系统，其评估重点就放在了企业新标志、品牌的视觉印象以及识别力与标准化表现上。

　　企业导入 CIS 的目标在实施推进过程中会逐步具体化，不仅有长期目标，还有中、短期目标，在不同的期限到来时，应及时对 CIS 导入的效果进行评估，从而得到阶段性效果评估的结论。

二、评估企业形象实施效果的原则

　　企业形象实施效果的测定是一项技术性很强的检测活动，应该遵循一定的原则，以达到形象实施效果测定的预期目的。

（一）目标性

　　对形象实施效果的测定必须有明确而具体的目标，不能空泛。例如，要明确形象效果测定的是经济效果还是社会效果。如果是经济效果，是测定长期效果还是测定短期效果；如果是短期效果，是测定销售效果还是测定心理效果；如果是心理效果，是测定认知效果还是测定态度效果；如果是认知效果，是测定单项形象的认知效果还是测定整体形象的认知效果；等等。只有明确、具体地确定形象效果的测定目标，才能选择科学的方法与步骤，达到预期的测定目标。

（二）综合性

影响形象实施效果的因素多种多样，既有可控性因素，如企业的传播预算、媒体选择、广告投放的时间和频率等，也有不可控性因素，如国家政策法规的变化、竞争对手形象策略的改变、目标受众的风俗习惯和文化水平等。因此，测定形象实施的效果，要综合考虑各种相关因素的影响。即使是测定某一具体形象传播活动的效果，也要考虑形象表现的多个角度和多个层次，要考虑时空、地域等条件的影响，才能准确地测知形象实施的真实效果。

（三）可靠性

可靠性指对企业形象前后评估的结果应具有连续性，对同一形象传播活动的多次评估的结果应具有一致性。形象实施效果测定的结果只有真实可靠才有意义。要确保评估的可靠性，要求测定样本的选取一定有典型性、代表性，样本的选取数量达到足够的规模，调查表的设计科学合理，考虑的影响因素全面、准确，测试多次进行，反复验证。

（四）经常性

由于形象实施效果具有时间的滞后性的特点，因此，测定的企业在某一时间和地点的形象状况，并不一定就是此时此地形象实施的真实效果，它可能是前期形象传播活动的延续或其他营销、公关活动的影响。所以，只有掌握前期形象传播活动和其他营销活动及其效果的全部资料，才能测算形象实施的真正效果。而且，长期的形象效果测定，也只有在经常性的短期形象效果测定所提供的充分而准确的数据资料的基础上才能进行。因而，形象实施效果测定要定期或不定期地经常进行。

（五）经济性

形象实施效果测定所选取的样本的测定范围、地点、对象、方法以及测定指标等，既要满足测定的要求，也要充分考虑企业经济上的承受力，尽可能做到以较少的费用支出取得满意的测定效果。因此，在制订测定方案时，要从满足测定要求和企业的经济条件出发，严格实行经济核算，选取最佳测定方案，力求做到形象实施效果测定的费用低、效果好。

（六）相关性

评估的内容必须与塑造形象的目标相关联，不可做空泛或无关重点的评估工作。如果形象传播的目的是提高产品的销售量，评估的重点就应该是目标受众态度的改变；如果形象传播的目的是推出新产品，评估的内容就应该是目标受众对企业及其产品的认知度。

第二节　企业形象的维护管理

一、企业形象方案实施中的控制

在完成企业形象方案实施效果的评估以后，我们会发现，策划的形象方案与企业实态及外部环境常常存在着不一致，从而使形象塑造的目标不能充分实现。出现这种偏差的原因主要在于：其一，企业面临的外部环境发生了与预期不一致的变化，从而导致形象方案与新的环境出现矛盾；其二，企业形象方案本身存在缺陷；其三，企业的执行力不够，形象方案没有得到有效的实施。因此，在形象方案实施过程中需要采取必要的控制措施，以便及时发现并纠正形象实施过程中的偏差，达到形象塑造的目标。同时，企业形象方案的实施过程是一个长期的过程，在这一过程中，无论是企业面临的外部环境还是企业内部的资源、业务范围及竞争力，都在发展变化。而企业形象的核心在于识别，识别的关键在于统一。在方案实施的长期过程中，必须采取必要的控制措施，以保证企业形象系统的相对稳定性，保证形象要素执行的规范性和标准化。可见，企业形象方案实施过程中的控制就是将形象方案实施的实际成效与预定的形象塑造的目标相比较，以发现并采取有效的措施纠正偏差的过程。这是企业形象管理过程中的保证性职能，是保证形象塑造的目标得以实现的有效措施。

一般来说，企业形象方案实施的控制包括实施前的控制、实施过程中的控制和实施后的控制三个环节。

1. 企业形象调研与评估过程的控制

对企业环境、企业实态和企业形象现状的调研与评估结果是策划与设计企业形象方案的基本依据。因此，在实施调研和评估的过程中，要对调研和评估的内容、对象、手段与方法等进行合理的管理和控制，确保调研信息的客观性、真实性和完整性，从而为科学的形象决策奠定基础。

2. 企业形象方案策划与设计过程的控制

在这个过程中需要进行控制的内容包括：企业形象策划和设计人员的选择与组织、设计形象方案所依据的信息的管理、形象方案的审批方式与程序等。

3. 企业形象方案实施过程的控制

该阶段控制的重点是：企业形象的实施是否有专门的组织机构负责，是否有充分的经费保证，是否有系统的、切实可行的实施计划，是否有充分的宣传教育活动，从而激发起全体员工积极参与形象方案实施的自觉性和主动精神，是否制定并有效实施了企业理念渗透的具体方式，是否制定并严格遵循了企业行为、视觉和听觉各子系统的规范标准等，从而使全体员工的行为、语言及仪容仪表都能反映出员工对企业形象方案的理解和贯彻，保证企业的每一个行为和接触点都向社会公众呈现出个性化的良好形象。

4. 企业形象日常维护中的控制

这个阶段的控制主要是为了保证企业在日常运营中能够持续严格地执行企业形象方案的相关要求。在员工出现背离企业形象要求的行为时，在企业遭遇严重影响其形象的危机事件时，在企业内部或外部出现严重影响形象方案实施的因素时，企业能够迅速地对其性质和影响作出判断，并快速采取有效的控制措施。

二、持续巩固和提升企业形象

通过对 CIS 实施中的督导和效果评估，CIS 导入的执行机构应对实施中发现的问题进行分析，并及时提出有针对性的改进方案。如果是策划与设计的方案存在问题，就要进一步修正设计方案；如果是作业计划和实施方案存在的问题，则需要调整改进推行方案。相关方案的重大调整，应写出书面报告，提交 CIS 委员会讨论，CIS 委员会根据此报告进一步修改方案，由企业主管审批后执行，从而使 CIS 的导入取得最佳效果。同时，在企业的

CIS 导入过程中，由于受企业内外多种因素变化的影响，企业经常有各种新的主题确立、新的概念导入、新的思路形成。这些新问题、新情况的提出和发现，需要对 CIS 计划进行修正和完善，以便使其适应环境和企业发展的新要求。

企业形象建设是一项系统工程。企业形象策划确立了企业的理念和行为规范，企业还需要采取一系列积极措施不断巩固、强化已确立的形象，才能使企业形象扎根于公众的心目之中。只有将企业理念变成员工的信念，将企业行为规范付诸实施，严格遵循，并逐渐变成员工的行为习惯，才能实现企业形象策划与管理的目的。同时，企业在使用视觉设计的标志、标准字、标准色和听觉设计的各项声音识别要素时，均要求严格的标准化和一致性，不允许出现混乱。这是保证企业形象一致性和识别性的前提。企业确保企业理念的落实和行为规范的实施，确保企业视觉设计和听觉设计元素使用的标准化和规范化，持续提高其知名度、美誉度和信任度，正是巩固、提升企业形象的重要措施。

（一）巩固和提升企业形象的方式

1. 持续提升产品和服务质量

良好的企业形象建立在公众对企业信任的基础上。一个企业如果失去了公众的信任，就失去了公众对企业的认同和支持，也就无良好的企业形象可言。对社会公众来说，高质量的产品和服务是其消费的最大保障，有时甚至是身份、地位的象征。因此，良好的产品和服务质量是保持公众对企业信任的前提，是企业形象的基础和保证。一个始终如一提供优质产品和服务的企业，必然是一个拥有较高的公众信任度和支持度，从而具有良好形象的企业。

因此，巩固企业形象，要以深入洞察消费者对产品和服务的真实质量需求为前提，以持续强化员工的质量意识、建设企业优秀的质量文化为基础，以完善质量管理制度、提高技术水平和创新水平为基本手段，持续提高产品和服务质量。

阅读资料

维维：坚持以产品质量提升企业形象

维维集团股份有限公司（以下简称"维维"）掌舵人崔桂亮曾说过："健康是大家的事情，我们做的是一项健康工程。"一直以来，维维追求的目标就是生产健康产品，经营健康企业，做好健康产业。维维也始终坚持以质量第一为价值导向，坚持优质发展，以质取胜，以优质的产品质量提升国民品牌形象。

维维为了满足消费者需求、保证产品质量，建立并完善了一系列管理体系。其中，维维建立了科学的标准化管理体系，通过了 ISO 9000 质量管理体系认证、ISO 22000 食品安全管理体系认证等。建立了完善的检验制度，生产原料从采购到投入生产，都要经过严格的检化验程序控制，不合格原料不得入库，做到严格控制生产过程的每个关键控制点，并定期将产品送到第三方检验机构进行检验。在售后服务方面，公司设有 400 售后服务热线，及时解答、解决消费者提出的各种问题。此外，维维还建立了质量绩效考核制度，明确厂长是质量第一责任人。总公司定期对各生产厂进行现场检查和产品抽样检验，同时在市场上购买各生产厂生产的产品，由总公司质检中心对其进行检验。

对产品质量的严格把控也造就了维维良好的品牌形象。维维的主打产品"维维"牌豆奶粉已经连 10 多年摘得"全国市场同类产品销量第一名"的桂冠，这是对于维维这些年严把质量关、以最优品质服务于大众理念的最大中肯与褒奖。维维在传统豆奶粉的基础上还紧抓市场需求，2019 年下半年适时推出三款植物蛋白饮料新品：悦慢、1.5 L 大红瓶、300 ml 金罐。这三款产品相比于目前市场上其他液态豆奶的最大优势是，依托优质的东北非转基因大豆的原料优势和不添加任何添加剂的技术，完全从企业一直倡导的健康理念出发，完全符合现代人对健康饮品的需求。这三款液态豆奶也凭借高质量的原材料成为市场追捧的热点。除在豆奶饮料领域居于行业领先外，维维还通过粮食加工转化为消费者提供更多优质的产品。目前，维维旗下拥有的百年品牌"六朝松"面粉已经成为以徐州为中心的黄淮海地区面粉市场的主力产品。相继推出的水果谷物燕麦片、流行休闲食品维维营养棒等，也在市场取得良好的反应，前景广阔。

多年来维维一直坚持在产品品质上严格管理、产品技术上不断创新，以过硬的产品质量和卓越的品牌服务使企业与品牌形象深入人心，通过质量和品牌的相辅相成，提升维维国民品牌形象。

资料来源：https://www.jiemian.com/article/4501218.html.

2. 持续进行企业形象的整合传播

企业必须通过不断强化对公众的影响来加深公众对企业的印象。从心理学上讲，社会公众受某些刺激而形成的对于企业的良好印象如果长期不予反复刺激，在公众心目中就会逐渐淡化、消失。因而，企业要不断巩固和提升已经树立起来的良好形象，就必须不断强化对社会公众的信息刺激，利用一切时机进行形象传播。可口可乐公司的企业形象之所以能够长盛不衰，很重要的原因就是公司非常重视对公众形象的持续强化。公司每年都投入 10 亿美元以上的广告费不断宣传企业及其产品形象，不断加深社会公众对可口可乐的印象。

企业进行持续的形象传播，可以采取请进来和走出去两种方式。

请进来，就是让公众来到企业，通过公众与企业的直接接触和交流，了解企业，认识企业。世界上一些著名的大公司，如德国大众公司、日本松下公司都专门设有企业定期开放日，邀请社会各界人士进厂参观。通过公众的目睹、企业有关人员的介绍，公众亲眼看见了企业产品的生产过程、企业的经营管理水平和经济实力，切身感受到了企业的精神风貌、工作作风，就必然对企业产生深刻、真实的印象。

走出去，就是企业运用各种媒体、各种有效方法主动向社会公众展示自己，进行形象传播，让公众了解和认识自己。巩固时期的形象传播活动包括低姿态传播和高姿态传播两种方式。低姿态传播方式是企业通过各种媒介以较低的姿态持续不断地向社会公众传送企业的信息，使企业形象潜移默化地保持在公众的长期记忆系统中，一旦需要，公众就可能首先想到企业，如节假日的宣传推广活动、大型建筑物上的霓虹灯、形象宣传牌、参与社会活动等。高姿态的传播方式就是企业通过各种媒介以巨大的声势和较高的姿态进行的传播，以求在公众心目中强化原有的形象，如举行盛大的周年庆典活动、密集的广告宣传活动和公共关系活动等。

阅读资料

华润：用"公众开放日"展示社会形象

2019年9月7日，华润雪花啤酒西南最大的啤酒生产基地工厂——四川工厂，以及位于成都市高新区的成都工厂，同步举办了以"亲亲华润创享美好"为主题的"公众开放日"活动。

9月7日上午9点，华润雪花啤酒位于成都的两家工厂，迎来了公众开放日的嘉宾，他们是辛勤奋战在生产一线的员工家属、默默无闻提供高质量服务与支持的职能员工的亲人朋友，以及给予企业发展大力支持的新都区政府职能部门的朋友们与将啤酒带入千家万户的经销商朋友。两家工厂以最热忱的待客之礼，盛情邀约，带公众走进华润，走进雪花。在生产车间现场直观感受了华润雪花啤酒努力为消费者提供超越期望的产品和体验，并通过展板再现了80年华润与祖国母亲血脉相连的发展历程。

首先，受邀公众按照入场顺序在画着祖国地图的签到墙上郑重地贴上一面小红旗，代表着每一位国人作为护旗手的决心，工作人员为大家佩戴好"亲亲华润 创享美好"的肩贴。大家举步来到工厂的草坪，共同参与"绿水青山就是金山银山"的植树活动，并为种好的每一棵树挂上新中国成立70华诞的祝福和"亲亲华润 创享美好"的心愿。接着举行了庄严的升国旗仪式，全体人员行注目礼、奏唱国歌。公众通过展板阅览了华润集团、华润雪花啤酒及四川工厂的总体概况、历史发展、业务领域、企业责任等信息。

在经过工厂专业安全培训后，受邀公众来到四川工厂的参观走廊，依次参观了党群服务中心、酿造车间、生产工艺流水线、检测中心，实地见证雪花啤酒从糖化、发酵、过滤到空瓶清洗、空瓶检验、灌装，再到巴氏杀菌、成品检验、贴标包装、成品入库的整个原料进厂到成品下线的全过程。通过对工厂安全环保设施、产品质量控制措施和环保排放指标，以及对华润雪花啤酒的生产过程、产品质量、员工工作环境现场的实地观摩，受邀公众清晰地看到每一瓶优质的雪花啤酒是如何走上市场的。

接下来，四川工厂管理层与受邀公众以茶话会形式面对面座谈交流，相关负责人介绍了生产运营、科技创新、安全环保及社会责任等方面的做法和成效，听取了公众对企业发展的意见建议，受邀公众积极发言，现场气氛活跃。此外，四川工厂还准备了"庆祝祖国70周年华诞""亲亲华润 创享美好"的节日纪念蛋糕，与受邀公众共享，体味华润集团与中国"岁月同声 与国同梦"的初心和使命，并以此传达对祖国母亲的祝福和对华润美好明天的祝愿。

此次"亲亲华润 创享美好"公众开放日活动的举办，有效架起了外界与企业沟通的桥梁，公众日让员工家属及其他公众亲临生产现场，将产品鲜活地展现在公众视野中。公众代表表示："通过这次开放日活动，深感华润雪花啤酒是值得信赖的好产品！祝福华润集团未来再创辉煌！"

资料来源：https://www.toutiao.com/i6733811365846221320/.

（二）巩固和提升企业形象的原则

巩固和提升企业形象，必须坚持以下原则。

1. 实事求是

实事求是是树立企业形象的基本原则，也是巩固和提升企业形象的基本原则。实事求是是公众支持信任企业的基础，实事求是地向公众展示企业及其产品、服务的状况，自然就成为巩固企业形象不可缺少的基本原则。在现实生活中，由于主观和客观条件的种种限制，一个企业及其产品不可能只有优点而没有缺陷，企业在长期生产、经营活动过程中不可能没有任何闪失。因此，从巩固企业形象的角度出发，就必然要求企业始终以实事求是的态度，如实地反映企业的真实状况，以赢得公众的信任。

2. 关心公众利益

企业要巩固自身的良好形象，必须时刻牢记自己承担的社会责任和义务，时刻关心公众利益。一个企业如果只关心自身的利益，置公众利益、社会责任于不顾，就无法赢得公众的理解和支持，企业形象必然受到损害。因此，企业要时时处处考虑自身的行为对公众利益的影响，自觉地将公众的意愿和利益作为决策与行为的基本依据，自觉地将了解公众、顺应公众、满足和服务公众作为企业基本的行为准则，自觉地保持企业利益与公众利益的一致。

3. 持之以恒

企业形象的巩固和提升，贵在坚持。一个企业做一点好事，短期内维护好企业形象并不难，难的是始终如一地维护、巩固企业形象，保持良好的形象状态。美国的 IBM 公司、谷歌公司，国内的海尔公司、华为公司等这些知名企业从创立起，就一直视企业形象为生命，时刻予以精心维护。正是它们长期不懈地努力，才使企业形象不断得到巩固，企业不断得到发展。

三、企业形象的矫正管理

企业在其经营发展过程中，由于面对复杂的各类利益相关者和不断变化的内外部环境，不可避免地会面临各类形象危机。形象危机会使企业陷入舆论压力之中，失去公众的信任，进而影响经营业绩甚至关系企业的生死存亡。因此，面对形象危机，企业必须采取有效的措施进行企业形象的矫正，以便转危为安，重新树立其在公众心目中的美好形象。

（一）企业形象危机的类型

从企业形象危机发生的原因来看，企业形象危机包括企业形象的内部危机和企业形象的外部危机两方面。

1. 企业形象的内部危机

企业形象的内部危机是企业经营管理不善引发的危机事件或状态，可以分为单一危机和综合危机两种类型。单一危机是某种单一因素引发的企业形象危机，如产品质量事故导致的形象危机、安全事件导致的形象危机、原材料短缺导致的形象危机等；综合危机是企业多个危机事件相互作用产生连锁反应所导致的形象危机，反映的是企业整体经营困难的一种危机状态。企业是一个经济组织，经营过程中任何一项危机事件都有可能引发其他危机事件的发生。这一般是由于企业管理素质较低造成的。

企业形象的内部危机主要可分为以下几种类型。

（1）战略危机。战略危机是由于企业决策层对宏观环境、行业动态等外部经营环境缺乏深入探查，对行业未来发展趋势的预测产生偏差，对企业内部资源优劣势的认识不足，从而使企业战略制定失误，或者战略实施不力导致企业的战略目标不能实现所造成的形象危机。

（2）人力危机。人力危机是由于企业的人力资源管理措施不当，致使员工工作环境简陋、福利待遇低下、职业发展空间狭窄，从而导致企业员工缺乏凝聚力和忠诚度，出现人才大量流失，从而导致企业形象危机。

（3）财务危机。财务危机是因企业财务管理不当导致的企业形象危机，如企业出现财务体制不健全、预算控制不到位、负债率过高、资金周转不灵、融资渠道不畅、投资收益率降低、应收账款难以回收、投资亏损等情形，都可能使企业陷入形象危机。

（4）生产危机。生产危机是因生产管理的不利因素造成的企业形象危机，主要表现为：原料供应不及时、生产设备老化、产品破损率高、生产成本失控、产品质量合格率低、不能按时供货、生产研发能力薄弱、生产资源优化不充分等。

（5）物流危机。物流危机是由于企业物流管理不当导致的企业形象危机，主要表现为：运输费用过高、运输时间过长、运输损耗过大、库存积压严重、库存安全事故频发、物资供应不及时、配送准确率低等。

（6）营销危机。营销危机是因营销管理不当造成的企业形象危机，主要表现为：企业目标市场不明确、产品定位不准确、产品缺乏创新、分销渠道不畅、价格体系混乱、促销手段缺乏新意、产品投诉问题多发、售后服务无保障等。

（7）品牌危机。品牌危机是企业对品牌管理不到位造成的企业形象危机，主要表现为：企业的品牌结构不合理、品牌形象模糊、品牌缺乏活力、品牌知名度和忠诚度低等，导致品牌对销售的促进作用不足。

（8）文化危机。文化危机是因对企业文化管理不当造成的企业形象危机，主要表现为：企业缺乏合理的价值观念体系、企业经营观念落后、企业内部信息沟通不畅、员工缺乏工作热情和敬业精神、员工行为不规范等，致使组织缺乏向心力和凝聚力。

（9）关系危机。关系危机是由于企业在处理与利益相关者的关系时措施不当造成的企业形象危机，主要表现为：供应商停止供货、分销商不积极经销商品、合作伙伴撤资、新闻媒体负面报道、金融机构拒贷或催贷、经济合同纠纷等。

（10）安全危机。安全危机是企业因安全管理不到位导致重大安全责任事故造成的企业形象危机，主要表现为：安全职责不明确、安全管理体制不健全、安全防范不严密、违反安全操作规程、安全检查疏忽、肆意破坏安全设施、发生重大伤亡事故等。

2. 企业形象的外部危机

企业形象的外部危机是政府、社会、自然及其他企业等外部环境因素引发的企业形象危机。它属于企业不可控范畴，其危害具有公众性，需要借助外部危机管理，并结合内部危机管理，双管齐下，才有可能利用互补优势实现对危机的抑制，最终消除危机所造成的危害。

企业形象的外部危机主要分为以下几种类型。

（1）自然危机。自然危机是由于自然灾害类事件对企业造成危害和损失所导致的形象危机，主要表现为：地震、洪水、飓风、风暴等自然灾害直接造成企业经济损失、人员伤亡或间接造成企业物流中断、订单流失等经济损失。

（2）政治危机。政治危机是由于国家政治动荡或政策变化导致企业经营环境恶化所产生的形象危机，主要表现为：社会混乱、外贸受阻、投资环境恶化、经营项目受限、能源物资紧缺等，从而使企业面临生存压力。

（3）金融危机。金融危机是因经济萧条、通货膨胀导致物价上涨、股市暴跌、消费者信心指数下滑、投资项目减少、破产企业增多、市场需求疲软、失业率增加等，使企业经济效益严重下滑导致的形象危机。

（4）疫情危机。疫情危机是因流行疾病类危机事件造成企业经营困难或财产损失导致的形象危机，主要表现为：环境严重污染、传染病扩散、区域人口隔离、外来流动人口稀少、消费力大减，从而危及企业的正常经营。

（5）能源危机。能源危机是因能源供应短缺导致能源供应紧张、能源价格上涨致使企业经营成本上升导致的形象危机。能源危机影响最直接的是同能源关系紧密的航空、石油、运输、矿产等企业。

阅读资料

联想集团遭遇的形象危机

2018年9月13日，联想集团有限公司（以下简称"联想"）在美国纽约举办年度Lenovo Transform大会。随后，外媒在针对此事的报道中称联想董事长兼CEO杨元庆公开表示联想不是一家中国公司，并以此为标题广泛传播。

此事随即引发网络热议，有情绪激烈的网友甚至将联想斥为"卖国求荣"，并号召大家抵制联想，令联想"滚出中国"；当然，也有网友认为"此事可能是美帝的阴谋"，"希望大家保持冷静，不要被当枪使"。

9月16日，联想发布声明就此事作出澄清。联想在声明中表示：该报道曲解了杨元庆当时完整的表述，并在标题中断章取义，进一步衍生出错误解读。

随即，杨元庆也就此事进行澄清，称这是一个误会。杨元庆在微博中指出："没想到我的一个外媒采访会引发一个小波澜，全球化过程中的lost in translation是一个长足的功课啊……我一直的梦想，联想不仅要做一家成功的中国公司，更要做一家具有包容力的全球化公司，因为我们要做全世界的生意，要吸引全世界的人才和资源。"

然而，有网友查询外媒采访原文发现，杨元庆当时的表述确实是："We are not a Chinese company。"分析人士指出，此事极有可能是因杨元庆的英文表述不当引发误解，并被外媒摘为标题传播所致，并非所谓阴谋论，只是一个误会而已。

据此，有网友打趣道："我们都知道联想世界化的梦想，但是希望联想可以脚踏实地。联想若要世界化，第一步还烦请杨总先学好英语。"

事实上，此类谣言只需稍加思考便会不攻自破。天眼查显示，联想的第一大股东为中国科学院控股有限公司，持股比例为 36%，其背后就是中国科学院，而持股比例为 24% 的第二大股东北京联持志远管理咨询中心与持股比例为 20% 的第三大股东中国泛海控股集团有限公司也均为国资。持股共计 80% 的三大股东均为国资，杨元庆又怎么可能公开表示联想不是一家中国公司呢？

联想此前也曾多次陷入"卖国风波"。"民粹主义者"抓住联想在国内售价远高于美国等所谓"把柄"，结合"中美贸易战"的大背景大肆渲染，激起网友的"爱国情绪"，从而引发负面网络舆论的井喷。

2018 年 5 月，社交媒体上一段关于 2016 年 8 月的 3GPP 第 86 次会议上，联想支持由美国高通牵头的 LDPC 5G 增强移动宽带信道编码方案，以对抗由华为牵头的 Polar 编码方案的往事经由社交媒体的发酵迅速升温，最终由一个 5G 技术标准问题上升成为一个爱国问题。被情绪煽动的网友纷纷对联想展开口诛笔伐，"联想卖国求荣""联想滚出中国"等讨伐声四起。

5 月 11 日，联想与华为就此事发表公开回应。华为方面表示联想及其旗下摩托罗拉移动针对该方案的投票均是赞成票；联想方面则表示 Polar 编码方案能成为 5G 国际标准，是中国企业共同持续努力的突破性结果，并将与华为及国内相关企业展开广泛合作。

华为在声明中强调："这次编码之争，更多的是技术之争，不要增加太多政治色彩。LDPC 成为 5G 数据编码，Polar 成为 5G 控制编码，都有技术层面的优势。"

随后，杨元庆在朋友圈转发了一篇名为《详细揭秘：两年前的"5G 投票"联想究竟做了什么？》的文章并评论，此次的投票事件本就是一个有关技术标准的投票，但却在两年后硬给炒成一个爱国的话题。他表示，论爱国，联想绝对经得起考验，但同时也提出疑问，如果真给技术标准贴上爱国标签，它是否还能够在国际市场上畅通无阻。

至此，此事才最终平息。这也提醒广大网友，面对此类事件时应保持客观冷静，切勿让所谓的"爱国情绪"过度泛滥，被居心叵测者所利用。

资料来源：https://baijiahao.baidu.com/s?id=1611859166198550420&wfr=spider&for=pc.

（二）企业形象危机的特点

企业形象危机具有以下几个特点。

1. 突发性

企业形象危机发生前的量变过程一般不为人们所注意，当它在企业经营过程中的某一时刻突然爆发时，企业原有的发展格局会突然被打乱。

2. 时效性

企业形象危机一旦爆发，对企业的影响立竿见影，短时间内就会将企业推到风口浪尖上，对企业的日常经营活动产生巨大影响。

3. 危害性

企业形象危机的发生总会轻重不同地影响企业正常的生产经营活动，威胁到企业的既定目标，严重的将导致企业破产倒闭。

4. 导向性

企业形象危机是依靠大众传播媒体来传播的。在企业形象危机形成的过程中，媒体起了至关重要甚至是推波助澜的作用。媒体的观点会左右大多数不明就里的社会公众的观点，少数不良媒体可能会有放大企业过失来吸引公众注意的做法。因此，传播媒体的观点对企业形象具有导向性的影响。

5. 紧迫性

由于企业形象危机的上述特性，决策者对形象危机作出反应和处理的时间十分紧迫。只有针对企业形象危机作出正确的处理决定，才有可能阻止企业形象危机的蔓延。任何延迟或者推诿企业责任的做法都可能使形象危机迅速扩大。

6. 关联性

一方面，互联网和大众传播的发展，会使企业形象危机迅速公开化，成为公众和舆论关注的焦点；另一方面，由于多米诺骨牌效应，一件产品、一个企业的形象危机很可能会演变为一类产品、整个行业的危机。如 2008 年"三鹿"毒奶粉事件就最终演化为波及国内整个乳制品行业的行业危机。

7. 机遇性

老子在《道德经》中说过："福兮祸之所伏，祸兮福之所倚。"危机不仅有消极的一面，更有积极的一面。形象危机同时蕴含着失败和发展、毁灭和改变、损失和收益的可能性。危机可以被看作敲响的警钟或是为企业接种的疫苗。一些企业面对一般形象危机时，采取负责任的态度，积极对企业过失进行处理，勇于承担责任，不但不会影响企业形象，反而可能树立企业重诺守信的良好形象，从而有助于企业的长远发展。

（三）企业形象危机的成因

企业形象危机的成因可以分为外因和内因两方面。企业形象危机的外因是由于外部环境变化导致的不可抗力，企业形象危机的内因主要表现在以下几个方面。

1. 缺乏正确的企业文化作为指导

美国历史学家戴维·兰德斯在《国家的穷与富》一书中说："如果经济发展给了我们什么启示，那就是文化乃举足轻重的因素。"同样，企业的生存和发展也离不开企业文化的哺育。企业文化集中体现为企业的价值主张、价值基础和价值追求，具体化为企业的使命、远景和目标。企业文化是企业发展中强大的内在驱动力量，随着知识经济的发展，它将对企业的兴衰发挥越来越重要的作用。如果企业没有先进的企业文化，只顾眼前利益，没有社会责任感，没有为顾客利益着想的企业价值观，采取制造假冒伪劣产品等不正当方法来追求短期利润，终将引起企业形象危机，给企业带来灭顶之灾。

2. 缺乏居安思危的危机意识和危机预警机制

企业形象危机管理的重点在于对危机的预防。如果企业没有强烈的危机意识，在危机发生前没有充分设想可能出现的各种危机，不能有效地预防和处理形象危机，没有制定应急预案并做好危机处理的策划工作，忽视企业形象危机的基础管理，缺乏形象危机预警机制，忽视管理手段方法的多样性，忽视企业自身存在的问题，过分强调客观原因，危机出现了才临时抱佛脚，以致危机出现后根本没有解决危机的能力，必然会形成"头痛医头，脚痛医脚"和"只见树木不见森林"的短期危机管理行为。

3. 缺乏科学处理形象危机的策略

企业形象管理没有系统的科学理论作为指导，对形象危机缺乏足够深刻的认识，认为企业形象危机是一时之事，意图通过"冷处理"渡过难关，而企业与公众之间的信息不对称也往往使企业在处理形象危机时抱有一种侥幸心理。但随着大众传媒的日益发展，这种机会主义往往会给企业形象造成更大的损失。企业没有在危机发生的第一时间对公众作出解释，往往使媒体和其他公众对企业的行为进行更多猜疑，甚至会认为企业有不负责任的嫌疑，这对企业形象的破坏更大。当企业形象危机发生时，企业与社会公众之间及时、主动的沟通是处理企业形象危机的重要技巧。企业如果将出现问题的原因及事情的经过及时与公众沟通，使得危机处理透明化，就有可能获取公众的谅解和支持，从而有利于企业形象危机的处理。相反，如果企业在形象危机发生后试图掩盖事实，不坦诚认错，往往会得到适得其反的效果。

（四）企业形象矫正的原则与策略

企业一旦出现形象危机，不能等闲视之，必须及时妥善加以处理，努力赢得公众的谅解和信任，尽快恢复企业的声誉，重新塑造企业形象。

1. 企业形象矫正的原则

企业发生形象危机后，企业在处理危机的过程中必须遵循以下原则。

（1）公众利益第一。最大限度地平衡企业与公众的利益，在企业利益与公众利益产生冲突的时候，将公众利益摆在首位，积极采取有效的措施进行补救，是赢得公众的谅解与支持的前提和基础。

（2）快速反应。企业形象危机一般是突发性事件。企业越早弄清事件的真相，并对事件的性质及影响进行准确判断，迅速采取合理的应对措施，就越能赢得主动。

（3）真诚坦率。形象危机发生后，与事件有关的公众出于趋利避害的动机，都渴望弄清事件的真相。如果缺乏真实可靠的信息，公众则往往做出最坏的打算以图将可能的损失降到最低。因此，企业应及时公布事件的真相和原因、处理的态度和对策，不能隐瞒、歪曲，更不能捏造。出现形象危机后，及时、准确地传播才能赢得公众的信任，争取公众的谅解与配合，把握舆论的主动权，变不利因素为有利因素。如果隐瞒甚至歪曲事实则会使公众产生更大的疑惑，错失化解危机的最佳机会，并可能恶化企业形象。

（4）勇于担当。企业对因危机事件给公众带来的人身及财产损失应持高度负责的态度，要具有人文关怀的精神，勇于承担责任，对财产损失应积极、合理地赔偿，对伤亡人员应为其本人或家属提供探视、医疗、精神慰藉和抚恤等条件。任何推诿责任的言行都可能导致事态的扩大，使企业形象进一步恶化。

（5）积极改进。企业出现形象危机后往往会成为公众关注的焦点。行动胜于雄辩。企业一方面要积极兑现处理危机时对公众的承诺；另一方面要做好改进工作，如制定新的管理制度，对被损坏的设施进行恢复整修，加强预警，总结教训，并策划积极的形象推广活动来弥补与公众在感情上的裂痕，以重新赢得公众的信任。

2. 企业形象矫正的策略

企业形象矫正是通过企业实施一系列科学的矫正性形象管理措施来完成的。在矫正企业形象的过程中，应在遵循下列程序的前提下采取有效措施。

（1）分析形象危机产生的原因。对形象危机产生的原因的准确把握，是制定合理的形象矫正策略的前提。如前所述，导致形象危机的原因，主要有企业外部原因和企业内部原因两方面。两类原因的性质和影响各不相同，因而针对形象危机的处理策略也就各不相同。在进行形象矫正时，要对上述两类原因进行深入分析，以便有针对性地制定形象矫正策略。分析时可采取层层递进的方式，按照以下分析思路进行：危机事件→危机产生的原因→主要是外部原因还是内部原因→企业外部或内部具体哪方面的原因→原因的特征与成因→矫正对策。

（2）隔离形象危机。企业是一个有机的整体，发生形象危机后如果只是急于处理危机而不先隔离危机，就可能发生连锁反应，出现"多米诺骨牌效应"，造成更大的损害。因此，在危机事件发生后，要采取有效的隔离措施，将危机控制在可能控制的范围之内，切断一切使危机得以蔓延的途径。

（3）处理形象危机。形象危机发生后，要当机立断，及时找出形象危机的症结，对症下药，采取有效的措施迅速处理危机，力求在较短时间内控制并妥善处理危机。同时，在处理形象危机时，要能够从"危"中看到"机"，积极利用一切有利的机会和条件争取公众的支持、谅解与合作，尤其是要争取权威机构和人士、政府的相关部门、企业的老顾客的支持。因为在形象危机中，第三方站在中立的立场发表意见更能为公众所接受。

（4）维护企业形象。危机会对企业形象造成极大的损害，因此，在危机处理时，要始终把企业形象的维护放在重要地位。企业形象危机的处理过程也是企业形象的再造过程。因此，要及时提出维护公众利益、寻求公众谅解和支持的实际措施；要真诚地与新闻媒介保持密切的联系，统一信息传播的口径，争取他们的合作。

（5）重塑企业形象。危机过后，企业应对危机事件及危机处理工作进行全面的总结，以提高企业的危机管理水平。这包括：对危机发生原因的深刻认识，对企业在危机中的态度、措施及效果的评价等。更为关键的是，企业要对危机处理过程中发现的问题有针对性地开展一系列企业形象的矫正管理活动，包括：以优异顾客价值为中心变革企业的经营管理理念、组织结构及业务流程，调整企业的管理团队；向市场推出新的产品和服务；投放企业形象广告；公布企业新的市场拓展规划和产品研发计划；积极参与社会公益活动，等等。企业通过一系列有针对性的形象矫正活动，能够重新赢得公众对企业的好感，增强对企业未来的信心。

阅读资料

危机管理的五个阶段

《危机管理》一书的作者史蒂芬·菲克（Steven Fink）所做的调查发现，80%的《财富》500强公司的CEO认为，现代企业界面对的危机就如同死亡一样，几乎是不可避免的事。

有 55% 的被访者认为危机影响了公司的正常运转，而危机困扰公司的时间平均历时 8 周半。这表明，面对客观存在的无法预见的危机，公司必须有一套应对危机的管理办法。

危机管理可以分为 5 个阶段。

第 1 阶段："未雨绸缪"——危机管理的准备。危机就像死亡和纳税一样是管理工作中不可避免的。所以，"防患于未然"是必要的。

第 2 阶段："集思广益"——危机的确认。危机确实出现了，这个阶段的危机管理是最富有挑战性的。确认危机的办法就是听取公司中各种人的意见，并与自己的看法相互印证。

第 3 阶段："兵分两路"——危机的控制。公司在控制危机时应该更多地关注消费者的利益，而不仅仅是公司的短期利益。可以让一群专职从事危机管理的员工来进行危机的控制工作，让其他人继续公司的正常经营工作；指定一人作为公司的发言人，所有面对公众的发言都由他来主讲；及时向公司的组织成员，包括客户、拥有者、雇员、供应商以及所在的社区通报信息，而不要让他们从公众媒体上得到有关公司的信息；管理层不管多忙都要关心投资者的态度，因为让人们感兴趣的不是事件本身而是管理层对事件的态度；危机管理小组中应该有一个唱反调的人，他在任何时候都要敢于站出来明确地说出自己的意见。

第 4 阶段："迅速出击"——危机的解决。危机不等人，速度是关键。危机出现后要迅速作出反应，迅速出击。

第 5 阶段："痛定思痛"——危机总结。总结经验教训，以便能提供一个弥补公司的一部分损失和纠正混乱的机会。

资料来源：商学院，2003(3).

第三节　企业形象的变革管理

企业形象确定以后并不是固定不变的。企业形象的开发是以对企业经营环境的未来变化的超前性分析为基础的，会受到各种因素的制约，具有一定的局限性。同时，环境本身的发展变化也具有高度的不确定性。在一定时期，合理的企业形象会随着经营环境的变化和企业自身条件的变化而变得不合理。因此，企业必须时刻洞察环境变化的新特点和新趋势，积极推进企业形象的变革，实现企业的可持续发展。

一、企业形象变革的情境

驱动企业形象变革的原因是多种多样的，总体而言，包括以下几种情境。

1. 时代变迁的驱动

人类社会是一条不断向前发展的历史长河。随着时代的变迁、社会的发展，作为社会成员之一的企业也必然发展、变化。当企业原有的形象落后于时代发展的要求时，该形象就会使企业给人一种保守、故步自封的感觉，从而给企业的发展带来负面效应，制约了企业的发展。

不同的时代有不同的时代特征。例如，在第一次工业革命和第二次工业革命时期，不断扩大企业规模是驱动企业快速发展的因素之一；在信息化、网络化时代，"创新""互联网＋""人工智能"则成为企业发展的重要驱动力。同时，每个时代也有每个时代的价值标准和审美观。在一定时期认同并欣赏的企业理念、行为准则、视觉及听觉因素，在新的时期可能就不认同、不喜欢了。所以，企业形象的变革是企业顺应社会发展和时代变迁的必然选择。企业只有与时俱进，准确把握时代的脉搏，及时变革企业形象，使之充分体现时代的精神，符合时代的审美观和价值观，才能赢得公众持续的信任和支持，使企业始终保持良好的形象和旺盛的生命力。

日本的大荣百货公司是在第二次世界大战后日本经济萧条时期创建的百货公司。公司一直坚持"物美价廉"的经营理念。依据该理念，公司确定了"1、7、3"的经营原则，即商店经营毛利润率为10%，经费率仅为7%，纯利润率为3%。从这个原则可以看出，公司的经营盈利率是相当低的。这一理念符合战后日本经济萧条、物资紧缺环境下人们的价值观念，因而，在很长的一段时间内公司赢得了良好的企业形象和经济效益。然而，随着战后日本经济的快速发展，人们的收入水平和消费水平都有了极大的提高，人们的消费观念也发生了巨大的变化，人们不再仅仅因为便宜而购买，消费行为逐渐呈现出个性化、多样化的特点。这样，大荣百货公司原来的经营理念已明显不合时宜，"价廉"成了低档商品的代名词。大荣百货公司由于没有强烈时代感的企业理念，导致经营战略失败，以至于人们越来越少光顾公司，公司的销售业绩节节下降，竞争力持续降低。

"失败是成功之母。"为了适应新的市场环境，大荣百货公司后来将"物美价廉"的经营理念改为"更好地满足顾客对商品的需要，一切以顾客为中心"，全面推行"人性化"经营战略，重新塑造企业形象，使之与时代、与社会同步。这一变革使大荣百货公司重新在消费者心目中树立起美好的形象，生意日益兴隆。到1995年，大荣百货公司在国内拥有1 200家大型超市、6 700多家便利店、220多家大型百货商店和7个大型配送中心，营业额高达250亿美元，居亚洲第一位。

阅读资料

消费者对企业形象认知的与时俱进

在消费者心目中，企业形象不仅因行业不同而有所偏重，而且这种偏重受着时代变化的影响。如日本专家调查，在日本，1968年，对电机行业，消费者把技术、未来形象放在第一，外观形象作为第二；同时，对商业销售来说，消费者则把外观形象放在第一位；对于银行业，在消费者心目中是外观形象第一；而1971年，消费者对汽车业的形象重视反转过来，外观形象成为第一因素；到1974年，受到社会反公害舆论的影响，包含防治公害形象的社会性形象逐渐突出；到1976年，社会性形象就被提升到了第一位；到1979年，市场形象才再度回升到第一位，其次是外观、社会形象。

资料来源：白玉，王基建. 企业形象策划[M]. 武汉：武汉理工大学出版社，2003：178.

2. 企业战略变革的驱动

企业形象战略是企业重要的职能战略之一，服从和服务于企业整体的经营发展战略。

当企业面临的战略环境发生重大改变时，企业的事业领域和经营方针都会发生相应的改变。这些变化会对企业形象的变革产生强烈的要求和驱动作用，从而促使企业对形象进行变革。

现在风靡全球的万宝路香烟在其创业初期的定位是女士香烟，消费者绝大多数是女性，其广告口号"像五月的天气一样温和"也完全是针对女性市场的。可是，尽管当时美国吸烟人数年年都在上升，但万宝路香烟的销路却始终平平。女士抱怨香烟的白色烟嘴会染上她们鲜红的口红，很不雅观。于是，菲利普·莫里斯公司把烟嘴换成红色。可是这一切都没有能够挽救万宝路女士香烟的命运，菲利普·莫里斯公司终于在 20 世纪 40 年代初停止生产万宝路香烟。第二次世界大战后，美国吸烟人数继续增多，万宝路把最新问世的过滤嘴香烟重新搬回女士香烟市场。当时美国香烟消费量达每年 3 820 亿支，平均每个消费者要抽 2 262 支之多。然而万宝路的销路仍然不佳，吸烟者中很少有人抽万宝路的，甚至知道这个牌子的人也极为有限。

在这种情况下，菲利普·莫里斯公司于 1954 年改变了万宝路香烟的战略方向，决定从女性市场转向在香烟市场中占主导地位的男性市场，这一转变也使企业对其形象进行了彻底的变革。香烟包装采用当时首创的平开盒盖技术，并以象征力量的红色作为外盒的主要色彩；香烟广告不再以女性为主要诉求对象，而是主要强调万宝路香烟的男子汉气概，以浑身散发粗犷、豪迈、英雄气概的美国西部牛仔为品牌形象，吸引所有喜爱、欣赏和追求这种气概的消费者；广告口号也从"像五月的天气一样温和"变为"万宝路给你一个多姿多彩、包罗万象的动感世界"。战略方向和品牌形象的转变彻底改变了莫里斯公司的命运，到 1955 年，万宝路香烟在美国香烟品牌中销量就跃升至第 10 位，之后便扶摇直上。现在，万宝路已经成为全球赫赫有名的香烟品牌，万宝路香烟成为世界上最畅销的香烟。

3. 完善企业形象动机的驱动

企业形象是各类公众对企业的认知和评价。一方面，如上所述，随着社会的发展，企业形象可能会变得越来越不合时宜；另一方面，企业依据对内外部环境的分析及战略所设计的企业形象本身也不是完美无瑕的，总会存在这样和那样的缺陷与不足，如果这种不足达到一定程度，成为制约企业发展的严重障碍，企业就必须进行形象变革。

创立于 1873 年的日本小西六写真工业公司是世界照相器材工业的元老。该公司拥有小西六、柯尼卡、樱花、优美 4 个著名商标，占领着相机、胶卷市场 80%的份额。公司拥有良好的企业形象。然而，小西六公司的企业形象也存在品牌不统一的缺陷，小西六、柯尼卡、樱花和优美 4 个品牌分散了公众的注意力。这个缺陷在照相业竞争不激烈时对企业的影响不大，因而未引起企业管理层的重视。

20 世纪 50 年代，富士胶卷公司异军突起。富士公司用一个品牌来占领市场，强化公众印象；同时，美国的柯达公司也以统一的公司形象进入日本市场。这样，小西六工业公司原有的多品牌策略不能形成一种合力，分散了公众对企业的注意力，不能充分展现自身的实力，因而影响了企业产品在市场上的竞争力。而富士公司靠统一的形象夺走了小西六公司近一半的市场份额，成为日本照相行业的市场领导者；柯达公司的市场占有率也直逼小西六公司，直接威胁着小西六第二的市场地位。正是在这种严峻的市场形势下，小西六公司痛下决心，决定对企业形象进行变革，将 4 个品牌统一为"柯尼卡"，将公司名称也变更为柯尼卡公司。这样，公司以一种全新的形象出现在公众的面前，并以此为基础，将柯达公司远远地抛在后面，直逼富士龙头老大的市场地位。

二、企业形象变革的原则

进行企业形象变革，需要遵循以下原则。

（一）积极主动地进行企业形象变革

社会在不断发展，企业经营的外部环境和内部条件都在日新月异地发生着变化。因此，企业必须高度重视企业形象的变革，积极主动地进行形象变革，使其符合时代发展的趋势，符合公众不断变化的价值观念和审美观念，符合企业自身的战略要求，从而为企业在激烈竞争的市场中赢得有利的地位奠定基础。

（二）稳妥、慎重地进行企业形象变革

企业形象的变革是企业适应经营环境变化的必然选择。但是，对于企业而言，企业形象是企业的形象要素在公众心目中的投射，是公众对企业的认知和评价，是企业在公众心目中的特色和地位的象征。企业形象要素的任何改变，必然导致公众对企业认知的改变，进而对企业的经营和发展产生影响。如果企业形象的变革符合公众的价值观念体系，得到了社会公众的认同和支持，企业的形象就会得到进一步的优化和提升，这对企业的经营发展就会产生巨大的促进作用。相反，如果企业形象的变革不符合公众的预期，或者企业形象的变革方案与社会公众的价值观念体系存在冲突，因而得不到社会公众的认同和支持，企业原有的形象就会受到损害，从而对企业的经营发展产生消极影响。因此，企业形象的变革对于企业来说，是一项决定企业的经营环境和未来发展方向的重大决策。企业形象要与时俱进，但企业形象的变革又必须在稳妥、慎重的前提下进行，必须建立在对企业形象变革的必要性的充分评估、企业形象变革方案的合理性充分论证的基础上，切不可草率从事。可口可乐公司"新可乐"的失败很好地诠释了这一点。

可口可乐与百事可乐一直都是一对强有力的竞争对手。到20世纪80年代以后，可口可乐的市场占有率一路下滑，两者的差距越来越小。为了扭转这一局面，可口可乐公司在充分的市场调研的基础上，于1984年研发了一种比可口可乐更甜、气泡更少、口味也较柔和的新可乐，并于1985年4月23日正式上市。

新可乐的新闻发布会非常成功，24小时内有80%的人知道了新可乐，其公众知晓率超过了16年前的阿波罗飞船登月，24小时以内，更有70%的美国人在第一时间内品尝了新可乐，这超过了任何一种饮料的新品尝试率。于是可口可乐公司停止了传统的可口可乐的生产。

对于可口可乐公司来说，新可乐的推出无疑是一场噩梦，在推出的4小时内，抗议电话就达到了650个，后又上升为8 000个。5天以内，公司每天接到1 000多个抗议电话，还有连续不断的抗议信，一些极端的人还说要状告可口可乐公司，甚至还有人将囤积的老可乐高价出售。有的顾客称可口可乐是美国的象征，是美国人的老朋友，可如今却突然被抛弃了。还有的顾客威胁说将改喝茶水，永不再买可口可乐公司的产品。在西雅图，一群忠诚于传统可口可乐的人组成了"美国老可乐饮者"组织，准备在全国范围内发动抵制"新可乐"的运动。许多人开始寻找已停产的传统可口可乐，这些"老可乐"的价格一涨再涨。

到 6 月中旬，"新可乐"的销售量远低于可口可乐公司的预期值，不少瓶装商强烈要求改回销售传统可口可乐。3 个月后，可口可乐公司在压力之下，又开展了市场调查，60%的人明确提出自己非常讨厌新可乐。于是可口可乐在保留新可乐生产线的同时，不得已再次启用近 100 年历史的传统配方，生产让美国人视为骄傲的"老可口可乐"。仅仅 3 个月的时间，可口可乐的新可乐计划就以失败告终了。

可口可乐公司"新可乐"失败的案例表明，企业形象的变革必须谨慎从事，不可盲目求变。可口可乐公司的失败，是由多方面的因素造成的，而最重要的原因就是决策的不当。首先，在作出决策时，可口可乐公司对市场的预测盲目乐观，对其决策的风险估计不足，并缺乏对付风险的后续计划；其次，尽管可口可乐公司前期花费了两年时间、数百万美元进行市场调研，从中认识到"新可乐"能为公司的发展带来新气象，却忽略了最重要的一个事实——对于可口可乐的消费者而言，口味并不是其最主要的购买动机，因而没有真正分析出顾客的心理要求，从而错误地作出了以"新可乐"全面取代传统可口可乐的生产和销售的决策，以至于失去了在发现问题后及时调整生产、减少损失的时机。

（三）采取恰当的方式进行企业形象变革

企业形象变革是一项系统工程，企业在进行形象变革时必须进行充分的策划，选择恰当的形象变革时机和形象变革方案。

1. 确定明确、合理的形象变革目标

企业形象变革是企业为了主动适应外部环境的要求从而对自身的形象进行变革与重塑的过程。为了使这一变革能成功进行，企业一方面要对现有形象的形成机制及存在的主要问题进行深入的洞察，即明确"企业的形象从哪里来，目前在哪里"，这是企业形象变革的起点。不明确这些而进行企业形象变革，就只能是毫无根据的形象变革。另一方面，企业要依据各类社会公众对企业的期望和利益要求，确定合理的企业形象变革的目标，即明确"企业的形象将到哪里去"，没有清晰目标的企业形象变革，只能是一种盲目的变革。

2. 选择恰当的形象变革时机

企业形象的变革不是随时随地就可以进行的，需要选择恰当的时机。时机选择得合适能事半功倍，取得良好的效果；时机不当则往往事与愿违、事倍功半。以下几种情形正是企业形象变革的重要时机：①当国家政策和发展战略出现重大调整，从而可能对社会发展的趋势带来重大变革时；②当经济、文化发展和科学技术的进步使社会出现不同以往的生产方式和消费方式，从而使人们的社会文化观念发生重大变化时；③当行业竞争激烈，企业需要依靠重塑特色化、富有时代感的企业形象营造竞争优势时；④当企业内部的组织机构出现重大调整和变革时；⑤当企业的经营遭遇重大挫折，经营业绩每况愈下时；⑥当企业业务快速发展，推出新产品、进入新市场或进行重大并购，原有形象与新的业务或市场环境出现不协调甚至冲突时；⑦当企业遭遇重大形象危机，需要进行企业形象再造以重新赢得社会公众的认同与支持时。

3. 制定恰当的形象变革策略

企业要依据自身面临的环境特点及趋势、企业的内在条件、企业形象变革的目标等确定合理的企业形象变革策略。

（1）依据变革的速度，确定是快速变革还是循序渐进地变革。快速进行的企业形象变革是企业在较短的时间内通过改变企业形象的主要因素以达到塑造企业新形象的目的。这种策略适用于面临较大的形象问题、需要对形象进行彻底改变的企业，显示了企业与旧的形象彻底决裂的信心和决心。循序渐进的企业形象变革是企业依据形象设计的方案，逐步优化和提升企业形象的相关要素，从而达到改变企业形象的目的。这种策略适用于形象总体比较良好，但存在着某些不足的企业。这种变革不是否定原有的企业形象，而是对原有企业形象的进一步优化和调整。

（2）依据变革的范围，要确定是进行企业单项形象的变革还是企业整体形象的变革。企业在决定推进形象变革时，可以只进行单项形象要素的变革，也可以全方位地进行整体形象的变革。企业如何决策，主要取决于企业形象存在问题的范围及严重程度、企业的资源状况、企业形象建设的目标等因素。

如果企业整体的形象定位和风格没有问题，只是个别形象要素存在着不合时宜的状况，或者企业的资源有限，企业就可以只决定变革单项形象要素，从而达到变革企业形象的目的。主要包括以下几种情况。

第一，变更企业标志及其他视觉元素。就像人在经历人生的重大事件后会想要变换造型一样，许多企业在形象出现老化，产品的销售表现不佳，或者公司出现战略调整、组织结构调整时，采用的最直接也最常用的变革形象的手法就是更换企业的标识体系，以求给公众带来新的感觉。例如，2015 年 8 月 8 日，韵达快递公司在成立 16 年之际更换了包括 Logo 在内的视觉设计，以体现其国际化的目标。标志由原来的音译"Yunda"变成了一个"达"字的图形符号，原来的红色变成了黑色。新的标志是韵达对货物的送达、道路的通达、信息的传达、情感的表达的深刻理解，提炼出以"达"字为核心的标志，寓意在快递领域"运达"是企业的首要目的。通过对"达"字的图形化演变，将民族性的文字转变为世界性的图形符号，体现了韵达作为民族快递企业走向世界的愿望和信心。与韵达快递国际化的追求不同，长安汽车也于 2020 年 9 月将其标志及标准色系进行了优化升级，并与方正字库团队共同开发设计了全新的品牌专属字体——长安引力体，其目的就是适应公司从传统的汽车制造公司到"智能出行科技公司"的战略转型，更好地与智能时代下的用户进行沟通，体现"科技长安 智慧伙伴""有温度的科技感、伙伴式的关怀感"的品牌价值和精神主张。

第二，更换产品的外观。产品外观的更换主要是改变产品的造型和包装。产品的外观构成了产品的表层形象，这是直接影响公众对产品的认知和体验的最直观、最生动的要素。如果一味地墨守成规，就会使公众产生厌倦感。随着社会的发展，产品的造型设计越来越追求趣味性、娱乐性、便利性和人性化，注重满足消费者深层次的精神文化需求，追求更适合人体结构的造型形式。例如，1987 年美国设计师莉沙·克罗恩（Lisa Krohn）设计的被称为"电话簿"的电话机获得了当年芬兰造型艺术大奖赛的一等奖。该电话机摈弃了常见的电话机毫无特色的造型，而是借寓于日常生活，将其设计成一本打开的书，隐喻着它像书一样会成为人们"友好的使用者"，其造型强有力地表现出文化中信息交流的连续性——从昨日的印刷手段到今天的电子形式。产品包装的改变是企业对产品原包装进行改进或改换，以达到改变形象、促进销售的目的，包括改变包装材料、改变包装的造型和规格、改变包装的图案和色彩等。就像一个人设计了一种新的发型、穿了一种新款的服饰会使人眼前一亮一样，产品包装的改变也会给人们带来一种全新的感觉，激起人们对产品的热情和欲望。例如，宝洁公司在日本市场就将浓缩柔顺剂的尺寸大大缩小，小到和一瓶 500 毫升的气泡水相似，并在广告中将其描述为"就像你洗衣产品中的一瓶香水"，以迎合年轻人的需求，给消费者带来一种全新的感觉。

第三，变革人员形象。员工形象是决定企业形象最重要的因素之一。被企业界称为"经营之神"的松下幸之助在总结其经营文化的精华时说："没有人就没有企业"，"企业的成败取决于人。"因此，变革企业形象，要把改变员工的形象放在重要的地位。改变员工的形象包括两个方面：其一，提高员工的素质。只有高素质的员工才有优异的产品和服务，进而才有良好的企业形象。因此，提高员工素质是改变员工形象的关键。这包括提高员工的客户意识、工作热情、敬业精神等思想素质和提高员工的业务技能两个方面。其二，改变员工的外观形象。改变员工的外观形象可以从三方面入手：一是对员工进行培训，提高其个人形象设计的技巧；二是更换员工的制服和饰品；三是更换企业中与公众联系比较紧密的岗位的员工。

通过改变企业单项形象要素来改变企业形象的途径还有很多，如更换企业的形象广告、改变企业建筑设施的外观和企业内部环境、提高产品的质量等。限于篇幅，此处就不一一赘述了。

如果企业重新进行形象定位，完全改变企业的理念，并以此推动上述各形象要素系统化、全方位的变革，最终达到彻底改变企业形象的目的，就是在进行企业整体形象的变革了。整体形象的变革无论是变革的范围、变革的力度、变革的难度和复杂性、变革延续的时间都是单项形象要素的变革所无法比拟的。因此，企业在进行整体的形象变革之前，必须对变革的必要性和方案进行充分有效的调研和评估，科学合理地决策与实施。

IBM 公司的形象变革措施

国际著名的 IBM 公司，自 20 世纪 50 年代导入 CIS，一度辉煌几十年。然而到 80 年代以后，IBM 公受到了众多电脑公司的挑战，其形象严重受损。为了维护其"最佳服务"的公司形象，IBM 采取了以下重塑企业形象的措施。

（1）启用"商业程序再造"管理方式，恢复 IBM 形象的"重心点"，强调"沟通、协调"；对外，仍保持 IBM 的"全面最佳服务"的经营理念，为此除了广告强调其服务种类外，还特别突出其全球性服务能力与经验。

（2）针对 Dell 公司的"明争"和 Compaq 公司的"暗斗"中的攻击性广告及用户最为关心的价格与服务竞争，IBM 公司一方面谦让有加，另一方面拟定了一揽子售后服务项目，以期吸引更多的用户的兴趣。

（3）创新企业国际形象。长期以来，IBM广告标志成为性能、质量、可靠的象征，但在欧洲却被认为是傲慢、冷漠，以及对家庭用户需求的漠不关心。对此，IBM决心改变这一陈旧形象，在欧洲市场重塑一个有长长绒毛和明亮的粉红色尾巴的顽皮、和善的"红豹"卡通形象，以体现IBM友好、积极、主动、亲切及强调服务的新形象，并统一企业员工的经营理念和价值观，现今这一新形象在欧洲已取得良好的效果。

（4）调整结构，理顺媒体关系。IBM没能理顺内部结构和外部媒体关系，公司的广告业务原来由BDDP公司负责形象广告业务，Lintas公司负责产品广告业务。但后来其分公司独立开发、设计自己的CIS，并大做广告，这对IBM公司来说无疑是雪上加霜。不仅如此，代理商也由两个增至五个。因此，采取措施强化各层职责，理顺业务关系，就成为重塑形象的必要手段了。

资料来源：杨仕辉. 企业国际形象维护研究[J]. 财经理论研究，1996(2).

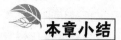 **本章小结**

在企业形象识别方案付诸实施从而确立了独具特色的企业形象之后，企业更需要加强对企业形象的维护和提升管理，这需要对企业形象识别方案的实施效果进行评估，依据评估结果对企业形象识别方案进行调整与改进，持续进行企业形象的巩固与提升，并及时矫正企业出现的各类形象危机。

企业形象变革是企业为适应社会及企业自身发展的趋势、纠正企业形象存在的问题而主动对形象进行变更的过程。进行企业形象变革，必须遵循积极主动、稳妥慎重的原则，并对形象变革进行充分的策划，选择恰当的形象变革时机和形象变革方案。

 **复习思考题**

1. 进行企业形象评估有哪些方法？请举例说明。

2. "请进来"和"走出去"是进行持续的形象传播的重要方式。请以自己所在的或熟悉的某组织为例，列举3～5个"请进来"的具体方式。

3. 请以某企业某次形象危机的管理为例，说明企业形象矫正应遵循的原则和策略。

4. 请以某企业形象变革为例，说明企业形象变革的原因和策略。

案例分析

美特斯邦威的形象变革

Metersbonwe（美特斯邦威，以下简称"美邦"）正经历自创立以来最彻底的一次形象转变。

2017年7月18日，美邦在上海总部进行了一场品牌升级发布会，宣布将旗下

Metersbonwe 主品牌由单一休闲风格转变为五大风格，分别为休闲风 NEWear、潮流范 HYSTYL、都市轻商务 Növachic、街头潮趣 MTEE 和森系 ASELF，并请来了关晓彤、任嘉伦等五位青春偶像做代言人，称将以新的形象和产品满足新一代年轻消费者的需求。

新的门店形象也随之变化，通过五种风格的交叉组合，美邦将推出集合店、单风格店等多种形式，且以购物中心为主要发力渠道。"这项工作从去年年初开始尝试，到目前为止，我们已在全国多个城市开设了数百家集合店和风格店，反响很好。所以我们现在将向全国加快推广。"美邦服饰创始人周成建说。

发起这次大规模形象转变的背后，是年轻人快速变化且多元的审美需求。即便都是年轻群体，"90 后""95 后"和"00 后"不同消费时代的时尚眼光也差异巨大，并形成明显的圈层划分。周成建希望 Metersbonwe 在保持性价比的基础上，成为"更有趣一点的优衣库"。通过深挖 20% 的基本款，整合优化供应链，做到如优衣库般性价比的产品，余下的 80% 提供丰富度和有趣度。

品牌老化一直被认为是美邦节节败退的重要原因之一。自 2014 年起，美邦门店数量开始缩减，一路从 2014 年底的 4 000 多家，减少至 2016 年的 3 900 家。财报数据显示，美邦营收也从 2011 年的 99.45 亿元大幅下降至 2015 年的 62.9 亿元，其 2015 年净利润更是同比暴跌 396.57% 至 -4.3 亿元。虽然在经历换帅、出售子公司后，2016 年业绩稍有起色，但仍不足以扭转颓势。

在发布会上，周成建以"冲动、迷茫、错位"来评价美邦近年来的互联网化转型尝试，认为是盲目的互联网转型和失败的供应链管理导致了美邦与当年的"年轻人时尚品牌"渐行渐远。他称，"今后将唤醒自己、回归主业，以国际优秀服装品牌为对标，做一个好的品牌经营者"。

此前，美邦曾先后推出了邦购、有范等互联网平台，并在 O2O、云门店、大数据应用等方面加大了投资。但这些举措并没能提升业绩。目前美邦线上业务的占比在 15%～20%。

重新将注意力放到线下，美邦将继续调整渠道布局，不仅在一、二线城市，更会在三线至五线城市，逐步推进向各类购物中心等新兴零售渠道的转移。"街边店的生意变差了，我们误以为是线上抢了生意，所以一味发展线上业务，但其实不是，今天你去购物中心，会发现购物中心的人非常多。"周成建依然看好实体零售。他强调，"以前美邦一味投入巨资去做线上，但是没有根据城市变迁、商业环境和消费者形态变迁，去融合新的商业环境，这是美邦没有做好的部分，没有敬畏消费者和时代特征"。

此外，供应链端的变革也被提上日程。加盟、批发、订货的方式已经不合时宜，精准运营和消费者管理被提到了更重要的位置。"美邦要重新做好之前的供应链建设。2005 年之前美邦的供应链效率很好，当时的季末库存率只有 3%，后来受各种战略咨询引导，加盟、批发、订货会模式全都一起来了，一下子挤压了库存，都陷了进去。"

美邦称，未来在提供良好线下体验的同时，要做好数字化的精益渠道管理。目前已完成了全国各地近 4 000 家零售终端的 O2O 全渠道零售终端平台工具、大数据商业智能平台的搭建。门店数据实时反馈到总部，总部可以马上分析生成精准的营销和运营策略。同时门店零售终端可以采集消费轨迹、获悉消费者偏好习惯，进行更精细的消费者生命周期管理。

　　在美邦的迷失期里，它被优衣库、ZARA 等外资快时尚品牌远远地甩在了身后。但周成建相信，通过提供多元化生活方式的选择、一站式购物体验，Metersbonwe 品牌依然有机会超越优衣库。

　　Metersbonwe 品牌在 2017 年由单一休闲风格升级蜕变为五大多元风格后业绩逐渐改善，于 2017 年秋季开始逐步扭转业绩下滑趋势，进入四季度以后公司业绩彻底改变近年来负增长的局面。2018 年 5 月，赢商大数据中心与汉博商业研究院联合发布了《2018 年 1 季度购物中心关注服饰品牌榜 TOP 50》，其中，美特斯邦威位居 17。

　　资料来源：文倩玉. 承认互联网化转型失败 美特斯邦威发起了一次彻底的品牌形象变革. [EB/OL]. (2017-07-19). https://www.jiemian.com/article/ 1482996.html.

思考题

1. 美特斯邦威进行形象变革的自身动因和社会背景是什么？

2. 美特斯邦威变革后的新形象有什么特点？相对于以往的形象而言，有哪些改变？

3. 美特斯邦威的互联网化转型为什么会导致其与"年轻人时尚品牌"渐行渐远？你觉得造成这种结果的原因可能有哪些？

4. 互联网时代为企业形象的塑造和提升带来了哪些机遇和挑战？美特斯邦威互联网化转化的尝试失败后"重新将注意力放到线下"的做法带给我们哪些启示？

参 考 文 献

[1] 鲁，拜厄斯. 管理学：技能与应用[M]. 刘松柏，译. 北京：北京大学出版社，2013.

[2] 克雷文斯，皮尔西. 战略营销[M]. 10 版. 北京：机械工业出版社，2016.

[3] 李民. 企业形象设计[M]. 南宁：广西美术出版社，2013.

[4] 加拉赫. 企业的灵魂[M]. 刘志慧，译. 北京：中国对外经济贸易出版社，2003.

[5] 李毅. 视觉传达中的企业形象设计[M]. 北京：机械工业出版社，2012.

[6] 莱尼克，等. 德商 2.0 版[M]. 北京：华夏出版社，2013.

[7] 迪尔，肯尼迪. 新企业文化：重获工作场所的活力[M]. 孙健敏，等译. 北京：中国人民大学出版社，2009.

[8] 吴为善，陈海燕，陆婷. 企业识别：CI 的策划和设计[M]. 上海：上海人民美术出版社，2005.

[9] 周朝霞. 企业形象策划实务[M]. 2 版. 北京：机械工业出版社，2015.

[10] 白玉，王基建. 企业形象策划[M]. 武汉：武汉理工大学出版社，2003.

[11] 叶万春，万后芬，蔡嘉清. 企业形象策划——CIS 导入[M]. 3 版. 大连：东北财经大学出版社，2011.

[12] 霍尔特，等. 文化战略：以创新的意识形态构建独特的文化品牌[M]. 北京：商务印书馆，2013.

[13] 博威，谢尔. 企业游戏：互动商务世界中的新规则[M]. 北京：社会科学文献出版社，2003.

[14] 杨家栋，郭锐. 企业文化学[M]. 北京：中国商业出版社，2006.

[15] 埃尔斯沃斯. 公司为谁而生存[M]. 北京：中国发展出版社，2005.

[16] 王超逸，李庆善. 企业文化学原理[M]. 北京：高等教育出版社，2009.

[17] 彼得斯，沃特曼. 追求卓越[M]. 龙向东，等译. 北京：中央编译出版社，2000.

[18] 索尔，等. 创造优势：如何提升公司核心竞争力[M]. 李朱，译. 2 版. 北京：企业管理出版社，2004.

[19] 罗宾斯，等. 组织行为学精要[M]. 郑晓明，译. 北京：机械工业出版社，2011.

[20] 韦箐，任海涛. 营销延伸——标志设计与推广[M]. 北京：经济管理出版社，2000.

[21] 沃泰姆. 形象经济[M]. 刘舜尧，译. 北京：中国纺织出版社，2004.

[22] 克里斯坦森，等. 创新者的基因[M]. 曾佳宁，译. 北京：中信出版社，2013.

[23] 王维平，何欣. 现代企业形象识别系统[M]. 北京：中国社会科学出版社，2010.

[24] 木蕊. 公司愿景[M]. 北京：中央编译出版社，2004.

[25] 朱成全. 企业文化概论[M]. 大连：东北财经大学出版社，2005.

[26] 庞黎明，庞博. CIS 设计教程[M]. 北京：中国纺织出版社，2005.

[27] 张德，吴剑平. 企业文化与 CI 策划[M]. 2 版. 北京：清华大学出版社，2003.

[28] 许劭艺. 新概念 CIS 企业形象设计[M]. 长沙：中南大学出版社，2011.

[29] 达文波特，等. 最优理念[M]. 夏雨峰，等译. 北京：中信出版社，2004.

[30] 田平，等. 企业形象策划[M]. 北京：中央编译出版社，1995.

[31] 柯林斯，等. 基业长青[M]. 真如，译. 北京：中信出版社，2002.

[32] 冯云廷，李怀，于宁. 企业形象：战略、设计与传播[M]. 大连：东北财经大学出版社，1997.

[33] BERMAN S，等. 未来企业之路：洞察全球顶尖企业愿景与制胜策略[M]. 华晓亮，等译. 北京：北京大学出版社，2010.

[34] 泰斯默. 公司定位：与市场完美地匹配[M]. 李亚，译. 北京：中国劳动社会保障出版社，2003.

[35] 林国建，王天成. 现代企业形象策划学[M]. 哈尔滨：哈尔滨工程大学出版社，2008.

[36] 乔治. 企业伦理学[M]. 王漫天，唐爱军，译. 北京：机械工业出版社，2012.

[37] 杨魁，李惠民，董雅丽. 第五代管理：现代企业形象管理战略与策划[M]. 兰州：兰州大学出版社，2007.

[38] 帕特里奇. 人本获利时代：七大核心理念开启全新商业模式[M]. 沈维君，译. 北京：北京时代华文书局，2018.

[39] 朱健强. 企业 CI 战略[M]. 2 版. 厦门：厦门大学出版社，1999.

[40] 穆拉迪安，等. 战略营销[M]. 郑晓亚，等译. 上海：格致出版社，2014.

[41] 陈瑛，吴志勇. CI 策划与设计[M]. 武汉：武汉大学出版社，2010.

[42] 任志宏，张晓霞，黄华，等. 企业文化[M]. 北京：经济科学出版社，2006.

[43] 邓玉璋，姚克难. CIS 设计基础[M]. 武汉：武汉大学出版社，2008.

[44] 饶德江. CI 原理与实务[M]. 武汉：武汉大学出版社，2002.

[45] 杜海玲，李玉萍. 企业形象策划[M]. 大连：大连理工大学出版社，2014.

[46] 李慧. 企业形象与企业文化建设关系研究[J]. 文化创新比较研究，2020（8）.

[47] 干勤. 国内外企业声誉管理研究报告[J]. 企业文明，2006（5）.

[48] 甘心. 社会化媒体下企业形象传播策略探究[J]. 记者摇篮，2019（7）.

[49] 汪帅东. 新媒体时代企业形象传播策略及实施路径[J]. 决策与信息，2019（4）.

[50] 梁小莉，郭文佳，王建文. 有效利用新媒体提升企业形象[J]. 现代企业文化，2019（15）.

[51] 李威. 中国企业海外形象建设[J]. 环球市场，2019（12）.

[52] 施一文. 我国企业社会责任、公司声誉与企业绩效研究综述[J]. 中国市场，2020（7）.

[53] 朱永明，李佳佳，姜红丙. 企业社会责任研究述评与展望——基于市场营销领域[J]. 财会月刊，2020（10）.